Pequeño Diccionario de las Palabras del Nuevo Testamento

Con los nombres comunes, de personas y de lugares, y un glosario griego-español

E. Richard Pigeon, PhD

Pequeño Diccionario de las Palabras del Nuevo Testamento

Con los nombres comunes, de personas y de lugares,
y un glosario griego-español

E. Richard Pigeon, PhD
Con la colaboración de Valeriano Vega

Pequeño Diccionario de las Palabras del Nuevo Testamento

Copyright © 2015 por AMG Publishers
6815 Shallowford Rd.
Chattanooga, Tennessee 37421

Mapas © 2014 Bibles et Publications Chrétiennes, Valence, France
Todos los derechos reservados.

Prohibida la reproducción total o parcial, salvo excepción prevista por la ley de cortas citas en documentos impresos. Ninguna parte de esta obra puede ser reproducida, almacenada en un sistema de recuperación o ser transmitida bajo cualquier forma o medio (impreso, escrito, fotocopiado, visual electrónico, de sonido u otro) sin la autorización previa escrita del editor.

Salvo indicación contraria, todas las citas sacadas de las Escrituras son tomadas de la versión Reina-Valera 1960 de la Santa Biblia.

Han sido consultadas, además de la Reina-Valera 1960, las siguiente versiones: El Nuevo Testamento Interlineal Griego-Español (F. Lacueva), La Biblia Nacar-Colunga, La Biblia de las Américas, La Biblia de Jerusalén, La Nueva Versión Internacional, La Reina-Valera 1995.

ISBN 13 : **978-0-89957-731-9**
ISBN 10 : **0-89957-731-8**

Primera impresión: Octubre 2015

Cubierta diseñada por Bright Boy Design, Chattanooga, Tennessee, EE. UU.
Concepción interior y paginación por Hudson Bible, DeKalb, Illinois, EE. UU.

Impreso en los Estados Unidos de América
15 LSI 01

ÍNDICE

Prefacio vii

Abreviaturas ix

Guía de transcripción y de pronunciación del alfabeto griego xi

Explicación de las entradas xii

Parte I: Nombres comunes 1

Parte II: Nombres de personas y de lugares 347

Parte III: Glosario griego-español 437

Mapa de Palestina en los tiempos de Jesucristo 509

Mapa de los viajes del apóstol Pablo 510

PREFACIO

Esta obra ha sido elaborada con el propósito de colmar una necesidad para los lectores del Nuevo Testamento. Este pequeño diccionario constituye una obra de referencia precisa, comporta alrededor de 2.400 entradas que incluyen más de 3.000 definiciones de términos españoles y 2.600 de términos griegos. Es de fácil consulta, estando clasificadas las entradas y definiciones por orden alfabético y agrupadas en dos partes distintas.

La primera parte reúne los nombres comunes susceptibles de ofrecer más interés y suscitar preguntas en el momento de la lectura del Nuevo Testamento. El vocablo español va acompañado, entre paréntesis, del correspondiente vocablo griego, escrito con su supuesta pronunciación española y con letras griegas. Va seguido de su etimología, si es conocida, y con una definición generalmente corta. Para cada entrada explicada, todas las referencias bíblicas (o las más importantes si son muy numerosas) están señaladas.

La segunda parte presenta, por orden alfabético, todos los nombres de personas y de lugares encontrados en el Nuevo Testamento. El nombre español va igualmente acompañado, entre paréntesis, del correspondiente vocablo griego, escrito con su supuesta pronunciación española y con letras griegas. Cuando el significado original del nombre es conocido, se indica entre paréntesis junto al nombre. Las referencias bíblicas de personas y de lugares igualmente se indican en las definiciones de la segunda parte.

La tercera parte de este diccionario es un glosario de términos griegos. Todos los términos están relacionados con las entradas de los términos españoles correspondientes definidos en las dos primeras partes. Hemos incluido el número Strong para cada uno de los términos griegos en las tres partes del diccionario.

La mayoría de los nombres comunes como de los nombres de personas y de lugares de este pequeño diccionario del Nuevo Testamento son los que encontramos en la versión Reina-Valera 1960. Otros términos usuales encontrados en otras versiones (tales como Asamblea, Expiación, Gentiles) son señalados con el remite a los términos correspondientes en la versión Reina-Valera.

El autor agradece especialmente a Jean-Marc André, de *Ediciones Bíblicas, 1166 Perroy, Suiza,* haber comenzado el proyecto de traducción de nuestro «Petit Dictionnaire du Nouveau Testament». También quiere insistir sobre el notable trabajo de traducción y de adaptación de Valeriano Vega, colaborador de Ediciones Bíblicas, como su determinación para producir una obra útil ante todo para nuestros hermanos y hermanas en el Señor de lengua española.

Deseamos que esta obra ayude al lector a usar «bien la palabra de verdad» (2Ti 2:15), literalmente «a cortarla derecha». Que así nuestro Señor Jesucristo reciba toda la gloria.

E. Richard Pigeon
Gatineau (Québec)
Canadá

Septiembre de 2015

ABREVIATURAS

Libros del Nuevo Testamento

Mt	Mateo
Mc	Marcos
Lc	Lucas
Jn	Juan
Hch	Hechos de los Apóstoles
Ro	Romanos
1Co	1 Corintios
2Co	2 Corintios
Gá	Gálatas
Ef	Efesios
Fil	Filipenses
Col	Colosenses
1Ts	1 Tesalonicenses
2Ts	2 Tesalonicenses
1Ti	1 Timoteo
2Ti	2 Timoteo
Tit	Tito
Flm	Filemón
Hb	Hebreos
Stg	Santiago (Jacobo)
1P	1 Pedro
2P	2 Pedro
1Jn	1 Juan
2Jn	2 Juan
3Jn	3 Juan
Jud	Judas
Ap	Apocalipsis

Libros del Antiguo Testamento

Gn	Génesis
Éx	Éxodo
Lv	Levítico
Nm	Números
Dt	Deuteronomio
Jos	Josué
Jue	Jueces
Rt	Rut
1S	1 Samuel
2S	2 Samuel
1R	1 Reyes
2R	2 Reyes
1Cr	1 Crónicas
2Cr	2 Crónicas
Esd	Esdras
Neh	Nehemías
Est	Ester
Job	Job
Sal	Salmos
Pr	Proverbios
Ecl	Eclesiastés
Cnt	Cantar de los Cantares
Is	Isaías
Jer	Jeremías
Lm	Lamentaciones de Jeremías
Ez	Ezequiel
Dn	Daniel

Os	Oseas
Jl	Joel
Am	Amos
Abd	Abdías
Jon	Jonás
Mi	Miqueas
Nah	Nahum
Hab	Habacuc
Sof	Sofonías
Hag	Hageo
Zac	Zacarías
Mal	Malaquías

OTRAS ABREVIATURAS

A.T.	Antiguo Testamento
adj.	adjetivo
a.J.C.	antes de Jesucristo
aprox.	aproximadamente
aram.	arameo
comp.	comparar
d.J.C.	después de Jesucristo
dim.	diminutivo
fem.	femenino
figur.	figurado, figuradamente
heb.	hebreo, hebraico
km	kilómetro
lat.	latín
lit.	literal, literalmente
mss.	manuscritos
N.T.	Nuevo Testamento
nom.	nombre
p.ej.	por ejemplo
part.	partícula
part. int.	partícula intensiva
part. de repet.	partícula de repetición
part. neg.	partícula negativa
plur.	plural
prob.	probablemente
RV.	Reina-Valera
ref.	referencia
sin.	sinónimo
sing.	singular
sust.	sustantivo
trad.	traducción, traductor
v.	versículo
vers.	versiones
¶	indica que todas las referencias del N.T. se dan para la palabra griega definida

Guía de transcripción y de pronunciación del alfabeto griego

Letras mayúsculas	Letras minúsculas	Nombres griegos	Transcripción
Α	α	alfa	*a*
Β	β	beta	*b*
Γ	γ	gamma	*g*
Δ	δ	delta	*d*
Ε	ε	épsilon	*e*
Ζ	ζ	tseta	*z*
Η	η	eta	*e*
Θ	θ	theta	*th*
Ι	ι	iota	*i*
Κ	κ	kappa	*k*
Λ	λ	lambda	*l*
Μ	μ	mu	*m*
Ν	ν	nu	*n*
Ξ	ξ	xi	*x*
Ο	ο	ómicron	*o*
Π	π	pi	*p*
Ρ	ρ	ro	*r*
Σ	σ, ς	sigma	*s*
Τ	τ	tau	*t*
Υ	υ	úpsilon	*u*
Φ	φ	fi	*f*
Χ	χ	qui	*c* (pero *qu* delante de *e* o *i*)
Ψ	ψ	psi	*ps*
Ω	ω	omega	*o*
‘		acento fuerte inicial	*j*

Combinación de consonantes

Letras minúsculas	Nombres griegos	Transcripción
γγ	gamma + gamma	ng
γκ	gamma + kappa	nk
γξ	gamma + xi	nx
γχ	gamma + qui	nc

EXPLICACIÓN DE LAS ENTRADAS

Entrada de un nombre común (Parte I)

Para cada vocablo definido en este diccionario español del N.T., la siguiente información es proporcionada en relación con el término griego: su transliteración, el término griego, el número Strong correspondiente y la etimología. Siguen una definición del término griego y del vocablo español correspondiente. Un versículo o varios parafraseados en los que aparece el vocablo definido son dados después con las referencias bíblicas. El signo ¶ indica que todas las referencias son dadas. Muchos remites a referentes permiten definir vocablos que aparecen en otras versiones (p.ej. **DELEGACIÓN** – Ver **EMBAJADA.**).

① Vocablo español
② Transliteración del vocablo griego
③ Vocablo griego
④ Número Strong
⑤ Etimología
⑥ Definición
⑦ Versículo(s) parafraseado(s)
⑧ Referencia bíblica
⑨ Indicación de que todas las referencias han sido citadas

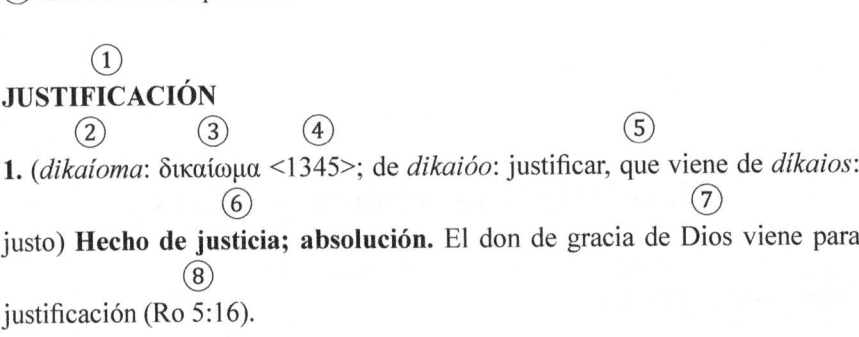

①
JUSTIFICACIÓN
② ③ ④ ⑤
1. (*dikaíoma*: δικαίωμα <1345>; de *dikaióo*: justificar, que viene de *díkaios*:
⑥ ⑦
justo) **Hecho de justicia; absolución.** El don de gracia de Dios viene para
⑧
justificación (Ro 5:16).

2. (*dikaíosis*: δικαίωσις <1347>; de *dikaióo*: ver **1.**) **Absolución de un individuo de todas las cargas que podían pesar sobre él. Es entonces**

considerado como sin falta. Jesucristo, por su muerte, cumplió todo lo que era necesario para que fuésemos justificados (Ro 5:18). Dios lo manifiesta resucitando a nuestro Señor de entre los muertos (Ro 4:25). ⁽⁹⁾ ¶

Entrada de un nombre de persona o de lugar (Parte II)

Para cada entrada de un nombre español de persona o de lugar utilizado en el N.T., la siguiente información es proporcionada en relación con el nombre griego: su transliteración, el nombre griego, el número Strong correspondiente así como la etimología y/o la significación del nombre cuando este es conocido. Un versículo o varios parafraseados en los que aparece el vocablo definido son dados después con las referencias bíblicas. El signo ¶ indica que todas las referencias son citadas. Algunos remites permiten definir vocablos que aparecen en otras versiones (p.ej. **ABOGADO** – Ver **CONSOLADOR.**).

① Nombre español
② Transliteración del vocablo griego
③ Nombre griego
④ Número Strong
⑤ Etimología y/o significación
⑥ Definición
⑦ Versículo(s) parafraseado(s)
⑧ Referencia bíblica
⑨ Indicación de que todas las referencias han sido citadas

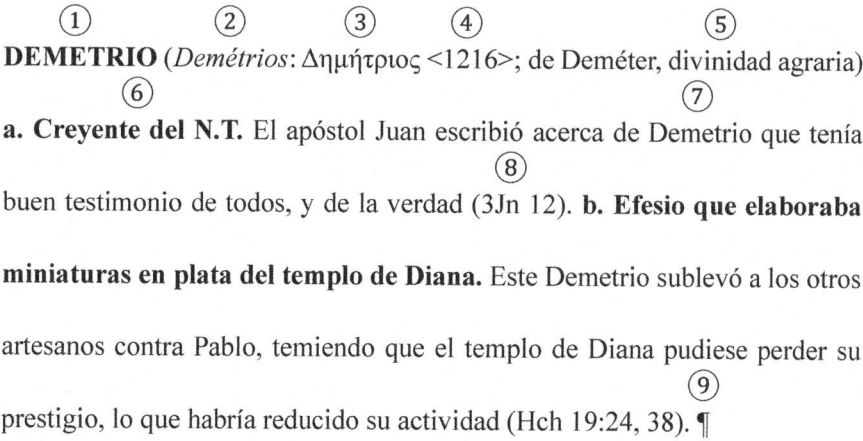

① ② ③ ④ ⑤
DEMETRIO (*Demétrios*: Δημήτριος <1216>; de Deméter, divinidad agraria)
⑥ ⑦
a. Creyente del N.T. El apóstol Juan escribió acerca de Demetrio que tenía ⑧ buen testimonio de todos, y de la verdad (3Jn 12). **b. Efesio que elaboraba miniaturas en plata del templo de Diana.** Este Demetrio sublevó a los otros artesanos contra Pablo, temiendo que el templo de Diana pudiese perder su ⑨ prestigio, lo que habría reducido su actividad (Hch 19:24, 38). ¶

Entrada en el glosario griego-español (Parte III)

La tercera parte de este diccionario presenta una lista de todos los vocablos del N.T. definidos en las dos primeras partes y, para cada uno de ellos, el vocablo español correspondiente (nombre común, nombre de persona o nombre de lugar). El número Strong aparece primero, seguido del vocablo griego, de su transliteración y de la entrada a la que se refiere en la primera o en la segunda parte.

① Número Strong
② Término griego
③ Transliteración del término griego
④ Remite a la entrada referente (primera o segunda parte)

   ①   ②   ③   ④

<21> ἀγαλλιάω: *agaliáo* → saltar de gozo: GOZO 4

<22> ἄγαμος: *ágamos* → CASAR, CASARSE 3

<23> ἀγανακτέω: *aganaktéo* → INDIGNARSE 1

<24> ἀγανάκτησις: *aganáktesis* → INDIGNACIÓN 1

PARTE I – NOMBRES COMUNES

A

ABANDONAR

1. (*apoleípo*: ἀπολείπω <620>; de *apó*: de, desde, y *leípo*: dejar) **Quitar, dejar detrás.** Ángeles han abandonado su propia morada (Jud 6; ver Gn 6:1, 2).
2. (*enkataleípo*: ἐγκαταλείπω <1459>; de *en*: en, y *kataleípo*: ver **3.**) **Dejar, desamparar.** Sobre la cruz, Jesús preguntó a su Dios por qué lo había abandonado (Mt 27:46; Mc 15:34). Pablo y Timoteo eran perseguidos, pero no desamparados (2Co 4:9). Demas había abandonado a Pablo (2Ti 4:10); en su primera defensa, todos habían desamparado a Pablo (v. 16). Los creyentes no debían dejar de congregarse (es decir no dejar sus reuniones) (Hb 10:25). Dios no abandona a los creyentes (Hb 13:5).
3. (*kataleípo*: καταλείπω <2641>; de *katá*: abajo {part. int.} y *leípo*: dejar) **Dejar atrás; otra trad.: soltar.** Un joven, abandonando la sábana que lo cubría, huyó desnudo de los que querían prenderlo (Mc 14:52).
4. (*afíemi*: ἀφίημι <863>; de *apó*: de, y *jíemi*: enviar) **Dejar, despedir.** La casa de Israel (el templo) les quedaría abandonada (Lc 13:35). El marido no debe abandonar a su mujer (1Co 7:11), incluso si ella es incrédula (v. 12); la mujer no debe abandonar a su marido incrédulo (v. 13). Éfeso había abandonado su primer amor (Ap 2:4).
5. (*afístemi*: ἀφίστημι <868>; de *apó*: de, y *jístemi*: estar) **Retirarse, alejarse, apartarse.** Marcos, desde Panfilia, se había apartado de Pablo y Bernabé (Hch 15:38). En ningún creyente debería haber un corazón malo e incrédulo para apartase del Dios vivo (Hb 3:12).
6. (*eáo*: ἐάω <1439>) **Dejar.** Dejaron caer en el mar las anclas de la nave en la que Pablo se hallaba (Hch 27:40).
7. (*ekquéo*: ἐκχέω <1632>; de *ek*: de, y *quéo*: derramar) **Derramar; de donde en pasivo: esparcirse, desbordar, y figur.: conceder.** Algunos se han entregado al error de Balaam por una recompensa (Jud 11).
8. (abandonarse a la fornicación: *ekporneúo*: ἐκπορνεύω <1608>; de *ek*: part. int., y *porneúo*: cometer fornicación) **Prostituirse.** Sodoma y Gomorra y las ciudades vecinas se habían abandonado a la fornicación (Jud 7). ¶
9. (rebelarse contra… abandonándose a sus deseos: *katastreniáo*: καταστρηνιάω <2691>; de *katá*: contra, y *streniáo*: vivir en el lujo o en deleite) **Oponerse mediante deseos impuros.** Las viudas más jóvenes se

rebelan contra Cristo impulsadas por sus deseos (1Ti 5:11). ¶

ABISMO

1. (*ábussos*: ἄβυσσος <12>; de *a*: part. neg., y *buthós*: fondo del mar, profundidad; lit.: sin fondo) **a. Precipicio sin fondo.** Pablo pregunta: ¿Quién bajará al abismo?, es decir para hacer subir a Cristo de entre los muertos (Ro 10:7), que interpreta Dt 30:13: ¿Quién cruzará el mar...?. **b. Símbolo de la fuente del mal y de la miseria satánica.** Una estrella caída del cielo recibirá la llave del pozo del abismo y lo abrirá (Ap 9:1, 2). Satanás es el ángel del abismo (Ap 9:11). La bestia va a subir del abismo (Ap 11:7; 17:8). **c. Lugar inferior de tinieblas.** Ese lugar está reservado para ciertos ángeles caídos, y más tarde para el diablo (Lc 8:31; Ap 20:1, 3). Después de su juicio, el diablo y sus ángeles serán echados en el fuego eterno preparado para ellos (ver Mt 25:41). ¶
2. (*cásma*: χάσμα <5490>; de *caíno*: abrir la boca) **Abertura grande, sima.** Un gran abismo está establecido entre los creyentes y los incrédulos después de la muerte (Lc 16:26). ¶
3. (arrojar al abismo: *tartaróo*: ταρταρόω <5020>; de *Tártaros*: el Tártaro, los Infiernos; lit.: precipitar en el Tártaro, o en el fondo de los Infiernos) **En la mitología griega, el Tártaro era un lugar en el que los malos estaban guardados y atormentados.** Dios ha arrojado al abismo a los ángeles que pecaron (2P 2:4). ¶
4. Ver **TIERRA (DEBAJO DE LA).**

ABLUCIÓN (*baptismós*: βαπτισμός <909>; de *baptízo*: hundir, sumergir) **Acción de lavarse, en relación con ritos judaicos de purificación;** otras trad.: lavamiento, lavatorio. Este vocablo está empleado en Mc 7:4, 8; Hb 6:2; 9:10. En Hb 6:2, algunos lo traducen por «bautismo». ¶

ABOGADO – Ver **CONSOLADOR.**

ABOLIR – Ver **ABROGAR.**

ABOMINABLE (*bdeluktós*: βδελυκτός <947>; de *bdéo*: apestar) **Que provoca asco, repulsión.** Este vocablo caracteriza a los que profesan conocer a Dios, pero que lo niegan con sus obras impías (Tit 1:16). ¶

ABOMINACIÓN

1. (*bdélugma*: βδέλυγμα <946>; de *bdéo*: apestar) **Cosa abominable, repulsiva; aquello que toma el lugar de Dios en la vida del hombre.** En el A.T., se trata de un ídolo (2R 23:13; Is 44:19; Ez 16:36) que constituye un objeto de repulsión y de horror a los ojos de Dios. En Lucas 16:14, 15, el dinero es altamente estimado entre los hombres, pero tal ídolo, fuente de avaricia, llega a ser una abominación ante Dios. Mt 24:15 y Mc 13:14 se refieren a la abominación de la desolación mencionada por Daniel (Dn 9:24-27) que, después

del arrebatamiento de la Iglesia, será establecida por el anticristo en el lugar santo; se trata de la imagen de la bestia, objeto de adoración. Ella acarreará entonces una gran desolación sobre los judíos y sobre Jerusalén. La copa de oro llena de abominaciones de Ap 17:4, 5 se refiere a la idolatría de los que constituyen Babilonia la Grande, antes del retorno del Señor para establecer su reino. Otra ref.: Ap 21:27. ¶
2. (tener en abominación: *bdelússomai*: βδελύσσομαι <948>; de *bdéo*: apestar) **Aborrecer, tener en horror.** Pablo pregunta a aquel que tiene en abominación a los ídolos si comete sacrilegios (Ro 2:22). ¶
3. (aquel que se ha manchado con abominaciones: *ebdelugmenos*; de *bdelússomai*; ver **2.**) **Abominable, depravado.** En cuanto a los que se han manchado con abominaciones, su parte será en el lago de fuego (Ap 21:8).

ABORRECEDOR DE DIOS (*theostugés*: θεοστυγής <2319>; de *Theós*: Dios, y *stúgo*: odiar)
Que odia a Dios, que detesta a Dios; abominar de Dios. Los hombres, entre otras abominaciones, aborrecen a Dios (Ro 1:30). ¶

ABORRECER (*apostugéo*: ἀποστυγέω <655>; de *apó*: de {part. int.}, y *stúgo*: odiar)
Sentir aversión, detestar absolutamente. Los creyentes deben aborrecer el mal (Ro 12:9). ¶

ABORRECIBLE (*stugetós*: στυγητός <4767>; de *stúgo*: odiar)
Odioso, detestable; otra trad.: odiado. Antes de su conversión, los creyentes eran aborrecibles y se odiaban unos a otros (Tit 3:3). ¶

ABORTIVO (*éktroma*: ἔκτρωμα <1626>; de *ek*: fuera de, y *titrosko*: herir)
Aborto espontáneo. Al aplicarse este término a sí mismo como no mereciendo vivir (1Co 15:8), Pablo señala su relativa inferioridad respecto a los otros apóstoles. ¶

ABREVIAR – Ver **ACORTAR**.

ABRIR Y CERRAR DE OJOS (*jripé*: ῥιπή <4493>; de *jrípto*: lanzar, dispersar)
Movimiento rápido como el del párpado abriéndose y cerrándose sobre el ojo. En un instante, en un abrir y cerrar de ojos, a la trompeta final, los creyentes serán cambiados en el momento del arrebatamiento (1Co 15:52). ¶

ABROGACIÓN –
Ver **CANCELACIÓN**.

ABROGAR
1. (*katalúo*: καταλύω <2647>; de *katá*: part. int., y *lúo*: desatar; lit.: soltar de las cadenas) **Destruir, deshacer.** El Señor no ha venido para abrogar la ley, sino para cumplirla (Mt 5:17a, b).
2. (*katargéo*: καταργέω <2673>; de *katá*: part. int., y *argéo*: no hacer

nada; lit.: estar inactivo) **Anular, hacer desaparecer, abolir.** Cristo abolirá al final todo principado (1Co 15:24) y la muerte (v. 26); ya abolió en su carne la ley de los mandamientos (Ef 2:15).

ABROJO (*tríbolos*: τρίβολος <5146>; de *treís*: tres, y *bélos*: punta, dardo) **Planta con hojas espinosas.** Los falsos profetas se reconocen por sus frutos; son como abrojos sobre los que no se puede recoger higos (Mt 7:16). La tierra que produce espinos y abrojos es reprobada y está cerca de ser maldecida (Hb 6:8). ¶

ABRUMADO (ESTAR) (*kataponéo*: καταπονέω <2669>; de *katá*: part. int., y *pónos*: dolor, fatiga) **Oprimir.** Lot estaba abrumado por la conducta licenciosa de los malvados (2P 2:7).

ABSORBER (*katapíno*: καταπίνω <2666>; de *katá*: part. int., y *píno*: beber) **Sorber, tragar.** Pablo deseaba ser revestido, para que lo mortal sea absorbido por la vida (2Co 5:4).

ABSTENERSE
1. (*apécomai*: ἀπέχομαι <567>; de *apó*: lejos, y *éco*: tener, sostener) **Ser distante, evitar.** Jacobo consideraba que se debía escribir a los gentiles que se abstengan de lo contaminado por los ídolos, de fornicación, de lo estrangulado y de sangre (Hch 15:20); los otros apóstoles estuvieron de acuerdo con esos temas (v. 29). La voluntad de Dios era que los tesalonicenses se abstuvieran de la fornicación (1Ts 4:3) y de toda forma de mal (5:22). En los últimos tiempos, unos apóstatas prescribirán de abstenerse de alimentos creados por Dios (1Ti 4:3). Pedro exhorta a los creyentes a que se abstengan de las pasiones carnales (1P 2:11). ¶
2. (*feídomai*: φείδομαι <5339>) **Ser cauteloso, evitar.** Pablo se abstenía de gloriarse (2Co 12:6) a causa de la grandeza de las revelaciones que le habían sido dadas (ver v. 7).

ABUNDANCIA
1. (*perisseía*: περισσεία <4050>; de *perí*: por encima) **Medida por encima de lo ordinario, superabundancia.** Los que reciben la abundancia de la gracia reinarán en vida (Ro 5:17). Pablo habla de la abundancia del gozo de las iglesias de Macedonia (2Co 8:2). Jacobo (Santiago) exhorta a desechar toda inmundicia y abundancia de malicia (Stg 1:21).
2. (*perísseuma*: περίσσευμα <4051>; de *perí*: por encima) **Exceso, lo que queda.** De la abundancia del corazón, habla la boca (Mt 12:34; Lc 6:45). La abundancia de los corintios suplía a las necesidades de otras iglesias (2Co 8:13). La abundancia de estos últimos suplía a las necesidades de los corintios (v. 14).
3. (superabundar, tener en abundancia: *perisseúo*: περισσεύω <4052>; de *perí*: por encima) **Sobresalir,**

sobrepasar la medida. Después de dos parábolas, Jesús dijo que al que tiene, le será dado, y tendrá en abundancia (Mt 13:12; 25:29). En una parábola, los mercenarios tenían pan en abundancia (Lc 15:17). Pablo sabía vivir en la abundancia; había sido enseñado a estar en la abundancia (Fil 4:12a, b); decía que tenía todo en abundancia (v. 18).
4. (en abundancia: *perisson*; de *perissós*: περισσός <4053>: abundante, que viene de *perí*: por encima) **Excesivamente, que sobrepasa la medida.** Jesús había venido con el fin de que sus ovejas tengan vida en abundancia (Jn 10:10).
5. (abundancia de alegría: *agalíasis*: ἀγαλλίασις <20>; de *agaliáo*: exultar) **Alegría, regocijo.** Dios es poderoso para presentar a los creyentes irreprochables ante su gloria con gran alegría (Jud 24).
6. (*jadrótes*: ἁδρότης <100>; de *jadrós*: fornido, gordura; lit.: fuerza, vigor) **Liberalidad.** Pablo evitaba las críticas de los demás a causa del abundante donativo (lit.: de la abundancia) que él administraba (2Co 8:20). ¶
7. (*plousíos*: πλουσίως <4146>; de *ploúsios*: rico, abundante) **Con abundancia, en gran cantidad.** Pablo desea a los colosenses que la palabra de Cristo en ellos more en abundancia (Col 3:16). Dios da todas las cosas en abundancia para que las disfrutemos (1Ti 6:17). Dios ha derramado abundantemente la renovación del Espíritu Santo (Tit 3:6).

Pedro escribe que la entrada en el reino eterno será generosamente (lit.: con abundancia) dada (2P 1:11). ¶
8. Ver **PLENITUD.**

ABUNDANCIA (TENER) (*apéco*: ἀπέχω <568>; de *apó*: desde, y *éco*: tener; lit.: tener a alguien en la mano, recoger)
Poseer en su totalidad. Pablo decía tener abundancia de todo (Fil 4:18).

ABUNDANTEMENTE
1. (*japlós*: ἁπλῶς <574>; de *japloús*: simplicidad, leal; lit.: sin disimulo) **Gratuitamente, generosamente y sin condición.** Dios da a todos abundantemente (Stg 1:5). ¶
2. (bendición: *eulogía*: εὐλογία <2129>; de *euloguéo*: bendecir, alabar, que viene de *eu*: bien, y *lógos*: palabra) **Abundancia.** El que siembra generosamente también segará generosamente (lit.: con bendición) (2Co 9:6a, b).
3. (superabundancia: *perisseía*: περισσεία <4050>; de *perí*: más allá) **Medida por encima de lo ordinario, superfluo.** Pablo tenía esperanza de ser abundantemente (*eis perisseian*: hasta la superabundancia) engrandecido en medio de los corintios (2Co 10:15).
4. (superabundar, tener en exceso: *perisseúo*: περισσεύω <4052>; de *perí*: más allá) **Sobrepasar la medida, tener en sobreabundancia.** Los corintios debían buscar abundar en dones espirituales para la edificación de la iglesia (1Co 14:12). Los

ABUNDAR

filipenses, gracias a Pablo, deberían abundar en gloria en Cristo Jesús (Fil 1:26).

5. (más abundantemente: *perissóteron*: περισσότερον <4054>; de *perí*: más allá) **Más, mucho más.** Dios ha querido mostrar más abundantemente a los herederos de la promesa la inmutabilidad de su decisión (Hb 6:17), es decir más claramente que lo hacen los hombres cuando realizan un juramento.

6. (tan abundantemente, más superabundantemente: *perissotéros*: περισσοτέρως <4056>; de *perí*: más allá) **A un grado más alto, excesivamente.** Pablo había escrito a los corintios para hacerles saber cuán grande era el amor que les tenía (2Co 2:4). Se alegraba más abundantemente porque el espíritu de Tito había sido reanimado por todos ellos (2Co 7:13). El cariño de Tito se dirigía más abundantemente sobre ellos (2Co 7:15).

ABUNDAR

1. (*perisseúo*: περισσεύω <4052>; de *perí*: por encima) **Sobresalir, destacar, sobrepasar la medida.** La verdad de Dios ha abundado para su gloria (Ro 3:7). La gracia de Dios y el don han abundado para los muchos (Ro 5:15). Los creyentes deben abundar en esperanza (Ro 15:13), en la obra del Señor (1Co 15:58), para toda buena obra (2Co 9:8b), en amor (Fil 1:9; 1Ts 4:10), en acción de gracia (Col 2:7), en el modo de vivir que agrada a Dios (1Ts 4:1). Los sufrimientos de Cristo abundaban para con Pablo; por Cristo, también su consolación abundaba (2Co 1:5a, b). El ministerio de la justicia abunda en gloria (2Co 3:9). El gozo y la pobreza de las iglesias de Macedonia habían abundado en la riqueza de su generosidad (2Co 8:2). A los corintios, que abundaban en todas las cosas, Pablo les desea que abunden en la gracia de dar de sus bienes (2Co 8:7a, b). Dios es poderoso para hacer abundar toda gracia (2Co 9:8a). La administración de la carga de Pablo en el servicio para con los santos abundaba en muchas acciones de gracias hacia Dios (2Co 9:12). Dios ha hecho sobreabundar su gracia para con nosotros (Ef 1:8).

2. (*pleonázo*: πλεονάζω <4121>; de *pléon*: más) **Aumentar, superabundar.** La ley intervino para que abundara la ofensa; pero donde abundó el pecado, sobreabundó la gracia (Ro 5:20a, b). No debemos permanecer en el pecado para que la gracia abunde (Ro 6:1). En los corintios, la gracia abundaba por medio de muchos (2Co 4:15). El verbo está traducido como: «tener más» en 2Co 8:15 en lo que concierne a aquel que recogía mucho: no tuvo más. Pablo buscaba fruto que abundara para la cuenta de los filipenses (Fil 4:17). Los creyentes deben abundar en amor los unos para con los otros (1Ts 3:12). El amor entre los tesalonicenses abundaba (2Ts 1:3). Diversas virtudes abundaban en los creyentes fieles (2P 1:8). ¶

ACCESO (*prosagogé*: προσαγωγή <4318>; de *prós*: hacia, y *ágo*: llevar) **Acción de llevar, entrada en la presencia de alguien; otra trad.: acercamiento.** Los creyentes han obtenido acceso por la fe a la gracia de Dios (Ro 5:2). Tienen acceso al Padre por un solo Espíritu (Ef 2:18); tienen acceso en Jesús con confianza (3:12). ¶

ACEITE (*élaion*: ἔλαιον <1637>) **Se trata de aceite de oliva; otra trad.: óleo.** Jesús reprocha a Simón, su huésped, el no haber ungido su cabeza con aceite (Lc 7:46). Dios ha ungido a su Hijo con aceite de alegría más que a sus compañeros, demostrando así su preeminencia y su realeza (Hb 1:9). Jacobo (Santiago) recomienda ungir con aceite a los enfermos en el nombre del Señor (5:14); los apóstoles habían ungido con aceite a muchos enfermos y los sanaban (Mc 6:13). En la parábola conocida como la del «Buen Samaritano», el aceite y el vino son utilizados como medicinas (Lc 10:34). En la parábola de las diez vírgenes, algunas tomaron aceite con ellas, otras no (Mt 25:3, 4, 8); el aceite representa al Espíritu Santo. En la parábola del mayordomo injusto, un hombre debía cien barriles de aceite al amo de este mayordomo (Lc 16:6). Encontramos en el Apocalipsis referencias al aceite vendido en el mercado (Ap 6:6; 18:13). ¶

ACEITUNA (*elaía*: ἐλαία <1636>) **Fruto del olivo, de color verde y luego negro a la madurez, con piel lisa; se extrae el aceite de oliva.** Una higuera no puede producir aceitunas (Stg 3:12); así como el creyente no debería producir fruto según su vieja naturaleza, sino fruto conforme a su nueva naturaleza.

ACEPCIÓN DE PERSONAS
1. (*prosopolémptes*: προσωπολήμπτης <4381>; de *prósopon*: semblante, persona, y *lambáno*: tomar) **Que obra con preferencia; que favorece a una persona, a veces perjudicando a otra.** Dios no hace acepción de personas, pero aquel que le teme y practica la justicia le es grato (Hch 10:34). ¶
2. (*prosopolempsía*: προσωπολημψία <4382>; de *prósopon* y *lambáno*: ver **1.**) **Parcialidad, favoritismo.** No hay acepción de personas para con Dios (Ro 2:11; Ef 6:9; Col 3:25). Nosotros no debemos hacer acepción de personas (Stg 2:1). ¶
3. (hacer acepción de personas: *prosopoleptéo*: προσωπολημπτέω <4380>; de *prósopon* y *lambáno*: ver **1.**) **Obrar para con las personas con parcialidad.** Si hacemos acepción de personas, cometemos pecado (Stg 2:9). ¶
4. (sin acepción de personas: *aprosopolémptos*: ἀπροσωπολήμπτως <678>; de *a*: part. neg., *prósopon* y *lambáno*: ver **1.**) **Imparcialmente, sin influenciar una decisión.** Dios, sin acepción de personas, juzga según la obra de cada uno (1P 1:17). ¶

ACEPTABLE

ACEPTABLE (*dektós*: δεκτός <1184>; de *décomai*: aceptar, recibir) **Propicio, que merece ser recibido.** Lo que los filipenses habían enviado a Pablo era un sacrificio aceptable (Fil 4:18).

ACEPTACIÓN (*apodoqué*: ἀποδοχή <594>; de *apó*: part. int., y *décomai*: aceptar, recibir) **Aprobación, recepción.** Fiel es esta palabra y digna de toda aceptación: que Cristo Jesús vino al mundo para salvar a los pecadores (1Ti 1:15). Si sufrimos oprobio es porque esperamos en el Dios viviente (1Ti 4:9; ver v. 10). ¶

ACEPTAR
1. (*décomai*: δέχομαι <1209>) **Recibir.** Los tesalonicenses habían aceptado la palabra de la predicación como siendo la palabra de Dios (1Ts 2:13).
2. (*apodécomai*: ἀποδέχομαι <588>; de *apó*: part. int., y *décomai*: ver **1**.) **Reconocer, aprobar, recibir.** Tertulo aceptaba los beneficios del gobierno de Félix (Hch 24:3).
3. (*prosdécomai*: προσδέχομαι <4327>; de *prós*: hacia, y *décomai*: ver **1**.) **Soportar, padecer, admitir.** Los hebreos habían aceptado con gozo ser despojados de sus bienes sabiendo que ellos tenían bienes mejores y perdurables (Hb 10:34). Unos creyentes fueron torturados, no aceptando la liberación, a fin de obtener mejor resurrección (Hb 11:35).

ACERCAMIENTO – Ver **ACCESO**.

ACOGER – Ver **RECIBIR 2**.

ACOMPAÑAR
1. (*epakolouthéo*: ἐπακολουθέω <1872>; de *epí*: seguir, y *akolouthéo*: caminar con) **Seguir detrás, resultar.** La palabra predicada por los apóstoles era confirmada por las señales que la acompañaban (Mc 16:20).
2. (*katakolouthéo*: κατακολουθέω <2628>; de *katá*: part. int., y *akolouthéo*: caminar con) **Seguir de cerca.** Las mujeres que habían acompañado a Jesús vieron como fue puesto el cuerpo en el sepulcro (Lc 23:55).
3. (*parakolouthéo*: παρακολουθέω <3877>; de *pará*: al lado, y *akolouthéo*: caminar con) **Seguir al lado.** El Señor habla de las señales que acompañarán a los que crean (Mc 16:17).
4. (*sunakolouthéo*: συνακολουθέω <4870>; de *sun*: con, junto a, y *akolouthéo*: caminar con) **Seguir juntos.** Las mujeres que habían acompañado a Jesús estaban presentes en el momento de la crucifixión (Lc 23:49).
5. (*propémpo*: προπέμπω <4311>; de *pro*: antes de, en favor de, y *pémpo*: enviar) **Escoltar.** Pablo y Bernabé, habían sido acompañados por la iglesia (con el posible sentido de: enviados por la iglesia que había provisto a sus necesidades), atravesaron Fenicia y Samaria (Hch 15:3). Los ancianos de Éfeso acompañaron a Pablo a la nave (Hch 20:38). Todos los creyentes de Tiro acompañaron a Pablo

hasta la playa (Hch 21:5). Pablo le dijo a Tito que acompañara con solicitud a Zenas (Tit 3:13).
6. (*sunépomai*: συνέπομαι <4902>; de *sun*: con, junto a, y *epomai*: seguir) **Viajar como compañero.** Sópater acompañó a Pablo hasta Asia (Hch 20:4). ¶

ACORTAR
1. (*kolobóo*: κολοβόω <2856>; de *kólos*: truncado) **Menguar, disminuir el tiempo.** Si los días de la gran tribulación no hubiesen sido acortados, no se salvaría nadie; pero a causa de los escogidos, esos días serán acortados por el Señor (Mt 24:22; Mc 13:20). ¶
2. (*suntémno*: συντέμνω <4932>; de *sun*: con, junto a, y *témno*: cortar) **Reducir cortando.** El Señor hará y abreviará una sentencia sobre la tierra respecto a Israel (Ro 9:28). ¶

ACOSTUMBRAR (*étho*: ἔθω <1486>)
Tener costumbre. Jesús enseñaba a las multitudes como él acostumbraba (Mc 10:1).

ACREEDOR (*daneistés*: δανειστής <1157>; de *daneízo*: prestar a interés)
Aquel que presta dinero. Jesús presentó la parábola de un acreedor que tenía dos deudores (Lc 7:41). ¶

ACRITUD – Ver AMARGURA.

ACTA (*queirógrafon*: χειρόγραφον <5498>; de *queír*: mano, y *gráfo*: escribir)

Orden escrita, necesidad, exigencia. Cristo ha anulado el acta que había contra nosotros, es decir, la necesidad de someternos a los decretos de la ley (Col 2:14), porque el cristiano ya no está bajo la ley, sino bajo la gracia (ver Ro 6:14). ¶

ACTUAL (ahora: *nún*: νῦν <3568>)
Presentemente. En el tiempo actual (lit.: de ahora), hay un remanente según la elección de gracia (Ro 11:5).

ACUERDO (DE COMÚN) – Ver ARMONÍA 5.

ACUMULAR (*thesaurízo*: θησαυρίζω <2343>; de *thesaurós*: tesoro)
Amasar, reservar; otras trad.: ahorrar, atesorar. Cada primer día de la semana, el creyente pone aparte en su casa lo que ha acumulado para la colecta (1Co 16:2).

ACUSACIÓN
1. (*aitía*: αἰτία <156>; de *aítios*: responsable) **Razón de acusación, motivo de condenación.** Pusieron sobre la cabeza de Jesús en la cruz su acusación escrita (Mt 27:37; Mc 15:26).
2. (*aitioma*: αἰτίωμα <159a>) **Cosa de que se acusa, causa de acusación.** Los judíos presentaron contra Pablo muchas y graves acusaciones (Hch 25:7). ¶
3. (*énklema*: ἔγκλημα <1462>; de *en*: en, y *kaléo*: llamar, citar en justicia) **Inculpación, cargo.** Pablo no

ACUSADO

estaba bajo ninguna acusación que mereciera la muerte o la prisión (Hch 23:29).
4. (*kategoría*: κατηγορία <2724>; de *katá*: contra, y *agoreúo*: hablar ante una asamblea) **Motivo de condenación.** Pilato preguntó qué acusación traían contra Jesús (Jn 18:29). Timoteo no debía recibir acusación contra un anciano, si no estaba respaldada por dos o tres testigos (1Ti 5:19).
5. (intentar acusación: *enkaléo*: ἐγκαλέω <1458>; de *en*: en, y *kaléo*: llamar) **Dirigir un reproche o una acusación.** Pablo pregunta ¿quién acusará (lit.: presentar cargos contra) a los elegidos de Dios? (Ro 8:33).
6. (acusar de algo: *kategoréo*: κατηγορέω <2723>; de *katá*: contra, y *agoreúo*: hablar ante una asamblea) **Presentar una denuncia.** Pablo no tenía ninguna acusación que presentar contra los de su nación (Hch 28:19).
7. (defraudar con una falsa acusación: *sukofantéo*: συκοφαντέω <4811>; de *súkon*: higo, y *faíno*: mostrar; lit.: denunciar a los ladrones o exportadores de higos consagrados) **Acusar falsamente.** Si Zaqueo había defraudado a alguien con una falsa acusación, se lo devolvería cuadruplicado (Lc 19:8). Otra ref.: Lc 3:14. ¶

ACUSADO (acusar: *kategoréo*: κατηγορέω <2723>; de *katá*: contra, y *agoreúo*: hablar ante una asamblea {*agorá*}) **Presentar una denuncia contra.** No era costumbre de los romanos entregar a alguien antes de que el acusado (lit.: el hombre que está acusado) tuviera a sus acusadores ante él (Hch 25:16).

ACUSADOR (*katégoros*: κατήγορος <2725>; de *katá*: contra, y *agoreúo*: hablar ante una asamblea) **Aquel que atribuye a otro un delito, una culpa o una falta.** La etimología de la palabra sugiere un acusador hablando contra alguien ante una asamblea (comp. Zac 3:1, 2). El vocablo tiene el sentido habitual de una persona que denuncia a otra como habiendo cometido una falta: los acusadores de una mujer adúltera (Jn 8:10) y los de Pablo (Hch 23:30, 35; 24:8; 25:16, 18). También es uno de los nombres que caracterizan al diablo: Satanás está presentado como el acusador de los hermanos ante Dios (Ap 12:10). ¶

ACUSAR
1. (acusar calumniosamente: *blasfeméo*: βλασφημέω <987>; de *blápto*: hacer daño, y *féme*: fama, reputación) **Hablar mal, calumniar.** Pablo era calumniosamente acusado de decir: ¡Hacer lo malo para que venga lo bueno! (Ro 3:8).
2. (*diabálo*: διαβάλλω <1225>; de *diá*: part. que indica el canal de un acto, y *bálo*: echar) **Atacar con palabras.** Un hombre rico tenía un mayordomo que fue acusado ante él de derrochar sus bienes (Lc 16:1). ¶
3. (*enkaléo*: ἐγκαλέω <1458>; de *en*: en, y *kaléo*: llamar, citar en justicia)

Incriminar, inculpar. El secretario de Éfeso declaró que Demetrio y los artesanos tenían la posibilidad de acusar a Pablo y a sus compañeros ante los tribunales (Hch 19:38), sino los ciudadanos estaban en peligro de ser acusados de sedición (v. 40). Pablo estaba acusado a propósito de cuestiones de la ley judía (Hch 23:28, 29). Se defendió ante Agripa de aquello por lo cual estaba acusado por los judíos (Hch 26:2, 7).
4. (*kategoréo*: κατηγορέω <2723>; de *katá*: contra, y *agoreúo*: hablar ante una asamblea) **Presentar una denuncia contra.** Jesús era constantemente cuestionado con el fin de ser acusado por los judíos (Mt 12:10; 27:12; Mc 3:2; 15:3; Lc 6:7; 11:54; 23:2, 10, 14; Jn 8:6). El testimonio de Moisés acusaba a los judíos ante Dios (Jn 5:45a, b). Pablo fue acusado por los judíos y tuvo que defenderse (Hch 22:30; 24:2, 8, 13, 19; 25:5, 11). Los pensamientos de los gentiles se acusaban unos a otros (Ro 2:15). En Ap 12, Satanás acusa a los hermanos delante de Dios (v. 10).
5. (acusar ya: *proaitiáomai*: προαιτιάομαι: <4256>; de *pro*: ante, y *aitiáomai*: acusar) **Acusar previamente, establecer antes.** Pablo acababa de acusar tanto a judíos como a gentiles de estar todos bajo pecado (Ro 3:9). ¶
6. (acusar falsamente, hacer daño con una falsa acusación: *sukofantéo*: συκοφαντέω <4811>; de *súkon*: higo, y *faíno*: mostrar; lit.: denunciar a los ladrones o exportadores de higos consagrados) **Acusar sin razón.** Juan les dijo a unos soldados que no hicieran denuncias falsas contra nadie (Lc 3:14). Si Zaqueo había defraudado a alguien con una falsa acusación, le devolvería el cuádruplo (Lc 19:8). ¶
7. (de lo que se está acusado: *énklema*: ἔγκλημα <1462>; de *enkaléo*: ver **3.**) **Acusación, queja.** Para los romanos, el acusado debía tener la oportunidad de defenderse de la acusación (Hch 25:16).
8. (acusación: *kategoría*: κατηγορία <2724>; de *katá*: contra, y *agoreúo*: hablar ante una asamblea) **Denuncia hecha.** Los ancianos debían tener hijos que no fuesen acusados (lit.: no expuestos a una acusación) de libertinaje (Tit 1:6). En Lc 6:7, algunos mss. tienen este vocablo para traducir «de qué acusarle».

ADIVINACIÓN (ESPÍRITU DE)
(*Púthon*: Πύθων <4436>; de *Puthó*: región donde se situaba Delfos)
En la mitología griega, serpiente o dragón que guardaba el oráculo de Delfos a quien Apolo (dios de la adivinación) dio muerte. En Hch 16:16, la sirvienta poseída por un espíritu de adivinación (lit.: de Pitón; un demonio que desempeña el papel de adivino) procuraba grandes ganancias a sus amos profetizando; el apóstol Pablo la liberó en el nombre de Jesucristo. Ver **PROFETIZAR.** ¶

ADMINISTRACIÓN

1. (*diakonía*: διακονία <1248>; de *diákonos*: servidor, ministro) **Oficio de servidor, servicio.** Pablo habla de la administración de un servicio, es decir del servicio de la colecta para las necesidades de los santos (2Co 9:12).
2. (*kubérnesis*: κυβέρνησις <2941>; de *kubernáo*: gobernar, dirigir) **Don espiritual en lo que concierne a la administración dada a una iglesia local.** Dios ha dado gobiernos como dones de gracia (1Co 12:28). Así, aquel que está llamado a dirigir en una iglesia local, debe hacerlo con esmero (ver Ro 12:8). ¶
3. (*oikonomía*: οἰκονομία <3622>; de *oíkos*: casa, y *nómos*: ley) **Intendencia de una casa, gestión de los bienes.** El mayordomo (o intendente) que disipaba los bienes de su amo (Lc 16:2-4) fue llamado para que diera cuenta de su administración. Pablo había recibido una administración ligada a la predicación del Evangelio (1Co 9:17) y a la comunicación de las verdades que conciernen la gracia de Dios a la Iglesia (Ef 3:2, 9; Col 1:25). La administración de la plenitud de los tiempos será según la voluntad de Dios que reunirá todas las cosas en Cristo (Ef 1:10). La administración de Dios (es decir la que Dios nos confía) es por la fe (1Ti 1:4); algunos mss. tienen *oikodomía*: οἰκοδομία <3620>. ¶

ADMINISTRADOR

1. (*leitourgikós*: λειτουργικός <3010>; de *laós*: pueblo, y *érgon*: acción, trabajo) **Que ejerce un servicio (sobre todo religioso).** Los ángeles son espíritus administradores, enviados para servir a favor de los que han de heredar la salvación (Hb 1:14). ¶
2. (*oikonómos*: οἰκονόμος <3623>; de *oíkos*: casa, y *nómos*: ley) **Intendente, dirigente.** Erasto era el administrador de una ciudad (Ro 16:23). Pablo era administrador de los misterios de Dios (1Co 4:1). La fidelidad es requerida de un administrador (1Co 4:2); el obispo debe ser irreprochable como administrador de Dios (Tit 1:7). Habiendo recibido un don de gracia, el cristiano debe utilizarlo como buen administrador de la multiforme gracia de Dios (1P 4:10).

ADMINISTRAR

1. (*diakonéo*: διακονέω <1247>; de *diá*: part. int., *y enkonéo*: apresurarse) **Asumir el servicio, tener el cargo.** Pablo y otro hermano administraban un «donativo», es decir una importante suma (2Co 8:19, 20). Los profetas del A.T. administraban las cosas que concernían a Cristo en perspectiva de los futuros creyentes (1P 1:12).
2. (*oikonoméo*: οἰκονομέω <3621>; de *oíkos*: casa, y *nómos*: ley) **Administrar los negocios, asumir la responsabilidad.** El mayordomo infiel no podría administrar más; debía dar cuenta de su administración (Lc 16:2). ¶

ADMIRACIÓN
1. (*ékstasis*: ἔκστασις <1611>; de *exístemi*: sacar de casillas) **Asombro, espanto.** Los testigos de la resurrección de una muchacha se llenaron de admiración (Mc 5:42). El pueblo se llenó de admiración ante la sanidad del cojo por Pedro (Hch 3:10).
2. (estar en admiración: *thaumázo*: θαυμάζω <2296>; de *thaúma*: objeto de maravilla) **Admirar, maravillarse.** El Padre iba a mostrar al Hijo grandes obras para que los judíos se maravillasen (Jn 5:20). En la visión de Juan, toda la tierra se maravilló con la bestia (Ap 13:3).

ADMIRAR (*thaumázo*: θαυμάζω <2296>; de *thaúma*: objeto de maravilla; lit.: sorprenderse)
Respetar, estimar mucho; maravillarse ante. Jesús se maravilló de un centurión (Lc 7:9). El Señor vendrá para ser admirado en todos los que han creído (2Ts 1:10). Judas habla de los que admiran a los hombres para sacar provecho (Jud 16). Ver **ADMIRACIÓN 2.**

ADMISIÓN (*próslepsis*: πρόσληψις <4356>; de *prós*: con, y *lambáno*: recibir, tomar; escrito también *próslempsis* en griego)
Acogida, recibimiento. La admisión de Israel será la vida de entre los muertos (Ro 11:15). ¶

ADOPCIÓN (*juiothesía*: υἱοθεσία <5206>; de *juiós*: hijo, y *títhemi*: colocar; lit.: filiación adoptiva)
Tomar legalmente por hijo. Los que han recibido el espíritu de adopción pueden clamar «¡Abba, Padre!» (Ro 8:15). La realización final de la adopción se efectuará cuando los cuerpos de los creyentes serán transformados (Ro 8:23), cuando venga el Señor. La adopción es también para Israel como pueblo terrenal (Ro 9:4). Ella ha sido hecha posible por la redención realizada por el Hijo de Dios (Gá 4:5). Dios Padre ha predestinado a los cristianos para ser adoptados (lit.: predestinados para la adopción) hijos suyos por Jesucristo (Ef 1:5). ¶

ADORADOR (*proskunetés*: προσκυνητής <4353>; lit.: que saluda prosternándose)
Persona que rinde culto, que rinde homenaje; ver ADORAR. Los verdaderos adoradores adoran a Dios Padre en espíritu y en verdad (Jn 4:23). ¶

ADORAR (*proskunéo*: προσκυνέω <4352>; de *prós*: hacia, y *kunéo*: besar, o: prosternarse)
Rendir obediencia, rendir homenaje a alguien, particularmente a Dios. En el momento del encuentro de Jesús con la mujer en el pozo de Sicar, el verbo está empleado varias veces: Jn 4:20a, b, 21, 22a, b, 23a, b, 24a, b. Unos griegos se encontraban entre los que habían subido a Jerusalén para adorar (Jn 12:20), como más tarde un etíope (Hch 8:27) y Pablo (Hch 24:11). Jacob adoró, apoyado sobre el extremo de su bastón (Hb

ADQUISICIÓN

11:21). En Ap 11:1, encontramos a los que adoran en el templo de Dios.

ADQUISICIÓN – Ver **OBTENCIÓN**.

ADULACIÓN – Ver **LISONJA**.

ADULTERAR (*dolóo*: δολόω <1389>; de *dólos*: engañar; lit.: hacer caer en una trampa) **Falsificar algo; otras trad.: mentir, torcer.** En 2Co 4:2, el hecho de «adulterar la palabra de Dios» corresponde a mezclar falsas enseñanzas con las verdades de la Palabra. ¶

ADULTERIO
1. (*moicalís*: μοιχαλίς <3428>) **Adj. aplicado a una generación o a una persona, o sust. designando el acto.** Jesús utiliza este vocablo para estigmatizar la infidelidad de los judíos a propósito de la alianza que Dios había hecho con su pueblo (Mt 12:39). Otras ref.: Mt 16:4; Mc 8:38; Ro 7:3a, b; Stg 4:4; 2P 2:14. ¶
2. (*moiqueía*: μοιχεία <3430>) **Relaciones sexuales fuera de los lazos del matrimonio, y del que se hace culpable alguien que está casado.** Una mujer había sido sorprendida cometiendo adulterio (Jn 8:3). Otras ref.: Mt 15:19; Mc 7:21. ¶
3. (*moicós*: μοιχός <3432>) **Persona culpable de infidelidad conyugal.** Dios juzgará a los adúlteros (Hb 13:4). Otras ref.: Lc 18:11; 1Co 6:9. ¶
4. (cometer adulterio: *moicáo*: μοιχάω <3429> o *moiqueúo*: μοιχεύω <3431>) **Tener relaciones sexuales fuera de los lazos del matrimonio.** Jesús dijo que quien mira a una mujer para codiciarla ya ha cometido adulterio con ella en su corazón (Mt 5:28). Una mujer había sido sorprendida cometiendo adulterio (Jn 8:4). El verbo griego tiene el sentido de ser culpable de idolatría en Ap 2:22. Otras ref.: Mt 5:27, 32a, b; 19:9, 18; Mc 10:11, 12, 19; Lc 16:18a, b; 18:20; Ro 2:22a, b; 13:9; Stg 2:11a, b. ¶
5. (fornicación: *porneía*: πορνεία <4202>; cometer fornicación: *porneúo*: πορνεύω <4203>; de *pórnos*: prostituto {varón}) **Relaciones sexuales fuera del matrimonio; otras trad.: adulterio, inmoralidad.** El que repudia a su mujer, a no ser por causa de fornicación, hace que ella adultere (Mt 5:32). El que repudia a su mujer, salvo por causa de fornicación, y se casa con otra, comete adulterio (Mt 19:9). Los judíos decían que no eran nacidos de fornicación (Jn 8:41). Este pecado existía entre los corintios (1Co 5:1a, b). A causa de la fornicación, cada uno debía tener su propia mujer, y cada mujer su propio marido (1Co 7:2). La fornicación está formalmente prohibida por Dios (Hch 15:20, 29; 21:25; 1Co 6:18; 10:8; Ef 5:3; 1Ts 4:3). Este vocablo también describe en imagen la apostasía cristiana después del arrebatamiento de la Iglesia (Ap 14:8; 17:2, 4; 18:3, 9; 19:2). Otras ref.: Mt 15:19; Mc 7:21; 1Co 6:13; 2Co 12:21; Gá 5:19; Col 3:5; Ap 2:14, 20, 21; 9:21; 17:2. ¶

ADVENEDIZO – Ver **FORASTERO**.

ADVERSARIO

1. (*antídikos*: ἀντίδικος <476>; de *antí*: contra, y *díke*: castigo, juicio) **Oponente en un juicio.** Jesús exhorta a alguien a que se ponga de acuerdo con su adversario, de lo contrario sería echado en la cárcel (Mt 5:25a, b; Lc 12:58). En una parábola, una viuda le pedía al juez de vengarla de su adversario (Lc 18:3). Pedro nos exhorta a velar para resistir a nuestro adversario, el diablo (1P 5:8).
2. (*jupenantíos*: ὑπεναντίος <5227>; de *jupó*: bajo, y *enantíos*: que hace frente) **Oponente, contrario.** Un fuego ardiente que ha de devorar a los adversarios (Hb 10:27).
3. (ser el adversario: *antíkeimai*: ἀντίκειμαι <480>; de *antí*: contra, y *keímai*: encontrarse) **Oponerse.** La expresión literal «los que son adversarios» está traducida por «los adversarios» en las siguientes referencias. Los adversarios de Jesús se avergonzaban (Lc 13:17). Los adversarios no podrían responder a la sabiduría de los discípulos (Lc 21:15). Pablo decía que él tenía muchos adversarios (1Co 16:9), pero no se les debía tener ningún temor (Fil 1:28). Las viudas jóvenes no debían dar ninguna ocasión al adversario (1Ti 5:14).

ADVERTENCIA

1. (*nouthesía*: νουθεσία <3559>; de *noús*: mente, y *títhemi*: meter, poner) **Acción de prevenir, de informar.** Las cosas que le sucedieron a Israel son escritas para servirnos de advertencia (1Co 10:11). Los padres deben criar a sus hijos bajo las advertencias del Señor (Ef 6:4). Otra ref.: Tit 3:10. ¶
2. (de manera a atraer la atención: *metá paratéreseos*; *metá*: μετά <3326>, *paratéresis*: παρατήρησις <3907>; lit.: con advertencia) **Como un hecho observable, de forma espectacular.** El reino de Dios no viene con advertencia (Lc 17:20). ¶
3. (prestar atención: *proséco*: προσέχω <4337>; de *prós*: hacia, y *éco*: tener, retener) **Tener cautela, tener cuidado.** Debemos prestar mayor atención a las cosas que hemos oído, no sea que nos desviemos (Hb 2:1).

ADVERTIR DIVINAMENTE
(*crematízo*: χρηματίζω <5537>)
Instruir, prevenir mediante una revelación divina. Los magos fueron advertidos en sueños de no volver a Herodes (Mt 2:12). José fue advertido por Dios de ir a Galilea (Mt 2:22). A Simeón le había sido revelado que no vería la muerte antes de haber visto al Cristo (Lc 2:26). Cornelio había recibido instrucciones para hacer venir Pedro a su casa (Hch 10:22). Moisés fue advertido de construir el tabernáculo según el modelo (Hb 8:5). Noé fue advertido por Dios de las cosas que aún no se veían (Hb 11:7).

AFANARSE – Ver **INQUIETARSE**.

AFECTO (TENER UN GRAN)
(*jimeíromai*: ἱμείρομαι <2442>; de *jímeros*: ardiente deseo) **Anhelar con mucho afecto, amar.** Pablo, Silvano y Timoteo tenían gran afecto por los tesalonicenses (1Ts 2:8). ¶

AFECTUOSAMENTE (*polá*; de *polús*: πολύς <4183>; lit.: mucho) **Mayormente.** Aquila y Priscila saludaban afectuosamente a los creyentes de la iglesia de Corinto (1Co 16:19).

AFERRARSE (*jarpagmós*: ἁρπαγμός <725>; de *jarpázo*: apoderarse, arrebatar) **Llevarse por la fuerza, rapiña.** Jesús no ha estimado como cosa a que aferrarse el ser igual a Dios (Fil 2:6). ¶

AFILADO – Ver **AGUDO**.

AFIRMAR
1. (*bebaióo*: βεβαιόω <950>; de *bébaios*: ver **2.**) **Consolidar, confirmar.** El Señor Jesucristo afirmará a los creyentes hasta el fin (1Co 1:8). El creyente está confirmado en la fe (Col 2:7). Es bueno que el corazón esté afirmado con la gracia (Hb 13:9).
2. (firme: *bébaios*: βέβαιος <949>) **Sólido, seguro.** Los creyentes deben procurar hacer firme su vocación y elección (2P 1:10).
3. (*diamartúromai*: διαμαρτύρομαι <1263>; de *diá*: part. int., y *marturéo*: dar testimonio) **Atestar,** **testimoniar, decir.** Pablo afirma que el Señor es el vengador de las conductas ilícitas (1Ts 4:6).
4. (*diiscurízomai*: διϊσχυρίζομαι <1340>; de *diá*: part. int., y *iscurós*: fuerte, vigoroso) **Insistir, afirmar con fuerza.** Un hombre afirmó que Pedro había estado con Jesús (Lc 22:59). Rode afirmaba que Pedro estaba en el vestíbulo (Hch 12:15). ¶
5. (*krataióo*: κραταιόω <2901>; de *krataiós*: fuerte, poderoso) **Ser fuerte, fortalecerse.** Pablo exhorta a los corintios a ser fuertes (1Co 16:13).
6. (*stereóo*: στερεόω <4732>; de *stereós*: sólido) **Solidificar, fortalecer.** Al principio, las iglesias eran fortalecidas en la fe (Hch 16:5).
7. (*sterízo*: στηρίζω <4741>; quizá de *stereós*: sólido) **Apoyar, confortar, consolidar, fortalecer.** Jesús afirmó su rostro para ir a Jerusalén (Lc 9:51). Pablo deseaba ver a los creyentes de Roma para comunicarles algún don espiritual que los fortaleciera (Ro 1:11); Dios era poderoso para fortalecerlos (Ro 16:25). Pablo había enviado a Timoteo para fortalecer a los creyentes de Tesalónica (1Ts 3:2); el Señor podía consolidar sus corazones para que fuesen irreprensibles (1Ts 3:13) y confortarlos en toda obra y palabra buena (2Ts 2:17); el Señor los fortalecería, él quien es fiel (2Ts 3:3). Jacobo (Santiago) exhorta a los creyentes a mantener firmes sus corazones, porque la venida del Señor se acerca (Stg 5:8). El Dios de toda gracia

fortalecerá a los creyentes (1P 5:10). Pedro deseaba confirmar a los creyentes en la verdad (2P 1:12). Sardis está exhortada a afirmar lo que le quedaba (Ap 3:2).
8. (*fásko*: φάσκω <5335>; de *femí*: decir) **Decir, declarar.** Los judíos afirmaban que Pablo había intentado profanar el templo (Hch 24:9). Pablo afirmaba que Jesús estaba vivo (Hch 25:19). El vocablo está traducido como: «alardear, jactarse, pretender, profesar» en Ro 1:22; «se dicen, se llaman» en Ap 2:2. ¶
9. (inconstante: *astériktos*: ἀστήρικτος <793>; de *a*: part. neg., y *sterízo*: ver **7.**) **Vacilante, inestable.** Impíos seducen a las personas inconstantes (2P 2:14). Personas inconstantes tuercen los escritos de Pablo (2P 3:16). ¶

AFLICCIÓN

1. (*thlípsis*: θλῖψις <2347>; de *thlíbo*: apretar, agobiar) **a. Opresión, abatimiento.** Dios libró a José de todas sus aflicciones (Hch 7:10). Es necesario pasar a través de muchas aflicciones para entrar en el reino de Dios (Hch 14:22). Los que se casan tendrán aflicción en lo que respecta a la carne (1Co 7:28). Pablo ha conocido muchas aflicciones (2Co 1:4a, 8; 2:4; 7:4; Ef 3:13; Fil 4:14); él podía consolar a los que estaban en la aflicción (2Co 1:4b). Él cumplía ahora en su carne lo que quedaba por sufrir de las aflicciones de Cristo por la Iglesia (Col 1:24). Los hebreos habían sido ofrecidos en espectáculo a través de sus aflicciones (Hb 10:33). El servicio religioso es el de visitar a los huérfanos y a las viudas en sus aflicciones (Stg 1:27). **b. Opresión, persecución, angustia** Durante los grandes disturbios, los discípulos serán entregados a tribulación (lit.: a la aflicción) (Mt 24:9).
2. (*kákosis*: κάκωσις <2561>; de *kakós*: malo, malvado) **Malos tratamientos; miseria.** Dios había visto la aflicción de su pueblo cuando estaba en Egipto (Hch 7:34). ¶
3. (*lúpe*: λύπη <3077>) **Tristeza, pena.** Por conciencia delante de Dios, alguien puede soportar aflicciones (1P 2:19).
4. (soportar aflicciones: *bastázo*: βαστάζω <941>; lit.: llevar un objeto pesado) **Soportar, sufrir.** Éfeso ha soportado aflicciones por el nombre de Jesús (Ap 2:3).
5. (estar en la aflicción con: *sunkakouquéomai*; συγκακουχέομαι <4778>; de *sun*: con, junto a, y *kakouquéo*: maltratar) **Ser maltratado con, ser afligido con.** Moisés prefirió ser maltratado con el pueblo de Dios (Hb 11:25). ¶

AFLIGIR

1. (*diaponéo*: διαπονέω <1278>; de *diá*: a través, y *pónos*: angustia, dolor; lit.: cansar, trastornar, soportar penosamente) **Entristecer, irritar.** Pablo estuvo afligido de oír a la sirvienta poseída por un espíritu de adivinación (Hch 16:18).
2. (*thlíbo*: θλίβω <2346>) **Oprimir, atribular.** Si Pablo y Timoteo

estaban afligidos, era para la consolación de los corintios (2Co 1:6); cuando llegaron a Macedonia, estuvieron atribulados por todas partes (2Co 7:5). Unos creyentes fueron angustiados (Hb 11:37).
3. (*lupéo*: λυπέω <3076>; de *lúpe*: tristeza, dolor) **Entristecer, apenar.** El rey se entristeció de que la hija de Herodías le pidiera la cabeza de Juan el Bautista (Mt 14:9). En una parábola, unos siervos se entristecieron mucho (Mt 18:31). Los tesalonicenses no debían entristecerse respecto a los que dormían (1Ts 4:13). Los creyentes están ahora afligidos por un poco de tiempo por diversas pruebas (1P 1:6).
4. (*penthéo*: πενθέω <3996>; de *pénthos*: tristeza, duelo) **Llevar luto, llorar.** Pablo temía deber llorar pensando a muchos que no se habrían arrepentido de sus pecados (2Co 12:21).
5. (*stugnázo*: στυγνάζω <4768>; de *stugnos*: triste, detestable) **Estar triste, sombrío.** Un hombre que había guardado los mandamientos se fue entristecido al oír la palabra de Jesús (Mc 10:22).
6. (*sunéco*: συνέχω <4912>; de *sun*: con, junto a, y *éco*: tener, retener) **Constreñir, oprimir.** A todos los afligidos por diversas enfermedades los llevaron a Jesús (Mt 4:24).
7. (aflicción: *thlípsis*: θλῖψις <2347>; de *thlíbo*: afligir, oprimir) **Opresión, persecución, angustia.** Durante los grandes disturbios, los discípulos serán entregados a tribulación (lit.: a la aflicción) (Mt 24:9).

AFLIGIRSE – Ver **MISERIA**.

AFRENTA – Ver **VITUPERIO**.

ÁGAPES (*agápai*; plur. de *agápe*: ἀγάπη <26>; afecto, amor)
Encuentro cristiano con ocasión de una comida; otra trad.: fiesta de amor fraternal. Judas habla de ciertos hombres que son manchas en los ágapes de los creyentes (Jud 12). Al principio, la «cena» se celebraba durante estas fiestas; más tarde, fue separada.

ÁGATA (*calkedón*: χαλκηδών <5472>)
Piedra preciosa que se encuentra cerca de una antigua ciudad del mismo nombre en Asia Menor. Es de color lechosa, a veces teñida de azul o de gris. El tercer cimiento de la muralla de la Jerusalén celestial está adornado con ágata (Ap 21:19). ¶

AGRADABLE
1. (*dektós*: δεκτός <1184>; de *décomai*: aceptar, recibir) **Aprobado, acepto.** Dios se agrada en aquel que le teme y practica la justicia (Hch 10:35). Jesús había sido enviado para proclamar el año agradable del Señor (Lc 4:19).
2. (*apódektos*: ἀπόδεκτος <587>; de *apó*: part. int., y *dektós*: ver **1.**) **Convenible, aceptable.** Es agradable ante Dios de orar por todos los hombres, especialmente por los que tienen cargos elevados (1Ti 2:3). También es agradable ante Dios que los

hijos den los cuidados, que ellos mismos han recibido, a su madre o a su abuela viudas (1Ti 5:4). ¶

3. (*euprósdektos*: εὐπρόσδεκτος <2144>; de *eu*: bien, y *prosdécomai*: aceptar, recibir, que viene de *prós*: cerca de, y *dektós*: ver **1.**) **Aprobado, favorable, bien recibido.** Pablo quería que los gentiles fueran como una ofrenda agradable a Dios (Ro 15:16) y que su servicio por los santos sea bien recibido por ellos (v. 31). Citando a Isaías, Pablo habla del tiempo favorable, del día de salvación (2Co 6:2). La prontitud para dar es agradable según lo que se tiene (2Co 8:12). Los creyentes pueden ofrecer sacrificios espirituales, aceptables a Dios por Jesucristo (1P 2:5). ¶

4. (*arestós*: ἀρεστός <701>; de *arésko*: agradar) **Que agrada.** Herodes vio que era agradable para los judíos que maltratara a los de la Iglesia (Hch 12:3). Juan escribe respecto a la práctica de las cosas que son agradables delante de Dios (1Jn 3:22).

5. (*euárestos*: εὐάρεστος <2101>; de *eu*: bien, y *arestós*: ver **4.**) **Completamente agradable.** Pablo nos exhorta a presentar nuestros cuerpos como sacrificio agradable a Dios (Ro 12:1); debemos discernir cuál es la voluntad de Dios, la que le es agradable (v. 2). Aquel que sirve a Cristo respetando a su hermano es agradable a Dios (Ro 14:18). El creyente se aplica con empeño a ser agradable al Señor (2Co 5:9); comprobando lo que le es agradable (Ef 5:10). El don recibido por Pablo era un sacrificio agradable a Dios (Fil 4:18). Es agradable al Señor que los hijos obedezcan a sus padres (Col 3:20). El autor de la epístola a los Hebreos desea que Dios haga en los creyentes lo que es agradable delante de Él (Hb 13:21).

6. (de manera agradable: *euaréstos*: εὐαρέστως <2102>; de *eu*: bien, y *arestós*: ver **4.**) **Agradablemente.** Nosotros debemos servir a Dios de manera que le sea agradable (Hb 12:28). ¶

7. (otorgar gracia: *caritóo*: χαριτόω <5487>; de *cáris*: gracia) **Hacer aceptable, llenar de gracia.** Dios Padre ha otorgado gracia a los creyentes en el Amado (Ef 1:6).

AGRADAR – Ver **APARIENCIA 5.**

AGRADECIDO

1. (*eucáristos*: εὐχάριστος <2170>; de *eu*: bien, y *cáris*: gracia) **Que reconoce, expresa su apreciación de lo que es hecho por él.** Pablo exhorta a los colosenses a ser agradecidos (Col 3:15). ¶

2. (ser agradecido; lit.: dar gracias; gracia: *cáris*: χάρις <5485>; dar: *éco*: ἔχω <2192>) **Expresar su apreciación.** Pablo daba gracias (estaba agradecido) a Dios del recuerdo que tenía de Timoteo (2Ti 1:3).

AGRADECIMIENTO – Ver **GRACIA.**

AGREGADO (SER) – Ver **CONTADO (SER).**

AGUDO

AGUDO (*oxús*: ὀξύς <3691>)
Puntiagudo, afilado. Una espada aguda de dos filos salía de la boca del Hijo del Hombre (Ap 1:16). Este se dirige a Pérgamo bajo este símbolo (Ap 2:12). Con esta misma espada, herirá a las naciones (Ap 19:15).

AGUIJÓN
1. (*kéntron*: κέντρον <2759>; de *kentéo*: perforar) **Objeto que pica, que atormenta de forma dolorosa, dardo.** Una voz le dijo a Pablo que le era difícil dar coces contra el aguijón (Hch 26:14). Oseas pregunta (Os 13:14) ¿dónde está el aguijón de la muerte? (1Co 15:55); Pablo dice que el aguijón de la muerte es el pecado (v. 56). En el Apocalipsis, las langostas tenían aguijones (9:10). Otra ref.: Hch 9:5 (según algunos mss.). ¶
2. (*skólops*: σκόλοψ <4647>) **Vocablo que designa un objeto puntiagudo y penetrante como una espina.** El aguijón para la carne del apóstol Pablo (2Co 12:7) era una debilidad (corporal o espiritual) por la cual había suplicado al Señor tres veces para que le fuese retirada; pero el Señor no lo permitió, con el fin que Su poder sea plenamente manifestado en el servicio de Pablo. ¶

ÁGUILA (*aetós*: ἀετός <105>)
Ave de presa. Simboliza la rapidez del juicio de Dios sobre la humanidad corrompida cuando Cristo venga para establecer su reino (Mt 24:27, 28; Ap 4:7; 8:13). El águila de Ap 12:14, que permite a la mujer de volar hacia el desierto, prob. hace referencia a una nación que protegerá a un remanente de Israel durante la gran tribulación. ¶

AGUJA (*jrafís*: ῥαφίς <4476>; de *jrápto*: coser)
Varilla de metal muy fina, afilada a una punta y agujereada a la otra para permitir pasar un hilo. Es más fácil a un camello pasar por el ojo de una aguja, que a un rico entrar en el reino de Dios (Mt 19:24; Mc 10:25; Lc 18:25). Este agujero designaría una pequeña puerta por la cual se podía entrar aún en la ciudad caída la noche, mientras que las grandes puertas habían sido cerradas por medida de seguridad. Un viajero retrasado debía descargar su camello y hacerlo pasar penosamente por esta baja y pequeña puerta, lo que era tan difícil como enfilar un hilo en el ojo de una aguja. De ahí el nombre de «ojo de aguja» dado a esta pequeña puerta. ¶

AHORRAR – Ver **ACUMULAR**.

AIRE (*aér*: ἀήρ <109>)
Atmósfera en la que respiran los seres vivientes. Los judíos lanzaban polvo al aire (Hch 22:23). Pablo combatía no como dando golpes al aire (es decir no como un hombre que daría golpes al vacío) (1Co 9:26). Si no pronunciaban un discurso inteligible, los corintios hablarían al aire (1Co 14:9). Satanás es el príncipe de la potestad del aire (Ef 2:2). Los

creyentes vivos serán arrebatados al encuentro del Señor en el aire (1Ts 4:17). El sol y el aire fueron oscurecidos por el humo del pozo (Ap 9:2). El séptimo ángel derramó su copa en el aire (Ap 16:17). ¶

AJENJO (*ápsinthos*: ἄψινθος <894>) **Licor nocivo extraído de una planta aromática amarga.** La referencia a una estrella llamada «ajenjo» (Ap 8:11) sugiere, según el A.T., la amargura (ver Lm 3:15) y la injusticia (ver Am 5:7; 6:12) que envenenan la vida moral de los hombres y les produce la muerte espiritual. Se trata de un terrible juicio de Dios sobre las naciones apóstatas antes del milenio. ¶

ALA (*ptérux*: πτέρυξ <4420>; de *pétomai*: volar)
Miembro que permite al ave volar. Jesús hubiese querido reunir a los hijos de Jerusalén como una gallina reúne a sus polluelos bajo sus alas (Mt 23:37; Lc 13:34). En la visión de Juan, los seres vivientes tenían cada uno seis alas (Ap 4:8), el ruido de las alas de las langostas era como el estruendo de carros de combate que se lanzan a la batalla (Ap 9:9) y las dos alas de la gran águila le fueron dadas a la mujer para que volara al desierto (12:14). ¶

ALABANZA
1. (*aínos*: αἶνος <136>) **Celebración, glorificación de una persona.** El vocablo está empleado solamente a propósito de Dios (Mt 21:16; Lc 18:43). ¶
2. (*épainos*: ἔπαινος <1868>; de *epí*: sobre, y *aínos*: ver **1.**) **Vocablo más fuerte que el precedente con la idea de aprobación.** Se recibe alabanza de la autoridad por una buena obra (Ro 13:3). Cada uno recibirá su alabanza de Dios (1Co 4:5). Pablo habla de la alabanza de la gloria de la gracia de Dios (Ef 1:6) y de la alabanza de su gloria (v. 12, 14). Otras ref.: Ro 2:29; 2Co 8:18; Fil 1:11; 4:8; 1P 1:7; 2:14. ¶
3. (*aínesis*: αἴνεσις <133>) **Vocablo semejante a 1.** El sacrificio de alabanza a Dios es el fruto de labios que confiesan su nombre (Hb 13:15). ¶

ALABAR
1. (*ainéo*: αἰνέω <134>) **Celebrar, glorificar a una persona.** Este verbo es utilizado solamente en relación con Dios. El salmista dice a las naciones de alabar al Señor (Ro 15:11 citando Sal 117:1).
2. (*exomologuéo*; ἐξομολογέω <1843>; de *ex*: part. int., y *jomologuéo*: declarar abiertamente) **Confesar, exaltar, reconocer.** David dice que él alabaría a Dios entre las naciones (Ro 15:9).
3. (celebrar la fiesta: *jeortázo*: ἑορτάζω <1858>; de *jeorté*: celebración, fiesta) **Indicar una fiesta con una ceremonia.** Los creyentes celebran en espíritu la fiesta de los Panes sin levadura actuando en este mundo con sinceridad y verdad, en separación del mal (1Co 5:8). ¶

ALABASTRO (FRASCO DE)
(*alábastron*: ἀλάβαστρον <211>)
El alabastro común es una variedad de calcita o de yeso translúcido. El alabastro oriental era muy utilizado para hacer recipientes para perfumes. En Mt 26:7, Mc 14:3 y Lc 7:37, la palabra griega por «frasco de alabastro» es simplemente «alabastro». La expresión «quebrar el frasco» significa prob. que la mujer ha abierto la botella del perfume rompiendo el precinto. ¶

ALDEA
1. (*kóme*: κώμη <2968>) **Pueblo.** Jesús sanó a un ciego en la aldea de Betsaida (Mc 8:23, 26a, b). Unos fariseos y unos doctores de la ley habían venido de todas las aldeas de Galilea para escuchar a Jesús (Lc 5:17). El Cristo viene de la aldea de Belén (Jn 7:42).
2. (*komópolis*: κωμόπολις <2969>; de *kóme*: ver 1., y *pólis*: ciudad) **Aldea importante.** Jesús quería ir a las aldeas vecinas para predicar (Mc 1:38). ¶

ALEGORÍA (alegorizar: *alegoréo*: ἀλληγορέω <238>; de *álos*: diferente, y *agoreúo*: arengar, hablar)
Evocar una realidad concreta para hacer comprender otra más abstracta. En Gá 4:24, los acontecimientos relatados por Pablo a propósito de los dos hijos de Abraham tuvieron efectivamente lugar, y él se sirve como alegoría para describir dos pactos; lit.: «las cuales cosas son dichas en alegoría». ¶

ALEGRÍA
1. (*agalíasis*: ἀγαλλίασις <20>) **Exultación, regocijo.** Juan el Bautista debía ser para su padre, Zacarías, un motivo de gozo y alegría (Lc 1:14).
2. (*jilarótes*: ἱλαρότης <2432>; de *jilarós*: ver 3.) **Júbilo, presteza.** Aquel que practica la misericordia, que lo haga con alegría (Ro 12:8). ¶
3. (alegre: *jilarós*: ἱλαρός <2431>) **Hilarante, pronto a obrar.** Dios ama al dador alegre (2Co 9:7). ¶
4. (amabilidad: *eúnoia*: εὔνοια <2133>; de *eunoéo*: ser amable, que viene de *eu*: bien, y *noús*: mente) **Buena disposición, acuerdo.** Los esclavos (o siervos) debían servir de buena voluntad (lit.: con amabilidad) como sirviendo al Señor (Ef 6:7). ¶

ALELUYA (*jalelouía*: ἀλληλουϊά <239>)
Vocablo que significa «¡Alaben a Jah! (o Jehová)». En el N.T., este vocablo solo se encuentra en Ap 19 (v. 1, 3, 4, 6). Ha sido tomado tal y como del hebreo (ver Sal 104:35). Este vocablo de alabanza está empleado en el cielo y en la tierra. ¶

ALERO – Ver PINÁCULO.

ALFA (*álfa*: ἄλφα <1>)
Primera letra del alfabeto griego. Está empleada con omega, la última letra del mismo alfabeto. La expresión «el Alfa y la Omega» es un título de Dios y de Cristo que solo se encuentra en el Apocalipsis (Ap 1:8,

ALMA

11 en algunos mss.; 21:6; 22:13), y hace referencia a su existencia eterna. ¶

ALFARERO (*kerameús*: κεραμεύς <2763>; de *kéramos*: barro del alfarero)
Aquel que fabrica objetos de barro. El alfarero puede hacer del barro un vaso para honra y otro para deshonra (Ro 9:21). Con las treinta monedas de plata devueltas por Judas Iscariote, se compró el «campo del alfarero» para sepultura de los extranjeros (Mt 27:7, 10). ¶

ALGARROBA (*kerátion*: κεράτιον <2769>; dim. de *kéras*: cuerno; lit.: cuerno pequeño)
Alimento con el que se alimentan los cerdos. Se trata del fruto en forma de vaina del algarrobo, un árbol que puede llegar a medir 12 m. de altura. El hijo pródigo habría estado satisfecho comiéndolas, durante el hambre que sobrevino en el país en el que se encontraba (Lc 15:16). ¶

ALGUACIL
1. (*juperétes*: ὑπηρέτης <5257>; de *jupó*: debajo, y *erétes*: remero) **Siervo, especialmente encargado de ejecutar las decisiones del sanedrín o de la sinagoga.** Enviaron a los alguaciles para prender a Jesús (Jn 7:32, 45, 46). Unos alguaciles acompañaron a Judas para prender a Jesús (Jn 18:3, 12). Pedro se sentó con los alguaciles (Mt 26:58; Mc 14:54; Jn 18:18). Los alguaciles dieron bofetadas a Jesús (Mc 14:65; Jn 18:22). Gritaron para que crucificaran a Jesús (Jn 19:6). Los alguaciles no encontraron a los apóstoles en la cárcel (Hch 5:22); pero los encontraron en el templo y los trajeron ante el sanedrín (Hch 5:26).
2. (*jrabdoúcos*: ῥαβδοῦχος <4465>; de *jrábdos*: cetro, bastón, y *éco*: tener) **Oficial romano que velaba al respeto de las órdenes del emperador y de los principales magistrados.** Los magistrados enviaron a los alguaciles para que soltaran a Pablo y a Silas (Hch 16:35, 38). ¶

ALIANZA – Ver **PACTO**.

ALIGERAR (*koufízo*: κουφίζω <2893>; de *koúfos*: ligero)
Descargar, hacer más ligero. Se aligeró la nave sobre la que había subido Pablo, arrojando el trigo al mar (Hch 27:38). ¶

ALMA
1. (*psuqué*: ψυχή <5590>) **Una de las tres partes de la persona humana; ella es susceptible de emociones.** El alma designa la vida natural en nosotros (Hch 20:10). El vocablo también está traducido con la palabra «vida» (p.ej. Jn 10:15). Con el espíritu y el cuerpo, el alma constituye la persona humana (1Ts 5:23). Ella es la parte inmaterial e invisible del hombre (p.ej. Mt 10:28). En el hombre, ella es la base de las emociones y de los sentimientos (Lc 1:46); el espíritu es más bien la base de la inteligencia y de la

ALMUD

conciencia. El vocablo puede designar a personas vivas (Hch 2:41, 43; Ro 2:9; etc.), o a personas fallecidas que viven separadas de sus cuerpos (Ap 6:9; 20:4). El espíritu es el principio de vida dado por Dios al hombre; el alma es la vida que resulta en el individuo (ver Gn 2:7); el cuerpo es el organismo material animado por el espíritu. Se puede separar el cuerpo y el alma, pero difícilmente se diferencia el espíritu y el alma (Hb 4:12); éstos son semejantes en su naturaleza y actividad. Otras ref.: Mt 10:28a, b; 11:29; 12:18; 16:26a, b; 22:37; 26:38; Mc 8:36, 37; 12:30, 33; 14:34; Lc 2:35; 10:27; 12:19a, b, 20; 21:19; Jn 10:24; 12:27; Hch 2:27; 3:23; 4:32; 7:14; 14:22; 15:24; Ro 13:1; 1Co 15:45; 2Co 1:23; 12:15; Fil 1:27; Hb 6:19; 10:38, 39; 12:3; 13:17; Stg 1:21; 5:20; 1P 1:9, 22; 2:11, 25; 4:19; 2P 2:8, 14; 3Jn 2; Ap 18:13, 14.
2. (desfallecer: *apopsúco*: ἀποψύχω <674>; de *apó*: lejos de, y *psúco*: respirar) **Desmayar, exhalar.** Durante la gran tribulación, los hombres desfallecerán a causa de la expectación de las cosas que vendrán sobre la tierra (Lc 21:26). ¶

ALMUD (*módios*: μόδιος <3426>) **Medida de capacidad romana para áridos, de aprox. 9 litros.** La palabra tiene el sentido particular de recipiente (como aquel bajo el que es puesta la lámpara en los evangelios) que servía para medir el consumo familiar de cereales (Mt 5:15; Mc 4:21; Lc 11:33). ¶

ÁLOE (*aloé*: ἀλοή <250>) **Planta resinosa cuyo jugo es denso y muy amargo.** El áloe era utilizado para fumigar y embalsamar. Nicodemo trajo un compuesto de mirra y áloe para embalsamar el cuerpo de Jesús (Jn 19:39). ¶

ALREDEDOR (ANDAR) (*peripatéo*: περιπατέω <4043>; de *perí*: alrededor, y *patéo*: pisar) **Circular, pasearse con una intención sospechosa u hostil.** El diablo, como un león rugiente, anda alrededor de los creyentes, buscando a quien devorar (1P 5:8).

ALTAR
1. (*bomós*: βωμός <1041>) **Mesa para los sacrificios.** Pablo había encontrado en Atenas un altar dedicado al dios no conocido (Hch 17:23). ¶
2. (*thusiastérion*: θυσιαστήριον <2379>; de *thúo*: sacrificar, inmolar) **Obra construida según las instrucciones divinas, sobre el que se ofrecían sacrificios de víctimas o incienso a Dios.** El vocablo está empleado en Mt 5:23, 24; 23:18, 19, 20a, b, 35; Lc 1:11; 11:51; Ro 11:3; 1Co 9:13a, b; 10:18; Hb 7:13; Stg 2:21. También se encuentra en el Apocalipsis en relación con el testimonio (6:9), las oraciones de los santos (8:3a, b), la actividad angélica (8:5; 9:13), el templo (11:1; 14:18); en Ap 16:7, el altar solicita a Dios. En Hb 13:10, el altar cristiano simboliza a Jesucristo sacrificado, por medio de quien el

creyente ofrece la alabanza a Dios (ver v. 8-10). ¶

ALTIVO – Ver **VANAGLORIOSO**.

ALUMBRAMIENTO (*tíkto*: τίκτω <5088>)
Dar a luz, nacer. El tiempo del alumbramiento de Elisabet se cumplió (Lc 1:57). Los días del alumbramiento de María se cumplieron (Lc 2:6).

AMABLE (*prosfilés*: προσφιλής <4375>; de *prós*: hacia, y *filéo*: tener afecto por)
Agradable, digno de ser amado. Todas las cosas que son amables deben ocupar los pensamientos de los creyentes (Fil 4:8). ¶

AMADO
1. (*agapetós*: ἀγαπητός <27>; de *agapáo*: amar) **Amado de un particular afecto.** Jesús es el Hijo amado del Padre (Mt 3:17; 12:18; 17:5; Mc 1:11; 9:7; Lc 3:22; 9:35; 2P 1:17). En la parábola, el señor de la viña envió a su hijo amado con el fin de recibir fruto de la viña (Mc 12:6; Lc 20:13). Los apóstoles y los ancianos emplean este vocablo al hablar de Pablo y Bernabé (Hch 15:25) y Pedro al hablar de Pablo (2P 3:15). Pablo emplea frecuentemente esta palabra para hablar de los creyentes (Ro 1:7; 12:19; 1Co 4:14; 10:14; 15:58; 2Co 7:1; 12:19; Ef 5:1; Fil 2:12; 4:1a, b; Hb 6:9), como también Jacobo (Santiago) (Stg 1:16, 19; 2:5), Pedro (1P 2:11; 4:12; 2P 3:1, 8, 14, 15, 17), Juan (1Jn 2:7; 3:2, 21; 4:1, 7, 11) y Judas (Jud 3, 17, 20). Este calificativo está dado a une creyente llamada Pérsida (Ro 16:12) y a varios creyentes: Epeneto (Ro 16:5), Amplias (v. 8), Estaquis (v. 9), Timoteo (1Co 4:17; 2Ti 1:2), Tíquico (Ef 6:21; Col 4:7), Epafras (Col 1:7), Onésimo (Col 4:9), Lucas (Col 4:14), Filemón (Flm 1), Gayo (3Jn 1, 2, 5, 11). Los judíos eran amados de Dios por causa de los padres (Ro 11:28). Pablo dice a los esclavos que sus amos creyentes son amados (1Ti 6:2). Este vocablo se traduce a veces por «muy amado, muy querido» en 1Ts 2:8. ¶
2. (del verbo amar: *agapáo*: ἀγαπάω <25>) **Tener afecto por alguien.** En los siguientes versículos, la palabra es lit.: amado(a). Dios llama amada (Israel) a la que no era amada (Ro 9:25a, b). Dios nos ha concedido su gracia en (su Hijo) el Amado (Ef 1:6). Pablo se dirige a los colosenses como a amados (Col 3:12). Judas se dirige a los amados en Dios Padre (Jud 1). Jerusalén es llamada la ciudad amada (Ap 20:9).

AMAR
1. (*agapáo*: ἀγαπάω <25>) **Tener afecto por alguien.** Este verbo describe el apego de Dios Padre por su Hijo (Jn 17:26), por la raza humana en general (Jn 3:16) y por los que creen en el Señor Jesús (Jn 14:21, particularmente). Traduce el deseo de Dios Padre por que sus hijos se amen unos a otros (Jn 13:34) y por que amen a todos los hombres (1Ts

AMARGAMENTE

3:12 {amor}; 1Co 16:14; 2P 1:7). Expresa la naturaleza esencial de Dios. (Según W. E. Vine.)
2. (*eudokéo*: εὐδοκέω <2106>) **Encontrar preferible.** Pablo prefería más bien estar ausente del cuerpo y presente al Señor (2Co 5:8).
3. (*filéo*: φιλέω <5368>) **Amar como un amigo; este verbo ante todo representa un afecto cariñoso.** En el evangelio de Juan, los dos verbos (*agapáo* y *filéo*) están empleados para expresar el amor del Padre para con su Hijo (3:35; 5:20) y para con el creyente (14:21; 16:27); también están empleados para expresar el amor de Jesús por su discípulo (13:23; 20:2). Pero los dos verbos conservan sus distintos caracteres. (Según W. E. Vine.) Jesús amaba a Lázaro (Jn 11:36). Aquel que ama su vida, la perderá (Jn 12:25).
4. (preferir: *thélo*: θέλω <2309>) **Querer, escoger.** En la iglesia, Pablo prefería pronunciar cinco palabras con su entendimiento para enseñar a los demás, que diez mil palabras en lenguas (1Co 14:19).
5. (que le gusta ser el primero: *filoproteúo*: φιλοπρωτεύω <5383>) **Amar el primer lugar.** A Diótrefes le gustaba ocupar el primer lugar entre los creyentes (3Jn 9).

AMARGAMENTE (*pikrós*: πικρῶς <4090>; de *pikrós*: amargo)
Con amargura. Después de haber renegado a Jesús, Pedro lloró amargamente (Mt 26:75; Lc 22:62). ¶

AMARGO

1. (*pikrós*: πικρός <4089>) **Agrio, desagradable al paladar.** Jacobo (Santiago) pregunta si una fuente puede hacer salir por la misma abertura lo dulce y lo amargo (Stg 3:11); él habla de celos amargos (v. 14), es decir caracterizados por la tristeza y el resentimiento. ¶
2. (hacer, ser amargo: *pikraíno*: πικραίνω <4087>; de *pikrós*: ver **1.**) **Hacer agrio, desagradable al paladar; irritar.** Las aguas se hicieron amargas (Ap 8:11). Los maridos deben amar a sus esposas y no ser amargos con ellas (Col 3:19). ¶

AMARGURA

1. (*pikría*: πικρία <4088>; de *pikrós*: amargo, agrio) **Aspereza; estado de un alma caracterizada por la decepción, la acritud y el resentimiento.** Simón el mago estaba en hiel de amargura (Hch 8:23). La boca de los malos está llena de amargura (Ro 3:14). Toda amargura debe ser quitada de en medio de los creyentes (Ef 4:31). Deben velar por temor a que alguna raíz de amargura no los perturbe (Hb 12:15). ¶
2. (llenar de amargura: *pikraíno*: πικραίνω <4087>; de *pikrós*: ver **1.**) **Causar pesadumbre o aflicción.** El librito (o rollo), que el ángel le hizo comer, llenó el vientre de Juan de amargura (Ap 10:9, 10).

AMARILLO
(*clorós*: χλωρός <5515>; de *clóe*: verde o amarillento) **Verde pálido.** Sobre el caballo

amarillo estaba sentada la muerte (Ap 6:8).

AMARRA (*zeuktería*: ζευκτηρία <2202>; de *zeúgnumi*: poner bajo yugo, unir)
Atadura, cadena; lo que permite fijar, retener. Desataron las amarras de los timones de la nave sobre la que se encontraba Pablo (Hch 27:40). ¶

AMATISTA (*améthustos*: ἀμέθυστος <271>; lit.: que disipa la embriaguez)
Variedad de cuarzo, una piedra preciosa de color violeta. El duodécimo cimiento de la muralla de la Jerusalén celestial está adornado con amatista (Ap 21:20). ¶

AMBICIÓN – Ver **CONTIENDA**.

AMÉN (*amén*: ἀμήν <281>; palabra tomada del hebreo)
Ciertamente, ¡Así sea! Este vocablo hace referencia a lo que es seguro y digno de confianza (2Co 1:20; Ap 1:7). Es un título de Dios mismo en hebreo (en Is 65:16, el «Dios de verdad» es lit. «Elohim Amén») y en el Apocalipsis es un nombre de Cristo (3:14). «Amén» (en verdad) significa nuestro acuerdo con las palabras pronunciadas por otro, p.ej. durante una acción de gracias (1Co 14:16). La palabra acompaña expresiones dando gloria a Dios y a Jesucristo (Ro 11:36; 16:27; Gá 1:5; Ef 3:21; Fil 4:20; 1Ti 1:17; 2Ti 4:18; Hb 13:21; 1P 4:11; 5:11; 2P 3:18; Jud 25; Ap 1:6; 7:12a, b), alabanzas (Ap 5:14; 19:4), bendiciones (Ro 1:25; 9:5), expresiones atribuyendo a Dios el honor y la fuerza (1Ti 6:16), deseos o saludos (Ro 15:33; 16:24; Hb 13:25; 1Co 16:24; Gá 6:18; Fil 4:23). La Iglesia responde al Señor, quien le ha prometido venir pronto: «Amén, ¡ven, Señor Jesús!» (Ap 22:20). La palabra hebrea o aramea *amén*, sola o repetida, precediendo una afirmación de Jesús (y traducida por «en verdad», o «de cierto»), se encuentra 75 veces en los evangelios (p.ej. Mt 6:2, 16; Mc 10:15; Lc 23:43; Jn 8:58; 10:7).

AMIGO
1. (*jetaíros*: ἑταῖρος <2083>; de *étes*: miembro del mismo grupo social)
Compañero. Jesús emplea este vocablo en la parábola de los obreros enviados a la viña (Mt 20:13) y de la boda del hijo del rey (Mt 22:12). Antes de ser librado, Jesús se dirigió a Judas empleando esa palabra (Mt 26:50).
2. (*fílos*: φίλος <5384>) **Ser querido, por quien se tiene afecto.** Se le reprochó a Jesús ser un amigo de publicanos y de pecadores (Mt 11:19; Lc 7:34). Un centurión envió unos amigos a Jesús (Lc 7:6). Jesús habla de amigos en sus parábolas (Lc 11:5a, b, 6, 8; 14:10; 15:6, 29) y Juan el Bautista del amigo del esposo (Jn 3:29). Jesús llama a sus discípulos amigos (Lc 12:4; Jn 15:15) y habla de «nuestro amigo» a propósito de Lázaro (Jn 11:11). No hay amor más grande que el dar la vida por sus amigos (Jn 15:13); los que hacen lo

AMISTAD

que Jesús les manda son sus amigos (v. 14). Los discípulos de Jesús iban a ser entregados por amigos (Lc 21:16). Pilato y Herodes se hicieron amigos la víspera de la crucifixión de Jesús (Lc 23:12). Los judíos gritaron a Pilato que no era amigo de César si soltaba a Jesús (Jn 19:12). Aquel que hace una comida no debe invitar a sus amigos para que no le puedan devolver la invitación (Lc 14:12). La mujer que encuentra la dracma en la parábola reúne a sus amigas para que se alegren con ella (Lc 15:9). Jesús ha dicho de hacerse amigos con las riquezas injustas (Lc 16:9). Cornelio reúne a sus íntimos amigos para escuchar a Pedro (Hch 10:24). Pablo tenía amigos entre las autoridades de Asia (entre los asiarcas) (Hch 19:31). Julio permitió a Pablo ir a ver a sus amigos (Hch 27:3). Abraham fue llamado amigo de Dios (Stg 2:23). Aquel que quiere ser amigo del mundo se hace enemigo de Dios (Stg 4:4). Los amigos saludaban a Gayo, y Juan le pedía que saludara a los amigos (3Jn 15a, b). ¶
3. (amigo de placeres: *filédonos*: φιλήδονος <5369>; de *filos* y *jedoné*: placer) **Amigo de sensaciones agradables.** En los últimos días, los hombres serán más amigos de placeres que amigos de Dios (2Ti 3:4). ¶
4. (amigo de Dios: *filótheos*: φιλόθεος <5377>; de *filos* y *Theós*: Dios) **Que ama a Dios.** Ver 3. ¶

AMISTAD (*filía*: φιλία <5373>; de *filos*: amigo)

Sentimiento de afecto, de apego entre dos personas. La amistad del mundo es enemistad contra Dios (Stg 4:4). ¶

AMONESTACIÓN (*nouthesía*: νουθεσία <3559>; de *noús*: mente, y *títhemi*: poner, meter)
Advertencia (con el sentido de reprensión). El hombre que causa divisiones debe ser evitado después de dos amonestaciones (Tit 3:10). El vocablo es traducido como «advertencia, enseñanza, instrucción» en 1Co 10:11 y Ef 6:4; ver **ADVERTENCIA.** ¶

AMONESTAR
1. (*nouthetéo*: νουθετέω <3560>; de *noús*: mente, y *títhemi*: poner, meter) **Aconsejar, prevenir.** Pablo estaba persuadido que los creyentes de Roma podían amonestarse unos a otros (Ro 15:14). Él mismo amonestaba a todo hombre con el fin de presentarlo perfecto en Cristo (Col 1:28). Incita a los colosenses a amonestarse unos a otros con salmos, con himnos y con cánticos espirituales (Col 3:16).
2. (*parainéo*: παραινέω <3867>; de *pará*: junto a, y *ainéo*: prescribir) **Advertir, aconsejar.** Pablo exhorta a los marineros a tener buen ánimo (Hch 27:22).
3. (*parakaléo*: παρακαλέω <3870>; de *para*: al lado de, y *kaléo*: llamar) **Animar, incitar a hacer algo, rogar.** Pedro exhorta en los Hechos (Hch 2:40) y en su primera carta (1P

2:11; 5:1, 12); Bernabé exhorta (Hch 11:23) como también Pablo y Bernabé (Hch 14:22), Pablo y Silas (Hch 16:40), Judas y Silas (Hch 15:32), Pablo solo en los Hechos (Hch 20:1, 2; 27:33, 34), Judas (v. 3). Pablo con frecuencia emplea el verbo en sus cartas (Ro 12:1, 8; 15:30; 16:17; 1Co 1:10; 14:31; 16:16; 2Co 2:8; 5:20; 6:1; 8:6; 10:1; Ef 4:1; 1Ts 2:11; 4:1, 10; 5:11, 14; 2Ts 3:12; 1Ti 2:1; 5:1; 6:2; 2Ti 4:2; Tit 1:9; 2:6, 15); otras ref.: Hb 3:13; 10:25; 13:22.

4. (*peítho*: πείθω <3982>) **Persuadir, convencer.** Pablo y Bernabé les persuadían a que perseveraran en la gracia de Dios (Hch 13:43).

5. (*protrépo*: προτρέπω <4389>; de *pro*: antes de, y *trépo*: girar) **Incitar moralmente, animar.** Los hermanos de Éfeso animaron a los discípulos de Acaya para que recibieran a Apolos (Hch 18:27). ¶

AMOR

1. (*agápe*: ἀγάπη <26>) **Sentimiento de afecto, de cariño que se siente por alguien; a veces algunos traducen por «caridad».** En el N.T., el vocablo solo está empleado en relación con las personas divinas (p.ej. Jn 15:9; Ro 15:30; 1Jn 2:15) y de los creyentes (p.ej. Fil 1:9; 2Ts 1:3). El amor tiene su fuente en Dios, y no se expresa más que en Dios y mediante los que son nacidos de Dios (p.ej. Jn 15:13; 1Jn 4:8, 16, 18). Otras ref.: Mt 24:12; Lc 11:42; Jn 5:42; 13:35; 15:10a, b; 17:26; Ro 5:5, 8; 8:35, 39; 12:9; 13:10a, b; 14:15; 1Co 4:21; 8:1; 13:1-3, 4a-c, 8, 13a, b; 14:1; 16:14, 24; 2Co 2:4, 8; 5:14; 6:6; 8:7, 8, 24; 13:11, 13 {o 14}; Gá 5:6, 13, 22; Ef 1:4 {o 5}, 15; 2:4; 3:18, 19; 4:2, 15, 16; 5:2; 6:23; Fil 1:16 {o 17}; 2:1, 2; Col 1:4, 8, 13; 2:2; 3:14; 1Ts 1:3; 3:6, 12; 5:8, 13; 2Ts 2:10; 3:5; 1Ti 1:5, 14; 2:15; 4:12; 6:11; 2Ti 1:7, 13; 2:22; 3:10; Tit 2:2; Flm 5, 7, 9; Hb 6:10; 10:24; 1P 4:8a, b; 5:14; 2P 1:7; 1Jn 2:5, 15; 3:1, 16, 17; 4:7, 9, 10, 12, 16a-c, 17, 18a-c; 5:3; 2Jn 3, 6; 3Jn 6; Jud 2, 21; Ap 2:4, 19. ¶

2. (amor fraternal: *filadelfía*: φιλαδελφία <5360>; de *fílos*: amigo, y *adelfós*: hermano) **Sentimiento de afecto hacia los hermanos y las hermanas en la fe.** En cuanto al amor fraternal, los creyentes de Roma debían estar llenos de afecto los unos por los otros (Ro 12:10). Los tesalonicenses no tenían necesidad que Pablo les escribiera con ese propósito (1Ts 4:9). El amor fraternal debe permanecer (Hb 13:1).

3. (amor para con los hombres: *filanthropía*: φιλανθρωπία <5363>; de *fílos*: amigo, y *ánthropos*: hombre o mujer) **Sentimiento de amor, de bondad para con la raza humana.** Cuando la bondad de Dios para con los hombres se manifestó, él nos salvó (Tit 3:4).

ANATEMA (*anáthema*: ἀνάθεμα <331>; de *aná*: arriba, y *títhemi*: poner)

Maldición, execración. Pablo había deseado ser anatema, separado de Cristo, por sus hermanos israelitas

ANCIANO

(Ro 9:3). Nadie que hable por el Espíritu de Dios puede decir «anatema a Jesús» (1Co 12:3). Si alguien no ama al Señor Jesús o si evangeliza otro evangelio distinto del que Pablo había evangelizado, que sea anatema (1Co 16:22; Gá 1:8, 9). La expresión «jurar bajo maldición» (Hch 23:14) contiene la radical «anatema» en el verbo y en el complemento. ¶

ANCIANO

1. (*arcaíos*: ἀρχαῖος <744>; de *árcomai*: comenzar) **Persona de una época anterior, antepasado.** Los ancianos en Israel habían recibido el mandamiento de no matar y de no jurar en falso (Mt 5:21, 33).
2. (*presbúteros*: πρεσβύτερος <4245>; de *présbus*: hombre mayor, embajador) **a. Representante del pueblo.** Para los judíos, los ancianos eran los representantes del pueblo (p.ej. Mt 21:23; Hch 4:8) y formaban parte del Consejo en Jerusalén. Otras ref.: Mt 16:21; 26:3, 47, 57, 59; 27:1, 3, 12, 20, 41; 28:12; Mc 7:3, 5; 8:31; 11:27; 14:43, 53; 15:1; Lc 7:3; 9:22; 20:1; 22:52; Hch 4:5, 23; 6:12; 23:14; 24:1; 25:15. **b. Antepasados de los israelitas.** Antepasados venerados por los israelitas (Mt 15:2; Hb 11:2). **c. Cristiano que posee madurez y experiencia espirituales que lo hacen apto para velar y responder por las necesidades espirituales de los otros creyentes en las iglesias locales.** Al principio, los ancianos eran escogidos por los apóstoles o sus delegados (Tit 1:5). Pedro exhorta a los ancianos a pastorear al rebaño de Dios (1P 5:1), y a los jóvenes a someterse a los ancianos (v. 5). La tarea del anciano está asimilada a la de obispo en Tit 1:5 (ver v. 6, 7) y a la de conductor en 1Ti 5:17. Otras ref.: Hch 11:30; 14:23; 15:2, 4, 6, 22, 23; 16:4; 20:17; 21:18; 1Ti 5:17, 19; Stg 5:14; 2Jn 1; 3Jn 1. **d. Compañía sacerdotal de los rescatados glorificados en el cielo, caracterizados por la sabiduría y la inteligencia espirituales.** Encontramos a estos ancianos en el Apocalipsis (p.ej. 4:4, 10). Otras ref.: Hch 2:17; Ap 5:5, 6, 8, 11, 14; 7:11, 13; 11:16; 14:3; 19:4.
3. (cuerpo de ancianos: *presbutérion*: πρεσβυτέριον <4244>; de *présbus*: hombre mayor, embajador) **Asamblea de ancianos. a.** Asamblea de ancianos entre los judíos (Lc 22:66; Hch 22:5). **b.** En 1Ti 4:14, se trata del conjunto de hermanos que poseen madurez y experiencia espirituales en la iglesia local. ¶
4. (anciano con: *sumpresbúteros*: συμπρεσβύτερος <4850>; de *sun*: con, y *presbúteros*) Pedro era en sí mismo un anciano con los ancianos (1P 5:1). ¶

ANCIANOS (*gerousía*: γερουσία <1087>; de *géron*: hombre mayor) **Consejo de hombres judíos, prob. aquellos que componían el Concilio.** El Concilio y todos los ancianos de los hijos de Israel fueron reunidos contra los apóstoles (Hch 5:21). ¶

ANCLA (*ánkura*: ἄγκυρα <45>; de *ánkos*: curvatura)
Instrumento de hierro forjado en forma de garfio que sirve para aferrarse al fondo del mar y sujetar la nave mediante una cuerda que los enlaza. Las anclas, al principio de la era cristiana, tenían la misma forma curvada que ahora. La palabra es utilizada en Hch 27:29, 30, 40. En Hb 6:19, la esperanza cristiana está comparada a una ancla segura y firme. La expresión «levar anclas» (Hch 27:13) traduce el verbo *aíro* que significa solamente «levar». ¶

ANETO – Ver **ENELDO**.

ÁNGEL
1. (*ángelos*: ἄγγελος <32>; de *angélo*: mensajero) **Ser celestial creado por Dios.** Los ángeles son espíritus creados por Dios para su alabanza (ver p.ej. Sal 148:2), para la adoración de su Hijo (p.ej. Hb 1:6) y para su servicio (ver p.ej. Sal 91:11). Pueden tomar forma humana (p.ej. Lc 24:4). La mención de los ángeles que han pecado (2P 2:4), no habiendo guardado su posición (Jud 6), podría referirse a las relaciones de los hijos de Dios (los ángeles) con las hijas de los hombres (las mujeres) (ver Gn 6:1-4). Según Hb 1:14, los ángeles son enviados para servir a favor de los creyentes. El vocablo siempre se encuentra en masculino. Ver **QUERUBINES** y **SERAFINES**.
2. (igual a los ángeles: *isángelos*: ἰσάγγελος <2465>; de *ísos*: igual, y *ángelos*: ver **1.**) **Igual, parecido a los ángeles.** Los que resucitan de entre los muertos son iguales a los ángeles (Lc 20:36). ¶

ANGUSTIA
1. (*thlípsis*: θλῖψις <2347>; de *thlíbo*: afligir, oprimir) **Aflicción, sufrimiento.** La mujer que ha dado a luz ya no se acuerda de la angustia (Jn 16:21).
2. (*stenocoría*: στενοχωρία <4730>; de *stenós*: estrecho, y *córa*: espacio; lit.: espacio estrecho) **Preocupación en exceso.** Pablo dice que habrá angustia sobre todos los que hacen el mal (Ro 2:9).
3. (*sunoqué*: συνοχή <4928>; de *sun*: con, junto a, y *éco*: llevar; lit.: opresión, estrechamiento) **Ansiedad.** Durante la gran tribulación, las naciones estarán angustiadas y perplejas (Lc 21:25).
4. (lleno de angustia: *agonía*: ἀγωνία <74>; de *agón*: lucha, pelea) **Agitación del alma, sufrimiento moral muy grande.** En Getsemaní, lleno de angustia, Jesús oraba con más fervor (Lc 22:44). ¶
5. (sentir angustia: *ademonéo*: ἀδημονέω <85>; de *adéo*: estar harto, excesivamente; lit.: atormentarse) **Sentir un gran peso.** En Getsemaní, Jesús comenzó a sentirse muy triste y angustiado (Mt 26:37; Mc 14:33).

ANGUSTIADO (ESTAR MUY)
(*ademonéo*: ἀδημονέω <85>; de un derivado de *adéo*: estar entristecido, estar harto)

ANGUSTIARSE

Estar deprimido, preocupado, atormentado. Epafrodito estaba angustiado porque los filipenses habían oído decir que había estado enfermo (Fil 2:26).

ANGUSTIARSE –
Ver **INQUIETARSE**.

ANILLO
1. (*daktúlios*: δακτύλιος <1146>; de *dáktulos*: dedo) **Aro pequeño, con frecuencia de metal precioso, que se lleva en el dedo.** En la parábola del hijo pródigo, el padre hace poner un anillo en la mano de su hijo que había vuelto (Lc 15:22). ¶
2. (con anillo de oro: *crusodaktúlios*: χρυσοδακτύλιος <5554>; de *crusós*: oro, y *daktúlios*: ver **1.**) **Que lleva un anillo de oro en el dedo.** Jacobo (Santiago) habla de un hombre con anillo de oro (lit.: con dedo de oro) que entra en la sinagoga (o asamblea) y que es tratado con consideración mientras que un pobre lo es con desprecio (Stg 2:2). ¶

ANIMAL
1. (*zóon*: ζῷον <2226>; de *zoós*: viviente) **Ser viviente.** En Hb 13:11, se trata de animales ofrecidos en sacrificio. En el Apocalipsis, los seres vivientes (los animales) son criaturas simbólicas que están ante el trono y dan gloria, honor y acciones de gracias a Dios (Ap 4:6, 7a-d, 8, 9; 5:6, 8, 11, 14; 6:1, 3, 5-7; 7:11; 14:3; 15:7; 19:4).
2. (animal marino: *enálios*: ἐνάλιος <1724>; de *en*: en, y *jáls*: sal, mar; lit.: que está en el mar) **Que vive en el mar.** Toda clase de animales marinos se doma (Stg 3:7), pero no la lengua (ver v. 8). ¶
3. Ver **NATURAL**.

ÁNIMO
1. (*thársos*: θάρσος <2294>) **Aliento, confianza.** Viendo a los hermanos, Pablo dio gracias a Dios y cobró aliento (Hch 28:15). ¶
2. (tener buen ánimo: *tharséo*: θαρσέω <2293>; de *thársos*: ver **1.**) **Estar alentado, tener confianza.** Jesús le dijo a un paralítico que tuviera ánimo, que sus pecados le eran perdonados (Mt 9:2). A una mujer que tenía una pérdida de sangre le dijo que tuviera ánimo, que su fe la había salvado (Mt 9:22; Lc 8:48). Le dijeron al ciego que tuviera confianza, que Jesús lo llamaba (Mc 10:49). Sobre el mar, en la barca azotada por las olas, Jesús les dijo a sus discípulos que tuvieran ánimo (Mt 14:27; Mc 6:50). Jesús les dijo que tuvieran confianza, porque él había vencido al mundo (Jn 16:33). El Señor se presentó a Pablo y le dijo que tuviera ánimo (Hch 23:11). ¶
3. (estar alegre: *euthuméo*: εὐθυμέω <2114>; de *eu*: bien, y *thumós*: espíritu, alma, sentimiento) **Tener confianza, tener buen ánimo.** Pablo exhorta a los pasajeros de la nave a tener buen ánimo (Hch 27:22, 25).
4. (animoso: *eúthumos*: εὔθυμος <2115>; de *eu*: bien, y *thumós*:

espíritu, pasión) **Lleno de confianza, en buen espíritu.** Los pasajeros de la nave teniendo ya mejor ánimo (lit.: todos hechos de buen ánimo) (Hch 27:36). ¶
5. (con más ánimo: *euthúmos*: εὐθύμως <2115a>; de *eu*: bien, y *thumós*: espíritu, alma, sentimiento) **Con más confianza.** Pablo presentaba su defensa con más ánimo, sabiendo que el gobernador juzgaba su nación desde hacía muchos años (Hch 24:10). ¶
6. (estar de buen ánimo: *eupsuquéo*: εὐψυχέω <2174>; de *eúpsucos*: de buen ánimo, que viene de *eu*: bien, y *psuqué*: alma) **Estar alentado, estar animado.** Pablo estaría de buen ánimo al tener noticias de los creyentes de Filipos (Fil 2:19). ¶
7. (desmayar: *eklúo*: ἐκλύω <1590>; de *ek*: fuera de, y *lúo*: soltar) **Estar desamparado, desanimarse.** Bajo la disciplina del Señor, no debemos desmayarnos (Hb 12:5).
8. (perder ánimo: *ekkakéo*: ἐκκακέω <1573> o *enkakéo*: ἐγκακέω <1457a>; de *en*: en, y *kakós*: mal, malo) **Desalentarse, descorazonarse.** Pablo pedía a los creyentes de Éfeso que no se desanimasen a causa de sus aflicciones por ellos (Ef 3:13). ¶

ÁNIMO (MISMO) (*isópsucos*: ἰσόψυχος <2473>; de *ísos*: igual, y *psuqué*: aliento, vida, alma)
De un mismo sentir, que comparte las mismas preocupaciones. Timoteo compartía el mismo ánimo que Pablo y se preocupaba por el bienestar de los filipenses (Fil 2:20). ¶

ÁNIMO PRONTO (CON) (*prothúmos*: προθύμως <4290>; de *pro*: antes de, y *thumós*: pasión) **Con afán.** Los ancianos deben cuidar del rebaño de Dios con ánimo pronto (1P 5:2). ¶

ANÍS – Ver **ENELDO**.

ANTEMANO (DESIGNADO DE) – Ver **ANUNCIADO ANTES**.

ANTEPASADO (*prógonos*: πρόγονος <4269>; de *pro*: antes, y *gínomai*: nacer)
Persona de la que se desciende. Siguiendo a sus antepasados, Pablo servía a Dios con una conciencia limpia (2Ti 1:3).

ANTICIPAR (*prolambáno*: προλαμβάνω <4301>; de *pro*: antes de, y *lambáno*: tomar; lit.: hacer una cosa por adelantado)
Ejecutar antes del momento previsto. Derramando el perfume de nardo puro sobre la cabeza de Jesús, una mujer anticipa (sentido de: anticipar el momento) la unción de su cuerpo para la sepultura (Mc 14:8).

ANTICRISTO (*antícristos*: ἀντίχριστος <500>; lit.: quien es contra Cristo)
a. Aquel que se opone a Cristo. El anticristo viene (1Jn 2:18a; 4:3). De origen judío, el anticristo se asociará con el imperio romano reconstituido. Hará milagros y seducirá a sus compatriotas, pero recibirá su

poder de Satanás. Seducirá igualmente a los que se dicen cristianos después del arrebatamiento de la Iglesia, y llevará a esos apóstatas (ver **APOSTASÍA**) a un culto idólatra. Será echado vivo en el lago de fuego cuando el Señor Jesús introduzca su reino. Otros nombres del anticristo: el hombre de pecado, el hijo de perdición, el inicuo, la otra bestia, el falso profeta. Ver Dn 11:36-39; 2Ts 2:1-12; Ap 13:11-18; 19:19-21. **b. Otras personas que se oponen a Cristo.** El apóstol Juan habla de muchos anticristos que han surgido de entre los cristianos y son, ellos también, caracterizados por la mentira y la seducción (1Jn 2:18b, 22; 2Jn 7). ¶

ANTIGUO

1. (*arcaíos*: ἀρχαῖος <744>; de *árcomai*: comenzar) **De otro tiempo, desde hace tiempo.** Se creía que Jesús era uno de los antiguos profetas resucitado (Lc 9:8, 19). Desde tiempos antiguos, Dios había escogido a Pedro entre los apóstoles (Hch 15:7). Desde tiempos antiguos, Moisés es predicado en las sinagogas (Hch 15:21). Mnasón era un antiguo discípulo (Hch 21:16). Dios no perdonó al mundo antiguo (2P 2:5). Satanás es la serpiente antigua (Ap 12:9; 20:2).
2. (*palaiós*: παλαιός <3820>; de *pálai*: anterior) **Viejo.** El entendimiento de los hijos de Israel ha sido endurecido y un velo permanece sobre sus corazones cuando leen el antiguo pacto (2Co 3:14). Juan escribía un mandamiento antiguo que era la palabra que los santos habían oído (1Jn 2:7a, b).
3. (hacer anticuado: *palaióo*: παλαιόω <3822>; de *palaiós*) **Envejecer, hacer obsoleto.** Dios ha hecho anticuado el primer pacto, y lo que se envejece está cerca de desaparecer (Hb 8:13a, b).
4. (más anciano: *presbúteros*: πρεσβύτερος <4245>; de *présbus*: anciano) **De mayor edad.** Los de mayor edad salieron los primeros en el caso de la mujer adúltera (Jn 8:9).

ANULACIÓN –
Ver **CANCELACIÓN**.

ANULAR

1. (*athetéo*: ἀθετέω <114>; de *a*: part. neg., y *títhemi*: poner) **Poner de lado, desechar.** Los judíos anulaban el mandamiento de Dios para guardar su tradición (Mc 7:9). Isaías dice que Dios anularía la inteligencia de los inteligentes (1Co 1:19). Pablo no anulaba la gracia de Dios (Gá 2:21). Nadie anula un pacto que ha sido confirmado (Gá 3:15).
2. (*akuróo*: ἀκυρόω <208>; de *a*: part. neg., y *kúros*: autoridad) **Considerar como nulo, sin valor.** Los judíos anulaban el mandamiento de Dios a causa de su tradición (Mt 15:6). Anulaban la Palabra de Dios por su tradición (Mc 7:13). La ley no anula un pacto confirmado anteriormente por Dios (Gá 3:17), aquel que Dios había concluido con

Abraham sobre el principio de la fe. ¶
3. (*katargéo*: καταργέω <2673>; de *katá*: part. int., y *argéo*: no hacer nada) **Abolir, suprimir.** La incredulidad no anula la fidelidad de Dios (Ro 3:3). La fe no anula la ley (Ro 3:31). La promesa es anulada si los herederos se ponen bajo el principio de la ley (Ro 4:14). El cuerpo del pecado ha sido anulado por la crucifixión con Cristo del viejo hombre (Ro 6:6). Dios ha escogido lo vil y lo menospreciado, y lo que no es, para anular lo que es (1Co 1:28). Nuestro Salvador Jesucristo ha anulado la muerte (2Ti 1:10). Jesús anuló el poder del diablo (Hb 2:14).
4. Ver **BORRAR.**

ANUNCIADO ANTES
1. (*proqueirízomai*: προχειρίζομαι <4400>; de *pro*: antes de, y *queír*: mano) **Ser designado de antemano, estar destinado a una función específica.** Dios había enviado a Jesucristo que había sido anunciado antes (Hch 3:20).
2. (*proorízo*: προορίζω <4309>; de *pro*: antes de, y *jorízo*: determinar, ordenar) **Determinar antes, predestinar.** Pablo hablaba la sabiduría predestinada por Dios antes de los siglos para gloria de los creyentes (1Co 2:7).

ANZUELO
(*ánkistron*: ἄγκιστρον <44>; de *ánkos*: flexión, curva) **Gancho que permite atrapar a los peces.** Jesús le dijo a Pedro que echara un anzuelo y que tomara el primer pez que saliera (Mt 17:27). ¶

AÑADIR
1. (*epidiatássomai*: ἐπιδιατάσσομαι <1928>; de *epí*: además, *diá*: mediante, y *tásso*: ordenar, asignar) **Asignar además.** Nadie añade a un pacto que está confirmado (Gá 3:15). ¶
2. (*epitíthemi*: ἐπιτίθημι <2007>; de *epí*: sobre, y *títhemi*: colocar) **Acrecentar además.** Si alguien añade a las cosas escritas en el Apocalipsis, Dios traerá sobre él las plagas escritas en este libro (Ap 22:18).
3. (*prostíthemi*: προστίθημι <4369>; de *prós*: al lado, y *títhemi*: colocar; lit.: colocar adicionalmente) **Agregar, aumentar.** Por mucho que alguien se preocupe, nadie puede añadir un codo a su estatura (Mt 6:27; Lc 12:25). A los que oían, según su comportamiento, les sería añadido (Mc 4:24). Herodes añadió a sus malas acciones la de encerrar a Juan en la cárcel (Lc 3:20). Jesús, añadiendo, dijo una parábola (Lc 19:11). Unas tres mil personas fueron añadidas a la Iglesia en un día (Hch 2:41); el Señor añadía cada día a la Iglesia los que debían ser salvos (v. 47). Una gran multitud fue agregada al Señor en Antioquía (Hch 11:24). La ley fue añadida a causa de las transgresiones (Gá 3:19).

AÑO
1. (*eniautós*: ἐνιαυτός <1763>) **Periodo de tiempo de una duración**

de doce meses lunares (aprox. 354 días). Jesús se identifica al que es enviado para publicar el año de gracia del Señor (Lc 4:19). Pablo y Bernabé se reunieron todo un año con la iglesia de Antioquía (Hch 11:26). Pablo se quedó en Corinto un año y seis meses (Hch 18:11). El sumo sacerdote entraba una vez al año en el lugar santísimo (Hb 9:7). Elías oró y no llovió durante tres años y seis meses (Stg 5:17).

2. (*étos*: ἔτος <2094>) **Periodo de tiempo de una duración de doce meses lunares (aprox. 354 días).** Una mujer que padecía de un flujo de sangre desde hacía doce años se acercó a Jesús (Mt 9:20; Mc 5:25; Lc 8:43). Jesús hizo que se levantara y anduviera una niña de doce años que acababa de morir (Mc 5:42; Lc 8:42). A los doce años de edad, Jesús escuchaba e interrogaba a los maestros en el templo (Lc 2:42). Al comenzar su ministerio público, Jesús tenía unos treinta años (Lc 3:23). Sanó a una mujer que estaba enferma desde hacía dieciocho años (Lc 13:11, 16). Sanó a un hombre enfermo desde hacía treinta y ocho años (Jn 5:5). Otras ref.: Lc 2:37; 4:25; 13:7; Jn 2:20; 8:57; Hch 4:22; 7:6, 30, 36, 42; 9:33; 13:20, 21; 19:10; 2Co 12:2; Gá 1:18; 2:1; 3:17; 1Ti 5:9; Hb 1:12; 3:9, 17; 2P 3:8a, b; Ap 20:2-7.

3. (dos años: *dietía*: διετία <1333>; de *dís*: dos veces, y *étos*: año) **Duración de dos años.** Porcio Festo sucedió a Félix cuando se cumplieron dos años (Hch 24:27). Pablo se quedó durante dos años en una casa en Roma (Hch 28:30). ¶

4. (de dos años: *dietés*: διετής <1332>; de *dís*: dos veces, y *étos*) **De edad de dos años.** Herodes hizo matar a los niños menores de dos años (Mt 2:16). ¶

5. (tres años: *trietía*: τριετία <5148>; de *treís*: tres, y *étos*: año) **Duración de tres años.** Durante tres años, Pablo no había cesado de amonestar a los creyentes de Éfeso (Hch 20:31). ¶

6. (de cuarenta años: *tessarakontaetés*: τεσσερακονταετής <5063>; de *tessarákonta*: cuarenta, y *étos*: año) **De una duración de cuarenta años.** Cuando cumplió cuarenta años, Moisés tuvo el deseo de visitar a sus hermanos (Hch 7:23). Dios cuidó de Israel en el desierto durante cuarenta años (Hch 13:18). ¶

7. (de cien años: *jekatontaétes*: ἑκατονταετής <1541>; de *jekatón*: cien, y *étos*: año) **De una duración de cien años.** Abraham tenía unos cien años cuando Dios le hizo la promesa (Ro 4:19). ¶

APACENTAR

1. (*bósko*: βόσκω <1006>) **a. Dar de comer (a los animales).** El hijo pródigo fue enviado a los campos para apacentar cerdos (Lc 15:15). Otras ref.: Mt 8:30, 33; Mc 5:11, 14; Lc 8:32, 34. **b. En sentido espiritual: obrar como un pastor que vela sobre las almas, es decir asegurarse que ellas tienen una buena

alimentación, guiarlos en el camino recto, cuidar a las que son débiles y enfermas. Jesús le dijo a Pedro que apacentara a sus corderos (Jn 21:15) y a sus ovejas (Jn 21:17). ¶
2. (*poimaíno*: ποιμαίνω <4165>; de *poimén*: pastor) **a. Dar de comer (a los animales).** El vocablo está empleado en Lc 17:7 y está traducido como: «apacentar ganado»; 1Co 9:7. **b. En sentido espiritual: obrar como un pastor que vela sobre las almas.** Un conductor debía salir de Belén para apacentar a Israel (Mt 2:6). El Espíritu Santo había puesto en Éfeso a obispos para velar y hacer apacentar a la iglesia de Dios (Hch 20:28). Pedro exhorta a los ancianos a apacentar la grey de Dios que estaba entre ellos (1P 5:2). Aquel que vencerá en Tiatira, regirá a las naciones con vara de hierro (Ap 2:27). El Cordero pastoreará a los que vienen de la gran tribulación (Ap 7:17). Un hijo varón (el Señor Jesús) debe regir a las naciones con vara de hierro (Ap 12:5; 19:15).

APACIBLE
1. (*eirenikós*: εἰρηνικός <1516>; de *eiréne*: paz) **Relativo a la paz, que procura la paz.** La disciplina da más tarde fruto apacible de justicia (Hb 12:11). La sabiduría de lo alto es pacífica (o apacible) (Stg 3:17). ¶
2. (quietud: *éremos*: ἤρεμος <2263>) **Tranquilidad que proviene del exterior.** Los creyentes oraban con el fin de llevar una vida de quietud y de reposo (1Ti 2:2). ¶

3. (*jesúquios*: ἡσύχιος <2272>) **Quietud que proviene del interior.** Pedro habla de creyentes caracterizados por un espíritu afable y apacible que es de gran estima delante de Dios (1P 3:4).

APAGA (NO SE) –
Ver **INEXTINGUIBLE**.

APAREJO (*skeué*: σκευή <4631>; *skeúos*: σκεῦος <4632>)
Conjunto necesario para pilotar y desplazar los barcos de velas. En Hch 27:17, Lucas emplea *skeúos*; el vocablo está traducido como: «anclas flotantes; velas». El el v. 19, *skeué* es traducido como: «aparejo». ¶

APARICIÓN (*epifáneia*: ἐπιφάνεια <2015>; de *epí*: sobre, y *faíno*: brillar) **Palabra que designa la manifestación, pasada o futura, de Jesucristo al mundo para establecer su reinado de gloria.** En su designación futura, el vocablo se encuentra en 1Ti 6:14 y 2Ti 4:1, 8. La aparición del Señor es la segunda fase de su venida, la primera concierne la resurrección o la transmutación de los santos y el arrebatamiento de éstos a su encuentro (ver **Esperanza**). Tit 2:13 menciona las dos expresiones. El Señor Jesús pondrá un freno a la actividad del anticristo por la aparición de su venida (2Ts 2:8). En 2Ti 1:10, en su designación pasada, esta palabra designa la primera venida de Jesucristo a la tierra como Salvador. ¶

APARIENCIA

1. (*eídos*: εἶδος <1491>; relacionado con *joráo*: ver) **Aspecto exterior.** La apariencia del rostro de Jesús cambió en la montaña (Lc 9:29).
2. (*lógos*: λόγος <3056>; de *légo*: decir, hablar) **Palabra (en contraste con un hecho o una doctrina).** Los mandamientos y las enseñanzas de los hombres tienen bien una apariencia de sabiduría (Col 2:23).
3. (*ópsis*: ὄψις <3799>; de *optánomai*: ver) **Vista, aspecto.** Jesús dijo que no había que juzgar según las apariencias, sino que había que juzgar con justo juicio (Jn 7:24).
4. (*prósopon*: πρόσωπον <4383>; de *pro*: antes, y *óps*: rostro) **Cara, aspecto.** Jesús les dijo a los fariseos y a los saduceos que ellos sabían discernir el aspecto del cielo (Mt 16:3; Lc 12:56). Unos fariseos y herodianos dijeron a Jesús que él no miraba la apariencia de los hombres (Mt 22:16; Mc 12:14; Lc 20:21). Pablo era humilde en cuanto a su apariencia en medio de los corintios (2Co 10:1); les pregunta si ellos consideraban las cosas según la apariencia (v. 7). Dios no juzga por las apariencias (Gá 2:6).
5. (ser de buen semblante: *euprosopéo*: εὐπροσωπέω <2146>; de *eu*: bien, y *prósopon*: ver **4.**) **Hacerse ver bien, dar una buena imagen, agradar.** Los que querían agradar según la carne obligaban a los gálatas a circuncidarse (Gá 6:12). ¶

APEDREAR

1. (*litházo*: λιθάζω <3034>; de *líthos*: piedra) **Matar a una persona o a un animal tirándole piedras.** Algunos creyentes del A.T. fueron apedreados por sus perseguidores (Hb 11:37). Los judíos querían apedrear a Jesús (Jn 10:31-33; 11. 8). Pablo fue apedreado una vez (Hch 14:19; 2Co 11:25). Otra ref.: Hch 5:26. ¶
2. (*katalitházo*: καταλιθάζω <2642>; *katá*: part. int., y *litházo*: ver **1.**) Ver **1.** Los principales sacerdotes y los escribas temían que todo el pueblo los apedrearan según la respuesta que le dieran a Jesús (Lc 20:6). ¶
3. (*lithoboléo*: λιθοβολέω <3036>; de *líthos*: piedra, y *bálo*: lanzar) Ver **1.** Era el medio prescrito por Dios para castigar a muerte a los impíos (ver Lv 20:2, 27; Dt 21:18-21; Jos 7:25). Después del don de la ley, une bestia que tocara el monte de Sinaí debía ser apedreada (Hb 12:20; ver Ex 19:12, 13). En una parábola, Jesús habla de los labradores (los judíos) que apedreaban a los siervos (los profetas) del dueño de la casa (Dios) (Mt 21:35). Acusa a Jerusalén de apedrear a los que le son enviados (Mt 23:37; Lc 13:34). A Esteban lo mataron por apedreamiento (Hch 7:58, 59). Otras ref.: Jn 8:5; Hch 14:5. ¶

APELAR A (*epikaléo*: ἐπικαλέω <1941>; de *epí*: part. de dirección, y *kaléo*: llamar)
Término que designa el recurso legal de un ciudadano romano que le permitía comparecer ante

APÓSTOL

el emperador y ser juzgado por él. El apóstol Pablo apeló a César (Hch 25:11, 12, 21, 25; 26:32; 28:19).

APLAZAR (*anabálo*: ἀναβάλλω <306>; de *aná*: inversión, y *bálo*: arrojar, lanzar)
Posponer a más tarde. Félix aplazó a Pablo y a sus acusadores (Hch 24:22). ¶

APOSENTO ALTO
1. (*anógeon*: ἀνώγεον <508>; de *áno*: encima, y *gé*: suelo) **Piso superior.** Un hombre debía mostrar a los discípulos un gran aposento alto amueblado para celebrar la pascua (Mc 14:15; Lc 22:12); otros mss.: *anágaion*. ¶
2. (*juperóon*: ὑπερῷον <5253>; de *juperóos*: situado en el piso superior, que viene de *jupér*: encima) **Habitación en el piso superior.** Después de la ascensión de Jesús, los discípulos subieron al aposento alto (Hch 1:13). Después de su muerte, pusieron a Dorcas en un aposento alto (Hch 9:37); fue ahí donde llevaron a Pedro (v. 39). Había muchas lámparas en el aposento alto donde estaban reunidos los creyentes para escuchar a Pablo (Hch 20:8). ¶

APOSTASÍA (*apostasía*: ἀποστασία <646>; de *afístemi*: separarse, alejarse; lit.: deserción, abandono de una doctrina)
Palabra que era utilizada para designar el abandono de la verdad (Hch 21:21; 2Ts 2:3). Entre el arrebatamiento de los cristianos y el reinado de Cristo en la tierra (milenio), la apostasía será general; esta será el renuncio completo y público de la doctrina cristiana. Pero ahora, ya algunos apostatan de la fe (ver 1Ti 4:1). ¶

APOSTATAR (*afístemi*: ἀφίστημι <868>; de *apó*: part. que indica separación, e *jístemi*: levantar; lit.: separarse, alejarse)
Abandonar la verdad. En los últimos tiempos algunos apostatarán de la fe (1Ti 4:1).

APÓSTOL (*apóstolos*: ἀπόστολος <652>; de *apó*: lejos, y *stélo*: enviar)
Aquel que es enviado para una misión. Jesús escogió a doce apóstoles entre sus discípulos (Lc 6:13) para estar con él durante su ministerio en la tierra (ver Mc 3:14). Fueron testigos oculares de los acontecimientos de su ministerio (ver 2P 1:16). Jesús les dio autoridad para expulsar a los espíritus inmundos y sanar las enfermedades (ver Mt 10:1). Comió la pascua con ellos antes de sufrir (Lc 22:14; ver v. 15) e instituyó la cena en esta ocasión (ver v. 19, 20). Judas, el traidor, fue reemplazado por Matías (Hch 1:26). Los apóstoles han sido testigos de la resurrección del Señor (ver Hch 1:22). Pablo es igualmente un apóstol, habiendo visto al Señor en la gloria después de su ascensión (1Co 9:1); él mismo emplea a menudo el título «llamado a ser apóstol» para designarse (p.ej. 1Co 1:1).

APOSTOLADO

El vocablo «apóstol» también está utilizado para designar a otros siervos (Hch 14:4, 14; 1Co 15:7). Jesús es llamado «apóstol y sumo sacerdote de nuestra confesión» (Hb 3:1). Otras ref.: Mt 10:2; Mc 6:30; Lc 9:10; 11:49; 17:5; 24:10; Hch 1:2; 2:37, 42, 43; 4:33, 35-37; 5:2, 12, 18, 29, 34, 40; 6:6; 8:1, 14, 18; 9:27; 11:1; 15:2, 4, 6, 22, 23; 16:4; Ro 1:1; 11:13; 16:7; 1Co 4:9; 9:2, 5; 12:28, 29; 15:9a, b; 2Co 1:1; 11:5, 13b; 12:11, 12; Gá 1:1, 17, 19; Ef 1:1; 2:20; 3:5; 4:11; Col 1:1; 1Ts 2:6; 1Ti 1:1; 2:7; 2Ti 1:1, 11; Tit 1:1; 1P 1:1; 2P 1:1; 3:2; Jud 17; Ap 2:2; 18:20; 21:14.

APOSTOLADO (*apostolé*: ἀποστολή <651>; de *apó*: lejos, y *stélo*: enviar; lit.: misión)
Actividad de aquel que es enviado para cumplir una misión. El término está empleado a propósito de tres apóstoles: Matías (Hch 1:25), Pablo (Ro 1:5; 1Co 9:2) y Pedro (Gá 2:8). ¶

APRESTO (*jetoimasía*: ἑτοιμασία <2091>; de *jétoimos*: listo, presto)
Disposición, prontitud. Pablo exhorta a los creyentes a calzar sus pies con el apresto del evangelio de la paz (Ef 6:15). El vocablo griego también tiene el sentido de «cimiento», de «base»; así está traducido en la versión Septuaginta (o Biblia de los Setenta) del A.T. en el v. 14 del Sal 89. En este sentido, el Evangelio es el cimiento de la marcha cristiana en Ef 6:15. ¶

APROBAR

1. (*apodeíknumi*: ἀποδείκνυμι <584>; de *apó*: part. que indica el origen, y *deíknumi*: mostrar) **Demostrar, acreditar.** Pedro designa a Jesús como hombre aprobado de Dios entre los israelitas (Hch 2:22).

2. (*dokimázo*: δοκιμάζω <1381>; de *dókimos*: aceptable, aprobado, demostrado) **Verificar, juzgar bueno.** Aquel que no se juzga (es decir que no se condena) a sí mismo en lo que él aprueba (es decir que obra sin segunda intención) es bienaventurado (Ro 14:22). Pablo enviaría a Jerusalén a aquellos que los corintios aprobaran (1Co 16:3). Pablo había sido aprobado por Dios para que el Evangelio le fuese confiado (1Ts 2:4).

3. (aprobado: *dókimos*: δόκιμος <1384>; de *dokéo*: parecer bien) **Aceptable, que ha hecho sus pruebas.** Pablo habla de aquel que es aprobado por los hombres (Ro 14:18). Pablo pide de saludar a Apeles, aprobado en Cristo (Ro 16:10). Se harán manifiestos los que son aprobados (1Co 11:19). Aquel que el Señor recomienda es aprobado (2Co 10:18). Pablo no quería aparecer aprobado; antes quería que los corintios lo fuesen, si nada malo hacían (2Co 13:7). Timoteo debía procurar presentarse a Dios aprobado (2Ti 2:15). Cuando el hombre que soporta la tentación haya sido manifestado fiel (lit.: saldrá aprobado), recibirá la corona de vida (Stg 1:12). ¶

4. (*súmfemi*: σύμφημι <4852>; de *sun*; con, junto a, y *femí*: decir) **Estar**

de acuerdo. Aquel que practica lo que no quiere, aprueba que la ley es buena (Ro 7:16). ¶

ARADO (*árotron*: ἄροτρον <723>; de *aróo*: arar)
Instrumento para trabajar la tierra. Nadie, que mira atrás después de haber puesto la mano en el arado, es apto para el reino de Dios (Lc 9:62). ¶

ARAR
1. (*arotriáo*: ἀροτριάω <722>; de *aróo*: arar) **Trabajar la tierra con el fin de sembrarla.** Jesús habla de un siervo que ara (Lc 17:7). El que ara (en sentido figur.) debe arar con esperanza (1Co 9:10a, b). ¶
2. (*georgéo*: γεωργέω <1090>; de *gé*: suelo, y *érgon*: acción, trabajo) **Arar el suelo, labrar; ser cultivador, labrador, granjero.** La tierra produce hierbas útiles para los que la labran (Hb 6:7). ¶

ÁRBOL (*déndron*: δένδρον <1186>)
Planta perenne de tronco leñoso con ramas. Jesús dijo que el hacha ya estaba puesta a la raíz de los árboles y que todo árbol que no produzca buen fruto será cortado y echado al fuego (Mt 3:10a, b; 7:17a, b, 18a, b, 19; 12:33a-c; Lc 3:9a, b; 6:43a, b, 44). En una parábola, un grano de mostaza llegó a ser un árbol (Mt 13:32; Lc 13:19). El hombre que había estado ciego veía a los hombres como árboles que caminaban (Mc 8:24). Se echaban ramas de los árboles en el camino de Jesús (Mt 21:8; Mc 11:8). En una parábola, Jesús presenta como ejemplo la higuera y todos los árboles (Lc 21:29). Judas compara a los malos con árboles de otoño sin fruto (Jud 12). En el Apocalipsis, cuatro ángeles detenían los cuatro vientos de soplar sobre los árboles (7:1) y los ángeles no debían dañar a los árboles (v. 3); más tarde, la tercera parte de los árboles fue quemada (8:7); las langostas tampoco debían dañar a ningún árbol (9:4). ¶

ÁRBOL DE VIDA – Ver **MADERA**.

ARCA
1. (*kibotós*: κιβωτός <2787>; lit.: cofre, caja) **a. Construcción que hizo Noé por orden de Dios.** Noé entró en el arca con los suyos y con los animales antes del diluvio (Mt 24:38; Lc 17:27). Esta salvó a Noé y a su casa del diluvio (Hb 11:7; 1P 3:20). Este arca estaba hecho con madera resinosa, con compartimentos, y calafateado con brea por dentro y por fuera; tenía tres pisos, y su longitud era de trescientos codos, su anchura de cincuenta codos y su altura de treinta codos; su puerta estaba en un costado y había una sola ventana en la parte superior (ver Ge 6:14-16). **b. Objeto principal del tabernáculo, puesto en el lugar santísimo.** El arca del pacto (Hb 9:4) estaba en el tabernáculo del desierto, y más tarde en el templo de Jerusalén. Este cofre estaba hecho con madera de acacia y cubierto de oro puro. Su tapadera,

el propiciatorio, estaba hecha de oro puro. El arca representa pues, a la vez, la perfecta humanidad y la divinidad del Señor; el propiciatorio es el símbolo de su obra expiatoria en la cruz (ver **PROPICIACIÓN**). No se menciona más el arca después de la destrucción del templo (ver 2R 25:9). No figura en la lista de los utensilios transportados a Babilonia. No había arca en el templo reconstruido al regreso de la cautividad, ni en el tiempo del Señor. El arca aparece simbólicamente en Ap 11:19. ¶
2. Ver **TESORO 3**.

ARCÁNGEL (*arcángelos*: ἀρχάγγελος <743>; de *árco*: ser primero, regir, y *ángelos*: mensajero, ángel) **Ángel de un rango superior.** La voz de arcángel se hará oír cuando los santos serán llevados al encuentro del Señor (1Ts 4:16). El único arcángel específicamente mencionado es Miguel (Jud 9). ¶

ARCO (*tóxon*: τόξον <5115>) **Arma elástica de madera para lanzar flechas.** Aquel que estaba sentado sobre el caballo blanco tenía un arco (Ap 6:2). ¶

ARCOÍRIS (*íris*: ἶρις <2463>) **Fenómeno luminoso en forma de medio círculo que aparece en el cielo después de la lluvia.** En la mitología griega, la faja de siete colores de Iris, la mensajera de los dioses, fue asimilada al arcoíris (*íris*). Juan vio un arcoíris alrededor del trono (Ap 4:3), y un arcoíris sobre la cabeza de un ángel poderoso (10:1). ¶

ARDER (*kaío*: καίω <2545>) **Hacer quemar; en pasivo: ser encendido, quemar.** Juan el Bautista era la lámpara que ardía (lit.: encendida) y alumbraba (Jn 5:35).

ARENGAR (*demegoréo*: δημηγορέω <1215>; de *démos*: pueblo, y *agoreúo*: hablar en una asamblea pública, que viene de *agorá*: plaza del pueblo) **Pronunciar un discurso ante el pueblo.** Herodes arengó al pueblo (Hch 12:21). ¶

ARGUMENTO –
Ver **RAZONAMIENTO**.

ARMA (*jóplon*: ὅπλον <3696>) **Instrumento de combate.** Judas vino hacia Jesús con armas (Jn 18:3). Los creyentes no debían librar sus miembros al pecado como instrumentos de iniquidad, sino librarlos a Dios como instrumentos de justicia (Ro 6:13a, b). Los creyentes deben vestirse con las armas de la luz (Ro 13:12). Como siervo de Dios, Pablo tenía las armas de justicia a diestra y a siniestra (2Co 6:7). Las armas de la milicia del creyente no son carnales (2Co 10:4). ¶

ARMADURA, ARMADURA COMPLETA (*panoplía*: πανοπλία <3833>; de *pás*: todo, y *jóplon*: arma, armadura)

ARMONÍA

Conjunto de piezas protectrices del guerrero; en Grecia como en Roma, los soldados de infantería se cubrían con una armadura completa. El hombre fuerte que se confía en su armadura (Lc 11:22) ilustra a Satanás quien es vencido por otro más fuerte que él (Cristo); este último lo vence, le quita su armadura y reparte el botín (ver v. 21, 22). La armadura completa de Dios (Ef 6:11, 13) corresponde a los recursos que Dios pone a la disposición de los creyentes para que puedan resistir y hacer frente a los artificios del diablo (ver Ef 6:10-20). Contra las tentaciones del mundo (ver 1Ts 5:8), el apóstol Pablo menciona la coraza de fe y de amor, y como yelmo la esperanza de la salvación. ¶

ARMARSE (*joplízo*: ὁπλίζω <3695>; de *jóplon*: arma, armadura)
Equiparse, asumir. Los creyentes deben armarse de este pensamiento: que no deben vivir más para los deseos de la carne, sino para la voluntad de Dios (1P 4:1). ¶

ARMONÍA

1. (*sumfónesis*: συμφώνησις <4857>; de *sun*: con, junto a, y *foné*: sonido, lenguaje) **Acuerdo, concordia.** Pablo insiste, con una interrogación oratoria, sobre la imposibilidad de armonía entre Cristo y Belial (2Co 6:15). ¶
2. (ser armonioso, convenir: *sumfonéo*: συμφωνέω <4856>; de *sun*: con, junto a, y *foné*: sonido, lenguaje; lit.: estar en armonía) **Entenderse.** Si dos creyentes se ponen de acuerdo sobre cualquier cosa que pidan, les será concedida por Dios Padre (Mt 18:19). En una parábola, el propietario de un campo acordó con los obreros la paga que debía darles (Mt 20:2, 13).
3. (que no está de acuerdo: *asúmfonos*: ἀσύμφωνος <800>; de *a*: part. neg., *sun*: con, junto a, y *foné*: sonido, lenguaje; lit.: discordante) **En desacuerdo, de diferentes opiniones.** En desacuerdo entre ellos sobre las cosas que Pablo decía, los principales de los judíos se retiraron (Hch 28:25). ¶
4. (ponerse de acuerdo: *eunoéo*: εὐνοέω <2132>; de *eu*: bien, y *noús*: mente, disposición de espíritu; lit.: ser conciliador) **Reconciliarse.** La reconciliación está comparada al hecho de ponerse de acuerdo con el adversario mientras se está en camino con él, sin esperar a estar ante el juez (Mt 5:25). ¶
5. (de común acuerdo: *jomothumadón*: ὁμοθυμαδόν <3661>; de *jomós*: semejante, y *thumós*: sede de los sentimientos) **Unánimemente, con un mismo espíritu.** El vocablo griego está empleado a propósito de los creyentes (Hch 1:14; 2:46; 4:24; 5:12; 15:25), de los que habían escuchado a Esteban (Hch 7:57), de la gente que escuchaba a Felipe (Hch 8:6), de los de Tiro y Sidón que vinieron a ver a Herodes (Hch 12:20), de los judíos que se levantaron contra Pablo (Hch 18:12), de los habitantes de Éfeso que arrastraron a Gayo y a Aristarco

al teatro (Hch 19:29). Los creyentes están llamados a glorificar de un común acuerdo a Dios Padre (Ro 15:6). ¶

AROMA (*ároma*: ἄρωμα <759>) **Prob. especias aromáticas.** Unas mujeres trajeron aromas para embalsamar el cuerpo de Jesús (Mc 16:1; Lc 23:56; 24:1). Nicodemo y José de Arimatea envolvieron el cuerpo de Jesús en lienzos con especias aromáticas (Jn 19:40). ¶

ARPA
1. (*kithára*: κιθάρα <2788>; a dado «guitarra») **Instrumento musical de cuerdas; otra trad.: cítara.** El arpa da un sonido distinto (1Co 14:7a). Los cuatro seres vivientes y los veinticuatro ancianos tenían cada uno un arpa (Ap 5:8). Juan oyó una voz como de músicos tocando sus arpas (Ap 14:2b). Los que habían alcanzado la victoria sobre la bestia tenían las arpas de Dios (Ap 15:2). ¶
2. (tocar la arpa: *kitharízo*: κιθαρίζω <2789>; de *kithára*: ver **1.**) **Tocar este instrumento musical de cuerdas.** El arpa debe dar un sonido distinto para que se pueda reconocer lo que es tocado sobre ella (1Co 14:7b). En Ap 14:2, «tocando sus arpas» traduce la expresión literal «tocando sobre el arpa de sus arpas». ¶
3. (arpista: *kitharodós*: κιθαρῳδός <2790>; de *kithára*: ver **1.**) **Persona que toca este instrumento musical de cuerdas.** Juan oyó una voz como de músicos tocando sus arpas (Ap 14:2a). La voz de los músicos tocando sus arpas no se oirá más en Babilonia (Ap 18:22). ¶

ARQUITECTO
1. (*arquitékton*: ἀρχιτέκτων <753>; de *árco*: ser primero, regir, y *tékton*: artesano) **Constructor jefe, empresario para edificios.** Como un sabio arquitecto, Pablo había puesto el fundamento del edificio de Dios (1Co 3:10). ¶
2. (*tecnítes*: τεχνίτης <5079>; de *técne*: arte, artesanado, oficio) **Artesano, hombre de oficio, artista.** Abraham esperaba la ciudad de la cual Dios es el arquitecto (Hb 11:10). ¶

ARRAS (*arrabón*: ἀρραβών <728>) **Cosa que se da a título de garantía en el momento de la firma de un contrato.** De forma general, se trata de una promesa o de un adelanto. El Espíritu Santo es dado a los creyentes como arras, o garantía de su heredad celestial de la que ya gozan por la fe (2Co 1:22; 5:5; Ef 1:13, 14). En griego moderno, la palabra *arrabona* significa: «anillo de prometida». ¶

ARREBATAR – Ver **TRASPONER**.

ARREPENTIMIENTO
1. (*metánoia*: μετάνοια <3341>; de *metá*: part. de cambio, y *noéo*: percibir; lit.: cambio de parecer) **Cambio del corazón y del espíritu que se vuelven hacia un mejor camino.** El arrepentimiento es para con Dios (Hch 20:21); conduce al pecador a

tener, sobre su estado de pecado y sobre sus faltas cometidas, el mismo juicio que Dios. El pecador entonces puede volverse hacia Dios e implorar su gracia, y Dios le concede la salvación en Cristo. Es la bondad de Dios la que guía al pecador al arrepentimiento (Ro 2:4), porque él quiere que todos procedan al arrepentimiento (2P 3:9). Los judíos se hacían bautizar por Juan del bautismo de arrepentimiento (Mt 3:11; Mc 1:4; Lc 3:3; Hch 13:24), en perspectiva de recibir a Cristo (Hch 19:4); debían manifestar su arrepentimiento produciendo frutos dignos (Mt 3:8; Lc 3:8). Dios ha dado el arrepentimiento para vida a Israel y a las naciones (Hch 5:31; 11:18; 26:20). La primera carta de Pablo había contristado a los corintios produciendo en ellos los efectos de arrepentimiento; habían juzgado su mala conducta (2Co 7:9, 10). Otras ref.: Lc 5:32; 15:7; 24:47; 2Ti 2:25; Hb 6:1, 6; 12:17. ¶

2. (no arrepentido: *ametanóetos*: ἀμετανόητος <279>; de *a*: part. neg., *metá*: part. de cambio, y *noéo*: percibir) **Característica de aquel en quien no se observa un cambio del corazón y del espíritu para volverse hacia un mejor camino.** Aquel de corazón no arrepentido, atesora para sí mismo la ira en el día de la ira y de la revelación del justo juicio de Dios (Ro 2:5). ¶

ARREPENTIRSE

1. (*metamélomai*: μεταμέλομαι <3338>; de *metá*: part. de cambio, y *mélo*: dar cuidado, importar) **Tener remordimiento, cambiar su decisión.** Dios ha jurado y no se arrepentirá que Jesucristo es sacerdote para siempre según el orden de Melquisedec (Hb 7:21).

2. (*metanoéo*: μετανοέω <3340>; de *metá*: después, y *noéo*: pensar, entender) **Cambiar de forma de pensar y de obrar, convertirse.** En la mayoría de los casos, se trata del arrepentimiento del pecado. Jesús ordena y habla de arrepentirse (Mt 3:2; 4:17; 11:20, 21; 12:41; Mc 1:15; 6:12; Lc 10:13; 11:32; 13:3, 5; 15:7, 10; 16:30; 17:3, 4). Pedro les dijo que se arrepintieran (Hch 2:38; 3:19; 8:22), igual que Pablo (26:20). Dios ordena a todos los hombres que se arrepientan (Hch 17:30). Muchos en Corinto no se habían arrepentido de los pecados cometidos (2Co 12:21). Le es prescrito a Éfeso que se arrepienta (Ap 2:5), como a Pérgamo (2:16), a Jezabel en relación con Tiatira (2:21) y a los que cometen adulterio con ella (2:22), a Sardis (3:3) y a Laodicea (3:19). Después de los futuros castigos divinos, los hombres no se arrepentirán de sus pecados (Ap 9:20, 21; 16:9, 11). ¶

ARRIBAR

1. (*katapléo*: καταπλέω <2668>; de *katá*: abajo, y *pléo*: navegar) **Bajar navegando, acostar.** Jesús con sus discípulos arribaron a la tierra de los gadarenos (Lc 8:26). ¶

2. (*katércomai*: κατέρχομαι <2718>; de *katá*: abajo, y *ércomai*: ir) **Bajar,**

acostar. Pablo desembarcó en Cesárea (Hch 18:22). Él y sus compañeros arribaron a Tiro (Hch 21:3).
3. (*prosormízo*: προσορμίζω <4358>; de *prós*: hacia, a, y *hormízo*: atracar en) **Tirar hacia la costa, arribar a la orilla.** Jesús y sus discípulos arribaron a la tierra de Genesaret (Mc 6:53). ¶
4. (*suntuncáno*: συντυγχάνω <4940>; de *sun*: con, junto a, y *tuncáno*: llegar) **Encontrarse con, acercarse a.** La madre y los hermanos de Jesús no se podían acercar a él a causa de la multitud (Lc 8:19). ¶

ARROGANTE
1. (*authádes*: αὐθάδης <829>; de *autós*: él mismo, y *édo*: dar placer, regocijarse) **Que se agrada a sí mismo, aferrado a sus ideas; otras trad.: contumaz, obstinado, autocomplaciente.** El obispo o supervisor no debía ser arrogante (Tit 1:7). Pedro habla de gente arrogante (2P 2:10). ¶
2. (*juperéfanos*: ὑπερήφανος <5244>; de *jupér*: superior a, y *faíno*: parecer) **Orgulloso; otras trad.: altanero, soberbio.** Los hombres que rechazan a Dios son arrogantes (Ro 1:30); en los últimos días, los hombres serán arrogantes (2Ti 3:2).
3. (ser arrogante: *jupselofronéo*: ὑψηλοφρονέω <5309>; de *jupselós*: encumbrado, altivo, y *frén*: mente) **Ser encumbrado de mente, ser altivo.** Los cristianos que son ricos no deben ser arrogantes (1Ti 6:17). Otra ref.: Ro 11:20. ¶
4. Ver **VANAGLORIOSO**.

ARRUGA (*jrutís*: ῥυτίς <4512>; de *jrúo*: tirar, torcer)
Pliego de la piel debido particularmente a la edad. Cristo se presentará a sí mismo la Iglesia, gloriosa, no teniendo mancha, ni arruga, ni nada de semejante (Ef 5:27). ¶

ARTE (*técne*: τέχνη <5078>)
Actividad creadora humana. La divinidad no es semejante a una obra esculpida por el arte y la imaginación del hombre (Hch 17:29).

ARTESANO (*tecnítes*: τεχνίτης <5079>; de *técne*: arte, oficio)
Artífice, constructor. Demetrio procuraba un gran beneficio a los artesanos que estaban con él (Hch 19:24, 38).

ARTICULACIÓN – Ver **COYUNTURA**.

ARTIFICIO – Ver **ARTIMAÑA**.

ARTIMAÑA (*panourgía*: πανουργία <3834>; de *pás*: todo, y *érgon*: acción, trabajo)
Artificio, estratagema. Los hombres tienen astucia para usar artimañas engañosas (Ef 4:14).

ARTIMAÑAS DEL ERROR (*methodeía*: μεθοδεία <3180>; de *metá*: part. que indica un cambio, y *jodós*: camino, proceder)
Astucia, asechanza, engaño. Hombres engañosos emplean con astucia las artimañas del error (Ef 4:14).

ASAMBLEA – Ver IGLESIA.

ASCENSIÓN
1. (*análempsis*: ἀνάλημψις <354>; de *aná*: arriba, y *lambáno*: tomar) **Recibir arriba.** Los días de la ascensión de Jesús (su elevación al cielo) se cumplían (Lc 9:51). ¶
2. Marcos y Lucas relatan la ascensión del Señor en sus evangelios: fue llevado al cielo (RV.: fue recibido) (ver Mc 16:19; Lc 24:51). Ver también Hch 1:9: el Señor fue elevado (de la tierra) y una nube lo ocultó.

ASCUAS DE FUEGO – Ver CARBÓN.

ASECHANZA (*methodeía*: μεθοδεία <3180>; de *metá*: part. que indica un cambio, y *jodós*: camino, carretera) **Camino corrompido, astucia, subterfugio.** La armadura de Dios permite al creyente estar firme contra las asechanzas del diablo (Ef 6:11).

ASEMEJAR – Ver SEMEJANTE (HACER).

ASESINO (*sikários*: σικάριος <4607>; del lat. *sicarius*: sicario, asesino; de *sica*: daga) **Criminal, homicida.** Un egipcio había fomentado una sedición y llevado al desierto a cuatro mil sicarios (Hch 21:38). ¶

ASNO, ASNA
1. (*ónos*: ὄνος <3688>) **Bestia doméstica de carga.** El Señor recuerda a los judíos que el propietario de un asno se ocupaba de este incluso en día de sábado (Lc 13:15; 14:5). Conforme a una profecía del A.T. (ver Zac 9:9), Jesús entra en Jerusalén sentado sobre una asna que él había enviado buscar (Mt 21:2, 5a, 7; Jn 12:15); él manifestaba a la vez su humildad y su realeza. ¶
2. (de asno: *onikós*: ὀνικός <3684>) **Movido por un asno.** Jesús habla de colgar al cuello una piedra de molino de asno (Mt 18:6; Mc 9:42; Lc 17:2). Algunos mss. tienen «piedra de molino» (*líthos mulikós*) en Lc 17:2. ¶
3. (*jupozúgion*: ὑποζύγιον <5268>; de *jupó*: bajo, y *zugós*: yugo; lit.: animal bajo yugo) **Bestia de carga.** Zacarías había predicho que el rey de la hija de Sion vendría a ella montado sobre un asno (*ónos*; ver **1.**) y sobre un pollino, cría de asna (*jupozúgion*) (Mt 21:5b).

ASOCIARSE (*sunapágo*: συναπάγω <4879>; de *sun*: con, junto a, y *apágo*: llevar; lit.: dejarse llevar con) **Dejarse atraer.** Los creyentes de Roma debían asociarse con los humildes (Ro 12:16).

ASOCIARSE CON – Ver JUNTARSE CON.

ASOLAR (*lumaínomai*: λυμαίνομαι <3075>; de *lúme*: daño, violencia) **Maltratar violentamente, causar daños.** Saulo asolaba la iglesia antes de su conversión (Hch 8:3). ¶

ASPECTO (*idéa*: ἰδέα <2397>; de *eídon*, relacionado con *joráo*: ver) **Aspecto exterior, apariencia, forma.** En el sepulcro, el aspecto del ángel era como el de un relámpago (Mt 28:3). ¶

ASPERSIÓN
1. (*próscusis*: πρόσχυσις <4378>; de *prós*: hacia, y *quéo*: verter, derramar) **Acción de salpicar con un líquido (sangre o agua de purificación), para atribuir su propio valor a una persona o a un objeto.** Por la fe, Moisés celebró la Pascua y la aspersión de la sangre (Hb 11:28). ¶
2. (*jrantismós*: ῥαντισμός <4473>) Ver **1.** El vocablo está empleado figur. en Hb 12:24; 1P 1:2. ¶
3. (rociar: *jrantízo*: ῥαντίζω <4472>) **Salpicar con un líquido; ver 1.** El verbo está empleado en Hb 9:13, 19, 21 (ver p.ej. en el A.T.: Éx 24:6, 8; 29:16, 21).
4. (servir de aspersión: *spéndo*: σπένδω <4689>) **Ofrecer una libación (sobre un sacrificio).** Ofreciendo su vida al servicio del evangelio y por los santos, Pablo servía de aspersión; con esto él se añadía al sacrificio y al servicio de fe de los filipenses (Fil 2:17).

ÁSPID (*aspís*: ἀσπίς <785>) **Serpiente de la maleza, pequeña y muy venenosa.** En términos alegóricos, Pablo escribe que hay veneno de áspid bajo los labios de los incrédulos (Ro 3:13, citando Sal 140:3). ¶

ASPIRAR (*orégo*: ὀρέγω <3713>; lit.: estirarse, tender hacia) **Desear, ambicionar.** Si alguien aspira al cargo de obispo, una buena obra desea (1Ti 3:1).

ASTILLA – Ver **PAJA**.

ASUNTO
1. (*prágma*: πρᾶγμα <4229>; de *prásso*: hacer, desempeñar) **Cosa, objeto.** Los creyentes de Roma debían ayudar a Febe en cualquier asunto que ella necesitara (Ro 16:2). Si un creyente tiene un asunto contra otro, no debían ir a juicio ante los injustos (1Co 6:1). Los corintios habían mostrado su inocencia en el asunto del hermano que había tenido que ser expulsado (2Co 7:11). Nadie debe perjudicar a su hermano en un asunto de deseos carnales (1Ts 4:6).
2. (*pragmateía*: πραγματεία <4230>; de *prágma*: ver **1.**) **Negocio.** Aquel que va a la guerra no se enreda en los negocios de la vida (2Ti 2:4). ¶
3. (entrometido: *alotriepískopos*: ἀλλοτριεπίσκοπος <244>; de *alótrios*: que concierne a otro, y *epískopos*: obispo) **Que supervisa los asuntos de otro, indiscreto.** Ninguno debe sufrir como entrometiéndose en asuntos ajenos (1P 4:15). ¶
4. (asuntos de esta vida: *biotiká*; plur. de *biotikós*: βιωτικός <982>; de *bióo*: vivir) **Las cosas que conciernen a la vida presente.** Los creyentes deberían ellos mismos juzgar los asuntos de esta vida (1Co 6:3), y si tienen pleitos o juicios por tales asuntos, ¿por qué no ponían para juzgar

a los que son de menor estima en la iglesia? (v. 4).

5. (*lógos*: λόγος <3056>) **Palabra, sujeto del tema, del discurso; de donde: motivo, asunto, sentencia.** Simón el mago no tenía parte en este asunto (la recepción del Espíritu Santo) (Hch 8:21). Los apóstoles y los ancianos se reunieron para examinar este asunto (circuncidar o no a los creyentes gentiles) (Hch 15:6). Demetrio y los artífices tenían alguna queja contra Pablo y los suyos (Hch 19:38). Isaías habla de una sentencia que el Señor cumplirá en justicia (Ro 9:28). En Hb 4:13, «aquel a quien tenemos que dar cuenta» traduce la expresión literal: «a quien cuenta (es rendida) por nosotros».

6. (*jréma*: ῥῆμα <4487>) **Palabra, cosa.** Por boca de dos o tres testigos, todo asunto se decidirá (2Co 13:1).

7. (*tó*; neutral plur. de *jo*: ὁ <3588>) **Lit.: las (cosas).** Jesús debía estar en los negocios (o las cosas) de su Padre (Lc 2:49). Félix tomaría conocimiento del asunto de Pablo (Hch 24:22). Festo expuso al rey la causa de Pablo (Hch 25:14). El vocablo también está traducido como «saber de nuestros asuntos» (Ef 6:22), «saber de vuestros asuntos» (Fil 2:19; Col 4:8) y «mis asuntos» (Fil 2:23). Pablo exhorta a los tesalonicenses a ocuparse de sus propios asuntos (1Ts 4:11).

8. (*creía*: χρεία <5532>; de *cráomai*: utilizar) **Servicio, función.** Siete hombres debían ser establecidos por los apóstoles sobre una tarea (Hch 6:3).

ATAVÍO (*kósmos*: κόσμος <2889>) **Arreglo ordenado.** En 1P 3:3, el atavío de la mujer creyente no debe ser el externo, sino el del corazón y del espíritu (ver v. 4).

ATESORAR – Ver **ACUMULAR.**

ATORMENTAR (*tumpanízo*: τυμπανίζω <5178>; de *tumpanon*: instrumento de tortura en forma de rueda, o tambor, sobre el cual se ponía al criminal y se le golpeaba con garrote o con correas) **Infligir un castigo con el tambor (o tímpano).** Creyentes fueron atormentados, no aceptando el rescate, a fin de obtener mejor resurrección (Hb 11:35). ¶

ATREVIDO (*tolmetés*: τολμητής <5113>; de *tolmáo*: osar, atreverse) **Audaz, seguro de sí mismo.** Pedro habla de gente atrevida (lit.: ser osado) que injurian las potestades superiores (2P 2:10). ¶

AUDIENCIA (SALA DE) (*akroatérion*: ἀκροατήριον <201>; de *akroáomai*: escuchar) **Lugar donde se admite a alguien para permitirle hablar.** Pablo fue llevado a la sala de audiencia (Hch 25:23). ¶

AUMENTAR MUCHO (*juperauxáno*: ὑπεραυξάνω <5232>; de *jupér*: part. int., y *auxáno*: aumentar) **Crecer por encima de lo ordinario.**

La fe de los tesalonicenses aumentaba mucho (2Ts 1:3). ¶

AURORA DE LO ALTO (oriente: *anatolé*: ἀνατολή <395>; de *anatélo*: hacer levantar; alto: *júpsos*: ὕψος <5311>)
Plena luz (sol naciente) viniendo alumbrar a un mundo de tinieblas. Así es como Zacarías profetizó la venida del Señor Jesús a la tierra (Lc 1:78).

AUSENCIA (*apousía*: ἀπουσία <666>; de *apó*: lejos, y *eimí*: ser)
El hecho de no estar presente en un lugar. En la ausencia de Pablo, los filipenses debían ocuparse a su propia salvación (Fil 2:12). ¶

AUSENTE (ESTAR)
1. (*ápeimi*: ἄπειμι <548>; de *apó*: lejos, y *eimí*: ser) **No estar presente en un lugar; estar lejos.** Pablo estaba ausente en cuerpo entre los corintios (1Co 5:3; 2Co 10:1, 11; 13:2, 10). Emplea el mismo verbo con los filipenses (Fil 1:27) y los colosenses (Col 2:5). ¶
2. (*ekdeméo*: ἐκδημέω <1553>; de *ek*: de, fuera de, y *démos*: pueblo; lit.: estar ausente de su país) **Irse, emigrar, residir lejos.** Los creyentes están ausentes del Señor, estando presentes en el cuerpo (2Co 5:6). Ellos prefieren estar ausentes del cuerpo y estar presentes al Señor (2Co 5:8, 9). ¶

AUTO COMPLACIENTE – Ver **ARROGANTE**.

AUTOR
1. (*aítios*: αἴτιος <159>) **Que es la causa, causador, la fuente activa.** Para todos los que le obedecen, Cristo ha llegado a ser autor de eterna salvación (Hb 5:9). ¶
2. Ver **PRÍNCIPE**.

AUTORIDAD
1. (*exousía*: ἐξουσία <1849>; de *éxesti*: está permitido) **Poder.** El vocablo está empleado para designar la autoridad del Padre (Hch 1:7), la del Señor Jesús (Mt 7:29; 21:23a, b, 24, 27; 28:18; Mc 1:22, 27; 11:28a, b, 29, 33; Lc 4:32, 36; 20:2a, b, 8; Jn 5:27; 17:2), la autoridad que él da a los apóstoles (Mt 10:1; Mc 3:15; 6:7; Lc 9:1; 10:19), a Pablo (2Co 10:8; 13. 10), la autoridad de Satanás (Lc 4:6; Ef 2:2), la autoridad de aquel que vencerá (Ap 2:26). El centurión estaba bajo la autoridad de otro (Mt 8:9; Lc 7:8). En una parábola, unos siervos reciben autoridad (Mc 13:34). El vocablo también se aplica a hombres o a ángeles en posición de autoridad (Lc 12:11; Ro 13:1a, b, 2, 3; 1Co 15:24; Ef 1:21; 3:10; 6:12; Col 1:16; 2:10, 15; Tit 3:1; 1P 3:22). El siervo en la parábola recibió autoridad sobre diez ciudades (Lc 19:17). La mujer debe tener sobre la cabeza una marca de la autoridad (lit.: una autoridad) a la cual es sometida, a causa de los ángeles (1Co 11:10). ¶
2. (ejercer la autoridad: *exousiázo*: ἐξουσιάζω <1850>; de *exousía*: ver **1.**) **Dominar.** Los que ejercen

autoridad sobre las naciones son llamados bienhechores (Lc 22:25).
3. (usar de autoridad: *katexousiázo*: κατεξουσιάζω <2715>; de *katá*: part. int., y *exousiázo*:) **Dominar, ejercer su autoridad.** Los grandes usan (o ejercen) autoridad sobre las naciones (Mt 20:25; Mc 10:42). ¶
4. (autoridad para ordenar: *epitagé*: ἐπιταγή <2003>; de *epí*: sobre, y *tásso*: ordenar, mandar) **Derecho de ordenar, de mandar.** Tito debía reprender con toda autoridad (Tit 2:15).
5. (usar de autoridad: *authentéo*: αὐθεντέω <831>; de *authéntes*: que toma la iniciativa) **Dominar.** Pablo no permite a la mujer que ejerza autoridad sobre el hombre (1Ti 2:12). ¶
6. (tener autoridad: *kurieúo*: κυριεύω <2961>; de *kúrios* {sust.}: amo, señor; adj.: que tiene autoridad, que está en vigor) **Dominar, enseñorearse.** La ley se enseñorea sobre el hombre mientras que este vive (Ro 7:1).
7. Ver **MAGISTRADO**.

AUXILIO – Ver **SOCORRO 2**.

AVARICIA
1. (*pleonexía*: πλεονεξία <4124>; de *pléon*: más, y *éco*: tener) **Deseo excesivo de poseer riquezas.** Jesús dijo que había que guardarse de toda avaricia (Lc 12:15).
2. (sin avaricia: *afilárguros*: ἀφιλάργυρος <866>; de *a*: part. neg., *fílos*: amigo, y *árguros*: plata; lit.: que no ama el dinero) **Sin amor por el dinero o las riquezas.** La conducta del creyente debe ser sin avaricia (Hb 13:5).

AVARO
1. (*pleonéktes*: πλεονέκτης <4123>; de *pléon*: más, y *jektós*: adj. verbal de *éco*: tener; lit.: que busca a tener más que los otros o más de lo que debería) **Avaricioso, ambicioso.** Los cristianos no pueden evitar el contacto con los avaros de este mundo (1Co 5:10), pero deben evitarlo con aquel que llamado hermano es avaro (v. 11). Los avaros no heredarán el reino de Dios (1Co 6:10).
2. (*filárguros*: φιλάργυρος <5366>; de *fílos*: amigo, y *árguros*: plata) **Amigo de la plata, del dinero.** Los fariseos eran avaros (Lc 16:14). En los últimos días, los hombres serán avaros (2Ti 3:2). ¶

AVENTADOR (*ptúon*: πτύον <4425>; de *ptúo*: escupir) **Cesto aplastado por delante, se emplea para lanzar al aire el trigo con el fin de que el viento se lleve la paja y quede el grano de trigo.** En Mt 3:12 y Lc 3:17, el aventador simboliza el ejercicio del juicio de Dios por Cristo. ¶

AVIDEZ (*pleonexía*: πλεονεξία <4124>; de *pléon*: más, y *éco*: tener) **Con avaricia, de manera desenfrenada.** Pablo habla de los gentiles que se han entregado a la lascivia para cometer con avidez (lit.: en la avidez) toda clase de impureza (Ef 4:19).

AVIVAR

AVIVAR (*anazopuréo*: ἀναζωπυρέω <329>; de *aná*: idea de regreso, *zóon*: ser viviente, y *púr*: fuego; lit.: avivar un fuego) **Reavivar, volver a encender.** Pablo recuerda a Timoteo de avivar el don de Dios en él (2Ti 1:6). ¶

AYUDA

1. (*antílempsis*: ἀντίλημψις <484>; de *antilambáno*: socorrer; lit.: ayudar, que viene de *antí*: contra, y *lambáno*: tomar; lit.: agarrar) **Asistencia, socorro.** Servicio mencionado en 1Co 12:28 que tiene por finalidad prestar asistencia a los creyentes. ¶
2. (*boethós*: βοηθός <998>; de *boé*: grito, y *théo*: correr) **Socorro al clamor de asistencia.** El creyente puede decir que el Señor es su ayudador (Hb 13:6). ¶
3. (mujer que ayuda: *prostátis*: προστάτις <4368>; de *proístemi*: estar delante) **Protectora, mujer que socorre.** Febe había ayudado (lit.: una mujer que ayuda) a muchas personas y a Pablo (Ro 16:2). ¶
4. (ayudar: *antéco*: ἀντέχω <472>; de *antí*: frente a, y *éco*: tener) **Interesarse por, ejercer un cuidado celoso.** Los creyentes deben ayudar a los débiles (1Ts 5:14).
5. (venir en ayuda: *boethéo*: βοηθέω <997>; de *boé* y *théo*) **Socorrer.** El padre de un muchacho poseído clamó a Jesús para que viniera a ayudarle en su incredulidad (Mc 9:24). En el Apocalipsis, la tierra ayuda a la mujer que había dado a luz al varón (12:16).
6. (venir en ayuda, socorrer: *sunantilambáno*: συναντιλαμβάνω <4878>; de *sun*: con, junto a, *antí*: en lugar de, y *lambáno*: tomar) **Ayudar, asistir.** El Espíritu viene en ayuda de nuestra debilidad (Ro 8:26).

AYUDAR

1. (*boethéo*: βοηθέω <997>; de *boé*: grito, y *théo*: correr) **Socorrer, auxiliar.** Un hombre macedonio le dijo a Pablo, en una visión, que pasara por Macedonia para ayudarlos (Hch 16:9). Los judíos de Asia gritaron a los hombres israelitas que los ayudaran a aprehender a Pablo (Hch 21:28).
2. (*sulambáno*: συλλαμβάνω <4815>; de *sun*: con, junto a, y *lambáno*: tomar) **Asistir.** Los pescadores hicieron señas a sus compañeros para que vinieran a ayudarlos a retirar las redes que estaban llenas de peces (Lc 5:7). Pablo pide a un fiel compañero que ayudara a unas mujeres que habían combatido junto a él en el evangelio (Fil 4:3).
3. (*sunantilambáno*: συναντιλαμβάνω <4878>; de *sun*: con, junto a, *antí*: en lugar de, y *lambáno*: tomar) **Asistir, auxiliar.** Marta le pide a Jesús que le diga a su hermana que la ayude (Lc 10:40).
4. Ver **SOCORRO**.

AYUDAS – Ver **JUSTICIA 3**.

AYUNO, AYUNAR (ayuno: *nesteía*: νηστεία <3521>; ayunar: *nesteúo*: νηστεύω <3522>; de *né*: part. neg., y *esthío*: comer)

Privación voluntaria de alimento; privarse así de alimento. El Señor ayunó cuarenta días y cuarenta noches al principio de su ministerio público (Mt 4:2). Jesús dio instrucciones sobre la manera de obrar durante un ayuno (Mt 6:16a, b, 17, 18). Los discípulos de Juan ayunaban con frecuencia, pero no los discípulos de Jesús (Mt 9:14a, b, 15; Mc 2:18a-c, 19a, b, 20; Lc 5:33-35). En una parábola, un fariseo ayunaba dos veces a la semana (Lc 18:12). El ayuno asociado a la oración (Mt 17:21; Mc 9:29; Lc 2:37; Hch 10:30; 13:2, 3; 14:23) simboliza el rechazo de obrar según la carne y el deseo de esperar en Dios. Se puede tratar también de un ayuno involuntario como consecuencia de circunstancias difíciles, como en el caso de Pablo (2Co 6:5; 11:27). El ayuno, en Hch 27:9, está prob. relacionado con el día de expiación (ver Lv 23:26-32), y no es más que una indicación de fecha. ¶

ÁZIMOS – Ver PAN SIN LEVADURA.

AZOTAR

1. (*mastigóo*: μαστιγόω <3146>; de *mástix*: azote) **Castigar con un azote, flagelar.** Jesús advirtió a sus discípulos que los hombres los azotarían en sus sinagogas (Mt 10:17); también se azotarían a profetas, sabios y escribas (Mt 23:34). Los gentiles iban a azotar al Hijo del hombre (Mt 20:19; Mc 10:34; Lc 18:33). Pilato hizo azotar a Jesús (Jn 19:1). Metafóricamente, el Señor azota a todo el que recibe por hijo (Hb 12:6). ¶
2. (*mastízo*: μαστίζω <3147>; de *mastós*: pecho, o *mástix*: azote) **Flagelar a alguien.** Pablo preguntó al centurión si estaba permitido azotar a un ciudadano romano que no había sido condenado (Hch 22:25). ¶
3. (*jrabdízo*: ῥαβδίζω <4463>; de *jrábdos*: bastón, garrote) **Castigar con vara.** Los magistrados dieron orden de azotar a Pablo y a Silas (Hch 16:22). ¶
4. (*fragelóo*: φραγελλόω <5417>; del lat. *flagelo*: azotar, o de *fragelion*: azote) **Golpear con un instrumento hecho de tiras de cuero a la extremidad de las cuales se ataban trozos cortantes de hueso o de plomo; los golpes rasgaban la carne de la espalda y del pecho.** Pilato hizo azotar a Jesús (Mt 27:26; Mc 15:15). ¶

AZOTE

1. (*mástix*: μάστιξ <3148>) **Instrumento que servía para castigar golpeando repetidamente; otra trad.: látigo.** El tribuno ordenó que Pablo fuese examinado con azotes (Hch 22:24).
2. (*fragélion*: φραγέλλιον <5416>; del lat. *flagelo*) **Instrumento hecho con cuerdas pequeñas que sirve para golpear.** Jesús hizo un azote de cuerdas y expulsó a los vendedores y a los cambistas del templo (Jn 2:15). ¶

B

BAHÍA (*kólpos*: κόλπος <2859>; primer sentido: seno; sentido derivado: sinuosidad de un litoral)
Pequeño golfo. A bordo de la nave, en la que estaba Pablo, decidieron encallarla en la playa de una bahía (Hch 27:39).

BAJAR – Ver **DECLINAR**.

BAJAS (MÁS) (*katóteros*: κατώτερος <2737>)
Abajo. Jesús descendió a las partes más bajas (otras trad.: partes inferiores, profundidades) de la tierra (Ef 4:9). ¶

BALANZA (*zugós*: ζυγός <2218>; de *zeúgnumi*: unir, uncir; primer sentido: yugo)
Instrumento que sirve para pesar, o más bien para medir masas. En la visión de Juan, el tercer jinete tenía une balanza en la mano (Ap 6:5).

BANCO (*trápeza*: τράπεζα <5132>; de *téssares*: cuatro, y *poús*: pies)
Mesa, en particular para cambiar dinero; lugar en el que se deposita el dinero. En la parábola, el señor reprochó a su siervo el no haber puesto su dinero en el banco (Lc 19:23).

BANDIDO – Ver **LADRÓN, SALTEADOR**.

BANQUERO (*trapezítes*: τραπεζίτης <5133>; de *téssares*: cuatro, y *poús*: pies)
Cambista, persona en casa de quien se deposita el dinero con el fin de ganar intereses sobre el capital. En la parábola, el señor reprocha a su siervo el no haber entregado su dinero a los banqueros (Mt 25:27). ¶

BANQUETE
1. (*deípnon*: δεῖπνον <1173>; de *dápto*: devorar) **Comida.** Bienaventurados los que son invitados al banquete de las bodas del Cordero (Ap 19:9).
2. (*doqué*: δοχή <1403>; de *décomai*: recibir) **Fiesta, recepción.** Leví hizo un gran banquete en su casa (Lc 5:29). Jesús dijo que había que convidar a los pobres, a los inválidos, a los cojos y a los ciegos cuando hacemos un banquete (Lc 14:13). ¶

BANQUETEAR (*suneuoquéo*: συνευωχέω <4910>; de *sun*: junto, y *euoquéo*: estar bien alimentado, que viene de *eu*: bien, y *éco*: tener)
Festejar, celebrar con fiestas. Pedro y Judas hablan de hombres impíos que banquetean con creyentes (2P 2:13; Jud 12). ¶

BÁRBARO – Ver **NATIVO**.

BARCA
1. (*ploíon*: πλοῖον <4143>; de *pléo*: navegar, zarpar) **Barco, bote, nave.** El vocablo se encuentra con

frecuencia en los cuatro evangelios: Mt 4:21, 22; 8:23, 24; 9:1; 13:2; 14:13, 22, 24, 29, 32, 33; 15:39; Mc 1:19, 20; 4:1, 36a, 37; 5:2, 18, 21; 6:32, 45, 47, 51, 54; 8:10, 13, 14; Lc 5:2, 3a, b, 7a, b, 11; 8:22, 37; Jn 6:17, 19, 21a, b, 22b, 24; 21:3, 6.
2. (bote, barca pequeña: *ploiárion*: πλοιάριον <4142>; dim. de **1.**) **Vocablo semejante al precedente.** Lo encontramos en Mc 3:9; 4:36b; Jn 6:22a, 23; 21:8. ¶

BARRER (*saróo*: σαρόω <4563>) **Quitar el polvo con una escoba.** El espíritu inmundo encuentra su casa barrida (Mt 12:44; Lc 11:25). La mujer que ha perdido una moneda (dracma) barre la casa (Lc 15:8). ¶

BARRIL (*bátos*: βάτος <943>) **Medida líquida de una capacidad de aproximadamente 35 litros.** Un deudor debía al amo del mayordomo cien barriles de aceite (Lc 16:6). ¶

BARRO (*pelós*: πηλός <4081>) **a. Tierra mezclada con agua.** Jesús hizo barro, lo aplicó como ungüento sobre los ojos de un ciego y le devolvió la vista (Jn 9:6, 11, 14, 15). **b. Lodo empleado por el alfarero.** El alfarero tiene poder sobre el barro para hacer diferentes vasos (Ro 9:21). ¶

BASTARDO (*nóthos*: νόθος <3541>) **Hijo ilegítimo, nacido fuera del matrimonio.** Dios nos disciplina como hijos; si no fuese así, seríamos bastardos y no hijos (Hb 12:8). ¶

BASTÓN
1. (*jrábdos*: ῥάβδος <4464>) **Trozo de madera; a veces utilizado para infligir un castigo; otra trad.: vara, bordón.** Jesús les dijo a sus discípulos que tenían que ir a predicar sin proveerse de bastón para el camino (Mt 10:10; Lc 9:3). Más tarde, permitirá a los doce de llevar un bastón (Mc 6:8). Pablo pregunta a los corintios si querían que viniese a ellos con el bastón, o con amor y espíritu de mansedumbre (1Co 4:21). La vara (o bastón) de Aarón que había reverdecido estaba en el arca (Hb 9:4). Antes de morir, Jacob adoró apoyado sobre el extremo de su bastón (Hb 11:21). Aquel que vencerá en Tiatira regirá las naciones con vara de hierro (Ap 2:27). Juan recibió una caña, semejante a una vara, para medir el templo de Dios (Ap 11:1). La mujer (Israel) dio a luz a un hijo varón (Cristo) quien debe regir a todas las naciones con vara de hierro (Ap 12:5; 19:15).
2. (*xúlon*: ξύλον <3586>; lit.: madera) **Garrote, trozo de madera; otra trad.: palo.** Una gran multitud vino con Judas armada con espadas y palos con el fin de prender a Jesús (Mt 26:47, 55; Mc 14:43, 48; Lc 22:52).

BASURA (*skúbalon*: σκύβαλον <4657>)
Desecho, pérdida. Pablo estimaba todas las cosas como basura, a causa de la excelencia del conocimiento de Cristo Jesús (Fil 3:8). ¶

BATALLA – Ver **CONFLICTO**.

BAUTISMO, BAUTIZAR (*báptisma*: βάπτισμα <908>; *baptízo*: βαπτίζω <907>; de *bápto*: sumergir, zambullir)
Por sumersión en el agua, el bautismo simboliza la muerte, la sepultura y la resurrección con Cristo. Ref.: Col 2:12; Ro 6:3, 4. **a. Bautismo de fuego.** En Mt 3:11, este bautismo corresponde al juicio de Dios que se ejercerá en condenación (ver v. 7) contra el que rechaza la salvación propuesta. También podemos relacionar el bautismo de fuego con la aparición de las lenguas de fuego en Pentecostés (Hch 2:1-4): la obra del Espíritu Santo, en medio de un mundo opuesto a Dios, debía juzgar todo lo que no era según Dios. **b. Bautismo de Juan.** Juan bautizaba con agua para el arrepentimiento, con vista a recibir a un Cristo vivo y ser introducido en su reino (Mt 3:7, 8, 11; Mc 1:4; Lc 3:3; Hch 13:24). Jesús se hizo bautizar por Juan el Bautista (Mt 3:13; Mc 1:9; Lc 3:21), identificándose así con el remanente arrepentido de Israel (ver **Arrepentimiento**). **c. Bautismo de la cruz.** Este bautismo corresponde a los sufrimientos expiatorios y a la muerte del Señor Jesús en la cruz (Mc 10:38, 39; Lc 12:50). **d. Bautismo del Espíritu Santo.** El bautismo del Espíritu Santo tuvo lugar en Pentecostés con vista a la formación de la Iglesia de Dios en un solo cuerpo, el cuerpo de Cristo (Hch 1:5; 2:1-4; 1Co 12:13). **e. Bautismo en Moisés.** Los hijos de Israel que han atravesado el Mar Rojo (Éx 14) han sido bautizados en Moisés (1Co 10:1, 2): han reconocido la autoridad de Moisés, conductor del pueblo nombrado por Dios para liberarlos de Egipto e introducirlos en la tierra prometida. **f. Bautismo por los muertos.** Esta expresión se encuentra en 1Co 15:29.

BEBEDOR (*oinopótes*: οἰνοπότης <3630>; de *oínos*: vino, y *píno*; beber)
Bebedor de vino, borracho. Decían del Hijo del hombre que era un glotón y un bebedor de vino (Mt 11:19; Lc 7:34). ¶

BEBER (DAR A) (*potízo*: ποτίζω <4222>; de *pótos*: acción de beber)
Hacer beber. A todos los creyentes se les ha dado a beber de un mismo y único Espíritu (1Co 12:13).

BECERRA (*dámalis*: δάμαλις <1151>; de *damázo*: domar)
Vaca joven; otras trad.: novilla, ternera. En el A.T. se servían de la ceniza de una becerra para la purificación de la carne (Hb 9:13). ¶

BENDECIR
1. (*eloguéo*: εὐλογέω <2127>; de *eu*: bien, y *lógos*: palabra) **Hablar bien, celebrar, alabar; hacer bien a.** Los creyentes deben bendecir a los que los maldicen (Lc 6:28; Mt 5:44) y a aquellos que los persiguen (Ro 12:14). Jesús mirando al cielo bendijo antes de partir los panes (Mt

14:19; Mc 6:41; Lc 9:16). Se aclamaba a Jesús diciendo: Bendito el que viene en el nombre del Señor (Mt 21:9; 23:39; Mc 11:9; Lc 13:35; 19:38; Jn 12:13). Antes de ser entregado, Jesús tomó el pan y lo bendijo, luego lo partió y se lo dio a sus discípulos (Mt 26:26; Mc 14:22); hizo lo mismo con los discípulos de Emaús el atardecer de su resurrección (Lc 24:30). Jesús bendijo y mandó que pusieran los pececillos ante la multitud (Mc 8:7). Jesús bendijo a los niños (Mc 10:16). El verbo está empleado para celebrar el reino venidero de David (Mc 11:10). María, la madre de Jesús, era bendita entre las mujeres (Lc 1:28, 42); el fruto de su vientre también era bendito (v. 42). Simeón cogió al niño Jesús entre sus brazos y bendijo a Dios (Lc 2:28); también bendijo a sus padres (v. 34). Antes de ser elevado al cielo, Jesús bendijo a sus discípulos (Lc 24:50); mientras los bendecía, fue separado de ellos (v. 51). Los discípulos bendecían a Dios en el templo (Lc 24:53). Dios envió a Jesús para bendecir primeramente a los israelitas (Hch 3:26). Los que viven por fe son bendecidos con el creyente Abraham (Gá 3:9). La copa de bendición que bendecimos es la comunión de la sangre de Cristo (1Co 10:16). Pablo pide de bendecir con el espíritu de manera inteligible (1Co 14:16); él mismo, aunque ultrajado, bendecía (1Co 4:12). Dios le había dicho a Abraham que lo bendeciría (Hb 6:14). Dios Padre nos ha bendecido con toda bendición espiritual (Ef 1:3b). El menor (Abraham) es bendecido por aquel que es mayor (Melquisedec) (Hb 7:1, 6, 7). Por la fe, Isaac bendijo a Jacob y a Esaú (Hb 11:20); por la fe, Jacob al morir bendijo a cada uno de los hijos de José (v. 21). Los creyentes están llamados a bendecir (1P 3:9). Jacobo (Santiago) dice que con la lengua bendecimos a nuestro Señor y Padre, y con ella maldecimos a los hombres; esto no debe ser así (Stg 3:9).
2. (*eneloguéo*: ἐνευλογέω <1757>; de *en*: en, y *eloguéo*: ver **1.**) **Bendecir; en pasivo: ser objeto de favor.** Todas las familias de la tierra serán benditas en la simiente de Abraham (Hch 3:25) y en el mismo Abraham (Gá 3:8). ¶

BENDICIÓN
1. (*eulogía*: εὐλογία <2129>; de *eu*: bien, y *lógos*: palabra) **Favor, privilegio consentido por alguien; alabanza.** Pablo iría hacia los romanos con la plenitud de la bendición de Cristo (Ro 15:29). La copa de bendición que los creyentes bendicen es la comunión de la sangre de Cristo (1Co 10:16). La bendición de Abraham ha llegado a los gentiles (Gá 3:14). El Dios y Padre de nuestro Señor Jesucristo ha bendecido a los creyentes con toda bendición espiritual en los lugares celestiales en Cristo (Ef 1:3). La tierra que bebe la lluvia y produce hierba útil recibe bendición de Dios (Hb 6:7). Esaú, queriendo heredar la bendición,

BENDITO

fue rechazado (Hb 12:17). De una misma boca proceden (sing. en griego) bendición y maldición; eso no debe ser así (Stg 3:10). Los creyentes han sido llamados a heredar bendición (1P 3:9). Digno es el Cordero de recibir... la alabanza (Ap 5:12), como también «Al que está sentado en el trono y al Cordero» (5:13) y «a nuestro Dios» (7:12).

2. (*makarismós*: μακαρισμός <3108>; de *makários*: dichoso) **Bienaventuranza, felicidad, dicha.** David proclama bienaventurado al hombre a quien Dios imputa la justicia sin obras (Ro 4:6); esta bienaventuranza fue aquella de Abraham incluso antes de su circuncisión (v. 9).

BENDITO

1. (de bendecir: *eulogéo*: εὐλογέω <2127>; de *eu*: bien, y *lógos*: palabra) **Alabar, hacer el elogio.** Los benditos del Padre heredarán el reino (Mt 25:34).

2. (*Euloguetós*: Εὐλογητός <2128>; de *eulogéo*: ver **1.**) **Digno de alabanza; este vocablo solo se emplea para calificar a Dios.** El sumo sacerdote preguntó a Jesús si él era el Hijo del Bendito (Mc 14:61), es decir el Hijo de Dios. Zacarías emplea este vocablo para calificar al Señor, el Dios de Israel (Lc 1:68). Pablo lo aplica al Dios creador (Ro 1:25), a Cristo el cual es, sobre todas las cosas, Dios bendito por los siglos (Ro 9:5) y al Dios y Padre de nuestro Señor Jesucristo (2Co 1:3; 11:31; Ef 1:3a; 1P 1:3). ¶

BENEFICENCIA (*eupoiía*: εὐποιΐα <2140>; de *eu*: bien, y *poiéo*: hacer) **Acción de hacer el bien a otros.** No debemos olvidar de practicar la beneficencia y de hacer el bien, porque Dios se agrada con tales sacrificios (Hb 13:16). ¶

BENIGNIDAD (*crestótes*: χρηστότης <5544>; de *crestós*: agradable, bueno) **Buena cualidad, de donde bondad; amabilidad.** El fruto del Espíritu es la benignidad (Gá 5:22).

BERILO, BERILIO (*bérulos*: βήρυλλος <969>) **Piedra preciosa de color variable, verde o azul.** El octavo cimiento de la muralla de la Jerusalén celestial estaba adornado con berilo (Ap 21:20). ¶

BESO

1. (*fílema*: φίλημα <5370>; de *filéo*: amar, besar) **Acción de besar.** Jesús reprocha a Simón de no haberle dado un beso para recibirlo (Lc 7:45a). Judas entregó al Hijo del hombre con un beso (Lc 22:48). Pablo exhorta a los creyentes a saludarse con un beso santo (Ro 16:16; 1Co 16:20; 2Co 13:12; 1Ts 5:26); Pedro los exhorta a que se saluden con un beso de amor (1P 5:14). ¶

2. (dar un beso: *filéo*: φιλέω <5368>; de *fílos*: amigo) **Besar.** La multitud debía prender a quien Judas besara (Mt 26:48; Mc 14:44); se acercó a Jesús para besarlo (Lc 22:47).

3. (besar ardientemente: *katafiléo*: καταφιλέω <2705>; de *katá*: part. int., y *fíleo*: ver **2.**) **Besar con ternura o con prisa.** Judas se acercó enseguida a Jesús y lo besó (Mt 26:49; Mc 14:45). Una mujer pecadora cubría los pies de Jesús de besos (Lc 7:38, 45b). El padre, en la parábola, besó a su hijo que regresó a la casa (Lc 15:20). Los ancianos de Éfeso besaban a Pablo (Hch 20:37).

BESTIA

1. (*theríon*: θηρίον <2342>; de *thér*: animal salvaje) **a. Animal salvaje.** El vocablo está empleado en Hch 28:4, 5; Hb 12:20; Stg 3:7. Está traducido como: «fiera» en Mc 1:13; Hch 11:6; Ap 6:8. **b. Vocablo empleado en sentido figur. para describir a personas.** Un profeta cretense había empleado la palabra de «bestia» para calificar a los cretenses (Tit 1:12). **c. Vocablo empleado en sentido figur. para describir al jefe del Imperio romano reconstituido y al anticristo.** Estas dos bestias tendrán un poder satánico para dirigir los asuntos políticos y religiosos después del arrebatamiento de la Iglesia (Ap 11:7; 13:1-3, 4a-c, 11, 12a, b, 14a, b, 15a-c, 17, 18; 14:9, 11; 15:2; 16:2, 10, 13; 17:3, 7, 8a, b, 11-13, 16, 17; 19:19, 20a, b; 20:4, 10). ¶
2. (luchar contra fieras: *theriomaquéo*: θηριομαχέω <2341>; de *theríon*: ver **1.**, y *mácomai*: contender) **Luchar contra bestias salvajes.** Pablo había combatido contra fieras en Éfeso (1Co 15:32). Esta expresión quizá esté empleada en sentido figur. ¶
3. (*zóon*: ζῷον <2226>; de *záo*: vivir) **Criatura animal.** Los hombres que andan tras la carne en sus deseos corrompidos y desprecian la autoridad son como animales irracionales (2P 2:12; Jud 10).
4. (*kténos*: κτῆνος <2934>; de *ktáomai*: adquirir, poseer) **Bestia, animal doméstico.** El samaritano puso al hombre herido sobre su propia cabalgadura (Lc 10:34). El vocablo designa a bestias de todo tipo, como en 1Co 15:39.
5. (animal engordado: *sitistós*: σιτιστός <4619>; de *sítos*: trigo) **Animal alimentado con grano, cebado.** El rey que preparaba bodas para su hijo había matado sus animales engordados (Mt 22:4). ¶
6. (bestia degollada: *sfágion*: σφάγιον <4968>; de *sfázo*: degollar, inmolar) **Víctima para sacrificio.** Dios pregunta a la casa de Israel si ella le había ofrecido víctimas y sacrificios en el desierto (Hch 7:42). ¶
7. (*jupozúgion*: ὑποζύγιον <5268>; de *jupó*: debajo, y *zugós*: yugo) **Bestia de carga.** El vocablo designa al asno de Balaam (2P 2:16).

BIELDO – Ver **AVENTADOR**.

BIENAVENTURADO

1. (*makários*: μακάριος <3107>) **Que es objeto de una bendición, de un favor; feliz.** Jesús emplea este vocablo en las beatitudes (Mt 5:3-11;

Lc 6:20, 21a, b, 22) y en diversas ocasiones (Mt 11:6; 13:16; 16:17; 24:46; Lc 7:23; 10:23; 11:27, 28; 12:37, 38, 43; 14:14, 15; Jn 13:17; 20:29). La palabra está empleada a propósito de Dios (1Ti 1:11) y del Señor Jesús (1Ti 6:15). Se encuentra siete veces en el Apocalipsis (1:3; 14:13; 16:15; 19:9; 20:6; 22:7, 14) y en las epístolas (Ro 4:7, 8; 14:22; Stg 1:12, 25; 1 Pi. 3. 14; 4. 14). Elisabet dijo: «bienaventurada la que creyó» (Lc 1:45). Jesús habla de los días en los que se les dirá dichosas a las mujeres estériles (Lc 23:29). Los creyentes aguardan la esperanza bienaventurada (Tit 2:13).
2. (llamar bienaventurado: *makarízo*: μακαρίζω <3106>) **Llamar bienaventurado, estimar dichoso.** Todas las generaciones llamarían bienaventurada a María, la madre de Jesús (Lc 1:48). Jacobo (Santiago) escribe: «Tenemos por bienaventurados a los que sufren» y obran con paciencia (Stg 5:11). ¶

BIENHECHOR (*euerguétes*: εὐεργέτης <2110>; de *eu*: bien, y *érgon*: acción, trabajo)
Que hace el bien. Jesús dice que aquellos que ejercen la autoridad sobre las naciones son llamados bienhechores (Lc 22:25). ¶

BLANCA (*leptón*: λεπτόν <3016>)
Era la moneda de bronce más pequeña; valía 1/8 de la más pequeña moneda romana. Jesús observó a la pobre viuda que echó dos blancas en el tesoro del templo (Mc 12:42; Lc 21:2). Otra ref.: Lc 12:59. ¶

BLANCO (*leukós*: λευκός <3022>)
Color muy conocido que resulta de la síntesis de otros colores. La ropa de Jesús se volvió blanca como la luz (Mt 17:2; Mc 9:3; Lc 9:29). La ropa del ángel era blanca como la nieve (Mt 28:3; Mc 16:5). Los campos ya están blancos para la siega (Jn 4:35). María vio a dos ángeles vestidos de blanco (Jn 20:12). El vocablo está empleado para describir los cabellos (Mt 5:36), las ropas (Hch 1:10; Ap 3:4, 5, 18; 4:4; 6:11; 7:9, 13; 19:14), la cabeza y los cabellos del Hijo del hombre (Ap 1:14), la lana (Ap 1:14), una piedra (Ap 2:17), caballos (Ap 6:2; 19:11, 14), una nube (Ap 14:14), el gran trono que vio Juan (Ap 20:11). ¶

BLANCO (MUY) (*leukós*: λευκός <3022>; *lían*: λίαν <3029>)
Totalmente, extremadamente blanco. En el momento de su transfiguración, las vestiduras de Jesús se volvieron resplandecientes, muy blancas (Mc 9:3). ¶

BLANQUEAR
1. (*koniáo*: κονιάω <2867>; de *konía*: polvo, cal) **Tintar de blanco, cubriéndolo con una capa de cal.** Los escribas y los fariseos hipócritas eran semejantes a sepulcros blanqueados (Mt 23:27). Pablo trata al sumo sacerdote Ananías de pared blanqueada (Hch 23:3). ¶
2. (*leukaíno*: λευκαίνω <3021>; de

leukós: blanco) **Volverse blanco.** En el momento de la transfiguración, las vestiduras de Jesús se volvieron tan blancas que ningún lavandero en la tierra las podría blanquear así (Mc 9:3). Los santos de la gran tribulación han blanqueado sus ropas en la sangre del Cordero (Ap 7:14). ¶

BLASFEMAR (*blasfeméo*: βλασφημέω <987>; prob. de *blápto*: herir, y *féme*: fama) **Pronunciar palabras impías, injuriar.** Se le acusó a Jesús de blasfemar (Mt 9:3; 26:65; Mc 2:7; Jn 10:36). Jesús habla de los hijos de los hombres que blasfeman (Mc 3:28). Los judíos blasfemaban (Hch 13:45; 18:6); Saulo obligaba a los santos a blasfemar (Hch 26:11). Por causa de los judíos, el nombre de Dios es blasfemado entre los gentiles (Ro 2:24). Himeneo y Alejandro debían aprender a no blasfemar (1Ti 1:20). Los esclavos debían considerar a sus amos dignos de todo honor para que no sea blasfemado el nombre de Dios y la doctrina (1Ti 6:1). Jacobo (Santiago) habla de los ricos que blasfeman el nombre de Jesús (Stg 2:7). El camino de la verdad será blasfemado a causa de falsos maestros (2P 2:2). La bestia blasfemó el nombre de Dios (Ap 13:6); hombres, objetos del juicio de Dios, hicieron lo mismo (16:9, 11, 21). Otra ref.: Tit 2:5.

BLASFEMIA (*blasfemía*: βλασφημία <988>; prob. de *blápto*: herir, y *féme*: fama) **Palabra injuriosa, impía; este vocablo designa el mal que se dice contra Dios.** Se le acusaba a Jesús de proferir blasfemias al perdonar los pecados (Lc 5:21), diciendo que él era el Cristo, el Hijo de Dios (Mt 26:65; Mc 14:64), porque él se hacía Dios (Jn 10:33). La blasfemia (Mt 12:31a, b) contra el Espíritu Santo, según el contexto (ver v. 22-32), consistía a atribuir a Satanás el poder del Espíritu Santo manifestado en Jesús (ver Mc 3:28, 29 y Lc 12:10). Las blasfemias nacen de las contiendas de palabras (1Ti 6:4). La bestia política lleva sobre sus cabezas nombres de blasfemia (Ap 13:1; 17:3) y profiere blasfemias contra Dios (13:5, 6).

BLASFEMO (adj.) (*blásfemos*: βλάσφημος <989>; prob. de *blápto*: herir, y *féme*: fama) **Que constituye un blasfemo, una injuria.** Unos hombres decían haber oído a Esteban proferir palabras blasfemas contra Moisés y contra Dios (Hch 6:11).

BLASFEMO (sust.)
1. (*blásfemos*: βλάσφημος <989>; prob. de *blápto*: herir, y *féme*: fama) **Que pronuncia palabras impías.** Pablo dice que antes él había sido un blasfemo (1Ti 1:13). Pablo escribe a Timoteo que, en los postreros días, los hombres serán blasfemos (2Ti 3:2).
2. (blasfemar: *blasfeméo*: βλασφημέω <987>; prob. de *blápto* y *féme*: ver **1.**) **Hacer declaraciones injuriosas, injuriar.** Pablo y sus compañeros no

BODA

eran blasfemos de (lit.: que blasfemaban a) la diosa Diana (Hch 19:37).

BODA (*gámos*: γάμος <1062>) **Comida y fiesta que acompañan una boda; matrimonio.** Jesús contó la parábola de un rey que le hizo una fiesta de bodas a su hijo (Mt 22:2-4, 8-12) y habló de bodas en la parábola de las diez vírgenes (Mt 25:10). Jesús fue invitado a una boda en Caná de Galilea (Jn 2:1, 2). Las bodas del Cordero que ilustran la unión de Cristo con la Iglesia están descritas en Ap 19:7, 9. Otras ref.: Lc 12:36; 14:8; Hb 13:4. ¶

BOLSA
1. (*balántion*: βαλλάντιον <905>) **Receptáculo para meter dinero.** Jesús les dijo a sus discípulos que no llevaran bolsa (Lc 10:4; 22:35), de hacerse bolsas que no envejezcan (12:33), de tomar cada uno su bolsa (22:36). ¶
2. (*glossókomon*: γλωσσόκομον <1101>; de *glóssa*: lengua) **Estuche para las lengüetas de flauta, de donde bolsa para meter el dinero.** Judas tenía la bolsa y sustraía lo que se ponía dentro de ella (Jn 12:6; 13:29). ¶

BONDAD
1. (*crestón*: χρηστόν <5543>; neutral de *crestós*: bueno) **Buena calidad, beneficencia.** La bondad de Dios lleva al arrepentimiento (Ro 2:4b).
2. (*crestótes*: χρηστότης <5544>; de *crestós*: bueno) **Buena calidad,**
bondad. Pablo pregunta a aquel que juzga si desprecia las riquezas de la bondad de Dios (Ro 2:4a). Dios ha mostrado su bondad para con nosotros en Cristo Jesús (Ef 2:7). Pablo, citando los Salmos, dice que no hay nadie que haga lo bueno (Ro 3:12). Él pide de considerar la bondad de Dios para con el creyente con el fin de perseverar en esta bondad (Ro 11:22a-c). Se recomendaba como siervo de Dios por la bondad (2Co 6:6). Los colosenses debían revestirse de bondad (Col 3:12). La bondad de Dios nuestro Salvador se manifestó a los hombres (Tit 3:4).
3. (ser benigno: *cresteúomai*: χρηστεύομαι <5541>; de *crestós*: bueno) **Ser servicial.** El amor es benigno (1Co 13:4). ¶
4. (*agathosúne*: ἀγαθωσύνη <19>; de *agathós*: bon) **Bien, bondad.** Pablo estaba persuadido de que los cristianos de Roma estaban llenos de bondad (Ro 15:14). El fruto de la luz consiste en toda bondad (Ef 5:9). La bondad es un fruto del Espíritu (Gá 5:22). Pablo oraba para que Dios cumpliera todo propósito de bondad en los tesalonicenses (2Ts 1:11). ¶
5. (con amistosa solicitud: *filofrónos*: φιλοφρόνως <5390>; de *fílos*: amigo, y *frén*: mente) **Con amistad, con afabilidad.** Publio recibió y hospedó a Pablo y a los otros náufragos con amabilidad (Hch 28:7). ¶

BORDÓN – Ver **BASTÓN**.

BORLA – Ver **FLECO**.

BORRACHERA
1. (*méthe*: μέθη <3178>; de *méthu*: bebida fermentada, particularmente vino) **Costumbre de beber hasta embriagarse; abuso de la bebida.** La Escritura condena la borrachera (Lc 21:34; Ro 13:13; Gá 5:21). ¶
2. (*oinoflugía*: οἰνοφλυγία <3632>; de *oínos*: vino, y *flúo*: desbordar, burbujear) **Condición de aquel que está ebrio por el vino.** Algunos creyentes, antes de su conversión, andaban en borracheras (1P 4:3). ¶

BORRACHO (*méthusos*: μέθυσος <3183>; de *méthu*: bebida fermentada, particularmente vino) **Persona que acostumbra beber, embriagarse; bebedor.** Los cristianos no deben relacionarse o comer con alguien que llamándose hermano sea borracho (1Co 5:11). Los borrachos no heredarán el reino de Dios (1Co 6:10). ¶

BORRAR (*exaleífo*: ἐξαλείφω <1813>; de *ex*: lejos de {part. int.}, y *aleífo*: ungir) **Quitar completamente, anular.** Pedro dijo a los judíos que se arrepintieran y se convirtieran para que sus pecados fuesen borrados (Hch 3:19). Dios ha anulado todas nuestras faltas, habiéndolas quitado de en medio clavándolas en la cruz (Col 2:14). Jesús no borrará del libro de vida a los de Sardis que vencerán (Ap 3:5).

BOSQUE (*júle*: ὕλη <5208>) Gran extensión de árboles. La lengua es como un pequeño fuego que enciende un gran bosque (Stg 3:5). ¶

BOTÍN
1. (*akrothínion*: ἀκροθίνιον <205>; de *ákron*: parte superior, y *thís*: montón; lit.: la mejor parte del botín) **Lo que se les quita a los enemigos después de la victoria.** Abraham dio el diezmo del botín a Melquisedec, después de derrotar a los reyes (Hb 7:4). ¶
2. (*skúlon*: σκῦλον <4661>; de *skúlo*: desgarrar) **En plur., armamentos y objetos de valor arrebatados a un enemigo.** Aquel que vence al que es más fuerte, le quita las armas y reparte el botín (Lc 11:22). ¶

BRASAS (*anthrakiá*: ἀνθρακιά <439>) **Brasas encendidas, de madera reducida en carbón ardiente.** Los discípulos vieron brasas puestas y un pescado encima (Jn 21:9).

BRAZA (*orguiá*: ὀργυιά <3712>; de *orégomai*: estirarse) **Medida de longitud, o de profundidad, de aprox. 1,80 metros.** Los marineros echaron la sonda y hallaron veinte brazas, la volvieron a echar más lejos y encontraron quince brazas (Hch 27:28a, b). ¶

BRIZNA – Ver **PAJA**.

BRONCE
1. (*calkós*: χαλκός <5475>) **Puede tratarse de una aleación de cobre**

BROTAR

(70 %) y de zinc (30 %), o de bronce que es una aleación de cobre y de estaño. Existían monedas (Mt 10:9), instrumentos de música (1Co 13:1), diversos artículos (Ap 18:12) de cobre (o metal).
2. (de bronce, de cobre: *cálkeos*: χάλκεος <5470>; de *calkós*: ver **1.**) **Fabricado con cobre.** Los hombres adorarán a las imágenes de bronce (Ap 9:20). ¶
3. (plato de cobre: *calkíon*: χαλκίον <5473>; de *calkós*: ver **1.**) **Plato, recipiente de cobre.** Tradicionalmente, los judíos lavaban los utensilios de cobre (Mc 7:4). ¶
4. (bronce bruñido: *calkolíbanon*: χαλκολίβανον <5474>; de *calkós*: ver **1.**, y *líbanos*: brillante) **Bronce de mucha calidad.** El bronce resiste al fuego; es el emblema de la justicia de Dios en juicio (Ap 1:15; 2:18). ¶
5. (obrero en cobre: *calkeús*: χαλκεύς <5471>; de *calkós*: ver **1.**) **Persona que trabaja el cobre.** Alejandro era un obrero en cobre (2Ti 4:14). ¶

BROTAR (*blastáno*: βλαστάνω <985>; de *blastós*: brote)
Salir de la tierra, germinar. El reino de Dios es semejante a la semilla que brota y crece sin que se sepa cómo (Mc 4:27).

BUEY (*boús*: βοῦς <1016>)
Mamífero rumiante, doméstico, macho. Se desataba al buey del pesebre el sábado (día de reposo) para llevarlo a beber (Lc 13:15); igualmente se habría sacado en sábado a un buey caído en un pozo (14:5). Un hombre había comprado cinco yuntas de bueyes (Lc 14:19). Jesús expulsó del templo a los que vendían bueyes (Jn 2:14) y a sus bueyes (v. 15). La ley dice de no poner bozal al buey que trilla (1Co 9:9a; 1Ti 5:18). Pablo pregunta si Dios se preocupa de los bueyes (1Co 9:9b). ¶

BUITRE – Ver **ÁGUILA**.

BURLA – Ver **VITUPERIO**.

BURLADOR (*empaíktes*: ἐμπαίκτης <1703>; de *en*: a, y *paízo*: jugar)
Persona que se burla de otra. En los últimos días, vendrán burladores (2P 3:3; Jud 18). ¶

C

CABALLO (*jíppos*: ἵππος <2462>)
Mamífero doméstico que sirve de animal de tiro o de transporte. Se pone el freno a los caballos para que obedezcan (Stg 3:3). En su visión, Juan vio un caballo blanco (Ap 6:2), un caballo rojo (v. 4), un caballo negro (v. 5), un caballo amarillo (v. 8); estos caballos están en relación con el juicio de Dios que se ejerce sobre los habitantes de la tierra. También vio al Señor sentado sobre un caballo blanco, juzgando y combatiendo con justicia (Ap 19:11, 19, 21). Otras ref.: Ap 9:7, 9, 17a, b, 19; 14:20; 18:13; 19:14, 18. ¶

CABECEAR (*nustázo*: νυστάζω <3573>; lit.: dejar caer la cabeza) **Adormilarse, dormirse.** En la parábola, como el esposo tardaba, todas las vírgenes cabecearon y se durmieron (Mt 25:5).

CABECILLA (*protostátes*: πρωτοστάτης <4414>; de *prótos*: primero, e *jístemi*: tenerse) **Jefe, dirigente.** Pablo fue acusado de ser el cabecilla de la secta de los nazarenos (Hch 24:5). ¶

CABELLERA
1. (*kóme*: κόμη <2864>; quizá de *koméo*: cuidar de; semejante a *coma* en lat.) **Conjunto de cabellos.** La cabellera le es dada a la mujer por velo (1Co 11:15). ¶
2. (tener una larga caballera: *komáo*: κομάω <2863>; de *kóme*: ver **1.**) **Dejar crecer sus cabellos.** Si un hombre tiene una larga cabellera, es un deshonor para él; mientras que es una gloria para la mujer (1Co 11:14, 15). ¶

CABELLO
1. (*thríx*: θρίξ <2359>) **Pelo que cubre la cabeza.** No se puede hacer blanco o negro un solo cabello (Mt 5:36). Jesús les dijo a sus discípulos que los cabellos de sus cabezas estaban todos contados (Mt 10:30; Lc 12:7). Una mujer pecadora regó los pies de Jesús con sus lágrimas y los secó con sus cabellos (Lc 7:38, 44); María de Betania ungió los pies de Jesús con un perfume de mucho precio y los secó con sus cabellos (Jn 11:2; 12:3). Jesús dijo que ni un solo cabello de la cabeza de sus discípulos perseguidos perecería (Lc 21:18); Pablo retoma esta expresión con los pasajeros de la nave en peligro (Hch 27:34). El atavío de las mujeres creyentes no debe ser exterior, consistiendo en cabellos trenzados y en adornos (1P 3:3). En la visión de Juan, los cabellos del Hijo del hombre eran blancos como la lana blanca (Ap 1:14); las langostas tenían cabellos como cabellos de mujer (9:8a, b).
2. (cortar el cabello: *keíro*: κείρω <2751>) **Trasquilar.** Si la mujer no tiene la cabeza cubierta cuando ora o profetiza, que también se corte el cabello, porque si es vergonzoso para ella tener los cabellos cortos o rapados, que se cubra (1Co 11:6a, b).

CABEZA DEL ÁNGULO – Ver **PRINCIPAL PIEDRA DEL ÁNGULO.**

CABRA
1. (*érifos*: ἔριφος <2056>) **Mamífero rumiante; antes bien macho cabrío.** Como un pastor separa las ovejas de las cabras, así el Hijo del hombre en su gloria separará a los justos de los injustos (Mt 25:32). Otra ref.: Lc 15:29, ver **CABRITO.** ¶
2. (*erifion*: ἐρίφιον <2055>; dim. de **1.**) **Cabrito, cabra pequeña.** El Hijo del hombre en su gloria pondrá las cabras a su izquierda (Mt 25:33). Las cabras designan a los que han rechazado

recibir a los mensajeros del Señor antes de su reinado (ver v. 41-43). ¶
3. (de cabra: *aígeios*: αἴγειος <122>; de *aíx*: cabra) **Que pertenece a una cabra.** Creyentes anduvieron vestidos con pieles de cabras (Hb 11:37). ¶

CABRÍO (*trágos*: τράγος <5131>)
Macho de la cabra. Cristo no ha entrado en el Lugar Santísimo con la sangre de machos cabríos (Hb 9:12); esa sangre purificaba para la purificación de la carne (v. 13). Moisés cogió la sangre de los machos cabríos y la roció (Hb 9:19). Es imposible que la sangre de los machos cabríos quite los pecados (Hb 10:4). ¶

CABRITO (*érifos*: ἔριφος <2056>)
Cría de una cabra. El hermano del hijo pródigo reprochó a su padre no haberle dado nunca un cabrito para celebrar una fiesta con sus amigos (Lc 15:29). Otra ref.: Mt 25:32, ver **CABRA.** ¶

CADENA
1. (*jálusis*: ἅλυσις <254>; quizá de *a*: part. neg., y *lúo*: desatar) **Sucesión de eslabones de metal entrelazados; se utilizaba para atar a los prisioneros.** Nadie podía atar con cadenas a un hombre poseído por un espíritu inmundo; pero todas las veces que habían conseguido atarlo, él las había roto (Mc 5:3, 4a, b; Lc 8:29). Pedro dormía en la cárcel, sujeto con dos cadenas; un ángel lo despertó y las cadenas cayeron de sus manos (Hch 12:6, 7). El tribuno mandó atar a Pablo con dos cadenas (Hch 21:33). Por la esperanza de Israel, Pablo estaba encadenado (Hch 28:20). Él dirá que es un embajador encadenado (Ef 6:20). Onesíforo no se avergonzó de las cadenas de Pablo (2Ti 1:16). Juan vio a un ángel con una gran cadena en la mano para atar al dragón (Ap 20:1). ¶
2. (*desmós*: δεσμός <1199>; de *déo*: atar, sujetar) **Ligadura, cadena.** Pablo sufría hasta llevar cadenas como un malhechor (2Ti 2:9).
3. (*seirá*: σειρά <4577>; de *eíro*: sujetar) **Atadura, prisiones.** Los ángeles que han pecado fueron arrojados al abismo mantenidos en prisiones de tinieblas (2P 2:4). ¶

CALDERERO (*calkeús*: χαλκεύς <5471>)
Ver **BRONCE** para esta profesión en 2Ti 4:14. ¶

CALIENTE (*zestós*: ζεστός <2200>; de *zéo*: hervir)
Muy caliente, cálido. El ángel de la iglesia de Laodicea no era ni frío ni caliente (Ap 3:15a, b, 16). ¶

CALMA (*galéne*: γαλήνη <1055>)
Calma sobre una superficie de agua después de una tormenta, tranquilidad. Jesús reprendió a los vientos y a las olas, y se hizo una gran calma (Mt 8:26; Mc 4:39; Lc 8:24). ¶

CALOR
1. (*thérme*: θέρμη <2329>; de *thermós*: caliente, que viene de *théro*:

calentar) **Elevación de la temperatura causada por el fuego.** Salió una víbora a causa del calor provocado por un fuego de ramas secas (Hch 28:3). ¶
2. (*kaúma*: καῦμα <2738>; de *kaío*: quemar) **Temperatura elevada del aire que nos rodea, quemadura.** No sufrirán ningún calor los santos que vienen de la gran tribulación (Ap 7:16). Cuando la cuarta copa fue derramada sobre el sol, los hombres fueron quemados con el gran calor (Ap 16:9). ¶
3. (*kaúson*: καύσων <2742>; de *kaío*: quemar) **Sensación del cuerpo que reacciona a una elevación de la temperatura; elevación de la temperatura causada por el sol.** En una parábola, los obreros de la viña habían soportado la carga y el calor del día (Mt 20:12). El término está traducido como: «calor abrasador» en Stg 1:11: sale el sol con calor abrasador.

CALUMNIADO (SER) (*blasfeméo*: βλασφημέω <987>; prob. de *blápto*: hacer daño, y *féme*: fama)
Mentir denunciando un mal imaginario o no demostrado. Pablo era calumniado (Ro 3:8).

CALUMNIADOR (*diábolos*: διάβολος <1228>; de *diabálo*: acusar, que viene de *diá*: a través, y *bálo*: echar, lanzar)
Lanzar palabras acusadoras (verdaderas o falsas) con el propósito de desprestigiar a otras personas.
En los últimos días, los hombres serán calumniadores (2Ti 3:3).

CALUMNIAR
1. (*blasfeméo*: βλασφημέω <987>; prob. de *blápto*: hacer daño, y *féme*: fama) **Mentir denunciando un mal imaginario o no demostrado.** Pablo era calumniado (1Co 4:13).
2. (*epereázo*: ἐπηρεάζω <1908>; de *epéreia*: amenaza, insulto) **Difamar, ultrajar.** Pedro habla de los que calumnian la buena conducta de los creyentes (1P 3:16).

CALZAR (*jupodéo*: ὑποδέω <5265>; de *jupó*: debajo, y *déo*: atar)
Poner a sus pies. Los doce debían estar calzados con sandalias cuando Jesús los envió predicar (Mc 6:9). El ángel le dijo a Pedro que se ciñera y se calzara las sandalias (Hch 12:8). Los creyentes deben calzar sus pies con el apresto del evangelio de la paz (Ef 6:15). ¶

CAMARERO (*jo epí toú koitónos*; dormitorio: *koitón*: κοιτών <2846>; de *koíte*, lit.: el que está sobre el dormitorio)
Persona responsable del dormitorio del soberano. Blasto era camarero del rey Herodes Agripa I (Hch 12:20). ¶

CAMBIAR
1. (*alásso*: ἀλλάσσω <236>; de *álos*: diferente) **Hacer diferente, alterar.** Según falsos testigos, Esteban había dicho que Jesús cambiaría

las costumbres enseñadas por Moisés (Hch 6:14). Ciertos hombres han cambiado la gloria del Dios incorruptible por imágenes de hombre corruptible o de bestias (Ro 1:23). Todos los creyentes serán transformados en la venida del Señor (1Co 15:51), en particular los creyentes que aún están vivos (v. 52). Pablo hubiese querido cambiar de tono con los gálatas (Gá 4:20). Los cielos serán cambiados (Hb 1:12). ¶

2. (*metalásso*: μεταλλάσσω <3337>; de *metá*: part. que indica un cambio, y *alásso*: ver **1.**) **Transformar.** Hombres han cambiado la verdad de Dios por la mentira (Ro 1:25); sus mujeres han cambiado el uso natural por aquel que es contra la naturaleza (v. 26). ¶

3. (*metatíthemi*: μετατίθημι <3346>; de *metá*: part. que indica un cambio, y *títhemi*: poner) **Transformar, utilizar con otro fin.** El sacerdocio habiendo cambiado, hay un cambio de ley (Hb 7:12). Hombres cambian la gracia de Dios en disolución (Jud 4).

4. (*stréfo*: στρέφω <4762>) **Transformar.** Los dos testigos tendrán poder para cambiar las aguas en sangre (Ap 11:6).

5. (*metastréfo*: μεταστρέφω <3344>; de *metá*: part. que indica un cambio, y *stréfo*: ver **4.**) **Transformar.** Jacobo (Santiago) desea que la risa de los pecadores se transforme en llanto (Stg 4:9). En los últimos días, el sol se convertirá en tinieblas (Hch 2:20).

CAMBIO

1. (*metáthesis*: μετάθεσις <3331>; de *metatíthemi*: cambiar, transformar, que viene de *metá*: part. que indica un cambio, y *títhemi*: poner) **Transferencia, traslación.** El sacerdocio habiendo cambiado, hay un cambio de ley (Hb 7:12). La expresión «aún una vez», en Hag 2:6, indica el cambio de las cosas movibles (Hb 12:27).

2. (*tropé*: τροπή <5157>; de *trépo*: girar) **Variación, revolución.** No hay cambio ni sombra de variación en el Padre de las luces (Stg 1:17). ¶

CAMBISTA

1. (*kolubistés*: κολλυβιστής <2855>; de *kólubos*: moneda pequeña) **Persona sentada ante una mesa en el templo y cambiando monedas extranjeras.** Jesús volcó las mesas de los cambistas (Mt 21:12; Mc 11:15; Jn 2:15) porque profanaban el templo. Otra ref.: Lc 19:45 en algunos mss. ¶

2. (*kermatistés*: κερματιστής <2773>; de *kermatízo*: dividir en piezas de moneda, que viene de *kérma*: moneda pequeña) **Ver 1.** Juan emplea este término a propósito de los que cambiaban las monedas en el templo (Jn 2:14). ¶

CAMELLO (*kámelos*: κάμηλος <2574>; otros mss.: *kámilos*; en heb.: *gamal*)

El camello es un animal doméstico de los más útiles para transportar personas y bultos sobre largas distancias; sus jorobas le permiten

constituirse reservas de grasa. Juan el Bautista estaba cubierto con un vestido de pelo de camello (Mt 3:4; Mc 1:6). Que un camello entre literalmente por un agujero de aguja es una cosa imposible (Mt 19:24; Mc 10:25; Lc 18:25). Colar «el mosquito» y tragarse «el camello» (filtrar el agua para no tragarse mosquitos) significa preocuparse por los detalles insignificantes y no poner atención a las cosas importantes, a las prescripciones morales de la ley (Mt 23:24). ¶

CAMINO DE UN DÍA DE REPOSO (*sábbaton jodós*; *sábbaton*: σάββατον <4521>; *jodós*: ὁδός <3598>)
Medida de longitud de aprox. seis estadios o 1.100 m.; los escribas permitían a los judíos recorrer, en el día de reposo, solamente esta distancia. Después de la ascensión del Señor, los apóstoles volvieron a Jerusalén, desde el monte de los Olivos, que está cerca de Jerusalén, el camino de un día de reposo (lit.: teniendo camino de un sábado) (Hch 1:12).

CAMPAMENTO (*parembolé*: παρεμβολή <3925>; de *parembálo*: rodear, que viene de *pará*: al lado, y *embálo*: arrojar en)
a. En otro tiempo, campamento organizado del pueblo de Israel. Figur., sistema religioso judaico y, de manera general, cualquier sistema religioso establecido por el hombre (Hb 13:11, 13). **b. Agrupamiento defensivo.** Al final del milenio, bajo la instigación de Satanás, las naciones se reunirán para combatir contra el campamento de los santos y contra la ciudad amada (Ap 20:9).

CAMPO
1. (*agrós*: ἀγρός <68>) **Parcela de terreno en la campiña.** Jesús dijo que observaran los lirios del campo (Mt 6:28); Dios viste la hierba del campo (Mt 6:30; Lc 12:28). A los discípulos que le pedían que les explicara la parábola de la cizaña en el campo (Mt 13:36), Jesús les dice que el campo representa el mundo (v. 38). El reino de los cielos es semejante a un tesoro escondido en un campo; un hombre compra ese campo (Mt 13:44); también es comparado a un hombre que sembró buena semilla en su campo (Mt 13:24, 27) y a un grano de mostaza que un hombre sembró en su campo (v. 31). Algunos abandonarán sus campos por amor al nombre del Señor (Mt 19:29; Mc 10:29); recibirán cien veces más (Mc 10:30). En una parábola, un invitado no hizo caso de la invitación y se fue a su campo (Mt 22:5; Lc 14:18). Durante la gran tribulación, aquel que esté en el campo no deberá volver atrás para tomar su capa (Mt 24:18; Mc 13:16; Lc 17:31). Cuando el Hijo del hombre venga, dos hombres estarán en el campo, uno será llevado y el otro será dejado (Mt 24:40; Lc 17:36). Con el dinero de la traición de Judas, se compró el Campo del alfarero (Mt 27:7, 10); ese campo ha sido llamado Campo de sangre (Mt 27:8a, b). A

Simón, que venía del campo, se le obligó a llevar la cruz de Jesús (Mc 15:21; Lc 23:26). Jesús se apareció a dos discípulos que iban al campo (Mc 16:12). En la parábola del hijo pródigo, este fue enviado al campo para apacentar cerdos (Lc 15:15); cuando volvió, el hijo mayor estaba en el campo (v. 25). Jesús habla de un siervo que vuelve del campo (Lc 17:7).
2. (estar en el campo: *agrauléo*: ἀγραυλέω <63>; de *agrós*: ver **1.**, y *aulízomai*: pasar algún tiempo al aire libre) **Estar en el campo.** Unos pastores estaban en el campo cuando el ángel les anunció el nacimiento de Jesús (Lc 2:8). ¶
3. (*córa*: χώρα <5561>; de *coros*: espacio) **Terreno, región.** En una parábola, los campos de un hombre rico habían producido mucho (Lc 12:16). Jacobo (Santiago) habla del jornal de los obreros que habían segado los campos de los ricos (Stg 5:4).
4. (*coríon*: χωρίον <5564>; de *córa*: región, o dim. de *córos*: espacio) **Propiedad, parcela de terreno.** Judas había adquirido un campo con el salario de su iniquidad (Hch 1:18); este campo ha sido llamado Campo de sangre (Hch 1:19a, b). Al principio, los creyentes que poseían campos los vendían con el fin de que el dinero sea distribuido a los más necesitados (Hch 4:34). Pedro pregunta a la mujer de Ananías si ellos habían vendido el terreno (o campo) por tal precio (Hch 5:8).

CANASTA (*spurís*: σπυρίς <4711>)
Recipiente relativamente grande, de forma circular, de junco entrelazado. Después de la distribución de los panes, se recogió, de los pedazos que quedaron, siete canastas llenas (Mt 15:37; 16:10; Mc 8:8, 20). Se hizo bajar a Pablo en una canasta a lo largo de la muralla, para sustraerlo al gobernador del rey Aretas (Hch 9:25); Pablo, al contar este episodio, utiliza un sinónimo de canasta (*sargáne*) (2Co 11:32, 33). ¶

CANCELACIÓN (*athétesis*: ἀθέτησις <115>; de *a*: part. neg., y *títhemi*: meter, poner; lit.: poner de lado)
Abrogación, anulación, rechazo. Con el sacerdocio de Cristo, hay abrogación del mandamiento de la ley que concernía al precedente sacerdocio (Hb 7:18). Cristo ha sido manifestado una vez (lit.: una vez por todas) para la anulación del pecado por su sacrificio (Hb 9:26). ¶

CANDELABRO (*lucnía*: λυχνία <3087>; de *lúcnos*: lámpara)
Soporte para lámparas de aceite. El candelabro estaba hecho de oro puro; sus siete lámparas estaban constantemente encendidas (ver Ex 25:31-40). El candelabro estaba en el lugar santo del tabernáculo (Hb 9:2).

CANELA (*kinámomon*: κινάμωμον <2792>; también escrito: *kinnámomon*)
**Corteza interna del canelo; los bastoncillos de canela tienen un gusto

aromático. Los mercaderes llorarán la caída de Babilonia que no les comprará más diversos productos, entre ellos canela (Ap 18:13). ¶

CANTAR
1. (*ádo*: ᾄδω <103>) **Formar sonidos musicales con la voz.** Pablo nos invita a cantar con nuestro corazón al Señor (Ef 5:19) y a Dios (Col 3:16). En el Apocalipsis, los ancianos cantan un cántico nuevo (Ap 5:9), como también los ciento cuarenta y cuatro mil (14:3); los que habían vencido a la bestia cantaban el himno de Moisés y del Cordero (15:3). ¶
2. (cantar, cantar alabanzas: *psálo*: ψάλλω <5567>; de *psáo*: tocar ligeramente) **Tocar un instrumento de cuerdas, cantar alabanzas a Dios.** Pablo exhorta a cantar con el espíritu, pero también a cantar con el entendimiento (1Co 14:15a, b). Si alguno estaba alegre, estaba invitado a cantar alabanzas (Stg 5:13).
3. (cantar himnos, cantar alabanzas: *jumnéo*: ὑμνέω <5214>; de *júmnos*: himno) **Celebrar a Dios en canción.** Después de su última cena, antes de ser librado, Jesús cantó un himno con sus discípulos (Mt 26:30; Mc 14:26). Jesús canta himnos a Dios en medio de la congregación (Hb 2:12).
4. (*fonéo*: φωνέω <5455>; de *foné*: sonido, voz) **Emitir sonidos.** Pedro iba a negar a Jesús antes de que cante el gallo (Mt 26:34, 74, 75; Mc 14:30, 68, 72; Lc 22:34, 60, 61; Jn 13:38; 18:27).

5. (cantar lamentaciones: *threnéo*: θρηνέω <2354>; de *thrénos*: lamentación, cántico fúnebre). **Cantar cánticos tristes, de duelo.** Jesús compara la generación de los hombres de su tiempo a unos niños que cantan endechas y reprochan a sus compañeros de no lamentarse o de no llorar (Mt 11:17; Lc 7:32).

CÁNTICO
1. (*odé*: ᾠδή <5603>; de *ádo*: cantar) **Canto en general; en el N.T., más específicamente, un cántico para alabar a Dios y a Cristo.** Los cristianos están invitados a animarse unos a otros con salmos, himnos y cánticos espirituales (Ef 5:19; Col 3:16). En Apocalipsis, encontramos un cántico nuevo (Ap 5:9; 14:3), como también el cántico de Moisés y el cántico del Cordero (15:3a, b). ¶
2. (cantar cánticos: *psálo*: ψάλλω <5567>; de *psáo*: tocar ligeramente) **Tocar un instrumento de cuerdas, cantar alabanzas a Dios.** Si alguien está alegre, está invitado a cantar cánticos (Stg 5:13).

CANTO DEL GALLO
(*alektorofonía*: ἀλεκτοροφωνία <219>; de *aléktor*: gallo, y *foné*: sonido, voz) **Al levantar el día, de mañana temprano.** El dueño de la casa podía venir cuando cantara el gallo (Mc 13:35). ¶

CAÑA
(*kálamos*: κάλαμος <2563>) **Planta acuática que se encuentra en los pantanos o cerca de los ríos; su altura puede sobrepasar

tres metros. Las cañas son huecas, y por consiguiente frágiles. Jesús no venía para quebrar la caña cascada, la nación de Israel bajo la opresión (Mt 12:20). Para burlarse del Señor, le pusieron una caña en la mano derecha como cetro real, y con ella le golpeaban la cabeza (Mt 27:29, 30; Mc 15:19). Una esponja llena de vinagre fue puesta al extremo de una caña y presentada al Señor sobre la cruz (Mt 27:48; Mc 15:36). En Ap 11:1 y 21:15, 16, la caña es simbólicamente utilizada como medida.

CAPACIDAD

1. (*dúnamis*: δύναμις <1411>; de *dúnamai*: ser capaz) **Poder, habilidad.** En una parábola, un hombre entregó unos talentos a sus siervos, a cada uno según su propia capacidad (Mt 25:15).
2. (*jikanótes*: ἱκανότης <2426>; de *jikanós*: suficiente, capaz) **Habilidad, aptitud.** La capacidad de Pablo venía de Dios (2Co 3:5). ¶

CAPITÁN (*strategós*: στρατηγός <4755>; de *stratós*: ejército, y *ágo*: guiar)
Jefe de la guardia, oficial. Los capitanes del templo (Lc 22:4, 52) aseguraban la guardia. Estos jefes eran judíos de la tribu de Leví.

CARA – Ver **FAZ**.

CARBÓN

1. (*ánthrax*: ἄνθραξ <440>) **Combustible obtenido de la combustión incompleta de la madera.** La expresión «ascuas de fuego amontonarás sobre su cabeza» (Ro 12:20; ver Pr 25:22) significa que haciendo el bien por el mal, se puede alcanzar la conciencia y el corazón del enemigo. La serie *Sondez les Écritures* explica esta expresión: «... en Oriente, cuando el fuego se apagaba, había frío y hambre (pues ya no era posible cocer los alimentos). Entonces se iba a buscar fuego a casa de un vecino utilizando un brasero que se transportaba sobre la cabeza, según la costumbre oriental, que este llenaba de carbones inflamados (ascuas de fuego). El vecino, pues, ponía literalmente ascuas de fuego sobre la cabeza del que pedía. Si era normal hacer este favor a un amigo, este versículo (ver Pr 25:21, 22) incita a hacerlo a un enemigo.» Si no se arrepiente, la venganza del Señor (ver Ro 12:19) será tanto mayor; el creyente está llamado a vencer el mal con el bien (ver v. 21). ¶
2. (fuego de carbón: *anthrakiá*: ἀνθρακιά <439>; de *ánthrax*: ver **1.**) **Brasas encendidas.** Los siervos y los alguaciles habían encendido un fuego de carbón (Jn 18:18).

CARCELERO (*desmofúlax*: δεσμοφύλαξ <1200>; de *desmós*: ligadura, y *fúlax*: guardia)
Guardián de prisión. El carcelero que guardaba a Pablo y a Silas iba a matarse, creyendo que sus prisioneros se habían escapado. Pero en esa misma noche, fue convertido y bautizado (Hch 16:23, 27, 36). ¶

CARCOMER – Ver **PASTO**.

CARGA

1. (*báros*: βάρος <922>; lit.: peso) **Peso físico o espiritual.** Había parecido bien al Espíritu Santo de no poner sobre los creyentes ninguna otra carga que la de abstenerse de las cosas sacrificadas a los ídolos, de sangre, de lo que es estrangulado y de la fornicación (Hch 15:28; ver v. 29).
2. (*ónkos*: ὄγκος <3591>) **Lo que es prominente, protuberancia, de donde carga, peso.** Los creyentes deben despojarse de todo peso y del pecado que tan fácilmente los asedia (Hb 12:1). ¶
3. (*fortíon*: φορτίον <5413>; de *fórtos*: carga, lastre, que viene de *féro*: llevar) **Algo que se transporta (sin reparar en el peso); otra trad.: responsabilidad.** La carga de Jesús es ligera (Mt 11:30). Los escribas y los fariseos ataban cargas pesadas y difíciles de llevar, que ponían sobre las espaldas de los hombres (Mt 23:4; Lc 11:46a); pero ellos no tocaban esas cargas (Lc 11:46b). Cada uno llevará su propia carga (Gá 6:5). ¶

CARIDAD (OBRA DE) – Ver **JUSTICIA**.

CARIÑO

1. (*spláncnon*: σπλάγχνον <4698>; de *splén*: intestino; lit.: entrañas; figur.: corazón) **Ternura, afecto.** El cariño de Tito por los corintios era aún más abundante (2Co 7:15).
2. (afecto ardiente: *zélos*: ζῆλος <2205>) **Celo, ardor.** Tito relata el gran celo que los corintios le tenían a Pablo (2Co 7:7).
3. (pasión desordenada: *páthos*: πάθος <3806>; de *pásco*: sufrir) **El vocablo está empleado relativamente a las pasiones y a los malos deseos.** El creyente debe abstenerse de las pasiones desordenadas (Col 3:5).
4. (afecto fraternal: *filadelfía*: φιλαδελφία <5360>; de *fílos*: amigo, y *adelfós*: hermano) **Amor, amistad entre hermanos en la fe.** Pedro exhorta a los creyentes al amor fraternal (1P 1:22; 2P 1:7).
5. (sin afecto natural: *ástorgos*: ἄστοργος <794>; de *a*: part. neg., y *storgé*: ver **6.**) **Sin ternura.** Pablo habla de los hombres sin afecto natural (Ro 1:31; 2Ti 3:3). ¶
6. (lleno de afecto: *filóstorgos*: φιλόστοργος <5387>; de *fílos*: amigo, y *storgé*: ternura, particularmente entre padres e hijos) **Afectuoso.** Los creyentes deben estar llenos de afecto los unos por los otros (Ro 12:10). ¶
7. (estar animado de un ardiente afecto, pensar con un vivo afecto: *epipothéo*: ἐπιποθέω <1971>; de *epí*: sobre, y *pothéo*: anhelar una cosa distante) **Sentir una gran ternura.** Unos hermanos estaban animados de un gran afecto hacia los corintios (2Co 9:14). Pablo pensaba con vivo afecto a todos los filipenses (Fil 1:8), como también Epafrodito (Fil 2:26).

CARNAL (*sarkikós*: σαρκικός <4559>; de *sárx*: carne)
Relativo a la carne; material, físico. Un cristiano carnal es aquel que ha vuelto a una forma inconveniente de vivir que lo había podido caracterizar antes de su conversión (Ro 7:14; 1Co 3:1-3), p.ej. de los deseos carnales (1P 2:11). Las cosas materiales (Ro 15:27) y los bienes materiales (1Co 9:11) son los elementos y los bienes de este mundo. El mandamiento humano (Hb 7:16) y las ordenanzas para el cuerpo (9:10; lit.: de carne) se refieren a la ley que se dirigía a la carne. Las armas del cristiano no son carnales (2Co 10:4), sino espirituales. Con la gracia de Dios, Pablo no se había conducido con una sabiduría carnal (2Co 1:12). ¶

CARNE
1. (*sárx*: σάρξ <4561>) En el N.T., el término tiene varios sentidos: **a. la sustancia del cuerpo, ya sea de animales o de personas** (1Co 15:39); **b. el cuerpo humano** (2Co 10:3; Gá 2:20; Fil 1:22); **c. la humanidad, lo que incluye el espíritu, el alma y el cuerpo de los individuos** (Mt 24:22; Jn 1:13; Ro 3:20); **d. la santa humanidad del Señor Jesús, lo que abarca su espíritu, su alma y su cuerpo** (Jn 1:14; 1Ti 3:16; 1Jn 4:2, 3; 2Jn 7); en Hb 5:7, los «días de su carne» se refieren a la vida pasada del Señor sobre la tierra en contraste con su vida presente en resurrección; **e. la persona completa** (2Co 7:5; Stg 5:3); **f. el elemento más débil en la naturaleza humana** (Mt 26:41; Ro 6:19; 8:3a); **g. el estado no regenerado de los hombres** (Ro 7:5; 8:8, 9); **h. la sede del pecado en el hombre interior** (2P 2:18; 1Jn 2:16); **i. el elemento inferior y momentáneo en el cristiano** (Gá 3:3; 6:8a, b) y en las ordenanzas carnales (o: religiosas) (Hb 9:10; lit.: ordenanzas para la carne); **j. la persona humana con sus capacidades naturales** (1Co 1:26; 2Co 10:2, 3a, b); **k. las circunstancias** (1Co 7:28); relativamente a lo que nos es exterior (2Co 7:1; Ef 6:5; Hb 9:13); **l. lo que es exterior y aparente en contraste con el espíritu, que es interior y verdadero** (Jn 6:63); **m. de las relaciones naturales** (1Co 10:18; Gá 4:23) **o matrimoniales** (Mt 19:5, 6; Mc 10:8; 1Co 6:16; Ef 5:31). (Según Walter Scott.) ¶

2. (de carne: *sárkinos*: σάρκινος <4560>; de *sárx*: ver **1.**) **Sustancia que corresponde al cuerpo físico.** Los corintios eran la carta escrita en el corazón de Pablo, no en tablas de piedra, sino en tablas de corazones humanos (lit.: de carne) (2Co 3:3). ¶

3. (*kréas*: κρέας <2907>) **Carne de la carnicería.** Es mejor no comer carne ni hacer nada que haga tropezar a tu hermano (Ro 14:21). Pablo no comería carne si esto era una ocasión de tropiezo para su hermano (1Co 8:13). ¶

CARPINTERO (*tékton*: τέκτων <5045>)
Obrero en la esfera de la construcción, sin duda construyendo

y reparando objetos de madera, igualmente podría tratarse de otros materiales. Jesús era el hijo de José el carpintero (Mt 13:55); él mismo era carpintero (Mc 6:3). Sin embargo, es muy probable que el término tenga un sentido más amplio que el de constructor o de artesano. ¶

CARRO
1. (*járma*: ἅρμα <716>; mismo raíz que *ararísko*: estar adaptado, provisto de) **Carro de guerra con dos ruedas.** Un etíope, funcionario de Candace, estaba sentado en su carro y leía en el libro del profeta Isaías (Hch 8:28); el Espíritu le dijo a Felipe que se acercara a ese carro (v. 29). El etíope ordenó de parar el carro con el fin de ser bautizado por Felipe (v. 38). El ruido de las alas de las langostas era como el ruido de los carros (Ap 9:9). ¶
2. (*jréde*: ῥέδη <4480>; del lat. *rheda*: carruaje) **Carreta con cuatro ruedas empleada para viajar.** Babilonia compraba carros (Ap 18:13). ¶

CARTA DE RECOMENDACIÓN
(carta: *epistolé*: ἐπιστολή <1992>; de *epistélo*: enviar una carta; de recomendación: *sustatikós*: συστατικός <4956>; de *sunistáo*: aprobar, recomendar)
Carta que permite a un creyente ser conocido por otros creyentes, o recomendado a otros creyentes para ser eventualmente asistido por diversas causas (ver Ro 16:1, 2). Dirigiéndose a los corintios, Pablo menciona que una carta de esta clase no era necesaria para él, puesto que era bien conocido de ellos (2Co 3:1a; b en algunos mss.). ¶

CASAMIENTO –
Ver **MATRIMONIO**.

CASAR, CASARSE
1. (*gaméo*: γαμέω <1060>; de *gámos*: casamiento) **Unirse ante una autoridad reconocida.** Ya antes del diluvio, se casaban (Mt 24:38; Lc 17:27). Contrariamente a la práctica del casamiento en la tierra, no se casarán después de la presente vida (Mt 22:30; Mc 12:25; Lc 20:34, 35). Pablo habla prolongadamente del casamiento en 1Co 7 (v. 9a, b, 10, 28a, b, 33, 34, 36, 39). Él quería que las viudas jóvenes se casen (1Ti 5:14). Otras ref.: Mt 19:10; 22:25; 1Ti 4:3; 5:11.
2. (*ekgamízo*: ἐκγαμίζω <1547>; de *ek*: de, y *gámos*: casamiento) **Dar en casamiento.** El que se casa hace bien, y el que no se casa hace mejor (1Co 7:38a, b).
3. (aquel que no está casado: *ágamos*: ἄγαμος <22>; de *a*: part. neg., y *gaméo*: ver **1**.) **Aquel (o aquella) que no está unido en casamiento ante una autoridad reconocida.** Pablo prescribe a los que no están casados (es decir a los solteros) que se queden en ese estado (1Co 7:8, 11, 32, 34). ¶

CASTIGAR (*paideúo*: παιδεύω <3811>; de *país*: muchacho; lit.: enseñar, educar a un niño)

CASTIGO

Disciplinar, infligir un castigo; corregir. Pilato quería castigar a Jesús y soltarle (Lc 23:16, 22). Cuando los creyentes son juzgados, son castigados por el Señor (1Co 11:32). Pablo estaba como castigado, pero no muerto (2Co 6:9). El Señor reprende y castiga a todos los que él ama (Ap 3:19).

CASTIGO (*díke*: δίκη <1349>; primer sentido: justicia, recto)
Pena impuesta como sentencia. Aquellos que no obedecen al evangelio sufrirán el castigo de la destrucción eterna (2Ts 1:9; ver v. 8).

CÁTEDRA (*kathédra*: καθέδρα <2515>; de *kathézomai*: sentarse, que viene de *katá*: abajo, y *jézomai*: sentarse)
Banco, silla. Los escribas y los fariseos se habían sentado en la cátedra de Moisés (Mt 23:2), es decir que habían tomado el lugar de Moisés enseñando la ley a la manera de ellos.

CAUTERIZAR (*kauteriázo*: καυτηριάζω <2743>; de *kaío*: incendiar, hacer quemar; también se escribe *kausteriázo*)
Quemar los tejidos con un instrumento metálico; algunos traducen por «marcar con un hierro candente». En los últimos tiempos, los que apostatarán de la fe tendrán cauterizada su propia conciencia (1Ti 4:2), es decir hecha insensible a causa de su adhesión a espíritus engañadores y a enseñanzas de demonios (ver v. 1). ¶

CAUTIVIDAD (*aicmalosía*: αἰχμαλωσία <161>; de *aicmálotos*: cautivo, prisionero, que viene de *aicmé*: lanza, y *jalískomai*: ser cogido)
Privación de libertad, encarcelamiento. Cristo ha llevado cautiva la cautividad (Ef 4:8). En relación con los santos perseguidos por la bestia, si alguien lleva en cautividad, irá a cautividad (Ap 13:10a, b). ¶

CAUTIVO
1. (*aicmálotos*: αἰχμάλωτος <164>; de *aicmé*: punta de la lanza, y *jalískomai*: ser cogido) **Prisionero de guerra.** Jesús ha sido enviado para publicar la libertad a los cautivos (Lc 4:18). ¶
2. (llevar cautivo: *aicmaloteúo*: αἰχμαλωτεύω <162>; de *aicmálotos*: ver **1.**) **Hacer prisionero.** Cristo ha llevado cautiva la cautividad (Ef 4:8). ¶
3. (traer, llevar, hacer cautivo: *aicmalotízo*: αἰχμαλωτίζω <163>; de *aicmálotos*: ver **1.**) **Hacer prisionero.** Durante la gran tribulación, los judíos serán llevados cautivos (Lc 21:24). Otra ley hace cautivo del pecado al hombre del que es cuestión en Ro 7 (v. 23). Las armas espirituales llevan cautivo todo pensamiento a la obediencia de Cristo (2Co 10:5). Algunos se llevan cautivas a mujeres débiles cargadas de pecados (2Ti 3:6). ¶

CAVAR – Ver **LABRAR**.

CAVILAR –
Ver **RAZONAMIENTO 3**.

CEBADA
1. (*krithé*: κριθή <2915>) **Cereal utilizado para hacer pan.** Tres medidas de cebada valdrán un denario durante los juicios apocalípticos (Ap 6:6). ¶
2. (de cebada: *kríthinos*: κρίθινος <2916>; de *krithé*: ver **1.**) **Hecho de cebada.** Jesús distribuyó los cinco panes de cebada de un muchacho para alimentar a una multitud (Jn 6:9); se recogieron doce cestas de los pedazos que habían sobrado de los cinco panes de cebada (v. 13). ¶

CEBADO
(*siteutós*: σιτευτός <4618>; de *siteúo*: alimentar de grano, que viene de *sítos*: trigo, grano)
Engordado con grano; otra trad.: gordo. El padre del hijo pródigo hizo traer y matar al becerro cebado (Lc 15:23, 27, 30). ¶

CEGAR
(*tuflóo*: τυφλόω <5186>; de *tufóo*: envolver con humo)
Privar de la vista, no dejar ver. Dios ha cegado los ojos de los judíos (Jn 12:40). El dios de este siglo ha cegado el entendimiento de los incrédulos (2Co 4:4). Las tinieblas han cegado los ojos de aquel que odia a su hermano (1Jn 2:11). ¶

CELADA
1. (*énedron*: ἔνεδρον <1749>; de *enédra*: emboscada, celada, que viene de *en*: en, y *jédra*: sentarse) **Emboscada con la intención de herir o de matar; otras trad.: asechanza, trampa.** El hijo de la hermana de Pablo había oído hablar de una emboscada (o celada) contra Pablo (Hch 23:16). ¶
2. (poner una celada, acechar: *enedreúo*: ἐνεδρεύω <1748>; de *enédra*: ver **1.**) **Acción de esperar a alguien en un lugar para herirle o matarle.** Unos judíos se habían juramentado, poniendo una celada a Pablo con el fin de matarlo (Hch 23:21). Este verbo está traducido como: «tender lazos» en Lc 11:54. ¶

CELESTIAL
1. (*ouránios*: οὐράνιος <3770>; de *ouranós*: cielo) **Relativo al cielo.** El vocablo está aplicado a Dios Padre por Mateo (Mt 5:48 {en el cielo; algunos mss.: *ouranós*}; 6:14, 26, 32; 15:13) y a una multitud de ángeles alabando a Dios (Lc 2:13). Pablo no había sido desobediente a la visión celestial (Hch 26:19). ¶
2. (*epouránios*: ἐπουράνιος <2032>; de *epí*: sobre, en, y *ouranós*: cielo) **Que está en el cielo.** El vocablo está aplicado a Dios Padre en Mt 18:35. Los judíos no habrían creído a Jesús si él les hubiera hablado de cosas celestiales (Jn 3:12). La gloria de los cuerpos celestiales es diferente a la de los cuerpos terrenales (1Co 15:40a, b). Tal como es el celestial (el Señor Jesús), tales son los celestiales (los creyentes) (1Co 15:48a, b); llevarán la imagen del celestial

CELO

(v. 49). En la epístola a los Efesios, «lugares celestiales» traduce la expresión literal «los celestiales»: Dios Padre ha bendecido a los creyentes con toda bendición espiritual en los lugares celestiales en Cristo (1:3); Dios ha hecho sentar a Cristo a su diestra en los lugares celestiales (1:20) y ha hecho sentar a los creyentes igualmente (2:6); la multiforme sabiduría de Dios es dada a conocer ahora a las autoridades en los lugares celestiales (3:10); la lucha de los creyentes es contra las huestes espirituales de maldad en las regiones celestiales (6:12). En el nombre de Jesús se doblará toda rodilla de los seres que están en los cielos, en la tierra y debajo de la tierra (Fil 2:10). Pablo dice que el Señor lo preservará para su reino celestial (2Ti 4:18). Los hebreos eran hermanos santos, partícipes del llamamiento celestial (Hb 3:1). El autor de la epístola a los Hebreos habla igualmente del don celestial (Hb 6:4), de las cosas celestiales (8:5; 9:23), de una patria celestial (11:16), de la Jerusalén celestial (12:22). ¶

3. (*áno*: ἄνω <507>) **De arriba.** Pablo avanzaba hacia la meta por el premio del llamamiento celestial (Fil 3:14).

CELO

1. (*zélos*: ζῆλος <2205>; de *zéo*: hervir, ser ferviente) **Ardor, fervor por una causa.** El celo de la casa de Dios consumía al Señor Jesús (Jn 2:17). Pablo daba testimonio de que los judíos tenían celo por Dios, pero no según el conocimiento (Ro 10:2); en su celo, él había perseguido a la iglesia (Fil 3:6). El hecho que habían sido contristados según Dios había producido celo en los corintios (2Co 7:11). El celo de los corintios había estimulado a la mayoría de los hermanos (2Co 9:2).

2. (tener celo: *zelóo*: ζηλόω <2206>; de *zélos*: ver **1.**) **Ser ardiente, ferviente por una causa.** Le es dicho a Laodicea de ser celoso y de arrepentirse (Ap 3:19).

3. (*spoudé*: σπουδή <4710>; de *speúdo*: acelerar) **Diligencia, prisa, solicitud.** El vocablo está empleado en 2Co 7:12; 8:16.

4. Ver **ENVIDIA**.

CELOSO

1. (*zelotés*: ζηλωτής <2207>; de *zelóo*: ver **2.**) **Ardiente, ferviente por una causa.** Millares de judíos eran celosos por la ley (Hch 21:20). Pablo era celoso por Dios (Hch 22:3). Jesucristo nos ha redimido de toda iniquidad y ha purificado para sí un pueblo propio, celoso de buenas obras (Tit 2:14).

2. (ser celoso: *zelóo*: ζηλόω <2206>; de *zélos*: celo) **Ser ardiente, ferviente por una causa.** Este verbo está empleado en Gá 4:17a, b, 18.

3. (*spoudaíos*: σπουδαῖος <4705>; de *spoudé*: diligencia, anhelo, fervor) **Serio, diligente.** Pablo había hecho con frecuencia la prueba de la diligencia (lit.: como siendo celoso) de un hermano (2Co 8:22). ¶

4. (más ferviente, más celoso: *spoudaióteros*: σπουδαιότερος <4707>; comparativo de *spoudaíos*: ver **3.**) **Muy serio, diligente.** La primera expresión está empleada a propósito de Tito (2Co 8:17). La segunda está empleada a propósito de un hermano (2Co 8:22). ¶

CENA (*deípnon*: δεῖπνον <1173>) **Comida, en particular la del atardecer.** La cena del Señor (1Co 11:20) es el memorial instituido por el Señor Jesús la noche en la que fue librado. En Israel, había costumbre de partir el pan y beber la copa de consolación a propósito de un muerto (ver Jer 16:7). El pan simboliza la unidad de la Iglesia, el cuerpo de Cristo; el pan partido nos habla de su cuerpo en el que sufrió sobre la cruz. La copa recuerda al creyente la sangre de Cristo, derramada para purificarlo de todo pecado e introducirlo en una esfera de bendiciones celestiales. Según el deseo del Señor, este memorial se perpetúa hasta su regreso. Leer 1Co 10:14-22 y 11:20-34. Parece ser que los primeros creyentes partían el pan el primer día de la semana (Hch 20:7). Algunos traducen este vocablo por «banquete» en Ap 19:9; ver este término. ¶

CENIZA
1. (*spodós*: σποδός <4700>) **Lo que queda de la combustión de ciertas materias orgánicas.** «Silicio y ceniza» es una expresión que hace referencia al dolor, a la humillación y al arrepentimiento (Mt 11:21; Lc 10:13). La ceniza de la vaca alazana (Hb 9:13) era utilizada para la purificación de los israelitas (ver Nm 19). ¶
2. (reducir a cenizas: *tefróo*: τεφρόω <5077>; de *téfra*: cenizas) **Consumir al fuego.** Las ciudades de Sodoma y de Gomorra fueron reducidas a cenizas (2P 2:6), es decir destruidas por el fuego. ¶

CENSO – Ver **EMPADRONAMIENTO, EMPADRONAR.**

CENTURIÓN
1. (*jekatontárques*: ἑκατοντάρχης <1543> y *jekatóntarcos*: ἑκατόνταρχος <1543>; de *jekatón*: cien, y *árco*: ser primero, regir, que viene de *arcé*: comienzo, autoridad) **Oficial militar que manda una centuria, es decir una tropa de 50 a 100 soldados; una cohorte completa estaba formada de seis centurias.** Jesús sanó al siervo de un centurión (Mt 8:5, 8, 13; Lc 7:2, 6). Cuando Jesús murió, un centurión proclamó que este era Hijo de Dios y que era justo (Mt 27:54; Lc 23:47). Pedro anunció el Evangelio a Cornelio, centurión de la cohorte Italiana (Hch 10:1, 22). Pablo fue entregado a un centurión llamado Julio (Hch 27:1, 6, 11, 31, 43). Otras ref.: Hch 21:32; 22:25, 26; 23:17, 23; 24:23. ¶
2. (*kenturíon*: κεντυρίων <2760>; del lat. *centurio*, que viene de *centum*: cien) **Comandante de una centuria, una tropa de 100 soldados.** Cuando Jesús murió, un centurión proclamó

que este era verdaderamente Hijo de Dios (Mc 15:39, 44, 45). ¶

CERTIDUMBRE
1. (*asfáleia*: ἀσφάλεια <803>; de *asfalés*: seguro, que viene de *a*: part. neg., y *sfálo*: fallar, hacer caer) **Solidez, firmeza, seguridad, veracidad, certeza.** Lucas quería que Teófilo tuviera la plena seguridad (la verdad) de las cosas en las que había sido instruido (Lc 1:4).
2. (plena certidumbre: *pleroforía*: πληροφορία <4136>; de *pleroforéo*: llenar, que viene de *pléres*: lleno, y *foréo*: tener una carga) **Plena seguridad, convicción inconmovible.** Pablo quería que los colosenses tuvieran una plena certidumbre de entendimiento para conocer los misterios de Dios (Col 2:2).

CERVIZ (DUROS DE) (*sklerotráquelos*: σκληροτράχηλος <4644>; de *sklerós*: riguroso, severo, y *tráquelos*: cuello, cerviz)
Endurecido, obstinado. Término empleado metafóricamente para designar a los que resisten al Espíritu Santo del tiempo de Esteban (Hch 7:51). ¶

CESTA (*kófinos*: κόφινος <2894>)
Bolso con dimensiones más pequeñas que las de la canasta, de contenido incierto. Ref.: Mt 14:20; 16:9; Mc 6:43; 8:19; Lc 9:17; Jn 6:13. Ver **CANASTA.** ¶

CHISMOSO
1. (*flúaros*: φλύαρος <5397>; de *flúo*: murmurar, parlotear vanamente)
Que cotillea. Las viudas jóvenes que estuviesen inscritas al sostenimiento de la iglesia corrían peligro de llegar a ser ociosas y chismosas (1Ti 5:13). ¶
2. Ver **MURMURADOR.**

CIEGO (adj.) (*tuflós*: τυφλός <5185>; de *túfo*: envolver con humo)
Que está privado del uso de la vista. Jesús sanó a un endemoniado ciego y mudo (Mt 12:22). Trató a los escribas y a los fariseos de guías ciegos (Mt 23:16, 24, 26). En Juan 9, Jesús sanó a un hombre ciego de nacimiento (v. 1, 2, 13, 18-20, 24, 25); ver v. 39-41. Elimas iba a estar ciego (Hch 13:11). Pedro habla de los que son ciegos espiritualmente (2P 1:9). La iglesia de Laodicea estaba ciega (Ap 3:17). ¶

CIEGO (sust.) (*tuflós*: τυφλός <5185>; de *túfo*: envolver con humo)
Persona privada del uso de la vista. Jesús sanó a dos ciegos que lo seguían (Mt 9:27, 28). Dijo que le hicieran saber a Juan que los ciegos recibían la vista (Mt 11:5; Lc 7:21, 22). Sanó a los ciegos que las multitudes le llevaban (Mt 15:30, 31). Sanó a dos ciegos sentados junto al camino (Mt 20:30). Sanó a ciegos que venían a él en el templo (Mt 21:14). Trató a los fariseos de ciegos (Mt 23:17, 19), de ciegos guías de ciegos (Mt 15:14a-d; Lc 6:39a,

b). Sanó a un ciego afuera de Betsaida (Mc 8:22, 23) así como a Bartimeo (Mc 10:46, 49, 51; Lc 18:35). Había sido enviado para dar la vista a los ciegos (Lc 4:18). Dijo que había que convidar a los ciegos cuando se da un banquete (Lc 14:13), lo que hizo el amo de la casa en la parábola (v. 21). Muchos ciegos se hallaban tendidos en los pórticos del estanque de la puerta de las ovejas (Jn 5:3). Los fariseos preguntan al ciego sobre Jesús (Jn 9:17, 32; 11. 37). Algunos decían: ¿Puede acaso un demonio abrir los ojos de los ciegos? (Jn 10:21). Pablo le dice a un judío, instruido por la ley, que se cree guía de ciegos (Ro 2:19). ¶

CIELO (*ouranós*: οὐρανός <3772>)
a. Zona atmosférica encima de la tierra, firmamento. El vocablo está empleado p.ej. en Mt 6:26; 16:3 (ver Gn 1:8, 26). **b. Espacio astral e interestelar de la creación.** El vocablo está empleado en Hch 4:24 (ver Gn 1:1). Nuevos cielos y una nueva tierra (2P 3:13) remplazarán la creación actual que será destruida por el fuego (v. 10). **c. Morada de Dios y de los ángeles.** El término está empleado p.ej. en Mt 5:16; 21:25a, b; 24:36; Jn 3:13a-c, 31. En el momento del arrebatamiento de la Iglesia, el Señor descenderá del cielo (1Ts 4:16), y los creyentes resucitados o transformados serán arrebatados a su encuentro (ver v. 17). **d. Morada de los creyentes.** Su morada es celestial (2Co 5:2). **e. Término que designa el origen divino de algo.** El vocablo está empleado a propósito del reino de los cielos (Mt 19:14) y del bautismo de Juan (Mt 21:25; Lc 20:4, 5), de un don venido de arriba (Jn 3:27).

CILICIO (*sákkos*: σάκκος <4526>; vestidura áspera que se usaba antiguamente para la penitencia)
El cilicio o saco era tejido con pelo de cabra o de camello, y era de color oscuro (ver Ap 6:12). Para expresar el arrepentimiento, el cilicio se ponía directamente sobre la piel. La expresión «arrepentirse en cilicio y ceniza» (Mt 11:21; Lc 10:13) significa adoptar una actitud de profunda humillación en el arrepentimiento. Los dos testigos de Ap 11:3 profetizarán, vestidos de cilicio en señal de humillación, durante 1.260 días. ¶

CÍMBALO (*kúmbalon*: κύμβαλον <2950>)
Instrumento de percusión hecho de dos placas de bronce que, entrechocadas, producían un sonido. La referencia al címbalo que resuena (retiñe, en RV.) en 1Co 13:1 sugiere un sonido discordante y desagradable. ¶

CINAMOMO (*kinámomon*: κινάμωμον <2792>)
Planta de Asia o de África tropical de la cual se saca la sustancia aromática que tiene sabor a pimienta. Los mercaderes llorarán la caída de Babilonia porque no les comprará más diversos productos, entre los cuales está el cinamomo (Ap 18:13). ¶

CINTURÓN (*zóne*: ζώνη <2223>; de *zónnumi*: rodear con un cinto)
Banda apretando la talla con el fin de mantener la ropa; a menudo hueco, se podía meter en él dinero. Juan tenía un cinto de cuero alrededor de su cintura (Mt 3:4; Mc 1:6). Jesús les dijo a sus discípulos que no hicieran provisión de oro, de plata o de cobre en sus cinturones (Mt 10:9; Mc 6:8). Agabo tomó el cinturón de Pablo y se ató los pies y las manos (Hch 21:11a, b). El Hijo del hombre estaba ceñido por el pecho con un cinturón de oro (Ap 1:13), como también los siete ángeles en Ap 15:6. ¶

CIRCUNCIDAR (*peritémno*: περιτέμνω <4059>; de *perí*: alrededor, y *témno*: cortar)
Efectuar la excisión del prepucio, un ritual religioso en Israel. Juan el Bautista fue circuncidado (Lc 1:59), como también Jesús (2:21). Otros hombres fueron circuncidados: Isaac (Hch 7:8), Timoteo (Hch 16:3), Pablo (Fil 3:5; lit.: en cuanto a la circuncisión: *peritomé*). Tito no fue obligado a circuncidarse (Gá 2:3). Si alguien ha sido llamado no estando circuncidado, que no se circuncide (1Co 7:18). Los cristianos han sido circuncidados en Cristo de una circuncisión que no fue hecha a mano (Col 2:11). Otras ref.: Jn 7:22; Hch 15:1, 5, 24; 21:21; Gá 5:2, 3; 6:12, 13a, b. ¶

CIRCUNCIDAR (SIN) (incircuncisión: *akrobustía*: ἀκροβυστία <203>; de *ákron*: extremidad, y *búo*: cubrir)
Estado de un hombre que no ha sido circuncidado. Este vocablo está empleado en su sentido literal en Hch 11:3 (lit.: estando sin circuncisión); Ro 2:25, 26a, b, 27; 4:9, 10a, b, 11a, b, 12; 1Co 7:18, 19; Gá 5:6; 6:15; Col 2:13; 3:11. Los gentiles son llamados por los judíos «sin circuncisión» (Ro 3:30; Ef 2:11). El evangelio de los «sin circuncisión» había sido confiado a Pablo (Gá 2:7), es decir que él tenía la responsabilidad de predicar el Evangelio a los gentiles. ¶

CIRCUNCISIÓN (*peritomé*: περιτομή <4061>; de *peritémno*: circuncidar, que viene de *perí*: alrededor, y *témno*: cortar)
Escisión del prepucio, un ritual religioso en Israel. Pacto dado por Dios a Abraham y a sus descendientes de sexo masculino como señal de alianza, y al cumplir el octavo día de vida (Hch 7:8). Moisés ha dado la circuncisión a los judíos (Jn 7:22, 23). En el N.T., los judíos son llamados «los de la circuncisión» (Hch 10:45; 11:2; Gá 2:12; Ef 2:11; Col 4:11; Tit 1:10) mientras que los gentiles, gente de las naciones, son «hombres incircuncisos» (ver Hch 11:3). En la Iglesia, no hay diferencia entre judíos y gentiles, no hay circuncisión corporal (Col 3:11). En contraste con la circuncisión de la carne, la «circuncisión» del creyente es del corazón, en espíritu (Ro 2:25a, b, 26-29; Col 2:11a, b), señal espiritual interior de su pertenencia al Señor; en figura, los creyentes actuales son la

circuncisión (Fil 3:3). Algunos falsos doctores querían someter a los cristianos a la circuncisión para reunirlos en una secta (ver Gá 6:12, 13). Otras ref.: Ro 3:1, 30; 4:9, 10a, b, 11, 12a, b; 15:8; 1Co 7:19; Gá 2:7-9; 5:6, 11; 6:15. ¶

CIRCUNSISO (QUEDAR) (ocultar su circuncisión: epispáo: ἐπισπάω <1986>; de epí: sobre, y spáo: sacar) **No ocultar su circuncisión.** El que fue llamado siendo circunciso que se quede circunciso (1Co 7:18) . ¶

CÍTARA – Ver **ARPA**.

CIUDAD (*pólis*: πόλις <4172>) **Pueblo, a menudo rodeado por un muro.** Jesús nació en la ciudad de David, Belén (Lc 2:11). Abraham esperaba la ciudad de la cual Dios es el arquitecto y el constructor (Hb 11:10). Dios ha preparado una ciudad para los creyentes que han muerto en la fe (Hb 11:16). Los creyentes se han acercado a la ciudad del Dios vivo (Hb 12:22); no tienen aquí una ciudad permanente, sino que buscan la que está por venir (13:14). Sobre el vencedor de Filadelfia será escrito el nombre de la ciudad de Dios (Ap 3:12). Antes del principio del milenio, las naciones pisotearán la ciudad santa, Jerusalén, cuarenta y dos meses (Ap 11:2); al final del milenio, las naciones rodearán el campamento de los santos y la ciudad amada (20:9). La santa ciudad, aquí la Jerusalén celestial, está mencionada varias veces al final del Apocalipsis (Ap 21:2, 10, 14, 15, 16a, b , 18, 19, 21, 23; 22:14, 19). El término aparece aprox. 150 veces en griego.

CIUDADANÍA
1. (*politeía*: πολιτεία <4174>; de *pólis*: ciudad) **Derecho de ciudadano de una ciudad, cualidad y derecho del ciudadano; otra trad.: derecho a pertenecer a un pueblo.** Pablo habla de la ciudadanía que él tenía de nacimiento (Hch 22:28); se trataba de su ciudadanía romana (ver v. 25). El vocablo también se traduce por «ciudadanía» en Ef 2:12; antes de la venida de Cristo los de las naciones estaban excluidos de la ciudadanía en Israel. ¶
2. (*políteuma*: πολίτευμα <4175>; de *pólis*: ciudad) **Participación en los asuntos del Estado; el vocablo tiene el doble sentido de ciudad y de ciudadanía.** La ciudadanía de los creyentes reviste un carácter celestial (Fil. 3:20). ¶

CIUDADANO (*polítes*: πολίτης <4177>; de *pólis*: ciudad) **Habitante de una ciudad, de un estado, de un distrito, y que posee los privilegios.** Este vocablo está empleado por Lucas (Lc 15:15; 19:14: conciudadano; Hch 21:39). Ver **CIUDADANÍA**. ¶

CIZAÑA (*zizánion*: ζιζάνιον <2215>) **Planta venenosa que provoca embriaguez; se asemeja al trigo y crece**

de manera semejante; otra trad.: **mala hierba.** Es casi imposible distinguir la cizaña del trigo cuando empiezan a brotar. Cuando aparecen las espigas, se les puede distinguir y separarlas; se hace antes de la trilla. El Señor explica que, en su parábola del trigo y de la cizaña, la cizaña representa a los hijos del Maligno (Mt 13. 25-27, 29, 30, 36, 38, 40). ¶

CLASE (*efemepía*: ἐφημερία <2183>; de *efémeros*: por un día, que viene de *epí*: sobre, y *jeméra*: día) **Grupo de sacerdotes que servían cotidianamente en el templo; el tiempo del servicio era de siete días.** Zacarías, el padre de Juan el Bautista, era sacerdote de la clase de Abías (Lc 1:5, 8). Ver 2Cr 13:10, 11 a propósito de los sacerdotes y de su servicio. ¶

CLAVAR
1. (*proselóo*: προσηλόω <4338>; de *prós*: a, y *jélos*: clavo) **Fijar con clavos o colgar un objeto.** Jesús ha anulado la deuda de cargo que había contra nosotros clavándola en la cruz (Col 2:14). ¶
2. (*prospégnumi*: προσπήγνυμι <4362>; de *prós*: a, y *pégnumi*: atar) **Dar muerte clavando o colgando en una cruz.** Pedro reprocha a los israelitas de haber clavado a Jesús en una cruz y de haberlo hecho morir (Hch 2:23). ¶

CLAVO (*jélos*: ἧλος <2247>) **Varilla de metal con cabeza y punta aguda que sirve para fijar o colgar un objeto.** Antes de creer en la resurrección de Jesús, Tomás debía ver la marca de los clavos en sus manos y meter su dedo (Jn 20:25a, b). ¶

COBARDE – Ver **TÍMIDO**.

COBRE – Ver **BRONCE**.

COCEAR (*laktízo*: λακτίζω <2979>; de *láx*: con el pie; lit.: dar con los pies) **Rebelarse, resistir.** El Señor le dijo a Pablo que le era duro de dar coces contra el aguijón (Hch 26:14). ¶

CODICIA
1. (*epithumía*: ἐπιθυμία <1939>; de *epithuméo*: desear, anhelar grandemente, codiciar, que viene de *epí*: sobre, y *thumós*: gran pasión, emoción) **Deseo muy grande, pero en sentido negativo, de poseer algo que no se puede o que no se debería poseer; otra trad.: concupiscencia.** Las codicias ahogan la Palabra de Dios (Mc 4:19). Pablo habla de las concupiscencias del corazón (Ro 1:24), y de los hombres que se encendieron en sus lascivias (ver **2.**). El cristiano no debe obedecer a las concupiscencias de su cuerpo (Ro 6:12). El N.T. menciona en particular los deseos de la carne (Gá 5:16, 24; 1P 2:11; 2P 2:18; 1Jn 2:16). El mundo se va (podríamos añadir: a su pérdida) y a sus deseos (1Jn 2:17). La pasión después que ha concebido, da a luz al pecado (Stg 1:15). Otras ref.: Jn 8:44; Ro 7:7, 8; 13:14; Ef 2:3; 4:22; Col 3:5; 1Ts 4:5; 2Ti 2:22; 3:6; 4:3; Tit

2:12; 3:3; Stg 1:14; 1P 1:14; 4:2, 3; 2P 1:4; 2:10; 3:3; Jud 16, 18. El vocablo *epithumía* está empleado positivamente tres veces en el N.T. con el sentido de un «gran deseo legítimo». En Lc 22:15: el Señor había deseado mucho (lit.: había deseado con deseo) comer la pascua con sus discípulos. En Fil 1:23, Pablo tenía el deseo de partir y de estar con Cristo. En 1Ts 2:17, Pablo deseaba ardientemente ver el rostro de los tesalonicenses.
2. (*órexis*: ὄρεξις <3715>; de *orégomai*: anhelar por, desear, codiciar) **Excitación de la mente, lujuria; otra trad.: lascivia.** Los hombres se encendieron en sus lascivias unos con otros (Ro 1:27). ¶

CODICIAR
1. (*epithuméo*: ἐπιθυμέω <1937>; de *epí*: sobre, y *thumós*: gran pasión, emoción) **a. Desear ardientemente poseer algo que no se puede o que no se debe poseer.** El que mira a una mujer para codiciarla ya ha cometido adulterio con ella en su corazón (Mt 5:28). Pablo no ha codiciado ni plata, ni oro, ni vestido de nadie (Hch 20:33). La ley dice de no codiciar (Ro 7:7; 13:9). Las cosas que les sucedieron a los israelitas en el desierto les llegaron como ejemplos para nosotros para que no codiciemos (lit.: con el fin de que no seamos codiciadores; ver **2.**) lo malo, como ellos lo hicieron (1Co 10:6). Jacobo (Santiago) dice a sus lectores que codiciaban y no tenían (Stg 4:2). **b. Oponerse.** La carne desea contra el Espíritu, y el Espíritu contra la carne (Gá 5:17).
2. (que codicia: *epithumetés*: ἐπιθυμητής <1938>; de *epithuméo*: ver **1.**) **Aquel que desea ardientemente poseer algo que no puede o que no debería poseer.** La expresión «ser los que codician» está traducida por el verbo «codiciar» al principio de 1Co 10:6. ¶
3. (*oregō*: ὀρέγω <3713>) **Anhelar, desear.** Algunos habiendo codiciado la posesión de riquezas se han extraviado de la fe (1Ti 6:10).

CODO (*pécus*: πῆχυς <4083>) **Medida de longitud de aprox. 0,5 metro.** Ref.: Mt 6:27; Lc 12:25; Jn 21:8; Ap 21:17. ¶

COHEREDERO (*sunkleronómos*: συγκληρονόμος <4789>; de *sun*: junto a, y *kleronómos*: heredero) **El que recibe con otro un bien por vía de sucesión.** Los cristianos son herederos de Dios y coherederos con Cristo (Ro 8:17). Los gentiles iban a ser coherederos con Israel de un mismo cuerpo (Ef 3:6). Isaac y Jacob eran coherederos de la misma promesa que la de su padre Abraham (Hb 11:9). La esposa es coheredera con su marido de la gracia de la vida (1P 3:7). ¶

COHORTE – Ver **COMPAÑÍA**.

COJO (*colós*: χωλός <5560>) **Enfermo de los pies y de quien el andar se resiente; lisiado.** Gracias

COLABORADOR

a Jesús, los cojos andaban normalmente (Mt 11:5; 15:30, 31; Lc 7:22). Más vale entrar cojo en la vida que ser arrojado en el fuego eterno (Mt 18:8; Mc 9:45). Jesús sanó a cojos en el templo (Mt 21:14). Él le dijo a un anfitrión que había que convidar a los cojos (Lc 14:13; también v. 21). Los cojos esperaban ser sanados en el estanque de Betesda (Jn 5:3). Pedro sanó a un hombre cojo en la puerta del templo (Hch 3:2). Unos cojos fueron sanados por Felipe (Hch 8:7). Los creyentes están incitados a hacer sendas derechas para sus pies para que lo cojo no se desvíe, es decir que no se agrave en la marcha, sino que se sane (Hb 12:13).

COLABORADOR (*sunergós*: συνεργός <4904>; de *sun*: junto a, y *érgon*: acción, trabajo)
Persona que trabaja con otra en el servicio por Cristo. Pablo designa así: a Priscila y a Aquila (Ro 16:3), a Urbano (Ro 16:9), a Timoteo (Ro 16:21; 1Ts 3:2), a Tito (2Co 8:23), a Epafrodito (Fil 2:25), a Clemente y a otros (Fil 4:3), a Aristarco, a Marcos y a Jesús llamado Justo (Col 4:11), a Filemón (Flm 1), a Demas y a Lucas (Flm 24).

COLECTA – Ver **OFRENDA.**

COLINA – Ver **COLLADO.**

COLIRIO (*koloúrion*: κολλούριον <2854>; de *kóla*: cola)
Medicamento que se aplica sobre el ojo enfermo para curarlo o aliviarlo. El Señor le dijo a la iglesia de Laodicea que comprara un colirio para que ungirera sus ojos y poder ver (Ap 3:18); se trata de visión espiritual. ¶

COLLADO (*bounós*: βουνός <1015>)
Elevación del terreno, pequeña montaña. Juan predicaba que toda montaña y todo collado sería allanado con la venida del Señor (Lc 3:5). Otra ref.: Lc 23:30. ¶

COLONIA (*kolonía*: κολωνία <2862>; del lat.: *colonia*)
Territorio dominado y administrado por ciudadanos de origen romano (al principio, para veteranos) y gobernado por las leyes romanas. Filipos, una ciudad de Macedonia, era una colonia (Hch 16:12). ¶

COLUMNA (*stúlos*: στῦλος <4769>; quizá de *jístemi*: estar)
Pilar que sirve para soportar el peso de un edificio o de un monumento. El vocablo está empleado a propósito de hermanos que tenían una autoridad moral particular en la iglesia de Jerusalén (Gá 2:9). La Iglesia en la tierra es la columna y el sostén de la verdad (1Ti 3:15). En sentido figur., la columna indica una posición firme, estable y permanente del creyente en el templo de Dios (Ap 3:12). En Ap 10:1, las columnas de fuego a los pies del ángel sugieren

la santidad y la justicia divinas (ver Ap 1:15). ¶

COMBATE – Ver **CONFLICTO**.

COMER (SIN)
1. (*néstis*: νῆστις <3523>; de *ne*: part. neg., y *esthío*: comer) **No comer.** Jesús no quería despedir a la multitud sin que esta hubiera comido (Mt 15:32; Mc 8:3). ¶
2. (*ásitos*: ἄσιτος <777>; de *a*: part. neg., y *sítos*: alimento) **Sin alimento.** Ya era el decimocuarto día que los pasajeros del navío, en el que Pablo se encontraba, iban sin comer (Hch 27:33). ¶

COMEZÓN (TENER) (*knétho*: κνήθω <2833>; de *knáo*: rascar)
Hacer cosquillas, irritar. Pablo habla de un tiempo en el que los hombres no soportarán la sana doctrina, sino que tendrán comezón por oír (2Ti 4:3). ¶

COMIDA
1. (*áriston*: ἄριστον <712>; lit.: alimento tomado temprano) **Alimento tomado a mediodía, pero la palabra también designa a cualquier otro alimento.** La costumbre exigía que los invitados se lavaran las manos y los pies antes de la comida (Lc 7:44; 11:38). En el momento de su tercera manifestación a los discípulos, después de su resurrección, Jesús los invitó en la orilla del lago a venir a comer (Jn 21:12, 15). En una parábola de Jesús, los convidados están invitados a la comida de bodas del hijo del rey (Mt 22:1-14). Otra ref.: Lc 14:12. ¶
2. (*brósis*: βρῶσις <1035>; de *bibrósko*: comer) **Alimento.** Jesús dijo que su carne era verdadera comida (Jn 6:55).
3. (dar de comer, distribuir alimentos: *psomízo*: ψωμίζω <5595>; de *psomíon*: migaja, bocado de pan o de carne; lit.: cortar los trozos, meter comida en la boca de alguien) **Repartir para dar de comer.** Sin el amor, distribuir en alimentos todos sus bienes de nada sirve (1Co 13:3).

COMINO (*kúminon*: κύμινον <2951>)
Planta de la cual las semillas son utilizadas como condimento. El comino da sabor al pan y a los pasteles. Los fariseos hipócritas no descuidaban pagar el diezmo del comino, pero no se preocupaban por las cosas más importantes prescritas por la ley (Mt 23:23). ¶

COMPAÑERISMO (DAR LA MANO DE) (*dexiás dídomi koinonías*; derecho: *dexiós*: δεξιός <1188>; dar: *dídomi*: δίδωμι <1325>; participación: *koinonía*: κοινωνία <2842>; de *koinós*: común)
Dar las manos (derechas) como marca de comunión; la mano derecha es una marca de compromiso leal. Jacobo, Cefas y Juan dieron a Pablo y a Bernabé la mano de compañerismo en el servicio que hacían para el Señor (Gá 2:9).

COMPAÑERO – Ver SOCIO.

COMPAÑERO DE MILICIA (*sustratiótes*: συστρατιώτης <4961>; de *sun*: junto a, y *stratiótes*: soldado; lit.: persona que va a la guerra con otro)
Colaborador en el servicio por Cristo. Pablo nombra así a Epafrodito (Fil 2:25) y a Arquipo (Flm 2). ¶

COMPAÑERO DE MOTÍN (*sustasiastés*: συστασιαστής <4955>; de *sun*: junto a, y *stásis*: sedición)
Cómplice con otros durante una insurrección, un motín. Barrabás estaba detenido con sus compañeros de motín por haber cometido homicidio en una insurrección (Mc 15:7). ¶

COMPAÑERO DE PRISIÓN (*sunaicmálotos*: συναιχμάλωτος <4869>)
El término designa a un compañero de prisión en un momento de guerra. Pablo habla así de Andrónico y de Junias (Ro 16:7), de Aristarco (Col 4:10) y de Epafras (Flm 23), prob. como compañeros en momentos de estancia en prisión. ¶

COMPAÑERO DE VIAJE (*sunékdemos*: συνέκδημος <4898>; de *sun*: junto a, y *ékdemos*: viajero)
Persona que viaja con otra. Pablo utiliza esta expresión a propósito de los que viajaban con él: Gayo y Aristarco (Hch 19:29), y de un hermano cuyo nombre no está mencionado (2Co 8:19). ¶

COMPAÑERO FIEL (*súzugos*: σύζυγος <4805>; de *suzeúgnumi*: juntar, que viene de *sun*: junto a, y *zeugós*: yugo)
Colaborador, socio en la obra del Señor. Pablo se dirige a un tal compañero en Fil 4:3 sin nombrarlo. ¶

COMPAÑÍA
1. (*panéguris*: πανήγυρις <3831>; de *pás*: todo, y *agorá*: lugar de reunión) Reunión de todo el pueblo griego con vista a celebrar una solemnidad o juegos. El vocablo se aplica a miríadas de ángeles en Hb 12:22. ¶
2. (*speíra*: σπεῖρα <4686>) Cohorte; cuerpo de infantería compuesto de 500 a 600 hombres (cinco a seis centurias); diez cohortes formaban una legión. Se reunió a toda la cohorte contra Jesús (Mt 27:27; Mc 15:16). Cornelio mandaba una centuria de la cohorte llamada Itálica (Hch 10:1). La cohorte Augusta (Hch 27:1) aparentemente constituía la guardia imperial. Viendo al tribuno de la cohorte y a sus soldados, el pueblo dejó de golpear a Pablo (Hch 21:31; ver v. 32). Judas vino al huerto con una cohorte romana y la guardia de los jefes de los sacerdotes para aprehender a Jesús (Jn. 18:3, 12). ¶

COMPRAR
1. (*agorázo*: ἀγοράζω <59>; lit.: frecuentar la plaza del mercado {*agorá*}, de donde: comprar) El vocablo significa habitualmente procurarse un objeto a cambio de un pago. De

forma particular, el creyente antes esclavo del pecado ha sido comprado por precio (1Co 6:20; 7:23; Ap 5:9); aquí, la compra sugiere un cambio de dueño: antes esclavizado por Satanás, el creyente pertenece ahora a Cristo. Los ciento cuarenta y cuatro mil han sido comprados de la tierra, de entre los hombres (Ap 14:3, 4). Falsos maestros negaban al Señor que los adquirió; pero serán juzgados según la posición que han tomado (2P 2:1). Otras ref.: Mt 13:44, 46; 14:15; 21:12; 25:9, 10; 27:7; Mc 6:36, 37; 11:15; 15:46; 16:1; Lc 9:13; 14:18, 19; 17:28; 19:45; 22:36; Jn 4:8; 6:5; 13:29; 1Co 7:30; Ap 3:18; 13:17; 18:11. ¶

2. (*onéomai*: ὠνέομαι <5608>; de *onos*: precio) **Procurarse un objeto contra pago.** Abraham había comprado un sepulcro a los hijos de Hamor a precio de plata (Hch 7:16). ¶

COMPRENSIBLE –
Ver **INTELIGIBLE.**

COMPUESTO (*mígma*: μίγμα <3395>; de *mígnumi*: mezclar)
Mezcla de sustancias. Nicodemo trajo un compuesto de mirra y de áloes para embalsamar el cuerpo de Jesús (Jn 19:39). ¶

COMPUNGIR (*katanússo*: κατανύσσω <2660>; de *katá*: abajo, y *nússo*: perforar; lit.: perforar por completo)
Tener un sentimiento de tristeza y de indignidad como pecador respecto a Dios. Unos israelitas se compungieron de corazón al oír la predicación de Pedro (Hch 2:37). ¶

COMUNIÓN (*koinonía*: κοινωνία <2842>; de *koinós*: común)
Parte común, asociación. Los creyentes tienen comunión con las personas divinas: el Padre y el Hijo (1Jn 1:3), el Espíritu Santo (2Co 13:14); también tienen comunión los unos con los otros (1Jn 1:7). Participando en la cena del Señor, los creyentes comparten la comunión del cuerpo y de la sangre de Cristo (1Co 10:16). El cristiano fiel no tiene comunión con las tinieblas que simbolizan todo lo que es separado de Dios, particularmente el mundo actual (2Co 6:14; ver Ef 5:11).

CONCESIÓN

1. (*sungnóme*: συγγνώμη <4774>; de *sun*: con, junto a, y *ginósko*: conocer; lit.: opinión o comprensión común)
Consejo, consentimiento; otra trad.: condescender. Pablo decía cosas a los corintios como concesión (1Co 7:6). ¶

2. (mostrar indulgencia: *metriopathéo*: μετριοπαθέω <3356>; de *metríos*: con medida, y *páthos*: pasión, sentimiento) **Tener comprensión, compasión; otras trad.: mostrar benignidad, indulgencia, paciencia, sentir compasión.** El sumo sacerdote puede mostrar indulgencia con los ignorantes y los extraviados (Hb 5:2). ¶

CONCIENCIA (*suneídesis*: συνείδησις <4893>; lit.: conocimiento interior, en relación con sí mismo) **Facultad para discernir el bien o el mal, dada por Dios a todo hombre después de la caída de Adán y Eva; está más o menos cegada en el hombre natural.** La conciencia del creyente está purificada (Hb 9:14; 10:2), pero debe aplicarse a tener una buena conciencia (1P 3:16), una conciencia sin reproche ante Dios y delante de los hombres (Hch 24:16). Ciertos apóstatas (ver **APOSTASÍA**) tienen una conciencia cauterizada (1Ti 4:2), es decir vuelta insensible a la Palabra de Dios.

CONCILIO – Ver **SANEDRÍN**.

CONCISIÓN (*katatomé*: κατατομή <2699>; de *katá*: part. que indica lo que está completo, y *témno*: cortar) **Corte, mutilación.** En contraste con la circuncisión, la concisión es un término empleado por el apóstol Pablo con el fin de designar un rito religioso de circuncisión sin valor contra el cual él advertía (Fil 3:2). ¶

CONCUPISCENCIA – Ver **CODICIA**.

CONDENACIÓN
1. (*katákrima*: κατάκριμα <2631>; de *katakríno*: juzgar contra) **Sentencia pronunciada con un castigo en perspectiva.** La muerte es una condenación que alcanza a todos los hombres a causa del pecado de Adán (Ro 5:16, 18). Pero ahora, para los que están en Cristo Jesús, los creyentes, no hay ninguna condenación (Ro 8:1). ¶
2. (*katákrisis*: κατάκρισις <2633>; de *katakríno*: ver **1.**) **Juicio en perspectiva de una condenación.** La expresión el «ministerio de condenación» (2Co 3:9) indica el resultado de la ley mosaica.

CONDUCTA (EN SU) – Ver **PORTE (EN SU)**.

CONFESAR (*jomologuéo*: ὁμολογέω <3670>; lit.: decir lo mismo) **Reconocer o declarar abiertamente la verdad.** Por ejemplo: confesar a Jesús como Hijo de Dios y Señor (Ro 10:9; 1Jn 1:9); la confesión de los pecados conduce al perdón y a la salvación. En Hb 13:15, confesar el nombre de Dios significa bendecir su nombre o alabarlo.

CONFESIÓN
1. (*jomología*: ὁμολογία <3671>; de *jomós*: el mismo, y *lógos*: palabra) **Declaración de la verdad, profesión.** Jesús ha hecho (lit.: dio testimonio: *marturéo*) una buena confesión ante Pilato (1Ti 6:13) reconociéndose rey de los judíos (ver Mt 27:11; Mc 15:2; Lc 23:3; Jn 18:33); Timoteo ha hecho (lit.: ha confesado: *jomologuéo*) una buena confesión delante de muchos testigos (1Ti 6:12). Jesús es el apóstol y el sumo sacerdote de nuestra confesión (Hb 3:1); debemos tener firme

nuestra confesión (Hb 4:14) y mantener firme la confesión de nuestra esperanza sin fluctuar (10:23).
2. (hacer confesión: *jomologuéo*: ὁμολογέω <3670>; lit.: decir lo mismo) **Reconocer, declarar abiertamente la verdad.** Con la boca se confiesa para salvación (Ro 10:10).

CONFIANZA

1. (*parresía*: παρρησία <3954>; de *pás*: todo, y *eréo*: decir, hablar; lit.: libertad de palabra, de lenguaje) **Total confianza, franqueza.** Permaneciendo en Dios, los creyentes tendrán confianza cuando Jesús será manifestado (1Jn 2:28). Si su corazón no los condena, tienen confianza en Dios (1Jn 3:21). El amor se ha perfeccionado en ellos para que tengan confianza en el día del juicio (1Jn 4:17).
2. (*pepoíthesis*: πεποίθησις <4006>; de *pépoitha*, perfecto de *peítho*: confiarse, tener confianza) **Osadía.** Pablo pensaba obrar con confianza para con los que estimaban que él andaba según la carne (2Co 10:2).
3. (*jupóstasis*: ὑπόστασις <5287>; de *jupó*: debajo, e *jístemi*: poner; lit.: lo que se pone debajo, fundamento) **Firme convicción.** Pablo temía ser avergonzado por su confianza a propósito de la liberalidad de los corintios (2Co 9:4). Tenía la confianza que tendría de qué gloriarse según la carne como otros (2Co 11:17). Reteniendo firme hasta el fin la confianza del principio, los hebreos habían llegado a ser partícipes de Cristo (Hb 3:14). La fe es la certeza de lo que se espera (Hb 11:1).

CONFIRMAR (*kuróo*: κυρόω <2964>; de *kúros*: autoridad, ratificación)

Ratificar, afirmar. Pablo exhortaba a los corintios a confirmar su amor para con el hermano que había sido objeto de la disciplina de la iglesia (2Co 2:8).

CONFLICTO

1. (*agón*: ἀγών <73>; de *ágo*: guiar) **Combate, lucha.** Pablo habla a los filipenses del conflicto que ellos habían visto en él (Fil 1:30). Él quería que los colosenses supieran qué gran combate tenía por ellos y por los creyentes de Laodicea (Col 2:1). Había anunciado el Evangelio de Dios a los tesalonicenses con una gran lucha (1Ts 2:2). Exhorta a Timoteo a pelear la buena batalla de la fe (1Ti 6:12). Él mismo había peleado la buena batalla (2Ti 4:7).
2. (*áthlesis*: ἄθλησις <119>; de *athléo*: luchar) **Batalla, lucha.** Los creyentes hebreos habían sostenido un gran combate de sufrimientos (Hb 10:32). ¶
3. (*máque*: μάχη <3163>; de *mácomai*: contender, hacer la guerra) **Lucha, batalla.** Pablo estuvo atribulado por conflictos de fuera y por temores de dentro (2Co 7:5). Jacobo (Santiago) atribuye los conflictos entre cristianos a las pasiones que combaten en sus miembros (Stg 4:1).

4. (*pólemos*: πόλεμος <4171>) **Guerra, batalla, conflicto armado entre dos o más grupos.** Si la trompeta da un sonido incierto, ¿quién se prepararía para la batalla? (1Co 14:8). Hombres de fe se hicieron fuertes en la guerra (Hb 11:34). Las langostas eran semejantes a caballos preparados para la guerra (Ap 9:7, 9). Juan vio una guerra en el cielo: Miguel y sus ángeles combatieron contra el dragón (Ap 12:7). Los reyes de la tierra serán reunidos por espíritus de demonios para la batalla del gran día de Dios (Ap 16:14; 19:19). Al final del milenio, Satanás reunirá a las naciones para la batalla (Ap 20:8).
5. (*strateía*: στρατεία <4752>; de *strateúomai*: hacer la guerra, que viene de *stratós*: ejército) **Batalla, conflicto espiritual.** Pablo quería que Timoteo peleara la buena batalla (1Ti 1:18).

CONFORTAR

1. (*anapaúo*: ἀναπαύω <373>; de *aná*: idea de regreso, y *paúo*: cesar) **Dar reposo, refrescar.** Tres hermanos habían confortado el espíritu de Pablo y el de los corintios (1Co 16:18). El espíritu de Tito había sido confortado por los corintios (2Co 7:13).
2. (*sunanapaúo*: συναναπαύω <4875>; de *sun*: con, y *anapaúo*: ver 1.) **Reposar con otros, encontrar alivio en compañía de otros.** Pablo quería ser recreado con los creyentes de Roma (Ro 15:32). ¶

CONFUSIÓN

1. (*akatastasía*: ἀκαταστασία <181>; de *a*: part. neg., y *kathístemi*: asentar firmemente) **Desorden, perturbación.** Dios no es un Dios de confusión (1Co 14:33). Pablo temía de encontrar desordenes en los corintios (2Co 12:20). Donde hay celos y contención, allí hay confusión (Stg 3:16).
2. (desordenadamente: *atáktos*: ἀτάκτως <814>; de *átaktos*: en desorden, insubordinado, que viene de *a*: part. neg., y *tásso*: ordenar) **De forma desordenada.** Los tesalonicenses debían apartarse de todo hermano que andaba desordenadamente (2Ts 3:6); algunos de entre ellos andaban desordenadamente (v. 11). ¶
3. (andar desordenadamente: *ataktéo*: ἀτακτέω <812>; de *átaktos*: ver 2.) **Comportarse de manera irregular.** Pablo y sus compañeros no habían andado desordenadamente entre los tesalonicenses (2Ts 3:7). ¶

CONGREGACIÓN

1. (*episunagogué*: ἐπισυναγωγή <1997>; lit.: acción de juntar, de agolpar) **a. Congregación de creyentes durante el tiempo de la Iglesia sobre la tierra, en particular para las reuniones de la iglesia local.** Ver Hb 10:25. **b. Reunión de los creyentes en el cielo cuando el Señor venga.** Ver 2Ts 2:1.
2. (*sundromé*: συνδρομή <4890>) **Multitud agolpada; reunión tumultuosa.** Ver Hch 21:30. ¶
3. Ver **REUNIÓN**.

CONMOVER –
Ver **ESTREMECER**.

CONSEJO
1. (*boulé*: βουλή <1012>) **Consejo de Dios**. Principios divinos y eternos que determinan sus irrevocables decisiones; estos son aplicados en el transcurso del tiempo, según sus designios (ver Lc 7:30; Hch 2:23; 4:28; 13:36; 20:27; Ef 1:1; Hb 6:17).
2. (*sumboúlion*: συμβούλιον <4824>; de *sun*: junto a, y *boulé*: consejo) **Plan común**. Ref.: Mt 12:14; 22:15; 27:1; 28:12; Mc 3:6; 15:1; Hch 25:12.
3. Ver **SANEDRÍN**.

CONSIERVO (*súndoulos*: σύνδουλος <4889>; de *sun*: junto a, y *doúlos*: siervo, esclavo; lit.: compañero de servicio, de esclavitud) **a. Colaborador, socio en la obra del Señor.** Pablo emplea este vocablo para designar a Epafras (Col 1:7) y a Tíquico (4:7), como consiervos en el servicio por Cristo (ver Ap 6:11). **b. Siervo con otro.** El vocablo también se aplica al servicio de los ángeles en Ap 19:10; 22:9. También se encuentra en Mt 18:28, 29, 31, 33; 24:49. ¶

CONSOLACIÓN
1. (*paráklesis*: παράκλησις <3874>; de *pará*: al lado, y *kaléo*: llamar) **Consuelo, exhortación.** Dios es el Dios de consolación (Ro 15:5), de toda consolación (2Co 1:3). Él nos ha dado consuelo eterno (2Ts 2:16); por él tenemos una fortísima consolación (Hb 6:18). Por la consolación de Dios, Pablo consolaba a los afligidos (2Co 1:4). Las iglesias crecían fortalecidas (o consoladas) por el Espíritu Santo (Hch 9:31). Por Cristo, la consolación de Pablo abundaba (2Co 1:5); Pablo habla de consolación en Cristo (Fil 2:1). Simeón esperaba la consolación de Israel (Lc 2:25). Los de la iglesia de Antioquía se alegraron de la consolación que la carta de los creyentes de Jerusalén les traía (Hch 15:31). Bernabé significa «hijo de consolación» (Hch 4:36). Tenemos esperanza por la paciencia y la consolación de las Escrituras (Ro 15:4). Otras ref.: Lc 6:24; 2Co 1:6a, b, 7; 7:4, 7, 13; Flm 7.
2. (*paramuthía*: παραμυθία <3889>; de *pará*: al lado, y *múthos*: palabra, discurso) **Consuelo, aliento, apoyo.** Aquel que profetiza habla a los hombres para edificación, exhortación y consolación (1Co 14:3). ¶
3. (*paregoría*: παρηγορία <3931>; de *pará*: al lado, y *agoreúo*: hablar en público, aconsejar) **Consuelo.** Pablo nombra a tres hermanos que habían sido un consuelo para él (Col 4:11). ¶

CONSOLADOR (*parákletos*: παράκλητος <3875>; de *pará*: cerca, y *kaléo*: llamar)
Defensor, intercesor. El vocablo griego que designa a Jesucristo como «abogado» en 1Jn 2:1, es el mismo que aquel traducido en el evangelio de Juan como: «consolador» para

designar al Espíritu Santo (14:16, 26; 15:26; 16:7). Como abogados, el Señor Jesús en el cielo y el Espíritu Santo en la tierra se ocupan de los intereses de los creyentes intercediendo por ellos; ellos los animan y los reconfortan. ¶

CONSOLAR
1. (*parakaléo*: παρακαλέω <3870>; de *pará*: al lado, y *kaléo*: llamar) **Alentar, confortar, exhortar.** Dios consolaba a Pablo respecto a toda su aflicción con el fin de hacerlo capaz de consolar a los otros por la consolación con la que sí mismo era consolado (2Co 1:4a-c); si él era consolado, era para la consolación de los corintios (v. 6a, b). Pablo habla de otras ocasiones en las que había sido consolado (2Co 7:6a, b, 13; 1Ts 3:7). Tíquico debía consolar el corazón de los creyentes de Éfeso (Ef 6:22) y de Colosas (Col 4:8). Pablo oraba para que el Señor Jesús y Dios Padre consolaran el corazón de los creyentes de Tesalónica (2Ts 2:17). Les dice que deben consolarse los unos a los otros (1Ts 4:18). Los creyentes de Corinto debían perdonar y consolar al hermano que había sido disciplinado (2Co 2:7). Pablo les dice que se consuelen (2Co 13:11). Él quería que los corazones de los creyentes de Colosas, de Laodicea y de otros lugares fueran consolados (Col 2:2). Otras ref.: Mt 2:18; 5:4; Lc 16:25; Hch 20:12.
2. (confortar juntos: *sumparakaléo*: συμπαρακαλέω <4837>; de *sun*: junto a, y *parakaléo*: ver **1.**) **Consolar juntos, exhortar juntos.** Pablo quería ver a los creyentes de Roma con el fin de que él y ellos fuesen confortados mutuamente (Ro 1:12). ¶
3. (*anapsúco*: ἀναψύχω <404>; de *aná*: part. de repet., y *psúco*: enfriar) **Refrescar, reconfortar.** Onesíforo había reconfortado a Pablo muchas veces (2Ti 1:16). ¶
4. (*paramuthéomai*: παραμυθέομαι <3888>; de *pará*: al lado, y *múthos*: palabra, discurso; lit.: dirigirse a) **Reconfortar, consolar.** Muchos habían venido para consolar a Marta y a María a propósito de su hermano (Jn 11:19, 31). Pablo había consolado a los creyentes de Tesalónica (1Ts 2:11). Los exhorta a animar a los desalentados (1Ts 5:14). ¶

CONSTANTE – Ver **INCONMOVIBLE, PERSEVERANTE.**

CONSUMADOR (*teleiotés*: τελειωτής <5051>; de *teleióo*: completar, lograr)
Aquel que hace una cosa perfecta y la lleva a su estado final. Jesús es el consumador de la fe (Hb 12:2). ¶

CONSUMIDO (SER) (*katapíno*: καταπίνω <2666>; de *katá*: part. int., y *píno*: beber)
Ser afligido, ahogarse. El hombre que estaba bajo la disciplina de la iglesia de Corinto habría podido ser consumido por una tristeza excesiva si no era perdonado y animado (2Co 2:7).

CONTADO (SER) (*sunkatapsefízo*: συγκαταψηφίζω <4785>; *sunkatapsefízo*; de *sun*: con, *katá*: part. int., y *psefízo*: decidir, votar) **Elegir con, elegir juntos;** otras trad.: **ser agregado, ser reconocido.** Matías fue contado con los once apóstoles (Hch 1:26). ¶

CONTAMINACIÓN
1. (*alísgema*: ἀλίσγημα <234>; de *alisgéo*: ensuciar) **Lo que ensucia, contamina.** Los creyentes debían abstenerse de las contaminaciones de los ídolos (Hch 15:20).
2. (*míasma*: μίασμα <3393>; de *miaíno*: contaminar, infectar) **Vicio, lo que contamina moralmente.** Pedro habla de los que, habiendo escapado a las contaminaciones del mundo, por el conocimiento del Señor y Salvador Jesucristo, están enlazados de nuevo (2P 2:20).
3. (*molusmós*: μολυσμός <3436>; de *molúno*: manchar) **Impureza, corrupción.** Pablo nos exhorta a limpiarnos de toda contaminación de la carne y del espíritu, perfeccionando la santidad en el temor de Dios (2Co 7:1).
4. (*mómos*: μῶμος <3470>; quizá de *mémfomai*: culpar) **Mancha, defecto.** Pedro habla de incrédulos que son inmundicias y manchas, que tienen por delicia el gozar de deleites cada día (2P 2:13).
5. (sin mancha: *amíantos*: ἀμίαντος <283>; de *a*: part. neg., y *miaíno*: ver **2.**) **Inmaculado, sin contaminación.** Tal sumo sacerdote (el Señor Jesús) nos convenía, santo, inocente, sin mancha, apartado de los pecadores, y hecho más sublime que los cielos (Hb 7:26). El lecho matrimonial debe ser sin mancha (Hb 13:4), es decir exento de relaciones ilícitas. Dios hizo renacer a los creyentes para una herencia incontaminada (1P 1:4).

CONTEMPORÁNEO –
Ver **EDAD.**

CONTENCIÓN
1. (*éris*: ἔρις <2054>) **Discordia, pleito; altercación, disputa.** Hombres inicuos están llenos de contiendas (Ro 1:29). Habían contiendas entre los corintios (1Co 3:3); más tarde, Pablo temía de aún encontrarlas (2Co 12:20). Las contiendas hacen parte de las obras de la carne (Gá 5:20); nacen a causa de cuestiones y de contiendas de palabras (1Ti 6:4). Los creyentes no debían conducirse en contiendas (Ro 13:13).
2. (espíritu de contienda: *erithéia*: ἐριθεία <2052>; de *éris*: ver **1.**) **Espíritu de facción, de contestación.** Un espíritu de contención (o de contienda) no conviene a la conducta cristiana (Stg 3:14, 16).
3. (*máque*: μάχη <3163>; de *mácomai*: pelear) **Lucha, contienda.** Las cuestiones necias e insensatas engendran contiendas (2Ti 2:23).
4. (*stásis*: στάσις <4714>; de *jístemi*: hacer estar) **Disputa, discusión.** Hubo una discusión entre Pablo y Bernabé y los que habían venido de Judea (Hch 15:2).

5. (*filoneikía*: φιλονεικία <5379>; de *fílos*: amigo, y *neíkos*: pelea) **Disputa, discusión.** Hubo una disputa entre los apóstoles para saber quién de ellos sería el mayor (Lc 22:24). ¶

CONTENTAMIENTO (*autárkeia*: αὐτάρκεια <841>; de *autós*: sí mismo, y *arkéo*: estar contento, satisfecho) **Satisfacción de lo que se tiene.** Pablo recuerda que la piedad con el contentamiento es una gran ganancia (1Ti 6:6). El vocablo griego está traducido como: «lo suficiente» en 2Co 9:8. ¶

CONTIENDA
1. (*eritheía*: ἐριθεία <2052>; de *éris*: discordia, pleito) **Pelear o discutir para conseguir un propósito, para poder satisfacer ambiciones personales; otras trad.: ambición, disputa, división, pelea, pleito, rencilla, rivalidad.** Pablo temía las contiendas entre los corintios (2Co 12:20). Las contiendas son una de las obras de la carne (Gá 5:20).
2. Ver **CONTENCIÓN, RAZONAMIENTO.**

CONTUMAZ –
Ver **ARROGANTE.**

CONVENIR (NO) (*anéko*: ἀνήκω <433>; de *jéko*: venir)
No estar en su lugar, no ser apropiado. Las palabras indecentes, las conversaciones necias y los chistes groseros no convienen entre los creyentes (Ef 5:4).

CONVERSIÓN (*epistrofé*: ἐπιστροφή <1995>; lit.: acción de volverse a, volverse hacia)
La conversión significa un cambio de dirección, una parada en el camino de la perdición y un regreso hacia el Dios Salvador. El sustantivo solo aparece en Hechos 15:3 a propósito de la conversión de los gentiles. La conversión es necesaria para entrar en el reino de los cielos (Mt 18:3); acompaña al arrepentimiento con vista al perdón de los pecados (Hch 3:19). Pablo había predicado a los judíos y a los gentiles de arrepentirse y volverse (lit.: convertirse) hacia Dios (Hch 26:20). Los tesalonicenses se habían «convertido» de los ídolos hacia Dios (1Ts 1:9). El obispo no debe ser un recién convertido (*neófutos*; lit.: nueva planta), por temor de que se enorgullezca con su responsabilidad (1Ti 3:6). ¶

CONVERTIRSE –
Ver **VOLVERSE.**

CONVICCIÓN (*élencos*: ἔλεγχος <1650>)
Prueba, demostración. La fe es la convicción de las cosas que no se ven (Hb 11:1).

COORDINAR (BIEN) (*sunarmologéo*: συναρμολογέω <4883>; de *sun*: con, junto a, y *jarmós*: coyuntura, articulación)
Unir estrechamente. La Iglesia es un edificio bien coordinado (Ef 2:21);

también es un cuerpo bien ajustado y unido (Ef 4:16). ¶

COPA (*potérion*: ποτήριον <4221>) **Vaso para beber.** Jesús habla de dar a beber una copa de agua (Mt 10:42), y menciona la copa de la cual los fariseos limpiaban el exterior (Mt 23:25, 26). Muchas veces la copa evoca los sufrimientos del Señor (Mt 20:22, 23; 26:39; Mc 14:36; Lc 22:42; Jn 18:11). La copa de la cena recuerda su sangre vertida (Mt 26:27, 28; Lc 22:20; 1Co 11:25-28); también es una copa de bendición (1Co 10:16. En el Apocalipsis, la copa simboliza los castigos divinos (Ap 14:10) (Ap 16:1: *fiále*) y las obras abominables de Babilonia la grande (Ap 17:4; 18:6). Otras ref.: Mc 7:4, 8; Lc 22:17.

CORAZA (*thórax*: θώραξ <2382>) **Arma defensiva hecha de dos partes que protegen el cuerpo por los dos lados, desde el cuello hasta la cintura.** Pablo dice que debemos vestirnos con la coraza de la justicia (Ef 6:14) y la coraza de la fe y del amor (1Ts 5:8). Las langostas tenían corazas como corazas de hierro (Ap 9:9a, b); los que estaban sentados sobre los caballos tenían corazas de fuego, de zafiro y de azufre (v. 17). ¶

CORAZÓN
1. (*kardía*: καρδία <2588>) «El corazón ocupa el lugar más importante del sistema humano. El vocablo expresa igualmente toda la actividad humana, mental y moral, a la vez los elementos racionales y emocionales. En otras palabras, el corazón describe de forma figurada los recursos escondidos de la vida personal. En el N.T., el corazón corresponde a la ubicación: **a. de la vida física** (Hch 14:17; Stg 5:5), **b. de la naturaleza moral, de la naturaleza espiritual, de la aflicción** (Jn 14:1; Ro 9:2; 2Co 2:4), **c. del gozo** (Jn 16:22; Ef 5:19), **d. de los deseos** (Mt 5:28; 2P 2:14), **e. de los afectos** (Lc 24:32; Hch 21:13), **f. de las percepciones** (Jn 12:40a, b; Ef 4:18), **g. de los pensamientos** (Mt 9:4; Hb 4:12), **h. de la comprensión** (Mt 13:15a, b; Ro 1:21), **i. de la capacidad de razonamiento** (Mc 2:6; Lc 24:38), **j. de la imaginación** (Lc 1:51), **k. de la conciencia** (Hch 2:37; 1Jn 3:20), **l. de las intenciones** (Hb 4:12), **m. de decisión** (Hch 11:23; 2Co 9:7), **n. de la voluntad** (Ro 6:17; Col 3:15), **o. de la fe** (Mc 11:23; Ro 10:10; Hb 3:12).» (Según W. E. Vine.) El vocablo *kardía* aparece aprox. 150 veces en griego.
2. (conocedor del corazón: *kardiognóstes*: καρδιογνώστης <2589>; de *kardía*: ver **1.**, y *ginósko*: conocer) **Que comprende, que percibe lo que hay en el corazón humano.** El Señor es el que conoce los corazones de todos (Hch 1:24), igual que Dios (15:8). ¶

CORBÁN (*korbán*: κορβᾶν <2878>) **Palabra hebrea o aramea que significa: don, ofrenda.** En Mt 7:11, se trata particularmente de una ofrenda a Dios. Jesús reprimenda a los fariseos que incitaban a los hijos a declarar corbán lo que deberían haber utilizado para asistir a sus padres. ¶

CORDERO
1. (*amnós*: ἀμνός <286>) **Cría de la oveja.** Juan el Bautista designó a Jesús como el Cordero de Dios que quita el pecado del mundo (Jn 1:29) y como siendo el cordero de Dios (v. 36). Isaías habla proféticamente de Jesús como de un cordero enmudecido ante aquel que lo trasquila (Hch 8:32). Pedro compara a Cristo a un cordero sin mancha y sin defecto (1P 1:19). ¶
2. (*arén*: ἀρήν <704>) **Cría de la oveja.** El Señor enviaba a los discípulos como corderos en medio de lobos (Lc 10:3). ¶
3. (*arníon*: ἀρνίον <721>; lit.: cordero pequeño) **Cría de la oveja.** Jesús le dijo a Pedro que apacentara a sus corderos (Jn 21:15). Juan vio un Cordero como inmolado (Ap 5:6); ver **4**. La otra bestia tenía dos cuernos semejantes a un cordero (Ap 13:11).
4. Ver **CORDERO** en la sección de los **Nombres de personas y de lugares.**
5. Ver **OVEJA**.

CORNALINA
(de sardio: *sárdinos*: σάρδινος <4555>; sardius: σάρδιος: *sárdios*)
Piedra preciosa encontrada en la región de Sardis; se trata de unas variedades de calcedonia, de color marrón amarillento o rojo transparente. Aquel que estaba sentado en el trono era semejante a una piedra de jaspe y de cornalina (Ap 4:3). La cornalina adorna el sexto cimiento de la nueva Jerusalén celestial (Ap 21:20).

CORONA
(*stéfanos*: στέφανος <4735>; de *stéfo*: rodear)
Simboliza la realeza o la victoria (p.ej.: en los juegos olímpicos, o después de una campaña militar). Los ancianos en el cielo tienen una corona de oro sobre la cabeza (Ap 4:4). La corona de justicia se dará a los que aman la aparición del Señor (2Ti 4:8); la corona incorruptible de gloria está reservada para los que apacientan al rebaño de Dios (1P 5:4); la corona de la vida se le promete a los mártires (Ap 2:10). Por burla pusieron sobre la cabeza de Jesús una corona de espinas (Jn 19:5), pero Dios le ha dado una corona de oro fino (Sal 21:3; Ap 14:14).

CORONAR
(*stefanóo*: στεφανόω <4737>; de *stéfanos*: corona, que viene de *stéfo*: rodear)
Poner una corona sobre la cabeza en signo de victoria en los juegos o de realeza. Aquel que lucha como atleta no es coronado si no lucha legítimamente (2Ti 2:5). Jesús ha sido coronado de gloria y de honra (Hb 2:7, 9). ¶

CORRESPONDER A
(*antítupon*: ἀντίτυπον <499>; lit.: que corresponde a)

Realidad representada por una figura. El bautismo corresponde al arca de Noé atravesando las aguas del diluvio (1P 3:21), es decir que el bautismo está representado por el arca de Noé.

CORTANTE (MÁS) (*tomóteros*: τομώτερος <5114>; de *témno*: cortar) **Capaz de dividir, de herir o de separar en partes.** La Palabra de Dios es más cortante que toda espada de dos filos (Hb 4:12). ¶

COSECHA – Ver **SIEGA**.

COSECHAR – Ver **SEGAR**.

COSTOSO (*polutelés*: πολυτελής <4185>; de *polús*: mucho, y *télos*: ingreso {en el sentido de: riqueza}) **Muy caro, magnífico.** Las creyentes no debían ataviarse con ropas costosas (1Ti 2:9).

COYUNTURA
1. (*jarmós*: ἁρμός <719>) **Unión, articulación en el caso de los huesos.** En Hb 4:12, «las coyunturas y las médulas» se refieren al hombre interior, a sus caracteres morales y espirituales. ¶
2. (*jafé*: ἁφή <860>; de *jápto*: unir, liar) **Ligamento; articulación.** En sentido figur., la Asamblea es un cuerpo bien ajustado y unido entre sí por todas las coyunturas (Ef 4:16; Col 2:19). ¶

CREACIÓN (*ktísis*: κτίσις <2937>; de *ktízo*: crear, hacer) **Conjunto de seres y de cosas que comenzaron a existir al principio.** Al principio de la creación, Dios los hizo varón y hembra (Mc 10:6). La tribulación por venir será tal que nunca hubo una semejante desde el principio de la creación (Mc 13:19). Jesús les dijo a sus discípulos que tenían que ir a predicar el Evangelio a toda la creación (Mc 16:15). El anhelo ardiente de la creación es aguardar la revelación de los hijos de Dios (Ro 8:19), porque ella fue sometida a vanidad (v. 20), con la esperanza que ella misma será liberada de la esclavitud de la corrupción (v. 21); sabemos que toda la creación gime y sufre hasta ahora (v. 22). Jesucristo, el Hijo de Dios, es el primogénito de toda creación (Col 1:15). El Evangelio ha sido predicado en toda la creación (Col 1:23). Cristo ha venido mediante el tabernáculo que no es de esta creación (Hb 9:11). Algunos dicen que todas las cosas permanecen igual que desde el principio de la creación (2P 3:4). Jesús es el principio de la creación de Dios (Ap 3:14).

CREADOR (*ktístes*: κτίστης <2939>; lit.: fundador) **Aquel que produce algo de la nada.** Este título se aplica a Dios, un «fiel Creador» (1P 4:19), y a Jesucristo, porque «todo fue creado por medio de él» (Col 1:16), lo que incluye a los hombres (Ecl 12:1). La creación (Jn 1:1-3) ha sido definida como «la acción de Dios llamando a la existencia lo que antes no existía». ¶

CREAR

CREAR (*ktízo*: κτίζω <2936>)
Para los griegos, el verbo hace referencia a la fundación de una ciudad; en el N.T., corresponde al acto divino de traer a la existencia lo que antes no existía. Dios ha creado la creación (Mc 13:19); Él ha creado todas las cosas (Ef 3:9; Col 1:16a, b; Ap 4:11a, b; 10:6); Él ha creado los alimentos (1Ti 4:3). Los hombres han honrado y dado culto a la criatura antes que al que la creó (Ro 1:25). El hombre no ha sido creado a causa de la mujer, sino la mujer a causa del hombre (1Co 11:9). El verbo está empleado relativamente a la creación espiritual: los creyentes han sido creados en Cristo Jesús (Ef 2:10); Dios ha creado a los de las naciones y a los de Israel para ser un solo nuevo hombre (Ef 2:15); el nuevo hombre es creado según Dios en la justicia y santidad de la verdad (Ef 4:24), y se va renovando en conocimiento a la imagen del que lo creó (Col 3:10). ¶

CRECER (*auxáno*: αὐξάνω <837>)
Aumentar, progresar. El pueblo de Israel creció en Egipto (Hch 7:17). Pablo habla del progreso de la fe de los corintios (2Co 10:15).

CRECIMIENTO

1. (*aúxesis*: αὔξησις <838>; de *auxáno*: ver **2.**) **Aumentación, progresión.** El cuerpo de Cristo, la Iglesia, recibe su crecimiento para su edificación en el amor (Ef 4:16). Todo este cuerpo crece del crecimiento que da Dios (Col 2:19). ¶

2. (dar crecimiento: *auxáno*: αὐξάνω <837>) **Crecer, aumentar.** Pablo había plantado, Apolos había regado; pero Dios había dado el crecimiento (1Co 3:6, 7).

CREER (*pisteúo*: πιστεύω <4100>; de *pístis*: creencia, confianza, que viene de *peítho*: persuadir, convencer) **Tener fe; el verbo tiene el sentido de ser persuadido, de poner su confianza.** Todo el que cree en el Hijo de Dios no se pierde, sino que tiene vida eterna (Jn 3:15, 16, 36; 6. 47); el que cree en él no es juzgado, pero el que no cree ya ha sido juzgado, porque no ha creído en el nombre del Hijo unigénito de Dios (Jn 3:18a-c). El que cree en Jesús recibe el perdón de los pecados (Hch 10:43). El que cree en Jesús es justificado (Hch 13:39). Habiendo creído en él, los creyentes son sellados del Espíritu Santo de la promesa (Ef 1:13). El que cree que Jesús es el Cristo, es nacido de Dios (1Jn 5:1); el que cree que Jesús es el Hijo de Dios, es victorioso del mundo (v. 5). El Señor vendrá para ser glorificado en sus santos y admirado en todos los que creyeron (2Ts 1:10).

CREER (NO) (*apeithéo*: ἀπειθέω <544>; de *a*: part. neg., y *peítho*: persuadir)
Rehusar la creencia, ser desobediente. En Éfeso, algunos no creían en la predicación de Pablo (Hch 19:9).

CREYENTE (*pistós*: πιστός <4103>)
Los creyentes, en todas las épocas, han creído a Dios según sus testimonios. Desde Pentecostés, los creyentes que han oído el Evangelio de Dios han creído (o puesto su confianza) en la persona y en la obra de Jesucristo son bendecidos con el creyente Abraham (Gá 3:9). Al principio, todos los creyentes estaban en un mismo lugar (se reunían) (ver Hch 2:44). El creyente no tiene comunión con el incrédulo (2Co 6:15).

CRIAR (*thelázo*: θηλάζω <2337>; de *thelé*: pezón)
a. Nutrir un niño con el pecho. Cuando la abominación de la desolación se establezca en el lugar santo, la huida de las mujeres encintas y de aquellas que crían será hecha más difícil a causa de su estado (Mt 24:19; Mc 13:17; Lc 21:23). **b. Estar nutrido con el seno.** Una mujer le dijo a Jesús que el vientre que lo había llevado era bienaventurado, como los senos que lo habían criado (Lc 11:27).

CRIMEN (*jradioúrgema*: ῥᾳδιούργημα <4467>; de *jrádios*: fácil, y *érgon*: acción, trabajo)
Mala acción, mezquindad, ausencia de escrúpulos. Galión habría soportado a los judíos si sus acusaciones contra Pablo tuviesen que ver con algún crimen (Hch 18:14). ¶

CRISÓLITO (*crusólithos*: χρυσόλιθος <5555>; de *crusós*: oro, y *líthos*: piedra)
Se trata de una piedra preciosa de color dorado. El séptimo cimiento de la muralla de la Jerusalén celestial está adornado con crisólito (Ap 21:20). ¶

CRISOPRASO (*crusóprasos*: χρυσόπρασος <5556>; lit.: puerro de oro)
Se trata de una piedra preciosa, variedad de calcedonia de color verde con reflejos dorados. El décimo cimiento de la muralla de la Jerusalén celestial está adornado con crisopraso (Ap 21:20). ¶

CRISTAL (*krústalos*: κρύσταλλος <2930>; de *krúos*: frío; sentido primero: hielo)
Material muy puro y transparente. En Ap 4:6 y 22:1, la palabra describe el mar de cristal (RV.: vidrio) ante el trono de Dios, y el río de agua viva saliendo de su trono. La utilización de un derivado del término en Ap 21:11 (una piedra de jaspe... como cristal) sugiere una piedra muy preciosa. ¶

CRISTIANO (*cristianós*: χριστιανός <5546>; de *Cristós*: Cristo)
Nombre dado a los que pertenecen a Cristo y lo siguen. Fue en Antioquía donde a los discípulos de Jesucristo se les llamó cristianos por la primera vez (Hch 11:26). El rey Agripa emplea este término, sin duda con desdén, dirigiéndose a Pablo (Hch 26:28). Pedro también lo utiliza cuando habla de sufrir como

CRUCIFICAR

cristiano y de no avergonzarse por ello, sino de glorificar a Dios como tal (1P 4:16). ¶

CRUCIFICAR
1. (*stauróo*: σταυρόω <4717>; de *staurós*: cruz) **Ejecutar a un criminal poniéndolo sobre un madero vertical atravesado con otro horizontal.** Jesús iba a ser entregado a los gentiles para ser crucificado (Mt 20:19; 26:2). La multitud gritaba que Jesús fuese crucificado (Mt 27:22, 23; Mc 15:13, 14; Lc 23:21a, b, 23; Jn 19:6a, b, 15a, b). Pilato entregó a Jesús para que lo crucificaran (Mt 27:26; Mc 15:15; Jn 19:6c, 16). Llevaron a Jesús para crucificarlo (Mt 27:31; Mc 15:20). Habiéndolo crucificado, los soldados se repartieron sus vestidos (Mt 27:35; Mc 15:24). Dos bandidos fueron crucificados con Jesús (Mt 27:38; Mc 15:27). Era la hora tercera (es decir las nueve de la mañana) cuando crucificaron a Jesús (Mc 15:25) en el lugar llamado de la Calavera (Lc 23:33; Jn 19:18). Era necesario que Jesús fuese crucificado (Lc 24:7). El primer día de la semana, unas mujeres buscaban en el sepulcro a Jesús, el que fue crucificado (Mt 28:5; Mc 16:6). Otras ref.: Mt 23:34; Lc 24:20; Jn 19:10, 15b, 20, 23, 41; Hch 2:36; 4:10; 1Co 1:13, 23; 2:2, 8; 2Co 13:4; Gá 3:1; 5:24; 6:14; Ap 11:8.
2. (crucificar otra vez: *anastauróo*: ἀνασταυρόω <388>; de *ana*: otra vez, y *stauróo*: ver **1.**) **Crucificar otra vez a una persona.** Es imposible que los que recayeron puedan ser renovados para arrepentimiento, crucificando otra vez para sí mismos al Hijo de Dios (Hb 6:6). ¶
3. (crucificar con: *sustauróo*: συσταυρόω <4957>; de *sun*: junto a, y *stauróo*: ver **1.**) **Crucificar simultáneamente a una persona con otra.** Los bandidos crucificados con (lit.: los habiendo sido crucificados con) Jesús lo insultaban (Mt 27:44; Mc 15:32). Los soldados rompieron las piernas del primer bandido y del otro que había sido crucificado con él (Jn 19:32). El viejo hombre del creyente ha sido crucificado con Cristo en la cruz (Ro 6:6). Pablo decía que con Cristo él estaba juntamente crucificado (Gá 2:20). ¶

CRUCIFIXIÓN – Ver **CRUZ**.

CRUJIR
1. (*trízo*: τρίζω <5149>; primero describe el sonido de un animal) **Hacer un ruido estridente; otra trad.: rechinar.** El hijo de un hombre estaba poseído por un espíritu mudo y crujía los dientes (Mc 9:18). ¶
2. (*brúco*: βρύχω <1031>) **Hacer oír un sonido desagradable por fricción (de los dientes).** Los judíos crujían los dientes contra Esteban (Hch 7:54). ¶

CRUJIR DE DIENTES (*brugmós*: βρυγμός <1030>; de *brúco*: morder, crujir los dientes)
Sonido desagradable producido por fricción (de los dientes); otra

trad.: **rechinar de dientes.** Habrá llantos y crujir de dientes en las tinieblas de afuera (Mt 8:12; 22:13; 25:30; también Lc 13:28), en el horno de fuego (Mt 13:42, 50), con los hipócritas (Mt 24:51). ¶

CRUZ (*staurós*: σταυρός <4716>)
Palo o estaca vertical con un travesaño horizontal, sobre el que se ponía a los criminales para darles muerte. Al principio, esta forma de ejecución era utilizada por los fenicios. Los romanos clavaban las manos del condenado al travesaño horizontal y sus pies al palo vertical. La crucifixión era un suplicio particularmente cruel y terriblemente doloroso. Para que la muerte fuera más rápida, se les rompía las piernas a los crucificados (Jn 19:31). Jesús salió de Jerusalén llevando su cruz (Jn 19:17); era una costumbre que el condenado llevara su cruz hasta el lugar de la crucifixión. La cruz simboliza la obra de la redención; la palabra de la cruz es una locura para los incrédulos, pero para los creyentes ella es el poder de Dios (1Co 1:18). Jesucristo nos ha redimido de la maldición de la ley, hecho por nosotros maldición... colgado en un madero (ver Gá 3:13).

CUADRADO (*tetrágonos*: τετράγωνος <5068>; de *téssares*: cuatro, y *gonía*: rincón, ángulo)
Cuadrángulo, i.e. que tiene cuatro ángulos. La nueva Jerusalén está asentada como un cuadrado (Ap 21:16). ¶

CUADRANTE (*kodrántes*: κοδράντης <2835>; del lat. *cuadrans*: cuarta parte de un as)
Pequeña pieza de moneda que valía dos pitas o 1/16 de un denario. Jesús habla de un hombre que deberá permanecer en la cárcel hasta que haya pagado el último cuadrante (Mt 5:26). Una pobre viuda echó en el tesoro del templo dos blancas, o sea un cuadrante (Mc 12:42). ¶

CUALIDAD (de cualidad: *eusquémon*: εὐσχήμων <2158>; de *eu*: bien, y *squéma*: apariencia)
Honorable, distinguido. Mujeres de cualidad servían a Dios en Antioquía (Hch 13:50). En Tesalónica, mujeres griegas de distinción creyeron tras la predicación de la Palabra (Hch 17:12).

CUARTO (*assárion*: ἀσσάριον <787>; *assarius* en lat.)
Pequeña moneda de cobre, el cuarto era una moneda romana que valía aprox. 1/16 del denario romano; el denario equivalía al salario diario de un obrero agrícola. Se vendían dos pajarillos por un cuarto (Mt 10:29) y cinco pajarillos por dos cuartos (Lc 12:6).

CUARTO NUPCIAL (*numfón*: νυμφών <3567>; de *númfe*: esposa)
Habitación en la cual se encontraba el lecho nupcial; los hijos del cuarto nupcial eran los amigos del esposo y proporcionaban lo que era necesario para las bodas. Los

hijos del cuarto nupcial no pueden estar de luto mientras el novio está con ellos (Mt 9:15); ellos no pueden ayunar (Mc 2:19; Lc 5:34). ¶

CUENTO – Ver **FÁBULA**.

CUERNO (*kéras*: κέρας <2768>)
Símbolo de poder. Representa, en Lc 1:69, el poder de la liberación de Dios, quien ha visitado a su pueblo Israel en la persona de su Hijo (RV. traduce esta palabra como: poderoso). En Apocalipsis, el término también tiene el sentido de «gran fuerza», en lo que concierne al Cordero (5:6), al dragón (12:3) y a las dos bestias (13:1, 11; 17:3, 7, 12, 16). Otra ref.: Ap 9:13. ¶

CUERVO (*kórax*: κόραξ <2876>)
Ave omnívora, que se alimenta habitualmente de cuerpos de animales muertos; se encuentra frecuentemente en Palestina. Es la primera ave mencionada en la Escritura (Gn 8:7). Si Dios alimenta a los cuervos, ¡cuánto más se ocupará él de los suyos! (Lc 12:24). ¶

CUEVA (*spélaion*: σπήλαιον <4693>)
Caverna. Jesús fue al sepulcro de Lázaro que era una cueva (Jn 11:38).

CUIDADO (TENER) (*epéco*: ἐπέχω <1907>; de *epí*: sobre, y *éco*: tener)
Velar, prestar atención. Pablo exhorta a Timoteo a tener cuidado de sí mismo y de la enseñanza (1Ti 4:16).

CUIDAR
1. (*episkopéo*: ἐπισκοπέω <1983>; de *epí*: sobre, y *skopéo*: mirar) **Mirar y cuidar bien (a otros creyentes).** Los ancianos deben apacentar la grey de Dios, cuidando de ella, no por fuerza, sino voluntariamente, no por ganancia deshonesta, sino con ánimo pronto (1P 5:2).
2. (*thálpo*: θάλπω <2282>) **Abrigar con tierno cuidado, cuidar con ternura.** Cada cual cuida con cariño su propio cuerpo, como también Cristo a la Iglesia (Ef 5:29). Pablo había tratado a los tesalonicenses como una madre que cuida con ternura a sus propios hijos (1Ts 2:7). ¶

CULPA – Ver **FALTA**.

CULTO (adoración: *latreía*: λατρεία <2999>; adorar, rendir culto: *latreúo*: λατρεύω <3000>)
Palabra que designa un servicio en relación con el Tabernáculo en el desierto (Hb 9:1, 9, 10; 10:2), o con la adoración cristiana (Fil 3:3). En otro lugar, el sustantivo y el verbo son traducidos como «servicio» y «servir», en el sentido de la consagración interior y del testimonio exterior, o también de la adoración (Mt 4:10; Lc 4:8, citando Dt 6:13 y 10:20; Lc 1:74; 2:37; Ro 1:9; 12:1; 2Ti 1:3; Hb 9:14; 12:28; Ap 7:15; 22:3). Se utilizan las mismas palabras para el servicio, el culto o la adoración de falsos dioses (idolatría). «Adorar» (*proskunéo*; lit.: prosternarse delante de; *proskunetés*:

adorador) en Jn 4:20-24; en otro lugar traducido como: rendir homenaje: a Dios (Mt 4:10; Lc 4:8; 1Co 14:25; Ap 14:7; 19:4; 22:9), a Jesús (Mt 2:2, 11; Lc 24:52; Jn 9:38; Hb 1:6; Ap 5:14), a un ángel (Ap 19:10; 22:8), a un hombre (Hch 10:25), al diablo (Mt 4:9), a los demonios, a los falsos dioses, a los ídolos, a la bestia (Hch 7:43; Ap 9:20; 13:4; etc.). La palabra griega «*deisidaimonía*» (lit.: temor de la divinidad, o de los dioses) se encuentra en Hch 25:19 para designar el culto religioso judío, y también en Hch 17:22 (término parecido). La palabra griega «*threskeía*» designa la religión judía en Hch 26:5, la adoración rendida a los ángeles en Col 2:18 y el servicio religioso cristiano en Stg 1:26, 27. La expresión: «servir a Dios», en los Hechos, se relaciona a la palabra griega: piedad (*sébomai, eusébeia*; p.ej.: Hch 13:43; 16:14; 17:17).

CULTO VOLUNTARIO (*ethelothreskía*: ἐθελοθρησκία <1479>; de *thélo*: querer, preferir, y *threskeía*: culto)
Adoración por propia voluntad, y no impuesta desde el exterior. Los preceptos religiosos de los hombres tienen una apariencia de sabiduría a través del culto voluntario y en humildad, pero no hacen más que satisfacer la carne (Col 2:23). ¶

CUMPLEAÑOS (*genésia*: γενέσια <1077>; de *génesis*: nacimiento, generación)
Día en que se conmemora el nacimiento de una persona. La hija de Herodías bailó ante Herodes cuando se celebraba el cumpleaños del rey (Mt 14:6; Mc 6:21). ¶

CUMPLIMIENTO (*teleíosis*: τελείωσις <5050>; de *teleióo*: cumplir, acabar)
Realización. Habrá un cumplimiento de las cosas que habían sido dichas a María por el Señor (Lc 1:45).

CURACIÓN – Ver **SANIDAD**.

D

DÁDIVA (*cárisma*: χάρισμα <5486>; de *cáris*: gracia)
Don de parte de Dios. Este don corresponde a la salvación para con el pecador arrepentido (Ro 5:15, 16; 6:23), al restablecimiento de Israel en virtud de las promesas hechas a los patriarcas (Ro 11:29), a la instrucción espiritual (Ro 1:11), a la continencia (1Co 7:7), a la respuesta a las oraciones de otros creyentes (2Co 1:11). Dios concede capacidades espirituales a los creyentes, mediante la operación del Espíritu Santo, en perspectiva de la formación y de la edificación de la Iglesia (Ro 12:6; 1Co 1:7; 12:4, 9, 28, 30, 31). Timoteo no debía descuidar el don que había en él (1Ti 4:14); Pablo lo exhortará más tarde a avivar el don de Dios que había en él (2Ti 1:6). Los creyentes deben emplear el

don que hay en ellos, los unos por los otros (1P 4:10). ¶

DANZA (*corós*: χορός <5525>)
Sucesión de movimientos rítmicos del cuerpo efectuados al sonido de una música. En la parábola del hijo pródigo, el hijo mayor oyó la música y las danzas (Lc 15:25). El vocablo griego también tiene el sentido de compañía de bailarines y de contantes. ¶

DAÑOSO (*blaberós*: βλαβερός <983>; de *blápto*: hacer daño)
Dañino, nocivo. Los que quieren enriquecerse caen en codicias necias y dañosas (1Ti 6:9). ¶

DARDO (*bélos*: βέλος <956>; de *bálo*: lanzar)
Lanza de madera con una punta de hierro en su extremidad; jabalina, flecha. El escudo de la fe permite a los cristianos apagar todos los dardos de fuego del maligno (Ef 6:16), es decir precaverse de todos sus ataques. ¶

DÉBIL (*asthenés*: ἀσθενής <772>; lit.: sin fuerza)
Con poco vigor o fuerza; frágil. La carne es débil (Mt 26:41; Mc 14:38). Dios ha escogido lo débil del mundo para avergonzar a lo fuerte (1Co 1:27). Pablo era débil (1Co 4:10). Él habla de una conciencia débil que está contaminada (1Co 8:7, 10). Se hizo débil a los débiles (1Co 9:22b). Muchos estaban debilitados y enfermos entre los corintios (1Co 11:30). Los miembros del cuerpo que parecen más débiles son necesarios (1Co 12:22). Algunos decían que la presencia personal de Pablo era débil (2Co 10:10). Los gálatas no debían volver a los débiles y pobres rudimentos (Gá 4:9). Los maridos deben convivir con sus esposas como con un vaso más frágil (1P 3:7), es decir más delicado (o débil).

DÉBIL (ESTAR) (*asthenéo*: ἀσθενέω <770>; lit.: estar sin fuerza)
Tener poco vigor o fuerza. La fe de Abraham no se debilitó (Ro 4:19). La ley era débil por causa de la carne (Ro 8:3). Pablo habla del que es débil en la fe (Ro 14:1, 2, 21; 1Co 8:11) y de su débil conciencia (1Co 8:12). Los corintios habrían podido creer que Pablo había sido débil (2Co 11:21), pero él podía ser débil para aquel que lo era (2Co 11:29a, b). Cuando era débil, entonces era fuerte (2Co 12:10). Cristo no es débil para con nosotros (2Co 13:3); nosotros somos débiles en él (v. 4). Pablo se gozaba cuando él era débil y los corintios fuertes (2Co 13:9).

DEBILIDAD
1. (*asthenés*: ἀσθενής <772>; lit.: estar sin fuerza) **Sin fuerza, sin vigor, ausencia de recurso.** La debilidad de Dios es más fuerte que los hombres (1Co 1:25). El mandamiento anterior queda abrogado a causa de su debilidad (Hb 7:18).

2. (*asthéneia*: ἀσθένεια <769>; de *asthenés*: ver **1.**) **Enfermedad, flaqueza.** Pablo estuvo entre los corintios en debilidad (1Co 2:3). El cuerpo del creyente se siembra en debilidad, pero resucitará en poder (1Co 15:43). Otra ref.: Hb 11:34.

DEBILITARSE – Ver **DÉBIL**.

DECAPITAR
1. (*apokefalízo*: ἀποκεφαλίζω <607>; de *apó*: lejos de, y *kefalé*: cabeza) **Cortar la cabeza.** Herodes hizo decapitar a Juan en la cárcel (Mt 14:10; Mc 6:16, 28 {o 27}; Lc 9:9). ¶
2. (*pelekízo*: πελεκίζω <3990>; de *pélekus*: hacha) **Cortar la cabeza.** Juan vio las almas de los que habían sido decapitados por causa del testimonio de Jesús y por la Palabra de Dios (Ap 20:4). ¶

DECENTEMENTE (*eusquemónos*: εὐσχημόνως <2156>; de *eu*: bien, y *squéma*: forma, manera de ser) **Honradamente, decorosamente.** En la iglesia, todas las cosas deben hacerse decentemente y con orden (1Co 14:40).

DECLINAR (*klíno*: κλίνω <2827>) **Inclinar, bajar.** El día comenzaba a declinar y los apóstoles le dijeron a Jesús que despidiera a la gente (Lc 9:12). En el sepulcro, las mujeres inclinaron sus rostros hacia tierra (Lc 24:5). Dos discípulos le pidieron a Jesús, en el atardecer del día de su resurrección, de quedarse con ellos porque el día había declinado (Lc 24:29). Habiendo inclinado la cabeza, Jesús entregó el espíritu (Jn 19:30).

DECOROSO
1. (*eusquémon*: εὐσχήμων <2158>; de *eu*: bien, y *squéma*: forma, manera de ser) **Que es más presentable, que es decente.** Nuestros miembros decorosos no tienen necesidad de ser tratados con decoro (1Co 12:24).
2. (que no es decoroso, o menos decoroso: *asquémon*: ἀσχήμων <809>; de *a*: part. neg., y *squéma*: ver **1.**) **No presentable, que no es decente.** Nuestros miembros menos decorosos los tratamos con más decoro (i.e. que los tratamos con más decencia) (1Co 12:23). ¶

DECRETO – Ver **EDICTO**.

DEDICACIÓN (*enkaínia*: ἐγκαίνια <1456>; de *kainós*: nuevo)
Fiesta judía que duraba ocho días y que era celebrada hacia la mitad de nuestro mes de diciembre. La fiesta de la Dedicación (Jn 10:22) perpetuaba el recuerdo de la dedicación del templo purificado después de su desacralización en la época de Antíoco Epífanes. Este había saqueado el templo y erigido una estatua de Júpiter en el lugar santo. La Dedicación había sido instituida por Judas Macabeo en el año 164 a.J.C. ¶

DEFENSA

1. (*apología*: ἀπολογία <627>; de *apó*: lejos de, y *légo*: hablar) **Respuesta verbal a las acusaciones.** Pablo habla de su defensa, como apóstol, contra los que lo acusaban (1Co 9:3). En la defensa del evangelio, los filipenses habían sido participantes de la gracia con él (Fil 1:7). Pablo había sido puesto para la defensa del evangelio (Fil 1:17, o 16). En su primera defensa, nadie estuvo con Pablo (2Ti 4:16).
2. (defender, hablar en defensa: *apologéomai*: ἀπολογέομαι <626>; de *apó*: lejos de, y *lógos*: palabra, plática) **Responder a acusaciones tomando la palabra.** Jesús dijo a sus discípulos que no pensaran de antemano cómo responder en defensa propia (lit.: de ser defendidos) (Lc 21:14). Pablo hablaba en defensa propia ante Festo (Hch 26:24).

DEFRAUDADO (SER)

1. (*pleonektéo*: πλεονεκτέω <4122>; de *pléon*: más, y *éco*: tener) **Sacar ventaja, usar de ardides.** Satanás busca defraudar a los cristianos, pero estos conocen sus designios (2Co 2:11).
2. (*juperbaíno*: ὑπερβαίνω <5233>; de *jupér*: encima, más allá, y *baíno*: paso, caminar) **Obrar en detrimento de alguien, causarle perjuicio, p.ej. transgrediendo los límites de la castidad.** Nadie debe perjudicar a su hermano cometiendo adulterio con la esposa de este (1Ts 4:6). ¶

DEFRAUDAR

1. (*aposteréo*: ἀποστερέω <650>; de *apó*: de, y *steréo*: privar) **Privar, desposeer;** otras trad.: **no pagar, retener.** Los obreros han sido defraudados de sus jornales por los ricos (Stg 5:4).
2. (privar del premio: *katabrabeúo*: καταβραβεύω <2603>; de *katá*: contra, y *brabeúo*: obrar como juez o árbitro durante juegos, que viene de *brabeús*: juez, árbitro) **Descalificar, hacer perder la recompensa, frustrar.** Nadie debía privar a los colosenses del premio (del combate) (Col 2:18). ¶

DEGOLLAR – Ver SACRIFICAR.

DEIDAD (*theótes*: θεότης <2320>; de *Theós*: Dios)
Dios, en la plenitud de su ser, sin restricción. En Cristo habita toda la plenitud de la Deidad corporalmente (Col 2:9). Comp.: **DIVINIDAD.** ¶

DELANTAL (*simikínthion*: σιμικίνθιον <4612>; lat.: *semicinto*)
Cubierta delantera angosta que llevaban los trabajadores y los siervos. Se llevaban los paños o los delantales del cuerpo de Pablo a los enfermos; las enfermedades se iban y los espíritus malos salían (Hch 19:12). ¶

DELEGACIÓN – Ver EMBAJADA.

DELEITE

1. (gozar de deleites: *apólausis*: ἀπόλαυσις <619>; de ἀπολαύω: apro-

vechar, disfrutar) **Acción de estar gozoso**. Moisés escogió antes ser maltratado con el pueblo de Dios que gozar de los deleites (lit.: de tener el gozo de los deleites) temporales del pecado (Hb 11:25).
2. (estar en deleites, vivir en deleites: *streniáo*: στρηνιάω <4763>; de *strénos*: lujo) **Estar, vivir en el lujo**. Babilonia la grande ha vivido en deleites (Ap 18:7); los reyes de la tierra han vivido en deleites con ella (v. 9). ¶
3. (*trufé*: τρυφή <5172>; de *thrúpto*: debilitar) **Lujo, vida sensual**. Los que viven en deleites, viven en los palacios de los reyes (Lc 7:25).
4. (vivir en deleites: *trufáo*: τρυφάω <5171>; de *trufé*: ver **3.**) **Vivir en el lujo, el placer**. Jacobo (Santiago) reprocha a los ricos el haber vivido en deleites sobre la tierra (Stg 5:5). ¶

DELITO – Ver **FALTA**.

DEMONIO
1. (*daimónion*: δαιμόνιον <1140>; de *daimónios*: lo que es divino, que viene de *daímon*: demonio, espíritu sobrenatural de naturaleza mala) **Para los paganos, son divinidades inferiores, semidioses; según la Palabra, se trata de ángeles caídos arrastrados por Satanás en su propia caída**. Están bajo la autoridad de Satanás, jefe de los demonios, esperando el día de su juicio (ver Mt 25:41). Son presentemente espíritus maléficos que incitan a los hombres a hacer el mal (1Ti 4:1). Los hombres, al prosternarse ante los ídolos (ver Dt 32:17 y Hch 17:18), rinden culto a demonios que así los subyugan. Jesús expulsó demonios en numerosas ocasiones (Mt 9:33; 17:18; Mc 1:34a, b, 39; 7:26, 29, 30; 16:9; Lc 9:42; 11:14a, b; 13:32). Los doce discípulos también expulsaron a muchos demonios (Mc 6:13; Lc 10:17), con la autoridad del Señor (Mt 10:8; Mc 3:15; Lc 9:1). Le reprocharon a Jesús expulsar demonios por el príncipe de los demonios (Mt 9:34a, b; 12:24a, b, 27, 28; Mc 3:22a, b; Lc 4:33, 35; 8:2; 11:15a, b, 18-20) y se le acusó de tener un demonio (Jn 7:20; 8:48, 49, 52; 10:20, 21). Los demonios creen en Dios y tiemblan (Stg 2:19). Otras ref.: Mt 7:22; 11:18; Mc 1:34a, b; 9:38; 16:17; Lc 4:41; 7:33; 8:27, 30, 33, 35, 38; 9:49; 1Co 10:20a, b, 21a, b; Ap 9:20.
2. (*daímon*: δαίμων <1142>) **Ver 1.** Los demonios rogaban a Jesús expulsarlos a la manada de cerdos (Mt 8:31). En un día futuro, incitarán a los reyes de la tierra a combatir contra Cristo en Armagedón (Ap 16:14). Otras ref.: Lc 8:29; Ap 18:2. ¶
3. (estar atormentado por un demonio: de *daimonízomai*: δαιμονίζομαι <1139>; de *daímon*: ver **1.**) **Estar poseído por un demonio**. La hija de una mujer cananea estaba cruelmente atormentada por un demonio (Mt 15:22).

DEMOSTRACIÓN
1. (*apódeixis*: ἀπόδειξις <585>; de *apó*: hacia, y *deíknumi*: mostrar)

DEMUDAR

Manifestación, prueba. La predicación de Pablo fue hecha con demostración del Espíritu y de poder (1Co 2:4). ¶
2. (*éndeigma*: ἔνδειγμα <1730>; de *en*: en, y *deíknumi*: mostrar) **Prueba, indicio.** Las persecuciones de los tesalonicenses eran una demostración del justo juicio de Dios (2Ts 1:5). ¶
3. (*éndeixis*: ἔνδειξις <1732>; de *en*: en, y *deíknumi*: mostrar) **Prueba, indicio.** Los esfuerzos de los adversarios de los filipenses para intimidarlos eran una demostración de su propia perdición (Fil 1:28).

DEMUDAR –
Ver **DESFIGURAR**.

DENARIO (*denárion*: δηνάριον <1220>)
Moneda romana que valía aprox. una dracma. El denario que se le mostró a Jesús, y que servía de tributo (Mt 22:19; Mc 12:15; Lc 20:24), llevaba la imagen e inscripción de César (ver Mt 22:20, 21; Mc 12:16). El samaritano dio dos denarios al mesonero para que cuidara del hombre que había caído entre las manos de los ladrones (Lc 10:35). El denario equivalía al sueldo de un obrero agrícola por un día (Mt 20:2, 9, 10, 13). El coste excesivo de un denario por una medida de trigo o tres medidas de cebada se relaciona con un tiempo de escasez (Ap 6:6a, b). Otras ref.: Mt 18:28; Mc 6:37; 14:5; Lc 7:41; Jn 6:7; 12:5. ¶

DEPÓSITO (*parakatathéke*: παρακαταθήκη <3872>; de *pará*: al lado de, y *katatíthemi*: depositar)
Lo que es confiado a alguien. Pablo exhorta a Timoteo a guarda el buen depósito por el Espíritu Santo (2Ti 1:14), es decir las enseñanzas que le habían sido transmitidas. El vocablo se traduce como: «lo que se te ha encomendado» en 1Ti 6:20. ¶

DERECHO DE CIUDADANÍA
Para esta expresión (Ef 2:12; Hch 22:28), ver **Ciudadanía**.

DERRAMAMIENTO DE SANGRE (*jaimatekcusía*: αἱματεκχυσία <130>; de *jáima*: sangre, y *ekquéo*; derramar)
Acción de derramar la sangre. Sin derramamiento de sangre, no hay remisión (Hb 9:22). ¶

DERRIBAR (*kathairéo*: καθαιρέω <2507>; de *katá*: abajo, y *aíro*: asir, tomar)
Destruir, tirar abajo; otra trad.: demoler. El hombre rico de la parábola iba a derribar sus graneros y edificar otros más grandes (Lc 12:18).

DESALENTAR
1. (*athuméo*: ἀθυμέω <120>; de *a*: part. neg., y *thumós*: pasión) **Desanimar, descorazonar.** Los padres no deben exasperar a sus hijos para que estos no se desalienten (Col 3:21). ¶
2. (*eklúo*: ἐκλύω <1590>; de *ek*: fuera de, y *lúo*: desatar) **Desamparar, desmayar.** Mirando a Jesús,

nuestro ánimo no se desmayará para combatir contra el pecado (Hb 12:3). **3.** (aquel que está desalentado: *oligópsucos*: ὀλιγόψυχος <3642>; de *olígos*: pequeño, y *psuqué*: ánimo) **Aquel que está desanimado.** Pablo ruega a los hermanos que animen a los desalentados (1Ts 5:14). ¶

DESCENDENCIA –
Ver **RIÑONES.**

DESCENDIENTE (*ékgonos*: ἔκγονος <1549>)
Nieto. La palabra significa lit.: «aquellos que son nacidos de»; en plural prob. tiene el significado de: «nietos» (1Ti 5:4). ¶

DESCRÉDITO –
Ver **VITUPERIO.**

DESEAR – Ver **CODICIAR.**

DESECHAR (*ekptúo*: ἐκπτύω <1609>; de *ek*: fuera de, y *ptúo*: escupir)
Desdeñar, rechazar. Los gálatas no habían desechado a Pablo por la prueba que tenía en su cuerpo (Gá 4:14). ¶

DESECHO (*perípsema*: περίψημα <4067>; de *perí*: alrededor, y *psáo*: frotar, limpiar)
Basura, escoria. Pablo y Apolos habían llegado a ser como el desecho de todos (1Co 4:13). ¶

DESENFRENO
1. (*anácusis*: ἀνάχυσις <401>; de *aná*: part. int., y *quéo*: verter) **Derramamiento, del cual: desbordamiento, desorden.** A los incrédulos les extrañaba que los creyentes no corrieran con ellos en el mismo desenfreno (1P 4:4). ¶
2. (*bórboros*: βόρβορος <1004>) **Cieno, lugar lleno de lodo.** La puerca lavada vuelve a revolcarse en el cieno (2P 2:22). ¶

DESEO
1. (*epithumía*: ἐπιθυμία <1939>; de *epithuméo*: anhelar, codiciar, que viene de *epí*: sobre, y *thumós*: ardor) **a. Deseo ardiente (en el sentido de deseo legítimo).** Pablo tenía el deseo de partir y estar con Cristo (Fil 1:23). Pablo había buscado a ver el rostro de los tesalonicenses con deseo ardiente (1Ts 2:17). **b. Deseo ardiente (en el sentido de codicia).** Los que quieren enriquecerse caen en muchas codicias dañosas (1Ti 6:9). Los frutos codiciados por Babilonia la grande se han apartado de ella (Ap 18:14).
2. (gran deseo, ardiente deseo: *epipóthesis*: ἐπιπόθησις <1972>; de *epí*: sobre, y *pothéo*: anhelar) **Un deseo muy grande, anhelo.** Tito le había hecho saber a Pablo el gran afecto (lit.: anhelo) de los corintios (2Co 7:7). El hecho de haber sido contristados según Dios había producido un ardiente afecto (lit.: anhelo) en los corintios (2Co 7:11). ¶
3. (gran deseo: *epipothía*: ἐπιποθία <1974>; de *epí*: sobre, y *pothéo*:

anhelar) **Vivo deseo, anhelo.** Pablo tenía un gran deseo de ir hacia los creyentes de Roma (Ro 15:23). ¶
4. (arder de envidia: *zelóo*: ζηλόω <2206>; de *zélos*: celo, ardor) **Envidiar, tener ardientes deseos.** Jacobo (Santiago) habla de matar y de arder de envidia (Stg 4:2).
5. (tener el deseo: *thélo*: θέλω <2309>) **Tener la intención, querer.** Herodes tenía el deseo de hacer morir a Juan el Bautista (Mt 14:5).

DESFIGURAR (*afanízo*: ἀφανίζω <853>; de *afanés*: que no es aparente) **Oscurecer, descomponer, deshacer.** Los hipócritas desfiguraban sus rostros con el fin de mostrar que ayunaban (Mt 6:16).

DESLIGARSE (*katargéo*: καταργέω <2673>; de *katá*: part. int., y *argéo*: no hacer nada) **Reducir a nada, abolir; en pasivo: ser liberado.** Justificándose con la ley, los gálatas se desligaban de todo lo que tenían en Cristo (lit.: estaban separados respecto a Cristo) (Gá 5:4).

DESOLACIÓN
1. (*erémosis*: ἐρήμωσις <2050>; de *éremos*: desierto) **Devastación, destrucción total.** Jesús habla de ver la abominación de la desolación en el lugar santo (Mt 24:15; Mc 13:14). Cuando Jerusalén esté rodeada de ejércitos, su destrucción (lit.: desolación) habrá llegado (Lc 21:20). ¶
2. (cambiar en desolación, estar desolado: *eremóo*: ἐρημόω <2049>; de *éremos*: desierto) **Devastar.** Las riquezas de Babilonia serán cambiadas por desolación (Ap 18:17); en una sola hora, Babilonia será desolada (v. 19).

DESORDEN – Ver **CONFUSIÓN**.

DESORDENADO – Ver **OCIOSO**.

DESPENSA (*tameíon*: ταμεῖον <5009>; de *tamieúo*: poner en reserva) **Lugar para almacenar provisiones.** Los cuervos no tienen despensa ni granero, y Dios los alimenta (Lc 12:24).

DESPOJO (*jarpagé*: ἁρπαγή <724>; de *jarpázo*: apoderarse de) **Pillaje, rapacidad.** Los creyentes hebreos habían aceptado con gozo el despojo de sus bienes, sabiendo que tenían bienes mejores y permanentes (Hb 10:34).

DESPOSAR (*jarmózo*: ἁρμόζω <718>; de *jarmós*: coyuntura; lit.: juntar, unir) **Dar en casamiento, prometer.** Pablo había comprometido en casamiento a los corintios con un solo marido, para presentarlos como una virgen pura (2Co 11:2). ¶

DESTRUCCIÓN – Ver **DESOLACIÓN**.

DETESTABLE – Ver **ABORRECIBLE**.

DETESTAR – Ver **ABORRECER**.

DETRACCIÓN – Ver **MALEDICENCIA**.

DEUDOR

1. (*ofeilétes*: ὀφειλέτης <3781>; de *ofeílo*: deber) **Aquel que le debe algo a otro.** Jesús utiliza este vocablo instruyendo a sus discípulos sobre la oración (Mt 6:12). Pablo era deudor para con muchos, sintiendo la obligación de predicarles el Evangelio (Ro 1:14). Los cristianos no son deudores de la carne para vivir según la carne, sino que deben mortificar las acciones del cuerpo (Ro 8:12). Los creyentes gentiles eran deudores de los creyentes judíos, ayudando a las necesidades de los pobres entre ellos (Ro 15:27).
2. (*creofeilétes*: χρεωφειλέτης <5533>; de *cráo*: prestar, y *ofeilétes*: deudor) **Aquel que tiene una deuda, que ha recibido un préstamo.** Jesús expuso dos parábolas sobre la cuestión de deudores (Lc 7:41; 16:5). ¶

DÍA DE REPOSO – Ver **SABBAT**.

DÍA DEL SEÑOR (día: *jeméra*: ἡμέρα <2250>; Señor: *Kúrios*: Κύριος <2962>; de *kúros*: autoridad soberana, supremacía)
Día futuro de la dominación del Señor en la tierra. Vendrá como un ladrón en la noche (1Ts 5:2; 2P 3:10), después del arrebatamiento de los creyentes. Los tesalonicenses creían que el día del Señor ya había llegado (2Ts 2:2). Encontramos otras expresiones equivalentes al día del Señor en el N.T.: día de Cristo (Fil 1:10; 2:16), día de Cristo Jesús (Fil 1:6), día del Señor (Hch 2:20), día del Señor Jesús (2Co 1:14; solo en algunos mss.: 1Co 5:5), día de nuestro Señor Jesucristo (1Co 1:8), días del Hijo del hombre (Lc 17:22, 26), día del Dios Todopoderoso (Ap 16:14), el día (2P 1:19). El día del Señor comenzará en el momento de su aparición en gloria, cuando venga para juzgar la tierra habitada y establecer su reino. Terminará con la desaparición de la creación actual para dar lugar al día de Dios (2P 3:12), con nuevos cielos y una tierra nueva en los que habita la justicia (ver v. 13).

DIABLO (*diábolos*: διάβολος <1228>; de *diabálo*: acusar, que viene de *diá*: a través, y *bálo*: echar, lanzar)
Uno de los nombres que caracteriza a Satanás. La palabra significa acusador, pero más específicamente calumniador. El diablo es el gran enemigo de Dios y del hombre. Ha sido vencido por Cristo en la cruz (Hb 2:14). El creyente está llamado a estar firme contra sus artificios (Ef 6:11). El diablo será particularmente activo después del arrebatamiento de la Iglesia, y obrará con furor, sabiendo que le queda poco tiempo (Ap 12:12). Será atado por mil años y lanzado en el abismo durante el milenio (20:1-3). Al final de los mil años, saldrá para engañar a las naciones, pero será precipitado en el lago de fuego y azufre donde será

eternamente atormentado (20:7-10). La otra única utilización de este término es para designar a Judas el traidor (Jn 6:70).

DIABÓLICO (*daimoniódes*: δαιμονιώδης <1141>; de *daimónion*: ver **DEMONIO 1.**)
Que hace referencia a los demonios, o que encuentra su fuente en ellos. Los celos amargos y la rivalidad en los corazones corresponden a una sabiduría diabólica (Stg 3:15). ¶

DIÁCONO – Ver **SERVIDOR**.

DIARIO (*kathemerinós*: καθημερινός <2522>; de *katá*: cada, y *jeméra*: día)
De cada día, cotidiano. Unas viudas eran desatendidas en la distribución diaria (Hch 6:1). ¶

DIDRACMA – Ver **DRACMAS (DOS)**.

DIEZMO (*dekáte*: δεκάτη <1181>; de *déka*: diez)
Décima parte de la renta, que era consagrada a Jehová bajo la ley. P.ej.: el diezmo de la semilla de la tierra, del fruto de los árboles, del ganado vacuno o del rebaño para satisfacer las necesidades de los levitas y de los sacerdotes (Lv 27:30-32). El diezmo era practicado antes de la ley: Abraham dio el diezmo de todo su botín a Melquisedec (Hb 7:1-10). Bajo la gracia, los creyentes están exhortados a dar generosamente de sus bienes (ver 2Co 9:6). ¶

DIFICULTAD – Ver **AFLICCIÓN**.

DIGNIDAD (*semnótes*: σεμνότης <4587>; de *semnós*: venerable, honorable)
Serio; otras trad.: honestidad, respetabilidad, seriedad. El que aspira al cargo de obispo debe tener a sus hijos sumisos con toda respetabilidad (1Ti 3:4). Pablo exhorta a Tito a mostrar seriedad en la enseñanza (Tit 2:7). Este vocablo es traducido como: «dignidad» en 1Ti 2:2. ¶

DIGNO – Ver **GRAVE**.

DILIGENCIA (*spoudé*: σπουδή <4710>; de *speúdo*: apresurarse, darse prisa)
Solicitud, celo. En cuanto a lo que requiere diligencia, los creyentes no deben ser perezosos (Ro 12:11).

DILIGENTE – Ver **CELOSO**.

DILUVIO (*kataklusmós*: κατακλυσμός <2627>; de *kataklúzo*: inundar)
Inundación que constituye un cataclismo. El diluvio se produjo durante el tiempo de Noé, más de 2000 años a.J.C. Leemos que «todas las fuentes del gran abismo se rompieron y las cataratas de los cielos fueron abiertas» (ver Gn 7:11), y cubrieron las montañas más altas que hay debajo de los cielos (v. 19). El diluvio constituía un castigo de

Dios sobre «un mundo de impíos» (2P 2:5); solos fueron salvados Noé el justo y toda su familia (Mt 24:38, 39; Lc 17:27; ver también 1P 3:20). ¶

DINERO – Ver **PLATA, MONEDA**.

DIOSA (*theá*: θεά <2299>; fem. de *theós*: dios) **Divinidad femenina**. Diana era una diosa para los griegos; era particularmente reverenciada en Éfeso (Hch 19:27, 37). ¶

DIRIGENTE
1. (dirigir: *jeguéomai*: ἡγέομαι <2233>) **Guiar, comandar**. En la Iglesia, el dirigente es un anciano, que vela a dar una dirección a sus hermanos y hermanas. El autor de la epístola a los Hebreos llama a los creyentes a obedecer a los dirigentes (lit.: a los que dirigen) (Hb 13:17), y a estos últimos les dirige un especial saludo (v. 24); también pide que se imite la fe de los dirigentes que habían comunicado la Palabra de Dios (v. 7). Cristo será el dirigente de Israel (Mt 2:6).
2. (*katheguetés*: καθηγητής <2519>; de *katá*: abajo, y *jeguéomai*: ver **1.**) **Guía, jefe de fila; en el N.T., el vocablo también significa: maestro**. Cristo es el único conductor de los creyentes; estos no pueden ser llamados «conductores» (Mt 23:8, 10) de la misma manera que él. En Mt 23:8, algunos mss. tienen «maestro» (*didáskalos*). ¶

3. (*jodegós*: ὁδηγός <3595>; de *jodós*: camino, y *jeguéomai*: ver **1.**) **Aquel que muestra el camino, guía**. Un judío podía creerse guía de ciegos (Ro 2:19). Jesús habla de ciegos guías de ciegos (lit.: conductores de ciegos) (Mt 15:14).
4. (*paidagogós*: παιδαγωγός <3807>; de *país*: niño, muchacho, y *ágo*: conducir; pedagogo) **Pedagogo, maestro**. La ley ha sido nuestra guía para llevarnos a Cristo (Gá 3:24, 25).

DIRIGIR
1. (*dialégo*: διαλέγω <1256>; de *diá*: a través, y *légo*: hablar) **Conversar**. Una exhortación se dirige (lit.: es dicha) a los que son reprendidos por el Señor (Hb 12:5).
2. (dirigirse con fuerza: *epitimáo*: ἐπιτιμάω <2008>; de *epí*: contra, y *timáo*: estimar, valorizar) **Amenazar, reprender**. Jesús se dirige severamente a sus discípulos, mandándoles no decir que él era el Cristo de Dios (Lc 9:21).
3. (dirigir reproches: *oneidízo*: ὀνειδίζω <3679>; de *óneidos*: reproche, afrenta) **Reprender, reprochar**. Jesús dirigió reproches a las ciudades que habían sido testigos de la mayor parte de sus milagros (Mt 11:20).
4. (*prostíthemi*: προστίθημι <4369>; de *prós*: en plus, y *títhemi*: colocar) **Añadir**. Los israelitas rogaron que no se les dirigiera más la palabra (Hb 12:19).
5. (*prosfonéo*: προσφωνέω <4377>; de *prós*: hacia, y *fonéo*: hablar, clamar) **Llamar**. Pilato se dirigió de

DISCIPLINA

nuevo a la multitud, queriendo soltar a Jesús (Lc 23:20).

6. (*féro*: φέρω <5342>) **Cargar, llevar.** Una voz le fue dirigida à Jesús por la magnífica gloria (2P 1:17).

DISCIPLINA (*paideía*: παιδεία <3809>; de *paideúo*: criar, educar a un niño)
Forma de criar a un niño, lo que incluye la educación, la instrucción y la corrección. Los padres son exhortados a criar a sus hijos según la disciplina e instrucción del Señor (Ef 6:4). Hb 12 incita al creyente a considerar como benéfica la disciplina de Dios que obra como un padre para con su hijo (v. 5, 7, 8, 11).

DISCIPLINAR (*paideúo*: παιδεύω <3811>; de *país*: niño; lit.: criar, educar a un niño)
Corregir, castigar. Al que el Señor ama, lo disciplina (Hb 12:6). Los padres disciplinan a sus hijos durante un tiempo determinado (Hb 12:7, 10), pero Dios lo hace para nuestro provecho (ver v. 10).

DISCÍPULO

1. (*mathetés*: μαθητής <3101>; de *manthánο*: aprender, comprender)
Aquel que se dedica a un maestro, sigue sus enseñanzas y las pone en práctica. El discípulo no es más que su maestro (Mt 10:24). Juan el Bautista tenía sus discípulos (Mt 9:14; Jn 1:35); los fariseos también tenían los suyos (Mt 22:16). El vocablo se aplica especialmente a los doce apóstoles del Señor (Mt 10:1-4; Lc 6:13-16). Un discípulo es aquel que recibe por fe las enseñanzas de Jesús y de los apóstoles, y las pone en práctica (p.ej. Hch 1:15). El vocablo aparece más de 250 veces en los cuatro evangelios y en el libro de los Hechos.

2. (discípula: *mathétria*: μαθήτρια <3102>; fem. de **1.**) **Aquella que sigue las enseñanzas de un maestro y las pone en práctica.** Dorcas era una discípula (Hch 9:36). ¶

3. (ser discípulo, hacer discípulo: *matheteúo*: μαθητεύω <3100>; de *mathetés*: ver **1.**) **Hacerse a sí mismo o hacer a un otro discípulo.** Estas expresiones son empleadas en Mt 13:52; 27:57; 28:19; Hch 14:21. ¶

DISENTERÍA (*dusentería*: δυσεντερία <1420>; de *entós*: dentro)
Enfermedad caracterizada por la inflamación de los intestinos con dolores en el abdomen y diarrea grave. Pablo impuso las manos al padre de Publio que sufría de fiebre y de disentería, y lo sanó (Hch 28:8). ¶

DISFRAZAR –
Ver **TRANSFORMAR**.

DISOLUCIÓN

1. (*asotía*: ἀσωτία <810>) **Vida disoluta, corrupción.** Los ancianos de Creta no debían tener hijos acusados de disolución (Tit 1:6).

2. Ver **LASCIVIA**.

DISPUTA – Ver **CONTIENDA**.

DISTINGUIDA – Ver **CUALIDAD**.

DIVINIDAD (*theiótes*: θειότης <2305>; de *Theós*: Dios) **a. Esta palabra caracteriza la naturaleza de Dios y su infinito poder.** Esta se discierne en la creación por la inteligencia (Ro 1:20; ver **Creador**). **b. La Divinidad, el único verdadero Dios.** Divinidad (*to theíon*; lit.: el divino; Hch 17:29) es un término empleado en contraste con los ídolos y los nuevos dioses (*daimónion*: demonio, Hch 17:18). Comp. **Deidad**. ¶

DIVISIÓN – Ver **CONTIENDA**.

DIVISIÓN (QUE CAUSA) – Ver **SECTARIO**.

DIVORCIO (*apostásion*: ἀποστάσιον <647>; de *afístemi*: apartar, separar; lit.: defección, deserción) **Disolución de los lazos del matrimonio.** Moisés había permitido dar una carta de divorcio (Mt 5:31; 19:7; Mc 10:4). Pero Jesús explica que, bajo la ley de Moisés, el divorcio había sido permitido a causa de la dureza del corazón de los israelitas; el Señor mantiene la indisolubilidad del matrimonio ante Dios, según su propósito desde el principio (ver Mt 19:6). ¶

DIVULGAR (*exequéo*: ἐξηχέω <1837>; de *ex*: fuera de, y *equéo*: sonido) **Llenar con un ruido, resonar.** La palabra del Señor había sido divulgada desde los tesalonicenses en todo lugar (1Ts 1:8). ¶

DOBLAR (*kámpto*: κάμπτω <2578>) **Arrodillarse, flexionar, inclinarse.** Dios se había reservado a siete mil hombres que no habían doblado la rodilla ante Baal (Ro 11:4). Pablo doblaba sus rodillas ante el Padre de nuestro Señor Jesucristo (Ef 3:14).

DOCTOR – Ver **MAESTRO**.

DOCTOR DE LA LEY
1. (*nomodidáskalos*: νομοδιδάσκαλος <3547>; de *nómos*: ley, y *didáskalos*: instructor, maestro) **Escriba especializado en la enseñanza de la ley, y de las Escrituras en general.** Fariseos y doctores de la ley habían venido para escuchar a Jesús (Lc 5:17). Gamaliel era un fariseo doctor de la ley (Hch 5:34). Algunos querían ser doctores de la ley (1Ti 1:7). ¶
2. (*nomikós*: νομικός <3544>; de *nómos*: ley) **Intérprete e instructor de la ley de Moisés.** Había varios intérpretes de la ley en Israel (Mt 22:35; Lc 7:30; 10:25; 11:45, 46, 52; 14:3). Zenas era intérprete de la ley (Tit 3:13).

DOCTRINA –
Ver **ENSEÑANZA**.

DOLENCIA –
Ver **ENFERMEDAD**.

DOMINICAL – Ver **DÍA DEL SEÑOR**.

DOMINIO

1. (*kuriótes*: κυριότης <2963>; de *kúrios*: señor; que viene de *kúros*: autoridad soberana, supremacía) **Señorío, poder sobre otras personas.** Por el Señor Jesús fueron creadas todas las cosas, las que están en los cielos, y las que hay en la tierra, visibles e invisibles, sean tronos, dominios, principados, potestades; todo fue creado por medio de él y para él (Col 1:16).
2. Ver **PRINCIPADO, SEÑORÍO**.

DOMINIO PROPRIO – Ver **TEMPLANZA**.

DON DE GRACIA – Ver **DÁDIVA**.

DONATIVO – Ver **LIBERALIDAD**.

DONATIVOS – Ver **JUSTICIA 3., LIMOSNA**.

DORMIRSE – Ver **MUERTE**.

DRACMA (*dracmé*: δραχμή <1406>)
Pieza de moneda griega que valía aprox. un denario romano. De las diez dracmas que poseía la mujer de la parábola, la dracma perdida (Lc 15:8a, b, 9) hace referencia a un pecador perdido que el Espíritu Santo (representado por la mujer) busca en perspectiva de su salvación. ¶

DRACMAS (DOS) (*dídracmon*: δίδραχμον <1323>; de *dís*: dos veces, y *dracmé*: dracma)
Impuesto personal pagado por los judíos adultos para el mantenimiento y los servicios del templo. Las dos dracmas, valían aprox. dos denarios romanos. Jesús hizo un milagro con el fin de pagar este impuesto personal. Un estatero (es decir dos veces dos dracmas) traído por un pez permitió a Pedro pagar el impuesto (Mt 17:24a, b). ¶

DRAGÓN (*drákon*: δράκων <1404>)
Animal monstruoso de la mitología; serpiente muy grande. En el Apocalipsis, Satanás es representado como un gran dragón rojo, que tiene siete cabezas y diez cuernos (12:3). El dragón ataca a la mujer (Israel) para devorar a su hijo (Cristo) (v. 4); pero su hijo es arrebatado (ascensión de Cristo) y la mujer huye al desierto donde ella es sustentada (protección durante la gran tribulación bajo el anticristo) (ver v. 5, 6). El arcángel Miguel y sus ángeles lucharán contra el dragón que será precipitado sobre la tierra (12:7a, b, 9). Entonces perseguirá a Israel (12:13); la tierra ayudará a esta nación (12:16), lo que irritará al dragón (12:17). El dragón dará a la bestia que sube del mar (es decir a las naciones) su poder, su trono y gran autoridad (13:2). Adorarán al dragón por el poder que le ha dado a la bestia (13:4). La otra bestia hablará como un dragón (13:11). Más tarde

espíritus inmundos saldrán de la boca del dragón (16:13). Al final, el dragón, la serpiente antigua que es el diablo, Satanás, será atado, arrojado en el abismo y encerrado durante 1.000 años. (Ap 20:2). ¶

DUREZA (*sklerótes*: σκληρότης <4643>; de *sklerós*: seco, duro, violento, que viene de *skélo*: endurecer, secar)
Insensibilidad, obstinación. Pablo habla de la dureza de los que juzgan a otros, los cuales hacen las mismas cosas y desprecian la gracia de Dios (Ro 2:5). ¶

DUREZA DE CORAZÓN (*sklerokardía*: σκληροκαρδία <4641>; de *sklerós*: seco, duro, violento, que viene de *skélo*: endurecer, secar, y *kardía*: corazón)
Ausencia de comprensión y de afecto. Jesús utiliza este calificativo a propósito de los fariseos (Mt 19:8; Mc 10:5) y de sus once discípulos después de su resurrección (Mc 16:14). ¶

E

EBRIO – Ver **BORRACHO**.

EDAD
1. (*jelikía*: ἡλικία <2244>; de *jélix*: de la misma edad) **Madurez, fuerza de la edad.** El ciego sanado por Jesús era mayor de edad, y se le podía interrogar directamente (Jn 9:21, 23). Sara, a pesar de su avanzada edad, pudo fundar una posteridad (Hb 11:11), lit. «a pesar del tiempo de la edad».
2. (*jeméra*: ἡμέρα <2250>) **Día.** Zacarías y Elisabet, los dos eran de avanzada edad (lit.: en sus días) (Lc 1:7, 18), como también la profetisa Ana (Lc 2:36).
3. (*crónos*: χρόνος <5550>) **Tiempo.** Cuando cumplió la edad de 40 años, Moisés visitó a sus hermanos (Hch 7:23).
4. (menor de edad: *népios*: νήπιος <3516>) **Niño, niño pequeño.** El heredero menor de edad en nada es diferente del siervo (Gá 4:1); cuando nosotros éramos menores de edad, estábamos esclavizados bajo los elementos del mundo (v. 3).
5. (contemporáneo: *sunelikiótes*: συνηλικιώτης <4915>; de *sun*: con, junto a, y *jélix*: ver **1.**) **Igual, persona de la misma edad.** Pablo hacía más progresos en el judaísmo que muchos de los de su edad (Gá 1:14). ¶
6. (que ha pasado la flor de la edad: *jupérakmos*: ὑπέρακμος <5230>; de *jupér*: más allá, y *akmé*: punto) **Que ha pasado la juventud, que ha envejecido.** Pablo habla de alguien que habría pasado la flor de la edad y que no estaría aún casado (1Co 7:36). ¶

EDICTO (*dógma*: δόγμα <1378>; de *dokéo*: pensar)
Ordenanza emitida por una autoridad, decreto. Un edicto de parte de Augusto César fue promulgado,

EDIFICACIÓN

que todo el mundo fuese empadronado (Lc 2:1).

EDIFICACIÓN (*oikodomé*: οἰκοδομή <3619>; de *oíkos*: casa, y *démo*: construir) **En sentido figur., resultado de actividades que contribuyen al desarrollo espiritual de los creyentes.** Debemos procurar lo que contribuye a la mutua edificación (Ro 14:19; 15:2). Los profetas deben hablar para la edificación de la iglesia (1Co 14:3, 5, 12); todo debe hacerse para la edificación (v. 26). Pablo había recibido del Señor autoridad para la edificación (2Co 10:8; 13:10); él hablaba para la edificación (12:19). Los dones han sido dados para la edificación del cuerpo de Cristo (Ef 4:12, 16). La palabra que sale de nuestra boca debe servir a la edificación (Ef 4:29).

EDIFICAR
1. (*oikodoméo*: οἰκοδομέω <3618>; de *oíkos*: casa, y *démo*: construir) **Construir, batir; en sentido figur., contribuir al progreso espiritual.** Las iglesias en Judea, en Galilea y en Samaria eran edificadas (Hch 9:31). Pablo no quería edificar sobre fundamento ajeno (Ro 15:20). El amor edifica (1Co 8:1). No todo edifica (1Co 10:23). El que habla en lengua se edifica a sí mismo; pero el que profetiza edifica a la iglesia (1Co 14:4a, b). No es edificado aquel que no sabe lo que dice el que habla en lengua (1Co 14:17). Si Pablo probaba edificar las cosas que concernían la ley que él destruyó, se constituía transgresor él mismo (Gá 2:18). Los tesalonicenses debían edificarse los unos a los otros (1Ts 5:11). Los creyentes son edificados como casa espiritual (1P 2:5).
2. (*anoikodoméo*: ἀνοικοδομέω <456>; de *aná*: otra vez, y *oikodoméo*: ver **1.**) **Reedificar, reconstruir.** Según Amós, el Señor debía reedificar las ruinas del tabernáculo de David (Hch 15:16a, b), citando Am 9:11, 12. ¶
3. (*epoikodoméo*: ἐποικοδομέω <2026>; de *epí*: sobre, y *oikodoméo*: ver **1.**) **Construir sobre, batir sobre.** Dios tiene poder para sobreedificar (Hch 20:32). Pablo habla de edificar relativamente al servicio cristiano (1Co 3:10a, b, 12, 14). Los creyentes son edificados sobre el fundamento de los apóstoles y profetas (Ef 2:20). Deben andar en el Señor, edificados en él (Col 2:7). Los creyentes se edifican a sí mismos sobre su santísima fe (Jud 20). ¶
4. (*sunoikodoméo*: συνοικοδομέω <4925>; de *sun*: junto a, y *oikodoméo*: ver **1.**) **Desarrollar (espiritualmente) mutuamente.** Los creyentes son juntamente edificados en el Señor (Ef 2:22). ¶

EFATA (*effatha*: εφφαθα <2188>) **Término aram. que significa «Ábrete».** Jesús pronunció esta palabra cuando sanó al sordo que hablaba con dificultad (Mc 7:34). ¶

EJEMPLO
1. (*túpos*: τύπος <5179>) **Representación, figura de una realidad, tipo.**

Las figuras del A.T., encuentran su real correspondencia en la enseñanza del N.T. (1Co 10:6, 11). Por ejemplo: Adán es una figura de Cristo, el segundo hombre (Ro 5:14). La palabra «*túpos*» es traducida como: «modelo» en Hch 7:44; Hb 8:5; por «ejemplo» en 1Ts 1:7; 1P 5:3.

2. Ver **FIGURA**.

EJÉRCITO

1. (*parembolé*: παρεμβολή <3925>; de *pará*: cerca, entre, y *embálo*: arrojar, echar en) **Tropas reunidas en un campamento.** Por la fe, los creyentes pusieron en fuga a ejércitos extranjeros (Hb 11:34).

2. (*stráteuma*: στράτευμα <4753>; de *stratós*: ejército; lit.: ejército en campaña, fuerzas armadas) **Conjunto de tropas reunidas para el combate y con efectivo variable.** En el momento del juicio de la sexta trompeta, el número de los ejércitos de caballería será de dos miríadas de miríadas (200.000.000) (Ap 9:16). Los ejércitos celestiales seguían a aquel que se llama «El Verbo de Dios» (Ap 19:14); y para hacerle la guerra, a él como a su ejército, la bestia, los reyes de la tierra y sus ejércitos están reunidos (v. 19).

3. (*stratía*: στρατιά <4756>; de *stratós*: ejército) **a. Tropa militar; este vocablo es empleado para describir una gran concentración de ángeles.** En el momento del nacimiento de Jesús, una multitud del ejército celestial alababa a Dios (Lc 2:13). **b. Este vocablo también designa a los astros.** Dios entregó a los israelitas al servicio (o: al culto) del ejército (los astros) del cielo después de que hubieran ofrecido un sacrificio al becerro de oro (Hch 7:42; ver Dt 4:19; 17:3). ¶

4. (*stratópedon*: στρατόπεδον <4760>; de *stratós*: ejército, y *pedinós*: plano, llano) **Tropas reunidas en un campamento.** Jesús habla de Jerusalén rodeada de ejércitos (Lc 21:20). ¶

ELECCIÓN (*eklogué*: ἐκλογή <1589>; de *ek*: de, y *légo*: elegir) **Acto libre y soberano de Dios para elegir.** Pablo era un vaso escogido para el Señor (Hch 9:15). El propósito de Dios según la elección se ejerció para con Jacob (Ro 9:11) y se ejerce en favor de los creyentes de entre los judíos (Ro 11:5, 7, 28). Pablo conocía la elección de los tesalonicenses (1Ts 1:4). Los creyentes son llamados a hacer firme su vocación y elección (2P 1:10). ¶

ELEGIDO – Ver **ESCOGIDO**.

ELIMINADO – 1Co 9:27: ver **REPROBADO**.

EMBAJADA (*presbeía*: πρεσβεία <4242>; de *présbus*: anciano) **Delegación de personas de experiencia que representan los intereses de otra persona, de una ciudad o de un país ante una persona importante para comunicarle un mensaje.** Jesús habla de un rey que envía una

EMBAJADOR

embajada a un adversario para pedirle condiciones de paz (Lc 14:32). Los conciudadanos de un hombre noble enviaron una embajada (otra trad.: delegación), diciendo que no querían que este reine sobre ellos (Lc 19:14). ¶

EMBAJADOR (ser embajador: *presbeúo*: πρεσβεύω <4243>; de *présbus*: anciano)
Una persona de experiencia era escogida para representar los intereses de otra persona o de una ciudad. El cristiano es un embajador de Cristo en el mundo (2Co 5:20). Pablo habla de sí mismo como embajador encadenado (Ef 6:20). ¶

EMBAUCADOR –
Ver **ENGAÑADOR**.

EMBRIAGUEZ –
Ver **BORRACHERA**.

EMPADRONAMIENTO (*apografé*: ἀπογραφή <582>; lit.: inscripción en un registro)
Inscripción oficial de los individuos ordenado por Augusto. José y María tuvieron que ir a Belén para hacerse inscribir, porque José era de la casa y de la ciudad de David (Lc 2:1-7). Fue ahí cuando María dio a luz a Jesús, como lo había profetizado Miqueas (5:2). Un censo es mencionado en el relato de Hch 5:37. ¶

EMPADRONAR (*apográfo*: ἀπογράφω <583>; de *apó*: sobre, y *gráfo*: escribir)
Inscribir en los registros oficiales los nombres de los individuos. Ver **EMPADRONAMIENTO**.

EMPEDRADO (*lithóstrotos*: λιθόστρωτος <3038>; lit.: cubierto de piedras)
Lugar situado en el pretorio (donde el gobernador rendía justicia) en Jerusalén, estaba cubierto con un pavimento en mosaico, y servía de tribunal (o tribuna). Jesús compareció en este lugar ante el pueblo (Jn 19:13). ¶

ENCARGADO –
Ver **MAESTRESALA**.

ENCENDER
1. (*jápto*: ἅπτω <681>) **Inflamar, incendiar.** Nadie que enciende una lámpara la cubre con una vasija (Lc 8:16) o la pone en un lugar escondido (11:33). La mujer que ha perdido una dracma enciende la lámpara y la busca con diligencia (Lc 15:8). ¶
2. (*anápto*: ἀνάπτω <381>; de *aná*: part. int., y *jápto*: ver **1.**) **Ver 1.** Jesús habla de un fuego que quisiera ver ya encendido en la tierra (Lc 12:49). Los habitantes de Malta encendieron un fuego para Pablo y los otros náufragos de la nave (Hch 28:2). La lengua es un miembro pequeño, pero incendia un gran bosque (Stg 3:5). ¶
3. (*periápto*: περιάπτω <4014a>; de *perí*: alrededor, y *jápto*: ver **1.**) **Inflamar, incendiar.** Encendieron un fuego en medio del patio de la casa

del sumo sacerdote (Lc 22:55); algunos mss. tienen *jápto*. ¶
4. (*kaío*: καίω <2545>) **Incendiar.** Se enciende una lámpara para ponerla sobre el candelero (Mt 5:15). Las lámparas de los creyentes deben estar encendidas (Lc 12:35).
5. (*poiéo*: ποιέω <4160>) **Hacer.** Los siervos y los alguaciles encendieron (lit.: hicieron) un fuego de carbón en el patio de la casa del sumo sacerdote (Jn 18:18).

ENDEMONIADO (de *daimonízomai*: δαιμονίζομαι <1139>; de *daímon*: demonio, espíritu malo sobrenatural; lit.: estar poseído por un demonio, estar bajo su influencia)
Persona poseída por un demonio que lo extravía en su espíritu. Las palabras de Jesús no podían ser las de un endemoniado (Jn 10:21). Cuando el Señor estaba en la tierra, visiblemente había muchos endemoniados. Le llevaban endemoniados para que los sanara (Mt 4:24; 8:16; Mc 1:32; Lc 8:36). Sanó a dos endemoniados muy violentos (Mt 8:28, 33; Mc 5:15, 16, 18). También sanó a un endemoniado mudo (Mt 9:32) y a otro ciego y mudo (12:22).

ENDURECER
1. (*poróo*: πωρόω <4456>; de *póros*: piedra porosa) **Hacer duro, petrificar.** El corazón de los discípulos estaba endurecido (Mc 6:52; 8:17). Pablo habla de los que han sido endurecidos (Ro 11:7). Los pensamientos de los judíos se embotó (2Co 3:14); Dios ha endurecido el corazón de ellos (Jn 12:40). ¶
2. (*sklerúno*: σκληρύνω <4645>; de *sklerós*: duro; de *skélo*: secar) **Hacer duro, esclerosar; resecar.** Algunos se endurecían y eran rebeldes a las palabras de Pablo (Hch 19:9). Dios endurece al que quiere (Ro 9:18). Los creyentes deben exhortarse unos a otros para que no se endurezcan (Hb 3:13). El autor de la epístola a los Hebreos les advierte que no endurezcan sus corazones (Hb 3:8, 15; 4:7). ¶

ENDURECIMIENTO (*pórosis*: πώρωσις <4457>; de *póros*: una especie de piedra)
Hecho de llegar a ser más duro; resistencia. Jesús estaba entristecido por el endurecimiento del corazón de los judíos (Mc 3:5). Un endurecimiento parcial le ha acontecido a Israel (Ro 11:25). Los incrédulos de las naciones andan en la vanidad de sus pensamientos a causa de la dureza de su corazón (Ef 4:18). ¶

ENELDO (*ánethon*: ἄνηθον <432>)
Planta cultivada por sus semillas que sirven de condimento; el hinojo es una variedad de eneldo cultivada como planta hortelana o aromática; otras trad.: aneto, anís. Los fariseos pagaban el diezmo del eneldo, pero descuidaban las cosas más importantes de la ley (Mt 23:23). ¶

ENEMIGO – Ver **ADVERSARIO, ENEMISTAD.**

ENEMISTAD (*écthra*: ἔχθρα <2189>; de *ecthrós*: enemigo) **Hostilidad, oposición; otra trad.: odio.** Pilato y Herodes estaban enemistados (lit.: en enemistad) (Lc 23:12). La mentalidad de la carne es enemiga de (lit.: enemistad contra) Dios (Ro 8:7); la amistad del mundo es enemistad con Dios (Stg 4:4). Las enemistades son una de las obras de la carne (Gá 5:20). Cristo abolió en su carne la enemistad entre judíos y gentiles, enemistad causada por la ley que separaba a Israel de las otras naciones (Ef 2:15, 16). ¶

ENFERMEDAD
1. (*asthéneia*: ἀσθένεια <769>; de *asthenés*: débil, enfermo, que viene de *a*: part. neg., y *sthénos*: vigor, fuerza) **Debilidad, fragilidad; otra trad.: flaqueza.** Jesús mismo ha cargado con nuestras enfermedades (Mt 8:17). Jesús sanó de sus enfermedades a mucha gente (Lc 5:15; 8:2; 13:11, 12). El Espíritu es una ayuda a la debilidad del creyente (Ro 8:26), y el Señor se compadece de nuestras debilidades (Hb 4:15). Pablo habla de la debilidad de la carne (Ro 6:19; Gá 4:13), y de su debilidad (2Co 11:30; 12:5, 9a, b, 10). El sumo sacerdote, en sí mismo, estaba rodeado de debilidad, por causa de la cual debía ofrecer un sacrificio por sus pecados (Hb 5:2, 3; ver también Hb 7:28). Cristo fue crucificado en debilidad, pero vive por el poder de Dios (2Co 13:4).
2. (*asthénema*: ἀσθένημα <771>; de *asthenéo*: flaqueza, faltar de fuerza, que viene de *asthenés*: ver **1.**) **Flaqueza, caso de conciencia.** Los cristianos deben ayudarse soportando las flaquezas de los débiles (Ro 15:1). ¶
3. (*malakía*: μαλακία <3119>; de *malakós*: delicado) **Debilidad o enfermedad corporal.** Jesús sanaba toda dolencia (Mt 4:23; 9:35). Él dio autoridad a sus discípulos para sanar toda dolencia (Mt 10:1). ¶

ENFRIAR (*psúco*: ψύχω <5594>) **Enfriarse, perder su fervor espiritual.** Durante la gran tribulación, el amor de muchos se enfriará (Mt 24:12). ¶

ENGAÑADOR (*góes*: γόης <1114>; de *goáo*: lamentar; lit.: mago; sin duda una alusión a encantamientos extraños de charlatanes) **Persona que engaña mediante falsas apariencias, que miente; otras trad.: embaucador, impostor, seductor.** Los engañadores irán de mal en peor en los últimos tiempos, engañando y siendo engañados (2Ti 3:13). ¶

ENGAÑAR
1. (*apatáo*: ἀπατάω <538>) **Hacer trampa.** Nadie debe engañar a los cristianos con palabras vanas (Ef 5:6). Si alguno se cree religioso y no refrena su lengua, sino que engaña a su corazón, la religión de este hombre es vana (Stg 1:26).
2. (*exapatáo*: ἐξαπατάω <1818>; de *ex*: part. int., y *apatáo*: ver **1.**) **Engañar completamente; seducir,**

embaucar, frustrar. Nadie debía engañar a los tesalonicenses de ninguna manera en cuanto a la venida de nuestro Señor Jesucristo (2Ts 2:3). Pablo habla del pecado que, tomando ocasión por el mandamiento, lo engañó, y por él lo mató (Ro 7:11). Pablo habla de gente que engaña los corazones de los ingenuos (Ro 16:18). Nadie, entre los corintios debía engañarse a sí mismo (1Co 3:18) creyéndose sabio. La serpiente engañó a Eva (2Co 11:3).

3. (*paralogízomai*: παραλογίζομαι <3884>; de *pará*: al lado de, y *logízomai*: razonar, juzgar) **Abusar mediante falsos razonamientos.** Nadie debía engañar a los colosenses con palabras persuasivas (Col 2:4). Jacobo (Santiago) dice que hay que ser hacedores de la palabra, y no solamente oidores, engañándonos a nosotros mismos (Stg 1:22).

4. (*planáo*: πλανάω <4105>; de *pláne*: seducción, engaño) **Llevar al error.** Se decía de Jesús que engañaba al pueblo (Jn 7:12, 47). Jesús emplea este vocablo a propósito de los eventos que precederían su venida para establecer su reino (Mt 24:4, 5, 11, 24; Mc 13:5, 6; Lc 21:8). Pablo dijo que no hay que errar, porque las malas conversaciones (compañías) corrompen las buenas costumbres (1Co 15:33). También dijo que no hay que engañarse, Dios no puede ser burlado: pues todo lo que el hombre sembrare, eso también segará (Gá 6:7). Los malos hombres y los engañadores irán de mal en peor, engañando y siendo engañados (2Ti 3:13a, b). Si decimos que no tenemos pecado, nos engañamos a nosotros mismos (1Jn 1:8). Satanás es el que engaña al mundo entero (Ap 12:9); será arrojado al abismo para que no engañe más a las naciones durante mil años (20:3). La segunda bestia, o falso profeta, engañará a los moradores de la tierra (Ap 13:14); engañará a los que recibieron la marca de la primera bestia (19:20).

5. (*apoplanáo*: ἀποπλανάω <635>; de *apó*: lejos de, y *planáo*: ver **4.**) **Extraviar, llevar al error.** Falsos cristos y falsos profetas harán señales y prodigios para engañar, si fuese posible, incluso a los escogidos (Mc 13:22).

6. (*periféro*: περιφέρω <4064>; de *perí*: acerca de, y *féro*: llevar) **Llevar de una opinión a otra; arrastrar.** No debemos dejarnos llevar por doctrinas diversas y extrañas (Hb 13:9).

7. (*frenapatáo*: φρεναπατάω <5422>; de *frén*: mente, y *apatáo*: engañar) **Embaucar.** Si, no siendo nada, alguien cree ser algo, a sí mismo se engaña (Gá 6:3).

8. (*dolióo*: δολιόω <1387>; de *dólos*: mentira) **Mentir, usar de astucia.** Hombres usan sus lenguas para engañar (Ro 3:13). ¶

ENGAÑO (*dólos*: δόλος <1388>) **Fraude, astucia; otra trad.: falsedad.** El engaño viene del corazón de los hombres (Mc 7:22). No había engaño en Natanael (Jn 1:47). Elimas estaba lleno de todo engaño

ENGRANDECER

(Hch 13:10). Hombres viviendo en la injusticia están llenos de engaño (Ro 1:29). Pedro incita a rechazar todo engaño (1P 2:1). No se encontró engaño en la boca de Jesús (1P 2:22). Aquel que quiere amar la vida y ver días buenos, debe refrenar su boca de proferir engaños (1P 3:10).

ENGRANDECER (*megalúno*: μεγαλύνω <3170>; de *mégas*: grande) **Hacer grande.** Pablo tenía esperanza de ser engrandecido entre los corintios mediante el crecimiento de la fe de ellos (2Co 10:15).

ENLOSADO (*lithóstrotos*: λιθόστρωτος <3038>; de *líthos*: piedra, y *strónnumi*: tender) **Lugar situado ante el pretorio en Jerusalén; estaba cubierto con un pavimento en mosaico, y servía de tribunal. En hebreo Gabbatha.** Jesús compareció en este lugar ante el pueblo (Jn 19:13). ¶

ENOJO (*thumós*: θυμός <2372>; de *thúo*: mover impetuosamente) **Fuerte enfado.** Todo enojo debe ser quitado de entre los cristianos (Ef 4:31). Los creyentes deben renunciar al enojo (Col 3:8). En el Apocalipsis, es cuestión del furor de Dios contra los habitantes de la tierra (14:19; 15:1, 7; 16:1).

ENRAMADA – Ver **TIENDA 1.**

ENSEGUIDA (o: **EN SEGUIDA**) (*euthús*: εὐθύς <2117>)

De inmediato; otra trad.: muy pronto. Si Dios es glorificado en el Hijo del hombre, Dios también lo glorificará en sí mismo; y en seguida lo glorificará (Jn 13:32).

ENSEÑADO
1. (*didaktós*: διδακτός <1318>; de *dáo*: enseñar, aprender) **Instruido, que recibe enseñanza.** Isaías ha escrito que todos los hombres serán enseñados por Dios (Jn 6:45). Pablo no hablaba con palabras enseñadas por sabiduría humana, sino con las que enseña el Espíritu (1Co 2:13a, b). ¶
2. (enseñado por Dios: *theodídaktos*: θεοδίδακτος <2312>; de *Theós*: Dios, y *didaktós*: ver **1.**) **Instruido por Dios.** Los tesalonicenses habían sido enseñados por Dios a amarse los unos a los otros (1Ts 4:9). ¶
3. (enseñado por los padres: *patroparádotos*: πατροπαράδοτος <3970>; de *patér*: padre, y *paradídomi*: transmitir) **Transmitido por los padres, heredado de los padres.** A los que Pedro se dirige habían sido rescatados de su vana conducta enseñada (o: heredada) por (o: de) sus padres (1P 1:18). ¶

ENSEÑANZA
1. (*didaskalía*: διδασκαλία <1319>; de *didásko*: enseñar, que viene de *dáo*: enseñar, aprender) **Doctrina, instrucción.** Aquel que ha recibido el don de enseñanza debe aplicarse en ello (Ro 12:7). Pablo exhorta a Timoteo a dedicarse a la enseñanza (1Ti 4:13) y a

tener cuidado (v. 16); exhorta a Tito a mostrar integridad en la enseñanza (Tit 2:7). Los ancianos que trabajaban en la enseñanza debían ser estimados (1Ti 5:17). Pablo habla de la «sana enseñanza (o: doctrina)» (2Ti 4:3; Tit 1:9; 2:1), como de la enseñanza humana (Col 2:22) y de las enseñanzas de demonios (1Ti 4:1). Por su sumisión, los siervos adornan la enseñanza del Dios Salvador (Tit 2:10).
2. (*didaqué*: διδαχή <1322>; de *didásko*: ver **1.**) **Doctrina, instrucción.** Jesús da la enseñanza de la parábola del sembrador (Mc 4:2) y dijo en su enseñanza que hay que cuidarse de los escribas (12:38). El obispo debe ser capaz de exhortar con sana enseñanza (Tit 1:9). Cada creyente puede transmitir una enseñanza (1Co 14:26).
3. (*parádosis*: παράδοσις <3862>; de *paradídomi*: transmitir, entregar) **Tradición, doctrina, instrucción.** El vocablo hace referencia a la doctrina de Dios transmitida por los apóstoles (1Co 11:2; 2Ts 2:15; 3:6). En Col 2:8, «las enseñanzas humanas» corresponden a sus tradiciones.

ENTENDIMIENTO (*noús*: νοῦς <3563>; facultad de pensar, espíritu; *diánoia*: διάνοια <1271>: inteligencia) **Este término tiene el sentido de comprensión por la inteligencia del espíritu.** La Palabra pone en contraste el entendimiento de los incrédulos, que está corrompido (1Ti 6:5; 2Ti 3:8) y oscurecido (Ef 4:18) y el de los creyentes que está renovado (Col 1:21; Ef 4:23). En 2Co 3:14, «entendimiento» tiene el sentido de «pensamiento» (*nóema*: νόημα <3540>).

ENTENEBRECER – Ver **OSCURECER.**

ENTRADA – Ver **ACCESO.**

ENTRAÑABLE (AFECTO) (*splágcnon*: σπλάγχνον <4698>; de *splén*: entrañas) **Afecto, cariño.** Pablo habla del afecto entrañable que hay en Cristo (Fil 2:1).

ENTRAÑABLEMENTE (*ektenós*: ἐκτενῶς <1619>; de *teíno*: extender) **Con fervor, intensamente.** Pedro pide a los creyentes que se amen entrañablemente (1P 1:22). ¶

ENTRETEJER – Ver **TRENZAR.**

ENTRISTECER
1. (*lupéo*: λυπέω <3076>; de *lúpe*: tristeza, molestia) **Afligir, causar tristeza.** El verbo está empleado a propósito del Señor (Mt 26:37), de los discípulos (Mt 17:23; 26:22; Mc 14:19), de Pedro (Jn 21:17), de un hermano en Cristo (Ro 14:15), de Pablo (2Co 2:5; 6:10), de un creyente de Corinto (2Co 2:2b), de los creyentes de Corinto (2Co 2:2a, 4; 7:8a, b, 9a-c, 11). Los creyentes son exhortados a no contristar al Espíritu Santo (Ef 4:30).
2. (*sulupéo*: συλλυπέω <4818>; de *sun*: con, junto a, y *lupéo*: ver **1.**) **Afligir, causar tristeza.** Jesús se entristeció por la dureza de los corazones

ENVIDIA

de aquellos que estaban en la sinagoga (Mc 3:5). ¶
3. Ver **AFLIGIR**.

ENVIDIA

1. (*fthónos*: φθόνος <5355>) **Descontento, irritación que resulta del hecho de saber que otros poseen un bien que uno no tiene, celo.** Jesús había sido entregado por envidia (Mt 27:18; Mc 15:10). La envidia caracteriza a los incrédulos (Ro 1:29; Tit 3:3). Hace parte de las obras de la carne (Gá 5:21). Los creyentes deben desechar la envidia (1P 2:1; también Fil 1:15; 1Ti 6:4). El Espíritu en nosotros anhela celosamente, pero Él da mayor gracia (Stg 4:5). ¶
2. (estar celoso: *fthonéo*: φθονέω <5354>; de *fthónos*: ver **1**.) **Envidiar, estar irritado por el hecho de que otro posea lo que nosotros no tenemos.** Pablo emplea este verbo en Gá 5:26. ¶
3. (*zélos*: ζῆλος <2205>; de *zéo*: ser ferviente) **Envidia, celos.** Los creyentes no deben andar en contiendas y envidias (Ro 13:13; 1Co 3:3).

EPICÚREO (*Epikoúreios*: Ἐπικούρειος <1946>)
Los filósofos epicúreos incitaban a buscar el placer y a evitar el sufrimiento. Algunos filósofos de los epicúreos y de los estoicos se enfrentaron con Pablo en Atenas (Hch 17:18). ¶

EPÍSTOLA
El vocablo como tal no está empleado en el N.T., salvo como título añadido al principio de las epístolas; p.ej. «Epístola a los Filipenses» es lit. «A los Filipenses». No obstante, describe en el lenguaje corriente el nombre dado a los 21 libros del N.T. que se presentan como cartas dirigidas a las iglesias locales o a individuos. Pablo ha escrito 13 epístolas. No se conoce el autor de la Epístola a los Hebreos, algunos la atribuyen a Pablo. Pedro es el autor de dos epístolas; Juan, de tres; Jacobo (Santiago), de una; Judas, de una.

EQUIDAD (*euthútes*: εὐθύτης <2118>; de *euthús*: recto, sin desviación)
Rectitud moral, probidad. El cetro del reino de Dios es un cetro de equidad (Hb 1:8). ¶

ERA (*jálon*: ἅλων <257>)
Superficie donde se trillaba el grano. Aquel que venía después de Juan el Bautista limpiaría su era y recogería su trigo en el granero (Mt 3:12; Lc 3:17). ¶

ERRAR (*ptaío*: πταίω <4417>)
1. **No hacer lo que debemos; otra trad.: fallar.** Cualquiera que quebrante un solo punto de la ley se hace culpable de todos (Stg 2:10). Todos fallamos en muchas cosas (Stg 3:2a). Aquel que no falla en palabras es un hombre perfecto (Stg 3:2b). Procurando hacer firme nuestra elección, nunca caeremos (2P 1:10). Otra ref.: Ro 11:11 (tropezar). ¶
2. Ver **ENGAÑAR**.

ESCANDALIZAR – Ver **TROPEZAR**.

ESCÁNDALO – Ver **TROPIEZO**.

ESCÁNDALO (OCASIÓN DE)
(*próskomma*: πρόσκομμα <4348>; de *proskópto*: tropezar, caer) **Obstáculo contra el que se tropieza; ocasión de tropiezo.** Son malas obras para el hombre aquellas que escandalizan a otros (lit.: son una ocasión de escándalo) (Ro 14:20).

ESCAPE – Ver **SALIDA**.

ESCARLATA (*kókkinos*: κόκκινος <2847>)
Color rojo brillante de un tinte obtenido a partir de la cochinilla. Este color simboliza la grandeza de este mundo; Babilonia la grande está vestida de escarlata (Ap 17:4; 18:12, 16), igual que la bestia del Imperio romano (Ap 17:3). Al Señor se le puso un manto de color escarlata por burla antes de su crucifixión (Mt 27:28). Moisés se sirvió de la lana escarlata para rociar con sangre el libro de la ley y el pueblo, como signo de pacto (Hb 9:19, 20). ¶

ESCARNIO – Ver **VITUPERIO**.

ESCASAMENTE (*feidoménos*: φειδομένως <5340>; de *feídomai*: escatimar)
Mezquinamente. Aquel que siembra escasamente también cosechará escasamente (2Co 9:6a, b). ¶

ESCLAVITUD
1. (*douleía*: δουλεία <1397>; de *doúlos*: esclavo) **Servidumbre.** Los creyentes no han recibido un espíritu de esclavitud (Ro 8:15). La creación será libertada de la esclavitud de corrupción (Ro 8:21). Sinaí (la ley) es un pacto que da hijos para la esclavitud (Gá 4:24). Pablo dijo a los gálatas que no debían someterse otra vez al yugo de esclavitud (Gá 5:1). Jesús ha liberado a todos los que, por temor de la muerte, estaban durante toda la vida sujetos a servidumbre (Hb 2:15).
2. (estar en esclavitud: *douleúo*: δουλεύω <1398>; de *doúlos*: esclavo) **Hacer el servicio de un esclavo, someterse (a un amo).** Los judíos dijeron a Jesús que ellos jamás habían sido esclavos de nadie (Jn 8:33). Jerusalén está en esclavitud con sus hijos (Gá 4:25).
3. (reducir a esclavitud: *katadoulóo*: καταδουλόω <2615>; de *katá*: abajo, y *doúlos*: esclavo) **Hacer esclavo, esclavizar.** Falsos hermanos querían reducir a Pablo a la esclavitud (Gá 2:4).

ESCLAVIZAR
1. (*doulagogéo*: δουλαγωγέω <1396>; de *doúlos*: esclavo, y *ágo*: llevar) **Tratar como un esclavo, someter, tener sujeto.** Pablo esclavizaba su cuerpo (1Co 9:27). ¶
2. (*douleúo*: δουλεύω <1398>; de *doúlos*: esclavo) **Ser esclavo, estar sujeto.** Dios juzgaría a la nación de la cual los israelitas serían esclavos (Hch 7:7). De Jacob y de Esaú, Dios

había dicho que el mayor serviría al menor (Ro 9:12). Antes de su conversión, el creyente estaba esclavizado a los que no son dioses (Gá 4:8, 9); también estaba esclavizado a diversos placeres (Tit 3:3). Los creyentes están llamados a servir de buena voluntad, como quien sirve al Señor (Ef 6:7).

3. (*doulóo*: δουλόω <1402>; de *doúlos*: esclavo) **Ver 2.** La posteridad de Abraham iba a ser esclavizada durante cuatrocientos años (Hch 7:6). Los creyentes son hechos esclavos de la justicia (Ro 6:18) y de Dios (v. 22). Si el cónyuge incrédulo se va, el hermano o la hermana no está sujeto a servidumbre (1Co 7:15). Pablo se había hecho esclavo de todos (1Co 9:19). Antes de su conversión, el creyente estaba sujeto a los elementos del mundo (Gá 4:3). Las ancianas no debían ser esclavas del vino (Tit 2:3). El vocablo también está traducido como: «ser esclavo» en 2P 2:19. ¶

4. (*katadoulóo*: καταδουλόω <2615>; de *katá*: part. int., y *doulóo*: ver **3.**) **Esclavizar completamente, reducir a esclavitud completamente.** Los corintios soportaban que los esclavizaran (2Co 11:20).

5. (dejar dominar: *exousiázo*: ἐξουσιάζω <1850>; de *exousía*: autoridad) **Dominar, tener autoridad sobre; en pasivo: estar sometido a una autoridad.** Pablo no se dejaría dominar por nada (1Co 6:12).

6. (ejercer domino sobre: *katadunasteúo*: καταδυναστεύω <2616>; de *katá*: hacia abajo, y *dunástes*: ser el amo) **Oprimir, tiranizar.** Jesús sanaba a todos aquellos que el diablo había oprimido bajo su poder (Hch 10:38).

ESCOGIDO
1. (*eklektós*: ἐκλεκτός <1588>; de *ek*: de, y *légo*: elegir) **Designado; ver ELECCIÓN.** Jesús es el escogido por Dios como Cristo (Lc 23:35). Él es también la principal piedra del ángulo, escogida y preciosa, sobre la que descansa la Iglesia (1P 2:6). Los ángeles escogidos (1Ti 5:21) están en contraste con los ángeles caídos. Los que creen en Cristo son llamados «escogidos de Dios» (Lc 18:7; Ro 8:33; Col 3:12; Tit 1:1; también Ro 16:13; 2Ti 2:10; 1P 1:2; 2:9; 2Jn 1, 13; Ap 17:14). Hay muchos llamados, pero pocos escogidos (Mt 20:16; 22:14). Habrá escogidos durante la gran tribulación, lo que contribuirá a acortar esos días (Mt 24:22, 24, 31; Mc 13:20, 22, 27).

2. (*suneklektós*: συνεκλεκτός <4899>; de *sun*: junto a, y *eklektós*: ver **1.**) **Designado con.** Pedro habla de una creyente de Babilonia, elegida con los creyentes de la dispersión (1P 5:13). ¶

ESCORIA (*perikátharma*: περικάθαρμα <4027>; de *perí*: alrededor, y *kathaíro*: purificar, limpiar) **Inmundicia, desecho; ser impuro, cosa impura.** Pablo y Apolos habían llegado a ser como la escoria del mundo (1Co 4:13). ¶

ESCORPIÓN (*skorpíos*: σκορπίος <4651>)
Arácnido de los países calientes, tiene un aguijón venenoso. Su picadura es dolorosa y puede ser mortal (Lc 10:19; 11:12; Ap 9:3, 5, 10). ¶

ESCRIBA (*grammateús*: γραμματεύς <1122>; de *grámma*: letra, escritura)
Los escribas estudiaban la ley y la enseñaban al pueblo judío. Actuaban a veces como conociendo y enseñando la ley (ver Esd 7:6; Neh 8:2, 13). A menudo están asociados con los ancianos (p.ej. Mt 26:57), con los fariseos (p.ej. Mt 12:38) y con los principales sacerdotes (p.ej. Lc 20:1) en su odio contra Jesús. El Señor trata a los escribas y a los fariseos de hipócritas y de guías ciegos (Mt 23:13-39). El vocablo es empleado más de 60 veces, sobre todo en los evangelios.

ESCUDO (*thureós*: θυρεός <2375>; de *thúra*: puerta)
Al origen, una piedra para cerrar la entrada de una caverna; después, un arma defensiva que servía para proteger a los guerreros y a veces suficientemente grande para proteger completamente al soldado. El cristiano es invitado a tomar el escudo de la fe con el fin de apagar todos los dardos encendidos del maligno (Ef 6:16). ¶

ESCUDRIÑAR (*ereunáo*: ἐρευνάω <2045>; de *eréo*: inquirir)
Examinar, buscar. Jesús dijo que había que escudriñar las Escrituras, pues eran ellas las que daban testimonio de él (Jn 5:39). El que escudriña los corazones sabe cuál es la intención del Espíritu, porque intercede por los santos según Dios (Ro 8:27). El Espíritu todo lo escudriña, incluso lo profundo de Dios (1Co 2:10). El Hijo de Dios escudriña la mente y el corazón (Ap 2:23).

ESFORZARSE (*agonízomai*: ἀγωνίζομαι <75>; de *agón*: batalla, conflicto)
Luchar para lograr algo. Jesús dijo que había que esforzarse por entrar por la puerta estrecha para obtener la salvación (Lc 13:24).

ESMERALDA
1. (*smáragdos*: σμάραγδος <4665>)
Piedra preciosa transparente, de color verde intenso. El cuarto cimiento de la muralla de la Jerusalén celestial estaba adornado con esmeralda (Ap 21:19). ¶
2. (a una esmeralda: *smarágdinos*: σμαράγδινος <4664>; de *smáragdos*: ver **1.**) **Que corresponde a una esmeralda.** En la visión de Juan, el arcoíris alrededor del trono tenía el aspecto de una esmeralda (Ap 4:3). ¶

ESPECIAS AROMÁTICAS – Ver **AROMA**.

ESPEJO (*ésoptron*: ἔσοπτρον <2072>)
Superficie que refleja los rayos de la luz. Los espejos antiguos eran de metal pulido (Éx 38:8; Job 37:18),

ESPERANZA

muy raramente en cristal fundido (1Co 13:12). En Stg 1:23, la Palabra es comparada con un espejo, que revela al hombre lo que moralmente es. ¶

ESPERANZA (*elpís*: ἐλπίς <1680>; se asemeja a *élpo*: prever, esperarse a) **Al contrario de la esperanza humana que comporta una parte de incertidumbre, la esperanza cristiana ha sido descrita como una espera gozosa y confiada.** Ella se vincula a lo que es invisible y futuro (Ro 8:24a-c; ver v. 25). Nuestra esperanza está en Dios (Hch 24:15; 1P 1:21); él es el Dios de esperanza que nos llena de todo gozo y paz para que abundemos en esperanza (Ro 15:13a, b). Jesucristo es la esperanza del creyente (1Co 15:19: tener esperanza: *elpízo*; Col 1:27; 1Ti 1:1; 1Jn 3:3). La esperanza de la promesa hecha por Dios a Israel era su liberación y su entrada en el reino en las condiciones del nuevo pacto (Hch 23:6; 26:6, 7; 28:20). La esperanza de Abraham era que sería padre de muchas naciones (Ro 4:18a, b). En otro tiempo sin esperanza (Ef 2:12; 1Ts 4:13), el creyente posee ahora la esperanza de la gloria (Ro 5:2; 2Co 3:12), de la justicia (Gá 5:5), del llamado de Dios (Ef 1:18; 4:4), del Evangelio (Col 1:23), de salvación (1Ts 5:8), de la vida eterna (Tit 1:2; 3:7); esta esperanza es buena (2Ts 2:16) y viva (1P 1:3). La esperanza bienaventurada, de la que es cuestión en Tit 2:13, corresponde a la venida del Señor para tomar a los creyentes con él (ver 1Ts 4:15-18). Otras ref.: Hch 2:26; 16:19; 27:20; Ro 5:4, 5; 8:21 (algunos mss.); 12:12; 15:4; 1Co 9:10a, b; 13:13; 2Co 1:7; 10:15; Fil 1:20; Col 1:5; 1Ts 2:19; Hb 3:6; 6:11, 18; 7:19; 10:23; 1P 1:21; 3:15. ¶

ESPERAR

1. (*ekdécomai*: ἐκδέχομαι <1551>; de *ek*: de, y *décomai*: recibir) **Desear la venida.** Pablo esperaba a Silas y a Timoteo en Atenas (Hch 17:16). Los corintios debían esperarse los unos a los otros (1Co 11:33). Pablo esperaba a Timoteo (1Co 16:11). Jesús espera que sus enemigos fuesen puestos por estrado de sus pies (Hb 10:13). Abraham esperaba la ciudad que tiene fundamentos (Hb 11:10). El labrador espera el precioso fruto de la tierra (Stg 5:7). ¶

2. (*apekdécomai*: ἀπεκδέχομαι <553>; de *apó*: part. int., y *ekdécomai*: ver 1.) **Esperar ansiosamente, aguardar.** La creación aguarda con anhelo ardiente la revelación de los hijos de Dios (Ro 8:19). Los creyentes aguardan la adopción, la redención de sus cuerpos (Ro 8:23); lo aguardan con paciencia (v. 25). Los creyentes esperan la revelación del Señor (1Co 1:7), la esperanza de la justicia (Gá 5:5), al Señor Jesús (Fil 3:20), a Cristo (Hb 9:28). La paciencia de Dios esperaba en los días de Noé (1P 3:20; algunos mss. tienen **1.**). ¶

3. (*prosdécomai*: προσδέχομαι <4327>; de *prós*: hacia, y *décomai*:

recibir, acoger) **Esperar con confianza, con paciencia.** José de Arimatea esperaba el reino de Dios (Mc 15:43; Lc 23:51). Simeón esperaba la consolación de Israel (Lc 2:25). Algunos esperaban la redención en Israel (Lc 2:38). Los creyentes deben ser semejantes a hombres que esperan a su señor a cualquier hora (Lc 12:36). Unos judíos esperaban del comandante la promesa de llevar a Pablo ante el Concilio (Hch 23:21). Los creyentes esperan la esperanza bienaventurada y la manifestación de la gloria del Señor (Tit 2:13) y su misericordia (Jud 21).

4. (*anaméno*: ἀναμένω <362>; de *aná*: part. int., y *méno*: quedarse en un lugar) **Esperar pacientemente.** Los tesalonicenses esperaban de los cielos al Hijo de Dios (1Ts 1:10). ¶

5. (*periméno*: περιμένω <4037>; de *perí*: alrededor, y *méno*: quedarse en un lugar) **Permanecer en un lugar hasta que un evento se produzca.** Los apóstoles debían esperar la promesa del Padre (Hch 1:4). ¶

6. (esperar, esperarse a: *prosdokáo*: προσδοκάω <4328>; de *prós*: hacia, y *dokeúo*: ser de opinión) **Tener esperanza, velar.** Juan el Bautista se preguntaba si había que esperar a otro (que Jesús) (Mt 11:3; Lc 7:19, 20). El señor del siervo vendrá el día que este no lo espera (Mt 24:50; Lc 12:46). El pueblo esperaba que Zacarías saliera del templo (Lc 1:21). Todos esperaban a Jesús (Lc 8:40). El cojo esperaba recibir algo de Pedro y de Juan (Hch 3:5). Cornelio esperaba a Pedro y a los hermanos de Jope (Hch 10:24). Los habitantes de Malta esperaban que Pablo muriese después que una víbora le mordiera; pero después de esperar mucho tiempo, vieron que ningún mal le venía (Hch 28:6a, b). Los creyentes deben esperar la venida del día de Dios (2P 3:12); ellos esperan un cielo nuevo y una tierra nueva, en los cuales mora la justicia (v. 13); esperando estas cosas, deben ser hallados sin mancha e irreprochables (v. 14).

7. (*elpízo*: ἐλπίζω <1679>; de *elpís*: esperanza, confianza) **Poner esperanza, confianza en alguien, o en algo.** Los gentiles esperarán en el Señor (Mt 12:21; Ro 15:12). Los judíos esperan en Moisés (Jn 5:45). Pablo esperaba en el Señor Jesús enviar Timoteo a los filipenses (Fil 2:19, 23). Él esperaba ir a ver a Timoteo (1Ti 3:14). Juan esperaba ir a ver a la dama elegida y a sus hijos (2Jn 12); esperaba ver pronto a Gayo (3Jn 14). El amor todo lo espera (1Co 13:7). La fe es la certeza de lo que se espera (Hb 11:1). Otras ref.: Lc 6:34; 23:8; 24:21; Jn 5:45; Hch 24:26; 26:7; Ro 8:24, 25; 15:24; 1Co 15:19 (tener esperanza); 16:7; 2Co 1:10, 13; 5:11; 8:5; 13:6; 1Ti 4:10; 5:5 (poner su esperanza); Flm 22; 1P 1:13; 3:5.

8. (*apelpízo*: ἀπελπίζω <560>; de *apó*: de, y *elpízo*: ver **7.**) **Esperar a cambio.** Jesús dijo que se debe prestar sin esperar nada a cambio (Lc 6:35). ¶

9. (esperar al avance: *proelpízo*: προελπίζω <4276>; de *pro*: antes, y *elpízo*: ver **7.**) **Aguardar al avance.** Pablo habla de los que primeramente esperaban a Cristo (Ef 1:12).

ESPÍA (*enkáthetos*: ἐγκάθετος <1455>; de *en*: en, y *kathíemi*: enviar; lit.: poner en un lugar secreto para vigilar) **Agente secreto, indicador.** Los principales sacerdotes y los escribas enviaron espías para sorprender a Jesús en alguna palabra (Lc 20:20). ¶

ESPINA – Ver **AGUIJÓN**.

ESPÍRITU

1. (*pneúma*: πνεῦμα <4151>; de *pnéo*: soplar) **Parte inmaterial e invisible del hombre, donde reside su poder intelectual y moral.** Es difícil diferenciar el espíritu y el alma, pero la Palabra reconoce la distinción (Hb 4:12). Es la parte invisible e inmaterial de la persona, que quita el cuerpo a la muerte (Lc 8:55); Jesús entregó su espíritu entre las manos de su padre (Lc 23:46; ver también Mt 27:50 y Jn 19:30). El vocablo está empleado para designar a los demonios (p.ej. Mt 8:16) y a los ángeles (p.ej. Hb 1:14). También designa a Dios el Espíritu Santo (p.ej. Mt 4:1; Lc 4:18).
2. (*noús*: νοῦς <3563>) **Lugar de la conciencia reflexiva con sus facultades de percepción y de comprensión, como aquella de los sentimientos, de juicio y de determinación** (según W. E. Vine). Dios ha entregado a una mente reprobada a los que no tuvieron el sentido moral para guardar su conocimiento (Ro 1:28). Pablo dice a cada cual que debe estar convencido en su propia mente en cuanto a cuestiones de fe (Ro 14:5).

ESPÍRITU INMUNDO o IMPURO, MALIGNO, MALVADO – Ver **DEMONIO**.

ESPIRITUAL (*pneumatikós*: πνευματικός <4152>; de *pneúma*: aliento)
a. Relativo a Dios en sí mismo. La roca espiritual que seguía a los israelitas era Cristo (1Co 10:4b).
b. Relativo al espíritu o al alma en comunión con Dios. Pablo deseaba comunicar algún don de gracia espiritual (Ro 1:11). Pablo comunicaba cosas espirituales por medios espirituales (lit.: por espirituales) (1Co 2:13a, b). **c. Que toma su fuente en Dios y que Dios da.** La ley es espiritual (Ro 7:14). Los gentiles han participado de los bienes espirituales de Israel (Ro 15:27). Pablo había sembrado para los corintios bienes espirituales (1Co 9:11). Todos los israelitas habían comido el mismo alimento espiritual y bebido la misma bebida espiritual (1Co 10:3, 4a). Los creyentes deben desear los dones espirituales (1Co 14:1). Nuestro Dios y Padre nos ha bendecido con toda bendición espiritual en los lugares celestiales en Cristo (Ef 1:3). Pablo oraba para que los colosenses estuviesen llenos

del conocimiento de la voluntad de Dios, en toda sabiduría e inteligencia espiritual (Col 1:9). **d. Estado de aquel que está lleno y gobernado por el Espíritu de Dios.** Aquel que es espiritual juzga todas las cosas (1Co 2:15). Pablo no había podido hablar con los corintios como a hombres espirituales (1Co 3:1). Alguno en Corinto podía pensar ser profeta o ser espiritual (1Co 14:37). Los hermanos espirituales deben restaurar en un espíritu de mansedumbre a un hermano que se ha dejado sorprender por alguna falta (Gá 6:1). **e. Estado del cuerpo del creyente resucitado.** El cuerpo del creyente es sembrado cuerpo animal, resucita cuerpo espiritual (1Co 15:44a, b); lo que es espiritual no es lo primero, sino lo que es animal, luego es lo espiritual (v. 46a, b). **f. Que se inspira en Dios, su persona y sus actos.** Los creyentes se exhortan con cánticos espirituales (Ef 5:19; Col 3:16). **g. Lo que caracteriza a la Iglesia de los creyentes en la tierra y lo que ella ofrece a Dios.** Como piedras vivas, los creyentes son edificados para ser una casa espiritual para ofrecer sacrificios espirituales, aceptables a Dios por Jesucristo (1P 2:5a, b).

ESPOSA (*númfe*: νύμφη <3565>; de una raíz que significa: tomar el velo) **Mujer unida a un hombre en matrimonio.** El vocablo con este sentido habitual se encuentra en Ap 18:23. La palabra designa a la Iglesia de Dios sobre la tierra, esposa de Cristo (Jn 3:29; Ap 21:2, 9; 22:17). El vocablo también tiene el sentido de «nuera» y así es traducido, es decir la esposa del hijo, en Mt 10:35 y Lc 12:53a, b. ¶

ESPOSO (*numfíos*: νυμφίος <3566>) **Hombre unido a una mujer en matrimonio.** El vocablo con este sentido habitual se encuentra en Jn 2:9 y Ap 18:23. Durante su paso por Israel, Jesús era como el esposo en medio de los hijos de la habitación nupcial (o: compañeros del esposo) (Mt 9:15; Mc 2:19a, b, 20; Lc 5:34, 35; Jn 3:29a-c). El termino también se relaciona con Cristo y su esposa, la Iglesia; en Mt 25 (v. 1, 5, 6, 10), Jesús habla de sí mismo como del esposo. ¶

ESTADIO (*stádion*: στάδιον <4712>; de *jístemi*: estar) **a. Medida de longitud de aprox. 185 metros.** Emaús estaba alejada de Jerusalén por aprox. 60 estadios (Lc 24:13). Otras ref.: Jn 6:19; 11:18; Ap 14:20; 21:16. **b. Pista de carrera.** Entre los que corren en el estadio, uno solo obtiene el premio (1Co 9:24). ¶

ESTAFADOR – Ver **RAPAZ**.

ESTATERO (*dídracmon*: δίδραχμον <1323> o *statér*: στατήρ <4715>) **Moneda que vale dos didracmas; ver DRACMAS (DOS).** Pedro iba a encontrar un estatero en la boca de un pez (Mt 17:27). ¶

ESTÉRIL

ESTÉRIL – Ver **INFRUCTUOSO**.

ESTERILIDAD (*nékrosis*: νέκρωσις <3500>; de *nekróo*: dar muerte, hacer morir) **Incapacidad de concebir.** Abraham no se debilitó en la fe al considerar la esterilidad (lit.: el estado de muerte) de la matriz de Sara (Ro 4:19).

ESTOICO (*stoikós*: στοϊκός <4770>) **Para los filósofos estoicos, la felicidad estaba en la virtud y en la indiferencia respecto a lo que afecta a otra persona.** Algunos filósofos epicúreos y estoicos disputaban con Pablo en Atenas (Hch 17:18).

ESTORBAR (*enkópto*: ἐγκόπτω <1465>; de *en*: en, y *kópto*: cortar) **Impedir, molestar.** Los maridos deben honrar a sus esposas para que sus oraciones no tengan estorbo (1P 3:7).

ESTRADO (*jupopódion*: ὑποπόδιον <5286>; de *jupó*: bajo, y *poús*: pies) **Peldaño que sirve para subir.** La tierra es el estrado de los pies de Dios (Mt 5:35; Hch 7:49). Los enemigos del Señor serán puestos por el estrado de sus pies (Mc 12:36; Lc 20:43; Hch 2:35; Hb 1:13; 10. 13). Un hombre podría decir a un pobre que debía sentarse a los pies de su estrado (Stg 2:3). ¶

ESTRELLA DE LA MAÑANA
1. (*astér orthrinós*: ἀστήρ ὀρθρινός <792> <3720>; de *órthros*: mañana, amanecer) **Uno de los títulos que Jesús toma.** En Ap 22:16, está en relación con su venida por los creyentes que lo esperan (ver **ESPERANZA**); más tarde volverá como el Sol de justicia (ver Mal 4:2), cuando instaure su reino que durará mil años. Es de notar que la estrella de la mañana (el planeta Venus) aparece visiblemente en el cielo al Este antes de que salga el sol. Algunos mss. tienen 2. en Ap 22:16. ¶
2. (*astér proinós*: ἀστήρ πρωϊνός <792> <4407>; de *proí*: aurora, amanecer) Ver 1. La estrella de la mañana está prometida a los fieles de la iglesia de Tiatira (Ap 2:28). ¶
3. (*fosfóros*: φωσφόρος <5459>; de *fós*: luz, y *féro*: portar; lit.: portador de luz) **Vocablo que también designa a la estrella de la mañana que aparece antes de que salga el sol.** La atención prestada a la profecía hace que se levante el lucero de la mañana en el corazón del creyente (2P 1:19), es decir que le da una apreciación de la persona del Señor y el deseo de ir a su encuentro en el momento del arrebatamiento de los creyentes. ¶

ESTREMECER (*embrimáomai*: ἐμβριμάομαι <1690>; de *en*: en, y *brimáomai*: rugir, o de *bríme*: fuerza) **Estar violentamente emocionado por las circunstancias; otras trad.: conmover, turbar.** Jesús se estremeció en su espíritu (Jn 11:33, 38).

ESTUPOR (*katánuxis*: κατάνυξις <2659>; de *katanússo*: compungir)

Sueño profundo, letargo, asombro. En Ro 11:8, el «espíritu de estupor» que Dios ha dado a Israel correspondería a un estupor moral con el fin de impedirles el discernimiento. ¶

ETERNIDAD (*aión*: αἰών <165>)
Era, periodo de duración indeterminada; el tiempo tiene principio y fin, la eternidad es indeterminada. Cristo es sacerdote para siempre (Hb 5:6; 6:20; 7:17, 21, 28), es decir a perpetuidad. A él sea la gloria ahora y hasta el día de la eternidad (2P 3:18).

ETERNO
1. (*aiónios*: αἰώνιος <166>; de *aión*: era, duración) **Sin fin; fuera del tiempo.** Este vocablo abarca dos aspectos: una noción física, la de una esfera donde el tiempo no existe (Ro 16:25); una noción espiritual estrechamente ligada a la naturaleza misma de Dios (Ro 16:26; 1Ti 6:16; Hb 9:14; 1P 5:10). Jesucristo es autor de eterna salvación (Hb 5:9). Él ha obtenido para nosotros una redención eterna (Hb 9:12), una gloria eterna (2Ti 2:10; 2Co 4:17), cosas eternas (2Co 4:18) y una herencia eterna (Hb 9:15); con su Padre, él nos da una consolación eterna (2Ts 2:16). El creyente tiene asegurado el ser recibido en las moradas eternas (Lc 16:9), en el reino eterno (2P 1:11); el futuro cuerpo de gloria del creyente está comparado a una casa eterna (2Co 5:1). En cambio, la parte de los incrédulos es el fuego eterno (Mt 18:8; 25:41); su juicio (Mc 3:29; Hb 6:2), sus tormentos (Mt 25:46) y su destrucción (2Ts 1:9) son eternos. Sodoma y Gomorra sufren el castigo del fuego eterno (Jud 7).
2. (*aídios*: ἀΐδιος <126>) **Para siempre.** El poder eterno de Dios se entiende por medio de lo creado (Ro 1:20). Los ángeles que abandonaron su propia morada (ver Gn 6:2) están en prisiones eternas (Jud 6). ¶
3. Ver **VIDA ETERNA**. Para «evangelio eterno» (Ap 14:6), ver **EVANGELIO**.

EUNUCO, HACER EUNUCO (eunuco: *eunoúcos*: εὐνοῦχος <2135>; hacer eunuco: *eunouquízo*: εὐνουχίζω <2134>; de *euné*: cama, y *éco*: guardar; lit.: guarda de la cama)
Hombre privado de sus órganos reproductivos, ya sea por una castración impuesta o voluntaria; llegar a ser tal. Jesús reconoce tres categorías: los que han nacido tales, los que han sido hechos eunucos por los hombres (p.ej. para servir en los palacios) y los que a sí mismos se han hecho eunucos (en sentido figur.) por causa del reino de los cielos (Mt 19:12a-e); esta última categoría comprende aquellos que se abstienen voluntariamente de los lazos del matrimonio para servir mejor los intereses de Dios. Felipe anunció el Evangelio de Jesús a un etíope y lo bautizó; este último era eunuco y un hombre de alto rango en la corte de la reina de Etiopía (Hch 8:27, 34, 36, 38, 39). ¶

EVANGELIO

1. (*euanguélion*: εὐαγγέλιον <2098>; de *eu*: bien, y *angelía*: mensaje) **Buena nueva.** Se trata del evangelio de la gracia de Dios (Hch 20:24) que trae la salvación (Ef 1:13) y la paz (6:15) a los pecadores. Su mensaje hace un llamamiento a la fe en la persona y en la obra de Jesucristo (ver 1Co 15:1-4). El evangelio del reino ha sido predicado por Jesús (Mt 4:23; 9:35; Mc 1:14) y será predicado después del arrebatamiento de la Iglesia, antes de la venida del Señor para inaugurar el milenio (Mt 24:14; Mc 13:10; 16:15). El evangelio eterno (*aiónios*) (Ap 14:6) corresponde al evangelio del reino que será predicado durante la gran tribulación, y del cual el tema es el Dios Creador, el único digno de adoración (ver v. 7). Encontramos las expresiones «evangelio de Dios» (Ro 1:1; 15:16; 2Co 11:7; 1Ts 2:2, 8, 9; 1P 4:17) y «evangelio de la gloria del Dios bendito» (1Ti 1:11); en relación con el Hijo de Dios: encontramos el «evangelio de su Hijo» (Ro 1:9), el «evangelio de Jesucristo» (Mc 1:1; 2Ts 1:8), el «evangelio de Cristo» (Ro 15:19; 1Co 9:12; 2Co 2:12; 9:13; 10:14; Gá 1:7; Fil 1:27; 1Ts 3:2) y «evangelio de la gloria de Cristo» (2Co 4:4). Pablo habla de su evangelio, es decir del evangelio que él predicaba (Ro 2:16; 16:25; 2Co 4:3; Gá 1:11; 2:2; 1Ts 1:5; 2Ts 2:14; 2Ti 2:8). El evangelio de la incircuncisión había sido confiado a Pablo y el de la circuncisión a Pedro (Gá 2:7). La palabra «evangelio» se encuentra en algo más de 40 otros pasajes del N.T.

2. El N.T. contiene cuatro evangelios que son los relatos de la vida de Jesucristo. Estos corresponden a diferentes aspectos de su persona: Mateo presenta al Mesías, rey de Israel; Marcos, al perfecto siervo; Lucas, al Hijo del hombre; Juan, al Hijo de Dios.

EVANGELISTA (*euanguelistés*: εὐαγγελιστής <2099>; de *euangelízo*: anunciar buenas nuevas) **Este don tiene como propósito la predicación del Evangelio.** El Señor Jesús ha dado el don de evangelista (Ef 4:11) para la edificación de la Iglesia, su cuerpo (ver v. 12). Felipe es el único que fue expresamente llamado evangelista (Hch 21:8). Timoteo es exhortado a hacer la obra de un evangelista (2Ti 4:5). ¶

EVANGELIZAR (*euangelízo*: εὐαγγελίζω <2097>; de *eu*: bien, y *ángelos*: mensajero) **Anunciar la buena nueva que concierne a Jesucristo, el Hijo de Dios.** Juan el Bautista evangelizó (Lc 3:18). Jesús evangelizó (Lc 20:1). Los doce apóstoles evangelizaron (Lc 9:6). Pedro y Juan evangelizaron (Hch 8:25), como también Felipe (v. 40), Pablo y Bernabé (Hch 14:7, 21), Pablo y otros (Hch 16:10). Pablo a menudo recuerda que él fue llamado para evangelizar (Ro 15:20; 1Co 1:17; 9:16a, b, 18; 2Co 10:16; Gá 1:8b; 4:13). Otras ref.: Gá 1:8a, 9; Hb 4:2, 6; 1P 4:6.

EXCELENCIA – Ver **VIRTUD**.

EXCELENTE –
Ver **MARAVILLA**.

EXCLUSIÓN (*apobolé*: ἀποβολή <580>; de *apó*: lejos de, y *bálo*: lanzar) **Pérdida, rechazo.** La exclusión de Israel es la reconciliación del mundo (Ro 11:15).

EXCUSA (SIN) –
Ver **INEXCUSABLE**.

EXHORTACIÓN
1. (*paráklesis*: παράκλησις <3874>; de *pará*: al lado de, y *kaléo*: llamar) **Aliento, consolación.** Los jefes de la sinagoga invitaron a Pablo y a sus compañeros a dar alguna palabra de exhortación al pueblo (Hch 13:15). El que exhorta debe estar ocupado en la exhortación (Ro 12:8). El que profetiza habla para la exhortación (1Co 14:3). Tito había aceptado la exhortación de Pablo para ir a ver a los corintios (2Co 8:17). La exhortación de Pablo no procedía del error, ni de la impureza (1Ts 2:3). Timoteo debía ocuparse en la exhortación hasta que Pablo llegara (1Ti 4:13). Otras ref.: Hb 12:5; 13:22.
2. (exhortar: *parakaléo*: παρακαλέω <3870>; de *pará*: al lado de, y *kaléo*: llamar) **Amonestar, alentar.** Juan el Bautista hacía muchas exhortaciones (lit.: exhortaba) (Lc 3:18).

EXIGIDO (ALGO) (*pleonexía*: πλεονεξία <4124>)
Objeto obtenido sin el libre consentimiento de su propietario; avaricia mezquina. El don de los corintios no debía ser como algo exigido (2Co 9:5).

EXORCISTA (*exorkistés*: ἐξορκιστής <1845>; de *exorkízo*: extraer un juramento, conjurar; lit.: alguien que ata mediante un juramento o un sortilegio)
Individuo que expulsa, o pretende expulsar, demonios o espíritus malos de personas poseídas. Algunos judíos exorcistas intentaban invocar el nombre del Señor Jesús sobre los que tenían espíritus malos (Hch 19:13). ¶

EXPECTACIÓN
1. (*ekdoqué*: ἐκδοχή <1561>; de *ek*: de, y *décomai*: recibir, esperar) **Acción de permanecer para recibir algo, expectativa.** Para aquel que peca voluntariamente después de haber recibido el conocimiento de la verdad, solamente queda una horrenda expectación de juicio (Hb 10:27). ¶
2. (*prosdokía*: προσδοκία <4329>; de *prós*: hacia, y *dokeúo*: acción de recibir, de esperar) **Perspectiva, temor, deseo.** En el momento de la gran tribulación, los hombres desfallecerán por el temor y la expectación de las cosas que vendrán sobre la tierra (Lc 21:26). El Señor había librado a Pedro de todo lo que el pueblo de los judíos esperaba (Hch 12:11), es decir de lo que deseaban infligir a Pedro. ¶

EXPIACIÓN

3. (estar a la espera: *prosdokáo*: προσδοκάω <4328>; de *prós*: hacia, y *dokeúo*: acción de recibir, de esperar) **Estar a la expectativa.** El pueblo estaba a la expectativa, preguntándose si Juan no sería el Cristo (Lc 3:15). Los pasajeros de la nave permanecían en continua expectación (Hch 27:33).
4. (anhelo ardiente: *apokaradokía*: ἀποκαραδοκία <603>; de *apó*: part. int., y *karadokéo*: avanzar la cabeza para observar o escuchar) **Espera impaciente, ferviente.** El anhelo ardiente de la creación aguarda la revelación de los hijos de Dios (Ro 8:19). Según su anhelo y esperanza, Pablo sabía que en nada sería avergonzado (Fil 1:20). ¶
5. (extremada paciencia: *makrothumía*: μακροθυμία <3115>; de *makrós*: largo, y *thumós*: temperamento) **Gran paciencia, longanimidad.** El hombre no puede menospreciar las riquezas de la longanimidad y de la paciencia de Dios (Ro 2:4).

EXPIACIÓN
Para esta palabra empleada por otros traductores, ver **Propiciación**. La obra expiatoria de Cristo comporta dos aspectos: con respecto a Dios, él se ofreció sin mancha; con respecto al hombre, él ha llevado nuestros pecados en su cuerpo en la cruz.

EXPLICACIONES (DAR) – Ver DEFENSA.

EXPULSAR –
Ver **PERSECUCIÓN**.

ÉXTASIS (*ékstasis*: ἔκστασις <1611>; de *exístemi*: asombrar, aturdir)
Estado de una persona en trance, como transportada fuera de sí misma e insensible a lo que la rodea. Pedro tuvo un éxtasis (Hch 10:10; 11:5), como también Pablo (22:17). Pedro tuvo entonces, en esa ocasión, una visión y oyó una voz; en cuanto a Pablo, él vio al Señor en su visión.

EXTRANJERO –
Ver **FORASTERO**.

F

FÁBULA (*múthos*: μῦθος <3454>; posiblemente de *muéo*: enseñar, iniciar)
Cuento, historia inventada, leyenda profana, mito. Las fábulas parecen haber sido una cosa corriente entre los judíos; Pablo exhorta a Timoteo y a Tito a no prestarles atención (1Ti 1:4; Tit 1:14). Las fábulas profanas deben ser rechazadas (1Ti 4:7). Pablo también advierte a Timoteo en lo que concierne a los que se apartarán de la verdad y se volverán a las fábulas (2Ti 4:4). Pedro no había dado a conocer la venida del Señor siguiendo artificiosas fábulas (2P 1:16). ¶

FÁCIL
1. (*crestós*: χρηστός <5543>; de *cráomai*: usar; lit.: que puede ser útil) **Fácil de soportar.** El yugo de Jesús es fácil y su carga es ligera (Mt 11:30).

2. (más fácil: *eukopóteros*; comparativo de *eúkopos*: εὔκοπος <2123>; de *eu*: bien, y *kópos*: molestia, trabajo) **Más simple.** Jesús pregunta si es más fácil decir al paralítico que sus pecados son perdonados o decirle levántate y anda (Mt 9:5 {o 4}; Mc 2:9; Lc 5:23). Más fácil es que un camello pase por el ojo de una aguja que un rico entre en el reino de Dios (Mt 19:24; Mc 10:25; Lc 18:25). Es más fácil que el cielo y la tierra pasen, que una sola tilde de la ley caiga (Lc 16:17). ¶

FALLAR – Ver **ERRAR.**

FALSEDAD – Ver **ENGAÑO.**

FALSIFICAR (*kapeleúo*: καπηλεύω <2585>; de *kápelos*: vendedor ambulante; lit.: vender al detalle) **Falsear, corromper por una ganancia personal; otras trad.: comerciar, negociar, traficar.** Pablo no era como muchos que falsificaban la palabra de Dios (2Co 2:17). ¶

FALSO APÓSTOL (*pseudapóstolos*: ψευδαπόστολος <5570>; de *pseudés*: falso, y *apóstolos*: enviado, que viene de *apó*: lejos, y de *stélo*: enviar) **Persona que pretende falsamente ser un apóstol.** Pablo habla de falsos apóstoles de Cristo (2Co 11:13a); buscaban una ocasión para elevarse contra Pablo y gloriarse a sí mismos (ver v. 12). ¶

FALSO CRISTO (*pseudócristos*: ψευδόχριστος <5580>; de *pseudés*: falso, y *Cristós*: Cristo) **Aquel que falsamente pretende ser el Cristo.** Durante la abominación de la desolación, se levantarán falsos cristos (Mt 24:24; Mc 13:22). ¶

FALSO HERMANO (*pseudádelfos*: ψευδάδελφος <5569>; de *pseudés*: falso, y *adelfós*: hermano, que viene de *a*: part. de unión, y *delfús*: matriz, vientre) **Persona que se presenta como cristiano, sin verdaderamente serlo.** Pablo había estado en peligros entre falsos hermanos (2Co 11:26). Falsos hermanos espiaban la libertad de los creyentes en Cristo Jesús (Gá 2:4). ¶

FALSO MAESTRO (*pseudodidáskalos*: ψευδοδιδάσκαλος <5572>; de *pseudés*: falso, y *didáskalos*: instructor, que viene de *didásko*: enseñar) **Falso enseñante.** Pedro pone en guardia contra los falsos maestros (2P 2:1). ¶

FALSO PROFETA (*pseudoprofétes*: ψευδοπροφήτης <5578>; de *pseudés*: falso, y *profétes*: profeta, que viene de *prófemi*: decir de avance, anunciar) **Aquel que pretende falsamente ser un profeta.** Jesús pone en guardia contra los falsos profetas (Mt 7:15). En el tiempo de la abominación de la desolación se levantarán falsos profetas (Mt 24:11, 24; Mc 13:22). Los padres de los judíos habían elogiado

FALTA

a los falsos profetas (Lc 6:26). Barjesús era un falso profeta (Hch 13:6). Habían habido falsos profetas en Israel (2P 2:1). Muchos falsos profetas han salido al mundo (1Jn 4:1). «Falso profeta» es otro nombre del anticristo (Ap 16:13; 19:20; 20:10). ¶

FALTA

1. (*agnóema*: ἀγνόημα <51>; de *agnoéo*: no saber, ignorar, viene de *a*: part. neg., y *noéo*: entender, considerar) **Cosa que ignoramos, error; otra trad.: pecado de ignorancia.** El sumo sacerdote ofrecía sangre por las faltas del pueblo (Hb 9:7). ¶
2. (*jamartía*: ἁμαρτία <266>; de *jamartáno*: errar el blanco, pecar) **Pecado.** Pablo pregunta a los corintios si él había cometido una falta humillándose (2Co 11:7).
3. (*jéttema*: ἥττημα <2275>; de *jéttaomai*: ser derrotado, que viene de *jétton*: menos, peor) **Fracaso, pérdida; otra trad.: defección.** En 1Co 6:7, este vocablo significa una pérdida espiritual: era una falta para los corintios tener pleitos entre ellos. Otra ref.: Ro 11:12. ¶
4. (*kríma*: κρίμα <2917>; de *kríno*: condenar, juzgar) **Condenación, culpabilidad.** El orgullo fue la falta del diablo (1Ti 3:6). Las viudas jóvenes pueden caer en falta al rechazar su primera fe (1Ti 5:12).
5. (*paráptoma*: παράπτωμα <3900>; de *parapípto*: caer al lado, caer a lo largo de, viene de *pára*: al lado, y *pípto*: caer) **Tropiezo, transgresión, ofensa; otras trad.: delito, pecado.**
Si perdonamos a los hombres sus faltas, el Padre nos perdonará las nuestras (Mt 6:14, 15a, b; Mc 11:25, 26). Jesús ha sido librado por nuestras faltas (Ro 4:25); en él tenemos la redención de nuestras faltas (Ef 1:7). En Ro 5, la falta corresponde al pecado de Adán y Eva; las faltas son las de sus descendientes (v. 15a, b, 16-18, 20). Un hombre que se ha dejado sorprender por alguna falta debe ser corregido por sus hermanos con espíritu de mansedumbre (Gá 6:1). Antes de su conversión, el creyente es visto por Dios como muerto en sus faltas (Ef 2:1, 5; Col 2:13). Dios ha perdonado a los creyentes todas sus faltas (Col 2:13); Dios en Cristo no toma en cuenta al mundo sus pecados (2Co 5:19). Nosotros, debemos confesar nuestras faltas el uno al otro (Stg 5:16).

FALTAR

1. (*ekleípo*: ἐκλείπω <1587>; de *ek*: fuera de, y *leípo*: dejar) **Cesar, fallar.** Jesús había orado por Pedro, para que su fe no le falte (Lc 22:32).
2. (que no falta: *anékleiptos*: ἀνέκλειπτος <413>; de *a*: part. neg., y *ekleípo*: ver **1.**) **Inagotable, que no falta.** Jesús dijo a los discípulos que debían hacerse un tesoro en los cielos que no se agote (Lc 12:33). ¶
3. (*eklúo*: ἐκλύω <1590>; de *ek*: fuera de, y *lúo*: desatar) **Perder sus fuerzas, desmayar.** Jesús no quería enviar a la gente en ayunas, para que no se desmayara por el camino (Mt 15:32). Los creyentes segarán a su tiempo, si no desmayan (Gá 6:9).

FAMA

1. (*féme*: φήμη <5345>; de *femí*: afirmar, decir) **Reputación, lo que es dicho a propósito de alguien.** La fama de Jesús se difundía por toda Galilea (Lc 4:14).
2. (divulgar la fama: *diafemízo*: διαφημίζω <1310>; de *diá*: en todos los sentidos, y *féme*: ver **1.**) **Hablar de alguien, informar sobre esta persona.** Dos ciegos divulgaron la fama de Jesús (Mt 9:31).
3. (buena fama: *eufemía*: εὐφημία <2162>; de *eu*: bien, y *féme*: ver **1.**) **Lo que es bueno decir, buena reputación.** Pablo emplea esta expresión a propósito de él en 2Co 6:8. Él habla de las cosas de buen nombre en Fil 4:8 (*eúfemos*: εὔφημος <2163>). ¶
4. (mala fama: *dusfemía*: δυσφημία <1426>; de *dus*: prefijo peyorativo) **Mala reputación.** Pablo emplea este vocablo a propósito de él en 2Co 6:8. ¶
5. (*akoé*: ἀκοή <189>; de *akoúo*: oír) **Lo que es relatado a propósito de alguien, reputación.** La fama de Jesús se difundió por toda Siria (Mt 4:24) y por Galilea (Mc 1:28). Herodes oyó la fama de Jesús (Mt 14:1).
6. (*écos*: ἦχος <2279>; lit.: sonido, ruido) **Lo que es oído a propósito de alguien.** La fama de Jesús se difundía en Galilea (Lc 4:37).
7. (palabra: *lógos*: λόγος <3056>) **Lo que se dice.** La fama de Jesús (lit.: la palabra a propósito de él) se extendía más y más (Lc 5:15).

FAMILIA

1. (*génos*: γένος <1085>; de *gínomai*: llegar a ser) **Raza, parientes.** La familia de José fue conocida por Faraón (Hch 7:13).
2. (*patriá*: πατριά <3965>; de *patér*: padre) **Descendencia, raza, nacionalidad.** José, el esposo de María, era de la familia de David (Lc 2:4). Todas las familias de la tierra serán bendecidas en la simiente de Abraham (Hch 3:25). De Dios Padre toma nombre toda familia en los cielos y en la tierra (Ef 3:15). Es de destacar que los creyentes del período actual tienen una relación espiritual de adopción con Dios, el Padre (ver Ef 1:5), y de esta manera constituyen su familia. ¶
3. (los de su propia familia, gente de la casa, los de su casa: *oikeíos*: οἰκεῖος <3609>; de *oíkos*: casa) **Los que pertenecen a una casa.** Están exhortados a hacer el bien a todos, sobretodo a los de la familia de la fe (Gá 6:10). Los creyentes son miembros de la familia de Dios (Ef 2:19), es decir que son su familia espiritual. El creyente debe tener un cuidado especial para los que son de su propia familia (1Ti 5:8). ¶

FAMOSO

(*epísemos*: ἐπίσημος <1978>; de *epí*: sobre, y *séma*: marca o señal distintiva)
Notorio, considerado. Barrabás era un prisionero famoso (Mt 27:16), conocido por su participación en una revuelta y un homicidio (ver Mc 15:7; Lc 23:18).

FANTASMA (*fántasma*: φάντασμα <5326>; de *fantázo*: hacer aparecer, que viene de *faíno*: aparecer)
Aparición de una persona muerta o ausente que creemos ver. Viendo a Jesús andar sobre el mar, sus discípulos creían que era un fantasma (Mt 14:26; Mc 6:49). ¶

FARISEO (*farisaíos*: φαρισαῖος <5330>; de una palabra aram. que significa: separar)
Miembro de una secta judía separada de la masa sobre el principio de una vida de santidad superior, de devoción a Dios (ayunos y largas oraciones) y del conocimiento de la ley. Se vinculaban a una forma de piedad antes que a la realidad espiritual. Son mencionados varias veces en los cuatro evangelios y en los Hechos. Jesús les reprocha en particular el haber quebrantado el mandamiento de Dios con su tradición (Mt 15:1-9) y su hipocresía (Mt 23:23; Lc 18:9-14). Buscaban tentar a Jesús (p.ej. Mt 19:3) y a hacerlo morir (p.ej. Mt 12:14). Los fariseos salían de la secta judía de los Jasidím (lit.: los Piadosos), fundada dos siglos a.J.C. Pablo era fariseo en cuanto a la ley (Fil 3:5). El vocablo se encuentra cerca de 100 veces en el N.T.

FASCINAR (*baskaíno*: βασκαίνω <940>)
Hechizar, cautivar como por la influencia de un sortilegio. En sentido figur., los gálatas habían sido fascinados o inducidos en error creyendo que eran salvados sobre el principio de obras de ley antes que por la gracia de Dios (Gá 3:1). ¶

FATUO – Ver **LOCO**.

FAVOR *(cáris*: χάρις <5485>; de *caíro*: estar alegre)
Gracia, bondad; otras trad.: estimación, simpatía. La gracia de Dios estaba sobre Jesús (Lc 2:40). Jesús crecía en favor ante Dios y ante los hombres (Lc 2:52). Los creyentes tenían el favor de todo el pueblo (Hch 2:47). Festo quería ganarse el favor de los judíos (Hch 24:27; 25:9). Los creyentes están en el favor de Dios, habiendo sido justificados y teniendo paz con Dios (Ro 5:2; ver v. 1).

FAZ (*prósopon*: πρόσωπον <4383>; de *prós*: hacia, y *óps*: ojo)
Rostro o cara de una persona. Este vocablo está empleado al hablar de Dios o de Cristo (Mt 11:10; 18:10; etc.), de Moisés (2Co 3:7a, b, 13), de personas del tiempo de Jesús (Lc 5:12; 17:16), de Pablo (Gá 2:11), de un hombre incrédulo o simple (1Co 14:25), de los ángeles (Ap 7:11), de los veinticuatro ancianos (Ap 11:16), de los creyentes (1Co 13:12a, b; 2Co 3:18).

FE
1. (*pístis*: πίστις <4102>; de *peítho*: creer, tener confianza) **Hb 11:1 define la fe como la certeza (o garantía) de lo que se espera, y la convicción (o prueba, motivo de convicción) de lo**

que no se ve. La fe es un don de Dios (Ef 2:8). Ella se fundamenta sobre lo que oye, y lo que oye por la palabra de Dios (Ro 10:17). En la Escritura, la fe no es una simple opinión o creencia, pero una firme convicción que se apoya sobre Dios, sobre Jesucristo, sobre cosas invisibles y espirituales. Se ha dicho de la fe que en ella no hay ninguna virtud, pero que ella establece un lazo entre el alma y el Dios infinito. La fe es presentada bajo diversos aspectos: **a.** es el medio gracias al cual adquirimos la salvación (p.ej. Ro 10:17; Ef 2:8); **b.** es la energía interior del creyente alimentada por la Palabra de Dios y dirigida por el Espíritu Santo (p.ej. 1Ti 4:12); **c.** es el conjunto de las verdades cristianas y de las bendiciones divinas recibidas por fe (p.ej. Ef 4:5); **d.** es un don de gracia particular útil a la Iglesia (p.ej. 1Co 12:9). Este vocablo está empleado más de 225 veces en el N.T.
2. (de pequeña fe, de poca fe: *oligópistos*: ὀλιγόπιστος <3640>; de *olígos*: pequeño, y *pístis*: ver **1.**) **Persona que no cree mucho.** Jesús reprende a sus discípulos dirigiéndose a ellos como a gente de poca fe (Mt 6:30; 8:26; 16:8; Lc 12:28); se dirige a Pedro como a un hombre de poca fe (Mt 14:31). Solo Jesús emplea este vocablo. ¶

FEMENINO (*gunaikeíos*: γυναικεῖος <1134>; de *guné*: mujer)
Se refiere a una mujer. Los maridos deben vivir con sus esposas según el conocimiento, como con un vaso más frágil, es decir femenino (1P 3:7). ¶

FÉRETRO (*sorós*: σορός <4673>)
Camilla mortuoria en la que se lleva a sepultar a los muertos. Jesús tocó el féretro del hijo único de una viuda (Lc 7:14). ¶

FERVIENTE
1. (*ektenés*: ἐκτενής <1618>; de *ekteíno*: alargar, estirar, que viene de *ek*: fuera de, y *teíno*: extender) **Ardiente, intenso.** Pedro exhorta a los creyentes a tener entre ellos un ferviente amor (1P 4:8).
2. (obrar: *energéo*: ἐνεργέω <1754>; de *energés*: activo, que viene de *en*: en, y *érgon*: acción, trabajo) **Actuar; otras trad.: eficaz, poderoso, fervoroso.** La eficaz suplicación (lit.: la suplicación que actúa) del justo puede mucho (Stg 5:16).
3. (ser ferviente, fervoroso: *zéo*: ζέω <2204>; lit.: estar caliente) **Hacer prueba de celo.** Apolos era de espíritu fervoroso (Hch 18:25). Los cristianos están invitados a ser fervientes en espíritu (Ro 12:11). ¶

FIADOR (*énguos*: ἔγγυος <1450>; de *engúe*: promesa)
Persona responsable legalmente, garante. Jesús es hecho fiador de un mejor pacto (Hb 7:22). ¶

FIDELIDAD (*pístis*: πίστις <4102>; de *peítho*: creer, tener confianza; lit.: fe, firme convicción)

Lealtad, cualidad de una persona digna de confianza. La fidelidad es una de las cosas más importantes de la ley (Mt 23:23). La incredulidad de algunos que no han creído no anula la fidelidad de Dios (Ro 3:3). La fidelidad hace parte del fruto del Espíritu (Gá 5:22). Tito debía mostrar fidelidad en todo (Tit 2:10).

FIEBRE

1. (*puretós*: πυρετός <4446>; de *púr*: fuego) **Elevación anormal de la temperatura del cuerpo que acompaña a una enfermedad.** Jesús tocó la suegra de Pedro, y se le quitó la fiebre (Mt 8:15; Mc 1:31; Lc 4:38, 39); Lucas especifica que se trataba de una «gran fiebre». Jesús también sanó al hijo de un señor de la corte, enfermo y con fiebre (Jn 4:52). Pablo sanó al padre de Publio que estaba enfermo con fiebre (Hch 28:8). ¶
2. (tener fiebre: *purésso*: πυρέσσω <4445>; de *puretós*: ver **1.**) **Sufrir una elevación anormal de la temperatura del cuerpo acompañando a una enfermedad.** La suegra de Pedro tenía fiebre (Mt 8:14; Mc 1:30). ¶

FIEL (*pistós*: πιστός <4103>; de *peítho*: creer, tener confianza)
Persona digna de confianza. Este término está empleado con frecuencia para designar a los que tienen fe, es decir a los creyentes (p.ej. Col 1:7). Designa a un siervo (Mt 24:45; 25:21, 23), a un mayordomo (Lc 12:42), a hombres capaces de enseñar (2Ti 2:2). Encontramos las expresiones «los fieles de la circuncisión» (Hch 10:45) y los «santos y fieles en Cristo Jesús» (Ef 1:1). Los que están con el Cordero son llamados fieles (Ap 17:14). Pablo emplea este vocablo varias veces en 1Ti (4:3, 10, 12; 5:16; 6:2). Este vocablo también está empleado muchas veces como adj. para caracterizar a Dios (p.ej. 1Co 1:9) y a Jesús (p.ej. Hb 3:2).

FIELMENTE (*pistós*: πιστός <4103>; de *peítho*: creer, tener confianza)
Devotamente, de manera que inspire confianza. Juan reconocía que Gayo se conducía fielmente en todo lo que hacía por los hermanos (3Jn 5).

FIERA – Ver **BESTIA**.

FIESTA (*jeorté*: ἑορτή <1859>)
Celebración, conmemoración. Este vocablo designa las solemnes fiestas judías: la Pascua (Mt 26:5; 27:15; Mc 14:2; 15:6; Lc 2:41, 42; 23:17; Jn 2:23; 6:4; 13:1, 29), la fiesta de los Panes sin levadura (Lc 22:1), la fiesta de los Tabernáculos (Jn 7:2), la fiesta de la Dedicación (lit.: la Dedicación; Jn 10:22). Otras ref.: Jn 4:45; 5:1; 7:8, 10, 11, 14, 37; 11:56; 12:12, 20; Hch 18:21. Pablo recuerda a los colosenses (Col 2:16) que las fiestas judías son cosas del pasado y que ellas prefiguraban las cosas nuevas del período de la gracia, p.ej.: el sacrificio de Cristo en la Pascua, el

milenio en la fiesta de los Tabernáculos, la formación de la Iglesia en Pentecostés (ver Hch 2). ¶

FIESTA DE AMOR FRATERNAL – Ver **ÁGAPES**.

FIGURA
1. (*eídos*: εἶδος <1491>; de *eído*: ver, examinar) **Apariencia; otras trad.: aspecto, forma, rostro, semblante.** Los judíos nunca habían visto la figura del Padre (Jn 5:37).
2. (*squéma*: σχῆμα <4976>; de *éco*: tener) **Apariencia, manera de ser exteriormente; otra trad.: semejante.** La apariencia de este mundo es pasajera (1Co 7:31). Este término hace referencia a lo que el hombre podía ver del Señor Jesús en la tierra: semejante a los hombres (Fil 2:7), pero sin pecado en él (ver 1Jn 3:5). ¶
3. (*parabolé*: παραβολή <3850>; de *parabálo*: comparar, que viene de *pará*: más allá, al lado de, y *bálo*: lanzar) **Narración simbólica de la vida corriente que permite ilustrar más claramente una lección moral o espiritual; otra trad.: ilustración, símbolo.** El tabernáculo es un símbolo para el tiempo presente (Hb 9:9). Abraham recibió a Isaac en sentido figurado como resucitado de entre los muertos (Hb 11:19).
4. (*túpos*: τύπος <5179>; de *túpto*: golpear, como empleando un cuño o matriz) **Representación, figura de una realidad.** Los israelitas se habían hecho figuras (lit.: tipos) de dioses extraños (Hch 7:43). Las figuras del A.T. encuentran su correspondencia real en la enseñanza del N.T. (1Co 10:6, 11). P.ej, Adán es una figura (lit.: un tipo) de Cristo, el segundo hombre (Ro 5:14).
5. (*jupódeigma*: ὑπόδειγμα <5262>; de *jupodeíknumi*: ilustrar, mostrar, que viene de *jupó*: debajo, y *deiknúo*: mostrar) **Ejemplo propuesto como imitación; otras trad.: copia, imagen.** Con sus ofrendas, los sacerdotes bajo la ley sirven de figura de las cosas celestiales (Hb 8:5).
6. Ver **PARÁBOLA**.

FILACTERIA (*fulaktérion*: φυλακτήριον <5440>; de *fulásso*: vigilar, estar en guardia)
Porción de la ley escrita sobre una pequeña tira de pergamino. Se llevaba sobre la frente o en el brazo para recordar al portador su deber de guardar las palabras de Jehová (ver Éx 13:9, 16; Dt 6:8; 11:18). Jesús reprochó a los fariseos el ensanchar sus filacterias (Mt 23:5) para ser vistos por los hombres y hacer ostentación de su piedad. ¶

FILOSOFÍA (*filosofía*: φιλοσοφία <5385>; de *fílos*: amigo, y *sofía*: {de la} sabiduría)
Búsqueda de la sabiduría y de la verdad mediante esfuerzos intelectuales. Pablo advierte contra la filosofía (Col 2:8), porque habitualmente ella rechaza o ignora la revelación divina. ¶

FILÓSOFO (*filósofos*: φιλόσοφος <5386>; de *fílos*: amigo, y *sofía*: {de la} sabiduría)
El que se dedica a la filosofía. Algunos filósofos epicúreos y estoicos disputaban con Pablo en Atenas (Hch 17:18). ¶

FINGIDA (*plastós*: πλαστός <4112>; de *plásso*: moldear, imaginar)
Falso, ficticio. Pedro pone en guardia contra los falsos doctores que abusarían de los creyentes con palabras fingidas (2P 2:3). ¶

FIRME
1. (*bébaios*: βέβαιος <949>) **Constante, estable, seguro.** La esperanza de Pablo con los corintios era firme (2Co 1:7). La palabra pronunciada por los ángeles fue firme (Hb 2:2). Hemos llegado a ser partícipes de Cristo si retenemos firme nuestra confianza (Hb 3:14). La esperanza propuesta al creyente es como un ancla del alma, segura y firme (Hb 6:19). Tenemos la palabra profética más segura (2P 1:19).
2. (*jedraíos*: ἑδραῖος <1476>) **Constante, inmovible.** Aquel que ha decidido no casarse y que está firme en su corazón hace bien (1Co 7:37). Pablo prescribe a sus queridos hermanos que estén firmes (1Co 15:58). Ante Dios seremos presentados santos, sin mancha e irreprensibles si permanecemos fundados y firmes en la fe (Co 1:23). ¶
3. (*iscurós*: ἰσχυρός <2478>) **Fuerte, poderoso.** Tenemos un fuertísimo consuelo, los que hemos acudido para asirnos de la esperanza propuesta (Hb 6:18).
4. (*stereós*: στερεός <4731>) **Estable, sólido.** Debemos resistir al diablo, manteniéndonos firmes en la fe (1P 5:9).

FIRMEZA
1. (*steréoma*: στερέωμα <4733>); de *stereóo*: confirmar, fortalecer, que viene de *stereós*: firme, sólido) **Estabilidad, fuerza.** Pablo gozaba de la firmeza de la fe en Cristo de los colosenses (Col 2:5). ¶
2. (*sterigmós*: στηριγμός <4740>; de *sterízo*: estabilizar, establecer, que viene de *jístemi*: estar) **Constancia (de espíritu), estabilidad, solidez.** Los creyentes deben tener cuidado en no caer de su firmeza siendo arrastrados por el error de los inicuos (2P 3:17). ¶

FLACO – Ver **DÉBIL**.

FLAQUEZA (*asthénema*: ἀσθένημα <771>)
Escrúpulo de conciencia. Los cristianos deben ayudarse soportando las flaquezas de los débiles (Ro 15:1). ¶

FLAUTA
1. (*aulós*: αὐλός <836>; de *aér*: aire) **Instrumento musical de viento.** La flauta es una cosa inanimada que produce un sonido (1Co 14:7a). ¶
2. (tocar la flauta, tocar con la flauta: *auléo*: αὐλέω <832>; de *aulós*: ver **1.**) **Hacer sonar este**

instrumento. Unos niños habían tocado la flauta (Mt 11:17; Lc 7:32). Se reconoce lo que es tocado con la flauta por el sonido distinto del instrumento (1Co 14:7b). ¶
3. (que toca la flauta, flautista: *auletés*: αὐλητής <834>; de *auléo*: ver **2.**) **Persona que toca este instrumento.** Jesús vio a unos flautistas en la casa del dignatario (Mt 9:23). Otra ref.: Ap 18:22. ¶

FLECHA – Ver **DARDO**.

FLECO (*kráspedon*: κράσπεδον <2899>)
Banda de tejido que sirve a bordear un vestido; otras trad.: borla, orla. Jesús reprocha a los fariseos el ensanchar sus flecos para atraer la atención de los hombres (Mt 23:5). Esta franja hace prob. referencia a la borla de color azul que los israelitas debían llevar en las cuatro puntas del manto (ver Nm 15:38), para acordarse de los mandamientos de Jehová y practicarlos. Este vocablo también tiene el sentido de «borde», «orla» del vestido o del manto y así está traducido en Mt 9:20; 14:36; Mc 6:56; Lc 8:44. ¶

FLOR (*ánthos*: ἄνθος <438>)
Parte coloreada y a veces olorosa de ciertos vegetales. El rico pasará como la flor de la hierba (Stg 1:10). Bajo el efecto del sol, la flor se cae y pierde su belleza (Stg 1:11). La gloria humana es como la flor de la hierba: la hierba se seca y su flor se cae, pero la palabra del Señor permanece para siempre (1P 1:24a, b). ¶

FLUCTUAR (SIN) (*aklinés*: ἀκλινής <186>; de *a*: part. neg., y *klíno*: inclinar, reclinar)
Que no se inclina, firme, estable. Los creyentes deben retener la confesión de su esperanza sin fluctuar (Hb 10:23). ¶

FLUJO (*pegé*: πηγή <4077>; lit.: fuente, manantial)
Pérdida, derrame; otras trad.: fuente, hemorragia. Una mujer tocó las vestiduras de Jesús y al instante su flujo de sangre cesó (Mc 5:29).

FORASTERO
1. (*pároikos*: πάροικος <3941>; de *pará*: cerca, y *oíkos*: morada) **Persona que reside, que se queda en algún sitio durante cierto tiempo; otras trad.: advenedizo, extranjero, huésped.** Por una parte, el cristiano no es más extranjero ni forastero (otra trad.: desconocido ni extranjero), puesto que pertenece a la casa de Dios (Ef 2:19). Por otra, sobre un plano terrenal, es forastero y peregrino relativamente a este mundo (1P 2:11).
2. (*parepídemos*: παρεπίδημος <3927>; de *pará*: cerca, y *epideméo*: extranjero, que viene de *epí*: entre, y *démos*: pueblo) **Peregrino, aquel que no hace más que pasar por un lugar.** Creyentes de Hb 11 han confesado que eran extranjeros y

peregrinos (o forasteros) (es decir de pasaje) en la tierra (v. 13).

FORMA

1. (*eídos*: εἶδος <1491>; de *eído*: ver; lit.: lo que es visto) **Apariencia, aspecto exterior; otras trad.: especie, clase, género.** El Espíritu Santo descendió sobre Jesús bajo una forma corporal, como de paloma (Lc 3:22). Los creyentes de Tesalónica debían abstenerse de toda forma de mal (1Ts 5:22).
2. (*morfé*: μορφή <3444>) **Característica de una persona o de un objeto, naturaleza, esencia de un ser.** Jesús apareció bajo otra forma a dos discípulos (Mc 16:12). Siendo en forma de Dios, Jesús tomó la forma de siervo (Fil 2:6, 7). ¶
3. (*mórfosis*: μόρφωσις <3446>) **Apariencia exterior, fórmula.** Algunos hombres tienen la forma del conocimiento y de la verdad en la ley (Ro 2:20). Otros hombres tienen apariencia de piedad, pero han negado su poder (2Ti 3:5). ¶
4. (*prósopon*: πρόσωπον <4383>; de *prós*: hacia, y *óps*: rostro, vista) **Apariencia externa de una cosa inanimada.** La gracia de la apariencia de la flor ha perecido (Stg 1:11).
5. (*túpos*: τύπος <5179>; de *túpto*: golpear {como para producir una marca}) **Representación, modelo.** Los cristianos de Roma habían obedecido de corazón a la forma de doctrina en la que habían sido instruidos (Ro 6:17).
6. Ver **FIGURA**.

FORNICACIÓN –
Ver **ADULTERIO**.

FORTALECER

1. (*dunamóo*: δυναμόω <1412>; de *dúnamis*: fuerza, poder) **Hacer fuerte, confortar.** Los creyentes son fortalecidos con todo poder (Col 1:11). ¶
2. (*endunamóo*: ἐνδυναμόω <1743>; de *en*: en, y *dunamóo*: ver **1.**) **Ser fuerte, aumentar en fuerza.** Pablo se fortalecía cada vez más (Hch 9:22). Abraham se fortaleció en la fe (Ro 4:20). Los creyentes de Éfeso debían fortalecerse en el Señor (Ef 6:10). Pablo todo lo podía en aquel que lo fortalecía (Fil 4:13). El Señor lo había fortalecido (1Ti 1:12; 2Ti 4:17). Timoteo debía fortalecerse en la gracia que es en Cristo Jesús (2Ti 2:1).
3. (*eniscúo*: ἐνισχύω <1765>; de *en*: part. int., y *iscúo*: ser fuerte, ser capaz) **Volver a dar fuerzas.** Un ángel apareció a Jesús, para fortalecerlo (Lc 22:43).
4. (*krataióo*: κραταιόω <2901>; de *krataiós*: fuerte, poderoso, que viene de *krátos*: fuerza, vigor) **Aumentar en fuerza; otras trad.: robustecer, vigorizar.** El niño Jesús se fortalecía en espíritu (Lc 1:80); se fortalecía, llenándose de sabiduría (2:40). Pablo oraba para que Dios diera a los efesios el ser fortalecidos con poder por su Espíritu (Ef 3:16).
5. (*sthenóo*: σθενόω <4599>; de *sthénos*: fuerza) **Hacer fuerte; otra trad.: robustecer.** El Dios de toda gracia fortalecerá a los creyentes (1P 5:10). ¶

6. (*sterízo*: στηρίζω <4741>) **Establecer, afirmar; otra trad.: confirmar.** Una vez vuelto, Pedro debía fortalecer a sus hermanos (Lc 22:32).
7. (*episterízo*: ἐπιστηρίζω <1991>; de *epí*: sobre {part. int.}, y *sterízo*: ver **6.**) **Establecer, afirmar; otras trad.: animar, confirmar, consolidar.** Pablo y Bernabé fortalecían las almas de los discípulos (Hch 14:22). Judas y Silas fortalecieron a los hermanos (Hch 15:32). Pablo fortalecía a las iglesias de Siria y de Cilicia (Hch 15:41). Fortalecía a todos los discípulos de Galacia y de Frigia (Hch 18:23). ¶

FORTALEZA

1. (*parembolé*: παρεμβολή <3925>; de *pará*: cerca, y *embálo*: interponer, que viene de *en*: en, y *bálo*: lanzar) **Castillo fortificado; otra trad.: cuartel.** Pablo fue conducido a una fortaleza (Hch 21:34, 37; 22:24; 23:10, 16, 32).
2. (*ocúroma*: ὀχύρωμα <3794>; de *ocuróo*: fortalecer) **Plaza fuerte.** Los razonamientos contra el conocimiento de Dios son comparados a fortalezas; pero el creyente, con las armas espirituales, puede destruir tales fortalezas (2Co 10:4). ¶

FRACCIÓN –
Ver **PARTIMIENTO**.

FRÁGIL – Ver **DÉBIL**.

FRANQUEZA –
Ver **LIBERTAD**.

FRATERNAL (*filádelfos*: φιλάδελφος <5361>; de *fílos*: amigo, y *adelfós*: hermano, que viene de *a*: part. de unión, y *delfús*: vientre)
Afectuoso hacia los hermanos y las hermanas en la fe. Los creyentes deben ser todos fraternales (otra trad.: amándoos fraternalmente) (1P 3:8). ¶

FRAUDE – Ver **ENGAÑO**.

FRENO (*calinós*: χαλινός <5469>)
Pieza que se pone en la boca del caballo y que permite dirigirlo. Los frenos se ponen en la boca de los caballos para que obedezcan (Stg 3:3). Del lagar de la ira de Dios salió sangre hasta los frenos de los caballos (Ap 14:20). ¶

FRÍO

1. (*psúcos*: ψῦχος <5592>; de *psúco*: respirar, soplar) **Privado de calor.** Habían encendido un fuego porque hacía frío (Jn 18:18). Los habitantes de Malta encendieron un fuego a causa del frío (Hch 28:2). Pablo había estado en el frío y la desnudez (2Co 11:27). ¶
2. (*psucrós*: ψυχρός <5593>; de *psúco*: ver **1.**) **Vocablo más fuerte que el precedente; en el Nuevo Testamento se refiere a algo que refresca, que vigoriza.** La iglesia de Laodicea no era ni fría, ni caliente (Ap 3:15a, 16), sino tibia; el Señor deseaba que ella fuera fría o caliente (Ap 3:15b). Este vocablo está traducido como «agua fría» en Mt 10:42:

FUEGO

Jesús habla de dar a beber un vaso de agua fría. ¶

FUEGO
1. (*púr*: πῦρ <4442>) **Desprendimiento de calor, de luz y de llamas producido por la combustión de ciertas materias; otras trad.: fogata, hoguera.** Este vocablo está empleado en su sentido habitual; p.ej. en Lc 22:55, se encendió un fuego en medio del patio de la casa del sumo sacerdote. Otras ref.: Mt 3:10; 7:19; 13:40, 42, 50; 17:15; Mc 9:22; Lc 3:9, 17; 9:54; 17:29; Jn 15:6; Hch 2:3, 19; 7:30; 28:5; Hb 11:34; 12:18; Stg 3:5; 5:3; 1P 1:7; 2P 3:7; Ap 3:18; 8:5, 7, 8; 9:17b, 18; 10:1; 11:5; 13:13; 14:18; 15:2; 16:8; 17:16; 18:8; 20:9. Este vocablo también está empleado a propósito de la santificación de los creyentes y del juicio divino de los que rechazan a Cristo (Mt 3:11, 12; Lc 3:16), del eterno fuego del infierno (lit.: de la gehenna) (Mt 5:22; 18:8, 9; 25:41; Mc 9:43-48; Jud 23; Ap 14, 10; 19:20; 20:10, 14a, b, 15; 21:8), de la hostilidad entre los hombres (Lc 12:49), de retribuir a un enemigo con la amabilidad (Ro 12:20), de la prueba de las obras de los creyentes (1Co 3:13, 15), de la venganza de Dios (2Ts 1:8), de los ángeles (Hb 1:7), de la santidad de Dios (Hb 10:27; 12:29; Ap 1:14; 2:18; 4:5; 19:12), de la lengua (Stg 3:6), del peligro de destrucción (Jud 23), del juicio de las personas (Mc 9:49). ¶
2. (*purá*: πυρά <4443>; de *púr*: ver **1.**) **Amontonamiento de materiales combustibles.** Los isleños de Malta encendieron un fuego (Hch 28:2); Pablo echó ramas secas al fuego (v. 3). ¶
3. (fuego intenso: *púrosis*: πύρωσις <4451>; de *púr*: ver **1.**) **Ignición, incendio; figur.: prueba.** Los creyentes no debían sorprenderse del fuego de prueba que había en medio de ellos (1P 4:12).

FUENTE (*pegé*: πηγή <4077>) **Manantial, pozo alimentado por un manantial.** Había en Sicar un pozo (lit.: fuente) de Jacob; Jesús se sentó junto al pozo (Jn 4:6a, b). El agua que Jesús da es una fuente de agua brotando para vida eterna en nosotros (Jn 4:14). Jacobo (Santiago) pregunta si de una fuente brota a la vez agua dulce y amarga (Stg 3:11). Pedro habla de personas que son fuentes sin agua (2P 2:17). El Cordero conducirá a los que vienen de la gran tribulación a las fuentes de aguas de la vida (Ap 7:17). Una gran estrella cayó sobre las fuentes de las aguas (Ap 8:10). Dios ha hecho las fuentes de las aguas (Ap 14:7). Un ángel derramó su copa sobre las fuentes de las aguas (Ap 16:4). Al que tiene sed, Jesús dará gratuitamente de la fuente del agua de la vida (Ap 21:6).

FULGURAR (*astrápto*: ἀστράπτω <797>; de *astér*: estrella)
Iluminar, relampaguear, brillar. El hijo del hombre en su día será como el relámpago al fulgurar (Lc 17:24).

FUNDACIÓN

1. (*katabolé*: καταβολή <2602>; de *katabálo*: echar abajo, que viene de *katá*: abajo, y *bálo*: lanzar, echar) **Creación, comienzo; otra trad.: principio.** Jesús declaraba cosas ocultas desde la fundación del mundo (Mt 13:35). El reino está preparado para los benditos del Padre desde la fundación del mundo (Mt 25:34). La sangre de los profetas ha sido derramada desde la fundación del mundo (Lc 11:50). El Padre ha amado al Hijo desde antes de la fundación del mundo (Jn 17:24). Dios Padre nos escogió en él antes de la fundación del mundo (Ef 1:4). Las obras de Dios han sido hechas desde la fundación del mundo (Hb 4:3). Según el ejemplo del sumo sacerdote, Cristo habría tenido que sufrir muchas veces desde la fundación del mundo, pero ha sido manifestado una vez para la abolición del pecado (Hb 9:26). Como un cordero sin mancha y sin defecto, Cristo ha sido preparado desde antes de la fundación del mundo (1P 1:20). Todos los habitantes de la tierra desde la fundación del mundo, cuyos nombres no han sido escritos en el libro de vida del Cordero que fue inmolado, rendirán homenaje a la bestia (Ap 13:8). Antes, se asombrarán al ver a la bestia (Ap 17:8).

2. (*ktísis*: κτίσις <2937>; de *ktízo*: crear, hacer) **Creación, comienzo.** Desde la fundación del mundo, las cosas invisibles de Dios, su eterno poder y deidad, se perciben por medio de lo creado (Ro 1:20).

FUNDAMENTO

(*themélios*: θεμέλιος <2310>; de *títhemi*: colocar, poner) **Base, fundaciones (de un edificio); otras trad.: cimiento, principio.** Un hombre puso el fundamento de la casa sobre la roca (Lc 6:48); otro lo puso sobre tierra, sin fundamento (v. 49). Una persona podría poner el fundamento de una torre sin poder acabarla (Lc 14:29). Los cimientos de la cárcel donde Pablo se encontraba fueron sacudidos (Hch 16:26). Pablo no quería edificar sobre el fundamento de otro (Ro 15:20). Como un sabio arquitecto, había puesto el fundamento (1Co 3:10). Jesucristo es el fundamento que ha sido puesto (1Co 3:11); es sobre este fundamento que edificamos (v. 12). Los creyentes han sido edificados sobre el fundamento de los apóstoles y profetas (Ef 2:20). Los que son ricos en buenas obras, atesoran para sí buen fundamento (1Ti 6:19). El fundamento de Dios permanece firme: conoce el Señor a los que son suyos y éstos deben apartarse de la iniquidad (2Ti 2:19). El creyente no debe poner de nuevo el fundamento del arrepentimiento y de la fe en Dios (Hb 6:1). Abraham esperaba la ciudad que tiene fundamentos (Hb 11:10). En Ap 21, leemos lo que concierne a los fundamentos de la muralla de la nueva Jerusalén (v. 14, 19a, b). ¶

FUNDAR

1. (*themelióo*: θεμελιόω <2311>; de *themélios*: fundamento, que viene de

FUNDIR

títhemi: colocar, poner) **Establecer sobre una base, sentar sobre fundamentos; otra trad.: cimentar.** Una casa había sido fundada sobre la roca (Mt 7:25; Lc 6:48). Los creyentes deben estar arraigados y cimentados en amor (Ef 3:17); deben permanecer fundados y firmes en la fe (Col 1:23). El Señor ha fundado la tierra (Hb 1:10).
2. (comienzo: *katabolé*: καταβολή <2602>; de *katabálo*: echar abajo, que viene de *katá*: abajo, y *bálo*: lanzar) **Diseño, creación; otra trad.: concebir.** Sara recibió la fuerza de fundar una posteridad (otra trad.: para concebir) (lit.: para el comienzo de una posteridad) (Hb 11:11).

FUNDIR (*téko*: τήκω <5080>)
Convertirse en líquido bajo el efecto del calor; otra trad.: derretir. Al final del milenio, los cielos en llamas serán deshechos y los elementos quemados se derretirán (2P 3:12). ¶

FUROR – Ver **ENOJO**.

G

GALARDÓN (*misthapodosía*: μισθαποδοσία <3405>; de *misthós*: galardón, recompensa, salario, y *apodídomi*: retribuir)
Recompensa, retribución. Moisés tenía puesta la mirada en el galardón (Hb 11:26). La confianza de los creyentes tiene un gran galardón (Hb 10:35).

GALARDONADOR (*misthapodótes*: μισθαποδότης <3406>; de *misthós*: salario, recompensa, galardón, y *apodídomi*: dar)
Aquel que da un salario o una recompensa. Dios es el galardonador de los que lo buscan (Hb 11:6). ¶

GANADO
1. (*thrémma*: θρέμμα <2353>; de *tréfo*: alimentar, engordar) **Rebaño, bestias.** El ganado de Jacob había bebido en el pozo de Sicar (Jn 4:12). ¶
2. (*kténos*: κτῆνος <2934>; de *ktáomai*: adquirir, poseer) **Bienes, de donde riquezas en ganado.** Después de la caída de Babilonia, nadie comprará más ganado (Ap 18:13).

GANANCIA
1. (*ergasía*: ἐργασία <2039>; de *ergázomai*: trabajar, que viene de: *érgon*: acción, trabajo) **Resultado de un trabajo, de dónde: ganancia; otra trad.: producto.** Teniendo un espíritu de adivinación, una sirvienta procuraba a sus amos gran ganancia adivinando (Hch 16:16); después de que Pablo hiciera salir al espíritu, los amos vieron que la esperanza de su ganancia se había ido (v. 19).
2. (*kérdos*: κέρδος <2771>) **Ventaja, beneficio.** Pablo dijo que para él morir era ganancia (Fil 1:21). Ha considerado como pérdida todo lo que para él era una ganancia, a causa de Cristo (Fil 3:7). Algunos enseñaban lo que no convenía, por una ganancia deshonesta (Tit 1:11). ¶

3. (ganancia deshonesta: *aiscrokerdós*: αἰσχροκερδῶς <147>; de *aiscrokerdés*: *kérdos*: ver **4.**) **Sórdidamente, con codicia.** Los ancianos no deben cuidar el rebaño de Dios por una ganancia deshonesta, sino con buen ánimo (1P 5:2). ¶
4. (*aiscrokerdés*: αἰσχροκερδής <146>; de *aiscrós*: deshonesto, y *kerdós*: ver **2.**) **Que busca una ganancia deshonesta, codicioso.** Los siervos no deben codiciar una ganancia deshonesta (1Ti 3:8), como tampoco los obispos (Tit 1:7). ¶
5. (*porismós*: πορισμός <4200>; de *porízo*: procurar, proveer {*póros*: medios}) **Medios de ganancia, fuente de ganancia.** Hombres corruptos de entendimiento y privados de la verdad estiman la piedad como una fuente de ganancia (1Ti 6:5). La piedad con el contentamiento es una gran ganancia (o: una gran fuente de ganancia) (1Ti 6:6). ¶

GANAR

1. (*kerdaíno*: κερδαίνω <2770>) **Obtener.** En una parábola, aquel que había recibido los cinco talentos ganó otros cinco (Mt 25:16).
2. (*ktáomai*: κτάομαι <2932>) **Conseguir; otra trad.: adquirir.** Judas compró un campo con el salario de su iniquidad (Hch 1:18). Simón había pensado obtener con dinero el don de Dios (Hch 8:20). Un tribuno había adquirido su ciudadanía romana por una gran suma (Hch 22:28).
3. (*peripoiéo*: περιποιέω <4046>; de *perí*: encima, y *poiéo*: hacer; lit.: hacer para sí) **Procurarse; otras trad.: adquirir, obtener.** Dios adquirió la Iglesia con su propia sangre (Hch 20:28). Los que han servido bien obtienen para ellos una posición honrosa (1Ti 3:13). ¶
4. (propio: *perioúsios*: περιούσιος <4041>; de *perí*: encima, y *eimí*: ser) **Propio de uno, ser de uno, que le pertenece.** Jesucristo ha purificado para sí un pueblo propio (Tit 2:14). ¶
5. (adquisición, posesión adquirida: *peripoíesis*: περιποίησις <4047>; de *peripoiéo*: ver **3.**) **Preservación.** Los creyentes han sido sellados con el Espíritu Santo para la redención de la posesión adquirida (Ef 1:14). Ellos son un pueblo adquirido (lit.: para posesión) (1P 2:9). El vocablo está traducido como: «preservación» en Hb 10:39.

GANGRENA (*gángraina*: γάγγραινα <1044>; de *graíno*: morder) **Destrucción de los tejidos del cuerpo como consecuencia de la falta de irrigación sanguínea; en el plan espiritual, errores que se extienden y causan daños.** La palabra de los que se libran a discursos vanos y profanos se extenderá como gangrena (lit.: tendrá pasto como la gangrena) (2Ti 2:17). ¶

GARANTE – Ver **FIADOR**.

GARGANTA (*lárugx*: λάρυγξ <2995>)
Parte delantera del cuello; espacio interno comprendido entre el

paladar y la entrada del esófago y de la laringe. La garganta de los hombres malos es un sepulcro abierto (Ro 3:13). ¶

GEHENNA (*géenna*: γέεννα <1067>; del heb.: valle de Hinón)
Este vocablo representa el lago de fuego, el lugar de los tormentos eternos; otra trad.: infierno. Los israelitas sacrificaban a sus hijos por el fuego a dioses de las naciones en el valle de Hinón (ver 2R 23:10). Más tarde, la basura de Jerusalén, como también los cuerpos muertos de animales y de malhechores, eran quemados allí; se mantenía el fuego constantemente. El alma y el cuerpo de los incrédulos son objeto de una destrucción eterna en la gehenna (Mt 5:29, 30; 10:28). Dios tiene poder para echar en la gehenna (Lc 12:5). Jesús habla del «juicio de la gehenna» (Mt 23:33) y la «gehenna de fuego» (Mt 5:22; 18:9; Mc 9:43, 45, 47). La lengua está inflamada por la gehenna (Stg 3:6), en el sentido de que ella es capaz de cosas diabólicas. Para Mt 23:15, ver **HIJO DE LA GEHENNA**. Se emplea el vocablo «infierno» como sinónimo de «gehenna» en el lenguaje común. ¶

GEMIDO
1. (*odurmós*: ὀδυρμός <3602>; de *odúromai*: quejarse, lamentarse) **Quejido, lamento, llanto.** Gemidos fueron oídos en Ramá (Mt 2:18). Este vocablo es traducido como: «llanto», «pesar» en 2Co 7:7. ¶

2. (*stenagmós*: στεναγμός <4726>; de *stenázo*: suspirar, murmurar) **Lamentación, suspiro.** Dios ha oído el gemido de Israel en Egipto (Hch 7:34; Ro 8:26). ¶

GEMIR (*stenázo*: στενάζω <4727>; de *stenós*: estrecho; lit.: angosto) **Suspirar, murmurar; otra trad.: quejarse.** En esta tienda (cuerpo), los creyentes gimen, deseando revestir su domicilio celestial (2Co 5:2, 4). Los conductores deberían poder velar por las almas con alegría, y no quejándose (Hb 13:17).

GENEALOGÍA
1. (*genealogía*: γενεαλογία <1076>; de *geneá*: generación, y *lógos*: palabra) **Sucesión ordenada de antepasados de una persona, de una familia.** Pablo prescribe a Timoteo mandar a algunas personas no prestar atención a genealogías interminables (1Ti 1:4) y a Tito evitar las genealogías (Tit 3:9). ¶
2. (*génesis*: γένεσις <1078>; de *gínomai*: llegar a ser) **Descendencia, linaje.** Mateo expone la genealogía de Jesucristo, hijo de David, hijo de Abraham (Mt 1:1).
3. (sin genealogía: *agenealógetos*: ἀγενεαλόγητος <35>; de *a*: part. neg., y *genealogéo*: reconocer por generaciones; de *geneá*: generación, y *légo*: decir, enumerar) **De quien no se puede trazar el linaje.** Esta palabra griega en Hb 7:3 se aplica a Melquisedec; nos lo hace considerar como un tipo aún más

notable del Señor Jesús venido del cielo. ¶

4. (contado en la genealogía: *genealogéo*: γενεαλογέω <1075>; de *geneá*: generación, y *légo*: decir, enumerar) **Figurar en la genealogía, pertenecer a la descendencia, venir de.** Melquisedec no pertenece a la genealogía de los hijos de Leví (Hb 7:6). ¶

GENERACIÓN (*geneá*: γενεά <1074>; de *gínomai*: llegar a ser; otras trad.: descendencia, edades, épocas, este siglo, tiempos antiguos) **a. Descendientes de un hombre, contados por período de vida.** Todas las generaciones, desde Abraham hasta David son 14 generaciones; de David a la deportación, 14; de la deportación a Cristo, 14 (Mt 1:17a-d). **b. Grupo de personas viviendo en un período de tiempo dado: 30 a 35 años de promedio.** Ver p.ej. Hch 14:16; 15:21. Una generación puede estar marcada por características morales específicas: une generación mala (Mt 12:45; Lc 11:29), perversa (Hch 2:40), incrédula y perversa (Mt 17:17; Mc 9:19; Lc 9:41), mala y adúltera (Mt 12:39; 16:4), adúltera y pecadora (Mc 8:38), torcida y depravada (Fil 2:15). Otras ref.: Mt 11:16; 12:41, 42; 23:36; 24:34; Mc 8:12a, b; 13:30; Lc 1:48, 50a, b; 7:31; 11:30-32, 50, 51; 16:8; 17:25; 21:32; Hch 8:33; 13:36; Ef 3:5, 21; Col 1:26; Hb 3:10. ¶

GENEROSAMENTE – Ver **ABUNDANTEMENTE**.

GENEROSIDAD – Ver **LIBERALIDAD**.

GENEROSO (*koinonikós*: κοινωνικός <2843>; de *koinós*: común) **Que está dispuesto a compartir sus bienes.** Los creyentes que son ricos deben ser generosos (1Ti 6:18). ¶

GENTILES – Ver **NACIÓN**.

GERMINAR – Ver **BROTAR**.

GLORIA

1. (*dóxa*: δόξα <1391>; de *dokéo*: pensar, reconocer) **Honor que resulta de una buena reputación;** otra trad.: esplendor. Este vocablo concierne: **a.** A la naturaleza y a los hechos en los que el mismo Dios se ha manifestado; se revela particularmente en la persona de Cristo (Jn 1:14a, b; 2:11; 17:5, 24; Hb 1:3). En Ro 1:20, su «eterno poder y deidad» son su gloria (v. 23) es decir sus atributos y su poder revelados a través de la creación. En Ro 3:23, este vocablo indica la manifestación de la perfección de su carácter, especialmente por su justicia. En Col 1:11, la «potencia de su gloria» significa la «potestad que caracteriza su gloria». En Ef 1:6, 12, 14, la «alabanza de la gloria de su gracia» y la «alabanza de su gloria» significan el reconocimiento de la manifestación de sus atributos y de sus caminos. En Ef 1:17, el «Padre de gloria» describe a aquel que es la fuente de la que proceden toda la esplendor y las

GLORIFICAR

perfecciones divinas. **b.** El carácter y los caminos de Dios como manifestados a través de Cristo a los creyentes y a través de estos (2Co 3:18; 4:6). **c.** El estado de bendición en el que los creyentes serán introducidos cuando hayan sido hechos semejantes a Cristo (p.ej.: Ro 8:18, 21; Fil 3:21). **d.** El brillo o el esplendor sobrenatural que emana de Dios (Lc 2:9; Hch 22:11; Ro 9:4; Stg 2:1; Tit 2:13 se refiere a la venida de Cristo para reinar) o propio a los cuerpos celestiales (1Co 15:40, 41). **e.** El honor, la alabanza, una buena reputación (p.ej. Lc 14:10; Jn 5:41; 7:18). **f.** La alabanza a Dios (p.ej. Lc 2:14; 17:18; Jn 9:24; Hch 12:23; Ro 11:36; 16:27; Gá 1:5; Ap 1:6). (Según W. E. Vine.)

2. (*kléos*: κλέος <2811>; de *kaléo*: decir) **Renombrado; otra trad.: mérito.** Pedro pregunta ¿qué gloria hay por ser abofeteados por haber hecho el mal? (1P 2:20). ¶

GLORIFICAR

1. (*doxázo*: δοξάζω <1392>; de *dóxa*: gloria, honor) **Magnificar, alabar; otras trad.: admirar, celebrar, honrar, recibir honra, rendir homenaje.** Este vocablo está empleado en relación con el Señor Jesús (p.ej. Lc 4:15; Jn 7:39; 8:54a, b; 11:4; 12:16, 23; 13:31a, 32b, c; 16:14; 17:1a, 5, 10; Hch 3:13; Hb 5:5; Ap 15:4), con el Padre (Mt 5:16; Jn 12:28a-c; 14:13; 15:8; 17:1b, 4; Ro 15:6), con Dios (Mt 9:8; 15:31; Mc 2:12; Lc 2:20; 5:25, 26; 7:16; 13:13; 17:15; 18:43; 23:47; Jn 13:31b, 32a; 21:19; Hch 4:21; 11:18; 21:20; Ro 1:21; 15:9; 1Co 6:20; 2Co 9:13; Gá 1:24; 1P 2:12; 4:11, 16), con la palabra del Señor (Hch 13:48; 2Ts 3:1), con los que han sido justificados (Ro 8:30), con la gran Babilonia (Ap 18:7). Otras ref.: Mt 6:2; Ro 11:13; 1Co 12:26; 2Co 3:10a, b; 1P 1:8; 3:12. ¶

2. (ser glorificado en: *endoxázo*: ἐνδοξάζω <1740>; de *éndoxos*: glorioso, que viene de *en*: en, y *doxázo*: ver **1.**) **Magnificar en, alabar en.** Jesús vendrá para ser glorificado en sus santos (2Ts 1:10). Su nombre debe ser glorificado en nosotros (2Ts 1:12). ¶

3. (glorificar con: *sundoxázo*: συνδοξάζω <4888>; de *sun*: con, y *doxázo*: ver **1.**) **Participar a la gloria de otro.** Si sufrimos con Cristo, también seremos glorificados con él (Ro 8:17). ¶

4. (*kaucáomai*: καυχάομαι <2744>; de *kaúce*: proeza) **Jactarse, gloriarse; otras trad.: enorgullecerse, hacer alarde, presumir, sentir orgullo.** El que se gloría, gloríese en el Señor (1Co 1:31a, b). Pablo dice a los corintios que se le permita gloriarse un poco a sí mismo (2Co 11:16). No somos salvados por obras, para que nadie se gloríe (Ef 2:9). Otras ref.: Ro 2:17, 23; 5:2, 3, 11; 1Co 1:29; 3:21; 4:7; 2Co 5:12b; 7:14a; 9:2; 10:8, 13, 15, 16, 17a, b; 11:12, 18a, b, 30a, b; 12:1, 5a, b, 6, 9; Gá 6:13, 14; Fil 3:3; 2Ts 1:4; Stg 1:9; 4:16. ¶

5. (*katakaucáomai*: κατακαυχάομαι

<2620>; de *katá*: contra {part. int.}, y *kaucáomai*: ver **4.**) **Jactarse, enorgullecerse mucho; otras trad.: presumir, ser arrogante, triunfar.** Este vocablo está empleado en Ro 11:18a, b; Stg 2:13; 3:14. ¶
6. (gloria: *kaúquema*: καύχημα <2745>; de *kaucáomai*: ver **4.**) **Un motivo para gloriarse, jactarse, presumir, sentir orgullo; otra trad.: satisfacción.** Por las obras, Abraham tiene de qué jactarse (Ro 4:2). Si evangelizaba, Pablo no tenía por qué gloriarse (1Co 9:16). Pablo prefiere morir, antes de que alguien lo prive de esta gloria suya (1Co 9:15). Los filipenses presentaban la palabra de vida para la gloria de Pablo en el día de Cristo (Fil 2:16). El creyente debe tener firme hasta el fin la confianza y la gloria de la esperanza (Hb 3:6). Otras ref.: 2Co 5:12a; 9:3; Gá 6:4; Fil 1:26. ¶
7. (de qué gloriarse, motivo para gloriarse, gloria: *kaúquesis*: καύχησις <2746>; de *kaucáomai*: ver **4.**) **Motivo para gloriarse, jactarse; otra trad.: elogio.** Pablo tenía de qué gloriarse en Cristo Jesús (Ro 15:17). La gloria de Pablo era de haberse conducido con santidad y sinceridad (2Co 1:12). La gloria de no haber sido una carga para nadie no se le podía impedir a Pablo (2Co 11:10). Otras ref.: 2Co 7:4, 14b; 8:24; 11:17; 1Ts 2:19.

GLORIOSO

1. (*éndoxos*: ἔνδοξος <1741>; de *en*: en, y *dóxa*: gloria, honor) **Maravilloso, magnífico, digno de alabanza; otra trad.: prodigioso, radiante, resplandeciente.** La multitud se regocijaba por todas las cosas gloriosas hechas por Jesús (Lc 13:17). Cristo se presentará la Iglesia a sí mismo, gloriosa (Ef 5:27).
2. (glorificar: δοξάζω <1392>; *doxázo*: de *dóxa*: ver **1.**) **Magnificar, alabar.** Los que creían en Jesucristo se alegraban con gozo inefable y glorioso (lit.: glorificado) (1P 1:8).

GLOTONERÍA

(*kraipále*: κραιπάλη <2897>; lit.: acción de comer y beber con exceso y con ansia; vértigo y mal de cabeza causados bebiendo vino o licores con exceso) **Abuso de bebida, exceso; otras trad.: crápula, disipación, libertinaje, vicio.** El Señor nos exhorta a tener cuidado de que nuestros corazones no se emboten de glotonería y embriaguez, y con las preocupaciones de la vida (Lc 21:34). ¶

GOBERNACIÓN –
Ver **ADMINISTRACIÓN 1.**

GOBERNADOR

1. (*árcon*: ἄρχων <758>; de *árco*: gobernar, regir) **Jefe, magistrado.** Los gobernantes se burlaban de Jesús en la cruz (Lc 23:35).
2. (*ethnárques*: ἐθνάρχης <1481>; de *éthnos*: pueblo, nación, y *arqué*: dominio) **Gobernador de una provincia.** El gobernador del rey Aretas hizo guardar la ciudad con el fin de prender a Pablo (2Co 11:32). ¶

GOBERNANTE

3. (*jeguemón*: ἡγεμών <2232>; de *jeguéomai*: estar a la cabeza, administrar) **Aquel a quien se le confía una administración; otras trad.: principal, príncipe.** Este vocablo está empleado de manera general en Mt 2:6; 10:18; Mc 13:9; Lc 20:20; 21:12; 1P 2:14. Los gobernadores romanos tenían el título de procuradores, y ejercían una autoridad civil y militar: Poncio Pilato (Mt 27:2, 11, 14, 15, 21, 23, 27; 28:14; Lc 3:1), Félix (Hch 23:24, 26, 33; 24:1, 10), Porcio Festo (Hch 26:30). ¶
4. (*kosmokrátor*: κοσμοκράτωρ <2888>; de *kósmos*: mundo, y *krátos*: imperio, poder; lit.: soberano del mundo) **Aquel que ejerce su autoridad sobre otro.** La lucha de los creyentes es contra los gobernadores de las tinieblas (Ef 6:12). Estos gobernadores son Satanás y los ángeles caídos a los que Dios permite ejercer autoridad e influencia sobre el mundo actualmente sumergido en tinieblas morales. ¶
5. Ver **TETRARCA**.

GOBERNANTE –
Ver **PRINCIPADO**.

GOBERNAR

1. (*árco*: ἄρχω <757>; de *arqué*: comienzo) **Dirigir, reinar sobre; otras trad.: imperar, mandar, regir.** Los que son reconocidos como gobernantes de las naciones dominan sobre ellas (Mc 10:42). Hay uno que se levantará para gobernar a las naciones (Ro 15:12). ¶

2. (gobernar su casa: *oikodespotéo*: οἰκοδεσποτέω <3616>; de *oíkos*: morada, y *despótes*: amo) **Dirigir su hogar; otras trad.: cuidar, llevar.** Pablo quería que las viudas jóvenes cuidaran (lit.: gobiernen) bien su hogar (1Ti 5:14). ¶
3. (*euthúno*: εὐθύνω <2116>; de *euthús*: derecho) **Dirigir, pilotar.** Las naves son gobernadas según la voluntad del piloto (Stg 3:4).

GOBIERNO

1. (actuar como gobernante: *jeguemoneúo*: ἡγεμονεύω <2230>; de *jeguemón*: gobernador, dirigente) **Guiar, dirigir.** Cuando Cirenio tenía el gobierno de Siria se hizo un censo (Lc 2:2). Este verbo está traducido como: «siendo gobernador» en Lc 3:1. ¶
2. (*kubérnesis*: κυβέρνησις <2941>; de *kubernáo*: gobernar, dirigir) **Don espiritual en lo que concierne a la administración dada a una iglesia local.** Dios ha dado gobiernos como dones de gracia (1Co 12:28). Así, aquel que está llamado a dirigir en una iglesia local, debe hacerlo con esmero (ver Ro 12:8). ¶

GOLPEAR –
Ver **MORIR (HACER)**.

GORRIÓN – Ver **PAJARILLO**.

GOTA (*thrómbos*: θρόμβος <2361>) **Grumo de sangre, coágulo.** El sudor del Señor se hizo como grandes gotas (sentido de grumo) de sangre en

Getsemaní (Lc 22:44), tanto su combate espiritual era intenso cuando tenía ante él los terribles sufrimientos de la cruz. ¶

GOZO

1. (*cará*: χαρά <5479>; de *caíro*: ver **2.**) **Emoción agradable, delicia.** Este vocablo está empleado a propósito de los magos (Mt 2:10), de aquel que recibe la Palabra de Dios (Mt 13:20; Mc 4:16; Lc 8:13), de un hombre que ha encontrado un tesoro escondido en un campo (Mt 13:44), de un siervo bueno y fiel (Mt 25:21, 23), de las mujeres en la tumba de Jesús (Mt 28:8), de Juan el Bautista (Lc 1:14; Jn 3:29), de los pastores (Lc 2:10), de setenta discípulos de Jesús (Lc 10:17), por un pecador arrepentido (Lc 15:7, 10), de los discípulos de Jesús (Lc 24:41, 52; Jn 15:11b; 16:20, 22, 24; Hch 13:52), del gozo de Jesús (Jn 15:11a; 17:13), de una mujer que ha dado a luz (Jn 16:21), de una ciudad de Samaria (Hch 8:8), de Rode (Hch 12:14), de los hermanos (Hch 15:3), del reino de Dios (Ro 14:17), del Dios de esperanza (Ro 15:13), de Pablo y de los romanos (Ro 15:32). Este vocablo se encuentra con frecuencia en las epístolas de Pablo: a los Corintios (2Co 1:24; 2:3; 7:4, 13; 8:2), a los Gálatas (Gá 5:22), a los Filipenses (Fil 1:4, 25; 2:2, 29; 4:1), a los Colosenses (Col 1:11), a los Tesalonicenses (1Ts 1:6; 2:19, 20; 3:9), a Timoteo (2Ti 1:4). En la epístola a los Hebreos (Hb 10:34; 12:2, 11; 13:17). Jacobo (Santiago) también emplea este vocablo (Stg 1:2; 4:9), así como Pedro (1P 1:8) y Juan (1Jn 1:4; 2Jn 12; 3Jn 4). ¶

2. (tener gozo, alegrarse: *caíro*: χαίρω <5463>) **Regocijarse, estar feliz.** Un hombre que encuentra una oveja perdida tiene más gozo por esta que por las otras que no se extraviaron (Mt 18:13). Zaqueo recibió a Jesús con gozo (lit.: gozoso) (Lc 19:6). Los filipenses debían regocijarse al volver a ver a Epafrodito (Fil 2:28). Juan oyó una voz que invitaba a regocijarse (Ap 19:7).

3. (*agalíasis*: ἀγαλλίασις <20>; de *agalió*: ver **4.**) **Gozarse grandemente, alegrarse.** Juan el Bautista saltó de gozo en el vientre de su madre (Lc 1:44). Los discípulos compartían la comida con alegría (Hch 2:46). Dios ungió a Jesús con aceite de alegría por encima de sus compañeros (Hb 1:9). Dios tiene poder para establecernos sin tacha ante su gloria con gran alegría (Jud 24).

4. (saltar de gozo: *agalió*: ἀγαλλιάω <21>; de *ágan*: mucho, y *jálomai*: saltar) **Exultar, regocijarse mucho.** Jesús instó a sus discípulos a alegrarse y a regocijarse (Mt 5:12). Abraham se regocijó (Jn 8:56). La lengua de David se regocijó (Hch 2:26).

5. (*eufrosúne*: εὐφροσύνη <2167>; de *eu*: bien, y *frén*: mente) **Regocijo, alegría.** David dijo que Dios lo llenaría de gozo (Hch 2:28). Dios ha llenado los corazones de los hombres de sustento y de gozo (Hch 14:17). ¶

GRABAR

6. (saltar de gozo: *skirtáo*: σκιρτάω <4640>; afín a *skaíro*: saltar) **Saltar de gozo.** Los discípulos de Jesús debían saltar de gozo cuando llegaran a sufrir por parte de los hombres (Lc 6:23).
7. (con gozo: *asménos*: ἀσμένως <780>; de *jédone*: forma del verbo *jandáno*: complacer) **Gozosamente.** Los hermanos de Jerusalén recibieron a Pablo con gozo (Hch 21:17). ¶
8. (*cáris*: χάρις <5485>; de *caíro*: regocijarse) **Lo que proporciona gozo, placer.** Pablo había tenido gran gozo en el amor de Filemón (Flm 7).

GRABAR (*entupóo*: ἐντυπόω <1795>; de *en*: en, y *tupóo*: marcar con una huella, que viene de *túpos*: sello, cicatriz, muestra)
Inscribir sobre una materia dura. El ministerio de la muerte (la ley mosaica) ha sido grabado con letras en piedras (las tablas de la ley) (2Co 3:7). ¶

GRACIA

1. (*cáris*: χάρις <5485>; de *caíro*: estar alegre) **Favor no merecido que Dios, en su amor, concede al pecador que se arrepiente.** La gracia de Dios trae la salvación al pecador (Tit 2:11; Ef 2:5, 8) justificándolo gratuitamente (Ro 3:24; Tit 3:7). La gracia y la verdad vinieron por medio de Jesucristo (Jn 1:17) (este verbo está en sing. en griego); estos caracteres divinos están estrechamente asociados a la persona de Jesús. La gracia también acompaña al creyente durante su vida (p.ej. 1Co 15:10a-c; 2Co 12:9) y se puede fortalecer en ella (2Ti 2:1). Hallar gracia significa hallar favor, p.ej. en el caso de David delante de Dios (Hch 7:46). Dar gracias (*eucáristos*) a Dios significa estar agradecidos, vocablo frecuente en las epístolas de Pablo (p.ej. 1Ts 1:2). Dios también concede un don de gracia (una capacidad particular) a cada creyente para el servicio, para el bien de los demás creyentes, y para la formación y edificación de la Iglesia. Este vocablo también está empleado en la expresión de un saludo, p.ej. «¡La gracia sea con vosotros!» (Col. 4:18; Heb 13:25; etc.).
2. (acción de gracias: *eucaristía*: εὐχαριστία <2169>; de *eucáristos*: agradecido, que viene de *eu*: bien, y *carízomai*: dar libremente) **Oración de agradecimiento.** Pablo dice que una acción de gracias debe ser inteligible para que se pueda decir el amén (1Co 14:16). La gracia multiplica las acciones de gracias para gloria de Dios (2Co 4:15). El servicio de Pablo producía acciones de gracias a Dios (2Co 9:11, 12). Rendía acciones de gracias a Dios por los tesalonicenses (1Ts 3:9). Exhortaba a que se hicieran acciones de gracias por todos los hombres (1Ti 2:1). Las acciones de gracias convenían entre los santos (Ef 5:4). Las acciones de gracias pueden acompañar nuestras oraciones y ruegos (Fil 4:6; Col 4:2), el andar de la fe (Col 2:7). Dios ha creado los alimentos para ser comidos con acciones de gracias (1Ti 4:3,

4). Los seres vivientes darán acciones de gracias al que está sentado sobre el trono (Ap 4:9; 7:12).
3. (dar gracias: *eucaristéo*: εὐχαριστέω <2168>; de *eucáristos*: ver **2.**) **Agradecer.** Este verbo está empleado a propósito del Señor Jesús (Mt 15:36; 26:27; Mc 8:6; 14:23; Lc 22:17, 19; Jn 6:11, 23; 11:41; 1Co 11:24), de un fariseo (Lc 18:11), de un leproso sanado por Jesús (Lc 17:16). Está empleado por Pablo en sus epístolas (Ro 1:8, 21; 7:25; 14:6; 16:4; 1Co 1:4, 14; 10:30; 14:17, 18; 2Co 1:11; Ef 1:16; 5:20; Fil 1:3; Col. 1:3; 3:17; 1Ts 1:2; 2:13; 5:18; 2Ts 1:3; 2:13; Flm 4). Otras ref.: Hch 27:35; 28:15; Ap 11:17.
4. (*euprépeia*: εὐπρέπεια <2143>; de *eu*: bien, y *prépo*: convenir) **Belleza.** La hermosa apariencia de la flor perece con el calor abrasador del sol (Stg 1:11). ¶

GRADA
1. (*anabathmós*: ἀναβαθμός <304>; de *anabaíno*: subir; lit.: medio para subir) **Peldaño de una escalera.** En Hch 21:35, 40, se trata prob. de los escalones que iban de la fortaleza Antonia al templo. ¶
2. (*bathmós*: βαθμός <898>; de *baíno*: caminar; lit.: grada, escalera) **Posición, rango.** La expresión «ganar un grado honroso» (1Ti 3:13) significa «obtener una buena posición», particularmente en el servicio cristiano. ¶

GRAN TRIBULACIÓN (*thlípsis megále*; tribulación: *thlípsis*: θλῖψις <2347>; de *thlíbo*: afligir, angustiar, atribular; grande: *mégas*: μέγας <3173>)
Gran angustia. Jesús habla de una gran angustia que vendrá sobre la tierra, tal que no ha habido desde el comienzo del mundo (Mt 24:21). Los judíos serán principalmente afectados por este tiempo de persecución y de angustia para Jacob (Jer 30:7). La gran tribulación tendrá lugar después del arrebatamiento de los creyentes, inmediatamente antes del regreso del Señor con el propósito de restablecer su reino sobre la tierra. Los judíos en particular, pero también los gentiles (naciones), sufrirán grandemente por parte del anticristo (2Ts 2) revestido con el poder del dragón y sostenido por la potestad imperial del Occidente (Ap 12:13-18; 13:1-18). El evangelio del reino será entonces predicado a todas las naciones (Mt 24:14). Una gran multitud, innumerable, surgida de la gran tribulación, dará gloria a Dios y al Cordero (Ap 7:9-17).

GRAN TRONO BLANCO (trono: *thrónos*: θρόνος <2362>; de *thrao*: sentarse; grande: *mégas*: μέγας <3173>; blanco: *leukós*: λευκός <3022>)
Trono de juicio, erigido inmediatamente después del milenio. Juan vio un gran trono blanco y al que estaba sentado en él (Ap 20:11). Delante del trono están todos los que han muerto en sus pecados (ver v. 12). Son juzgados por el Señor según sus obras,

y arrojados en el lago de fuego (ver v. 15), porque no poseen la vida eterna. Comp.: **TRIBUNAL DE CRISTO.**

GRANDEZA

1. (*megaleiótes*: μεγαλειότης <3168>; de *megaleíos*: glorioso, magnífico, que viene de *mégas*: grande) **Magnificencia, gran poder.** Cuando Jesús reprendió al espíritu inmundo, todos se asombraron de la grandeza de Dios (Lc 9:43).
2. (*mégethos*: μέγεθος <3174>; de *mégas*: fuerte, grande) **Magnitud.** Pablo habla de la excelente grandeza del poder de Dios para con nosotros, los que creemos (Ef 1:19). ¶

GRANERO (*apothéke*: ἀποθήκη <596>; de *apó*: de lado, y *títhemi*: poner)
Lugar de almacenaje; granja. Se almacena el trigo en el granero (Mt 3:12; 13:30; Lc 3:17), sus frutos y sus bienes (Lc 12:18). Las aves del cielo no almacenan en graneros (Mt 6:26; Lc 12:24). ¶

GRANIZO (*cálaza*: χάλαζα <5464>; de *caláo*: dejar, caer, golpear)
Lluvia congelada que cae en granos más o menos gruesos bajo el efecto de un enfriamiento de la temperatura. Constituirá un juicio de Dios (Ap 8:7; 11:19; 16:21a) por el que los hombres blasfemarán contra Dios (16:21b); según este último pasaje el tamaño de los granos de granizo será importante. ¶

GRANO DE MOSTAZA (*kókkos sinapeos*; *kókkos*: κόκκος <2848>; *sínapi*: σίναπι <4615>)
Semilla de una planta, mostaza negra o blanca, que abunda en Israel; su tamaño es de aprox. tres milímetros, lo que hace de ella la más pequeña semilla entre las que se sembraban en aquella época. Puesto que la planta puede alcanzar un tamaño de más de tres m. y que atrae a las aves, Jesús se sirve en la parábola del sembrador, con el fin de ilustrar el rápido desarrollo del reino de los cielos (Mt 13:31; Mc 4:31; Lc 13:19) que se convierte en un lugar donde los agentes del mal se cobijan. Tener fe como un grano de mostaza (Mt 17:20; Lc 17:6) significa tener una muy pequeña fe, pero capaz de hacer grandes cosas para Dios porque ella se apoya en él. ¶

GRANO DE TRIGO (*kókkos tou sitou*; *kókkos*: κόκκος <2848>; *sítos*: σῖτος <4621>)
Cereal originario del Oriente Medio, el trigo sirve para la fabricación del pan. El hombre siembra un simple grano de trigo (1Co 15:37), pero Dios le da el cuerpo que él quiere (ver v. 38). Jesús se compara al grano de trigo que, una vez caído en la tierra, muere (Jn 12:24). La muerte del Señor era necesaria para que pudiera llevar fruto; su muerte produce mucho fruto: este fruto son todos los creyentes que tienen vida eterna por la fe en él. Satanás puede pedir a zarandear a un creyente como

el trigo, para hacer fallar su fe (ver Lc 22:31).

GRATITUD – Ver **GRACIA**.

GRATUITAMENTE (*doreán*: δωρεάν <1432>; de *doreá*: don, regalo) **Sin tener que pagar; otras trad.: de balde, gratis, sin pagarlo.** Los discípulos de Jesús habían recibido gratuitamente y debían dar gratuitamente (Mt 10:8a, b). Somos justificados gratuitamente por la gracia de Dios y por la redención en Cristo Jesús (Ro 3:24). Pablo había anunciado gratuitamente el evangelio de Dios a los corintios (2Co 11:7). Pablo no había comido el pan de nadie gratuitamente (2Ts 3:8). Al que tiene sed, Jesús dará gratuitamente de la fuente del agua de la vida (Ap 21:6). El que quiera, tome gratuitamente del agua de la vida (Ap 22:17). Este vocablo está traducido como: «sin necesidad, en vano» en Gá 2:21.

GRAVE
1. (*barús*: βαρύς <926>; lit.: pesado) **Serio, severo; otra trad.: duro.** Los judíos presentaron contra Pablo numerosas y graves acusaciones (Hch 25:7). Se decía de las epístolas de Pablo que eran duras y fuertes (2Co 10:10).
2. (*semnós*: σεμνός <4586>; de *sébomai*: honorar, reverenciar) **Serio, digno, respetable.** Es necesario que los diáconos sean dignos (1Ti 3:8), asimismo que las mujeres (1Ti 3:11)

y los ancianos (Tit 2:2). Otra ref.: Fil 4:8. ¶

GRAVEDAD – Ver **HONESTIDAD**.

GRIEGO – En tiempos del Señor, el latín era la lengua oficial en Occidente; la lengua griega era la lengua más comúnmente hablada en Oriente. Era conveniente pues que el N.T. fuese escrito en griego. Los judíos de entonces utilizaban la Koiné (de *koinós*: común), una lengua griega derivada del dialecto ático, y que se había generalizado (ver **GRIEGO** en la sección de los **Nombres de personas y de lugares**). El vocablo español traduce dos palabras griegas.
1. (*jelenikós*: Ἑλληνικός <1673>; de *Jelás*: Grecia) **Que tiene relación con Grecia; lenguaje griego.** El título encima de Jesús en la cruz estaba escrito en letras griegas, latinas y hebreas (Lc 23:38, solo en algunos mss.). El nombre del ángel del abismo en griego es Apolión (Ap 9:11). ¶
2. (*jelenistí*: Ἑλληνιστί <1676>; de *Jelás*: Grecia) **Lengua griega.** El título encima de Jesús en la cruz estaba escrito en griego (Jn 19:20). El comandante se sorprendió de que Pablo supiera el griego (Hch 21:37). ¶

GRUPO DE CUATRO (*tetrádion*: τετράδιον <5069>; de *téssares*: cuatro)
Grupo de cuatro personas. Herodes prendió a Pedro y lo entregó a cuatro

grupos de cuatro soldados cada uno para que lo guardaran (Hch 12:4). ¶

GUARDIA

1. (*koustodía*: κουστωδία <2892>; del lat. *custodia*: guardia, puesto militar) **Soldados responsables de guardar.** Pilato dijo a los judíos que ellos tenían una guardia y que debían asegurar el sepulcro de Jesús como les pareciera (Mt 27:65); ellos pusieron la guardia (v. 66). Unos hombres de la guardia informaron a los jefes de los sacerdotes de todo lo que había sucedido respecto a la resurrección de Jesús (Mt 28:11). ¶
2. (*fúlax*: φύλαξ <5441>; de *fulásso*: guardar) **Guarda, centinela.** Los guardias estaban delante de las puertas de la cárcel donde habían sido echados los apóstoles (Hch 5:23). Unos guardias custodiaban la cárcel en la que se encontraba Pedro (Hch 12:6). Herodes interrogó a los guardias a propósito de Pedro (Hch 12:19). ¶
3. (*fulaké*: φυλακή <5438>; de *fulásso*: guardar) **Personas que custodian; puesto de guardia.** El ángel y Pedro pasaron la primera y la segunda guardia (Hch 12:10).

GUARIDA (*foleós*: φωλεός <5454>; lit.: agujero)
Madriguera de la zorra; ella excava unos agujeros de los que hace su guarida. Las zorras tienen guaridas, pero el Hijo del hombre no tiene donde recostar la cabeza (Mt 8:20; Lc 9:58). ¶

GUERRA

1. (*pólemos*: πόλεμος <4171>; de *pélomai*: hacer bullicio) **Lucha armada entre dos o más grupos.** Jesús les dijo a sus discípulos que oirían hablar de guerras y de ruidos de guerras (Mt 24:6a, b; Mc 13:7a, b; Lc 21:9: de guerras y de revoluciones). También habla de un rey que se va para hacerle la guerra a otro rey (Lc 14:31). Jacobo (Santiago) pregunta de dónde vienen las guerras y los conflictos entre los creyentes (Stg 4:1). La bestia hará la guerra a los dos testigos (Ap 11:7). El dragón se fue para hacer la guerra contra el resto de la descendencia de la mujer (Ap 12:17). Se le permitió a la bestia hacerle la guerra a los santos (Ap 13:7).
2. (hacer la guerra: *poleméo*: πολεμέω <4170>; de *pólemos*: ver **1.**) **Combatir, luchar; otra trad.: reñir.** Jacobo (Santiago) habla de los que combaten y hacen la guerra (Stg 4:2).
3. (*strateía*: στρατεία <4752>; de *strateúomai*: conducir un ejército, que viene de *stratós*: ejército) **Combate; vocablo empleado en el caso de conflictos espirituales.** Las armas de guerra del creyente no son carnales (2Co 10:4).
4. (servir como soldado, hacer el servicio militar, hacer la guerra, ir a la guerra: *strateúomai*: στρατεύομαι <4754>; de *stratós*: ejército) **Hacer la guerra, combatir en un conflicto armado; otras trad.: batallar, militar.** Gente de guerra (lit.: los que hacen la guerra, es decir soldados)

interrogaron a Juan el Bautista (Lc 3:14). Nadie va a la guerra a sus propias expensas (1Co 9:7). Ninguno que milita se enreda en los negocios de la vida (2Ti 2:4a). Las pasiones carnales le hacen la guerra al alma (1P 2:11).
5. (haciendo la guerra a Dios: *theomácos*: θεομάχος <2314>; de *Theós*: Dios, y *mácomai*: combatir) **Que combate contra Dios; otra trad.: luchar.** Gamaliel advirtió a los judíos de no oponerse a la doctrina cristiana por temor a ser encontrados hacer (lit.: haciendo) la guerra a Dios (Hch 5:39). ¶
6. Ver **CONFLICTO.**

GUÍA (*jodegós*: ὁδηγός <3595>; de *jodós*: camino, y *jeguéomai*: guiador, dirigir)
Aquel que muestra el camino. Jesús trata a los escribas y a los fariseos de guías ciegos (Mt 23:16, 24). Judas ha sido el guía de los que prendieron a Jesús (Hch 1:16).

H

HABITACIÓN
1. (*épaulis*: ἔπαυλις <1886>; de *epí*: sobre, y *aulé*: lugar para pasar la noche) **Morada, residencia.** Según los Salmos, la habitación de Judas debía quedar desierta (Hch 1:20). ¶
2. (*kataskénosis*: κατασκήνωσις <2682>; de *katá*: abajo, y *skenóo*: habitar, que viene de *skénos*: tienda) **Nido para ave.** Las zorras tienen guaridas, y las aves del cielo nidos; pero el Hijo del hombre no tiene dónde recostar la cabeza (Mt 8:20; Lc 9:58). ¶
3. (*katoíkesis*: κατοίκησις <2731>; de *katá*: abajo, y *oíkos*: casa) **Morada, residencia.** Un hombre poseído tenía su morada en los sepulcros (Mc 5:3). ¶
4. (*katoiketérion*: κατοικητήριον <2732>; de *katá*: abajo, usada como part. int., y *oiketérion*: ver **6.**) **Lugar de habitación.** El ángel clamó que Babilonia se había convertido en una habitación de demonios (Ap 18:2). En Ef 2:22, el vocablo está traducido como: «morada»: la Iglesia es morada de Dios en el Espíritu. ¶
5. (*moné*: μονή <3438>; de *méno*: permanecer) **Residencia, morada.** En la casa del Padre, muchas moradas hay (Jn 14:2). Jesús y su Padre harán su morada en aquel que lo amará y que guardará su Palabra (Jn 14:23). ¶
6. (*oiketérion*: οἰκητήριον <3613>; de *oiketér*: habitante, que viene de *oikéo*: habitar) **Morada, residencia.** Unos ángeles abandonaron su propia morada (Jud 6). El vocablo está traducido como: «habitación» en 2Co 5:2. ¶
7. (estar sin morada fija: *astatéo*: ἀστατέω <790>; de *a*: part. neg., e *jístemi*: estar) **Errar, vagar.** Pablo no tenía morada fija (1Co 4:11). ¶

HÁBITO (*jéxis*: ἕξις <1838>)
Práctica, uso, experiencia. Para los que por el uso, los adultos (los

creyentes espiritualmente maduros), tienen los sentidos ejercitados para discernir el bien y el mal (Hb 5:14). ¶

HABLAR (MANERA DE) – Ver LENGUA.

HACEDOR (*poietés*: ποιητής <4163>; de *poiéo*: hacer)
Persona que desempeña, que produce. El hacedor de la obra será bienaventurado en lo que hace (Stg 1:25).

HACHA (*axíne*: ἀξίνη <513>; prob. de *ágnumi*: quebrar, romper)
Instrumento para talar los árboles y cortar la madera. El hacha está puesta a la raíz de los árboles (quizá una ilustración de los judíos del tiempo del Señor) que no producen buenos frutos (Mt 3:10; Lc 3:9). ¶

HADES (*hádes*: ᾅδης <86>; de *a*: part. neg., y *eído*: forma conjugada de «ver»)
Lugar invisible donde van las almas de los hombres después de la muerte; en hebreo Seol (A.T.). Capernaúm sería hundida en el hades (Mt 11:23; Lc 10:15). En el hades, el hombre rico ve a Lázaro en el seno de Abraham (Lc 16:23). Las puertas del hades no prevalecerán contra la Iglesia (Mt 16:18). Cristo Jesús no ha sido dejado en el hades (Hch 2:31); su alma no ha sido dejada en el hades (v. 27). El Hijo del hombre tiene las llaves de la muerte y del hades (Ap 1:18). En el Apocalipsis, la muerte acompaña al hades (6:8; 20:13): los dos serán arrojados en el lago de fuego, después del juicio del gran trono blanco (20:14). Otra ref.: 1Co 15:55 (según algunos mss.). ¶

HARINA
1. (*áleuron*: ἄλευρον <224>; de *aléo*: moler) **Polvo obtenido al moler los granos de cereales tales como el trigo.** En una parábola, una mujer esconde levadura en tres medidas de harina (Mt 13:33; Lc 13:21). ¶
2. (flor de harina: *semídalis*: σεμίδαλις <4585>) **Harina muy blanca y muy fina.** Después de la caída de Babilonia, no se comprará más flor de harina (Ap 18:13). ¶

HEBRAICA, HEBREO – El nombre de hebreo se aplica a los israelitas, descendientes de Eber, que hablaban la lengua hebraica. En el N.T., esta lengua (Hch 21:40) era más bien un dialecto arameo hablado por los judíos de Palestina. El hebreo solo era hablado en las sinagogas, en las escuelas y por las personas instruidas.
1. (*jebraikós*: Ἑβραϊκός <1444>) **Hebreo.** El título encima de Jesús sobre la cruz estaba, entre otras, en letras hebraicas (Lc 23:38, solo en algunos mss.). ¶
2. (*jebraís*: Ἑβραΐς <1446>) **Vocablo que describe la lengua de los hebreos.** Pablo habló al pueblo en lengua hebrea (Hch 21:40; 22:2). La voz que hablaba a Saulo en el camino de Damasco era en lengua hebrea (Hch 26:14). ¶

3. (*jebraistí*: Ἑβραϊστί <1447>) **En lengua hebrea.** Un estanque de agua en Jerusalén se llamaba en hebreo Betesda (Jn 5:2). El lugar del tribunal se llamaba en hebreo Gabata (Jn 19:13) y el lugar de la calavera, Gólgota (v. 17). El título encima de Jesús sobre la cruz estaba escrito en tres lenguas, entre ellas el hebreo (Jn 19:20). «¡Raboni!» es el vocablo hebreo por «Maestro» (Jn 20:16). El nombre del ángel del abismo en hebreo es «Abadón» (Ap 9:11). «Armagedón» es el nombre hebreo del lugar en el que se reunirán los ejércitos de la tierra para combatir contra el Señor (Ap 16:16). ¶
4. (*jebraíos*: Ἑβραῖος <1445>) **Descendiente de Abraham, en sí mismo un hebreo.** Pablo era un hebreo (2Co 11:22; Fil 3:5). Al comienzo de la Iglesia, surgió una queja de los helenistas contra los hebreos (Hch 6:1). ¶

HECHICERÍA – Ver **MAGIA**.

HECHICERO – Ver **MAGO**.

HELENISTA (*jelenistés*: Ἑλληνιστής <1675>)
Ver **Helenista** en la sección de los **Nombres de personas y de lugares**. Comp.: **Hebreo**.

HEMBRA (*thélus*: θῆλυς <2338>)
Mujer, que pertenece al sexo femenino. Al principio de la creación, Dios hizo al hombre y a la mujer varón y hembra (Mt 19:4; Mc 10:6). En Cristo Jesús, no hay ni varón ni hembra (Gá 3:28). ¶

HEMORRAGIA – Ver **FLUJO**.

HENO (*córtos*: χόρτος <5528>)
Hierba para alimentar el ganado. El heno representa en 1Co 3:12 la obra sin valor que será quemada por el fuego revelador.

HEREDAD – Ver **HERENCIA**.

HEREDAR (*kleronoméo*: κληρονομέω <2816>; de *kléros*: porción, herencia, y *némo*: repartir)
Recibir un bien por vía de sucesión. Los apacibles heredarán la tierra (Mt 5:5). Aquel que haya quitado todo por el nombre de Jesús, heredará la vida eterna (Mt 19:29). Uno le preguntó a Jesús qué debía hacer para heredar la vida eterna (Mc 10:17; Lc 10:25; 18:18). Los benditos de su Padre heredarán el reino (Mt 25:34). Los injustos no heredarán el reino de Dios (1Co 6:9), ni otras personas que practican cosas malas (1Co 6:10; Gá 5:21). La carne y la sangre no pueden heredar el reino de Dios, ni tampoco la corrupción (1Co 15:50a, b). El hijo de la sirvienta (Ismael) no debía heredar con el hijo de la mujer libre (Isaac) (Gá 4:30). Jesús ha heredado más excelente nombre que los ángeles (Hb 1:4). Los ángeles son enviados para servir a favor de los que van a heredar de la salvación (Hb 1:14). Debemos imitar a los que por la fe y por la paciencia heredan las promesas

HEREDERO

(Hb 6:12). Esaú, más tarde, hubiera querido heredar la bendición (Hb 12:17). Debemos bendecir para que seamos llamados a heredar la bendición (1P 3:9). El que venza heredará todas las cosas nuevas que Dios hará (Ap 21:7). ¶

HEREDERO (*kleronómos*: κληρονόμος <2818>; de *kléros*: porción, herencia, y *némo*: repartir)
Aquel que recibe un bien por vía de sucesión. En una parábola, los labradores quisieron matar al heredero (Mt 21:38; Mc 12:7; Lc 20:14). Cuando el heredero es menor de edad en nada se diferencia del esclavo, aunque sea el dueño de todo (Gá 4:1). Este nombre también se aplica a aquel que recibe un bien de Dios. Dios ha hecho a su Hijo heredero de todas las cosas; este último ha heredado de un nombre más excelente que el de los ángeles (Hb 1:2). La promesa de ser heredero del mundo le ha sido hecha a Abraham (Ro 4:13, 14). Noé llegó a ser heredero de la justicia (Hb 11:7). Los creyentes son herederos de Dios (Ro 8:17a, b), herederos mediante Dios (Gá 4:7) y herederos según la promesa hecha a Abraham (Gá 3:29; Hb 6:17). Han llegado a ser herederos según la esperanza de la vida eterna (Tit 3:7). Jacobo (Santiago) habla de los pobres en cuanto al mundo que son herederos del reino (2:5). ¶

HEREDERO (SER HECHO) (*kleróo*: κληρόω <2820>; de *kléros*: porción, herencia, que viene de *kláo*: romper)
Recibir un bien por vía de sucesión. Los creyentes han sido hechos herederos en Cristo (Ef 1:11). ¶

HEREJÍA (*jáiresis*: αἵρεσις <139>; de *jairéomai*: escoger; lit.: elección de una doctrina, preferencia por una doctrina; ha dado: herejía)
Una herejía (o facción) es caracterizada por la adhesión de sus miembros a una doctrina particular bajo la impulsión y la dirección de un falso maestro. Pedro habla de falsos maestros que introducirían herejías (2P 2:1). Las herejías son una de las obras de la carne (Gá 5:20). En los Hechos, se hace mención de la secta de los saduceos (5:17), de la de los fariseos (15:5; 26:5) y de la de los nazarenos (24:5). Los judíos presentaban el cristianismo como siendo una secta, asimilada a una escuela filosófica (Hch 24:14; 28:22). El hombre sectario introduce un espíritu de facción contrario a la unidad de la doctrina de Cristo (1Co 11:19).

HERENCIA

1. (*kléros*: κλῆρος <2819>; de *kláo*: romper) **Parte, porción.** Los ancianos debían cuidar el rebaño de Dios, no como teniendo señorío sobre los que están a su cuidado (lit.: sobre las heredades) (1P 5:3).
2. (*kleronomía*: κληρονομία <2817>; de *kleronómos*: heredero, que viene de *kléros*: ver **1.**, y *némo*: repartir)

Bienes transmitidos por vía de sucesión a la muerte de una persona; otra trad.: **heredad**. Abraham se fue al lugar que debía recibir como herencia (Hb 11:8). Dios no le dio herencia en el país al que había venido, pero prometió dárselo en posesión a su descendencia (Hch 7:5). Alguien dijo a Jesús: Maestro di a mi hermano que comparta la herencia conmigo (Lc 12:13). En una parábola, unos labradores mataron al heredero para apoderarse de la heredad (Mt 21:38; Mc 12:7; Lc 20:14). La palabra de la gracia de Dios tiene poder para edificarnos y darnos herencia con todos los santificados (Hch 20:32). Si la herencia es por la ley, ya no se basa en la promesa (Gá 3:18). El Espíritu Santo es las arras de nuestra herencia (Ef 1:14). Pablo oraba para que los efesios supieran cuáles son las riquezas de la gloria de la herencia de Dios en los santos (Ef 1:18). Ningún fornicario, o impuro, o avaro tiene herencia en el reino de Cristo y de Dios (Ef 5:5). Recibimos del Señor la recompensa de la herencia (Col 3:24). Los que han sido llamados reciben la promesa de la herencia eterna (Hb 9:15). Dios el Padre nos ha hecho nacer de nuevo para una herencia incorruptible (1P 1:4). ¶

3. (dar en heredad: *katakleronoméo*: κατακληρονομέω <2624a>; *katá*: según, y *kleronoméo*: heredar, que viene de *kléros*: ver **1.**, y *némo*: repartir) **Distribuir por vía de sucesión.** Dios repartió en herencia a los israelitas el país de Canaán (Hch 13:19); otros mss. tienen *katakleródoteo*. ¶

HERIDA

1. (*plegé*: πληγή <4127>; de *plésso*: golpear) **Golpe, contusión.** En una parábola, a un hombre que bajaba de Jerusalén a Jericó lo cubrieron de heridas (Lc 10:30).
2. (*mólops*: μώλωψ <3468>) **Huella que deja en la piel un arma al golpear con ella.** En 1P 2:24, los creyentes son sanados por la herida de Jesucristo, la cual hace referencia al juicio divino que él soportó en la cruz por ellos. ¶

HERIR

1. (*traumatízo*: τραυματίζω <5135>; de *traúma*: herida) **Infligir un golpe o unos golpes causando lesiones en el cuerpo.** En una parábola, un esclavo enviado por su amo para recibir fruto de la viña fue herido por los labradores (Lc 20:12). Los siete hijos de Esceva fueron heridos por el hombre en quien había un espíritu maligno (Hch 19:16). ¶
2. (*túpto*: τύπτω <5180>; lit.: golpear) **Ofender.** Los corintios pecaban contra Cristo hiriendo la débil conciencia de los hermanos (1Co 8:12).

HERMANA (*adelfé*: ἀδελφή <79>)
a. Hermana según la carne. Ref.: Marta y María: Lc 10:39, 40; Jn 11:1, 3, 5, 28, 39. Otras ref.: Mt 13:56; 19:29; Mc 6:3; 10:29, 30; Lc 14:26; 1 Ti 5:2; Jn 19:25; Hch 23:16; Ro 16:15. **b. El término también se**

HERMANO

aplica a una relación espiritual en Cristo, señalando la unidad de la familia de Dios. Ref.: Mt 12:50; Ro 16:1; 1Co 7:15; Flm 2; Stg 2:15; 2Jn 13. ¶

HERMANO
1. (*adelfós*: ἀδελφός <80>; de *a*: part. de unión, y *delfús*: vientre) **Pariente que proviene de la misma madre; hombre judío; creyente.** Se puede tratar de un hermano carnal; p.ej. Andrés era el hermano de Pedro (Mt 4:18), quienes tenían los mismos padres. Este vocablo también está empleado a propósito de los judíos (p.ej. Hch 3:17, cuando Pedro se dirigió a los de su nación), o de los cristianos (p.ej. Hch 10:23, cuando hermanos de Jope acompañaron a Pedro). Este vocablo es empleado en diversas ocasiones para designar a un creyente (p.ej. el hermano Cuarto en Ro 16:23). También puede designar a cualquier hombre (Mt 5:22; 7:3), en el sentido de prójimo. Este vocablo está empleado más de 300 veces en el N.T.
2. (*adelfótes*: ἀδελφότης <81>; de *adelfós*: ver **1.**) **Ver 1.** Pedro emplea este vocablo semejante a *adelfós* en 1P 2:17; 5:9. ¶

HERODIANOS (*jerodianoí*: Ἡρῳδιανοί <2265>)
Sectarios, partidarios del rey Herodes, que buscaban arrastrar al pueblo a prácticas y a distracciones de la gente de las naciones. Están mencionados en Mt 22:16, Mc 3:6; 12:13. ¶

HERVOR (*zélos*: ζῆλος <2205>; lit.: celo)
Fuerza, vigor. Si voluntariamente pecamos después de haber recibido el conocimiento de la verdad, solo queda la expectativa del juicio y el hervor de un fuego que ha de devorar a los adversarios (Hb 10:27).

HIDRÓPICO (*judropikós*: ὑδρωπικός <5203>; de *júdor*: agua, y *óps*: semblante)
Enfermedad que consiste en la acumulación de líquido en el cuerpo, especialmente en el abdomen. Jesús sanó a un hombre hidrópico (Lc 14:2). ¶

HIEL (*colé*: χολή <5521>; comp. *clóe*: verde, *quéo*: derramar)
Bilis de los animales o de las aves. Este vocablo empleado en Mt 27:34 (el vinagre mezclado con hiel dado a beber a Jesús antes de su crucifixión) es prob. mirra, si comparamos este versículo con Mc 15:23. En Hch 8:23, la hiel de amargura evoca la maldad de Simón el mago, su amargura de no poder dar el Espíritu Santo por la imposición de sus manos. ¶

HIERBA (MALA) – Ver **CIZAÑA**.

HIGO
1. (*súkon*: σῦκον <4810>) **Fruto comestible de la higuera; el receptáculo carnoso lleva las semillas.** Jesús no encontró más que hojas sobre una higuera, porque no era

tiempo de higos (Mc 11:13). No se recogen higos de los abrojos (Mt 7:16). No se cosechan higos de los espinos (Lc 6:44). La vid no puede producir higos (Stg 3:12). ¶
2. (higo tardío: *ólunthos*: ὄλυνθος <3653>) **Higo que no está maduro; breva, que habitualmente madura al final de la primavera.** Juan vio las estrellas caer como una higuera sacudida por un fuerte viento deja caer sus higos (Ap 6:13). ¶

HIGUERA (*suké*: συκῆ <4808>; de *súkon*: higo)
El árbol frutal más extendido en Israel, y que puede vivir hasta 200 años. La higuera produce sus hojas al final de la primavera (Mt 24:32; Mc 13:28; Lc 21:29). Sus flores son invisibles al ojo humano, pero se puede obtener varias cosechas anuales de higos. La higuera es una imagen de Israel; la maldición del Señor contra una higuera que no tenía frutos, solo hojas (Mt 21:19-21; Mc 11:13, 20, 21), es una ilustración de Israel que no produce ningún fruto para Dios. La higuera mencionada en Lc 13:6, 7 podría representar más específicamente a los judíos que, durante el ministerio público de Jesús, no produjeron, la mayoría de entre ellos, fruto para Dios. Jesús había visto a Natanael bajo una higuera (Jn 1:49, 51). Otras ref.: Stg 3:12; Ap 6:13. ¶

HIJO DE ESTE SIGLO (*juiós to aiónios*; hijo: *juiós*: υἱός <5207>; siglo: *aión*: αἰών <165>)
Expresión que describe al que pertenece a este mundo y que no es salvo; otras trad.: gente de este mundo, hijo de este mundo. Los hijos de este siglo son más prudentes que los hijos de la luz (Lc 16:8). Se casan y se dan en casamiento (Lc 20:34).

HIJO DE LA GEHENNA (*juiós geénnes*; hijo: *juiós*: υἱός <5207>; gehenna: *géenna*: γέεννα <1067>)
Aquel que está condenado a los tormentos eternos; otras trad.: hijo de condenación, hijo del infierno, merecedor del infierno. Los escribas y los fariseos hacían un prosélito hijo de la gehenna dos veces más que ellos (Mt 23:15).

HIJO DE LUZ (*juiós to fotos*; hijo: *juiós*: υἱός <5207>; luz: *fós*: φῶς <5457>)
Creyente andando a la luz de la Palabra de Dios; otra trad.: los que han recibido la luz. En Lc 16:8, los hijos de este siglo son más prudentes que los hijos de la luz. Es creyendo en Jesús, la luz, como llegamos a ser hijos de luz (Jn 12:36). Los creyentes de Tesalónica eran todos hijos de luz e hijos del día (1Ts 5:5).

HIJO DE PERDICIÓN (*juiós tes apóleias*; hijo: *juiós*: υἱός <5207>; perdición: *apóleia*: ἀπώλεια <684>; de *apólumi*: destruir completamente, que viene de *apó*: part. int., y *ólumi*: destruir)

Aquel que está condenado a los tormentos eternos; otra trad.: destructor por naturaleza. En Jn 17:12, se trata de Judas, uno de los doce apóstoles, que entregó a Jesús. Es uno de los nombres del anticristo en 2Ts 2:3.

HIJO DEL CUARTO NUPCIAL (*juiós to numfónos*; hijo: *juiós*: υἱός <5207>; cuarto nupcial: *numfón*: νυμφών <3567>; de *núpto*: velar) **Compañero del que se va a casar; otras trad.: los que están de bodas, los invitados del novio, los acompañantes del novio, los compañeros del novio, hijos del tálamo nupcial.** Al emplear esta expresión, Jesús asimila sus discípulos a tales compañeros (Mt 9:15; Mc 2:19; Lc 5:34). Habla en figura de sí mismo como del esposo en relación con Israel.

HIJO DEL DÍA (*juiós jeméras*; hijo: *juiós*: υἱός <5207>; día: *jeméra*: ἡμέρα <2250>) **Creyente andando a la luz de la Palabra de Dios.** El hijo del día no es de la noche ni de las tinieblas (1Ts 5:5).

HIJO DEL INFIERNO – Ver **HIJO DE LA GEHENNA**.

HILAR (*nétho*: νήθω <3514>) **Transformar una fibra textil en un hilo.** Los lirios del campo no trabajan ni hilan (Mt 6:28; Lc 12:27). ¶

HIMNO
1. (*júmnos*: ὕμνος <5215>) **Cántico de alabanza dirigido a Dios.** Los cristianos están invitados a recitar y a exhortarse con salmos, himnos y cánticos espirituales (Ef 5:19; Col 3:16). ¶
2. (cantar un himno: *jumnéo*: ὑμνέω <5214>; de *júmnos*: ver **1.**) **Dirigir un cántico de alabanza a Dios.** Después de su última cena, antes de ser entregado, Jesús cantó un himno con sus discípulos (Mt 26:30; Mc 14:26).

HINOJO – Ver **ENELDO**.

HIPOCRESÍA
1. (*jupókrisis*: ὑπόκρισις <5272>) **Disimulación, pretensión de cualidades o sentimientos contrarios a los que verdaderamente se tienen o experimentan.** Los escribas y los fariseos estaban, por dentro, llenos de hipocresía (Mt 23:28). Jesús conocía la hipocresía de los fariseos y de los herodianos (Mc 12:15). La levadura de los fariseos era la hipocresía (Lc 12:1). En los últimos tiempos, algunos dirán mentiras por hipocresía (1Ti 4:2). Debemos desechar la hipocresía (1P 2:1). Algunas vers. traducen este vocablo por «simulación» en Gá 2:13. ¶
2. (sin hipocresía: *anupókritos*: ἀνυπόκριτος <505>) **Sin fingimiento, sincero.** El amor debe ser sin hipocresía (Ro 12:9; 2Co 6:6), como el afecto fraterno (1P 1:22). La sabiduría que es de lo alto es sin hipocresía (Stg 3:17). Este vocablo está

traducido como: «sincero», «no fingido» en 1Ti 1:5 y 2Ti 1:5. ¶

HIPÓCRITA (*jupokrités*: ὑποκριτής <5273>; de *jupokrínomai*: pretender, fingir, que viene de *jupó*: debajo, y *kríno*: juzgar)
Persona que obra con hipocresía, que disimula su verdadero sentimiento o finge ser lo que no es. Al origen, actor sobre la escena; más tarde, individuo que esconde sus verdaderos sentimientos, que presenta una apariencia que no corresponde a lo que verdaderamente es. El Señor se dirige con frecuencia a los fariseos hipócritas (Mt 15:7; 16:3; 22:18; 23:13-15, 23, 25, 27, 29; Mc 7:6; Lc 11:44) y a otros que cometían la misma falta (Mt 6:2, 5, 16; 7:5; 24:51; Lc 6:42; 12:56; 13:15). ¶

HISOPO (*jússopos*: ὕσσωπος <5301>)
Pequeña planta aromática. Ella servía para la aspersión de la sangre de los sacrificios (Hb 9:19). Pusieron una esponja llena de vinagre sobre una rama de hisopo, y la presentaron a Jesús en la cruz (Jn 19:29). ¶

HISTORIA (*diégesis*: διήγησις <1335>; de *diegéomai*: relatar completamente)
Narración, relato. Muchos habían tratado de compilar la historia de Jesús (Lc 1:1); Lucas escribe estas diversas cosas por orden (ver v. 4). ¶

HOJA (*fúlon*: φύλλον <5444>; de *fúo*: brotar, crecer)
Parte de los vegetales unidos a un tallo o a una rama, y generalmente verde. Jesús solo encontró hojas sobre una higuera (Mt 21:19; Mc 11:13a, b). Conocemos que el verano está cerca cuando brotan las hojas de la higuera (Mt 24:32; Mc 13:28). Las hojas del árbol de vida serán para la sanidad de las naciones (Ap 22:2). ¶

HOLGURA (*ánesis*: ἄνεσις <425>; de *aníemi*: soltar, desatar)
Alivio, relajación. La liberalidad no debía conducir a que algunos estuvieran con holgura y que otros pasaran escasez (2Co 8:13).

HOLOCAUSTO (*jolokaútoma*: ὁλοκαύτωμα <3646>; de *jolokautéo*: consumir totalmente, que viene de *jólos*: completo, y *kaío*: consumir, quemar)
Sacrificio ofrecido a Dios bajo la ley, por el que el adorador era aceptado. El holocausto (ver Lv 1:1-17; 6:1-6) simboliza la ofrenda de Jesucristo a Dios en la cruz. Amar a Dios y al prójimo es mejor que ofrecer holocaustos y sacrificios de manera ritual (Mc 12:33; ver Os 6:6). A Dios no le agradaron los holocaustos ni los sacrificios por el pecado, es por lo que Cristo ha venido (Hb 10:6, 8). ¶

HOMBRE DE DIOS (hombre: *ánthropos*: ἄνθρωπος <444>; Dios: *Theós*: Θεός <2316>)

HOMBRE DE PECADO

Persona que sirve los intereses de Dios. Pablo se dirige a Timoteo como a un hombre de Dios que debe seguir la justicia, la piedad, la fe, el amor, la paciencia y la mansedumbre (1Ti 6:11). Sirviéndose de la Palabra de Dios para enseñar, reprender, corregir, instruir, el hombre de Dios es apto y equipado para toda obra buena (2Ti 3:17). Santos hombres de Dios (los profetas) han hablado, inspirados por el Espíritu Santo (2P 1:21).

HOMBRE DE PECADO – Ver **ANTICRISTO**.

HOMBRE INTERIOR (interior: *eso*: ἔσω <2080>; hombre o mujer: *ánthropos*: ἄνθρωπος <444>)
Expresión empleada para designar al espíritu del creyente. El hombre interior se deleita en la ley de Dios (Ro 7:22). Pablo, al hablar de su hombre interior, puede decir que se renueva de día en día (2Co 4:16). Oraba para que los efesios fuesen fortalecidos con poder en cuanto al hombre interior (Ef 3:16).

HOMICIDA (*androfónos*: ἀνδροφόνος <409>; de *anér*: hombre, y *fónos*: muerte)
Persona que mata a otra; asesino. La ley es, entre otras cosas, para los homicidas (1Ti 1:9). ¶

HONESTAMENTE (*euscemónos*: εὐσχημόνως <2156>; de *eusquémon*: honradamente, decentemente, que viene de *eu*: bien, y *squéma*: apariencia)
Con decencia. Los creyentes son exhortados a conducirse honestamente (Ro 13:13).

HONESTIDAD – Ver **DIGNIDAD**.

HONESTO (*semnós*: σεμνός <4586>; de *sébomai*: reverenciar, honrar)
Noble, respetable. Todas las cosas que son honestas deben ocupar nuestros pensamientos (Fil 4:8).

HONESTO (LO QUE ES) (*eusquémon*: εὐσχήμων <2158>; de *eu*: bien, y *squéma*: manera de ser)
Lo que conviene, lo que es correcto. Pablo daba consejos a propósito del casamiento con vista a lo que es honesto (1Co 7:35).

HONOR
1. (*timé*: τιμή <5092>; de *tíno*: pagar, recompensar, o de *tío*: estimar, honrar) **Respeto, estima; otras trad.: dignidad, honra, noble, valor.** A Dios solo corresponden el honor y la gloria (1Ti 1:17), el honor y el poder eternamente (6:16). Dios ha coronado a su Hijo de gloria y de honor (Hb 2:7, 9). Jesús ha recibido de Dios Padre honor y gloria (2P 1:17). Aquel que está sentado en el trono y el Cordero reciben el honor en Ap 4:9, 11; 5:12, 13; 7:12; 21:26. Algunos buscan el honor por la perseverancia en hacer el bien (Ro 2:7). Gloria y honor para todo hombre

que hace el bien (Ro 2:10). El alfarero tiene poder para hacer un vaso para honor (Ro 9:21). En una casa grande, hay tales vasos (2Ti 2:20). Los creyentes deben dar honor a los otros (Ro 12:10; 13:7a, b). Rodeamos con más honor a los miembros del cuerpo los menos honrosos (1Co 12:23); Dios ha dado más honor al que menos tenía (v. 24). Los preceptos dan al cuerpo un cierto valor (lit.: honor) (Col. 2:23). Cada uno debe saber poseer su propio vaso en honor (1Ts 4:4). Los ancianos que dirigen bien deben ser estimados dignos de doble honor (1Ti 5:17). Los esclavos deben estimar a sus amos dignos de todo honor (1Ti 6:1). Si alguien se limpia de los vasos a deshonor, será un vaso a honor (2Ti 2:21). La prueba de nuestra fe será en honor en la revelación de Jesucristo (1P 1:7). El marido debe dar honor a su esposa (1P 3:7). Otras ref.: Hb 3:3; 5:4; Ap 19:1 y 21:24 en algunos mss.

2. (honrar: *timáo*: τιμάω <5091>; de *timé*: ver **1**.) **Respetar, estimar.** Los habitantes de Malta hicieron grandes honores (lit.: honraron con grandes honores) a Pablo y a sus compañeros de viaje (Hch 28:10).

3. (honrado: *tímios*: τίμιος <5093>; de *timé*: ver **1**.) **Respetado, precioso.** En todos el matrimonio debe ser tenido por honroso (Hb 13:4).

4. (sin honra: *átimos*: ἄτιμος <820>; de *a*: part. neg., y *timé*: ver **1**.) **Sin estima, deshonrado.** No hay profeta sin honra, sino en su propio país y en su casa (Mt 13:57; Mc 6:4).

5. (honorable: *éndoxos*: ἔνδοξος <1741>; de *en*: en, y *dóxa*: gloria) **Estimable.** Los corintios eran honorables, pero Pablo y sus compañeros despreciados (1Co 4:10).

HONORABLE

1. (*eusquémon*: εὐσχήμων <2158>; de *eu*: bien, y *squéma*: apariencia) **Distinguido, prominente; otras trad.: ilustre, noble, respetable.** José era miembro honorable (Mc 15:43).

2. (uno más honorable: *entimóteros*; comparativo de *éntimos*: ἔντιμος <1784>; de *en*: en, y *timé*: estima, honor) **Uno más importante, uno más distinguido.** Un convidado al banquete de bodas podría deber ceder su lugar a uno más honorable (Lc 14:8).

3. (menos honorable: *átimos*: ἄτιμος <820>; de *a*: part. neg., y *timé*: estima, honor) **Menos honroso, menos digno.** Rodeamos con más honor a los miembros del cuerpo menos honrosos (1Co 12:23).

4. (*kósmios*: κόσμιος <2887>; de *kósmos*: orden, arreglo ordenado) **Ordenadamente, digno, decoroso.** El obispo debe ser decoroso (respetable) (1Ti 3:2).

5. Ver **HONESTO**.

HONRADAMENTE (*euscemónos*: εὐσχημόνως <2156>)
De manera distinguida, honestamente; otras trad.: decentemente, dignamente. Los tesalonicenses debían conducirse honradamente para con los de fuera (1Ts 4:12).

HONRAR

1. (*timáo*: τιμάω <5091>; de *timé*: ver **2.**) **Respetar, estimar.** Dios ha ordenado honrar al padre y a la madre (Mt 15:4; 19:19; Mc 7:10; 10:19; Lc 18:20; Ef 6:2), lo que algunos no hacían (Mt 15:6). Israel honraba a Dios con los labios (Mt 15:8; Mc 7:6). Todos deben honrar al Hijo como honran al Padre; el que no honra al Hijo no honra al Padre que lo envió (Jn 5:23a-d). Jesús honraba a su Padre (Jn 8:49). Si alguien sirve a Jesús, el Padre lo honrará (Jn 12:26). Timoteo debía honrar a las verdaderas viudas (1Ti 5:3). Debemos honrar a todos los hombres, y al rey (1P 2:17a, b).

2. (honor: *timé*: τιμή <5092>; de *tíno*: pagar, recompensar, o de *tío*: estimar, honrar) **Respeto, estima.** A un profeta no se le honra (lit.: no tiene honor) en su propia tierra (Jn 4:44).

3. (honrado: *tímios*: τίμιος <5093>; de *timé*; ver **2.**) **Estimado, respetado; otras trad.: prestigiado, venerado.** Gamaliel era honrado por todo el pueblo (Hch 5:34).

4. (en honor: *éntimos*: ἔντιμος <1784>; de *en*: en, y *timé*: ver **2.**) **En aprecio, en estima.** Pablo dice a los filipenses que deben honrar (lit.: tener en honor) a hombres tales como Epafrodito (Fil 2:29).

5. (*eusebéo*: εὐσεβέω <2151>; de *eusebés*: piadoso, devoto, que viene de *eu*: bien, y *sébomai*: ver **7.**) **Adorar, venerar.** Pablo anunciaba a aquel que los ateneos adoraban sin conocerlo (Hch 17:23).

6. (*sebázomai*: σεβάζομαι <4573>; de *sébas*: temor religioso, que viene de *sébomai*: ver **7.**) **Venerar, dar culto.** Unos hombres han honrado y servido a la criatura en lugar del Creador (Ro 1:25). ¶

7. (*sébomai*: σέβομαι <4576>) **Adorar, honrar, venerar.** Los escribas y los fariseos en vano honraban a Dios (Mt 15:9; Mc 7:7).

HORA

1. (*jóra*: ὥρα <5610>) **a. Unidad de medida del tiempo correspondiente a un doceavo del día o de la noche.** Es importante notar que los autores de los evangelios sinópticos cuentan las horas a la manera de los judíos, para los cuales el día comenzaba a las seis de la mañana; p.ej.: la hora novena corresponde a las tres del mediodía. En el evangelio de Juan, la referencia a las horas no parecen tener la misma correspondencia que en los sinópticos. Crucificaron a Jesús a la hora tercera (Mc 15:25). Pilato presentó a Jesús como rey a los judíos hacia la hora sexta (Jn 19:14). Cuando estaba en la cruz, desde la hora sexta, hubo tinieblas sobre toda la tierra hasta la hora novena (Mt 27:45a, b; Mc 15:33a, b; Lc 23:44a, b). Cerca de la hora novena, Jesús clamó: Dios mío, Dios mío, ¿por qué me has desamparado? (Mt 27:46; Mc 15:34). Otras ref.: Mt 14:15; 20:3, 5, 6, 9, 12; Mc 6:35a, b; Lc 22:59; Jn 1:39; 4:6, 52a, b; 11:9;

Hch 2:15; 3:1; 5:7; 10:3, 9, 30; 19:34; 23:23 **b. Período de tiempo indeterminado, pero corto.** Jesús guardará a los creyentes de Filadelfia de la hora de la prueba (Ap 3:10). Diez reyes recibirán poder como reyes, una hora, con la bestia (Ap 17:12). Otras ref.: Ap 18:10, 17 (o 16), 19. **c. Momento preciso en el tiempo; otras trad.: día, instante.** A la hora en la que Jesús habló al centurión, su siervo fue sanado (Mt 8:13). La hora viene en la que los verdaderos adoradores adorarán al Padre en espíritu y en verdad (Jn 4:23). Cuando llegó la hora, Jesús se sentó a la mesa con los apóstoles (Lc 22:14). La hora había llegado para el Padre de glorificar a su Hijo (Jn 17:1). Jesús reprochó a sus discípulos el no haber podido velar una hora con él (Mt 26:40; Mc 14:37). Jesús pidió a su Padre que lo salvara de esta hora (la de los sufrimientos de la cruz), pero era para esto que él había llegado a esta hora (Jn 12:27a, b; también Mc 14:35). Otras ref.: Mt 9:22; 10:19; 15:28; 17:18; 18:1; 24:36, 42, 44, 50; 25:13; 26:45, 55; Mc 13:11, 32; 14:41; Lc 1:10; 7:21; 10:21; 12:12, 39, 40, 46; 14:17; 20:19; 22:53; 24:33; Jn 2:4; 4:21, 53; 5:25, 28; 7:30; 8:20; 12:23; 13:1; 16:2, 4, 21, 25, 32; 19:27; Hch 16:18, 33; 22:13; Ro 13:11; 1Co 4:11; 15:30; 1Jn 2:18a, b; Ap 3:3; 9:15; 11:13; 14:7, 15.
2. (media hora: *jemiórion*: ἡμιώριον <2256>; de *jémisu*: mitad, y *jóra*: ver **1.**) **Mitad de una hora.** Cuando se abrió el séptimo sello, hubo silencio en el cielo como por media hora (Ap 8:1). ¶
3. (hace poco: *nún*: νῦν <3568>) **Recientemente.** Hace poco que los judíos procuraban apedrear a Jesús (Jn 11:8).

HORNO (*klíbanos*: κλίβανος <2823>)
Lugar excavado en el suelo en forma de bóveda con muros donde se hacían cocer los panes y otros productos cereales. La hierba de los campos es utilizada para alimentar el fuego que calienta el horno (Mt 6:30; Lc 12:28). ¶

HORNO DE FUEGO (*káminos*: κάμινος <2575>; de *kaío*: encender, arder)
Gran horno en el que arde un fuego incandescente. Los que cometen la iniquidad serán echados en el horno de fuego (Mt 13:42), como también los malos (v. 50). Los pies del Hijo del hombre eran semejantes al bronce bruñido, incandescente en el horno (Ap 1:15). Sube humo del pozo del abismo, como humo de un gran horno (Ap 9:2). ¶

HORRENDO (*foberós*: φοβερός <5398>; de *fóbos*: temor, terror)
Que inspira temor, terrible, espantoso. El vocablo está empleado a propósito de la espera del juicio (Hb 10:27), del hecho de caer entre las manos del Dios vivo (10:31) y de lo que vio Moisés (12:21). ¶

HORTELANO (*kepourós*: κηπουρός <2780>; de *képos*: huerto, y *oúros*: guardián)
Aquel que cuida un huerto. María viendo a Jesús resucitado pensaba que era el hortelano (Jn 20:15). ¶

HOSANNA (*Josanná*: Ὡσαννά <5614>)
Vocablo hebreo compuesto de dos palabras significando: «¡Salva, ahora!», o «¡Te rogamos, sálvanos ahora!» (ver Sal 118:25). Jesús fue acogido con ese grito de gozo y de júbilo cuando entró en Jerusalén (Mt 21:9, 15; Mc 11:9, 10; Jn 12:13). ¶

HOSPEDADOR (*xénos*: ξένος <3581>)
Persona que recibe a otra en su casa; otra trad.: huésped. Gayo era el hospedador de Tercio y de toda la iglesia (Ro 16:23).

HOSPITALARIO (*filóxenos*: φιλόξενος <5382>; de *fílos*: amigo, y *xénos*: huésped, forastero)
Cualidad de un creyente para acoger en su casa a otros creyentes; otra trad.: hospedador. Somos exhortados a ser hospitalarios los unos con los otros (1P 4:9). El obispo (supervisor), particularmente, debe ser hospitalario (1Ti 3:2; Tit 1:8). ¶

HOSPITALIDAD (*filoxenía*: φιλοξενία <5381>; de *filóxenos*: hospitalario, que viene de *fílos*: amigo, y *xénos*: huésped, forastero)
Buena disposición para acoger en el propio hogar a las personas que están de paso o necesitadas. Los creyentes deben practicar la hospitalidad (Ro 12:13). Están exhortados a no olvidar la hospitalidad (Hb 13:2). ¶

HOY (*sémeron*: σήμερον <4594>; de *jeméra*: día)
En este mismo día. Adverbio frecuentemente empleado por Mateo (Mt 6:11, 30; 11:23; 16:3; 21:28; 27:8, 19; 28:15) y Lucas (Lc 2:11; 4:21; 5:26; 12:28; 13:32, 33; 19:5, 9; 22:34; 23:43; 24:21; Hch 4:9; 13:33; 19:40; 20:26; 22:3; 24:21; 26:2, 29; 27:33). Otras ref.: Mc 14:30; Ro 11:8; 2Co 3:14, 15; Hb 1:5; 3:7, 13, 15; 4:7a, b; 5:5; 13:8; Stg 4:13. ¶

HOYO (*bóthunos*: βόθυνος <999>; semejante a *bathús*: profundo)
Hueco, agujero en el suelo; otras trad.: hoya, pozo. Se sacará a una oveja que cae en un hoyo aunque sea en día de reposo (Mt 12:11). Dos ciegos podrían caer en un hoyo (Matt. 15:14; Lc 6:39). ¶

HOZ (*drépanon*: δρέπανον <1407>; de *drépo*: arrancar, recoger)
Herramienta cortante utilizada por los segadores y los viñadores. Cuando el fruto está maduro, en seguida se mete la hoz (Mc 4:29). Juan vio a alguien semejante al Hijo del hombre con una hoz afilada en su mano (Ap 14:14); le fue dicho que lanzara su hoz y segara (v. 15);

él metió su hoz en la tierra, y la tierra quedó segada (v. 16). Otro ángel también salió con una hoz afilada (Ap 14:17); le fue dicho que lanzara su hoz afilada y vendimiara los racimos de la viña de la tierra (v. 18a, b); él metió su hoz en la tierra y vendimió la viña de la tierra (v. 19). ¶

HUÉRFANO (*orfanós*: ὀρφανός <3737>; *orbus* en lat.)
Persona que ha perdido uno o dos padres. El Señor no dejaría a sus discípulos huérfanos (Jn 14:18). Visitar a los huérfanos hace parte del servicio religioso ante Dios Padre (Stg 1:27). ¶

HUERTO (*képos*: κῆπος <2779>)
Terreno en el que se puede cultivar diversas cosas. Un hombre sembró en su huerto un grano de mostaza (Lc 13:19). Jesús entró en un huerto al otro lado del torrente de Cedrón (Jn 18:1). Un esclavo había visto a Pedro en el huerto con Jesús (Jn 18:26). Había un huerto en el lugar donde Jesús había sido crucificado, y en el huerto un sepulcro nuevo (Jn 19:41a, b). ¶

HUÉSPED – Ver **HOSPEDADOR**.

HUMANIDAD
1. (*filanthropía*: φιλανθρωπία <5363>; de *fílos*: amigo, y *ánthropos*: hombre o mujer) **Benevolencia, bondad.** Los naturales usaron de una humanidad poco ordinaria para con Pablo y sus compañeros (Hch 28:2).

Este vocablo está traducido como: «amor» en Tit 3:4. ¶
2. (con humanidad: *filanthrópos*: φιλανθρώπως <5364>; ver **1.**) **Con benevolencia, con bondad.** Julio trató a Pablo con humanidad (Hch 27:3). ¶

HUMILDAD (*tapeinofrosúne*: ταπεινοφροσύνη <5012>; de *tapeinós*: humilde, y *frén*: mente)
Particularidad de una persona que a sí misma se humilla ante los otros, que manifiesta esta disposición de espíritu. Pablo había servido al Señor con toda humildad (Hch 20:19). La humildad debe determinar la vida del creyente (Ef 4:2; Fil 2:3; Col 3:12; 1P 5:5). Pero hay una humildad que no conviene, la que procede de la propia voluntad (Col 2:18) y que tiene una apariencia de sabiduría (v. 23). ¶

HUMILDE
1. (*tapeinós*: ταπεινός <5011>) **Que se humilla voluntariamente, discreto.** Jesús ha dicho de sí mismo que él era manso y humilde de corazón (Mt 11:29). Pablo exhorta a asociarse con los humildes (Ro 12:16). En cuanto a la apariencia, Pablo se decía humilde en medio de los corintios (2Co 10:1). Dios da gracia a los humildes (Stg 4:6; 1P 5:5).
2. (humillación: *tapeínosis*: ταπείνωσις <5014>; de *tapeinóo*: allanar, humillar, que viene de *tapeinós*: ver **1.**) **Humilde, modesta, pobre condición.** Dios se había fijado en

HUMILLACIÓN

la humilde condición de María, que llegaría a ser la madre de Jesús (Lc 1:48).
3. (*tapeinófron*: ταπεινόφρων <5012a>; de *tapeinós*: ver **1.**, y *frén*: mente) **Modesto, humillándose voluntariamente, que muestra humildad de espíritu.** Pedro invita a los creyentes a ser humildes (1P 3:8). ¶

HUMILLACIÓN (*tapeínosis*: ταπείνωσις <5014>; de *tapeinóo*: allanar, humillar, que viene de *tapeinós*: humilde)
Humilde condición, humilde estado. En la humillación de Jesús no se le hizo justicia. Este vocablo describe también el cuerpo actual del creyente que será transformado y hecho conforme al cuerpo de gloria del Señor (Fil 3:21). El hermano rico es llamado a gloriarse en su humillación (Stg 1:10), porque en Cristo el rico es humillado y el pobre es elevado (ver Mt 23:12).

HURTO

1. (*klémma*: κλέμμα <2809>; de *klépto*: hurtar) **Algo robado.** En un tiempo futuro, algunos no se arrepentirán de sus hurtos (Ap 9:21). Otras traducciones traducen el vocablo como: «robo». ¶
2. (*klopé*: κλοπή <2829>; de *klépto*: robar, hurtar) **Lo que se le quita a otro sin su acuerdo.** Los hurtos vienen del corazón del hombre (Mt 15:19; Mc 7:22). ¶

I

IDÓLATRA (*eidololátres*: εἰδωλολάτρης <1496>; de *eídolon*: ídolo, y *látris*: adorador, siervo)
Que consagra un culto a los ídolos. No siempre es posible para el creyente no relacionarse con los idólatras de este mundo (1Co 5:10), pero no debían juntarse con alguien que, llamándose hermano, fuese un idólatra (v. 11). Los idólatras no heredarán el reino de Dios (1Co 6:9; Ef 5:5). El creyente no debe ser idólatra (1Co 10:7). La parte de los idólatras será en el lago de fuego (Ap 21:8); se quedarán fuera de la Jerusalén celestial (22:15). ¶

IDOLATRÍA (*eidololatreía*: εἰδωλολατρεία <1495>; de *eídolon*: ídolo, y *latreía*: adoración)
Culto consagrado a los ídolos. La Palabra condena la idolatría (Gá 5:20; Col 3:5; 1P 4:3). El creyente debe huir de la idolatría (1Co 10:14). ¶

ÍDOLO

1. (*eídolon*: εἴδωλον <1497>; de *eídos*: aspecto, vista) **Representación de un dios falso con vistas a la adoración.** Los israelitas ofrecieron un sacrificio al ídolo, el becerro que habían hecho (Hch 7:41). Pablo pregunta al que abomina a los ídolos si se apropia los despojos de los templos (Ro 2:22). Antes de su conversión, los corintios se dejaban arrastrar hacia los ídolos mudos (1Co

12:2). No hay compatibilidad entre el templo de Dios y los ídolos (2Co 6:16). Los tesalonicenses se habían convertido de los ídolos a Dios (lit.: hacia Dios de los ídolos) (1Ts 1:9). Los hombres no se arrepintieron de adorar a los ídolos (Ap 9:20). Se ofrecían sacrificios a los ídolos (Hch 7:41; 1Co 8:4, 7; 10:19b). Jacobo proponía de escribir a los creyentes de entre los gentiles que se abstengan de lo contaminado por los ídolos (Hch 15:20). Las riquezas materiales que engendran la codicia, o todas las otras cosas que toman el lugar de Dios en la vida del cristiano, son consideradas como ídolos (ver Ef 5:5; Col 3:5). El mandamiento solemne de guardarse de los ídolos siempre permanece actual para el creyente (1Jn 5:21). ¶

2. (templo de ídolo: *eidoleíon*: εἰδωλεῖον <1493>; de *eídolon*: ver **1.**) **Lugar de culto pagano.** Un creyente sentado en el templo de un ídolo podía ser un obstáculo para otro creyente más débil (1Co 8:10). ¶

3. (cosa sacrificada a los ídolos: *eidolóthuton*: εἰδωλόθυτον <1494>; de *eídolon*: ver **1.**, y *thúo*: sacrificar) **Restos de víctimas sacrificadas a los ídolos.** Pablo trata el tema de comer cosas sacrificadas a los ídolos (1Co 8:1, 4, 7, 10). Balaam quería que los hijos de Israel comiesen cosas sacrificadas a los ídolos (Ap 2:14). Jezabel seducía a comer cosas sacrificadas a los ídolos (Ap 2:20). Otras ref.: Hch 15:29; 21:25; 1Co 10:19. ¶

4. (totalmente idólatra: *kateídolos*: κατείδωλος <2712>; de *katá*: part. int., y *eídolon*: ver **1.**) **Lleno de ídolos.** Atenas estaba llena de ídolos (Hch 17:16). ¶

IGLESIA (*ekklesía*: ἐκκλησία <1577>; de *ek*: fuera de, y *kaléo*: llamar; lit.: asamblea por convocación) **a. La Iglesia (o Asamblea) abarca a todos los creyentes rescatados por la sangre de Cristo, desde que esta comenzó a ser formada hasta la venida del Señor para arrebatarla.** Jesús edificó su Iglesia (Mt 16:18; ver Ef 2:20-22). Durante este intervalo de tiempo, la Iglesia cristiana está formada por todos los verdaderos cristianos, conocidos por Dios, que viven en un momento dado en la tierra (ver 2Ti 2:19-21). Otras ref.: Hch 2:47; 5:11; 8:1, 3; 1Co 12:28; 14:12; 15:9; Ef 1:22; 3:10; 5:23, 24, 27, 29, 32; Fil 3:6; Col 1:18, 24; 1Ti 3:5, 15; Hb 2:12; 12:23. **b. La iglesia local, al principio, estaba formada por todos los verdaderos creyentes que vivían en una localidad.** El vocablo designa una reunión efectiva de los creyentes alrededor del Señor, en un lugar dado (1Co 11:16; 14:19, 34, 35). La iglesia local es una expresión de la Iglesia universal, cuerpo de Cristo (1Co 1:2; 1Ts 1:1). Otras ref.: Mt 18:17a, b; Hch 9:31; 11:22, 26; 12:1, 5; 13:1; 14:23, 27; 15:3, 4, 22, 41; 16:5; 18:22; 20:17, 28; Ro 16:1, 4, 5, 16, 23; 1Co 4:17; 6:4; 7:17; 10:32; 11:18, 22; 14:4, 5, 23, 28, 33; 16:1, 19a, b; 2Co 1:1; 8:1, 18,

IGNORANCIA

19, 23, 24; 11:8, 28; 12:13; Gá 1:2, 13, 22; Fil 4:15; Col 4:15, 16; 1Ts 2:14; 2Ts 1:1, 4; 1Ti 5:16; Flm 2; Stg 5:14; 3Jn 6, 9, 10; Ap 1:4, 11, 20a, b; 2:1, 7, 8, 11, 12, 17, 18, 23, 29; 3:1, 6, 7, 13, 14, 22; 22:16. **c. Grupo de gente reunida.** El vocablo está empleado para la asamblea de Israel en el desierto (Hch 7:38). También designa un agolpamiento de ciudadanos de Éfeso (Hch 19:32, 41) y una asamblea legítima (v. 39). ¶

IGNORANCIA

1. (*ágnoia*: ἄγνοια <52>; de *agnoéo*: ver 3.) **Falta de conocimiento o de percepción.** Los judíos mataron a Jesús por ignorancia (Hch 3:17). Habiendo pasado por alto los tiempos de ignorancia, Dios manda a todos de arrepentirse (Hch 17:30). Los gentiles son extranjeros a la vida de Dios a causa de la ignorancia que hay en ellos (Ef 4:18). Antes de su conversión, los creyentes estaban en la ignorancia (1P 1:14). ¶

2. (*agnosía*: ἀγνωσία <56>; de *a*: part. neg., y *gnósis*: conocimiento) **Sin conocimiento, ausencia de saber.** Algunos de los corintios no conocían a Dios (1Co 15:34). Haciendo el bien, los creyentes hacen callar la ignorancia de los insensatos (1P 2:15). ¶

3. (estar en la ignorancia, obrar con ignorancia: *agnoéo*: ἀγνοέω <50>; de *a*: part. neg., y *noéo*: entender, pensar) **Ignorar, no saber.** Pablo no quería que los tesalonicenses estuviesen en la ignorancia a propósito de los que dormían (1Ts 4:13). Antes de su conversión, Pablo había obrado con ignorancia, en la incredulidad (lit.: porque siendo ignorante, había obrado en incredulidad) (1Ti 1:13).

IGNORANTE

1. (*amathés*: ἀμαθής <261>; de *a*: part. neg., y *mantháno*: aprender) **Sin instrucción, indocto.** Hombres ignorantes torcían las cosas que Pablo había escrito (2P 3:16). ¶

2. (ser ignorante: *agnoéo*: ἀγνοέω <50>; de *a*: part. neg., y *noéo*: entender, pensar) **Ignorar, sin saber.** Pablo no quería que los corintios estuviesen en la ignorancia en cuanto a los dones espirituales (1Co 12:1). Si alguien ignoraba las cosas que Pablo escribía, que fuese ignorante (1Co 14:38a, b). El sumo sacerdote se podía mostrar paciente con los ignorantes (lit.: con los que eran ignorantes) (Hb 5:2).

IGNORAR

1. (*agnoéo*: ἀγνοέω <50>; de *a*: part. neg., y *noéo*: entender, pensar) **Sin saber.** Pablo emplea este verbo en relación con el bautismo (Ro 6:3), la ley (Ro 7:1), la justicia de Dios (Ro 10:3), los designios de Satanás (2Co 2:11). Emplea la expresión «No quiero que ignoréis, hermanos» en Ro 1:13; 11:25; 1Co 10:1; 2Co 1:8. Hay hombres que hablan mal de cosas que ignoran (2P 2:12).

2. (*lantháno*: λανθάνω <2990>) **Estar sin saber.** Pablo estaba persuadido que el rey Agripa no ignoraba las cosas que él decía (Hch 26:26). Hay hombres que ignoran voluntariamente que, por la palabra de Dios, desde tiempos antiguos el cielo subsistía y también la tierra surgida del agua (2P 3:5). No debemos ignorar que un día es como mil años para el Señor y mil años como un día (2P 3:8).

ILETRADO – Ver **LETRAS (SIN)**.

IMAGEN
1. (*eikón*: εἰκών <1504>; de *eíko*: asemejarse) **a. Representación de una persona, de un animal o de un objeto.** Los hombres cambiaron la gloria del Dios incorruptible por imágenes que eran réplicas del hombre corruptible (Ro 1:23). Dios ha predestinado a los creyentes a ser conformes a la imagen de su Hijo (Ro 8:29). El hombre es imagen y gloria de Dios (1Co 11:7). Como hemos llevado la imagen del hombre terrenal, también llevaremos la imagen del celestial (1Co 15:49a, b). Contemplando la gloria del Señor, somos transformados en su misma imagen (2Co 3:18). Cristo es la imagen de Dios (2Co 4:4), del Dios invisible (Col 1:15). El nuevo hombre es según la imagen del que lo creó (Col 3:10). La ley no es la imagen misma de las cosas venideras (Hb 10:1). Este vocablo está empleado a propósito de la bestia (Ap 13:14, 15a-c; 14:9, 11; 15:2; 16:2; 19:20; 20:4). **b. Efigie.** Jesús preguntó quién era la imagen sobre el denario (Mt 22:20; Mc 12:16; Lc 20:24). ¶
2. Ver **FIGURA**.

IMAGEN MISMA (*caraktér*: χαρακτήρ <5481>; de *carásso*: afilar, grabar)
Imagen, expresión. Jesús es la imagen misma de la sustancia de Dios (Hb 1:3), es decir imagen o expresión exacta de lo que es Dios esencialmente en su naturaleza. Jesús es distinto como persona divina, pero totalmente semejante a Dios mismo (ver Jn 1:1). ¶

IMITADOR
1. (*mimetés*: μιμητής <3402>; de *miméomai*: imitar, seguir; que viene de *mímos*: imitador) **Alguien que reproduce la conducta de otra persona, que sigue a un modelo.** Pablo decía a los corintios que fuesen sus imitadores (1Co 4:16; 11:1), como a los efesios que fuesen imitadores de Dios (Ef 5:1). Los tesalonicenses se hicieron imitadores de Pablo y de sus compañeros y también del Señor (1Ts 1:6), así como de las iglesias de Dios (2:14). Los hebreos debían hacerse imitadores de los que heredan las promesas (Hb 6:12). Pedro habla de seguir el bien (lit.: imitar el bien) (1P 3:13). ¶
2. (imitar juntos: *summimetés*: συμμιμητής <4831>; de *sun*: con, junto a, y *mimetés*: ver **1.**) **Imitador de otra persona.** Pablo decía a los filipenses de ser imitadores de él (Fil 3:17). ¶

IMITAR (*miméomai*: μιμέομαι <3401>; de *mímos*: imitador)
Reproducir la conducta de otro; seguir el ejemplo. Los tesalonicenses debían imitar a Pablo (2Ts 3:7, 9). Debemos imitar la fe de los que nos comunicaron la palabra de Dios (Hb 13:7). Gayo no debía imitar lo malo sino lo bueno (3Jn 11). ¶

IMPEDIMENTO (SIN) (*aperispástos*: ἀπερισπάστως <563>; de *a*: part. neg., y *perispáo*: distraer)
Sin diversión, sin apartarse por otra cosa. Aquel que no está casado puede ocuparse en el servicio del Señor sin impedimento (1Co 7:35). ¶

IMPEDIR – Ver **ESTORBAR**.

IMPENETRABLE – Ver **INESCRUTABLE**.

IMPÍAMENTE (HACER) (*asebéo*: ἀσεβέω <764>; de *asebés*: impío, malvado, que viene de *a*: part. neg., y *sébomai*: adorar, honrar, venerar)
Obrar despreciando a Dios y a su Palabra, en contra de Su voluntad. Judas habla de los impíos y de sus obras impías que han hecho impíamente (Jud 15).

IMPÍO (*asebés*: ἀσεβής <765>; de *a*: part. neg., y *sébomai*: adorar, honrar, venerar)
Que desprecia a Dios y a su Palabra obrando contrariamente a la voluntad de Dios. Pedro habla de la destrucción de los hombres impíos (2P 3:7). El impío que cree puede ser justificado (Ro 4:5); Cristo murió por los impíos (5:6). La ley es para los impíos (1Ti 1:9). El juicio de Dios está reservado para el impío (1P 4:18). Dios hizo venir el diluvio sobre un mundo de impíos (2P 2:5). Unos impíos cambian la gracia de Dios en libertinaje (Jud 4, 15). ¶

IMPLACABLE (*áspondos*: ἄσπονδος <786>; de *a*: part. neg., y *spéndo*: derramar en libación que habitualmente acompañaba un tratado)
Que no se puede convencer para llegar a un acuerdo, irreconciliable. En los últimos días, los hombres serán implacables (2Ti 3:3); la nota de un trad. sugiere: «que no se atienen a sus compromisos». Encontramos este vocablo en Ro 1:31 en algunos mss. griegos. ¶

IMPLANTADA (*émfutos*: ἔμφυτος <1721>; de *emfúo*: implantar, que viene de *en*: en, y *fúo*: producir, crecer)
Que es introducida y que se desarrolla. Jacobo (Santiago) exhorta para que se reciba con humildad la palabra implantada (Stg 1:21). ¶

IMPORTUNIDAD (*anaídeia*: ἀναίδεια <335>; de *anaidés*: desvergonzado, insolente, que viene de *a*: part. neg., y *aidós*: cohibición, modestia)
Impertinencia, insistencia; otra trad.: desvergüenza. A causa de la importunidad de su amigo, un hombre se levantará y le dará pan (Lc 11:8). ¶

IMPOSICIÓN DE LAS MANOS, IMPONER LAS MANOS (imposición: *epíthesis*: ἐπίθεσις <1936>; imponer: *epitíthemi*: ἐπιτίθημι <2007>; de *epí*: sobre, y *títhemi*: poner; mano: *queír*: χείρ <5495>) **a. Práctica que consistía en poner las manos sobre enfermos o inválidos para sanarlos, invocando sobre ellos el poder de Dios.** Jesús impuso las manos en diversas ocasiones (Mc 5:23; 6:5; 7:32; Lc 4:40). Habla de imponer las manos a los enfermos (Mc 16:18). Saulo vio en visión a Ananías que le imponía las manos (Hch 9:12); cuando le impuso las manos, Saulo recobró la vista (v. 17). Pablo impuso las manos al padre de Publio y lo sanó (Hch 28:8). **b. Práctica para reconocer públicamente a cristianos que han recibido un don de gracia para un servicio.** Fue el caso de los siete hombres escogidos para servir a las mesas (Hch 6:6), de Bernabé y Saulo (13:3), de Timoteo (1Ti 4:14; 2Ti 1:6) y de aquellos a quienes él debía imponer las manos (1Ti 5:22). **c. Práctica que permitía recibir al Espíritu Santo.** Los creyentes de Samaria recibieron así el Espíritu Santo mediante Pedro y Juan (Hch 8:17); Simón ofreció dinero por recibir ese poder (v. 19; ver v. 18). Cuando Pablo impuso las manos a los creyentes de Éfeso, el Espíritu Santo vino sobre ellos, y hablaban en lenguas y profetizaban (Hch 19:6). **d. Práctica del A.T.** El cristiano no debe volver a esta práctica (Hb 6:2). **e. Práctica del tiempo de Jesús.** Jesús impuso las manos a unos niños (Mt 19:13, 15).

IMPOSTOR – Ver **ENGAÑADOR**.

IMPUESTO (*télos*: τέλος <5056>) **Tasa, retención para la administración del Estado.** Los reyes de la tierra reciben impuestos de los extraños (Mt 17:25).

IMPUREZA – Ver **INMUNDICIA, LASCIVIA**.

IMPURO
1. (*akáthartos*: ἀκάθαρτος <169>; de *a*: part. neg., y *kathaíro*: limpiar) **Que no es santo, separado; otra trad.: inmundo.** Los hijos serían impuros si un cónyuge incrédulo no estuviese santificado por el otro creyente (1Co 7:14). El Señor dice que no hay que tocar lo que es impuro (2Co 6:17). Ningún impuro tiene herencia en el reino de Cristo y de Dios (Ef 5:5).
2. (*koinós*: κοινός <2839>; lit.: común) **Profano.** Pedro jamás había comido nada impuro o inmundo (Hch 10:14). Él no debía llamar a ningún hombre impuro o inmundo (Hch 10:28). Jamás una cosa impura o inmunda había entrado en su boca (Hch 11:8).
3. (tener por impuro: *koinóo*: κοινόω <2840>; de *koinós*: ver **2.**) **Considerar profano.** Pedro no debía tener por impuro lo que Dios ha purificado (Hch 10:15; 11:9).
4. Ver **INMUNDO**.

INACCESIBLE (*aprósitos*: ἀπρόσιτος <676>; de *a*: part. neg., y *próseimi*: acercarse, que viene de *prós*: hacia, y *eimí*: ser, ir)
Que no se puede alcanzar. Dios habita la luz inaccesible (1Ti 6:16). ¶

INAUGURAR (*enkainízo*: ἐγκαινίζω <1457>; de *en*: en, y *kainós*: nuevo)
Hacer algo por primera vez. El primer pacto no fue inaugurado sin sangre (Hb 9:18). Jesús nos ha abierto (o: inaugurado) un camino nuevo a través del velo del tabernáculo en virtud de su sangre (Hb 10:20). ¶

INCENSARIO
1. (*thumiatérion*: θυμιατήριον <2369>; de *thumiáo*: ofrecer incienso)
Recipiente para quemar incienso. Un incensario de oro (Hb 9:4) se encontraba en el lugar santísimo del tabernáculo de los israelitas. ¶
2. (*libanotós*: λιβανωτός <3031>; de *líbanos*: incienso) **Recipiente para quemar incienso.** En Ap 8, un ángel está ante el altar con un incensario de oro; lo llenó del fuego del altar y lo arrojó a la tierra (v. 3, 5). ¶

INCERTIDUMBRE (*adelótes*: ἀδηλότης <83>; de *ádelos*: incierto, que viene de *a*: part. neg., y *délos*: evidente)
Inseguridad, fragilidad; otra trad.: cosa incierta. Los que son ricos no deben poner su confianza en la incertidumbre de las riquezas (1Ti 6:17). ¶

INCERTIDUMBRE (SIN) – Ver **PARCIALIDAD**.

INCIENSO
1. (*thumíama*: θυμίαμα <2368>)
Combustible aromático; tenía que ser preparado con una mezcla de estacte, uña aromática, gálbano e incienso (olíbano puro), en partes iguales (Éx 30:34-38). Esta composición no debía ser imitada para un uso particular. Ref.: Lc 1:10, 11; Ap 5:8; 8:3, 4; 18:13. ¶
2. (*líbanos*: λίβανος <3030>; de una palabra heb. que significa: blanco)
Resina blanca olorosa obtenida haciendo una incisión en la corteza de un árbol. Al quemar, el incienso desprende un olor penetrante. Los magos venidos del Oriente para adorar a Jesús le ofrecieron incienso, como también oro y mirra (Mt 2:11). El incienso simboliza la perfección de la persona del Hijo de Dios, un olor agradable ante su Dios y Padre, durante su vida y en su muerte. El incienso también está mencionado en Ap 18:13 como mercancía cara comprada por Babilonia. ¶

INCIRCUNCISIÓN – Ver **CIRCUNCIDAR (SIN)**.

INCIRCUNCISO (*aperítmetos*: ἀπερίτμητος <564>; de *a*: part. neg., y *peritémno*: circuncidar, que viene de *perí*: alrededor, y *témno*: cortar)
Vocablo empleado como metáfora para significar el alejamiento para con Dios. Esteban habla a los judíos

como a individuos incircuncisos de corazón y de oídos, en el sentido de que no obedecen a la palabra de Dios (Hch 7:51). ¶

INCLINAR – Ver **DECLINAR**.

INCLINARSE
1. (*kúpto*: κύπτω <2955>) **Doblarse hacia adelante, agacharse.** Juan el Bautista decía que no era digno, inclinándose, de desliar la correa de las sandalias de Jesús (Mc 1:7). Jesús se inclinó (lit.: habiéndose inclinado hacia abajo), y escribía con el dedo en la tierra (Jn 8:6); después de haber respondido a los escribas y a los fariseos, se inclinó de nuevo y siguió escribiendo sobre la tierra (v. 8). ¶
2. (*parakúpto*: παρακύπτω <3879>; de *pará*: al lado, y *kúpto*: ver **1.**) **Poner el cuerpo hacia abajo para mirar.** Inclinándose en el sepulcro, Pedro vio allí solo los lienzos (Lc 24:12); Juan igualmente (Jn 20:5). María se inclinó para mirar en el sepulcro y vio a dos ángeles (Jn 20:11).

INCONMOVIBLE
1. (*ametakínetos*: ἀμετακίνητος <277>; de *a*: part. neg, y *metakinéo*: remover, que viene de *metá*: part. que denota cambio, y *kinéo*: mover) **Que no se puede mover, constante.** Pablo prescribe a los corintios a mantenerse inconmovibles (1Co 15:58). ¶
2. (*asáleutos*: ἀσάλευτος <761>; de *a*: part. neg., y *saleúo*: agitar, mecer) **Inmóvil, estable.** Los creyentes reciben un reino inconmovible (Hb 12:28). Otra ref.: Hch 27:41. ¶

INCONSTANTE (*akatástatos*: ἀκατάστατος <182>; de *a*: part. neg., y *kathístemi*: establecer firmemente, que viene de *katá*: abajo, e *jístemi*: estar firme) **Inestable, desordenado.** El hombre que pide al Señor (particularmente sabiduría) dudando es un hombre inconstante en todos sus caminos (Stg 1:8). ¶

INCONTINENCIA (*akrasía*: ἀκρασία <192>; de *akrátes*: impotente, que viene de *a*: part. neg., y *krátos*: vigor, poder) **Falta de control personal, incapacidad a controlarse; otras trad.: codicias, desenfreno, injusticia, intemperancia.** En un matrimonio uno se puede privar del otro, de común acuerdo, para dedicarse a la oración; pero los esposos deben volver a unirse para que Satanás no los tiente a causa de una posible incontinencia (1Co 7:5). Este vocablo está traducido como: «intemperancia» en Mt 23:25. ¶

INCORRUPCIÓN (*aftharsía*: ἀφθαρσία <861>; de *áfthartos*: incorruptible, que viene de *a*: part. neg., y *fthartós*: corruptible, que viene de *ftheíro*: corromper, arruinar) **Cualidad de lo que no se puede corromper, es decir descomponerse, inmortalidad.** Durante el arrebatamiento de la Iglesia, los cuerpos de los creyentes fallecidos serán resucitados en incorrupción (1Co 15:42, 50, 53, 54). Dios dará a cada cual según sus obras, particularmente a los que perseverando, buscan la inmortalidad (Ro 2:7). Jesucristo sacó a la luz la vida y la inmortalidad mediante el evangelio (2Ti 1:10). Otras ref.: Ef 6:24; Tit 2:7. ¶

INCORRUPTIBILIDAD – Ver **INCORRUPCIÓN**.

INCORRUPTIBLE
1. (*amarántinos*: ἀμαράντινος <262>; de *a*: part. neg., y *maraíno*: marchitar) **Que no se puede corromper o pudrir, inmarcesible;** otra trad.: que no se marchita. Los ancianos recibirán la corona incorruptible de gloria (1P 5:4). ¶
2. (*áfthartos*: ἄφθαρτος <862>; de *a*: part. neg., y *fthartós*: corruptible, que viene de *ftheíro*: corromper, arruinar) **Inalterable, que no se puede corromper;** otra trad.: inmortal. Las recompensas de los santos están representadas por coronas incorruptibles (1Co 9:25); también su herencia lo es (1P 1:4). Dios es incorruptible (Ro 1:23; 1Ti 1:17), y su Palabra es una simiente incorruptible (1P 1:23). En el momento del arrebatamiento, los creyentes fallecidos serán resucitados incorruptibles (1Co 15:52). Pedro habla del adorno incorruptible de un espíritu afable y apacible (1P 3:4). ¶

INCREDULIDAD (*apistía*: ἀπιστία <570>; de *ápistos*: incrédulo, que viene de *a*: part. neg., y *pistós*: creyente, fiel)
Falta de confianza, falta de fe; otras trad.: poca fe, pequeña fe. En Mt 13:58 y Mc 6:6, se dice que Jesús no hizo muchos milagros a causa de la incredulidad de los judíos. Jesús reprocha a sus discípulos su poca fe (lit.: incredulidad) (Mt 17:20; Mc 16:14). El padre de un muchacho poseído le pidió a Jesús que le ayudara a causa de su incredulidad (Mc 9:24). La incredulidad de los que no han creído no anula la fidelidad de Dios (Ro 3:3). Abraham no dudó, por incredulidad, de la promesa de Dios de tener un hijo (Ro 4:20). Otras ref.: Ro 11:20, 23; 1Ti 1:13; Hb 3:12, 19. ¶

INCRÉDULO
1. (*ápistos*: ἄπιστος <571>; de *a*: part. neg., y *pistós*: creyente, fiel) **Que no cree, infiel; otra trad.: no creyente.** El incrédulo no pone su confianza en Dios ni en su Palabra. Por consiguiente, no mantiene relaciones con Dios. Jesús emplea este vocablo para designar a sus contemporáneos (Mt 17:17; Mc 9:19; Lc 9:41). A Tomás le dijo que no fuera incrédulo, sino creyente (Jn 20:27). Pablo habla repetidas veces de los incrédulos en contraste con los creyentes; ordena a los creyentes de no unirse en yugo desigual con los incrédulos (2Co 6:14). La parte de los incrédulos será el lago de fuego (Ap 21:8). Otras ref.: 1Co 6:6; 7:12, 13, 14a, b, 15; 10:27; 14:22a, b, 23, 24; 2Co 4:4; 6:15; 1Ti 5:8; Tit 1:15.

2. (ser incrédulo: *apistéo*: ἀπιστέω <569>; de *ápistos*: ver **1.**) **No creer, ser infiel.** Si los cristianos son incrédulos, Jesucristo permanece fiel (2Ti 2:13).
3. (no creer: *apeithéo*: ἀπειθέω <544>; de *apeithés*: desobediente, que viene de *a*: part. neg., y *peítho*: creer, tener confianza) **Que no tiene confianza, que duda.** Pablo solicitaba oraciones con el fin de ser liberado de los incrédulos (lit.: de los que no creían) en Judea (Ro 15:31).

INCREÍBLE (*ápistos*: ἄπιστος <571>; de *a*: part. neg., y *pistós*: creyente, fiel)
Que no se puede creer. Se juzgaba increíble que Dios resucitara a los muertos (Hch 26:8).

INDECENCIA –
Ver **INMUNDICIA**.

INDECIBLE
1. (*aláletos*: ἀλάλητος <215>; de *a*: part. neg., y *laléo*: hablar) **Que no se puede expresar, traducir con palabras; otras trad.: indescriptible, inefable.** El Espíritu intercede con gemidos indecibles (Ro 8:26). ¶
2. (*anekdiégetos*: ἀνεκδιήγητος <411>; de *a*: part. neg., y *ekdieguéomai*: narrar completamente, que viene de *ek*: fuera de, *día*: part. int., y *jeguéomai*: declarar, contar) **Que no se puede contar, indescriptible; otra trad.: inefable.** Pablo dice: Gracias a Dios por su don inefable (2Co 9:15). ¶

INDECISO (indeciso en sus pensamientos: *dípsucos*: δίψυχος <1374>; de *dís*: dos veces, y *psuqué*: alma) **Irresoluto, inestable; otras trad.: almas dobles, doble ánimo, inconstante.** Aquel que duda es un hombre indeciso en sus pensamientos (Stg 1:8). Jacobo (Santiago) exhorta a los que son de doble ánimo (o: inconstantes en sus pensamientos) a purificar sus corazones (Stg 4:8). ¶

INDESCIFRABLE –
Ver **INSONDABLE**.

INDESCRIPTIBLE – Ver **INDECIBLE, INEFABLE**.

INDESTRUCTIBLE (*akatálutos*: ἀκατάλυτος <179>; de *a*: part. neg., y *katalúo*: deshacer, que viene de *katá*: part. int., y *lúo*: soltar)
Indisoluble, que no se puede destruir. Como sumo sacerdote, Jesús ha sido establecido según el poder de una vida indestructible (Hb 7:16). ¶

INDIGNACIÓN
1. (*aganáktesis*: ἀγανάκτησις <24>; de *aganaktéo*: enojarse, indignarse, que viene de *ágan*: mucho, y *ácthos*: aflicción, dolor) **Irritación, enojo.** El hecho de haber estado entristecidos según Dios había producido en los corintios indignación contra los que, de entre ellos, habían faltado (2Co 7:11). ¶
2. (*thumós*: θυμός <2372>; de *thúo*: mover impetuosamente) **Ira inmediata, furor.** Ira y enojo caracterizan

a los que obedecen a la injusticia (Ro 2:8).

INDIGNAMENTE (*anaxíos*: ἀναξίως <371>; de *a*: part. neg., y *áxios*: digno)
De manera indigna, que no conviene a las circunstancias. Comer el pan o beber la copa del Señor indignamente participando en la cena del Señor (1Co 11:27, 29) es no reconocer todo el valor simbólico de los emblemas que representan el cuerpo y la sangre del Señor Jesucristo que se ofreció en la cruz. ¶

INDIGNARSE
1. (*aganaktéo*: ἀγανακτέω <23>; de *ágan*: mucho, y *ácthos*: aflicción, dolor) **Estar indignado, estar enojado; otras trad.: disgustarse, enojarse.** Los diez otros apóstoles se indignaron contra Jacobo y Juan (Mt 20:24); en Mc 10:41: «comenzaron a indignarse». Este vocablo también es empleado a propósito de Jesús (Mc 10:14), de los discípulos (Mt 26:8; Mc 14:4), de los principales sacerdotes y los escribas (Mt 21:15), de un jefe de sinagoga (Lc 13:14). ¶
2. (*prosocthízo*: προσοχθίζω <4360>; de *prós*: hacia, y *octhéo*: estar afligido, estar indignado) **Irritarse, indignarse contra.** Dios se indignó contra los israelitas que salieron de Egipto (Hb 3:10, 17). ¶

INDISCIPLINADO –
Ver **OCIOSO**.

INDULGENCIA (MOSTRAR) (*metriopathéo*: μετριοπαθέω <3356>)
Tener comprensión, compasión. El sumo sacerdote puede mostrar indulgencia con los ignorantes y los extraviados (Hb 5:2). ¶

INEFABLE
1. (*anekláletos*: ἀνεκλάλητος <412>; de *a*: part. neg., y *ekkaléo*: divulgar, decir, que viene de *ek*: fuera de, y *laléo*: hablar) **Indecible, que no se puede expresar con palabras; otra trad.: indescriptible.** El gozo de los creyentes es inefable (1P 1:8). ¶
2. (*árretos*: ἄρρητος <731>; de *a*: part. neg., y *créo*: hablar, decir) **Indecible, que no se puede expresar con palabras.** Arrebatado en el paraíso, Pablo oyó palabras inefables (2Co 12:4). ¶

INESCRUTABLE –
Ver **INSONDABLE**.

INESTABLE –
Ver **INCONSTANTE**.

INEXCUSABLE (*anapológetos*: ἀναπολόγητος <379>; de *a*: part. neg., y *apologéomai*: exculpar, defender, que viene de *apó*: de, y *lógos*: palabra)
Sin excusa, que no se puede defender. La creación hace a los hombres inexcusables por no creer a Dios (Ro 1:20). El que juzga a los demás es inexcusable (Ro 2:1).

INEXPERTO (*ápeiros*: ἄπειρος <552>; de *a*: part. neg., y *peíra*: experiencia)
Sin experiencia, es decir sin el conocimiento adquirido mediante una larga práctica; otras trad.: no acostumbrado, desconocimiento, no entender. Aquel que se alimenta de leche, es decir solo de los rudimentos de la Palabra de Dios, es inexperto en la Palabra (Hb 5:13). ¶

INEXTINGUIBLE (*ásbestos*: ἄσβεστος <762>; de *a*: part. neg., y *sbénnumi*: apagar)
Que no se puede apagar. El Señor emplea este vocablo en relación con el fuego de la gehenna (Mc 9:43, 45; ver también Mt 3:12; Lc 3:17). ¶

INFAMIA (*atimía*: ἀτιμία <819>; de *átimos*: sin honra, que viene de *a*: part. neg., y *timé*: honra)
Deshonra, ignominia, vergüenza. Dios ha entregado a los hombres inicuos a pasiones infames (otras trad.: degradantes, vergonzosas) (lit.: de infamia) (Ro 1:26).

INFIEL (*ápistos*: ἄπιστος <571>; de *a*: part. neg., y *pistós*: creyente, fiel, verdad)
Incrédulo, de quien no se puede fiar. En la parábola, el siervo que obra mal recibirá su parte con los infieles (Lc 12:46).

INFIERNO –
Ver **GEHENNA**.

INFIERNO (HIJO DEL) – Ver **HIJO DE LA GEHENNA**.

INFILTRARSE
1. (furtivo: *pareísaktos*: παρείσακτος <3920>; de *pará*: al lado de, y *eiságo*: introducir, que viene de *eis*: a, adentro, y *ágo*: conducir) **Intruso.** Falsos hermanos, introducidos a escondidas, (lit.: intrusos falsos hermanos) se infiltraron para espiar la libertad cristiana (Gá 2:4). ¶
2. (introducir secretamente: *pareiságo*: παρεισάγω <3919>; de *pará*: al lado de, y *eiságo*: ver **1.**) **Meter a hurtadillas, encubiertamente.** Falsos doctores introdujeron secretamente herejías de destrucción (2P 2:1). ¶

INFRACCIÓN –
Ver **TRANSGRESIÓN**.

INFRUCTUOSO (*ákarpos*: ἄκαρπος <175>; de *a*: part. neg., y *karpós*: fruto)
Sin fruto, sin resultado; otra trad.: estéril. Los creyentes no debían participar en las obras infructuosas de las tinieblas (Ef 5:11).

INGENIOSO – Ver **INVENTOR**.

INGRATO (*acáristos*: ἀχάριστος <884>; de *a*: part. neg., y *carízomai*: conceder como favor)
Que no manifiesta reconocimiento. Dios es bondadoso para con los ingratos (Lc 6:35). En los últimos días, los hombres serán ingratos (2Ti 3:2). ¶

INICUO (adj.)

1. (*ánomos*: ἄνομος <459>; de *a*: part. neg., y *nómos*: ley) **Que no observa la regla moral, ni la ley; otras trad.: impío, malvado.** Pedro reprocha a los judíos de haber matado a Jesús por manos de inicuos (lit.: por manos de los sin ley) (Hch 2:23). Lot afligía su alma a causa de las obras inicuas de los hombres perversos de Sodoma y de Gomorra (2P 2:8).
2. (iniquidad: *adikía*: ἀδικία <93>; de *ádikos*: injusto, que viene de *a*: part. neg., y *díke*: justicia) **Injusticia.** El Señor habla en una parábola de un juez inicuo (otra trad.: injusto) (lit.: de iniquidad) (Lc 18:6).

INICUO (sust.)

(*ánomos*: ἄνομος <459>; de *a*: part. neg., y *nómos*: ley) **Que no observa ninguna regla moral; sin fe ni ley; otras trad.: desobediente, malhechor, prevaricador, transgresor.** El Señor fue contado con los inicuos (Mc 15:28; Lc 22:37). La ley es para los inicuos (1Ti 1:9). El inicuo de 2Ts 2:8 se refiere al anticristo.

INIQUIDAD

1. (*adíkema*: ἀδίκημα <92>; de *adikéo*: ser injusto, que viene de *ádikos*: injusto, que viene de *a*: part. neg., y *díke*: justicia) **Mala acción, injusticia; otras trad.: crimen, infamia, inmundicia, maldad.** Dios se acordará de las iniquidades de la gran Babilonia (Ap 18:5).
2. (*adikía*: ἀδικία <93>; de *ádikos*: ver **1.**) **Injusticia; es lo opuesto a lo que es justo, para los que saben lo que es justo delante de Dios.** Jesús habla de los hacedores de iniquidad que deberán retirarse de él (Lc 13:27). La ira de Dios se revela contra toda injusticia de los hombres que viven en la injusticia (Ro 1:18a, b). La lengua es un mundo de iniquidad (Stg 3:6). Toda iniquidad es pecado (1Jn 5:17). Aquel que pronuncia el nombre del Señor debe retirarse de la iniquidad (2Ti 2:19). Si confesamos nuestros pecados, Dios es fiel y justo para purificarnos de toda iniquidad (1Jn 1:9). Otras ref.: Hch 1:18; 8:23; Ro 2:8; 6:13; Hb 8:12; 2P 2:13, 15.
3. (*anomía*: ἀνομία <458>; de *a*: part. neg., y *nómos*: ley) **Conducta sin ley, sin freno, caracterizada por la maldad.** Jesucristo se entregó por nosotros para redimirnos de toda iniquidad (Tit 2:14). Practicar el pecado es practicar la iniquidad, y el pecado es iniquidad (1Jn 3:4a, b). Después del arrebatamiento de la Iglesia, la iniquidad prevalecerá sobre la tierra (Mt 24:12); pero su acción ya se manifiesta (2Ts 2:7). Otras ref.: Mt 7:23; 13:41; 23:28; Ro 4:7; 6:19a, b; 2Co 6:14; 2 Ts 2:3; Hb 1:9; 10:17. ¶
4. (*asébeia*: ἀσέβεια <763>; de *asebés*: impío, malvado, que viene de *a*: part. neg., y *sébomai*: adorar, honrar, venerar) **Maldad, desprecio de Dios y de su Palabra.** La ira de Dios se revela contra toda impiedad (Ro 1:18). El libertador, es decir el Mesías, apartará de Jacob (la nación de Israel) la impiedad (Ro 11:26). Los que no evitan las palabrerías

vanas y profanas irán cada vez más a la impiedad (2Ti 2:16). El cristiano debe renunciar a la impiedad (Tit 2:12). Judas también habla de las obras de impiedad (v. 15) y de las pasiones impías (v. 18). ¶

INJERTAR (*enkentrízo*: ἐγκεντρίζω <1461>; de *en*: en, y *kéntron*: aguijón, pinchazo; lit.: pinchar en) **Implantar una rama joven de un árbol cultivado sobre otro árbol, este salvaje.** Pablo habla de los creyentes de las naciones como de ramas de un olivo silvestre que han sido injertadas sobre el buen olivo, imagen de Israel (Ro 11:17, 19, 23a, b, 24a, b), lo que es contrario al proceso normal. Ver **OLIVO**. ¶

INJURIA (*blasfemía*: βλασφημία <988>; prob. de *blápto*: hacer daño, y *féme*: fama) **Calumnia, insulto, ultraje; otras trad.: blasfemia, difamación, maldición, maledicencia.** Del corazón proceden las injurias (Mt 15:19; Mc 7:22). Toda injuria debe ser quitada entre los creyentes (Ef 4:31). Debemos abandonar las injurias (Col 3:8). El arcángel Miguel no se atrevió a proferir un juicio de maldición (lit.: juicio de injuria) contra Satanás (Jud 9).

INJURIADOR – Ver **BLASFEMO**.

INJURIAR
1. (injuriar, decir injurias, hablar injuriosamente: *blasfeméo*: βλασφημέω <987>; de *blásfemos*: abusivo, injurioso, que viene prob. de *blápto*: hacer daño, y *féme*: fama) **Calumniar, insultar, ultrajar; otras trad.: blasfemar, difamar, hablar mal de, infamar.** Los que pasaban cerca de la cruz injuriaban a Jesús (Mt 27:39; Mc 15:29). Uno de los malhechores injuriaba a Jesús (Lc 23:39). Tito debía recordar a los cretenses que no difamaran a nadie (Tit 3:2). Los incrédulos injurian a los que se han convertido (1P 4:4). Personas arrogantes no temen de injuriar a los seres celestiales (2P 2:10; también Jud 8), y a lo que no conocen (Jud 10). Hombres hablan injuriosamente de las cosas que no entienden (2P 2:12).
2. (*loidoréo*: λοιδορέω <3058>; de *loídoros*: maldiciente) **Hacer reproches, insultar; otras trad.: afrentar, ultrajar.** Los fariseos injuriaron al ciego que Jesús había sanado (Jn 9:28). Le preguntaron a Pablo si injuriaba al sumo sacerdote (Hch 23:4). Injuriado, Pablo bendecía (1Co 4:12).
3. (*oneidízo*: ὀνειδίζω <3679>; de *óneidos*: afrenta, reproche) **Hacer reproches, insultar; otra trad.: vituperar.** Los creyentes serán bienaventurados cuando se les injurie (Mt 5:11).
4. (injuriar, decir injurias: *jubrízo*: ὑβρίζω <5195>; de *júbris*: insolencia, insulto, afrenta) **Insultar, ultrajar; otra trad.: afrentar.** Se iba a injuriar al Hijo del hombre (Lc 18:32). Según la estimación de los maestros de la ley, Jesús les decía injurias (Lc 11:45).

INJURIOSO

1. (*blásfemos*: βλάσφημος <989>; prob. de *blápto*: hacer daño, y *féme*: fama) **Que constituye una injuria.** Los ángeles no pronuncian un juicio injurioso contra los seres celestiales (2P 2:11).
2. (*jubristés*: ὑβριστής <5197>; de *júbris*: insolencia, insulto, afrenta) **Persona arrogante, violenta; otra trad.: injuriado.** Pablo era un injuriador antes de su conversión (1Ti 1:13). Ro 1:30 habla de hombres injuriosos. ¶
3. Ver **PERVERSO**.

INJUSTAMENTE

1. (*adíkos*: ἀδίκως <95>; de *ádikos*: injusto, que viene de *a*: part. neg., y *díke*: justicia) **De forma contraria a la justicia, de manera no equitativa.** Un creyente puede sufrir injustamente (1P 2:19).
2. (obrar injustamente, hacer injustamente: *adikéo*: ἀδικέω <91>; de *ádikos*: ver **1.**) **Cometer la injusticia.** Aquel que actúa injustamente recibirá lo que injustamente haya hecho (Col 3:25).

INJUSTICIA

1. (*adikía*: ἀδικία <93>; de *ádikos*: injusto, que viene de *a*: part. neg., y *díke*: justicia) **Lo que es contrario a la justicia, deshonestidad; otras trad.: doblez, impostura, iniquidad, mal, maldad, perversidad.** No hay injusticia en el que busca la gloria del que lo envió (Jn 7:18). Los hombres se han llenado de toda injusticia (Ro 1:29). Nuestra injusticia realza la justicia de Dios (Ro 3:5). Pablo pregunta si hay injusticia en Dios (Ro 9:14). El amor no se alegra de la injusticia (1Co 13:6). La venida del anticristo es con toda seducción de injusticia (2Ts 2:10). Los que se deleitaron en la injusticia serán juzgados (2Ts 2:12). Dios será clemente con las injusticias de su pueblo (Hb 8:12).
2. (*adíkema*: ἀδίκημα <92>; de *adikéo*: ver **3.**) **Delito, iniquidad; otras trad.: agravio, crimen, delito.** Si se hubiese tratado de alguna injusticia, Galión habría soportado a los judíos conforme al derecho (Hch 18:14). Pablo pedía que declararan qué injusticia habían encontrado en él (Hch 24:20).
3. (hacer injusticias, cometer injusticias, soportar injusticias: *adikéo*: ἀδικέω <91>; de *ádikos*: ver **1.**) **Cometer la injusticia; voz pasiva: soportar la injusticia.** Los corintios habrían debido soportar la injusticia (1Co 6:7), pero eran ellos los que cometían injusticias (v. 8). El ángel le dijo a Juan que aquel que era injusto siguiera cometiendo injusticias (Ap 22:11).
4. (*akrasía*: ἀκρασία <192>; de *akrátes*: sin control propio, que viene de *a*: part. neg., y *krátos*: fuerza, vigor; lit.: sin fuerza, sin vigor) **Desenfreno, desorden; otras trad.: codicia, intemperancia.** La copa y el plato de los escribas y de los fariseos estaban llenos de injusticia (Mt 23:25). Este vocablo está traducido: «incontinencia» en 1Co 7:5. ¶

INJUSTO (adj. o sust.)
1. (*ádikos*: ἄδικος <94>; de *a*: part. neg., y *díke*: justicia) **Que obra contrariamente a la justicia, al derecho; otra trad.: malhechor.** Dios Padre hace llover sobre los justos y sobre los injustos (Mt 5:45). Aquel que es injusto en lo muy poco, también lo es en lo mucho (Lc 16:10a, b). Hace falta ser fiel con las riquezas injustas (Lc 16:11). Un fariseo pretendía que no era injusto como el resto de los hombres (Lc 18:11). Habrá una resurrección, tanto de los justos como de los injustos (Hch 24:15). Pablo pregunta si Dios es injusto cuando expresa su ira (Ro 3:5). Dios no es injusto para olvidar a los que sirven a los santos (Hb 6:10). Un creyente ¿se atrevería ir a juicio ante los injustos? (1Co 6:1). Los injustos no heredarán el reino de Dios (1Co 6:9). Cristo padeció una sola vez por los pecados, el justo por los injustos (1P 3:18). El Señor sabe reservar a los injustos para el día del juicio (2P 2:9). ¶
2. (injusticia: *adikía*: ἀδικία <93>; de *ádikos*: ver **1.**) **Lo que es contrario a la justicia, deshonestidad.** En una parábola, el amo alabó al mayordomo injusto (lit.: de injusticia) (Lc 16:8). Jesús aconsejó ganar amigos mediante las riquezas injustas (lit.: de injusticia) (Lc 16:9).

INJUSTO (sust.) (*ádikos*: ἄδικος <94>; de *a*: part. neg., y *díke*: justicia) **Que obra contrariamente a la justicia, al derecho; otras trad.: impío,** inconverso, incrédulo, inicuo, malo, malvado, pecador. Dios Padre hace llover sobre los justos y sobre los injustos (Mt 5:45). Habrá una resurrección, tanto de los justos como de los injustos (Hch 24:15). Un creyente ¿se atrevería ir a juicio ante los injustos? (1Co 6:1). Los injustos no heredarán el reino de Dios (1Co 6:9). Cristo padeció una sola vez por los pecados, el justo por los injustos (1P 3:18). El Señor sabe reservar a los injustos para el día del juicio (2P 2:9).

INMARCESIBLE
1. (*amárantos*: ἀμάραντος <263>; de *a*: part. neg., y *maraíno*: marchitar) **Que permanece perpetuo, incorruptible, inalterable.** Los creyentes han sido regenerados para una herencia inmarcesible (1P 1:4). ¶
2. Ver **INCORRUPTIBLE**.

INMARCHITABLE –
Ver **INMARCESIBLE**.

INMOLAR – Ver **SACRIFICAR**.

INMORALIDAD –
Ver **FORNICACIÓN**.

INMORALIDAD SEXUAL – Ver **ADULTERIO**.

INMORTALIDAD
1. (*athanasía*: ἀθανασία <110>; de *athánatos*: inmortal, que viene de *a*: part. neg., y *thánatos*: muerte) **Cualidad de lo que no puede morir.** En el momento del arrebatamiento de los

creyentes, sus cuerpos mortales revestirán la inmortalidad (1Co 15:53, 54). La inmortalidad caracteriza la naturaleza de Dios (1Ti 6:16). ¶
2. Ver **INCORRUPCIÓN**.

INMUNDICIA
1. (*akatharsía*: ἀκαθαρσία <167>; de *akáthartos*: impuro, que viene de *a*: part. neg., y *kathaíro*: limpiar) **Impureza, mancilla; otras trad.: indecencia, podredumbre.** Los escribas y los fariseos se asemejaban a sepulcros blanqueados, pero llenos de toda inmundicia (Mt 23:27). Dios ha entregado los hombres a la inmundicia (Ro 1:24). Antes de su conversión, los romanos habían librado sus miembros a la inmundicia (Ro 6:19). Algunos en Corinto no se habían arrepentido de su inmundicia (2Co 12:21). La inmundicia es una de las obras de la carne (Gá 5:19). Algunos hombres han cometido con avidez toda clase de impureza (Ef 4:19). Ninguna inmundicia debía ser mencionada entre los creyentes (Ef 5:3). Debemos mortificar la impureza en nuestros miembros (Col 3:5). La exhortación de Pablo no tiene por origen la impureza (1Ts 2:3). Dios no nos ha llamado a la inmundicia (1Ts 4:7). ¶
2. (*akathártes*: ἀκαθάρτης <168>; de *akáthartos*: ver **1**.) **Impureza.** La gran prostituta tenía en su mano una copa llena de abominaciones y de las inmundicias de su fornicación (Ap 17:4). ¶
3. (μιασμός <3394>; *miasmós*: de *miaíno*: mancillar) **Acción de corromper, contaminar.** El Señor sabe reservar a los injustos para el día del juicio, especialmente a los que siguen la carne en la concupiscencia y la inmundicia (2P 2:10). ¶

INMUNDO
1. (*akáthartos*: ἀκάθαρτος <169>; de *a*: part. neg., y *kathaíro*: limpiar) **Impuro; sucio, manchado.** Este vocablo se emplea con frecuencia para describir a los espíritus, es decir a los ángeles caídos (Mt 10:1; 12:43; Mc 1:23, 26, 27; 3:11, 30; 5:2, 8, 13; 6:7; 7:25; 9:25; Lc 4:33, 36; 6:18; 8:29; 9:42; 11:24; Hch 5:16; 8:7; Ap 16:13). Babilonia es la guarida de todo espíritu inmundo y de toda ave inmunda (Ap 18:2a, b). Pedro nada había comido que fuese inmundo (Hch 10:14; 11:8). No debía llamar a ningún hombre inmundo (Hch 10:28).
2. Ver **PROFANO**.

INMUTABILIDAD
(*ametáthetos*: ἀμετάθετος <276>; de *a*: part. neg., y *metatíthemi*: cambiar, que viene de *metá*: indica el cambio, y *títhemi*: meter)
Lo que no puede cambiar, permanencia. Dios muestra a los herederos de la promesa la inmutabilidad de su consejo (Hb 6:17), es decir lo que él se propone desde la eternidad. Este vocablo está empleado como adj. en Hb 6:18. ¶

INMUTABLE
1. (*ametáthetos*: ἀμετάθετος <276>; de *a*: part. neg., y *metatíthemi*:

cambiar, que viene de *metá*: indica el cambio, y *títhemi*: meter) **Que no puede cambiar, inalterable.** Las dos cosas inmutables (Hb 6:18) corresponden a la promesa de Dios a Abraham y a su juramento (ver v. 13). Este vocablo está sustantivado en Hb 6:17. ¶
2. (mover: *saleúo*: σαλεύω <4531>; de *sálos*: ola) **Cambiar.** Hb 12:27a, b: las cosas inmutables; lit.: las cosas que no se pueden mover.

INOCENTE
1. (*athóos*: ἀθῷος <121>; de *a*: part. neg., y *thoé*: pena; lit.: sin pena) **No culpable.** Judas había pecado entregando sangre inocente (Mt 27:4). Pilato se decía inocente de la sangre de este justo, Jesús (Mt 27:24). ¶
2. (*ákakos*: ἄκακος <172>; de *a*: part. neg., y *kakós*: malo) **Libre de culpabilidad; otra trad.: irreprochable.** Jesús es un sumo sacerdote inocente (Hb 7:26).

INQUIETAR
(*parenocléo*: παρενοχλέω <3926>; de *pará*: además, y *enocléo*: fastidiar, perturbar, que viene de *en*: en, y *ocléo*: acosar, hostigar) **Perturbar, atormentar; otras trad.: molestar, poner trabas.** Jacobo juzgaba que no se debía inquietar a los gentiles que se convertían a Dios (Hch 15:19). ¶

INQUIETARSE
(*merimnáo*: μεριμνάω <3309>; de *mérimna*: afán, ansiedad) **Estar preocupado; otras trad.: afanarse, angustiarse.** El cristiano no debe inquietarse por nada (Fil 4:6).

INSEGURIDAD –
Ver **INCERTIDUMBRE**.

INSENSATEZ
1. (*ánoia*: ἄνοια <454>; de *a*: part. neg., y *noús*: mente) **Desacierto, falta de sentido; otras trad.: enfurecimiento, enojo, furor, ira, ofuscación, rabia.** Los escribas y los fariseos se llenaron de furor (lit.: de insensatez) cuando Jesús sanó la mano seca de un hombre un día de reposo (sábado) (Lc 6:11). La insensatez de hombres malvados será manifiesta a todos en los últimos tiempos (2Ti 3:9). ¶
2. (*parafronía*: παραφρονία <3913>; de *parafronéo*: pensar erradamente, que viene de *pará*: al lado de, y *frén*: mente, juicio) **Locura, demencia.** Una bestia de carga refrenó la locura de Balaam (2P 2:16). ¶
3. (*afrosúne*: ἀφροσύνη <877>; de *a*: part. de neg., y *frén*: mente, juicio) **Necedad, falta de sentido.** La insensatez sale de dentro, del corazón de los hombres (Mc 7:22). Pablo quería que los corintios soportaran un poco su locura (2Co 11:1).
4. (*moría*: μωρία <3472>; de *morós*: insensato) **Absurdidad, estupidez; otras trad.: locura, necedad.** La palabra de la cruz es locura para los que se pierden (1Co 1:18). Por la locura de la predicación, Dios salva a los que creen (1Co 1:21). Cristo crucificado era locura para los gentiles

INSENSATO

(1Co 1:23). Las cosas del Espíritu de Dios son locura para el hombre natural (1Co 2:14). La sabiduría del mundo es locura ante Dios (1Co 3:19). ¶
5. (hacer una locura: *moraíno*: μωραίνω <3471>; de *morós*: insensato) **Enloquecer, hacerse necio.** Dios ha hecho de la sabiduría del mundo una locura (1Co 1:20).
6. (*morós*: μωρός <3474>) **Estúpido, necio; otra trad.: insensato.** Lo insensato de Dios es más sabio que los hombres (1Co 1:25).

INSENSATO
1. (*anóetos*: ἀνόητος <453>; de *a*: part. neg., y *noéo*: percibir, comprender; lit.: desprovisto de sentido) **Sin inteligencia, necio; otras trad.: loco, torpe.** Pablo trata dos veces a los gálatas de insensatos (Gá 3:1, 3). Los que quieren enriquecerse caen en codicias insensatas (1Ti 6:9). Antes de su conversión, los creyentes eran insensatos (Tit 3:3).
2. (*apaídeutos*: ἀπαίδευτος <521>; de *a*: part. neg., y *paideúo*: enseñar, corregir) **Que refleja ignorancia, falta de instrucción; grosero, estúpido.** Timoteo debía evitar las cuestiones necias e insensatas (2Ti 2:23). ¶
3. (*áfron*: ἄφρων <878>; de *a*: part. neg., y *frén*: mente) **Sin razón, sin inteligencia.** Si hubiese querido glorificarse, Pablo no habría sido insensato (2Co 12:6). Se había portado como insensato por obligación (2Co 12:11).

4. (*morós*: μωρός <3474>) **Ignorante, necio.** Un hombre insensato edificó su casa sobre la arena (Mt 7:26).

INSIDIA – Ver ASECHANZA.

INSÍPIDO (*ánalos*: ἄναλος <358>; de *a*: part. neg., y *jáls*: sal; lit.: sin sal) **Desalado, sin sabor.** Jesús habla de la sal que se hace insípida (Mc 9:50). ¶

INSONDABLE
1. (*anexereúnetos*: ἀνεξερεύνητος <419>; de *a*: part. neg., y *exereunáo*: buscar atentamente, que viene de *ek*: part. int., y *ereunáo*: examinar, escudriñar) **Que no se puede examinar, inescrutable; otra trad.: indescifrable.** Los juicios de Dios son insondables (Ro 11:33). ¶
2. (*anexicníastos*: ἀνεξιχνίαστος <421>; de *a*: part. neg., *ek*: fuera de, e *icnos*: pisada, sendero) **Impenetrable, incomprensible; otras trad.: incalculable, inescrutable.** Los caminos de Dios son inescrutables (Ro 11:33). Pablo anunciaba las riquezas insondables de Cristo (Ef 3:8).

INSPIRADO DE DIOS (*theópneustos*: θεόπνευστος <2315>; de *Theós*: Dios, y *pnéo*: soplar) **Impulsión divina bajo el efecto de la cual los autores de los libros de la Biblia los han redactados.** Toda la Escritura es inspirada por Dios (2Ti 3:16). ¶

INSTANTE
1. (*átomos*: ἄτομος <823>; de *a*: part. neg., y *tomé*: corte, que viene de *témno*: cortar) **Momento, unidad de tiempo indivisible.** En el momento del arrebatamiento, los creyentes serán transformados en un instante, en un pestañeo de ojos, a la trompeta final (1Co 15:52). ¶
2. (*stigmé*: στιγμή <4743>; de *stígma*: marca) **Ver 1.** El diablo mostró a Jesús en un instante (lit.: en un instante de tiempo: *en stigmé crónos*) todos los reinos de la tierra (Lc 4:5). ¶

INSTRUCCIÓN (SIN) – Ver **LETRAS (SIN).**

INTEGRIDAD – Ver **PUREZA.**

INTELIGIBLE (*eúsemos*: εὔσημος <2154>; de *eu*: bien, y *séma*: marca, señal) **Distinto, fácil de comprender; otra trad.: comprensible.** Un auditor no puede saber lo que se dice si no se pronuncia un discurso inteligible (1Co 14:9). ¶

INTEMPERANCIA – Ver **INCONTINENCIA.**

INTEMPERANTE (*akratés*: ἀκρατής <193>; de *a*: part. neg., y *krátos*: vigor, poder) **Falta de control personal, incapacidad de controlarse; otras trad.: desenfrenado, disoluto, libertino, sin templanza.** En los últimos tiempos, los hombres serán intemperantes, en el sentido de que no buscarán controlar sus desenfrenos (2Ti 3:3). ¶

INTENDENTE – Ver **TUTOR.**

INTENTAR – Ver **TENTAR 1. b.**

INTERCEDER
1. (*entuncáno*: ἐντυγχάνω <1793>; de *en*: sobre, y *tuncáno*: llegar, alcanzar) **Defender la causa de alguien, intervenir en su favor.** El Espíritu Santo intercede por los santos, según Dios (Ro 8:27); Cristo también intercede por nosotros (Ro 8:34; Hb 7:25).
2. (*juperentuncáno*: ὑπερεντυγχάνω <5241>; de *jupér*: a favor de, y *entuncáno*: ver **1.**) **Interceder a favor de alguien.** El Espíritu mismo intercede por los santos con gemidos indecibles (Ro 8:26). ¶

INTERCESIÓN – Ver **PETICIÓN.**

INTERCESOR – Ver **CONSOLADOR.**

INTERÉS – Ver **PREOCUPACIÓN.**

INTERPRETACIÓN (*jermeneía*: ἑρμηνεία <2058>; de *jermeneúo*: explicar, interpretar) **Explicación de lo que es dicho por otros de manera más o menos clara.** Un creyente podía haber recibido un don de interpretación de lenguas (1Co 12:10). Un creyente podía tener una interpretación (1Co 14:26). ¶

INTÉRPRETE (*diermeneutés*: διερμηνευτής <1328>; de *diá*: part. int., y de *jermeneúo*: explicar, interpretar) **Aquel que da una explicación de lo que es dicho por otros de manera más o menos clara.** Si no hay intérprete, no se puede hablar en lenguas en la iglesia (1Co 14:28). ¶

INUNDACIÓN (*plemmúra*: πλήμμυρα <4132>; de *pímplemi*: llenar) **Crecida, desbordamiento de un riachuelo.** En una parábola, una inundación viene, el río da con violencia contra la casa (Lc 6:48). ¶

INVENTOR (*efeurétes*: ἐφευρετής <2182>; de *epí*: sobre, y *jeurísko*: hallar) **Que imagina, ingenioso.** Pablo habla de inventores de maldades (Ro 1:30). ¶

INVISIBLE
1. (*aóratos*: ἀόρατος <517>; de *a*: part. neg., y *joráo*: ver) **Que no se puede ver.** El Hijo es la imagen del Dios invisible (Col 1:15). Por él fueron creadas las cosas visibles e invisibles (Col 1:16). Dios es invisible (1Ti 1:17). Moisés se mantuvo firme, como viendo al invisible (Hb 11:27). Otra ref.: Ro 1:20 (lit.: las *cosas invisibles*). ¶
2. (*áfantos*: ἄφαντος <855>; de *a*: part. neg., y *faíno*: parecer) **Escondido, que desaparece de la vista.** Jesús se hizo invisible ante los discípulos de Emaús (Lc 24:31). ¶

IRA
1. (*orgé*: ὀργή <3709>; de *orégomai*: levantarse, codiciar) **a. Reacción violenta e intensa a causa de un profundo descontento.** El creyente no debe vengarse, sino dejar lugar a la ira de Dios (Ro 12:19). El magistrado es el siervo de Dios para ejecutar la ira sobre aquel que hace lo malo (Ro 13:4); es, necesario, pues, de someterse, no solo a causa de la ira, sino también a causa de la conciencia (v. 5). Los creyentes eran antes de su conversión hijos de ira, lo mismo que los demás (Ef 2:3). Toda ira debía ser quitada de los efesios (Ef 4:31); los colosenses debían dejar la ira (Col 3:8). Los hombres debían orar sin ira (1Ti 2:8). El creyente debe ser tardo para la ira (Stg 1:19); la ira del hombre no obra la justicia de Dios (v. 20). Otras ref.: Ro 4:15; Hb 4:3. **b. Ira de Dios.** La ira de Dios expresa el horror que Dios siente a causa del mal. Todos los hombres incrédulos están puestos bajo esta ira, y Dios juzgará y retribuirá el mal (Mt 3:7; Lc 3:7; 21:23; Ro 2:8; 3:5; 9:22; Ef 5:6; Col 3:6; 1Ts 2:16; Ap 14:10; 16:19; 19:15). Dios es «lento para la ira» (ver Éx 34:6), pero cuando el día de la gracia habrá terminado, vendrá «el día de la ira y de la revelación del justo juicio de Dios, que pagará a cada uno conforme a sus obras» (Ro 2:5; Ap 6:17). Ese día es el del juicio por venir (Ap 11:18). Pero la ira de Dios se revela ahora (Ro 1:18), como advertencia a los hombres para que acepten a Jesús como Salvador: él es aquel «que nos

libra de la ira venidera» (1Ts 1:10; también: Ro 5:9 y 1Ts 5:9). La ira de Dios está sobre aquel que no cree en el Hijo (Jn 3:36). En Mc 3:5, Jesús miró con enojo a los que estaban en la sinagoga; en Ap 6:16, es cuestión de la ira del Cordero. El Espíritu Santo juró en su ira a propósito de Israel (Hb 3:11).

2. (*orgílos*: ὀργίλος <3711>; de *orgé*: ver **1.**) **Iracundo, irascible.** El obispo no debe ser iracundo (Tit 1:7). ¶

3. (encolerizar, enojar: *orgízo*: ὀργίζω <3710>; de *orgé*: ver **1.**) **Estar irritado, enfadado con alguien.** Aquel que se enoja contra su hermano será culpable de juicio (Mt 5:22). En una parábola, el señor de un esclavo se enojó y lo entregó a los verdugos (Mt 18:34). En una parábola, un hombre se enojó contra los que habían rechazado venir a su gran cena (Lc 14:21). En la parábola del hijo pródigo, el hermano mayor se enojó y no quería entrar (Lc 15:28). Pablo dijo que había que enojarse pero no pecar (Ef 4:26).

4. (provocar a ira: *parorgízo*: παροργίζω <3949>; de *pará*: contra, y *orgízo*: ver **3.**) **Irritar, incitar a la ira.** Moisés dijo a Israel que los provocaría a ira con un pueblo insensato (Ro 10:19).

5. (*thumós*: θυμός <2372>; de *thúo*: mover impetuosamente) **Ardor, furor.** Todos los que estaban en la sinagoga se llenaron de ira contra Jesús (Lc 4:28). Los efesios se llenaron de ira después de haber oído a Demetrio (Hch 19:28). Pablo temía que hubiera iras entre los corintios (2Co 12:20); la ira caracteriza a las obras de la carne (Gá 5:20). Moisés no temió la ira del rey (Hb 11:27).

6. (encolerizarse: *thumóo*: θυμόω <2373>; de *thumós*: ver **5.**) **Enfurecerse, estar airado.** Herodes se enojó mucho al verse burlado por los magos (Mt 2:16). ¶

IRREFRENABLE (*akatásquetos*: ἀκατάσχετος <183>; de *a*: part. neg., y *katéco*: retener)
Inestable, fluctuante. La lengua es un mal irrefrenable, lleno de veneno mortal (Stg 3:8). ¶

IRREPRENSIBLE
1. (*anénkletos*: ἀνέγκλητος <410>; de *a*: part. neg., y *enkaléo*: acusar, que viene de *en*: en, y *kaléo*: llamar) **Que no se puede sancionar, que no se puede reprimir, irreprochable.** Los cristianos son presentados irreprensibles ante Dios (Col 1:22).

2. (*anepílemptos*: ἀνεπίλημπτος <423>; de *a*: part. neg., y *epilambáno*: prender, tomar, que viene de *epí*: sobre, y *lambáno*: tomar) **Que no se puede sancionar, irreprochable, sin reproche.** El obispo debe ser irreprensible (1Ti 3:2), así como las viudas (5:7). Otra ref.: 1Ti 6:14. ¶

IRREPROCHABLE
1. (*ákakos*: ἄκακος <172>; de *a*: part. neg., y *kakós*: malo) **Libre de culpabilidad, inocente.** Jesús es un sumo sacerdote inocente (es decir irreprochable) (Hb 7:26). Otra ref.: Ro 16:18. ¶

2. (*ámemptos*: ἄμεμπτος <273>; de *a*: part. neg., y *mémfomai*: inculpar) **Sin defecto, sin reproche; otras trad.: intachable, irreprensible, sin tacha.** El primer pacto no era irreprochable (Hb 8:7). Otras ref.: Lc 1:6; Fil 2:15; 3:6; 1Ts 3:13. ¶
3. (*amómetos*: ἀμώμητος <298>; de *a*: part. neg., y *momáomai*: censurar) **A quien no se le puede hacer reproches.** Los cristianos están vistos, a los ojos de Dios, como irreprochables (Fil 2:15). Pero deben procurar ser hallados irreprochables ante Dios (2P 3:14). ¶
4. (*ámomos*: ἄμωμος <299>; de *a*: part. neg., y *mómos*: defecto, falta) **A quien no se le puede hacer reproches; otras trad.: sin mancha, sin tacha.** Los cristianos están vistos, a los ojos de Dios, como irreprochables (Ef 1:4; Col. 1:22). Dios puede guardarlos irreprochables delante de su gloria (Jud 24). Los que siguen al Cordero son irreprochables (Ap 14:5). Cristo se presentará la Iglesia como irreprochable (Ef 5:27). Otras ref.: Hb 9:14; 1P 1:19. ¶
5. (*anénkletos*: ἀνέγκλητος <410>; de *a*: part. neg., y *enkaléo*: acusar, que viene de *en*: en, y *kaléo*: llamar) **Que no se puede criticar o censurar.** El hecho de ser irreprochable debe caracterizar a los diáconos (1Ti 3:10) y a los ancianos (Tit 1:6, 7). Dios mantendrá a los creyentes para que sean irreprochables en el día de nuestro Señor Jesucristo (1Co 1:8). Otra ref.: Col 1:22. ¶

IRREPROCHABLEMENTE
(*amémptos*: ἀμέμπτως <274>; de *ámemptos*: irreprochable, que viene de *a*: part. neg., y *mémfomai*: inculpar) **De manera irreprochable; otras trad.: intachablemente, irreprensiblemente, sin mancha.** Pablo se había conducido irreprochablemente con los tesalonicenses (1Ts 2:10); y también deseaba que éstos fuesen irreprochables (1Ts 5:23) ¶

IRREVOCABLE
(*ametaméletos*: ἀμεταμέλητος <278>; de *a*: part. neg., *metá*: part. de cambio, y *mélo*: dar cuidado, importar)
Aquello que no se puede revocar, anular. Los dones de gracia y el llamamiento de Dios son irrevocables (Ro 11:29).

J

JACINTO
1. (*juákinthos*: ὑάκινθος <5192>) **Piedra preciosa de color rojo naranja.** El undécimo cimiento de la muralla de la Jerusalén celestial está adornada con jacinto (Ap 21:20). ¶
2. (de jacinto: *juakínthinos*: ὑακίνθινος <5191>) **Ver 1.** Las corazas en Ap 9:17 son de jacinto, es decir que se parecen al jacinto. ¶

JACTANCIA
(*kaúquesis*: καύχησις <2746>; de *kaucáomai*: gloriarse, jactarse, fanfarronear)
Acción de glorificarse sí mismo. A los que Jacobo (Santiago) se dirigía

se jactaban en sus fanfarronerías; una jactancia semejante es mala (Stg 4:16).

JACTAR(SE)
1. (*perpereúomai*: περπερεύομαι <4068>; de *pérperos*: jactancioso, vanaglorioso) **Glorificarse, darse importancia.** El amor no se jacta (1Co 13:4). ¶
2. (jactarse de grandes cosas: *megalauquéo*: μεγαλαυχέω <3166>; de *megala*: grandes cosas, y *auquéo*: glorificarse) **Ser grandilocuente, arrogante al hablar o el obrar, lo que provoca a los demás.** La lengua es un miembro pequeño, pero se jacta de grandes cosas (Stg 3:5). ¶

JARDÍN – Ver **HUERTO**.

JARDINERO – Ver **HORTELANO**.

JASPE (*íaspis*: ἴασπις <2393>)
Piedra preciosa coloreada con manchas o con vetas. Aquel que estaba sentado sobre el trono era semejante a una piedra de jaspe (Ap 4:3). El fulgor de la Jerusalén celestial era semejante a una piedra de jaspe cristalino (Ap 21:11). El muro de la Jerusalén celestial era de jaspe (Ap 21:18), y el primer cimiento de esta muralla está adornado con jaspe (21:19). ¶

JEFE
1. (*arquegós*: ἀρχηγός <747>; de *arqué*: iniciación, autoridad, y *ágo*: llevar) **a. Causa primera, aquel que ocupa una posición preeminente, autor.** Jesús es el jefe de la salvación de los creyentes (Hb 2:10). **b. Iniciador.** Jesús es el jefe y el consumador de la fe (Hb 12:2).
2. (*árcon*: ἄρχων <758>; de *árco*: comenzar, mandar, que viene de *arqué*: ver **1.**) **Ángel u hombre en posición de autoridad, dirigente.** Este término está empleado a propósito de los demonios (Mt 9:34; 12:24; Mc 3:22; Lc 11:15), de Satanás, que es el jefe de este mundo (Jn 12:31; 14:30; 16:11) y de la potestad del aire (Ef 2:2). Está utilizado a propósito de Moisés (Hch 7:27, 35a, b), de Nicodemo, un jefe de los judíos (Jn 3:1), de los principales entre los judíos (Lc 18:18; 23:13; 24:20; Jn 7:26, 48; 12:42; Hch 3:17; 4:5, 8, 26; 13:27; 14:5; 23:5), de las autoridades de la sinagoga (Mt 9:18, 23; Lc 8:41), de las autoridades de este siglo (1Co 2:6, 8), de las autoridades de las naciones (Mt 20:25).
3. (principal de la sinagoga: *arquisunágogos*: ἀρχισυνάγωγος <752>; de *árco*: ver **2.**, y *sunagogé*: sinagoga) **Persona que ejerce la autoridad en la sinagoga.** Crispo era el principal de la sinagoga (Hch 18:8), como Sóstenes (18:17). Otras ref.: Mc 5:22, 35, 36, 38; Lc 8:49; 13:14; Hch 13:15. ¶
4. (jefe de los publicanos: *arquitelónes*: ἀρχιτελώνης <754>; de *árco*: ver **2.**, y *telónes*: recolector de impuestos) **Persona responsable de la colecta de los impuestos.** Zaqueo era jefe de los publicanos (Lc 19:2). ¶

5. (*kefalé*: κεφαλή <2776>) **Cabeza, autoridad.** El término está empleado como símbolo de autoridad y se aplica a Dios (1Co 11:3c), a Cristo (1Co 11:3a; Ef 1:22; 4:15; 5:23b; Col 1:18; 2:10, 19), al hombre (1Co 11:3b), al marido (Ef 5:23a).
6. (*strategós*: στρατηγός <4755>; de *stratós*: ejército, y *ágo*: llevar, conducir) **Aquel que conduce un ejército, capitán.** El capitán del templo (Hch 4:1; 5:24, 26) era el jefe de la guardia del templo. Él mismo era un levita, y mandaba a otros levitas que guardaban el templo y sus alrededores.

JINETE (*jippeús*: ἱππεύς <2460>; de *jíppos*: caballo)
Persona que monta a caballo. Setenta jinetes debían acompañar a Pablo (Hch 23:23, 32). ¶

JINETES (*jippikón*: ἱππικόν <2461>; de *jíppos*: caballo)
Tropa de personas montadas a caballo. En la visión de Juan, el número de los ejércitos de los jinetes (lit.: de a caballo) era de doscientos millones (Ap 9:16). ¶

JORNALERO (*místhios*: μίσθιος <3407>; de *misthós*: recompensa, salario)
Persona que trabaja a diario por un salario; obrero. El hijo pródigo, en el país lejano, se acordaba de los jornaleros de su padre que tenían pan en abundancia (Lc 15:17); estaba decidido a decirle a su padre que lo tratara como a uno de sus jornaleros (v. 19). ¶

JOTA (*ióta*: ἰῶτα: <2503>)
Novena letra del alfabeto griego que se escribe simplemente «ι». Jesús dijo que ni una jota ni una tilde de letra no pasaría de la ley, hasta que todo se haya cumplido (Mt 5:18). ¶

JUDAICO (*ioudaikós*: ιουδαϊκός <2451>; de *Ioudá*: Judá)
En relación con el judaísmo. Pablo pide a Tito que reprenda a los cretenses para que no prestaran atención a las fábulas judaicas (Tit 1:14). ¶

JUDAÍSMO (*ioudaismós*: ιουδαϊσμός <2454>; de *Ioudá*: Judá)
Sistema religioso fundado sobre la ley de Moisés, a la cual los judíos habían añadido prácticas de tradición. Pablo habla de su conducta como también de sus progresos en el judaísmo antes de su conversión (Gá 1:13, 14). ¶

JUDAIZAR (*ioudaízo*: ιουδαΐζω <2450>; de *Ioudaíos*: judío)
Practicar los ritos y las ceremonias de la ley judaica. Pablo había reprendido a Pedro el cual obligaba a los gentiles a judaizar (Gá 2:14), es decir a adoptar las prácticas religiosas judías impregnadas de tradiciones (ver Mc 7:3-9). ¶

JUEZ
1. (*krités*: κριτής <2923>; de *kríno*: decidir, juzgar) **Aquel que pronuncia un juicio sobre algo, o sobre un individuo; rinde justicia y hace aplicar las leyes.** Jesús es estable-

cido por Dios juez de vivos y muertos (Hch 10:42). Este vocablo también está empleado en relación: con parábolas de Jesús (Mt 5:25a, b; Lc 12:58a, b; 18:2, 6), con Dios (Hb 12:23), con el Señor Jesús (2Ti 4:8; Stg 4:12; 5:9), con los hijos de los judíos (Mt 12:27; Lc 11:19), con los jueces bajo la ley (Hch 13:20), con Galión (Hch 18:15), con Félix (Hch 24:10), con aquel que juzga a la ley (Stg 4:11), con aquellos que hacen distinciones entre los hombres que entran en su sinagoga (Stg 2:4). ¶

2. (*dikastés*: δικαστής <1348>; de *dikázo*: rendir juicio, que viene de *díke*: justicia) **Aquel que administra la justicia.** Jesús emplea este vocablo en Lc 12:14. Un israelita preguntó a Moisés quién lo había puesto por gobernador y juez sobre ellos (Hch 7:27, 35). ¶

JUNTARSE CON (*sunanamígnumi*: συναναμίγνυμι <4874>; de *sun*: junto a, *aná*: part. int., y *mígnumi*: mezclar) **Tener relaciones con, frecuentar, asociarse con.** Los creyentes no debían juntarse con personas inmorales, incluso creyentes (1Co 5:9, 11). Los tesalonicenses no debían juntarse con los que no obedecen las instrucciones de Pablo (2Ts 3:14). ¶

JUNTURA – Ver **COYUNTURA**.

JURAR (*omnúo*: ὀμνύω <3660>) **Afirmar, declarar bajo juramento.** Jesús habló en diversas ocasiones de jurar y de no jurar (Mt 5:34, 36; 23:16a, b, 18a, b, 20a, b, 21a, b, 22a, b). Pedro se puso a maldecir y a jurar (Mt 26:74; Mc 14:71). Herodes juró (Mc 6:23). Dios hizo un juramento a Abraham (Lc 1:73). También juró con juramento a David (Hch 2:30). Juró por sí mismo (Hb 6:13a, b). El Espíritu Santo ha jurado en su ira (Hb 3:11, 18; 4:3). Los hombres juran por alguien superior a ellos (Hb 6:16). El Señor ha jurado a propósito de Melquisedec y no se arrepentirá (Hb 7:21). Jacobo (Santiago) dice a sus hermanos que no deben jurar (Stg 5:12). Un ángel juró por aquel que vive por los siglos de los siglos (Ap 10:6).

JUSTAMENTE (*dikaíos*: δικαίως <1346>; de *díkaios*: justo, que viene de *díke*: justicia, castigo) **Que corresponde a lo que es recto.** Uno de los malhechores reconoció en la cruz que él estaba bajo el juicio justamente (Lc 23:41). Pablo exhorta a los corintios a que se despierten para vivir justamente (1Co 15:34). Se había conducido justamente entre los tesalonicenses (1Ts 2:10). La gracia nos enseña a vivir en el presente siglo justamente (Tit 2:12). Cristo se encomendaba a aquel que juzga justamente (1P 2:23). ¶

JUSTICIA

1. (*dikaiosúne*: δικαιοσύνη <1343>; de *díkaios*: justo, que viene de *díke*: justicia) **a. Cualidad de lo que es recto, justo.** La epístola a los Romanos desarrolla completamente el tema de la justicia y cómo el hombre puede

JUSTIFICACIÓN

ser justo ante Dios. La justicia de Dios (Dios obrando de manera consecuente con sí mismo) presenta un contraste directo con la injusticia de los hombres (Ro 1:17, 18). La justicia de Dios por la fe en Jesucristo es para todos los que creen (Ro 3:22). Abraham creyó a Dios, y esto le fue contado por justicia; así la fe del creyente le es contada por justicia, en total independencia de las obras (Ro 4:3-5). Cristo ha sido hecho pecado por nosotros, para que fuéramos hechos justicia de Dios en él (2Co 5:21). Cristo Jesús nos ha sido hecho justicia (1Co 1:30). (Según Walter Scott.)
b. Justicia, práctica de la justicia. Jesús advierte de no practicar nuestra justicia ante los hombres para ser vistos por ellos (Mt 6:1; algunos mss. tienen el v. 2). Este vocablo aparece más de 90 veces en el N.T.

2. (*ekdíkesis*: ἐκδίκησις <1557>; de *ekdikéo*: hacer justicia; que viene de *ékdikos*: vengador, que viene de *ek*: de, y *díke*: justicia) **Retribución, el hecho de obtener justicia después de haber cometido un error.** Dios hará justicia a sus elegidos (Lc 18:7, 8).

3. Ver **LIMOSNA**.

JUSTIFICACIÓN

1. (*dikaíoma*: δικαίωμα <1345>; de *dikaióo*: justificar, que viene de *díkaios*: justo) **Hecho de justicia; absolución.** El don de gracia de Dios viene para justificación (Ro 5:16).

2. (*dikaíosis*: δικαίωσις <1347>; de *dikaióo*: ver **1.**) **Absolución de un individuo de todas las cargas que podían pesar sobre él. Es entonces considerado como sin falta.** Jesucristo, por su muerte, cumplió todo lo que era necesario para que fuésemos justificados (Ro 5:18). Dios lo manifiesta resucitando a nuestro Señor de entre los muertos (Ro 4:25). ¶

JUSTIFICAR (*dikaióo*: δικαιόω <1344>; de *díkaios*: justo)
Rendir, mostrar o considerar como justo. Ver **JUSTIFICACIÓN**. Ante Dios, el hombre es justificado gratuitamente por la gracia divina (Ro 3:24), por la fe, sin obras de ley (v. 28); es Dios quien justifica (Ro 8:33). Cumplir la ley de Moisés o hacer obras de ley no puede justificar a un hombre ante Dios (Hch 13:39; Ro 2:13; 3:20; 4:2; Gá 2:16; 3:11; 5:4). El hombre que ha muerto queda justificado del pecado (Ro 6:7) gratuitamente por la gracia de Dios, por la fe en Cristo Jesús (Hch 13:39; Ro 3:24, 26, 28; 5:1, 9; 1Co 6:11; Gá 2:16, 17; 3:24; Tit 3:7). Es Dios quien justifica (Ro 3:30; 4:5; 8:30; Gá 3:8). En Stg 2, Abraham (v. 21, 24) y Rahab (v. 25) fueron justificados por sus obras que demostraban su fe (v. 24; ver v. 18). Otras ref.: Mt 11:19; 12:37; Lc 7:29, 35; 10:29; 16:15; 18:14; Ro 3:4; 1Co 4:4; 1Ti 3:16. ¶

JUSTO (adj.)
1. (*díkaios*: δίκαιος <1342>; de *díke*: justicia) **Cualidad de una persona moralmente recta a causa de sus**

acciones; esta palabra también se aplica a una cosa. Este vocablo está empleado para cualificar a Jesús (Lc 23:47), al Padre (Jn 17:25), a Dios (Ro 3:26; 1Jn 1:9; 2:29; 3:7b), al Señor (2Ti 4:8; Ap 16:5), a José, el marido de María (Mt 1:19), a Juan el Bautista (Mc 6:20), a Zacarías y a Elisabet (Lc 1:6), a Simeón (Lc 2:25), a José de Arimatea (Lc 23:50), a Cornelio (Hch 10:22), a Abel (Hb 11:4), a Lot (2P 2:7). Otras ref.: Mt 20:4, 7; 23:28, 35; Lc 12:57; 18:9; 20:20; Jn 5:30; 7:24; Hch 4:19; Ro 2:13; 7:12; Ef 6:1; Fil 1:7; 4:8; Col 4:1; 2Ts 1:5, 6; Tit 1:8; 2P 1:13; 2:8; 1Jn 3:7a, 12; Ap 15:3; 16:7; 19:2; 22:11.

2. (*éndikos*: ἔνδικος <1738>; de *en*: en, y *díke*: justicia) **Según el derecho, conforme a la justicia.** La condenación de los hombres malos es justa (Ro 3:8). Toda transgresión y desobediencia a la palabra de los ángeles recibió una justa retribución (Hb 2:2). ¶

JUSTO (sust.) (*díkaios*: δίκαιος <1342>; de *díke*: justicia)
Persona moralmente recta y por causa de sus acciones; otras trad.: Inocente. Este vocablo se atribuye al Señor Jesús, el Justo par excelencia (Mt 27:19, 24; Hch 3:14; 7:52; 22:14; Stg 5:6; 1P 3:18; 1Jn 2:1). También caracteriza específicamente a dos santos del A.T.: Abel (Mt 23:35) y Lot (2P 2:8). Se distingue a aquellos que son justos a causa de sus hechos (Mt 5:45; 9:13; Mc 2:17; Lc 5:32; Ro 3:10; 5:7) de los que lo son moralmente, constituidos justos por Dios (Mt 13:17, 43, 49; 25:37, 46; Lc 14:14; 15:7; Hch 24:15; Ro 1:17; 5:19; Gá 3:11; Hb 10:38; 12:23; Stg 5:16; 1P 3:12; 4:18). Hay otros pasajes (Mt 10:41; 23:29; Lc 1:17; 1Ti 1:9) en los que esta distinción es menos evidente.

JUVENTUD
1. (*neótes*: νεότης <3503>; de *néos*: joven, nuevo) **Período entre la infancia y la edad adulta.** Un hombre había guardado los mandamientos desde su juventud (Mc 10:20; Lc 18:21). Todos los judíos de Jerusalén conocían la manera de vivir de Pablo desde su juventud (Hch 26:4). Nadie debía menospreciar la juventud de Timoteo (1Ti 4:12). ¶
2. (de la juventud: *neoterikós*: νεωτερικός <3512>; de *neóteros*, comparativo de *néos*: nuevo) **Que caracteriza el período entre la infancia y la edad adulta.** Timoteo debía huir de las pasiones juveniles (2Ti 2:22). ¶

L

LABRADOR (*georgós*: γεωργός <1092>; de *gé*: suelo, y *érgon*: acción, trabajo)
Aquel que labra la tierra antes de sembrarla y de recoger fruto; otra trad.: cultivador. El labrador primero debe trabajar para gozar de los frutos (2Ti 2:6). El labrador espera el precioso fruto de la tierra (Stg 5:7).

LABRANZA

LABRANZA (*geórgion*: γεώργιον <1091>; de *gé*: suelo, y *érgon*: acción, trabajo) **Acción de trabajar la tierra con el fin de sembrarla.** En sentido figur., los corintios eran la labranza de Dios (1Co 3:9). ¶

LABRAR (*latoméo*: λατομέω <2998>; de *lás*: piedra, y *témno*: cortar) **Cortar piedras, cavar (en la roca).** José de Arimatea puso el cuerpo de Jesús en su sepulcro nuevo, que había labrado en la peña (Mt 27:60; Mc 15:46). ¶

LADRÓN

1. (*kléptes*: κλέπτης <2812>; de *klépto*: robar, hurtar) **Aquel que comete un robo, que hurta.** Los ladrones minan y hurtan los tesoros en la tierra (Mt 6:19), pero no en el cielo (Mt 6:20; Lc 12:33). Si el padre de familia hubiese sabido a qué hora el ladrón iba a venir, habría velado (Mt 24:43; Lc 12:39). Jesús habla de ladrones de ovejas en Jn 10:1, 8, 10. Judas era ladrón (Jn 12:6). Los ladrones no heredarán del reino de Dios (1Co 6:10). El día del Señor viene como ladrón en la noche (1Ts 5:2; también 2P 3:10 y Ap 16:15); los creyentes no están en tinieblas, para que ese día los sorprenda como ladrón (1Ts 5:4). Ningún creyente debe sufrir como ladrón (1P 4:15). Si Sardis no vela, el Señor vendrá sobre ella como ladrón (Ap 3:3). ¶

2. (*lestés*: λῃστής <3027>; de *leízomai*: saquear) **Bandido, maleante.** Jesús pregunta a la gente si habían salido como contra un ladrón (Mt 26:55; Mc 14:48; Lc 22:52). Dos ladrones fueron crucificados con Jesús (Mt 27:38; Mc 15:27); éstos lo insultaban (Mt 27:44). Barrabás era un malhechor (Jn 18:40). Pablo había estado en peligro a causa de bandidos (2Co 11:26).
3. Ver **RAPAZ**.

LAGAR

1. (*lenós*: ληνός <3025>) **Lugar donde los racimos de uva eran prensados bajo una piedra de molino o pisados.** Jesús contó la parábola de un hombre que cavó un lagar (Mt 21:33). El vocablo está traducido en Apocalipsis como: «gran lagar» (14:19) y como: «lagar» (14:20; 19:15); este lagar de la ira de Dios o del furor y de la ira de Dios se refiere a la ejecución del juicio de Dios sobre los malos antes del milenio. ¶
2. (estanque bajo el lagar: *jupolénion*: ὑπολήνιον <5276>; de *jupó*: bajo, y *lenós*: ver **1**.) **Recipiente puesto bajo la prensa y destinado a recuperar el zumo de la uva.** Un hombre cavó un estanque debajo del lagar (Mc 12:1). ¶

LAGO

(*límne*: λίμνη <3041>; de *limén*: puerto) **El lago de fuego es un lugar de sufrimiento y de perdición eternos reservado para los incrédulos** como también para los ángeles caídos. La bestia y el falso profeta serán arrojados vivos en el lago de fuego incluso antes del juicio del gran trono blanco (Ap 19:20); como también el diablo (20:10). La muerte y el hades serán arrojados en el lago de fuego que es la muerte segunda, una muerte eterna (20:14); aquellos cuyos nombres no se hallarán escritos en el libro de la vida durante el juicio del gran trono blanco serán arrojados en el lago de fuego (20:15). El fuego y el azufre del lago que arde (21:8) son sinónimos de tormentos indescriptibles.

LAMA – Ver **SABACTANI**.

LANGOSTA (*akrís*: ἀκρίς <200>)
Insecto que invadía los países del Oriente Medio y destruía la vegetación; la ley mosaica permitía comerlos (Lv 11:21, 22). Juan el Bautista se alimentaba de este insecto (Mt 3:4; Mc 1:6). En Ap 9:3, 7, langostas –de forma figurativa– reciben el poder de dañar a los hombres que no tienen el sello de Dios sobre sus frentes. El ángel del abismo es su rey (ver **Abadón** en la sección de los **Nombres de personas y de lugares**). ¶

LANZA (*lónque*: λόγχη <3057>)
Arma ofensiva constituida de un asta con un hierro puntiagudo en el extremo. Un soldado abrió el costado de Jesús con una lanza (Jn 19:34). ¶

LAPIDAR – Ver **APEDREAR**.

LASCIVIA
1. (*asélgeia*: ἀσέλγεια <766>; de *aselgés*: grosero, violento, también: licencioso, impúdico) **Desorden, ausencia de freno en el goce de placeres sensuales, impudicia.** Pablo habla de los que son extranjeros a la vida de Dios y que se libran a la lascivia (Ef 4:19). Algunos se habían entregado al desenfreno antes de su conversión (1P 4:3). El cristiano es llamado a no conducirse en lascivias (Ro 13:13). Lot estaba abrumado por la vida desenfrenada (lit.: en desenfreno) de los hombres de Sodoma y de Gomorra (2P 2:7).
2. (en la perversión: *asótos*: ἀσώτως <811>) **Una manera de vivir disoluta, libertina.** El hijo pródigo desperdició sus bienes viviendo disolutamente (Lc 15:13). ¶
3. Ver **CODICIA**.

LÁTIGO – Ver **AZOTE**.

LATÍN (*jromaistí*: Ῥωμαϊστί <4515>; de *Jróme*: Roma)
Lenguaje hablado por los romanos. El letrero encima de Jesús en la cruz estaba escrito, entre otros, en latín (Jn 19:20). ¶

LAVANDERO (*gnafeús*: γναφεύς <1102>; semejante a *knápto*: desenredar tela)
Obrero que limpia telas sucias; otras trad.: batanero, lavador. En el momento de la transfiguración de

LEBRILLO

Jesús, sus ropas se volvieron de un blanco tal que no hay ningún lavandero en la tierra que las pueda dejar tan blancas (Mc 9:3). ¶

LEBRILLO (*niptér*: νιπτήρ <3537>; de *nípto*: lavar)
Recipiente para el lavado de los pies. Jesús echó agua en el lebrillo y se puso a lavar los pies de sus discípulos (Jn 13:5). ¶

LECHE (*gála*: γάλα <1051>; *lac* en lat.)
Líquido blanco secretado por las glándulas mamarias. Quien apacienta el rebaño toma de la leche del rebaño (1Co 9:7). En sentido figur., la leche también simboliza la Palabra de Dios (1P 2:2), y en particular los primeros rudimentos de la Palabra (1Co 3:2; Hb 5:12, 13). ¶

LEGIÓN (*legión*: λεγιών <3003>; del lat.: *legio*)
La unidad más importante del ejército romano, compuesta de 5.000 a 6.000 hombres y dividida en 10 cohortes de 500 a 600 hombres cada una. El vocablo es sin. de un número elevado en Mt 26:53. Para este vocablo en otros lugares (Mc 5:9, 15; Lc 8:30), ver en la sección de los **Nombres de personas y de lugares**. ¶

LEGISLADOR (*nomothétes*: νομοθέτης <3550>; de *nómos*: ley, y *títhemi*: establecer, dar)
Aquel que da la ley. Uno solo (Dios) es el legislador y juez (Stg 4:12). ¶

LEGÍTIMAMENTE (*nomímos*: νομίμως <3545>; de *nómimos*: legal, que viene de *nómos*: ley)
De manera equitativa; según la ley. La ley es buena si uno la usa legítimamente (1Ti 1:8), ella no es para el creyente, sino para el incrédulo (ver v. 9). El que lucha como atleta no es coronado si no lucha legítimamente (o: según las reglas) (2Ti 2:5). ¶

LENGUA
1. (*glóssa*: γλῶσσα <1100>)
a. Órgano muscular que modula los sonidos que le son propios; expresión del pensamiento. Jacobo (Santiago), en particular, pone en guardia contra todo el mal que puede causar la lengua (Stg 1:26; 3:5, 6, 8). Otras ref.: Mc 7:33, 35; Lc 1:64; 16:24; Hch 2:3, 26; Ro 3:13; 14:11; Fil 2:11; 1P 3:10; 1Jn 3:18; Ap 16:10.
b. Lenguaje particular hablado por un conjunto de personas. Jesús ha redimido con su sangre de toda lengua (Ap 5:9). Una multitud de diversas lenguas estaba delante del trono y del Cordero (Ap 7:9; 10:11). Otras ref.: Ap 11:9; 13:7; 14:6; 17:15. **c. El don de lenguas consiste en hablar un lenguaje existente sin haberlo aprendido.** En los Hechos, los que han hablado en lenguas anunciaban las maravillas de Dios y los auditores los comprendían en sus propios lenguajes (Hch 2:4, 11; 10:46; también 19:6). El Señor había dicho que sería una señal que acompañaría a los que hubieran creído (Mc 16:17). Pablo habla de este don dirigiéndose a los

corintios (1Co 12:10, 28, 30; 13:1), el cual debía cesar (13:8). En 1Co 14, el desorden suscitado por el hecho de hablar en lenguas en la iglesia local lleva a Pablo a dar instrucciones para el ejercicio de este don: tres a lo más debían hablar, y por turno, y un intérprete debía dar el sentido; las lenguas eran una señal para los incrédulos, y no para los creyentes (v. 2, 4, 5a, b, 6, 9, 13, 14, 18, 19, 21-23, 26, 27, 39). ¶
2. (de otra lengua: *jeteróglossos*: ἑτερόγλωσσος <2084>) **De otro lenguaje.** Este vocablo está empleado en 1Co 14:21. ¶
3. (*diálektos*: διάλεκτος <1258>; de *dialégomai*: discutir) **Conjunto de palabras en uso en una comunidad; lenguaje.** Cada uno entendía hablar a los discípulos en su propia lengua (Hch 2:6, 8). Pablo habló al pueblo judío en lengua hebrea (Hch 21:40; 22:2). El Señor se había dirigido a Pablo en lengua hebrea en el camino a Damasco (Hch 26:14). El vocablo está traducido en otro lugar como: «su propia lengua, o dialecto» (Hch 1:19).
4. (*laliá*: λαλιά <2981>; de *laléo*: hablar) **Dialecto, pronunciación; discurso.** La manera de hablar de Pedro lo descubría (Mt 26:73). Jesús preguntó por qué no podían escuchar su palabra (Jn 8:43).
5. (*lógos*: λόγος <3056>; de *légo*: decir, hablar) **Palabra.** Pablo era un hombre simple en cuanto al lenguaje (o: en la palabra) (2Co 11:6).
6. (*foné*: φωνή <5456>) **Sonido, tono.** Pablo quería estar con los gálatas y cambiar de tono (Gá 4:20).

7. (lisonja: *eulogía*: εὐλογία <2129>; de *euloguéo*: bendecir, alabar, que viene de *eu*: bien, y *lógos*: palabra) **Palabras lisonjeras.** Algunas personas engañaban los corazones de los ingenuos con palabras suaves y halagos (Ro 16:18).

LEÓN (*léon*: λέων <3023>)
Mamífero carnívoro muy conocido. Pablo fue librado de la boca del león (2Ti 4:17): la expresión puede ser entendida en sentido literal (un león de un circo romano) o en sentido figurado haciendo referencia a un tirano (p.ej. Satanás, Nerón). Por la fe, creyentes cerraron bocas de leones (Hb 11:33), una probable alusión a la ocasión en la que Daniel el profeta se encontraba en el foso de los leones (ver Dn 6:22). El diablo es comparado con un león rugiente (1P 5:8), es decir, con un adversario cruel. Cristo es llamado el león de la tribu de Judá (Ap 5:5), es decir, aquel que ha vencido. El vocablo está empleado en otro lugar en sentido propio en comparaciones (Ap 4:7; 9:8, 17; 10:3; 13:2). ¶

LEOPARDO (*párdalis*: πάρδαλις <3917>; fem. de *párdos*: pantera)
Pantera de África, ligera y con movimientos poderosos. La bestia que Juan vio era semejante a un leopardo (Ap 13:2). ¶

LEPRA (*lépra*: λέπρα <3014>; de *lépo*: pelar)
Enfermedad contagiosa de la piel. La lepra simboliza el pecado, tanto

más que el leproso pierde gradualmente la sensibilidad de sus miembros afectados. Jesús ha sanado leprosos (Mt 8:3; Mc 1:42; Lc 5:12, 13; 7:22). Según la ley, aquel que estaba cubierto por completo de lepra era declarado puro (ver Lv 13:12, 13); esto simboliza hoy el hecho que el que se reconoce por completo pecador puede ser salvado por la fe en el Hijo de Dios. ¶

LEPROSO (*leprós*: λεπρός <3015>; de *lépo*: pelar, o *lepós*: escama; lit.: escamoso)
Persona con lepra. Jesús sanó a varios leprosos en Israel (Mt 8:2; 11:5; Mc 1:40; Lc 17:12). Envió a los doce discípulos a limpiar leprosos (Mt 10:8). Fue a la casa de un hombre llamado Simón el leproso (Mt 26:6; Mc 14:3). Había muchos leprosos en Israel en el tiempo del profeta Eliseo, pero Naamán solo fue limpiado (Lc 4:27). ¶

LETRAS (SIN) (*agrámmatos*: ἀγράμματος <62>; de *a*: part. neg., y *grámma*: lo que está escrito)
Persona que no sabe leer ni escribir o que está sin instrucción. Pedro y Juan eran iletrados (lit.: sin letras) (Hch 4:13). Algunos sugieren que no sabían leer ni escribir, otros que no habían sido enseñados en las escuelas rabínicas. ¶

LEVADURA (*zúme*: ζύμη <2219>; de *zéo*: hervir)
Masa constituida por diversos hongos capaz de hacer fermentar el cuerpo con el que se mezcla; en panadería ella hace levantar la masa del pan. El vocablo está empleado en su sentido literal en Mt 16:12: la levadura del pan. En otros lugares en la Palabra, la levadura siempre representa el mal; el creyente debe reconocerla y ponerla de lado en su vida personal. La Escritura menciona la levadura del error mezclada con la verdad (Mt 13:33; Lc 13:21), la de la hipocresía religiosa de los fariseos y del racionalismo de los saduceos (Mt 16:6, 11; Mc 8:15a; Lc 12:1), la del materialismo de Herodes (Mc 8:15b), la de la jactancia (1Co 5:6), la de las falsas doctrinas (Gá 5:9), la de malicia y de maldad unidas a la vieja naturaleza (1Co 5:7, 8). Ver **PAN SIN LEVADURA.** ¶

LEVANTAMIENTO (*anástasis*: ἀνάστασις <386>; de *aná*: arriba, y *jístemi*: estar)
Acción de poner en pie. Jesús estaba puesto para caída y para levantamiento de muchos en Israel (Lc 2:34).

LEVANTAR – Ver **RESUCITAR.**

LEVE – Ver **LIGERO.**

LEVITA (*leuítes*: Λευίτης <3019>; de *Leuí*: Leví)
Miembro de la tribu de Leví. Los judíos enviaron sacerdotes y levitas a preguntar a Juan el Bautista quién era él (Jn 1:19). En la parábola del

buen samaritano, un levita viendo al hombre despojado y herido pasó de largo (Lc 10:32). Bernabé era levita (Hch 4:36). ¶

LEVÍTICO (*leuitikós*: Λευιτικός <3020>; de *Leuí*: Leví)
Que pertenece a la tribu de Leví. El sacerdocio había sido confiado a esta tribu (Hb 7:11). ¶

LEY
1. (*nómos*: νόμος <3551>; de *némo*: repartir) **Administración de las cosas por mandamiento de hacer o por prohibición.** El vocablo describe una ley en general (Ro 4:15; 5:13). Más frecuentemente describe la ley divina dada por Moisés, ya sea moral, ceremonial o judicial (Mt 5:17, 18; 7:12; 23:23; Lc 2:22; Jn 7:51; 8:5). A veces designa los libros de Moisés o el Pentateuco que contiene la ley (Lc 24:44; 1Co 14:21). El medio de justificación según el evangelio está llamado «ley de la fe», en oposición a la «ley de las obras» (Ro 3:27). La «ley del Espíritu de vida» se opone a la ley del pecado y de la muerte (Ro 8:2). Encontramos en Jacobo (Santiago) la «ley real» (Stg 2:8). La «ley perfecta, la de la libertad» (Stg 1:25; 2:12), libera a los creyentes del yugo de la observancia de los ritos de la ley y de la esclavitud del pecado; se opone a la ley mosaica que nada perfeccionó (Hb 7:19; 10:1). El vocablo también describe una fuerza o un principio de acción equivalente a una ley (Ro 7:21, 23a-c, 25a, b; 8:2a, b). (Según S. Zodhiates.)
2. (recibir la ley: *nomothetéo*: νομοθετέω <3549>; de *nómos*: ver **1.**, y *títhemi*: poner) **Ser objeto de una legislación.** En Hb 7:11, el pensamiento es que el sacerdocio levítico era la base de la legislación dada al pueblo.
3. (el que está sin ley: *ánomos*: ἄνομος <459>; de *a*: part. neg., y *nómos*: ley) **Persona que no observa la ley.** Pablo emplea este vocablo en 1Co 9:21a-d.
4. (sin ley: *anómos*: ἀνόμως <460>; de *a*: part. neg., y *nómos*: ley) **Fuera de la ley.** Todos los que han pecado sin ley, sin ley perecerán (Ro 2:12a, b). ¶
5. (sobre la ley: *nomikós*: νομικός <3544>; de *nómos*: ver **1.**) **Que concierne a la ley.** Tito debía evitar las disputas acerca de la ley (Tit 3:9).

LEY (DADOR DE LA) – Ver **LEGISLADOR.**

LIBACIÓN (DERRAMADO EN) (*spéndo*: σπένδω <4689>)
Expresión que emplea Pablo para hablar de su muerte; ella da la idea de consagración a Dios. La expresión «derramado en libación» (Fil 2:17) significa lit.: «ser vertido como una libación»; Pablo habla a los filipenses del gozo de su propia entrega por ellos como sacrificio. En 2Ti 4:6, se dirige a Timoteo, hablándole de su muerte cercana, quizá de su martirio: «ya estoy para ser sacrificado», lit.:

LIBERACIÓN

«ya estoy para ser derramado en libación». En el A.T., una libación consistía en ofrecer a Dios vino (p.ej. Ex 29:40) o agua (p.ej. 2S 23:16). ¶

LIBERACIÓN
Ver **Redención**. Para Lc 1:69, 71 y Hch 7:25, ver **SALVACIÓN**.

LIBERALIDAD
1. (*japlótes*: ἁπλότης <572>; de *japloús*: simple) **Sinceridad, generosidad, sencillez.** Aquel que reparte debe hacerlo con liberalidad (Ro 12:8). Pablo se había conducido con sencillez y sinceridad de Dios (2Co 1:12). Pablo temía que los sentidos de los corintios fueran extraviados de la sincera fidelidad a Cristo (2Co 11:3). Los siervos deben obedecer a sus amos con sencillez de corazón (Ef 6:5; Col 3:22).
2. (*afelótes*: ἀφελότης <858>; de *a*: part. neg., y *félos*: piedra contra la que tropieza el pie) **Sin complicación, ni exageración.** Los creyentes del principio comían juntos con alegría y sencillez de corazón (Hch 2:46).

LIBERAR, LIBERTAR (*eleutheróo*: ἐλευθερόω <1659>)
Hacer libre. El Hijo de Dios y la verdad liberan del pecado (Jn 8:32, 36; Gá 5:1). El cristiano es liberado de la ley (servidumbre) del pecado y de la muerte por la ley (poder) del Espíritu de vida (Ro 8:2). La creación será liberada de la esclavitud de la corrupción (Ro 8:21) introducida por el pecado en el mundo. Liberado del pecado, el cristiano es siervo de la justicia y de Dios (Ro 6:18, 22). ¶

LIBERTAD
1. (*ánesis*: ἄνεσις <425>; de *aníemi*: desatar) **Relajación (en relación con condiciones de cautividad).** Félix ordenó que Pablo tuviera alguna libertad (Hch 24:23).
2. (*áfesis*: ἄφεσις <859>; de *afíemi*: enviar lejos, despedir) **Liberación de la cautividad.** Jesús ha sido enviado para publicar a los cautivos la libertad (Lc 4:18); «poner en libertad» en este mismo versículo restituye la expresión literal «remitir en libertad».
3. (*eleuthería*: ἐλευθερία <1657>; de *eleútheros*: libre) **Liberación.** La creación gozará de la libertad gloriosa de los hijos de Dios (Ro 8:21). Pablo pregunta por qué su libertad es juzgada por la conciencia de otro (1Co 10:29). Hay libertad donde está el Espíritu del Señor (2Co 3:17). Falsos hermanos espiaban la libertad de los creyentes en Cristo Jesús (Gá 2:4). Cristo nos liberó para que vivamos en libertad (Gá 5:1). Los gálatas habían sido llamados a libertad, pero no debían usarla como ocasión para la carne (Gá 5:13a, b). Jacobo (Santiago) habla de la ley perfecta, la de la libertad (Stg 1:25). Los creyentes deben obrar como habiendo de ser juzgados por la ley de la libertad (Stg 2:12). La libertad no debe servir como pretexto para la maldad (1P 2:16). Hombres, esclavos de corrupción, prometen libertad (2P 2:19). ¶

4. (*exousía*: ἐξουσία <1849>; de *éxesti*: está permitido) **Autoridad, permiso, derecho.** La libertad de los corintios se podía convertir en una piedra de tropiezo para los débiles (1Co 8:9).

5. (*lútrosis*: λύτρωσις <3085>; de *lútron*: rescate pagado para liberar a alguien) **Redención.** Ana hablaba del Señor a todos los que esperaban en Jerusalén la redención (Lc 2:38).

6. (*apolútrosis*: ἀπολύτρωσις <629>; de *apolutróo*: dejar ir después de pagar un rescate, que viene de *apó*: de, y *lutróo*: rescatar, que viene de *lútron*: ver **5.**) **Redención, liberación gracias al pago de un rescate.** Unos creyentes fueron atormentados al no aceptar el rescate (Hb 11:35). Los creyentes esperan la redención de sus cuerpos (Ro 8:23).

7. (libertad, total libertad: *parresía*: παρρησία <3954>; de *pás*: todo, y *eréo*: llamar, decir) **Seguridad, ausencia de reserva.** Pedro dice con libertad a sus hermanos judíos cosas que conciernen a David (Hch 2:29). Pablo usaba de una gran libertad (2Co 3:12). Pablo tenía una gran libertad en Cristo para mandar a Filemón lo que convenía (Flm 8). Los creyentes tienen plena libertad para entrar en el Lugar Santísimo por la sangre de Jesús (Hb 10:19).

8. (*sotería*: σωτηρία <4991>; de *sózo*: salvar, sanar) **Salvación, liberación.** Zacarías habla de un poderoso Salvador (lit.: «un cuerno de salvación») en la casa de David (Lc 1:69), una salvación de los enemigos de Israel (v. 71). Los hermanos de José no comprendieron que Dios les daba la libertad por la mano de José (Hch 7:25).

9. (poner en libertad: *apolúo*: ἀπολύω <630>; de *apó*: part. de separación, y *lúo*: soltar) **Soltar, liberar.** Timoteo había sido puesto en libertad (Hb 13:23).

LIBERTADOR

1. (*lutrotés*: λυτρωτής <3086>; de *lutróo*: redimir) **Persona que libera.** Moisés ha sido el libertador enviado por Dios a Israel (Hch 7:35). ¶

2. (liberar: *jrúomai*: ῥύομαι <4506>) **Salvar, sacar de un peligro.** En Ro 11:26, el libertador (lit.: aquel que libera) que viene de Sion es el Señor Jesús.

LIBERTINAJE

1. (*asélgeia*: ἀσέλγεια <766>; de *aselgés*: grosero, violento; también: licencioso, impúdico) **Corrupción, conducta inmoral.** En Jud 4, algunos hombres cambian la gracia de Dios en libertinaje (o disolución).

2. (*asotía*: ἀσωτία <810>) **Degradación moral.** El embriagarse con vino, hay disolución (Ef 5:18); el vocablo griego (ver **DISOLUCIÓN**) también tiene el sentido de corrupción o de exceso en los placeres sensuales.

3. Ver **LASCIVIA**.

LIBERTO (*apeleútheros*: ἀπελεύθερος <558>; de *apó*: part. marcando el cambio, y *eleútheros*: libre)

LIBRA

Hombre liberado, hombre libre. El esclavo que es llamado al Señor es un liberto del Señor (1Co 7:22). ¶

LIBRA (*lítra*: λίτρα <3046>; lat.: *libra*)
Medida de peso de aprox. 327 gramos. María ungió los pies de Jesús con una libra de perfume de nardo puro (Jn 12:3). Nicodemo trajo un compuesto de mirra y de áloes como de cien libras para la sepultura de Jesús (Jn 19:39). ¶

LIBRITO – Ver **LIBRO 3.**

LIBRO
1. (*bíblos*: βίβλος <976>; de donde Biblia, el libro por excelencia) **Volumen.** La palabra griega por «libro» designa al origen el soporte de la escritura más utilizado en la antigüedad: parte interior del «papiro» de Egipto, cruzado y pegado para hacer «papel». Igualmente se escribía sobre pieles finamente curtidas (*membrana*), llamadas «pergaminos» a causa de la reputación de las pieles preparadas en Pérgamo. Los libros antiguos eran rollos; «volumen» viene de la palabra lat. que significa: enrollar, desenrollar (ver Sal 40:7; Hb 10:7: ver Jer 36:2, 4, 6). Por el contrario, los libros modernos son «códices», es decir, rectángulos pegados por un lado, que se hojean. Por regla general, los rollos estaban escritos sobre la cara enrollada, así pues escondida (ver Is 29:11); el libro de Ap 5 (ver **2.**) estaba escrito por dentro y por fuera (comp. Ez 2:9, 10). Por extensión, «libro» designa un escrito más o menos largo formando un todo: el evangelio según Mateo se presenta como el libro de la genealogía de Jesucristo (Mt 1:1); el evangelio según Juan (Jn 20:30: ver **2.**); el libro de Moisés (Mc 12:26), es decir, el Éxodo, uno de los cinco libros que forman el Pentateuco (en griego: conjunto de los cinco libros); el libro de los Salmos (Lc 20:42; Hch 1:20) constituido de cinco partes; el libro de los profetas (Hch 7:42); el libro del profeta Isaías (Lc 3:4); el libro de la profecía (Ap 22:19a). El libro de la vida (Fil 4:3; Ap 3:5; 20:15) contiene los nombres de todos aquellos que tienen vida eterna (comp. Éx 32:32; Lc 10:20; Hb 12:23); corresponde al libro de la vida del Cordero (Ap 13:8). Los libros quemados por los convertidos de Hch 19:19 eran libros de magia. ¶
2. (*biblíon*: βιβλίον <975>; dim. de **1.**) **Libro pequeño.** Pablo le pidió a Timoteo que trajera los libros (2Ti 4:13). Está escrito de Jesús en el rollo del libro (Hb 10:7). Le dieron a Jesús a leer el libro del profeta Isaías (Lc 4:17a, b, 20). Muchos otros milagros de Jesús no están escritos en el evangelio según Juan (Jn 20:30); el mundo no podría contener los libros que serían escritos sobre las cosas que Jesús hizo (21:25). Juan vio en la mano derecha del que estaba sentado sobre el trono, un libro, escrito por dentro y por fuera (Ap 5:1-5, 7-9). Otras ref.: Gá 3:10; Hb 9:19;

Ap 1:11; 6:14; 17:8; 20:12a-c; 21:27; 22:7, 9, 10, 18, 19b.
3. (librito: *biblarídion*: βιβλαρίδιον <974>; dim. de **1.**) **Libro pequeño, librito.** Juan tomó el librito de la mano del ángel y se lo comió (Ap 10:2, 8-10). ¶

LICOR (*síkera*: σίκερα <4608>; del heb. *shekár*: bebida fuerte; ver Nm 28:7)
Bebida fuerte, muy alcoholizada, susceptible de embriagar; otra trad.: sidra. Juan el Bautista no debía beber vino ni licor (Lc 1:15). ¶

LIENZO – Ver **VENDA DE LINO.**

LIGERO (*elafrós*: ἐλαφρός <1645>)
Que tiene poco peso, leve. La carga de Jesús es ligera (Mt 11:30). Nuestra leve tribulación momentánea produce un eterno peso de gloria (2Co 4:17). ¶

LÍMITE (*jorothesía*: ὁροθεσία <3734>; de *jóros*: límite, y *títhemi*: poner)
Frontera, región. Dios ha determinado los límites de la habitación de todas las naciones (Hch 17:26). ¶

LIMOSNA (*eleemosúne*: ἐλεημοσύνη <1654>)
Don hecho a los pobres por caridad. Jesús incita a hacer limosna (Lc 11:41; 12:33) y a hacerlo con discreción (Mt 6:2, 3, 4). Un cojo pedía limosna en la puerta del templo (Hch 3:2, 3, 10). Tabita (Dorcas) era conocida por sus limosnas (Hch 9:36) como Cornelio (10:2, 4, 31). Pablo había venido a traer limosnas a su nación (Hch 24:17). ¶

LINO FINO
1. (*bússos*: βύσσος <1040>; de lino fino: βύσσινος: *bússinos*) **Tela fabricada a partir de un tipo de lino especial.** En la parábola de Lázaro y del hombre rico, este último se vestía de lino fino (Lc 16:19). La esposa del Cordero está vestida de lino fino que corresponde a las justicias de los santos (Ap 19:8a, b); el lino fino representa aquí la santidad y la pureza moral de aquel que lo lleva (ver v. 14). Babilonia también está vestida de lino fino (Ap 18:12, 16): ella pretende tener esta justicia, pero a partir de sus propias obras, y dice ser la esposa de Cristo. Los ejércitos que siguen al Señor en Ap 19:14 están vestidos de lino fino. ¶
2. (tela de lino fino: *sindón*: σινδών <4616>) **Sábana de lino.** El joven, que seguía a Jesús cuando fue traicionado por Judas, estaba envuelto en una sábana de lino fino que abandonó al huir (Mc 14:51, 52). Otras ref.: Mt 27:59; Mc 15:46; Lc 23:53. ¶

LIRIO (*krínon*: κρίνον <2918>)
Prob. son anémonas que cubren las colinas de Israel al final del invierno; estas flores pueden ser de color morado, azul o rosa. Jesús dijo que observaran los lirios del campo, cómo crecían: no trabajan ni hilan; Salomón

con toda su gloria no se vistió como uno de ellos (Mt 6:28; Lc 12:27). ¶

LISONJA (*kolakeía*: κολακεία <2850>; de *kólax*: adular)
Acción de decir algo que agrade a otro, con un propósito interesado; otra trad.: adulación. Jamás el apóstol Pablo había usado palabras lisonjeras (lit.: de lisonja) con los tesalonicenses (1Ts 2:5). ¶

LLAGA
1. (*jélkos*: ἕλκος <1668>) **Herida, úlcera purulenta.** Los perros lamían las llagas de Lázaro (Lc 16:21). Una úlcera maligna y pestilente vino sobre los hombres que tenían la marca de la bestia y sobre los que adoraban su imagen (Ap 16:2); estos blasfemaron contra el Dios del cielo por sus dolores y sus úlceras, y no se arrepintieron de sus obras (v. 11). ¶
2. (estar lleno de llagas: *jelkóo*: ἑλκόω <1669>; de *jélkos*: ver **1.**) **Estar totalmente cubierto de úlceras purulentas.** Un pobre llamado Lázaro, lleno de llagas, estaba echado a la puerta de un rico (Lc 16:20). ¶

LLAMAMIENTO (*klésis*: κλῆσις <2821>; de *kaléo*: llamar)
Vocación; acción y resultado de llamar. Los dones y el llamamiento de Dios son irrevocables (Ro 11:29). Los corintios son exhortados a considerar su llamamiento (1Co 1:26). Los efesios debían saber cuál era la esperanza de su llamamiento (Ef 1:18); son exhortados a vivir de una manera digna del llamamiento que habían recibido (Ef 4:1); han sido llamados a una sola esperanza de su vocación (v. 4). Pablo proseguía a la meta por el premio del llamamiento de Dios (Fil 3:14). Pablo oraba para que Dios juzgara a los tesalonicenses dignos del llamamiento que habían recibido (2Ts 1:11). Dios ha hecho un llamamiento santo a los creyentes (2Ti 1:9); participan en el llamamiento celestial (Hb 3:1). Pedro exhorta a los creyentes a procurar hacer firme su llamamiento (2P 1:10).

LLAVE (*kleís*: κλείς <2807>; semejante a *kleío*: cerrar)
Instrumento que permite hacer funcionar una cerradura, así pues, abrir y cerrar. El vocablo está empleado metafóricamente en el N.T. Jesús iba a dar las llaves del reino de los cielos a Pedro (Mt 16:19). Él reprocha a los intérpretes de la ley el haber quitado la llave del conocimiento (Lc 11:52). El Señor Jesús tiene las llaves de la muerte y del Hades (Ap 1:18); tiene la llave de David (3:7). La llave del pozo del abismo fue dada al quinto ángel (Ap 9:1); tenía la llave del abismo y una gran cadena en su mano (20:1). ¶

LOBO (*lúkos*: λύκος <3074>)
Mamífero carnívoro salvaje que se parece al perro. El lobo busca arrebatar y a dispersar las ovejas (Jn 10:12). Los falsos profetas son comparados a lobos rapaces (Mt 7:15).

Jesús envió a sus discípulos como ovejas en medio de lobos (Mt 10:16; Lc 10:3). Después de que Pablo partiera, «lobos rapaces que no perdonan al rebaño» debían atacar la Iglesia (Hch 20:29). ¶

LOCO

1. (*morós*: μωρός <3474>) **Ignorante, insensato; otras trad.: fatuo, idiota, necio, renegado.** Aquel que dirá «fatuo» a su hermano será culpable de la gehenna de fuego (Mt 5:22). Jesús trata de insensatos y ciegos a los escribas y a los fariseos (Mt 23:17). En una parábola, cinco vírgenes eran insensatas (Mt 25:2, 3, 8). Dios ha escogido lo necio del mundo para avergonzar a los sabios (1Co 1:27). Si un creyente parece ser sabio en este mundo, hágase ignorante, para así llegar a ser sabio (1Co 3:18). Pablo era insensato por amor de Cristo (1Co 4:10). Timoteo debía evitar las cuestiones necias (2Ti 2:23), como también Tito (Tit 3:9).

2. (hacerse loco: *moraíno*: μωραίνω <3471>; de *morós*: ver **1.**) **Hacerse insensato.** Profesando ser sabios, los hombres se volvieron necios (Ro 1:22).

3. (estar loco: *maínomai*: μαίνομαι <3105>; de *máo*: anhelar, tener un ardiente deseo, incluso insensato) **Estar fuera de sí, estar demente.** Este vocablo es empleado a propósito de Jesús (es decir lo que los judíos decían de él) (Jn 10:20), de Rode (Hch 12:15), de los corintios, si todos hablaban en lenguas (1Co 14:23).

4. (palabras locas: *morología*: μωρολογία <3473>; de *morós*: ver **1.**, y *légo*: palabra) **Propósitos estúpidos.** Las palabras necias no convienen a los santos (Ef 5:4). ¶

LOCURA – Ver INSENSATEZ.

LOMOS – Ver RIÑONES.

LONGANIMIDAD

1. (*makrothumía*: μακροθυμία <3115>; de *makrós*: largo, y *thumós*: disposición del alma, sentimiento) **Disposición de la mente caracterizada por una gran paciencia.** Ella caracterizaba a Pablo (2Co 6:6). Hace parte del fruto del Espíritu (Gá 5:22). El cristiano debe andar con longanimidad (Ef 4:2) y vestirse de longanimidad (Col 3:12). Timoteo debía exhortar con toda longanimidad (2Ti 4:2).

2. (tener longanimidad: *makrothuméo*: μακροθυμέω <3114>; de *makrothumós*: que usa de paciencia, que viene de *makrós* y *thumós*: ver **1.**) **Soportar las contrariedades, perseverar en circunstancias difíciles.** El amor es paciente (1Co 13:4).

LUCHA

1. (*pále*: πάλη <3823>; de *pálo*: vibrar) **Combate cuerpo a cuerpo.** La lucha del cristiano es contra las huestes espirituales de maldad (Ef 6:12), es decir, los ángeles caídos. ¶

2. Ver **CONFLICTO**.

LUCHAR

LUCHAR – Ver **ESFORZARSE**.

LUCRO – Ver **RECOMPENSA**.

LUJURIA – Ver **LASCIVIA**.

LUMINAR (*fostér*: φωστήρ <5458>; de *fós*: fuego, resplandor)
Fuente de luz. Los cristianos están llamados a resplandecer como luminares en el mundo (Fil 2:15). Cristo es el luminar de la Jerusalén celestial (Ap 21:11). ¶

LUNÁTICO (azotado por la luna: *seleniázomai*: σεληνιάζομαι <4583>; de *seléne*: luna)
Alguien afectado de demencia por periodos; prob. una persona que sufre epilepsia, que se creía influenciada por la luna. Jesús ha sanado a unos lunáticos (lit.: a azotados por la luna) (Mt 4:24; 17:15). ¶

M

MADERA(O)
1. (*xúlon*: ξύλον <3586>) **a. Cruz sobre la que fue crucificado Jesús.** El vocablo está empleado en Hch 5:30; 10:39; 13:29; 1P 2:24. Todo aquel que es colgado de un madero es maldito (Gá 3:13). **b. Palabra que designa a Cristo.** Él es llamado el «árbol verde» en contraste con Israel, el «árbol seco» (Lc 23:31). **c. Árbol mencionado en Apocalipsis.** El árbol de la vida (lit.: el madero de vida) (Ap 2:7; 22:2a, b, 14, 19) procurará el eterno gozo de los frutos de la vida divina de la que Cristo es la fuente. **d. Traba para los pies de los prisioneros.** Se sujetaron los pies de Pablo y de Silas en el cepo (Hch 16:24). **e. Material para construir o fabricar un objeto.** El vocablo está empleado en 1Co 3:12 y Ap 18:12.
2. (de madera: *xúlinos*: ξύλινος <3585>; de *xúlon*: ver **1. e.**) **Hecho de madera.** En una casa grande, hay vasos de madera (2Ti 2:20). Otra ref.: Ap 9:20. ¶

MADERA OLOROSA (madera: *xúlon*: ξύλον <3586>; olorosa: *thúinos*: θύϊνος <2367>; lit.: madera de alerce)
Conífero aromático que posee una madera dura y que desprende un buen olor al quemarse. La madera olorosa (alerce) es mencionada en Ap 18:12.

MAESTRESALA (*arquitríklinos*: ἀρχιτρίκλινος <755>; de *arqué*: gobernante, y *tríklinos*: pieza con tres divanes, que viene de *treís*: tres, y *klíne*: diván)
Persona responsable de la disposición de la mesa y de los divanes, de orientar a los invitados, de organizar la comida como de probar los alimentos y el vino. Durante las bodas de Caná, se le llevó al maestresala el agua que había sido transformada en vino (Jn 2:8, 9a, b). ¶

MAESTRO

1. (*didáskalos*: διδάσκαλος <1320>; de *didásko*: enseñar) **Instructor.** En las epístolas, se hace mención de creyentes que han recibido un don de gracia espiritual para enseñar la Palabra de Dios (1Co 12:28, 29; Ef 4:11; Stg 3:1). Habían maestros en la iglesia de Antioquía (Hch 13:1). Pablo había sido establecido maestro de los gentiles (1Ti 2:7; 2Ti 1:11). Los hebreos deberían haber sido maestros (Hb 5:12), es decir estar avanzados en el conocimiento de la Palabra de Dios. Había en Israel maestros (Lc 2:46), como Nicodemo (Jn 3:10); este último reconoció en Jesús un maestro venido de Dios (Jn 3:2). Pablo habla de un tiempo en el que los hombres se amontonarán maestros conforme a sus propias pasiones (2Ti 4:3).
2. Ver **RABÍ**.

MAGIA

1. (*mageía*: μαγεία <3095>; de *mágos*: mago, hechicero) **Práctica oculta por la cual se pretende producir, con la ayuda de medios sobrenaturales, efectos sorprendentes y maravillosos.** Ella alude, a veces con encantamientos, a poderes ocultos, así pues diabólicos. Simón asombraba con su magia (Hch 8:11). ¶
2. (ejercer la magia: *mageúo*: μαγεύω <3096>; de *mágos*: ver **1.**) **Practicar la magia; ver 1.** Simón ejercía la magia y asombraba a la gente de Samaria (Hch 8:9). ¶
3. (*farmakeía*: φαρμακεία <5331>; de *fármakon*: droga, poción) **Hechicería que emplea drogas.** En Ap 9:21, los hombres no se arrepintieron de su hechicería; en Ap 18:23, las naciones han sido engañadas por la hechicería de Babilonia. La magia hace parte de las obras de la carne (Gá 5:20). ¶

MAGIA (PRÁCTICA DE LA)

(*períergos*: περίεργος <4021>; de *perí*: alrededor, y *érgon*: acción, trabajo)
Actividad ajena, extraña; con certeza asociada al ocultismo. En Hch 19:19, se trata de prácticas de magia; algunos poseían libros en los que la aprendían.

MAGISTRADO

1. (*arqué*: ἀρχή <746>; primer sentido: principado, autoridad) **Persona en posición de autoridad.** Los creyentes no debían preocuparse por cómo o qué deberían responder ante los magistrados (Lc 12:11). Enviaron espías con el fin de sorprender al Señor en alguna palabra para entregarlo a la autoridad (Lc 20:20).
2. (*árcon*: ἄρχων <758>; de *árco*: regir, que viene de *arqué*: ver **1.**)
Ángel u hombre en posición de autoridad, príncipe. Este vocablo está empleado a propósito de los demonios (Mt 9:34; 12:24). Jesús habla de ir ante el magistrado con su adversario (Lc 12:58). Pablo y Silas fueron llevados ante las autoridades (Hch 16:19). Los magistrados no están para infundir terror al que hace el bien (Ro 13:3); el magistrado (lit.: él) está al servicio de Dios (v. 4).

MAGNÍFICO

3. (magistrado de la ciudad: *politárques*: πολιτάρχης <4173>; de *pólis*: ciudad, y *árco*: comenzar, regir, que viene de *arqué*: principio, autoridad) **Persona en posición de autoridad en una ciudad.** Jasón y algunos hermanos fueron llevados ante las autoridades de Tesalónica (Hch 17:6, 8). ¶

MAGNÍFICO – Ver MARAVILLA.

MAGO
1. (*mágos*: μάγος <3097>) **a. Miembro de una casta de sacerdotes y astrólogos en Media.** Es el nombre dado a los hombres sabios y enseñados por Dios, venidos del oriente para adorar al niño Jesús (Mt 2:1, 7, 16a, b). Estos magos, de los cuales el número y los nombres no son mencionados, ofrecieron sus dones: oro, incienso y mirra. **b. Individuo que pretende estar investido de poderes sobrenaturales.** Durante su primer viaje, Pablo y Bernabé encontraron en Chipre a un mago llamado Barjesús que procuraba apartar de la fe al procónsul; pero fue cegado (Hch 13:6, 8). ¶
2. (*farmakeús*: φαρμακεύς <5332> o *farmakós*: φάρμακος <5332>; de *fármakon*: droga, poción) **Individuo que utiliza pociones, drogas.** La parte de los hechiceros será el lago de fuego (Ap 21:8; 22:15). Algunos mss. tienen *farmakeús* en Ap 21:8. ¶

MAJESTAD
1. (*megaleiótes*: μεγαλειότης <3168>; de *mégas*: grande) **Magnificencia, gloria.** En 2P 1:16, Pedro dice haber sido testigo de la majestad del Señor cuando fue transfigurado. El vocablo también está empleado para describir a Diana, la diosa de los efesios (Hch 19:27).
2. (*megalosúne*: μεγαλωσύνη <3172>; de *mégas*: grande) **Grandeza, dignidad.** Vocablo que caracteriza a Dios Padre en su grandeza, su gloria y su dignidad (Hb 1:3; 8. 1). También está empleado por Judas al atribuir la alabanza a Dios (v. 25). ¶

MALDAD – Ver MALICIA.

MALDICIENTE (*loídoros*: λοίδορος <3060>; de *loidós*: maldad) **Que insulta, injuria.** No debemos tener relaciones con alguien llamado hermano que es maldiciente (1Co 5:11). Los maldicientes no heredarán el reino de Dios (1Co 6:10). ¶

MALDICIÓN
1. (*ará*: ἀρά <685>) **Palabra que desea el mal, imprecación.** La boca del incrédulo está llena de maldición y de amargura (Ro 3:14). ¶
2. (*katára*: κατάρα <2671>; de *katá*: abajo {part. int.}, y *ará*: ver **1.**) **Palabra que desea el mal a alguien, execración, imprecación.** La ley es maldición al condenar al hombre pecador como también a los que están bajo el principio de las obras de la ley; pero Cristo nos ha redimido de la maldición de la ley, hecho por nosotros maldición en la cruz (Gá 3:10, 13a, b). La tierra que produce espinas y

abrojos es reprobada y próxima a ser maldecida (Hb 6:8). De la misma boca no debería proceder la bendición y la maldición (Stg 3:10). Pedro llama a los injustos hijos de maldición (2P 2:14). ¶
3. (*katanáthema*: κατανάθεμα <2652>; de *katá*: part. int., y *anáthema*: maldición) **Palabra que desea el mal, execración.** En la eternidad, no habrá más maldición (Ap 22:3). ¶
4. (juramentarse bajo maldición: *anathematízo*: ἀναθεματίζω <332>; de *anáthema*; de *aná*: arriba, y *títhemi*: poner) **Invocar sobre sí una maldición en caso de no cumplir lo que se había comprometido.** Pedro comenzó a maldecir y a jurar diciendo no conocer a Jesús (Mc 14:71).
5. (pedir maldiciones sobre sí: *katathematízo*: καταθεματίζω <2653>; de *katá*: part. int., y *anathematízo*: ver **4.**) **Verbo más fuerte que el precedente.** Pedro pidió maldiciones sobre sí diciendo no conocer a Jesús (Mt 26:74). ¶
6. Ver **ANATEMA**.

MALDITO

1. (*epikatáratos*: ἐπικατάρατος <1944>; de *epí*: sobre, y *katáratos*; maldito, que viene de *kataráomai*: maldecir) **Persona a quien se le desea el mal.** Según la opinión de los fariseos, la gente que no conocía la ley estaba maldita (Jn 7:49). Aquel que no practicara todas las cosas escritas de la ley era maldito (Gá 3:10; ver Dt 27:26). Todo el que es colgado de un madero es maldito (Gá 3:13). ¶

2. (maldecir: *kataráomai*: καταράομαι <2672>; de *katára*: execración, maldición) **Desear el mal verbalmente a una persona o a una cosa.** En el juicio, el Señor dirá a los que él nombra «malditos» (lit.: los que son malditos) que se vayan al fuego eterno (Mt 25:41).

MALEDICENCIA
(*katalalía*: καταλαλιά <2636>; de *katá*: contra, y *laléo*: hablar)
Acción de hablar mal de alguien, en lugar de callarse; pero este mal es verdadero. Pablo temía de encontrar maledicencias en los corintios (2Co 12:20). Los creyentes deben desechar todas detracciones (1P 2:1). ¶

MALHECHOR

1. (*kakopoiós*: κακοποιός <2555>; de *kakós*: malo, y *poiéo*: hacer) **Aquel que hace el mal.** Jesús fue tratado de malhechor ante Pilato (Jn 18:30).
2. (*kakoúrgos*: κακοῦργος <2557>; de *kakós*: malo, mal, y *érgon*: acción, trabajo) **Aquel que comete delitos, criminal.** Dos malhechores fueron crucificados al lado de Jesús (Lc 23:32, 33, 39). Pablo sufría la prisión como un malhechor (2Ti 2:9). ¶

MALICIA
(*kakía*: κακία <2549>; de *kakós*: malo)
Característica de una persona que busca a hacer el mal, que es mala. Ella es aparente en el hombre que no ha conocido la regeneración (Ro 1:29), incluso en el creyente antes de su conversión (Tit 3:3). Pablo invita

MALIGNO

a los corintios a ser niños en la malicia (1Co 14:20), es decir a no tener malicia. Los creyentes no deben celebrar la fiesta con levadura de malicia (1Co 5:8). Deben renunciar a la malicia (Col 3:8), quitarla de en medio de ellos (Ef 4:31), desechar toda malicia (Stg 1:21; 1P 2:1). La advertencia es seria en Is 13:11: «Castigaré al mundo por su maldad».

MALIGNO – Ver **INMUNDO, PERVERSO**.

MALVADO – Ver **PERVERSO**.

MAMÓN – Ver **RIQUEZA**.

MANÁ (*mánna*: μάννα <3131>; del heb.: *man*, que significa: ¿qué es esto? o don)
Alimento que Dios proveyó a los israelitas durante su viaje de cuarenta años en el desierto después de su salida de Egipto. El maná está llamado «pan del cielo» (Jn 6:31). Durante la estancia en la tierra prometida, una urna de oro contenía al maná; la misma urna estaba en el arca del pacto (Hb 9:4; ver Éx 16:34) en testimonio a las generaciones de israelitas que se sucederían. El maná como alimento no impedía la muerte (Jn 6:49, 58), pero Jesús es el pan que desciende del cielo (ver v. 50, 58). En Ap 2:17, el maná escondido corresponde a la apreciación de la perfecta humanidad de Cristo. ¶

MANANTIAL – Ver **FUENTE**.

MANDAMIENTO
1. (*entolé*: ἐντολή <1785>; de *entélomai*: mandar, que viene de *en*: en, y *télo*: cumplir, producir) **Mandato, precepto moral y religioso.** A menudo es cuestión de los mandamientos de Dios transmitidos a Moisés (Mt 5:19; 15:3, 6; 19:17; 22:36, 38, 40; etc.). Jesús habla de guardar sus mandamientos (Jn 14:15, 21; 15:10a), como él ha guardado los mandamientos de su Padre (Jn 15:10b), y Pedro hace referencia al mandamiento del Señor (2P 3:2). En sus epístolas, Juan habla de guardar los mandamientos de Dios (1Jn 2:3, 4; 3:22, 23a, b, 24; 4:21; 5:2, 3a, b; 2Jn 4, 5) y de andar en ellos (2Jn 6a, b). Jesús ha dado un mandamiento nuevo, el de amarnos unos a otros (Jn 13:34; 15:12).
2. (*éntalma*: ἔνταλμα <1778>; de *entélomai*: ver **1.**) **Mandato, precepto, p.ej. moral y religioso.** Israel enseñaba como doctrinas mandamientos de hombres (Mt 15:9; Mc 7:7). Las ordenanzas establecidas por los colosenses eran según los mandamientos y las enseñanzas de los hombres (Col 2:22). ¶
3. (*epitagé*: ἐπιταγή <2003>; de *epí*: sobre, y *tásso*: ordenar) **Orden dada con autoridad, prescripción.** Pablo habla del mandamiento del Dios eterno (Ro 16:26). Se dirigía a la pareja como concesión, no como mandamiento (1Co 7:6). Hablaba a los corintios sobre el compartir sus bienes, no como dando un mandamiento, sino a causa de la diligencia

de otras personas (2Co 8:8). Era apóstol de Jesucristo por mandato de Dios (1Ti 1:1). La predicación le había sido confiada por mandato de Dios (Tit 1:3).

4. (*parangelía*: παραγγελία <3852>; de *parangélo*: transmitir un mensaje, mandar) **Orden recibida de un superior y comunicada a otros.** Los tesalonicenses sabían cuales preceptos Pablo les había dado por el Señor Jesús (1Ts 4:2).

5. (voz de mando: *kéleusma*: κέλευσμα <2752>; de *keleúo*: ordenar) **Señal dada, orden de reunir a la gente.** El Señor mismo con voz de mando, con voz de arcángel y con la trompeta de Dios, descenderá del cielo (1Ts 4:16). ¶

MANDAR

1. (*entélomai*: ἐντέλλομαι <1781>; de *en*: en, y *télo*: cumplir, producir) **Dar un orden, prescribir.** Dios mandó, diciendo: «honra a tu padre y a tu madre» (Mt 15:4). Moisés había mandado dar una carta de divorcio (Mt 19:7); fue lo que el Señor preguntó a los fariseos (Mc 10:3). Los once debían enseñar a las naciones a guardar todas las cosas que Jesús les había mandado (Mt 28:20). Los discípulos dijeron como Jesús les había mandado a propósito del pollino (Mc 11:6). En una parábola, un hombre mandó al portero que velara (Mc 13:34). Moisés había ordenado lapidar a las mujeres que cometían adulterio (Jn 8:5). Jesús hacía como el Padre le había mandado (Jn 14:31). Los que hacen lo que el Señor les manda son sus amigos (Jn 15:14). Jesús mandó que se amaran los unos a los otros (Jn 15:17). El Señor había mandado a Pablo de cumplir lo que la Escritura dice de Cristo: «Te he puesto por luz para los gentiles...» (Hch 13:47; ver Is 49:6).

2. (*épo*: ἔπω <2036>) **Decir, hablar.** En la parábola, el hombre noble mandó llamar a los siervos a quienes había entregado el dinero (Lc 19:15).

3. (*keleúo*: κελεύω <2753>; próximo de *kélo*: instar a, ordenar) **Dar una orden.** Jesús dio orden de pasar a la otra orilla (Mt 8:18). Pedro le dijo al Señor que le ordenara ir a él sobre las aguas (Mt 14:28). Jesús mandó a la multitud que se sentara en el suelo (Mt 15:35). El tribuno mandó que arrebatasen a Pablo de en medio del Sanedrín (Hch 23:10).

4. (*parangélo*: παραγγέλλω <3853>; de *pará*: junto a, y *angélo*: anunciar) **Anunciar, ordenar.** Jesús ordenó a los doce que no llevaran nada para el camino (Mc 6:8). Mandó a la multitud que se recostara en el suelo (Mc 8:6). Le mandó a un leproso sanado que no lo dijera a nadie (Lc 5:14). Había ordenado al espíritu inmundo que saliera del hombre (Lc 8:29). Ordenó no decir a nadie que él era el Cristo (Lc 9:21). Les mandó a sus discípulos que no se fueran de Jerusalén (Hch 1:4). Él había mandado a sus discípulos que predicaran al pueblo (Hch 10:42). Pablo mandó al espíritu de adivinación, en el nombre de Jesucristo, que saliera

de la mujer (Hch 16:18). Habían ordenado al carcelero que guardara con seguridad a Pablo y a Silas (Hch 16:23). Pablo tenía confianza en el Señor de que los tesalonicenses harían lo que les había mandado (2Ts 3:4).
5. (*diatásso*: διατάσσω <1299>; de *diá*: a través {part. int.}, y *tásso*: ordenar) **Dar órdenes.** Jesús mandó que le dieran de comer a la muchacha que acababa de resucitar (Lc 8:55). El amo no tiene que estar agradecido al siervo por haber hecho este lo que se le había mandado (Lc 17:9); así, cuando nosotros hayamos hecho todo lo que se nos había sido ordenado, diremos que somos siervos inútiles (v. 10). Claudio había mandado que todos los judíos salieran de Roma (Hch 18:2).
6. (*epitásso*: ἐπιτάσσω <2004>; de *epí*: sobre, y *tásso*: ordenar) **Dar órdenes.** Jesús mandaba con autoridad a los espíritus inmundos (Mc 1:27; Lc 4:36). Herodes mandó que fuera traída la cabeza de Juan el Bautista (Mc 6:27). Jesús mandó que todos se recostaran sobre la hierba (Mc 6:39). Jesús ordenó al espíritu inmundo salir del muchacho (Mc 9:25). Jesús incluso mandaba a los vientos y al agua (Lc 8:25). El siervo había hecho como su señor le había mandado (Lc 14:22). Los demonios rogaban a Jesús para que no los mandara al abismo (Lc 8:31). El sumo sacerdote Ananías ordenó golpear a Pablo en la boca (Hch 23:2). Pablo tenía libertad en Cristo para mandar a Filemón lo que convenía (Flm 8). ¶
7. (*prostásso*: προστάσσω <4367>; de *prós*: hacia, y *tásso*: arreglar, ordenar) **Prescribir, dar la orden.** Pedro mandó que los creyentes de las naciones fueran bautizados (Hch 10:48).

MANERA (EN O DE NINGUNA)
1. (*jólos*: ὅλως <3654>; de *jólos*: completo) **Entero.** Pablo pregunta qué harían los que son bautizados por los muertos, si los muertos no resucitan de ninguna manera (1Co 15:29).
2. (*pántos*: πάντως <3843>; de *pás*: todo) **De todos modos, en todo caso.** Pablo debía necesariamente celebrar la próxima fiesta en Jerusalén (Hch 18:21). Seguramente que la multitud se reuniría para escuchar a Pablo (Hch 21:22). Los corintios no debían tener relaciones con los fornicarios, absolutamente no con los fornicarios de este mundo (1Co 5:10).
3. (*tén arquén*; de *arqué*: ἀρχή <746>: iniciación; lit.: desde el principio, ante todo) **De todos modos.** Jesús era desde el principio lo que él decía (Jn 8:25).

MANIFESTACIÓN – Ver APARICIÓN, REVELACIÓN.

MANOJO (*désme*: δέσμη <1197>; de *desmós*: ligadura)
Conjunto de vegetales liados juntos. El señor dirá a los segadores que aten la cizaña en manojos para quemarla (Mt 13:30). ¶

MANSO
1. (*práos*: πρᾶος <4235>) **Que hace prueba de dulzura, afabilidad, perdón; apacible.** Jesús ha dicho de sí mismo que él era manso y humilde de corazón (Mt 11:29). ¶
2. (*praús*: πραΰς <4239>) **Ver 1.** Los mansos son bienaventurados, porque ellos heredarán la tierra (Mt 5:5). El Mesías, rey de Israel, viene a su pueblo como manso (Mt 21:5).

MANTENER – Ver **SOCORRO**.

MAR DE VIDRIO (mar: *thálassa*: θάλασσα <2281>; de vidrio: *juálinos*: ὑάλινος <5193>; de *júo*: llover) **Símbolo de pureza definitiva, inmovible, digna de la gloria de Dios.** En el A.T., la fuente de bronce servía a la purificación de los sacerdotes; en el N.T., el mar de vidrio representa el carácter de los santos celestiales en relación con el trono del Dios de juicio (Ap 4:6). En Ap 15:2a, b, ella está mezclada con fuego: los que han triunfado sobre la bestia han pasado por el fuego del martirio. ¶

MARAN-ATA (*marán athá*: μαράν αθά <3134>)
Expresión aram. que significa «El Señor viene». Pablo emplea esta expresión en 1Co 16:22. ¶

MARAVILLA
1. (cosas maravillosas: *ta megaleia*; maravilla: *megaleíos*: μεγαλεῖος <3167>; de *mégas*: grande) **Grandes cosas.** El día de Pentecostés, personas de diversas naciones oyeron anunciar en sus lenguas las maravillas de Dios (Hch 2:11). María dijo que el Poderoso había hecho por ella «grandes cosas» (Lc 1:49). ¶
2. (*megaloprepés*: μεγαλοπρεπής <3169>; de *mégas*: grande, y *prépo*: convenir) **Excelente.** La voz del Padre fue dirigida al Señor Jesús desde la magnífica gloria (2P 1:17). ¶
3. Ver **MILAGRO, PRODIGIO**.

MARCHITA (QUE NO SE) – Ver **INCORRUPTIBLE**.

MARCHITAR (*maraíno*: μαραίνω <3133>; lit.: extinguir, desvanecer) **Secar, hacer desaparecer.** El rico se marchitará en sus empresas (Stg 1:11). ¶

MARFIL (DE) (*elefántinos*: ἐλεφάντινος <1661>; de *eléfas*: elefante, marfil)
Materia de la que están formados los dientes de los vertebrados, en particular los colmillos de los elefantes. Después de la caída de Babilonia, los mercaderes llorarán porque nadie les compra sus artículos, entre ellos los de marfil (Ap 18:12). ¶

MÁRMOL (*mármaros*: μάρμαρος <3139>; de *marmaíro*: brillar)
Roca calcárea a menudo con venas de colores variados y que se puede pulir. Es una de las cosas que Babilonia compra (Ap 18:12). ¶

MÁRTIR – Ver **TESTIGO 1**.

MATADERO
1. (*sfagé*: σφαγή <4967>; de *sfázo*: matar, degollar) **Degollamiento, inmolación.** Jesús fue llevado como una oveja al matadero (Hch 8:32).
2. (*mákelon*: μάκελλον <3111>; del lat. *macelum*: carnicería) **Mercado donde se vende carne.** Pablo dijo que había que comer de todo lo que se vendía en la carnicería (1Co 10:25). ¶

MATRICIDA –
Ver **PENDENCIERO.**

MATRIMONIO
1. (*gámos*: γάμος <1062>) **En sentido habitual, unión de un hombre y de una mujer ante una autoridad civil o eclesiástica legalmente reconocida.** El matrimonio, es decir, el estado conyugal, debe ser mantenido en honor en todos los aspectos (Hb 13:4).
2. (dar en casamiento: *gamísko*: γαμίσκω <1061>; de *gámos*: ver **1.**) **Casar a los hijos.** Contrariamente a la práctica del casamiento en la tierra, no habrá casamiento después de la presente vida (Mc 12:25). ¶
3. (dar en casamiento: *ekgamísko*: ἐκγαμίσκω <1548>; de *ek*: de, y *gamísko*: ver **2.**) **Casar a los hijos.** No se da en casamiento después de la presente vida (Lc 20:34, 35). ¶
4. (dar en casamiento: *ekgamízo*: ἐκγαμίζω <1547>; de *ek*: de, y *gámos*: ver **1.**) **Casar a los hijos.** Ya antes del diluvio, se daba en casamiento (Mt 24:38; Lc 17:27). No se dará en casamiento después de la presente vida (Mt 22:30).

MAYOR
(*presbúteros*: πρεσβύτερος <4245>; de *présbus*: anciano) **De más edad.** El hijo mayor estaba en el campo cuando su hermano volvió a la casa (Lc 15:25).

MAYOR DE EDAD
1. (de cien años: *hekatontaetés*: ἑκατονταετής <1541>; de *jekatón*: cien, y *étos*: año) **Centenario.** Abraham tenía unos cien años cuando Dios le prometió un hijo (Ro 4:19). ¶
2. (anciano: *presbúteros*: πρεσβύτερος <4245>; de *présbus*: anciano; lit.: de más edad; anciana: *presbútera*) **Persona de mucha edad, anciano.** Timoteo no debía reprender con dureza al anciano (1Ti 5:1); debía reprender a las ancianas como a madres (v. 2).
3. (anciana: *presbútis*: πρεσβῦτις <4247>; de *présbus*: anciano) **Mujer de mucha edad.** Las ancianas debían ser reverentes en su conducta (Tit 2. 3). ¶

MECHA
(*línon*: λίνον <3043>) **Fibra de una planta de la que se extrae el lino.** Se fabricaban mechas para lámparas a partir de lino trenzado. El Señor no apaga la mecha que humea (Is 42:3; Mt 12:20); no pone de lado el débil testimonio para Dios en Israel.

MEDIADOR
(*mesítes*: μεσίτης <3316>; de *mésos*: mitad)

Intermediario, conciliador. Cristo es el mediador (1Ti 2:5), es decir intermediario entre Dios y los hombres. Moisés ha sido mediador entre Dios e Israel, habiendo transmitido los mandamientos divinos a ese pueblo, y habiéndolo representado delante de Dios (Gá 3:19, 20; ver Éx 34:27). En la epístola a los Hebreos, Jesús es el mediador, es decir, el intermediario que garantiza un mejor pacto, pues está fundado sobre las glorias de su persona y la perfección de su obra (8:6; 9:15; 12:24). ¶

MÉDICO (*iatrós*: ἰατρός <2395>; de *iáomai*: sanar)
Persona que trata a los enfermos. Los que están sanos no tienen necesidad de médico (Mt 9:12; Mc 2:17; Lc 5:31). Una mujer había sufrido mucho a manos de muchos médicos (Mc 5:26; Lc 8:43). Jesús así se llama a sí mismo en Lc 4:23. Pablo llama a Lucas el médico amado (Col 4:14). ¶

MEDIDA
1. (*kóros*: κόρος <2884>) **Medida de capacidad para productos secos de aprox. 350 litros.** Ver Lc 16:7. ¶
2. (*coínix*: χοῖνιξ <5518>) **Ración cotidiana, p.ej. de trigo, para el alimento de un hombre.** En Ap 6:6, designa una medida de capacidad de aprox. 1 litro. En la parábola de la levadura (Mt 13:33; Lc 13:21), la medida (*sáton*, en griego; *seá*, en heb.: Gn 18:6) vale entre 8 y 11 litros. ¶

MEJILLA (*siagón*: σιαγών <4600>)
Parte de la cara entre la sien y el mentón. Si alguien nos golpea sobre una mejilla, también debemos presentarle la otra (Mt 5:39; Lc 6:29). ¶

MEMORIA (ACTO DE) (*anámnesis*: ἀνάμνησις <364>; de *aná*: subiendo, y *mimnésko*: recordar)
Traer en mente, recuerdo. Había en los sacrificios anuales del A.T. un acto de memoria de los pecados (Hb 10:3).

MENOSPRECIADOR (*katafronetés*: καταφρονητής <2707>; de *katá*: contra, y *fronéo*: pensar)
Persona que critica, que desprecia; arrogante. Los menospreciadores verían una obra que no creerían (Hch 13:41). ¶

MENSAJE (*angelía*: ἀγγελία <31>; de *ángelos*: mensajero, enviado)
Comunicación transmitida a una persona. Juan ha oído un mensaje a propósito del hecho que Dios es luz (1Jn 1:5); sus lectores han oído el mensaje que debían amarse unos a otros (3:11). ¶

MENTA (*jedúosmon*: ἡδύοσμον <2238>; de *jedús*: dolce, agradable, y *osmé*: olor)
Hierba muy aromática que crece cerca de corrientes de agua o en lugares húmedos. Jesús puso en contraste el pago de los diezmos de tradición y sin importancia sobre la menta, el eneldo y el comino, con la

justicia práctica que debería haber caracterizado a los escribas y a los fariseos (Mt 23:23; Lc 11:42). ¶

MENTE – Ver **RIÑONES**.

MENTIRA
1. (*dólos*: δόλος <1388>) **Engaño**. Los ciento cuarenta y cuatro mil de Ap 14 son irreprochables: no fue hallada mentira en sus bocas (v. 5).
2. (aquel que dice mentiras: *pseudológos*: ψευδολόγος <5573>; de *pseúdomai*: engañar con algo falso, mentir, y *légo*: hablar) **Falso lenguaje, engaño**. Algunos apóstatas dicen mentiras por hipocresía (1Ti 4:2). ¶
3. (*pseúdos*: ψεῦδος <5579>; de *pseúdomai*: engañar con algo falso, mentir) **Afirmación contraria a la verdad con el propósito de engañar**. Cuando el diablo habla mentira, expresa su propia naturaleza, porque es mentiroso y el padre de mentira (lit.: el padre de ella) (Jn 8:44). La venida del inicuo (el hombre de pecado) será caracterizada por la mentira (2Ts 2:9); Dios enviará incluso un poder engañoso para que los hombres crean en la mentira (v. 11). Algunos han cambiado la verdad de Dios por la mentira (Ro 1:25). Ninguna mentira procede de la verdad (1Jn 2:21, 27). Debemos desechar la mentira y hablar cada uno la verdad con su prójimo (Ef 4:25). No entrará ninguna mentira en la Jerusalén celestial (Ap 21:27); fuera estará todo aquel que ama y práctica la mentira (22:15). ¶

4. (*pseúsma*: ψεῦσμα <5582>; de *pseúdomai*: ver **3**.) **Falsedad**. En Ro 3:7, la mentira que Pablo se atribuye se referiría a la actitud generalizada de falsedad del hombre ante Dios. ¶

MÉRITO – Ver **GLORIA 2**.

MESÓN
1. (*katáluma*: κατάλυμα <2646>; de *katalúo*: deshacer, que viene de *katá*: abajo, y *lúo*: desatar; lit.: lugar donde se deshacía el equipaje y se desataban las sandalias) **Lugar para alojarse, sala común; otras trad.: alojamiento, posada**. No había lugar para José y María en el mesón (Lc 2:7).
2. (*pandoqueíon*: πανδοχεῖον <3829>; de *pandoqueús*: *mesonero*, que viene de *pás*: todo, y *décomai*: recibir) **Hostal, casa para recibir a forasteros**. En una parábola, un samaritano llevó a un hombre herido al mesón y cuidó de él (Lc 10:34). ¶

MESONERO (*pandoqueús*: πανδοχεύς <3830>; de *pás*: todo, y *décomai*: recibir)
Persona que regenta un lugar destinado a albergar viajeros. En una parábola, un samaritano da a un mesonero dos denarios para que cuidara de un hombre herido (Lc 10:35). ¶

MEZCLA – Ver **COMPUESTO**.

MEZCLAR – Ver **PREPARAR**.

MIEL
1. (*méli*: μέλι <3192>) **Sustancia viscosa muy dulce elaborada por las abejas (*melissa*) a partir del néctar de las flores.** Juan el Bautista se alimentaba de miel silvestre (Mt 3:4; Mc 1:6). En el momento de su visión, el apóstol Juan devoró un librito que en su boca fue dulce como la miel (Ap 10:9, 10). ¶
2. (panal de miel: *melíssios*: μελίσσιος <3193>; de *melissa*: abeja, que viene de *méli*: ver **1.**) **Fabricado con miel.** Después de su resurrección, Jesús comió algo de un panal de miel (solo en algunos mss.) (Lc 24:42). ¶

MIES – Ver **SIEGA**.

MILAGRO
1. (*dúnamis*: δύναμις <1411>; de *dúnamai*: ser capaz; lit.: poder) **Acontecimiento del cual la causa es de carácter sobrenatural.** Los milagros confirmaban las palabras de Jesús y manifestaban la aprobación que Dios le daba (Hch 2:22). Dios hacía milagros extraordinarios por mano de Pablo (Hch 19:11). Muchos de los que hacen milagros no entrarán en el reino de los cielos (Mt 7:22). El anticristo hará grandes milagros (2Ts 2:9). Otras ref.: Mt 11:20, 21, 23; 13:54, 58; 14:2; Mc 6:2, 5, 14; 9:39; Lc 10:13; 19:37; 1Co 12:10, 28, 29; 2Co 12:12; Gá 3:5; Hb 2:4; 6:5.
2. (*semeíon*: σημεῖον <4592>; de *séma*: marca) **Señal.** Los evangelios y el libro de los Hechos relatan varios milagros hechos por Jesús y sus apóstoles (Hch 4:16). Jesús hizo su primer milagro en Caná de Galilea (Jn 2:11). Se decía de Jesús que hacía muchos milagros (Jn 11:47). Herodes esperaba ver algún milagro hecho por Jesús (Lc 23:8). A pesar de que Jesús había hecho tantos milagros, no creían en él (Jn 12:37). Otras ref.: Jn 2:18, 23; 3:2; 4:54; 6:2, 14, 26, 30; 7:31; 9:16; 10:41; 12:18; 20:30; Hch 2:43; 4:22, 30; 5:12; 6:8; 7:36; 8:6, 13; 14:3; 15:12; Ro 15:19; 1Co 1:22; Ap 13:13, 14; 16:14; 19:20.

MILENIO
Este término, que no se encuentra en el N.T., se refiere a los mil años del futuro reinado de paz y de gloria de Cristo en la tierra (Ap 20:2-7). El A.T. con frecuencia hace alusión a ese reinado (p.ej.: Sal 93; 97; 99). Sinónimo de: siglo venidero.

MILLA (*mílion*: μίλιον <3400>; *mille* en lat.: una medida de distancia equivalente a 1.000 *passus* o pasos) **Medida de distancia romana de aprox. 1.480 metros.** Jesús dijo que si alguien nos quiere obligar a hacer una milla, de hacer dos con él (Mt 5:41). ¶

MILLAR (*murías*: μυριάς <3461>; de *múrioi*: diez mil) **Diez millares, o una cantidad muy grande.** El vocablo está empleado para describir ejércitos de ángeles (Hb 12:22; Jud 14; Ap 5:11a, b; 9:16a, b).

MILLÓN – Ver **MILLAR**.

MINA (*mná*: μνᾶ <3414>) **Medida de peso y de dinero de algo más de 100 dracmas o 100 denarios romanos; una mina pesaba un poco menos de 500 gramos.** Jesús contó una parábola en la que un hombre noble dio a diez de sus siervos una mina a cada uno con el fin de ganar más (Lc 19:13, 16a, b, 18a, b, 20, 24a, b, 25). ¶

MINISTERIO
1. (*diakonía*: διακονία <1248>; de *diákonos*: servidor) **Cargo, función que debe cumplir un siervo.** Pablo habla de su ministerio para con los gentiles (Ro 11:13; 2Co 4:1). Pone en contraste el ministerio (o: servicio) de la ley (2Co 3:7) y aquel del Espíritu Santo (v. 8), el ministerio de condenación y el de justicia (v. 9a, b).
2. (*leitourgía*: λειτουργία <3009>; de *laós*: pueblo, y *érgon*: acción, trabajo) **Servicio público oficial.** Zacarías se fue a su casa cuando los días de su ministerio se cumplieron (Lc 1:23). Cristo ha obtenido un ministerio tanto mejor por cuanto es mediador de un mejor pacto (Hb 8:6).

MINISTRO
1. (*diákonos*: διάκονος <1249>) **Siervo.** El vocablo está empleado a propósito de los creyentes que son ministros del nuevo pacto (2Co 3:6) y ministros de Cristo (2Co 11:23). Los ángeles caídos son llamados ministros de Satanás (2Co 11:15a, b). Cristo no puede ser «ministro de pecado» (Gá 2:17).
2. (*leitourgós*: λειτουργός <3011>; de *laós*: pueblo, y *érgon*: acción, trabajo) **Aquel que ejerce un servicio público; administrador oficial, servidor.** El vocablo está empleado a propósito de los magistrados públicos (ellos son servidores de Dios: Ro 13:6), de Pablo (ministro de Cristo Jesús: Ro 15:16), de Epafrodito (servidor para las necesidades de Pablo: Fil 2:25), de los ángeles (Hb 1:7), de Cristo (ministro del santuario: Hb 8:2). ¶
3. (*juperétes*: ὑπηρέτης <5257>; de *jupó*: bajo, y *erésso*: remero) **Siervo que ha recibido un servicio especial.** El vocablo está empleado en la expresión «ministro de la palabra» en Lc 1:2.

MIRRA
1. (*smúrna*: σμύρνα <4666>) **Sustancia resinosa extraída de un arbusto en el Oriente Próximo y en Abisinia.** Ella puede fluir espontáneamente (mirra franca), o ser extraída por incisión de la corteza; se empleaba como perfume, y como calmante y estimulante. Muy olorosa y de un gusto amargo, ella figura el buen olor de Cristo, el hombre de dolor, sufriendo en su vida y en su muerte en la cruz. Los magos, llegados de Oriente para adorar al niño Jesús, le ofrecieron mirra con oro e incienso (Mt 2:11). Para este vocablo en Mc 15:23, ver **PREPARAR 2**.

MISERICORDIA

Nicodemo vino a embalsamar el cuerpo de Jesús con un compuesto de mirra y de áloe (Jn 19:39). Los creyentes de la iglesia de Esmirna son advertidos de las cosas que van a sufrir (Ap 2:8; ver v. 10: Esmirna quiere decir «mirra»). ¶
2. (*múron*: μύρον <3464>; prob. de *smúrna*: ver **1.**) **Substancia aromática líquida; clase de perfume.** Los mercaderes llorarán la caída de Babilonia que no les comprará más sus diversos productos, entre ellos mirra (Ap 18:13).

MISERIA

1. (*talaiporía*: ταλαιπωρία <5004>; de *talaiporéo*: ver **2.**) **Calamidad, desventura.** La miseria caracteriza los caminos de los hombres bajo la influencia del pecado (Ro 3:16). Jacobo (Santiago) exhorta a los ricos a llorar a causa de las miserias por venir (Stg 5:1). ¶
2. (sentir su miseria: *talaiporéo*: ταλαιπωρέω <5003>; de *tláo*: soportar, y *peíra*: prueba) **Sentir su propia miseria; estar afligido.** Jacobo (Santiago) exhorta a los pecadores a sentir su aflicción (Stg 4:9). ¶

MISERICORDIA

1. (*éleos*: ἔλεος <1656>) **Compasión por la miseria de otro.** Ella supone una necesidad de socorro para aquel que es objeto, y de recursos de corazón por parte de quien puede responder a esa necesidad: Dios es rico en misericordia (Ef 2:4); él salva según su propia misericordia (Tit 3:5). María, la madre de Jesús, ha exaltado la misericordia de Dios su Salvador (Lc 1:50, 54, 58), al igual que Zacarías, la misericordia del Señor, el Dios de Israel (Lc 1:72, 78). Dios espera del hombre que ejerza la misericordia (Mt 9:13; 12:7; 23:23; Lc 10:37; Stg 2:13b, c). Los creyentes esperan la misericordia de nuestro Señor Jesucristo para vida eterna (Jud 21). Otras ref.: Ro 9:23; 11:31a; 15:9; Gá 6:16; 1Ti 1:2; 2Ti 1:2, 16, 18; Hb 4:16; Stg 3:17; 1P 1:3; 2Jn 3; Jud 2. ¶
2. (hacer, llegar a ser un objeto de, ejercer la, recibir, obtener, usar de misericordia: *eleéo*: ἐλεέω <1653>; de *éleos*: ver **1.**) **Hacer prueba de compasión por la miseria de otro.** Misericordia será hecha a los misericordiosos (Mt 5:7). Jesús usó de misericordia con un endemoniado sanándolo (Mc 5:19). Dios tiene misericordia de quien él quiere (Ro 9:15a, b, 16, 18). Los creyentes de Roma habían alcanzado misericordia (Ro 11:30, 31b, 32). El que hace misericordia debe hacerlo con alegría (Ro 12:8). Misericordia había sido hecha a Pablo (1Ti 1:13, 16). Otras ref.: 1Co 7:25; 2Co 4:1; 1P 2:10a, b.
3. (*aneleémon*: ἀνελεήμων <415>; de *a*: part. neg., y *éleos*: ver **1.**) **Sin compasión por la miseria de otro.** El incrédulo no tiene misericordia (Ro 1:31). ¶
4. (*anéleos*: ἀνέλεος <448>; de *a*: part. neg., y *éleos*: ver **1.**) **Sin compasión por la miseria de otro.** El juicio

MISERICORDIOSO

será sin misericordia para aquel que actúa sin misericordia (Stg 2:13a). ¶
5. (*oiktirmós*: οἰκτιρμός <3628>; de *oíktos*: compasión) **a. Compasión; ejercicio de la gracia.** Dios es el Padre de misericordias (2Co 1:3). El creyente está llamado a vestirse de entrañable misericordia (Col 3:12). En Hb 10:28, está escrito que si alguien ha violado la ley de Moisés, muere irremisiblemente (lit.: sin misericordia). **b. Actitud de aquel que desea responder a las necesidades de otro, a aliviar sus sufrimientos.** Pablo exhorta a los creyentes de Roma por las misericordias de Dios (Ro 12:1); la misericordia está en Cristo (Fil 2:1). ¶
6. (lleno de misericordia: *polúsplancnos*: πολύσπλαγχνος <4184>; de *polús*: mucho, y *spláncna*: entrañas) **Cualidad de aquel que desea responder a las necesidades de otro, a aliviar sus sufrimientos.** El Señor es muy misericordioso (Stg 5:11). ¶
7. (compadecerse: *oikteíro*: οἰκτείρω <3627>; de *oíktos*: compasión) **Ejercer la gracia.** Dios se compadece de aquel de quien se compadece (Ro 9:15a, b). ¶
8. (tener, estar conmovido de, anhelar con compasión: *splancnízomai*: σπλαγχνίζομαι <4697>; de *spláncna*: entrañas) **Estar conmovido interiormente por las circunstancias de los otros y buscar a compartir sus males.** El verbo está empleado en relación con los sentimientos del Señor a propósito de las multitudes (Mt 9:36; 14:14; 15:32; Mc 6:34; 8:2)

y a propósito de personas que sufrían (Mt 20:34; Mc 1:41; Lc 7:13). En las parábolas, las personas que representan al Señor muestran misericordia (Mt 18:27; Lc 10:33); en la parábola del hijo pródigo, el padre, viendo a su hijo de regreso, fue movido a misericordia (Lc 15:20). El padre de un muchacho que tenía un espíritu mudo pidió la misericordia de Jesús para sanar a su hijo (Mc 9:22). ¶

MISERICORDIOSO

1. (*eleémon*: ἐλεήμων <1655>; de *éleos*: compasión, misericordia) **Que manifiesta compasión por la miseria de otro.** Misericordia será hecha a los misericordiosos (Mt 5:7). Jesucristo es un misericordioso sumo sacerdote (Hb 2:17). ¶
2. (*eúsplancnos*: εὔσπλαγχνος <2155>; de *eu*: bien, y *spláncnon*: compasión) **De corazón tierno, compasivo.** Los cristianos están exhortados a ser misericordiosos (Ef 4:32; 1P 3:8). ¶
3. (*oiktírmon*: οἰκτίρμων <3629>; de *oíktos*: compasión) **Que muestra simpatía por la miseria de los otros.** El Señor es misericordioso (Stg 5:11). Los cristianos deben ser misericordiosos como su Padre celestial es misericordioso (Lc 6:36a, b). ¶

MISTERIO (*mustérion*: μυστήριον <3466>; de *muéo*: iniciar a los misterios; lit.: lo que es conocido del iniciado)
En el N.T., un misterio es una verdad que estaba escondida, pero

que ahora está revelada. Col 1:26 ilustra esta definición: «el misterio que había estado oculto… pero que ahora ha sido manifestado», en relación con la Iglesia (ver también Ef 3:3, 4, 9; 5:32). Ejemplos de misterios: del reino de los cielos o del reino de Dios (Mt 13:11; Mc 4:11; Lc 8:10), del endurecimiento de Israel (Ro 11:25), de Cristo en nosotros, la esperanza de gloria (Col 1:27), de la transformación de los santos (1Co 15:51), del evangelio (Ef 6:19), de la piedad (1Ti 3:16), de la iniquidad (2Ts 2:7: ver **MISTERIO DE INIQUIDAD**). Otras ref.: Ro 16:25; 1Co 2:7; 4:1; 13:2; 14:2; Ef 1:9; Col 2:2; 4:3; 1Ti 3:9; Ap 1:20; 10:7; 17:5, 7. ¶

MITO – Ver **FÁBULA**.

MODESTIA (*sofrosúne*: σωφροσύνη <4997>; de *sós*: sano, y *frén*: mente, razón)
Buen sentido, sobriedad. Las creyentes están invitadas a vestirse con modestia (1Ti 2:9), a permanecer en la fe, el amor y la santidad con modestia (v. 15).

MOLER (*alétho*: ἀλήθω <229>; forma de *aléo*, que ha dado *áleuron*: harina)
Moler granos de cereales con una piedra de molino. Cuando el Señor vuelva para reinar sobre la tierra, dos mujeres estarán moliendo; una será tomada y la otra será dejada (Mt 24:41; Lc 17:35). ¶

MOLESTARSE (*skúlo*: σκύλλω <4660>)
Darse la molestia, la fatiga. El centurión envió decir a Jesús que no se molestara, porque no se sentía digno de que Jesús entrara bajo su techo (Lc 7:6).

MOLINO (PIEDRA DE)
1. (*múlos*: μύλος <3458>) **Cilindro de piedra muy pesado que sirve a triturar, a moler.** De alguien que es una ocasión de tropiezo para un joven creyente, Jesús dice que más le valdría que le colgaran al cuello una gran piedra de molino y que se ahogara en lo profundo del mar (Mt 18:6; Lc 17:2). Babilonia será arrojada al mar como una piedra del tamaño de una piedra de molino (Ap 18:21); el ruido del molino no se oirá más en esta ciudad (v. 22). ¶
2. (*múlon*: μύλων <3459>) **Ver 1.** Cuando el Señor vuelva para establecer el milenio, dos mujeres estarán moliendo en el molino, una será tomada y la otra será dejada (Mt 24:41). ¶
3. (de molino: *mulikós*: μυλικός <3457>; de *múlos*: ver **1.**) **Adj. que corresponde a «molino».** Jesús dijo que cualquiera que haga tropezar a uno de los pequeños que creen en él, mejor le valdría que le ataran al cuello una piedra de molino y lo arrojaran al mar (Mc 9:42). ¶

MONEDA
1. (*kérma*: κέρμα <2772>; de *keíro*: cortar; lit.: corte) **Pieza de moneda**

pequeña. Jesús esparció la moneda de los cambistas (Jn 2:15). ¶
2. (*nómisma*: νόμισμα <3546>; de *nómos*: ley) **Divisa, dinero que tiene curso legal**. Jesús pidió que le mostraran la moneda del tributo (Mt 22:19). ¶
3. (*calkós*: χαλκός <5475>; lit.: cobre) **Pieza de moneda de cobre**. Jesús mandó a sus discípulos que no llevaran dinero para el camino (Mc 6:8). Jesús miraba cómo el pueblo echaba dinero en el arca (Mc 12:41).

MONEDERO – Ver **BOLSA**.

MORIR (HACER)
1. (*nekróo*: νεκρόω <3499>; de *nekrós*: muerto) **Dar muerte**. La aplicación espiritual de hacer morir nuestros miembros es de no dejarlos obrar de manera a que nos lleven a la fornicación, a la impureza, a pasiones desordenadas y otras formas de pecado (Col 3:5).
2. (*jupopiázo*: ὑπωπιάζω <5299>; de *hupópion*: parte del rostro debajo de los ojos, golpe sobre el ojo, que viene de *jupó*: bajo, y *óps*: ojo, vista; lit.: golpear bajo el ojo) **Obligarse a una disciplina severa**. Pablo golpeaba su cuerpo (1Co 9:27), quizá mediante privaciones voluntarias. En Lc 18:5, el vocablo griego está traducido así por otros traductores: agotar, importunar, fastidiar, molestar.

MORTAL (adj. y sust.)
1. (*thanatefóros*: θανατηφόρος <2287>; de *thánatos*: muerte, y *féro*: traer) **Traer la muerte**. La lengua es un mal irrefrenable, llena de veneno mortal (Stg 3:8). ¶
2. (*thanásimos*: θανάσιμος <2286>; de *thánatos*: muerte) **Que da la muerte**. Jesús dice que los que bebieren algo mortífero, no les hará daño (Mc 16:18). ¶
3. (*thnetós*: θνητός <2349>; de *thnésko*: morir) **Susceptible de morir**. El pecado no debe reinar en nuestro cuerpo mortal (Ro 6:12). Dios vivificará nuestros cuerpos mortales (Ro 8:11). Otras ref.: 1Co 15:53, 54; 2Co 4:11; 5:4. ¶

MORTIFICAR – Ver **MORIR (HACER)**.

MOSQUITO (*kónops*: κώνωψ <2971>) – Ver **CAMELLO**.

MOSTAZA – Ver **GRANO DE MOSTAZA**.

MUERTE (sust. fem.)
1. (*thánatos*: θάνατος <2288>; de *thnésko*: morir) **Cesación de la vida del cuerpo, del que se separan el espíritu y el alma**. Cuando vino Jesús, la luz se levantó sobre los que estaban sentados en la región de sombre de muerte (Mt 4:16; Lc 1:79). La muerte también designa el estado espiritual del hombre a su nacimiento, separado de Dios (Jn 5:24; Ro 5:12a, b; Ef 2:1, 5: *nekrós*) y alejado de Dios (Lc 15:24: *nekrós*). El creyente es visto como identificado con Cristo en su muerte y unido a él en su resurrección

(ver Ro 6:8; Col 2:20; 3:1); debe considerarse muerto al pecado y vivo para Dios (Ro 6:11: *nekrós*). La muerte de su cuerpo está comparada a un sueño (ver 1Co 15:6, 17, 18; 1Ts 4:13, 15). Después de la muerte y en espera del juicio (ver Hb 9:27), los incrédulos van en un lugar de tormentos (ver Lc 16:23, 24); después del juicio (ver Ap 20:11-15), son lanzados al lago de fuego: es la segunda muerte, la muerte eterna. Encontramos esta expresión «segunda muerte» en Ap 2:11; 20:6, 14; 21:8. La muerte será el último enemigo destruido (1Co 15:26). El que cree ha pasado de muerte a vida (Jn 5:24). Otras ref.: Mt 10:21; 15:4; 16:28; 20:18; 26:38, 66; Mc 7:10; 9:1; 10:33; 13:12; 14:34, 64; Lc 2:26; 9:27; 22:33; 23:15, 22; 24:20; Jn 8:51, 52b; 11:4, 13; 12:33; 18:32; 21:19; Hch 2:24; 13:28; 22:4; 23:29; 25:11, 25; 26:31; 28:18; Ro 1:32; 5:10, 14, 17, 21; 6:3, 4a, 5, 9b, 16, 21, 23; 7:5, 10, 13a, b, 24; 8:2, 6, 38; 1Co 3:22; 11:26; 15:21a, 26, 54, 55a (lit.: hades), 55b, 56; 2Co 1:9a, 10; 2:16a, b; 3:7; 4:11, 12; 7:10; 11:23; Fil 1:20; 2:8a, b, 27, 30; 3:10; Col 1:22; 2Ti 1:10; Hb 2:9a, b, 14a, b, 15; 5:7; 7:23; 9:15, 16; 11:5; Stg 1:15; 5:20; 1Jn 3:14a, b; 5:16a-c, 17; Ap 1:18b; 2:10, 11, 23; 6:8a, b; 9:6a, b; 12:11; 13:3; 18:8; 20:6, 13b, 14a, b; 21:4, 8. ¶

2. (*anaíresis*: ἀναίρεσις <336>; de *aná*: en sentido inverso, y *airéo*: tomar) **Asesinato, muerte.** Saulo consentía en la muerte de Esteban (Hch 8:1). ¶

3. (*éxodos*: ἔξοδος <1841>; de *ex*: fuera de, y *jodós*: camino) **Salida, partida.** Moisés y Elías hablaban de la muerte (lit.: partida) de Jesús (Lc 9:31).

4. (*nékrosis*: νέκρωσις <3500>; de *nekróo*: hacer morir) **Estado de muerte.** Pablo siempre llevaba en su cuerpo la muerte de Jesús (2Co 4:10).

5. (*teleuté*: τελευτή <5054>; de *télos*: fin) **Fin de vida, fallecimiento.** El vocablo está empleado a propósito de la muerte de Herodes (Mt 2:15). ¶

6. (sentenciado a muerte: *epithanátios*: ἐπιθανάτιος <1935>; de *epí*: sobre, y *thánatos*: ver **1.**) **Condenado a muerte.** Dios ha exhibido a los apóstoles como a sentenciados a muerte (lit.: consagrados a muerte) (1Co 4:9). ¶

MUERTE (ESTADO DE) – Ver **ESTERILIDAD.**

MUERTO (sust. y adj.) (*nekrós*: νεκρός <3498>)
Aquel que está sin vida; que no tiene vida. Jesús dijo que dejaran a los muertos enterrar a sus muertos (Mt 8:22a, b). Otras ref.: Mt 10:8; 11:5; 14:2; 17:9; 22:31, 32; 23:27; 27:64; 28:4, 7; Mc 6:14, 16; 9:9, 10, 26a; 12:25-27; Lc 7:15, 22; 9:7, 60a, b; 15:24, 32; 16:30, 31; 20:35, 37, 38; 24:5, 46; Jn 2:22; 5:21, 25; 12:1b, 9, 17; 20:9; 21:14; Hch 3:15b; 4:2, 10; 5:10; 10:41, 42; 13:30, 34; 17:3, 31, 32; 20:9; 23:6; 24:21; 26:8, 23; 28:6; Ro 1:4; 4:17, 24; 6:4b, 9a, 11, 13; 7:4, 8; 8:10, 11a, b; 10:7, 9; 11:15;

MUERTO (COMO)

14:9b; 1Co 15:12a, b, 13, 15, 16, 20, 21b, 29a, b, 32, 35, 42, 52; 2Co 1:9b; Gá 1:1; Ef 1:20; 2:1, 5; 5:14; Fil 3:11; Col 1:18; 2.:12, 13; 1Ts 1:10; 4:16; 2Ti 2:8; 4:1; Hb 6:1, 2; 9:14, 17; 11:19, 35; 13:20; Stg 2:17, 20, 26a, b; 1P 1:3, 21; 4:5, 6; Ap 1:5, 17, 18a; 2:8; 3:1; 11:18; 14:13; 16:3 (como de muerto; lit.: de un muerto); 20:5, 12a, b, 13a, c. ¶

MUERTO (COMO) (*nenekroménos*: νενεκρωμένος <3499>; de *nekróo*: hacer morir, estaba como muerto) **Ya casi muerto.** La fe de Abraham no se debilitó al considerar su propio cuerpo que estaba como muerto (Ro 4:19). De Abraham, un hombre ya casi muerto, ha nacido una multitud de gente (Hb 11:12).

MUJER

1. (*guné*: γυνή <1135>) **Persona del sexo femenino, esposa.** Dios ha enviado a su Hijo, nacido de mujer (Gá 4:4). Cada uno debe amar a su mujer como a sí mismo, y que la mujer respete a su marido (Ef 5:33a, b). La Iglesia es la novia, la esposa del Cordero (Ap 21:9). Este vocablo aparece más de 200 veces en el N.T. griego.
2. (*théleia*: θήλεια <2337a>; fem. de *thélus*: del sexo femenino) **Hembra, que pertenece al sexo femenino.** Este vocablo está empleado en Ro 1:26, 27. ¶

MUJERCILLA, MUJERZUELA (*gunaikárion*: γυναικάριον <1133>; dim. de *guné*: mujer; lit.: mujer pequeña) **Persona débil y cobarde.** Pablo habla de los que llevan cautivas a las mujercillas cargadas de pecados (2Ti 3:6); tales personas jamás pueden llegar al conocimiento de la verdad (ver v. 7). ¶

MULTITUD (REUNIR UNA) (*oclopoiéo*: ὀχλοποιέω <3792>; de *óclos*: multitud, y *poiéo*: hacer) **Reunir una multitud, levantar un disturbio.** Los judíos reunieron una multitud y turbaron la ciudad de Tesalónica contra Pablo y sus compañeros (Hch 17:5). ¶

MUNDANO (*kosmikós*: κοσμικός <2886>; de *kósmos*: mundo) **Que caracteriza a los de este mundo, a los hombres en general, su manera de ser y de obrar; terrenal.** La gracia de Dios nos enseña a renunciar a los deseos mundanos (Tit 2:12).

MURMURACIÓN

1. (*gongusmós*: γογγυσμός <1112>; de *gongúzo*: rezongar) **Murmullo, palabra (con frecuencia de descontento) dicha en voz baja.** Hubo murmuración de los helenistas contra los hebreos (Hch 6:1). Pablo exhorta a hacer todo sin murmuraciones ni contiendas (Fil 2:14). Pedro exhorta a ser hospitalarios sin murmuraciones (1P 4:9).
2. (*psithurismós*: ψιθυρισμός <5587>; de *psithurízo*: susurro, que viene de

psithurós: detracción secreta) **El hecho de hablar contra alguien sin que lo sepa; denigración; otra trad.: chisme.** Pablo temía las murmuraciones entre los corintios (2Co 12:20). ¶

MURMURADOR
1. (*gongustés*: γογγυστής <1113>; de *gongúzo*: rezongar) **Persona que se queja, que expresa su descontento.** Judas habla de murmuradores quejumbrosos, que andan según sus propios deseos (v. 16). ¶
2. (*psithuristés*: ψιθυριστής <5588>; de *psithurismós*: murmuración, susurro) **Persona que habla contra y a la espalda de otra; denunciador.** Pablo hace mención de hombres murmuradores (Ro 1:30). ¶

MURMURAR
1. (*gongúzo*: γογγύζω <1111>) **Hablar en voz baja, susurrar; con frecuencia: quejarse, expresar su descontento.** En una parábola, unos obreros murmuraban contra el dueño de la casa (Mt 20:11). Los escribas y los fariseos murmuraban contra los discípulos de Jesús (Lc 5:30). Los judíos murmuraron contra Jesús (Jn 6:41, 43); los discípulos murmuraron a propósito de una palabra del Señor (v. 61). La gente murmuraba de cosas pensando que Jesús debía ser el Cristo (Jn 7:32). En 1Co 10:10a, b, el murmurio de los judíos y sus consecuencias servían de advertencia a los cristianos. ¶
2. (*diagongúzo*: διαγογγύζω <1234>; de *diá*: entre, y *gongúzo*: ver **1.**; lit.:

quejarse entre la gente) **Murmurar, pero siempre peyorativamente.** Los escribas y los fariseos murmuraron contra Jesús (Lc 15:2). La gente murmuró cuando Jesús entró en la casa de Zaqueo para hospedarse (Lc 19:7). ¶
3. (*stenázo*: στενάζω <4727>; de *stenós*: lamentarse) **Gemir, quejarse.** Los creyentes no deben murmurar los unos contra los otros (Stg 5:9). ¶

MÚSICA (*sumfonía*: συμφωνία <4858>; de *sun*: junto a, y *foné*: sonido)
Música producida por instrumentos. El hijo mayor oyó música y danzas (Lc 15:25). ¶

MÚSICO (*mousikós*: μουσικός <3451>; de *moúsa*: musa)
Persona que ejerce el arte musical con un instrumento. La voz de músicos no se oirá más en Babilonia (Ap 18:22). ¶

N

NACER DE NUEVO (nacer: *gennáo*: γεννάω <1080>; de *génos*: clase, familia; de nuevo {lit.: de arriba}: *ánothen*: ἄνωθεν <509>)
Recibir mediante el Espíritu Santo una nueva naturaleza que viene de Dios. A causa de la introducción del pecado en el mundo por el primer hombre, la naturaleza de todo ser humano es una naturaleza pecadora. Jesús explica a Nicodemo en Juan 3 que nadie puede entrar en el reino de

Dios si no ha nacido de nuevo (v. 3, 5, 7). Se nace de agua y del Espíritu (ver Jn 3:5). El agua lava y purifica; es una figura de la Palabra de Dios (ver Ef 5:26) aplicada al alma por el poder del Espíritu Santo; ella trae vida sometiendo a la muerte todo lo que pertenece al primer Adán. El Espíritu Santo comunica al creyente una nueva naturaleza que viene de Dios (ver 1Jn 3:9).

NACIÓN (*éthnos*: ἔθνος <1484>)
Si la palabra está en singular, se trata de la nación de Israel (Lc 7:5; 23:2; Jn 11:50-52). En plural, el término designa a las naciones, los pueblos; se refiere a los creyentes que proceden de naciones otras que Israel (p.ej.: Ro 16:4; Ef 2:11; 3:6), o a los incrédulos en contraste con los creyentes de la Iglesia (Mt 18:17). Sinónimo: Gentiles (*ethnikói*).

NARDO (*nardos*: νάρδος <3487>)
Perfume de agradable olor extraído de una planta herbácea; era muy caro. Es el perfume que María de Betania derramó sobre la cabeza y sobre los pies de Jesús, como signo de adoración (Mc 14:3; Jn 12:3). El Señor lo recibió para el día de su sepultura. Este perfume de mucho precio también evoca para el creyente la muerte del Señor. ¶

NATIVO (*bárbaros*: βάρβαρος <915>)
a. Extranjero a las culturas griegas y romanas; otras trad.: bárbaro, natural. El vocablo está empleado en Hch. 28:2, 4; Ro 1:14; Col 3:11.
b. Individuo que habla una lengua que no se comprende. La palabra está empleada en 1Co 14:11a, b. ¶

NATURAL
1. (*fusikós*: φυσικός <5446>; de *fúsis*: natural) **Gobernado por los instintos naturales.** Los falsos maestros obraban como animales irracionales, naturalmente (por el solo instinto) (2P 2:12).
2. (*psuquikós*: ψυχικός <5591>; de *psuqué*: aliento, vida, alma) **Animado solo por el alma creada, el principio de la vida natural.** El hombre natural, es decir el hombre solamente animado por su alma creada, no recibe las cosas que son del Espíritu de Dios (1Co 2:14). El cuerpo del creyente es sembrado cuerpo natural; si hay un cuerpo natural, también hay uno espiritual (1Co 15:44a, b). Lo que es natural viene antes de lo que es espiritual (v. 46). Los celos y la rivalidad en el corazón corresponden a una sabiduría natural (Stg 3:15) que es dictada por los instintos naturales.
3. Ver **NATIVO**.

NAUFRAGIO (PADECER) (*nauaguéo*: ναυαγέω <3489>; de *naús*: nave, y *ágnumi*: romper)
Pérdida de un navío como consecuencia de un accidente de navegación, de una tempestad. La expresión «padecer naufragio» es empleada lit. por Pablo que hizo tres

veces naufragio (2Co 11:25). Describe figur. lo que les llegó a algunos que desecharon la fe (1Ti 1:19): han conocido una ruina moral. ¶

NECIO (adj.) (*jraká*: ῥακά <4469>) **Vocablo aram. de menosprecio que significa: sin inteligencia, vacío.** Jesús dijo que cualquiera que diga a su hermano «Necio» será culpable ante el Concilio (Mt 5:22). ¶

NECIO (sust.)
1. (*áfron*: ἄφρων <878>; de *a*: part. neg., y *frén*: mente) **Sin razón, sin inteligencia; otras trad.: fatuo, insensato, loco.** Jesús trata a los fariseos de necios (Lc 11:40). Dios trata a un hombre rico de necio (Lc 12:20). Pablo emplea este vocablo en 1Co 15:36. Emplea este vocablo a propósito de sí mismo en 2Co 11:16a, b: nadie debía considerarlo como necio. Los corintios de buena gana soportaban a los necios (2Co 11:19).
2. (locura: *afrosúne*: ἀφροσύνη <877>; de *áfron*: ver **1.**) **Falta de inteligencia, estupidez.** Lo que Pablo decía, lo decía como en locura (2Co 11:17). Él hablaba con locura (2Co 11:21).

NEGAR
1. (*arnéomai*: ἀρνέομαι <720>) **Pretender falsamente no conocer a una persona o alguna cosa; renunciar, rechazar.** Cualquiera que niegue a Jesús delante de los hombres, él también lo negará delante de su Padre (Mt 10:33). Lucas escribe que aquel que haya negado (*arnéomai*) a Jesús delante de los hombres será negado (*aparnéomai*; ver **2.**) delante de los ángeles de Dios (Lc 12:9). Pedro negó a Jesús (Lc 22:57); el Señor le había dicho que lo negaría tres veces (Jn 13:38). Los judíos habían negado a Jesús ante Pilato (Hch 3:13), al Santo y al Justo (v. 14). Si negamos a Jesús, él también nos negará (2Ti 2:12a, b); él no puede negarse a sí mismo (v. 13). Algunos hombres que profesan conocer a Dios lo niegan con sus hechos (Tit 1:16). Pedro y Judas predijeron que habría falsos maestros que negarían al Señor que los rescató (2P 2:1; Jud 4). Aquel que no provee para los suyos ha negado la fe (1Ti 5:8). Algunos hombres con apariencia de piedad han negado su poder (2Ti 3:5). La gracia de Dios nos enseña a renunciar a la impiedad (Tit 2:12). La iglesia de Pérgamo no ha negado la fe del Señor (Ap 2:13); la iglesia de Filadelfia no ha negado su nombre (3:8).
2. (*aparnéomai*: ἀπαρνέομαι <533>; de *apó*: part. int., y *arnéomai*: ver **1.**) **Mismo sentido que 1., pero intensificado: negar completamente.** El Señor emplea este verbo hablando de la negación de Pedro en los evangelios sinópticos (Mt 26:34, 75; Mc 14:30, 72; Lc 22:61). Pedro emplea este vocablo diciéndole que no lo negaría (Mt 26:35; Mc 14:31). Lucas emplea este vocablo como segundo verbo en Lc 12:9.

NEGLIGENCIA (SIN) – Ver **DILIGENCIA**.

NEÓFITO (recién convertido: *neófutos*: νεόφυτος <3504>; de *néos*: nuevo, y *fúo*: producir)
Persona que recientemente se ha vuelto hacia Dios, con poca experiencia o conocimiento. El obispo no debe ser neófito (lit.: un recién convertido) no sea que se envanezca de su responsabilidad (1Ti 3:6). ¶

NIETO – Ver **DESCENDIENTE**.

NIEVE (*quión*: χιών <5510>)
Agua helada que se desprende de las nubes en copos blancos y ligeros. En el momento de su transfiguración, los vestidos de Jesús se volvieron blancos como la nieve (Mc 9:3). El ángel sentado sobre la piedra en el sepulcro de Jesús tenía un vestido blanco como la nieve (Mt 28:3). En la visión de Juan en Patmos, el Hijo del hombre tenía los cabellos blancos como la nieve (Ap 1:14). ¶

NOBLES – Ver **PRÍNCIPES**.

NODRIZA (*trofós*: τροφός <5162>; de *tréfo*: alimentar)
Madre o mujer que alimenta a un niño. En relación con los tesalonicenses, Pablo había sido como una nodriza que cuida con ternura a sus propios hijos (1Ts 2:7). ¶

NOVEDAD (*kainótes*: καινότης <2538>; de *kainós*: nuevo)
Carácter de lo que aparece o se produce por primera vez. El cristiano está llamado a andar en novedad de vida, conforme a su nueva situación (Ro 6:4), en contraste con su precedente vida en el pecado (ver v. 2). El servicio cristiano es en novedad de espíritu (Ro 7:6), puesto que el Espíritu Santo habita en el creyente (ver 8:11). ¶

NUEVA CREACIÓN (nuevo: *kainós*: καινός <2537>; creación: *ktísis*: κτίσις <2937>; de *ktízo*: crear)
Creación que sucederá a la creación actual, y que será eterna. Esta creación engloba a todos los creyentes que tienen vida eterna: el creyente está en Cristo (2Co 5:17), puesto que ha nacido de nuevo por la fe en el Señor Jesús. El hecho de ser de la «circuncisión o de la incircuncisión» ya no tiene importancia para un creyente, porque él es una nueva creación (Gá 6:15).

NUEVA CRIATURA – Ver **NUEVA CREACIÓN**.

NUEVO (y sus derivados: renovar, etc.)
1. (*kainós*: καινός <2537>) Que no existía hasta entonces, o que es nuevo en cuanto a su naturaleza. Ref.: Mt 26:29; Ef 2:15; 4:24.
2. (*néos*: νέος <3501>) Joven, reciente, en contraste con mayor, viejo. Ref.: Mt 9:17; Ef 4:23 (*ananeóo*).
3. (*prósfatos*: πρόσφατος <4372>) Inaugurado recientemente con una inmolación. Ref.: Hb 10:20.

NUEVO NACIMIENTO (nacimiento: *génesis*: γένεσις <1078>; nacer de nuevo: *gennáo ánothen*) **Nueva naturaleza que proviene de Dios.** A causa de la introducción del pecado en el mundo por el primer hombre, la naturaleza de todo ser humano es una naturaleza pecadora. Jesús explica a Nicodemo en Jn 3 que nadie puede entrar en el reino de Dios si no ha «nacido de nuevo o de lo alto». Nacemos de agua y de Espíritu. El agua lava y purifica; esta es una figura de la Palabra de Dios (Ef 5:26) aplicada al alma por el poder del Espíritu Santo; ella proporciona la vida mientras somete a la muerte todo lo que pertenece al primer Adán; el Espíritu Santo comunica al creyente una nueva naturaleza que viene de Dios (1Jn 3:9).

NUTRIR (*epicoregéo*: ἐπιχορηγέω <2023>; de *epí*: además, y *coregéo*: proveer) **Suministrar o alimentar.** La Iglesia es comparada con un cuerpo nutrido y bien unido (Col 2:19).

O

OBEDECER

1. (*jupakoúo*: ὑπακούω <5219>; de *jupó*: bajo (las órdenes), y *akoúo*: oír, entender) **Someterse a alguien, ejecutar su voluntad.** Los vientos y el mar obedecían a Jesús (Mt 8:27; Mc 4:41; Lc 8:25). Los espíritus inmundos le obedecían (Mc 1:27). Muchos sacerdotes obedecían a la fe (Hch 6:7). El pecado no debe reinar en nuestro cuerpo mortal para que obedezcamos a sus concupiscencias (Ro 6:12). Somos esclavos de aquel a quien obedecemos (Ro 6:16b). En Ro 6:16a, el verbo «obedecer» es lit. «para la obediencia» (*jupakoé*). Los romanos habían obedecido de corazón a la forma de doctrina en la que fueron instruidos (Ro 6:17). Todos no obedecieron al evangelio (Ro 10:16). Los hijos deben obedecer en el Señor a sus padres (Ef 6:1) y en todo (Col 3:20). Los siervos deben obedecer a sus amos (Ef 6:5; Col 3:22). Los filipenses siempre habían obedecido a Pablo (Fil 2:12). Los ángeles del Señor Jesús ejecutarán la venganza contra los que no conocen a Dios, ni obedecen al evangelio (2Ts 1:8). Si alguien no obedecía a la carta de Pablo, los tesalonicenses debían señalarlo (2Ts 3:14). Cristo ha llegado a ser para todos los que le obedecen autor de eterna salvación (Hb 5:9). Abraham obedeció para ir al lugar de su herencia (Hb 11:8). Sara obedecía a Abraham, llamándolo señor (1P 3:6). Otra ref.: Lc 17:6.

2. (*peítho*: πείθω <3982>) **Confiarse, someterse.** Los que obedecían a Teudas fueron dispersados (Hch 5:36); los que obedecían a Judas el galileo también fueron dispersados (v. 37). Pablo habla de los que obedecen a la injusticia (Ro 2:8). Los gálatas no obedecían a la verdad (Gá 5:7). Los creyentes deben obedecer a sus

OBEDIENCIA

pastores (Hb 13:17). Ponemos freno en la boca de los caballos para que nos obedezcan (Stg 3:3).
3. (*peitharquéo*: πειθαρχέω <3980>; de *peítho*: ver **2.**, y *árco*: comenzar, mandar, que viene de *arqué*: comienzo, autoridad) **Estar sometido a un soberano, a un superior.** Hay que obedecer a Dios antes que a los hombres (Hch 5:29). Dios ha dado el Espíritu Santo a los que le obedecen (Hch 5:32).
4. (no obedecer: *apeithéo*: ἀπειθέω <544>; de *a*: part. neg., y *peítho*: ver **2.**) **No someterse, desobedecer.** Si algunos maridos no obedecen a la palabra, podrán ser ganados por la conducta de sus esposas (1P 3:1). Pedro pregunta ¿cuál será el fin de aquellos que no obedecen al evangelio de Dios? (1P 4:17).

OBEDIENCIA (*jupakoé*: ὑπακοή <5218>; de *jupó*: bajo (la influencia de), y *akoúo*: oír, comprender) **Sumisión voluntaria.** Pablo había recibido gracia y apostolado para la obediencia a la fe en todas las naciones (Ro 1:5). Por la obediencia de Jesús, muchos son constituidos justos (Ro 5:19). Somos esclavos de aquel a quien obedecemos, sea del pecado para muerte, sea de la obediencia para justicia (Ro 6:16). Todo lo que Pablo había hecho para la obediencia de los gentiles, lo era por Cristo (Ro 15:18). La obediencia de los romanos era conocida por todos (Ro 16:19). El misterio ha sido dado a conocer a todas las naciones para la obediencia de la fe (Ro 16:26). Tito se acordaba de la obediencia de todos los corintios (2Co 7:15). Las armas de Pablo llevaba cautivo todo pensamiento a la obediencia de Cristo (2Co 10:5). La obediencia de los corintios debía ser hecha perfecta (2Co 10:6). Pablo confiaba en la obediencia de Filemón (Flm 21). Aunque era Hijo, Cristo aprendió la obediencia por lo que padeció (Hb 5:8). Los creyentes fueron elegidos para obedecer y ser rociados con la sangre de Jesucristo (1P 1:2). Los creyentes deben comportarse como hijos obedientes (1P 1:14). Los creyentes han purificado sus almas por la obediencia a la verdad (1P 1:22). ¶

OBEDIENTE
1. (*jupékoos*: ὑπήκοος <5255>; de *jupó*: bajo, y *akoúo*: oír, comprender) **Que se somete voluntariamente.** Pablo quería saber si los corintios eran obedientes en todo (2Co 2:9). Cristo Jesús se hizo obediente hasta la muerte de la cruz (Fil 2:8).
2. (ser obediente: *peitharquéo*: πειθαρχέω <3980>; de *peítho*: persuadir, y *árco*: mandar, que viene de *arqué*: principio, dominio) **Someterse a los que están en posición de autoridad.** Tito debía recordar a los cretenses que obedezcan (Tit 3:1).

OBISPO
1. (*epískopos*: ἐπίσκοπος <1985>; de *epí*: sobre, y *skopós*: guardia) **Cristiano que vela con autoridad y cuidado sobre las almas, para**

el bien de todos. Los obispos fueron escogidos al principio por los apóstoles o sus delegados, en virtud de sus cualidades morales. El Espíritu Santo los manifiesta hoy si ellos presentan estas mismas cualidades. El anciano (lit.: obispo) ejercía este cargo en una iglesia local (Hch 20:28; Fil 1:1). Es necesario que el obispo sea irreprensible (1Ti 3:2; Tit 1:7). Cristo es el Obispo de nuestras almas (1P 2:25). ¶
2. (cargo de obispo: *episkopé*: ἐπισκοπή <1984>; de *epí*: sobre, y *skopós*: guardia) **Responsabilidades del obispo; ver 1.** Al principio de los Hechos, era necesario que otro tomara el oficio (lit.: el episcopado) de Judas (Hch 1:20).

OBJETO DE CULTO (*sébasma*: σέβασμα <4574>; de *sebázomai*: dar culto)
Objeto de adoración. El anticristo se opondrá y se levantará contra todo lo que se llama Dios o es objeto de culto (2Ts 2:4).

OBRA
1. (*érgon*: ἔργον <2041>) **Trabajo, acción, hecho.** Moisés era poderoso en sus palabras y hechos (Hch 7:22). El que había cometido cierta acción en Corinto debía ser quitado de en medio de los creyentes (1Co 5:2; en el v. 3, lit.: esta cosa). Lot atormentaba su alma justa a causa de las obras inicuas de los hombres de Sodoma y de Gomorra (2P 2:8). Los creyentes deben amar en hechos y en verdad (1Jn 3:18).
2. (*prágma*: πρᾶγμα <4229>; de *prásso*: practicar, hacer) **Asunto, cosa.** La acción que Ananías se había propuesto en su corazón era inicua (Hch 5:4). Donde hay envidias y rivalidades, hay toda clase de malas acciones (Stg 3:16).
3. (*práxis*: πρᾶξις <4234>; de *prásso*: practicar, hacer) **El hecho de obrar, de proceder; acción.** José de Arimatea no había asentido a la acción de los que habían hecho crucificar a Jesús (Lc 23:51). El creyente vive si por el Espíritu hace morir las obras del cuerpo (Ro 8:13). El creyente ha despojado al viejo hombre con sus hechos (Col 3:9).

OBSTINADO –
Ver **ARROGANTE.**

OBTENCIÓN (*peripoíesis*: περιποίησις <4047>; de *peripoiéo*: adquirir, que viene de *perí*: encima, y *poiéo*: hacer; lit.: hacer para sí)
Acción de tomar posesión, adquisición. Dios nos ha destinados para la obtención de la salvación mediante nuestro Señor Jesucristo (1Ts 5:9).

OCIOSO (adj.) (*argós*: ἀργός <692>; de *a*: part. neg., y *érgon*: acción, trabajo)
Vano, inútil, sin provecho. Los hombres rendirán cuenta en el día del juicio de toda palabra ociosa que han dicho (Mt 12:36).

OCIOSO (sust.) (*átaktos*: ἄτακτος <813>; de *a*: part. neg., y *tásso*: ordenar, arreglar)
Persona que vive de una manera desordenada, insubordinado, o que no trabaja. Los tesalonicenses debían advertir a los ociosos (1Ts 5:14). ¶

ODIADO – Ver **ABORRECIBLE**.

ODIAR (*miséo*: μισέω <3404>)
Tener un sentimiento de hostilidad, detestar; otras trad.: aborrecer, discriminar, menospreciar. Jesús habla de ser odiado por causa de su nombre (Mt 10:22; 24:9; Mc 13:13; Lc 21:17). Él dice de hacer el bien a los que nos odian (Mt 5:44; Lc 6:27). Dios ha amado a Jacob y ha aborrecido a Esaú (Ro 9:13). El Hijo de Dios ha amado la justicia y odiado la iniquidad (Hb 1:9). El hombre de Ro 7 práctica lo que él detesta (v. 15). Cualquiera que hace lo malo odia la luz (Jn 3:20). Los de Éfeso y el Señor aborrecían las obras de los nicolaítas (Ap 2:6a, b). Otras ref.: Mt 5:43; 6:24; 24:10; Lc 1:71; 6:22; 14:26 (odiar tiene aquí el sentido de: no preferir, no amar; comp. Mt 10:37); 16:13; 19:14; Jn 7:7a, b; 12:25; 15:18a, b, 19, 23a, b, 24, 25; 17:14; Ef 5:29; Tit 3:3; 1Jn 2:9, 11; 3:13, 15; 4:20; Jud 23; Ap 17:16.

ODIO – Ver **ENEMISTAD**.

ODRE (*askós*: ἀσκός <779>)
Los odres estaban hechos con piel de animales, p.ej.: de cabra. Bajo el efecto de la fermentación, el vino nuevo habría podido agrietar los viejos odres (Mt 9:17; Mc 2:22; Lc 5:37, 38). El vino nuevo (el vino del año) corresponde a un nuevo orden de cosas, la enseñanza de la gracia presentada por el Señor, que no podía ser recibida por aquellos que se liaban a la ley y a las antiguas formas religiosas. ¶

OFENDER – Ver **TROPEZAR**.

OFRECIDO (SER) – Ver **LIBACIÓN (DERRAMADO EN)**.

OFRENDA
1. (*logeía*: λογεία <3047a> o *logía*: λογία <3048>; de *légo*: escoger, poner aparte) **Don hecho por cristianos;** otra trad.: colecta. Práctica escrituraria que consiste, para el creyente, en poner aparte en su casa una porción de sus ganancias para el primer día de la semana (1Co 16:1, 2), con el fin de ayudar a los santos sin recursos (ver 1Co 9:11-14). A Dios le agrada no solo la alabanza, sino también los sacrificios de beneficencia (ver 2Co 9:6-14; Hb 13:15, 16). ¶
2. (*dóron*: δῶρον <1435>) **Presente, sacrificio.** Jesús habla de los que echaron ofrendas a Dios de lo que les sobraba (Lc 21:4).
3. (*prosforá*: προσφορά <4376>; de *prós*: a, y *féro*: llevar) **Don llevado a Dios.** Cristo se entregó a sí mismo como ofrenda a Dios (Ef 5:2). Dios no quería sacrificio y ofrenda como los ofrecidos bajo la ley, es por eso

que Cristo ha venido (Hb 10:5, 8). Los creyentes han sido santificados por la ofrenda del cuerpo de Jesucristo hecha una vez para siempre (v. 10); fueron hechos perfectos con una sola ofrenda (v. 14) y, como consecuencia, no hay más ofrenda por el pecado (v. 18). La ofrenda de los gentiles (Ro 15:16) se refiere a la presentación de los creyentes no judíos ante Dios. Una ofrenda debía ser presentada por Pablo y los hombres que estaban con él como consecuencia de un voto (Hch 21:26); más tarde Pablo vino a Jerusalén para hacer ofrendas (24:17). ¶

OFRENDAS (LUGAR DE LAS) – Ver **TESORO 3**.

OIDOR (*akroatés*: ἀκροατής <202>; de *akroáomai*: escuchar)
Aquel que escucha. No son los oidores de la ley los justos ante Dios (Ro 2:13). Aquel que no es un oidor olvidadizo será bienaventurado (Stg 1:25).

ÓLEO – Ver **ACEITE**.

OLÍBANO – Ver **INCIENSO**.

OLIVO
1. (*elaía*: ἐλαία <1636>) **Árbol muy extendido en Israel; el aceite que se extrae de su fruto es utilizado para la alimentación, el alumbrado, la fabricación de ungüento y jabón; el olivo puede vivir hasta 1.000 años, produciendo fruto durante toda su vida.** Pablo recuerda en ilustración la gracia de Dios que ha injertado ramas del olivo silvestre (las naciones; ver **2.**) en el buen olivo (Israel; ver **3.**), lo que es contrario al procedimiento habitual según el cual se injerta en el olivo silvestre una rama del buen olivo (Ro 11:17, 24). Los dos olivos y los dos candeleros de Ap 11:4 son dos testigos que actúan por el poder del Espíritu Santo (el aceite, según Zac 4:2, 6) para hacer milagros, como Moisés y Elías en otro tiempo (ver Éx 7:20; 2R 1:10).
2. (olivo silvestre: *agriélaios*: ἀγριέλαιος <65>; de *ágrios*: que crece en los campos, y *elaía*: ver **1.**) **Olivo que crece al estado salvaje.** Esta expresión está empleada en Ro 11:17, 24. ¶
3. (buen olivo: *kaliélaios*: καλλιέλαιος <2565>; de *kalós*: hermoso, y *elaía*: ver **1.**) **Olivo de cultivo.** Esta expresión está empleada en Ro 11:24. ¶
4. Ver **MONTE DE LOS OLIVOS** en la sección de los **Nombres de personas y de lugares**.

OLOR FRAGANTE, OLOR GRATO (*euodía*: εὐωδία <2175>; de *eu*: bien, y *ózo*: emitir un olor)
Perfume. Los creyentes son el grato olor de Cristo para Dios (2Co 2:15). Cristo se entregó sí mismo por nosotros, ofrenda y sacrificio a Dios en olor fragante (Ef 5:2). Lo que los Filipenses habían enviado a Pablo, era como un olor fragante, agradable a Dios (Fil 4:18). ¶

OLOROSA (MADERA)

OLOROSA (MADERA) (olorosa: *thúinos*: θύϊνος <2367>; madera: *xúlon*: ξύλον <3586>)
Conífero aromático que produce una madera dura y que al arder desprende un buen olor. La madera olorosa es mencionada en Ap 18:12. ¶

OLVIDADIZO (*epilesmoné*: ἐπιλησμονή <1953>; de *epí*: sobre, y *lantháno*: no saber)
Que olvida, que olvida hacer algo. Será bienaventurado aquel que no sea un oidor olvidadizo de la Palabra de Dios (Stg 1:25). ¶

OMEGA – Ver **ALFA**.

ÓNICE (*sardónux*: σαρδόνυξ <4557>)
Calcedonia de diversos colores presentando rayas blancas o de un marrón pálido. El quinto cimiento de la muralla de la Jerusalén celestial está adornado con ónice (Ap 21:20).

OPOSICIÓN – Ver **CONFLICTO**.

ORACIÓN
1. (*déesis*: δέησις <1162>; de *déomai*: pedir) **Suplicación dirigida a Dios por una necesidad.** Ana servía a Dios con ayunos y oraciones, noche y día (Lc 2:37). Los discípulos de Juan hacían oraciones (Lc 5:33). El Señor en la tierra ofreció ruegos y súplicas al que le podía librar de la muerte (Hb 5:7).

2. (*énteuxis*: ἔντευξις <1783>; de *entuncáno*: interceder) **Intercesión, petición.** Todo alimento está santificado por la Palabra de Dios y por la oración (1Ti 4:5). Otra ref.: 1Ti 2:1. ¶
3. (*euqué*: εὐχή <2171>; de *eúcomai*: desear, orar) **Oración dirigida a Dios.** Jacobo (Santiago) habla de la oración de fe que puede salvar a un enfermo (Stg 5:15).
4. (*proseuqué*: προσευχή <4335>; de *prós*: hacia, y *euqué*: ver **3.**) **Comunicación espiritual del creyente con Dios para pedir, dar gracias, alabar, adorar.** El Señor habla de la oración (Mt 17:21; 21:13, 22; Mc 9:29; 11:17; Lc 19:46); él mismo oraba (Lc 6:12; 22:45). A menudo vemos a los creyentes en oración en los Hechos (Hch 1:14; 2:42; 3:1; 6:4; 10:4, 31; 12:5; 16:13, 16). Pablo era un hombre de oraciones (Ro 1:9; Ef 1:16; 1Ts 1:2; Flm 4), y animaba a los otros a la oración (Ro 12:12; 15:30; 1Co 7:5; Ef 6:18; Fil 4:6; Col 4:2; 1Ti 2:1; 5:5; Flm 22). Las oraciones del matrimonio creyente no deben ser interrumpidas (1P 3:7). Otras ref.: Col 4:12; 1P 4:7; Ap 5:8; 8:3, 4.
5. (hacer una oración, estar en oración, pedir en oraciones: *proseúcomai*: προσεύχομαι <4336>; de *prós*: hacia, y *eúcomai*: desear, orar) Ver **2.** Jesús da instrucciones a propósito de la oración (Mc 11:25; lit.: cuando estéis de pie orando). Habla de los escribas que hacían largas oraciones (Mc 12:40; Lc 20:47). Jesús estaba orando (Lc 11:1). Pedro estaba

orando (Hch 11:5). Pablo pedía en sus oraciones que el amor de los filipenses abunde (Fil 1:9).

ORÁCULO

1. (*lógion*: λόγιον <3051>; dim. de *lógos*: palabra, declaración) **Respuesta o afirmación divina; de manera general: palabra de Dios transmitida por sus siervos.** Los oráculos de Dios se refieren a la ley mosaica (Hch 7:38), a los escritos inspirados del A.T., confiados a los judíos (Ro 3:2), escritos que han conducido a la doctrina cristiana (Hb 5:12). El cristiano que enseña, habiendo recibido este ministerio por parte de Dios, debe también hablar como oráculo de Dios (1P 4:11. ¶
2. (hablar en oráculos: *crematízo*: χρηματίζω <5537>; de *créma*: algo útil o necesario) **Transmitir un mensaje, un aviso por parte de Dios.** Antes de la venida del Señor, los profetas han hablado en oráculos transmitiendo los pensamientos de Dios (Hb 12:25).

ORDENAR – Ver **MANDAR**.

ORIENTE DE LO ALTO – Ver **AURORA DE LO ALTO**.

ORLA – Ver **FLECO**.

ORO

1. (*crusós*: χρυσός <5557>) **Metal precioso de color amarillo brillante, muy dúctil y maleable; simboliza, por su brillo y por su precio,** la justicia divina. Los magos ofrecieron oro, incienso y mirra à Jesús (Mt 2:11). Algunos juraban por el oro del templo (Mt 23:16, 17a, b). Los griegos no debían pensar que la Divinidad fuese semejante al oro (Hch 17:29). Los discípulos no debían hacer provisión de oro ni de plata para el camino (Mt 10:9). Jacobo (Santiago) dice a los ricos que su oro y su plata están enmohecidos (Stg 5:3). Babilonia no comprará más mercadería de oro (Ap 18:12). El atavío exterior de la creyente sea con modestia, no a llevar objetos de oro (1Ti 2:9). La gran ramera estaba adornada de oro (Ap 17:4; 18:16). Otras ref.: 1Co 3:12; Ap 9:7. ¶
2. (*crusíon*: χρυσίον <5553>; dim. de **1.**) **Objeto o moneda de oro.** Pedro no tenía plata ni oro (Hch 3:6). Pablo no había codiciado el oro de nadie (Hch 20:33). Los creyentes no han sido rescatados de su vana manera de vivir con oro (1P 1:18). El atavío de la creyente debería ser un atavío interior antes que uno exterior que consista en adornos de oro (1P 3:3). El arca del pacto estaba cubierta de oro por todas partes (Hb 9:4b). La prueba de la fe del creyente es más preciosa que aquella del oro que perece (1P 1:7). La Jerusalén celestial era de oro puro (Ap 21:18), así como su calle (v. 21). Otra ref.: Ap 3:18. ¶
3. (de oro: *crúseos*: χρύσεος <5552>; de *crusós*: ver **1.**) **Hecho de oro.** Pablo habla de utensilios de oro en una casa grande, es decir, creyentes que honraban a Dios en la Iglesia

(2Ti 2:20). En el tabernáculo se encontraba el incensario de oro (Hb 9:4a), y en el arca del pacto estaba la urna de oro (v. 4b). El vocablo se encuentra varias veces en el Apocalipsis (1:12, 13, 20; 2:1; 4:4; 5:8; 8:3a, b; 9:13, 20; 14:14; 15:6, 7; 17:4; 21:15). ¶

OSCURAMENTE (*en ainigmati*; *aínigma*: αἴνιγμα <155>; lit.: en enigma)
Indistintamente, confusamente. El cristiano no ve presentemente todas las cosas distintamente; es como mirar a través de un vidrio medio transparente: ve oscuramente (1Co 13:12). ¶

OSCURECER (*skotízo*: σκοτίζω <4654>; de *skótos*: tinieblas)
Cubrir con tinieblas, privar de luz. Después de la gran tribulación, el sol se oscurecerá (Mt 24:29; Mc 13:24). Cuando Jesús estaba en la cruz, el sol se oscureció entre la sexta y la novena hora (Lc 23:45). David dijo que los ojos de los malvados fuesen oscurecidos para que no vean (Ro 11:10). Los gentiles tienen el entendimiento entenebrecido (Ef 4:18). La tercera parte de los astros fue oscurecida (Ap 8:12). El sol y el aire fueron oscurecidos con el humo del pozo del abismo (Ap 9:2).

OSCURO (*aúcmerós*: αὐχμηρός <850>; de *aucmós*: sequedad, sucio)
Que carece de luz, confuso. La palabra profética es como una antorcha que brilla en un lugar oscuro (2P 1:19). ¶

OTOÑAL – Ver **OTOÑO**.

OTOÑO (DE) (*fthinoporinós*: φθινοπωρινός <5352>; de *fthíno*: declinar, llegar a término, y *opóra*: atardecer de la temporada, fin del verano)
Avanzado el otoño. Judas habla de algunos hombres que se han introducido entre los fieles y que son como árboles de otoño, sin fruto, dos veces muertos, desarraigados (v. 12). ¶

OVEJA
1. (*próbaton*: πρόβατον <4263>; de *probaíno*: andar hacia adelante) **Hembra adulta del carnero.** El vocablo está empleado en sentido propio (Mt 12:11, 12; 18:12; 25:32; Lc 15:4, 6; Jn 2:14, 15; Ap 18:13), o en sentido figur. de: los falsos profetas (Mt 7:15), las ovejas perdidas de la casa de Israel (Mt 9:36; 10:6; 15:24; Mc 6:34), los discípulos de Jesús (Mt 10:16; 26:31; Mc 14:27), los creyentes de las naciones (Mt 25:33), aquellos que pertenecen al buen pastor (Jn 10:1, 2, 3a, b, 4a, b, 7, 8, 11, 12a-c, 13, 15, 16, 26, 27), Jesús, que ha sido llevado como una oveja al matadero (Hch 8:32), Pablo y sus compañeros (Ro 8:36), los creyentes antes de su conversión (1P 2:25). Jesús dice a Pedro de pastorear sus ovejas (Jn 21:16), de apacentarlas (v. 17). Jesús es el buen pastor que da su vida por sus ovejas (Jn 10:11), el gran pastor de las ovejas (Hb 13:20);

también es el pastor supremo (ver 1P 5:4). ¶
2. (puerta de las ovejas: *probatikós*: προβατικός <4262>; de *próbaton*: ver **1.**; lit.: que hace referencia a las ovejas) **Nombre de una puerta de Jerusalén.** El estanque de agua llamado Betesda se encontraba cerca de la puerta de las ovejas (Jn 5:2). ¶
3. (piel de oveja: *meloté*: μηλωτή <3374>; de *mélon*: oveja) **Piel, vellón de oveja.** Algunos creyentes anduvieron de aquí para allá cubiertos con pieles de oveja (Hb 11:37). ¶

P

PÁBILO (*línon*: λίνον <3043>) **Fibra de una planta de la que se saca el lino; mecha.** Se fabricaban mechas para lámparas a partir de lino trenzado. El Señor no apagará el pábilo que humea (Mt 12:20; ver Is 42:3); no pone de lado el débil testimonio para Dios en Israel.

PACER – Ver **APACENTAR**.

PACIENCIA – Ver **LONGANIMIDAD**.

PACÍFICO – Ver **APACIBLE**.

PACTO (*diathéke*: διαθήκη <1242>) **Testamento, disposición, alianza.** Este vocablo está traducido habitualmente en Hb 9:16, 17 como: «testamento». Los pactos en la Biblia no constituyen un acuerdo entre dos o más partes; el pacto es una disposición, sin condiciones previas por parte de Dios, a propósito de la tierra con Noé (ver Gn 9:8-17) o de su pueblo con Abraham (Lc 1:72; Hch 3:25; Ro 9:4; Ef 2:12; Hb 8:9a, b; 9:4, 15a, b, 20). Las marcas son respectivamente el arcoíris (Gn 9:16) y la circuncisión (Hch 7:8). Nadie puede invalidar un pacto ratificado (Gá 3:15, 17). Gá 4:24 habla de dos pactos, el antiguo y el nuevo. El antiguo pacto (2Co 3:14) fue hecho con Israel bajo la condición de obediencia; este se relaciona aquí con las Escrituras del A.T.; Israel era bendecido bajo la condición de observar la ley dada por Dios a Moisés. Según Hb 8:8, el nuevo pacto (ver también Ro 11:27; 2Co 3:6; Hb 7:22; 8:6, 10; 9:15; 10:16, 29; 12:24) será hecho por Dios a favor de la casa de Israel y de aquella de Judá, para su bendición sin condición. Está fundamentado sobre el valor de la sangre de Cristo, la sangre del nuevo pacto (Mt 26:28; Mc 14:24 donde *diathéke* está traducido como: «nuevo pacto»; Lc 22:20); este será efectivo durante el reinado de Cristo. La Iglesia ya goza de las bendiciones que serán introducidas por ese nuevo orden de cosas (1Co 11:25), gracias al pacto eterno (Hb 13:20). En Ap 11:19, el arca del pacto de Dios apareció en el templo.

PADRE
1. (*patér*: πατήρ <3962>; de una palabra raíz que significa: nutricio, protector, sustentador) **a. Aquel de**

quien se ha nacido. Mt 2:22; etc. **b. Antepasado, patriarca.** Mt 3:9; 23:30; 1Co 10:1; 2P 3:4; etc. **c. Creyente avanzado en las cosas espirituales.** 1Jn 2:13. **d. Aquel que está al origen de una familia o de un grupo de personas animadas por el mismo espíritu que él.** Abraham (Ro 4:11, 12a, b, 16), Satanás (Jn 8:38b, 41a, 44a-c). **e. Aquel que vela por el bienestar espiritual de aquellos a quienes predica el Evangelio y enseña.** 1Co 4:15 (lo que es diferente del título que el Señor prohíbe utilizar en Mt 23:9). **f. Miembro del sanedrín que ejerce una autoridad religiosa sobre los otros.** Hch 7:2; 22. 1. **g. Dios en relación con los que han nacido de nuevo según Jn 1:12, 13.** Los creyentes tienen acceso al Padre que está sobre todo (Ef 2:18; 4:6); ver 2Co 6:18. Son imitadores de su Padre (Mt 5:45, 48; 6:1, 4, 6, 8, 9; etc.). Cristo jamás se ha asociado a los discípulos empleando el pronombre «nuestro». Siempre ha empleado el singular, «mi Padre». Su relación era eterna y esencial, mientras que la relación de los creyentes con el Padre es un efecto de la gracia y de la regeneración (p.ej. Mt 11:27a-c; 25:34; Jn 20:17a-c; Ap 2:27; 3:5, 21). Los apóstoles han hablado de Dios como del «Padre» de nuestro Señor Jesucristo (p.ej. Ro 15:6; 2Co 1:3a; 11:31; Ef 1:3; Hb 1:5; 1P 1:3; Ap 1:6). **h. Dios bajo diversos aspectos.** Padre de las luces (Stg 1:17); Padre de misericordias (2Co 1:3b), Padre de gloria (Ef 1:17), Padre de los espíritus (Hb 12:9). El vocablo aparece aprox. 375 veces en el N.T. (Según W. E. Vine.)
2. (sin padre: *apátor*: ἀπάτωρ <540>; de *a*: part. neg., y *patér*: ver **1.**) **Que no tiene padre.** Melquisedec estaba sin padre (Hb 7:3). ¶
3. (de mis padres: *patrikós*: πατρικός <3967>; de *patér*; ver **1.**) **Que proviene de los antepasados.** Pablo era el más celoso de las tradiciones de sus padres (Gá 1:14). ¶
4. (de los padres: *patróos*: πατρῷος <3971>; de *patér*: ver **1.**) **Que proviene de los antepasados.** Pablo emplea este vocablo en Hch 22:3; 24:14; 28:17. ¶

PAJA
1. (*ácuron*: ἄχυρον <892>) **Rastrojo, tamo.** Envoltura de los granos de cereales, p.ej. del grano de trigo (Mt 3:12; Lc 3:17), que se obtiene al separarla del grano. ¶
2. (*kárfos*: κάρφος <2595>; de *kárfo*: marchitar, secarse) **Brizna de hierba seca; otras trad.: astilla, mota.** En la enseñanza del Señor, la paja en el ojo de nuestro hermano es una falta menor que observamos sin apercibirnos de las faltas mucho más importantes en nuestra propia vida (Mt 7:3-5; Lc 6:41, 42a, b). ¶
3. (*kaláme*: καλάμη <2562>; fem. de *kálamos*: caña) **Espigas de grano dejadas en pie después de la cosecha.** La paja representa en 1Co 3:12 la obra sin valor que será quemada. ¶

PAJARILLO (*strouthíon*: στρουθίον <4765>; lit.: pájaro pequeño)

Los pajarillos son un orden de pájaros que comprende la mayoría de las especies (como el gorrión, el mirlo, la golondrina); son de talla pequeña y muy comunes en los lugares habitados. Jesús emplea el ejemplo de los pajarillos que se venden muy baratos, y que no mueren sin que Dios lo sepa; nosotros no tenemos que temer porque valemos más que muchos pajarillos (Mt 10:29, 31; Lc 12:6, 7). ¶

PALABRA

1. (*lógos*: λόγος <3056>) **Expresión del pensamiento, no simplemente el nombre de un objeto.** El vocablo describe una concepción o una idea (p.ej. Lc 7:7; 1Co 14:19), por Dios (p.ej. Jn 15:25; Ro 9:9; Gá 5:14; Hb 4:12), por Cristo (p.ej. Mt 24:35; Jn 2:22; 4:41; 14:23; 15:20). La expresión «palabra del Señor», es decir la voluntad revelada de Dios (muy frecuente en el A.T.), es empleada a propósito de una revelación directa dada por Cristo (1Ts 4:15), del evangelio (Hch 8:25; 13:49; 15:35, 36; 16:32; 19:10; 1Ts 1:8; 2Ts 3:1). En este último caso, la palabra es el mensaje del Señor, dada con su autoridad y hecha eficaz por su poder (Hch 10:36). La palabra también es empleada a propósito del evangelio en los siguientes versículos: Hch 13:26; 14:3; 15:7; 1Co 1:18; 2Co 2:17; 4:2; 5:19; 6:7; Gá 6:6; Ef 1:13; Fil 2:16; Col 1:5; Hb 5:13. A veces el vocablo describe el compendio de las declaraciones de Dios (p.ej. Mc 7:13; Jn 10:35; Ap 1:2, 9). También está empleada a propósito de un discurso o de instrucciones (p.ej. Hch 2:40; 1Co 2:13; 12:8; 2Co 1:18; 1Ts 1:5; 2Ts 2:15; Hb 6:1) y de doctrina (p.ej. Mt 13:20; Col 3:16; 1Ti 4:6; 2Ti 1:13; Tit 1:9; 1Jn 2:7. La Palabra es un título del Hijo de Dios: Al principio era la Palabra (o Verbo); y la Palabra era con Dios; y la Palabra era Dios (Jn 1:1); la Palabra se hizo carne y habitó entre nosotros (v. 14).

2. (*jréma*: ῥῆμα <4487>) **Lo que es hablado, lo que es dicho verbalmente o por escrito, declaración.** El vocablo está empleado en sing. para describir una palabra (p.ej. Mt 12:36; 2Co 12:4; Hb 12:19a). En plur. describe un discurso (p.ej. Jn 3:34; 8:20; Hch 2:14; 6:11, 13; 13:42; 26:25; Ro 10:18; 2P 3:2; Jud 17). Está empleado a propósito del evangelio (Hch 11:14; Ro 10:8a, b, 17, 18; 1P 1:25a, b), de una declaración o instrucción (p.ej. Mt 26:75; Lc 1:38; Hch 11:16; Hb 11:3). (Según W. E. Vine.)

PALABRA DE DIOS – Ro 3:2; Hb 5:12; 1P 4:11: ver **ORÁCULO**.

PALABRA DESHONESTA (*aiscrótes*: αἰσχρότης <151>) **Palabra grosera, obscenidad; otra trad.: palabra indecente.** No se debía oír ninguna palabra deshonesta por parte de los creyentes (Ef 5:4). ¶

PALABRA VERGONZOSA (*aiscrología*: αἰσχρολογία <148>)

Palabra grosera, propósito inconveniente; otra trad.: **palabra deshonesta.** Los colosenses debían renunciar a las palabras vergonzosas que venían de sus bocas (Col 3:8). ¶

PALABRAS DE VIDA – Hch 7:38: ver **ORÁCULO.**

PALMA, PALMERA (*foínix*: φοῖνιξ <5404>)
Árbol abundante en Israel, pudiendo alcanzar 20 m. de altura. La palmera es una imagen del hombre justo (ver Sal 92:12). Una gran multitud salió a recibir a Jesús, el hombre justo por excelencia, con ramas de palmera, para acogerlo como rey de Israel (Jn 12:13). En Ap 7:9, una numerosa multitud estaba delante del trono del Cordero con palmas en las manos y le rendían homenaje. Jericó era llamada la ciudad de las palmeras (ver Dt 34:3; 2Cr 28:15). ¶

PALOMA (*peristerá*: περιστερά <4058>)
Ave que simboliza la pureza, la simplicidad y la paz. El Espíritu Santo descendió como una paloma sobre el Señor durante su bautismo (Mt 3:16; Mc 1:10; Lc 3:22; Jn 1:32). Los discípulos debían ser sencillos como palomas (Mt 10:16). Se vendían palomas en el templo para ofrecerlas en sacrificio (Mt 21:12; Mc 11:15; Lc 2:24; Jn 2:14, 16). ¶

PÁMPANO (*kléma*: κλῆμα <2814>; de *kláo*: partir)

Rama de la viña. Los pámpanos representan a los que pertenecen al Señor. Deben ser limpiados para que lleven más fruto (Jn 15:2), para gloria del Padre (ver v. 8). El pámpano no puede llevar fruto por sí mismo, si no permanece en la vid (v. 4). El Señor es la vid y nosotros, los pámpanos (v. 5). Los pámpanos secos (que no tienen la vida de Cristo) serán quemados (v. 6).

PAN SIN LEVADURA (*ázumos*: ἄζυμος <106>; de *a*: part. neg., y *zúme*: levadura)
La levadura, en la Escritura, siempre es una figura del mal. Solo panes sin levadura podían ser ofrecidos a Jehová en el A.T. (ver Éx 29:2, 23-25; Nm 6:15; Jue 6:19-21); eran dados después como alimento a los sacerdotes (Lv 8:26, 31; 10:12). Estas ofrendas hablan de antemano de Jesucristo, hombre sin pecado. Excepción relevante: los dos panes cocidos con levadura, que debían ser ofrecidos en Pentecostés (Lv 23:15-17) que representan a los judíos y a los gentiles presentados ante Dios en el tiempo de Pentecostés, es decir adoradores de los que las imperfecciones son reconocidas; pero estos dos panes no son quemados sobre el altar en olor grato (comp. Lv 2:11, 12), y un sacrificio por el pecado es mencionado inmediatamente después (23:19). Panes sin levadura han servido de alimentación en comidas particulares (Gn 19:3; Éx 12:8; 2R 23:9). La fiesta de los panes sin

levadura era celebrada el día después de la Pascua, durante siete días (Éx 12:15; 13:6; Lv 23:6; Dt 16:3, 8; Mt 26:17; Mc 14:1, 12; Lc 22:1, 7; Hch 12:3; 20:6). Pablo hace una aplicación práctica a toda la vida del creyente; este, lavado de sus pecados en la sangre del Cordero, pone de lado la levadura del mal en una vida consagrada al Señor (1Co 5:8; ver v. 7). ¶

PANAL (*keríon*: κηρίον <2781>)
El panal de miel es un pastel de cera formado por las abejas y del cual los alveolos están llenos de miel. Después de su resurrección, Jesús comió algo de un panal de miel (Lc 24:42). ¶

PANES DE PROPOSICIÓN – Ver **PROPOSICIÓN (PANES DE).**

PAÑUELO – Ver **VENDA DE LINO.**

PAPEL (*cártes*: χάρτης <5489>)
Hoja hecha con fibras que provienen del interior del tallo del papiro, una planta que crecía en Egipto. El apóstol Juan ha escrito su segunda epístola sobre papel (v. 12). Ver **LIBRO**. ¶

PARÁBOLA (*parabolé*: παραβολή <3850>; de *pará*: al lado de, y *bálo*: lanzar, de donde: comparar)
Relato simbólico de la vida corriente que permite ilustrar con más claridad una lección moral o espiritual. El vocablo está empleado solamente en los evangelios sinópticos (Mateo, Marcos y Lucas); está traducido como: «símbolo y figura» en Hb 9:9; 11:19. La mayor parte de las parábolas del Señor, p.ej. en Mt 13, están vinculadas a verdades que conciernen al reino de Dios. Por el hecho de que el Señor hablaba en parábolas se cumplía una profecía del A.T. (Mt 13:34a, b, 35; comp. Sal 78:2). Con varias parábolas, Jesús anunciaba la Palabra (Mc 4:33). Otras ref.: Mt 13:3, 10, 13, 18, 24, 31, 33, 36, 53; 15:15; 21:33, 45; 22:1; 24:32; Mc 3:23; 4:2, 10, 11, 13a, b, 30, 34; 7:17; 12:1, 12; 13:28; Lc 4:23; 5:36; 6:39; 8:4, 9-11; 12:16, 41; 13:6; 14:7; 15:3; 18:1, 9; 19:11; 20:9, 19; 21:29. ¶

PARÁCLITO –
Ver **CONSOLADOR.**

PARAÍSO (*parádeisos*: παράδεισος <3857>)
Palabra de origen oriental que designaba los jardines de los reyes y de los nobles de Persia; en el N.T., este vocablo designa un lugar de delicias y de felicidad celestial, ahí donde los rescatados gozan de la presencia del Señor Jesús resucitado. Jesús prometió al malhechor en la cruz que ese mismo día estaría con él en el paraíso (Lc 23:43). Pablo fue arrebatado al paraíso donde oyó palabras inefables (2Co 12:4). El árbol de vida se encuentra en el paraíso de Dios (Ap 2:7). ¶

PARALÍTICO

PARALÍTICO (*paralutikós*: παραλυτικός <3885>; de *pará*: al lado de, y *lúo*: desatar, soltar)
Enfermo que ha perdido el uso de una parte de su cuerpo, en particular de los miembros inferiores. La parálisis evoca la incapacidad del hombre para acercarse a Dios y para servirlo. El Señor Jesús sanó a paralíticos (Mt 4:24; 9:2, 6); en Mc 2, viendo la fe de los que llevaban a un paralítico, Jesús perdonó los pecados de este último y lo sanó (v. 3-5, 9, 10). El siervo del centurión de Capernaúm estaba afectado de parálisis (lit.: era paralítico; Mt 8:6). ¶

PARALIZADO (paralizar: *paralúo*: παραλύω <3886>; de *pará*: al lado de, y *lúo*: desatar)
Debilitar, flaquear. Los hebreos debían levantar las manos caídas y las rodillas paralizadas (lit.: las siendo paralizadas) (Hb 12:12).

PARCIALIDAD
1. (*prósklisis*: πρόσκλισις <4346>; de *prós*: hacia, y *klíno*: inclinar) **El hecho de tomar partido por alguien o algo, sin preocupación de la verdad o de la justicia; favoritismo.** Pablo exhorta a Timoteo a no hacer nada con parcialidad (1Ti 5:21). ¶
2. (sin parcialidad: *adiákritos*: ἀδιάκριτος <87>; de *a*: part. neg., y *diakríno*: juzgar) **Sin distinción, sin opinión previa.** La sabiduría de lo alto es imparcial, según la nota del trad.: sin indecisión (Stg 3:17). ¶
3. Ver **ACEPCIÓN DE PERSONAS**.

PARED BLANQUEADA (pared: *toícos*: τοῖχος <5109>; de *teícos*: muro; blanquear: *koniáo*: κονιάω <2867>; de *konía*: polvo, cal)
Esta expresión se refiere a los sepulcros cuyas paredes estaban blanqueadas con cal al exterior; pero que en el interior había huesos humanos. Pablo trata al sumo sacerdote de pared blanqueada (Hch 23:3), en figura, de hipócrita. ¶

PARLOTEAR (*fluaréo*: φλυαρέω <5396>; de *flúo*: burbujear)
Hablar excesiva o maliciosamente, acusar falsamente. Diótrefes parloteaba con palabras malignas contra Juan (3Jn 10). ¶

PARRICIDA –
Ver **PENDENCIERO**.

PARTICIÓN –
Ver **PARTIMIENTO**.

PARTIMIENTO (*klásis*: κλάσις <2800>; de *kláo*: partir)
Acción de romper; otras trad.: fracción, partición. Jesús se había hecho conocer a los dos discípulos en la partición del pan (Lc 24:35), es decir al partir el pan durante la comida (ver v. 30). Los primeros cristianos perseveraban en el partimiento del pan (Hch 2:42). ¶>

PARTIR (*analúo*: ἀναλύω <360>; de *aná*: part. de repet., y *lúo*: soltar; lit.: romper, desatar)

Partir, irse, regresar. Este verbo es empleado por Pablo en relación con su gran deseo de dejar la vida presente para estar con Cristo (Fil 1:23).

PARTIR EL PAN (partir: *kláo*: κλάω <2806>; pan: *ártos*: ἄρτος <740>; de *aíro*: levantar)
La acción de partir el pan (o: fracción del pan) forma parte de la cena. El Señor Jesús rompió el pan la noche que fue librado (1Co 11:24). Jesús partió un pan y lo dio a sus discípulos diciéndoles de tomarlo y de comerlo, siendo eso, figur., su cuerpo (Mt 26:26; Mc 14:22). El pan partido habla de la comunión del cuerpo de Cristo (1Co 10:16), porque los cristianos son un solo pan, un solo cuerpo, y todos participan de un solo y mismo pan (ver v. 17). Los primeros cristianos perseveraban en el partimiento del pan (Hch 2:42); partían el pan en sus casas (v. 46). Pablo partió el pan el primer día de la semana en Troas (Hch 20:7, 11). En otra ocasión, partió el pan (Hch 27:35), pero esta acción no estaba relacionada con la cena: sino que se trataba de comer.

PASCUA (*Pásca*: Πάσχα <3957>; de la palabra heb. que significa: pasar por encima, salvar)
Primera de las fiestas a Jehová, celebrada el decimocuarto día del primer mes en Israel (ver Lv 23:4, 5; Dt 16:1-8). La primera Pascua fue celebrada por Moisés (Hb 11:28; ver Éx 12); ella marca el comienzo de la historia de Israel como pueblo rescatado. Los primogénitos en Israel fueron salvados en virtud de la sangre del cordero, puesta sobre los postes y el dintel de las puertas. Esta fiesta era celebrada cuando el Señor estaba en la tierra (Mt 26:2; Mc 14:1; Lc 2:41; 22:1; Jn 2:13, 23; 6:4; 11:55; 12:1; 13:1; 18:39; 19:14) y después (Hch 12:4). La «pascua» también se refiere al cordero pascual que era sacrificado y comido en ocasión de esta fiesta (Mc 14:12a, b; Lc 22:7; Jn 18:28). Jesús, en particular, comió la pascua con sus discípulos (Mt 26:17-19; Mc 14:12, 14, 16; Lc 22:8, 11-13); él mucho había deseado comer esta pascua con ellos antes de padecer (Lc 22:15). En 1Co 5:7, leemos: «… nuestra pascua, Cristo, ya fue sacrificado», porque el cordero pascual representaba a Cristo que vendría a ofrecerse en sacrificio expiatorio y efectuar la redención por su sangre (ver 1P 1:18, 19). ¶

PASTO (*nomé*: νομή <3542>; de *némo*: distribuir, repartir)
Lugar donde se hace pastar el ganado, acción de hacer pastar el ganado. La palabra de los que se entregan a discursos vanos y profanos carcomerá como gangrena (lit.: tendrá pasto como la gangrena) (2Ti 2:17). En sentido figur., aquel que entra por Jesús (que cree en él), entrará y saldrá, y hallará pastos (Jn 10:9), es decir alimentos para su alma. ¶

PASTOR
1. (*poimén*: ποιμήν <4166>) **a. Persona que guarda las ovejas.** Se

PATRIARCA

empleado este vocablo en Mt 9:36; 25:32; Mc 6:34; Lc 2:8, 15, 18, 20; Jn 10:2. En sentido figur., Jesús es el pastor de las ovejas, es decir de los creyentes (Mt 26:31; Mc 14:27; Jn 10:16; 1P 2:25); él es el buen pastor (Jn 10:11a, b, 14) contrariamente al asalariado que no es el pastor (v. 12).
b. Pastor del rebaño de Dios. Aquel que recibe y ejerce un don de gracia en la Iglesia (Ef 4:11); vela por el bienestar de las almas que constituyen el rebaño de Dios. El pastor no alimenta simplemente al rebaño, sino que también lo lleva allí donde se encuentra el alimento; exhorta y reconforta las almas. En Hch 20:28, la responsabilidad de velar sobre las almas es dada a los ancianos de Éfeso; habían sido establecidos como «obispos» para apacentar la iglesia del Señor. El Señor Jesús es el buen pastor (Jn 10:11, 14), el gran pastor de las ovejas (Hb 13:20), el Príncipe de los pastores (*arquipoímen*) (1P 5:1-4; comp. Jn 21:15-17).
2. (ser el pastor: *poimaíno*: ποιμαίνω <4165>; de *poimén*: ver **1.**) **Hacer apacentar, regidor sobre el ganado.** Jesús le encarga a Simón, hijo de Jonás, cuidar de sus ovejas (Jn 21:16).
3. (jefe de los pastores: *arquipoímen*: ἀρχιποίμην <750>; de *arqué*: jefe, y *poimén*: ver **1.**) **Pastor principal, Jesucristo sí mismo.** Los ancianos que apacientan la grey de Dios recibirán la corona incorruptible de gloria cuando el Príncipe de los pastores aparezca (1P 5:4). ¶

PATRIARCA (*patriárques*: πατριάρχης <3966>; de *patriá*: familia, y *arqué*: gobernante, autoridad)
Antepasado importante del cual se reclamaban los judíos. Se hace mención del patriarca David (Hch 2:29), de los doce patriarcas, hijos de Jacob (Hch 7:8, 9), y del patriarca Abraham (Hb 7:4). ¶

PAZ

1. (*eiréne*: εἰρήνη <1515>) **Relaciones cordiales entre individuos; ausencia de violencia, tranquilidad.** Dios es llamado el «Dios de paz» (Ro 15:33; 16:20; 1Co 14:33; 2Co 13:11; Fil 4:9; 1Ts 5:23; Hb 13:20); Jesús también es llamado «Señor de paz» (2Ts 3:16). El vocablo a menudo está empleado en diversos saludos de paz (p.ej. Lc 24:36; Ro 1:7; 1Co 1:3; 2Co 1:2). Los creyentes tienen paz con Dios (Ro 5:1); Cristo es nuestra paz (Ef 2:14) y ha hecho la paz (verbo: *eirenopoiéo*: εἰρηνοποιέω <1517> ¶) por la sangre de su cruz (Col 1:20). La paz hace parte del fruto del Espíritu (Gá 5:22; también: Ro 8:6; 14:17; Ef 4:3). Dios nos ha llamado a paz (1Co 7:15). El creyente turbado tiene la paz en Jesús (Jn 16:33). Los creyentes son exhortados a seguir la paz con todos (Hb 12:14). Deben buscar la paz y seguirla (2Ti 2:22; 1Pi 3:11), y seguir lo que contribuye a la paz (Ro 14:19). El Señor nombra bienaventurado a los que procuran la paz (Mt 5:9; sust.: *eirenopoiós*: εἰρηνοποιός <1518>). Al quitar a los suyos, el Señor les dejó la paz; les dio su paz (Jn 14:27a, b). La expresión «ir en paz» significa «ir sin inquietud» (Mc 5:34; Lc 2:29; 7:50; 8:48; Hch 16:36; Stg 2:16). La paz de Dios guarde nuestros corazones y nuestros pensamientos en Cristo Jesús (Fil 4:7). Otras ref.: Mt 10:13a, b, 34; Lc 1:79; 2:14; 10:5, 6; 11:21; 12:51; 14:32; 19:38, 42; Jn 20:19, 21, 26; Hch 7:26; 9:31; 10:36; 12:20; 15:33; 24:3; Ro 2:10; 3:17; 10:15; 15:13; 1Co 16:11; Gá 1:3; 6:16; Ef 1:2; 2:15, 17a, b; 6:15, 23; Fil 1:2; Col 1:2; 3:15; 1Ts 1:1; 5:3; 2Ts 1:2; 1Ti 1:2; 2Ti 1:2; Tit 1:4; Flm 3; Hb 7:2; 11:31; Stg 3:18a, b; 1P 1:2; 5:14; 2P 1:2; 3:14; 2Jn 3; 3Jn 14; Jud 2; Ap 1:4; 6:4. ¶

2. (estar en paz, vivir en paz: *eireneúo*: εἰρηνεύω <1514>; de *eiréne*: ver **1.**) **Gozar de relaciones cordiales entre personas.** Jesús dijo que tuvieran paz los unos con los otros (Mc 9:50). Si es posible, por cuanto depende de ellos, los creyentes deben vivir en paz con todos los hombres (Ro 12:18). Pablo también exhorta a los corintios a vivir en paz (2Co 13:11), y a los tesalonicenses a tener paz entre ellos (1Ts 5:13). ¶

PECADO

1. (*jamartía*: ἁμαρτία <266>; de *jamartáno*: errar el blanco, equivocarse de camino, después: cometer una falta) **Principio de mal moral transmitido a todos los hombres desde la desobediencia de Adán.** El diablo había pecado antes de la creación del hombre (1Jn 3:8). Caracteriza la insumisión a la voluntad de Dios, a su palabra, y conduce a una marcha sin ley, sin freno (1Jn 3:4a, b); está sancionado con la muerte que es su paga (Ro 5:12a, b; 6:23). Antes de la conversión, somos vistos como muertos en nuestros delitos y pecados (Ef 2:1). Dios, habiendo enviado a su Hijo en semejanza de carne de pecado y a causa del pecado, condenó al pecado en la carne (Ro 8:3). Cristo también ha muerto por nuestros pecados (1Co 15:3), es decir por todas las manifestaciones del principio de mal que es el pecado. Jesucristo no hizo pecado (1P 2:22); no conoció pecado en sí mismo (2Co 5:21); no hay en él fuente de pecado (1Jn 3:5). El vocablo aparece más de 160 veces en el N.T.; en la sola epístola a los Romanos, más de 40 veces.

2. (*jamártema*: ἁμάρτημα <265>; de *jamartáno*: ver **1.**) **Acto de desobediencia a la voluntad de Dios.** El vocablo está empleado en Mc 3:28; 4:12; Ro 3:25; 1Co 6:18. ¶

3. (sin pecado: *anamártetos*: ἀναμάρτητος <361>; de *a*: part. neg., y *jamartáno*: ver **1.**) **Aquel que jamás cometió pecado.** Aquel que estaba sin pecado debía tirar la primera piedra contra la mujer adúltera (Jn 8:7). ¶

PECADO DE MUERTE (pecado: *jamartía*: ἁμαρτία <266>; muerte: *thánatos*: θάνατος <2288>) **Pecado cometido por un creyente en condiciones particulares que**

agravan su responsabilidad. Este pecado (1Jn 5:16) es tal que Dios interviene en extrema disciplina, quitando a un creyente de la tierra con la muerte; el v. 17 menciona un pecado que no es a la muerte. Encontramos dos ejemplos: Ananías y Safira que mintieron al Espíritu Santo (ver Hch 5:1-11), y creyentes de Corinto que participaban indignamente a la cena del Señor (ver 1Co 11:30). Una tal sanción divina no afecta a la salvación del creyente, porque es salvo por gracia; ella está más bien vinculada al gobierno de Dios que desaprueba un deshonor público por parte de un creyente.

PECADOR (*jamartolós*: ἁμαρτωλός <268>)
Aquel que posee la naturaleza pecadora y que comete pecados; es el estado natural de todo hombre. El Señor estaba separado de los pecadores (Hb 7:26) a causa de su naturaleza exenta de pecado, por eso no podía cometer pecados; pero vino al mundo para salvar a pecadores (1Ti 1:15).

PECAR – Ver **ERRAR**.

PEINADO OSTENTOSO – Ver **TRENZA**.

PELEAR
1. (*agonízomai*: ἀγωνίζομαι <75>; de *agón*: batalla, conflicto) **Luchar.** Jesús dijo que si su reino fuera de este mundo, sus servidores habrían peleado para que no fuese entregado (Jn 18:36). Todo el que lucha en los juegos {cualquier atleta} (lit.: aquel que pelea) de todo se abstiene (1Co 9:25). Pablo combatía según la fuerza de Cristo, la cual actuaba con poder en él (Col 1:29). Epafras siempre luchando (rogando) en oración por los colosenses (Col 4:12). Pablo exhorta a Timoteo a pelear la buena batalla de la fe (1Ti 6:12). Pablo había peleado la buena batalla (2Ti 4:7).
2. (luchar en contra: *antagonízomai*: ἀνταγωνίζομαι <464>; de *antí*: contra, y *agonízomai*: ver **1.**) **Pelear en contra.** Los hebreos no habían resistido hasta la sangre en la lucha contra el pecado (Hb 12:4). ¶
3. (luchar por: *epagonízomai*: ἐπαγωνίζομαι <1864>; de *epi*: para, a propósito de, y *agonízomai*: ver **1.**) **Pelear por, contender por.** Judas escribía para exhortar a contender por la fe (Jud 3). ¶
4. (luchar con: *sunagonízomai*: συναγωνίζομαι <4865>; de *sun*: junto a, y *agonízomai*: ver **1.**) **Pelear con.** Pablo exhortaba a los creyentes de Roma a luchar con él en sus oraciones a Dios (Ro 15:30). ¶
5. (competir en juegos públicos: *athléo*: ἀθλέω <118>; de *áthlos*: juegos competitivos) **Luchar, con el sentido de participar a juegos públicos.** Si alguien lucha como atleta, no es coronado si no lucha según el reglamento (2Ti 2:5a, b). ¶
6. (combatiendo juntos: *sunathléo*: συναθλέω <4866>; de *sun*: junto

con, y *athléo*: ver **5.**) **Luchando unánimes, acordes.** Pablo quería oír que los filipenses combatían juntos en un mismo espíritu (Fil 1:27). Pablo ruega a un compañero de ayudar a aquellas que han combatido con él en el evangelio (Fil 4:3). ¶
7. (resistir a Dios: *theomaquéo*: θεομαχέω <2313>; de *theómacos*: aquel que lucha contra Dios, que viene de *Theós*: Dios, y *mácomai*: pelear) **Oponerse a Dios mismo.** Algunos mss. tienen este verbo en Hch 23:9 (pero este fragmento del texto es criticable). ¶
8. (*strateúomai*: στρατεύομαι <4754>; de *stratós*: ejército) **Hacer la guerra, luchar.** Pablo no luchaba según la carne (2Co 10:3). Quería que Timoteo combatiera el buen combate (1Ti 1:18). Las guerras vienen de las pasiones que combaten en nuestros miembros (Stg 4:1).
9. (hacer la guerra contra: *antistrateúomai*: ἀντιστρατεύομαι <497>; de *antí*: contra, y *strateúomai*: ver **8.**) **Luchar contra.** El hombre de Ro 7 ve en sus miembros otra ley que lucha contra la ley de su entendimiento (v. 23). ¶
10. (*poleméo*: πολεμέω <4170>; de *pólemos*: guerra, batalla) **Hacer la guerra.** El Señor peleará con la espada de su boca contra los de Pérgamo que no se arrepientan (Ap 2:16). El que está sentado sobre el caballo blanco juzga y pelea en justicia (Ap 19:11). Miguel y sus ángeles combatían contra el dragón, y el dragón y sus ángeles también combatían (Ap 12:7a, b). Los habitantes de la tierra dirán: ¿Quién puede luchar contra la bestia? (Ap 13:4). Diez reyes pelearán contra el Cordero (Ap 17:14).
11. (*puktéuo*: πυκτεύω <4438>; de *pugmé*: atleta que lucha con sus puños, que viene de *púx*: con el puño) **Boxear; el pugilato, o el boxeo, era una disciplina olímpica.** Pablo peleaba, no como quien da golpes al aire (1Co 9:26). ¶

PELIGRAR (*kinduneúo*: κινδυνεύω <2793>; de *kíndunos*: peligro)
Estar en peligro, exponerse al peligro. Pablo pregunta por qué él peligraba a toda hora (1Co 15:30), si los muertos no resucitan.

PELIGROSO (*calepós*: χαλεπός <5467>)
Difícil, severo. Pablo advierte a Timoteo que, en los últimos días, vendrán tiempos peligrosos (2Ti 3:1), es decir tiempos difíciles de atravesar a causa del mal que se ha extendido (ver v. 2-5).

PENDENCIERO
1. (*pléktes*: πλήκτης <4130>; de *plésso*: martillear, golpear) **Que da golpes, belicoso.** El obispo no debe ser pendenciero (1Ti 3:3; Tit 1:7). ¶
2. (parricida: πατρολῴας: *patrolóas*; de *patér*: padre, y *aloáo*: golpear el grano, de donde golpear repetidamente) **Asesino de su padre; de forma general: aquel que inflige malos tratos a su padre.** La ley es para los parricidas (1Ti 1:9). ¶ <3964>

PENDENCIERO (NO)

3. (matricida: *metralóas*: μητραλῴας <3389>; de *méter*: madre, y *alóao*: ver 2.) **Asesino de su madre; de forma general: aquel que inflige malos tratos a su madre.** La ley es para los matricidas (1Ti 1:9). ¶

PENDENCIERO (NO) (*ámacos*: ἄμαχος <269>; de *a*: part. neg., y *máque*: conflicto, contienda) **No litigioso, apacible.** El obispo no debe ser pendenciero (1Ti 3:3). Tito debía recordar a los cretenses que no fuesen pendencieros (Tit 3:2). ¶

PENETRAR (*diiknéomai*: διϊκνέομαι <1338>; de *diá*: mediante, y *jiknéomai*: llegar) **Alcanzar.** La Palabra de Dios penetra hasta la división del alma y del espíritu (Hb 4:12). ¶

PENSAMIENTO –
Ver **RAZONAMIENTO**.

PENTECOSTÉS (*Pentekosté*: Πεντηκοστή <4005>; de *pentekostós*: quincuagésimo, que viene de *pénte*: cinco)
Fiesta anual judía celebrada cincuenta días después de la fiesta de las Primicias de la siega. Con esta ocasión, los israelitas debían traer dos panes cocidos con levadura en ofrenda a Jehová (ver **PANES SIN LEVADURA**). Lv 23:15-21 y Dt 16:9-12 dan los detalles de esta fiesta. Todos los creyentes estaban reunidos en un mismo lugar el día de Pentecostés y todos fueron llenos del Espíritu Santo (Hch 2:1; ver 1-4). Pablo deseaba estar el día de Pentecostés en Jerusalén (Hch 20:16). En 1Co 16:8, dice haber estado en Éfeso hasta el día de Pentecostés. ¶

PERDICIÓN (*apóleia*: ἀπώλεια <684>; del verbo *apólumi*: hacer perecer, destruir)
Esta palabra comporta una idea de destrucción, de ruina. Ella se opone a la vida eterna (Mt 7:13; Fil 1:28; 3:19), en el sentido de que esta última no es comunicada a los que están en la incredulidad y la impiedad. Pedro habla de herejías destructoras (2P 2:1-3). El término es utilizado en la expresión «hijo de perdición» (solemne ejemplo de los que están eternamente perdidos: Jn 17:12; 2Ts 2:3).

PERDICIÓN (HIJO DE)
En Jn 17:12, se trata de Judas, uno de los doce apóstoles que Jesús designa así. Para el empleo de esta palabra en 2Ts 2:3, ver **ANTICRISTO**. Ver también **PERDICIÓN**.

PÉRDIDA – Ver **BASURA**.

PERDÓN
1. (*áfesis*: ἄφεσις <859>; de *afiemi*: despedir, poner en libertad) **Remisión de una falta; tenerla como no imputada.** Aquel que blasfema contra el Espíritu Santo jamás tendrá perdón (Mc 3:29).
2. Ver **REMISIÓN**.

PERDONAR

1. (*apolúo*: ἀπολύω <630>; de *apó*: lejos de, y *lúo*: soltar) **Dejar libre, perdonar una deuda.** Jesús nos exhorta a perdonar (sus deudas) a los otros, para que nosotros podamos ser perdonados (Lc 6:37a, b).

2. (*afíemi*: ἀφίημι <863>; de *apó*: lejos de, y *jíemi*: enviar) **Remitir a alguien su falta y, como consecuencia, no castigarlo.** El perdón divino también comprende la anulación de la falta o del pecado. Aquellos cuyas iniquidades son perdonadas, son bienaventurados (Ro 4:7). Nuestro Padre celestial nos perdona nuestras faltas según la medida en la que nosotros perdonamos a los otros las suyas (Mt 6:14a, b, 15a, b; Mc 11:25a, b, 26a, b). Jesús perdonó los pecados a un paralítico y lo sanó (Mt 9:2, 5, 6; Mc 2:5, 7, 9, 10; Lc 5:20, 21, 23, 24); también perdonó los pecados a una mujer pecadora (Lc 7:47a, b, 48, 49). La blasfemia contra el Espíritu Santo no será perdonada a los hombres (Mt 12:31a, b, 32a, b; Mc 3:28; Lc 12:10a, b). En Mc 4:12, la expresión «para que no se conviertan y les sean perdonados los pecados» demuestra que Dios abandona por un tiempo a la nación de Israel que rechazó a su Hijo; comp.: Is 6:10-13. Jesús dijo que había que perdonar hasta setenta veces siete (Mt 18:21; ver v. 22), es decir continuamente. El Señor ilustra con una parábola lo que le espera al que no perdona a su hermano (Mt 18:35; ver v. 23-35; Mc 11:26a, b). Lc 17:3, 4 ordena de perdonar a su hermano si este se arrepiente. En la cruz, Jesús dijo: Padre, perdónalos, porque no saben lo que hacen (Lc 23:34). Pedro ordenó a Simón el mago de arrepentirse con el fin de que el pensamiento de su corazón le fuese perdonado (Hch 8:22). Si confesamos nuestros pecados, Dios es fiel y justo para perdonárnoslos (1Jn 1:9); nuestros pecados nos son perdonados por el nombre de Jesús (2. 12). Stg 5:15 habla de un enfermo a quien los pecados le son perdonados.

3. (*carízomai*: χαρίζομαι <5483>; de *cáris*: gracia) **Usar de gracia para con una persona sin tenerle rigor por una ofensa personal.** Dios, en Cristo, nos ha perdonado; es por eso que debemos perdonarnos unos a otros (Ef 4:32a, b; Col 3:13a, b). Dios nos ha perdonado todas nuestras faltas (Col 2:13). Pablo incita a los corintios a perdonar al hombre que había sido castigado por la iglesia, y así a ratificar su amor para con él (2Co 2:7, 10a-c). Otra ref.: 2Co 12:13.

PEREGRINO – Ver **FORASTERO**.

PERFECCIÓN

1. (*katártisis*: κατάρτισις <2676>; de *katartízo*: poner en orden, completar totalmente) **Seguimiento y alcance de un estado moral conveniente.** Pablo oraba por la perfección de los corintios (2Co 13:9), es decir por un estado de progreso moral que honra a Dios. ¶

2. (*katartismós*: καταρτισμός <2677>; de *katartízo*: ver **1.**) **Seguimiento y**

alcance de un estado moral conveniente, además con la idea de excelencia. Los dones se han dado con el fin de perfeccionar a los santos (Ef 4:12). ¶

PERGAMINO (*membrána*: μεμβράνα <3200>; palabra lat.: piel, tabletas, pergamino para escribir o envolver un volumen)
Piel de animal utilizada para redactar manuscritos. El vocablo español «pergamino» está derivado de «Pérgamo», ciudad donde se utilizaba este material para escribir. Pablo pide a Timoteo de aportar sus pergaminos (2Ti 4:13). Ver **LIBRO**. ¶

PERJURAR (*epiorkéo*: ἐπιορκέω <1964>; de *epíorkos*: persona que hace un juramento falso, que viene de *epí*: contra, y *jórkos*: juramento)
Jurar falsamente, violar su juramento. Jesús recuerda que había sido dicho de no perjurarse, sino de cumplir ante el Señor sus juramentos (Matt. 5. 33).

PERJURO (*epíorkos*: ἐπίορκος <1965>; de *epí*: contra, y *jórkos*: juramento)
Persona que jura falsamente o que viola su juramento. La ley es para los perjuros (1Ti 1:10). ¶

PERLA (*margarítes*: μαργαρίτης <3135>; *margarita* en lat.)
Cuerpo sólido, generalmente en forma de esfera, formado en un molusco por la secreción de nácar alrededor de un cuerpo extranjero (p.ej. un grano de arena) que se ha introducido en la concha. Las perlas servían de adorno (1Ti 2:9; Ap 17:4; 18:12, 16). La enseñanza de Mt 7:6 de no echar nuestras perlas delante de los cerdos significa no compartir con cualquiera, sin discernimiento, las preciosas verdades de la Palabra de Dios. En misterio, la Iglesia está comparada a una perla de gran precio (Mt 13:45, 46). Las doce puertas de la Jerusalén celestial están representadas por doce perlas (Ap 21:21). ¶

PERRO
1. (*kúon*: κύων <2965>) **Animal impuro y despreciado en Israel (ver Dt 23:18; 1S 17:43).** El vocablo está empleado en sentido propio en Lc 16:21 y 2P 2:22. En sentido figur., el vocablo designa a los que son incapaces de apreciar lo que tiene valor ante los ojos de Dios (Mt 7:6), a los que son interiormente impuros (Fil 3:2) y que serán encontrados tales en el día del juicio (Ap 22:15). ¶
2. (perro, perrillo: *kunárion*: κυνάριον <2952>; dim. de *kúon*) **Ver 1.** Los judíos trataban a los gentiles con el término despectivo de «perro». Jesús mismo emplea el término para poner en evidencia la gracia de Dios para con los gentiles (Mt 15:26, 27; Mc 7:27, 28). ¶

PERSECUCIÓN
1. (*diogmós*: διωγμός <1375>; de *dióko*: perseguir, perseguidor) **Persecución con la intención de hacer**

daño. El Señor habla de persecuciones (Mt 13:21; Mc 4:17; 10:30). Hubo una gran persecución contra la iglesia que estaba al principio en Jerusalén (Hch 8:1). Pablo fue perseguido en diversas ocasiones (Hch 13:50; Ro 8:35; 2Co 12:10; 2Ti 3:11); se glorificaba de la fe de los tesalonicenses en sus persecuciones (2Ts 1:4). ¶
2. (echar fuera, perseguir: *ekdióko*: ἐκδιώκω <1559>; de *ek*: fuera, y *dióko*: perseguir) **Perseguir con la intención de hacer daño.** Profetas y apóstoles serían perseguidos (Lc 11:49). Pablo había sido expulsado (o perseguido) (1Ts 2:15). ¶

PERSEGUIDOR (*dióktes*: διώκτης <1376>; de *dióko*: perseguir) **Que persigue con la intención de hacer daño.** Pablo era un perseguidor antes de su conversión (1Ti 1:13). ¶

PERSEVERANCIA (*proskartéresis*: προσκαρτέρησις <4343>; de *proskarteréo*: adherirse estrechamente, que viene de *prós*: hacia, y *karteréo*: ser fuerte) **Acción de continuar a hacer lo que se ha propuesto, a consagrarse; asiduidad.** Pablo exhorta a orar y suplicar con toda perseverancia (Ef 6:18). ¶

PERSEVERANTE (del verbo perseverar: *proskarteréo*: προσκαρτερέω <4342>; de *prós*: hacia, y *karteréo*: ser fuerte) **Hacer prueba de perseverancia, asiduo.** Pablo invita a los creyentes de Roma a ser perseverantes en la oración (Ro 12:12).

PERVERSO (*átopos*: ἄτοπος <824>) **Injurioso, malvado.** Pablo pedía que oraran, para que fuesen librados de hombres perversos (2Ts 3:2).

PESAR
1. (cambiar la mente de uno: *metamélomai*: μεταμέλομαι <3338>; de *metá*: después, implicando cambio, y *mélo*: tener cuidado de, arrepentirse de) **Cambiar de pensamiento sobre un tema.** Pablo no tenía pesar por haber contristado a los corintios con su primera carta, aunque lo lamentó precedentemente (2Co 7:8a, b).
2. (no deja pesar: *ametaméletos*: ἀμεταμέλητος <278>; de *a*: part. neg., y *metamélomai*: ver **1.**) **Sin cambio de propósito; no deja remordimiento.** No podemos tener arrepentimiento de una tristeza que produce salvación; era el efecto producido por una carta de Pablo (2Co 7:10).
3. (*lúpe*: λύπη <3077>) **Tristeza, molestia.** Debemos dar parte de nuestros bienes sin tristeza, generosamente, alegremente (2Co 9:7).

PESCADO – Ver **PEZ**.

PESEBRE (*fátne*: φάτνη <5336>) **Comedero para el ganado.** María acostó a Jesús recién nacido en un pesebre (Lc 2:7, 12, 16). Jesús habla del hecho de desatar del pesebre a su buey o a su asno el día de reposo (Lc 13:15). ¶

PESO – Ver **CARGA**.

PESTE (*loimós*: λοιμός <3061>)
a. **Enfermedad infecciosa y epidémica.** Antes del regreso de Cristo, habrá pestes (Mt 24:7; Lc 21:11).
b. **En sentido figur., persona odiosa.** Tertulio acusó a Pablo de ser una plaga (Hch 24:5). ¶

PETICIÓN
1. (*aítema*: αἴτημα <155>; de *aitéo*: pedir, demandar) **Demanda.** El creyente expone sus peticiones a Dios por oraciones y ruegos con acciones de gracias (Fil 4:6).
2. (*énteuxis*: ἔντευξις <1783>; de *entuncáno*: interceder, que viene de *en*: sobre, y *tuncáno*: llegar, alcanzar) **Oración, demanda en favor de alguien.** Se exhorta al creyente a hacer peticiones por todos los hombres (1Ti 2:1). Este vocablo se traduce «oración» en 1Ti 4:5.

PEZ
1. (*icthús*: ἰχθύς <2486>) **Animal que vive en el agua y que respira por branquias.** Un padre no le dará a su hijo una serpiente si le pide un pescado (Mt 7:10; Lc 11:11a, b). Los discípulos no tenían más que cinco panes y dos peces (Mt 14:17, 19; Mc 6:38; Lc 9:13), pero Jesús los distribuyó (Mc 6:41a, b; Lc 9:16) y recogieron los restos (Mc 6:43). Jesús distribuyó los siete panes y los peces (Mt 15:36). Pedro debía tomar el primer pez que sacara (Mt 17:27). Los discípulos encerraron gran cantidad de peces en sus redes (Lc 5:6, 9; Jn 21:6, 8). Los discípulos le dieron a Jesús parte de un pez asado (Lc 24:42). Pedro sacó la red a tierra llena de ciento cincuenta y tres grandes peces (Jn 21:11). La carne de los peces es diferente de las otras carnes (1Co 15:39). ¶
2. (pez pequeño: *icthúdion*: ἰχθύδιον <2485>; dim. de *icthús*: ver **1.**) **Pez de pequeña talla.** Los discípulos tenían siete panes y algunos pececillos (Mt 15:34; Mc 8:7). ¶
3. (*opsárion*: ὀψάριον <3795>) **Pez asado.** Un muchacho tenía cinco panes de cebada y dos pececillos (Jn 6:9), y Jesús los distribuyó (v. 11). Los discípulos vieron brasas puestas y un pez encima de ellas (Jn 21:9); Jesús les dijo de traer algunos de los peces que acababan de pescar (v. 10). Jesús les dio pescado a sus discípulos (Jn 21:13). ¶

PIADOSAMENTE (*eusebós*: εὐσεβῶς <2153>; de *eu*: bien, y *sébomai*: venerar, adorar)
Con piedad, es decir una relación viva con Dios caracterizada por el temor, el respeto y la confianza. Todos los que quieren vivir piadosamente en Cristo Jesús serán perseguidos (2Ti 3:12). El creyente está llamado a vivir piadosamente (Tit 2:12). ¶

PIADOSO
1. (*eulabés*: εὐλαβής <2126>; de *eu*: bien, y *lambáno*: tomar, recibir) **Que muestra reverencia hacia**

Dios. Simeón era justo y piadoso (Lc 2:25). Judíos que moraban en Jerusalén eran hombres piadosos (Hch 2:5). Hombres piadosos llevaron a enterrar a Esteban (Hch 8:2). ¶

2. (*eusebés*: εὐσεβής <2152>; de *eu*: bien, y *sébomai*: venerar, adorar) **Que es caracterizado por la piedad.** Cornelio era piadoso (Hch 10:2); un soldado piadoso siempre estaba cerca de él (v. 7). Ananías era un hombre piadoso según la ley (Hch 22:12). El Señor sabe librar de la tentación a los piadosos (2P 2:9). ¶

3. (*jósios*: ὅσιος <3741>) **Recto, santo.** El obispo debe ser piadoso (Tit 1:8).

4. (*theosebés*: θεοσεβής <2318>; de *Theós*: Dios, y *sébomai*: venerar, adorar) **Que manifiesta temor, piedad para con Dios.** Un ciego, sanado por Jesús, dijo que Dios oye al que es temeroso de Dios (Jn 9:31). ¶

PIEDAD

1. (*eulábeia*: εὐλάβεια <2124>; de *eu*: bien, y *lambáno*: tomar, recibir) **Reverencia, temor respetuoso hacia Dios.** Jesucristo fue oído a causa de su piedad (Hb 5:7).

2. (*eusébeia*: εὐσέβεια <2150>; de *eu*: bien, y *sébomai*: tener el sentimiento de temor religioso; adorar) **Relación real del creyente con Dios caracterizada por el temor, el respeto y la confianza.** El creyente debe orar para llevar una vida en toda piedad (1Ti 2:2). El misterio de la piedad (es decir del que la piedad se alimenta) es relativo a todo lo que concierne a la persona de Cristo (1Ti 3:16). Pedro no había hecho andar por su piedad al hombre cojo (Hch 3:12). Timoteo debía ejercitarse para la piedad (1Ti 4:7), puesto que ella aprovecha para todo (v. 8). La doctrina de Jesucristo es según la piedad (1Ti 6:3), como el conocimiento de la verdad (Tit 1:1). Los hombres corruptos estiman la piedad como una fuente de ganancia (1Ti 6:5); pero ella es una gran ganancia para el creyente (v. 6) y debe ser seguida (v. 11). Pedro también habla de la piedad que debe caracterizar la conducta cristiana (2P 1:3, 6, 7; 3:11). En los postreros días, los hombres solo tendrán apariencia de piedad (2Ti 3:5). ¶

3. (ser piadoso: *eusebéo*: εὐσεβέω <2151>; de *eu*: bien, y *sébomai*: tener el sentimiento de temor religioso; adorar) **Ejercer la piedad, es decir una relación viva con Dios caracterizada por el temor, el respeto y la confianza.** La piedad se muestra primero con la propia familia (1Ti 5:4).

4. (sin piedad: *anósios*: ἀνόσιος <462>; de *a*: part. neg., y *jósios*: santo) **Impío, malvado.** La ley es para los impíos (lit.: para los sin piedad) (1Ti 1:9). En los postreros días, los hombres serán impíos (2Ti 3:2). ¶

PIEDRA DEL ÁNGULO, ANGULAR

(*gonía*: γωνία <1137>; *kefalé*: κεφαλή <2776>; lit.: la cabeza del ángulo)

Ella tiene una función fundamental en la estabilidad de una construcción; el término «preciosa» insiste sobre su importancia. Jesucristo, como piedra desechada por los judíos, ha llegado a ser la piedra del ángulo sobre la que esta fundada la Iglesia (Mt 16:18; 21:42; Hch 4:11; 1P 2:7). La preciosa piedra del ángulo también es puesta en Sion (Is 28:16; 1P 2:6) con vista a la futura edificación de la casa de Israel.

PIEDRECITA (*pséfos*: ψῆφος <5586>; de *psáo*: frotar, tocar la superficie)
Piedra, fragmento de roca; se servían para votar (negra para condenar, blanca para absolver o aprobar). En Pérgamo, el que venciere recibirá una piedrecita blanca sobre la cual está escrito un nombre nuevo (Ap 2:17a, b). Esto haría alusión a una costumbre según la cual un anfitrión entregaba a un invitado especial, que él apreciaba, una piedrecita blanca con el nombre o un mensaje escrito encima.

PINÁCULO (*pterúgion*: πτερύγιον <4419>; dim. de *ptérux*: ala)
La parte más alta del templo, su cúspide; otra trad.: alero. Satanás puso a Jesús sobre el pináculo del templo (Mt 4:5; Lc 4:9). ¶

PITÓN (*Púthon*: Πύθων <4436>)
En la mitología griega, serpiente o dragón que custodiaba el oráculo de Delfos, y que fue matado por Apolo (dios de la adivinación). En Hch 16:16-18, la joven esclava poseída por un espíritu de Pitón (un demonio con una función de adivino; RV.: adivinación) procuraba ganancias a sus dueños con la adivinación; el apóstol Pablo la liberó en el nombre de Jesucristo. ¶

PLAGA – Ver **PESTE**.

PLATA
1. (*árguros*: ἄργυρος <696>) **Metal precioso que sigue al oro en la escala de valores.** El vocablo está empleado en Mt 10:9; Hch 17:29; 1Co 3:12; Stg 5:3; Ap 18:12. ¶
2. (de plata, en plata: *argúreos*: ἀργύρεος <693>; de *árguros*: ver **1.**) **Que está hecho de plata.** Se hacían templos de Diana de plata (Hch 19:24), vasos de plata (2Ti 2:20), ídolos de plata (Ap 9:20). ¶
3. (moneda de plata, dinero: *argúrion*: ἀργύριον <694>; de *árguros*: ver **1.**) **Dinero o «piezas de plata» designan la moneda en uso.** El vocablo y la expresión están empleados en Mt 25:18, 27; 26:15; 27:3, 5, 6, 9; 28:12, 15; Mc 14:11; Lc 9:3; 19:15, 23; 22:5; Hch 3:6; 7:16; 8:20a; 19:19; 20:33; 1P 1:18. ¶
4. (amor al dinero: *filarguría*: φιλαργυρία <5365>; de *fílos*: amigo, y *árguros*: ver **1.**) **Avaricia.** Pablo le recuerda a Timoteo que el amor al dinero es la raíz de todos los males (1Ti 6:10). ¶
5. (no amigo del dinero: *afilárguros*: ἀφιλάργυρος <866>; de *a*: part.

neg., *fílos*: amigo, y *árguros*: ver **1.**) **Exento de avaricia, de codicia.** Aquel que aspira al obispado no debe ser amigo del dinero (1Ti 3:3). **6.** (*créma*: χρῆμα <5536>; lit.: algo que se utiliza) **Bienes, moneda para comprar.** El vocablo está empleado en Hch 8:18, 20b; 24:26.

PLATERO (*argurokópos*: ἀργυροκόπος <695>; de *árguros*: plata, y *kópto*: golpear repetidamente) **Batidor de plata.** Demetrio trabajaba la plata (Hch 19:24). ¶

PLENITUD
1. (*pléroma*: πλήρωμα <4138>; de *pléres*: completo, lleno) **a. Abundancia, estado de lo que está completo.** Toda la plenitud de la Deidad habita en Cristo (Col 1:19; 2:9). La Iglesia es la plenitud de Cristo, como su cuerpo (Ef 1:23). De la plenitud de Jesucristo, todos los creyentes han recibido gracia sobre gracia (Jn 1:16). Pablo habla de la abundancia de la bendición de Cristo (Ro 15:29) y de la estatura de su plenitud (Ef 4:13); desea a los efesios que estén llenos de toda la plenitud de Dios (Ef 3:19). En Ro 11:12, la plenitud de Israel se refiere al día en el que este pueblo se volverá hacia su Mesías y a la bendición que resultará para las naciones; en Ro 11:25, la plenitud de los gentiles corresponde al conjunto de las naciones. En Ef 1:10, la plenitud de los tiempos corresponde al día milenario. **b. Terminación, cumplimiento.** Cuando llegó la plenitud del tiempo, Dios envió a su Hijo (Gá 4:4). **2.** (total veracidad, total confianza: *pleroforía*: πληροφορία <4136>; de *pleroforéo*: llenar, que viene de *pléres*: repleto, y *foréo*: llevar) **Plena certidumbre, total convicción.** El evangelio de Pablo había sido predicado a los tesalonicenses en plena certidumbre (1Ts 1:5). Los creyentes deben mostrar la misma solicitud hasta el fin, para plena certeza de la esperanza (Hb 6:11). Pueden acercarse a Dios en plena certidumbre de fe (Hb 10:22).

POBREZA
1. (*ptoqueía*: πτωχεία <4432>; de *ptocós*: ver **2.**) **Condición de una persona privada de riqueza.** La profunda pobreza de las iglesias de Macedonia abundaron en riquezas de su generosidad (2Co 8:2). Somos enriquecidos con la pobreza de nuestro Señor Jesucristo (2Co 8:9b). El Señor conocía la pobreza de Esmirna (Ap 2:9). ¶
2. (vivir en la pobreza: *ptoqueúo*: πτωχεύω <4433>; de *ptocós*: pobre, indigente, que viene de *ptósso*: esconderse, acurrucarse) **Hacerse pobre.** Nuestro Señor ha vivido en la pobreza por nosotros (2Co 8:9). ¶
3. (*justéresis*: ὑστέρησις <5304>; de *justeréo*: padecer necesidad, que viene de *jústeros*: postrero) **Falta de algo, penuria.** La viuda que había echado dos monedas en el arca, había puesto de su pobreza todo su sustento (Mc 12:44).

POCA FE (DE) (*oligópistos*: ὀλιγόπιστος <3640>; de *olígos*: corto, pequeño, y *pístis*: fe, fidelidad)
Persona que no cree mucho, que le falta confianza. Expresión empleada solo por Jesús: a propósito de los que se inquietan (Mt 6:30; Lc 12:28), de sus discípulos en la tempestad (Mt 8:26), de Pedro sobre las aguas (Mt 14:31), de sus discípulos que razonaban sobre el hecho que no tenían pan (Mt 16:8). ¶

PODER – Ver **MILAGRO**.

PODER ENGAÑOSO (*enérgeia plánes*; *enérgeia*: ἐνέργεια <1753>, de *energés*: eficaz, poderoso; *pláne*: πλάνη <4106>, de *plános*: engañador, seductor)
Poderosa actividad que pretende engañar. Esta expresión describe el juicio de Dios para aquellos que son seducidos por el anticristo (2Ts 2:11). La nota de un traductor sugiere una «operación (o: energía) de error». No amando a la verdad, estos son seducidos por la mentira y la creen.

PODREDUMBRE –
Ver **INMUNDICIA**.

POLLINO
1. (*onárion*: ὀνάριον <3678>; de *ónos*: asno) **Asno joven.** Jesús, habiendo encontrado un asno joven, se montó sobre él (Jn 12:14). ¶
2. (*pólos*: πῶλος <4454>) **Cría del asno.** Jesús envió dos discípulos a buscar una asna y un pollino sobre el que se sentó (Mt 21:2, 5, 7; Mc 11:2, 4, 5, 7; Lc 19:30, 33, 35; Jn 12:15). ¶
3. Ver **ASNO**.

POPA (*prúmna*: πρύμνα <4403>; de *prumnós*: al extremo, la parte de más atrás)
Parte atrás de una nave. El Señor dormía sobre un cabezal a la popa de una barca (Mc 4:38). Los marineros de la nave en la que estaba Pablo echaron cuatro anclas de la popa (Hch 27:29); la popa de la nave encallada se rompía por la violencia de las olas (v. 41). ¶

PORTE (EN SU) (*katástema*: κατάστημα <2688>; de *kathístemi*: conducir, ordenar, que viene de *katá*: abajo, e *jístemi*: sostenerse)
Comportamiento, forma de vivir. Las ancianas deben ser reverentes en su conducta (o: porte), maestras del bien (Tit 2:3). ¶

PÓRTICO (*stoá*: στοά <4745>)
Galería cubierta soportada por columnas. El estanque de agua, llamado Betesda, tenía cinco pórticos (Jn 5:2). El pórtico de Salomón corresponde al pórtico del templo de Jerusalén, y abrigaba a los mercaderes, a los cambistas y a la multitud (Hch 3:11; 5:12); Jesús anduvo por él (Jn 10:23). ¶

POSADERO –
Ver **MESONERO**.

POZO – Ver **FUENTE**.

PRACTICAR (*prásso*: πράσσω <4238>)
Hacer, desempeñar. Muchos que practicaban (o: habían practicado) la magia en Éfeso quemaron sus libros (Hch 19:19); los habitantes de esta ciudad eran conocidos por utilizar fórmulas mágicas, encantamientos y conjuros.

PRECURSOR (*pródromos*: πρόδρομος <4274>; de *protréco*: correr delante, que viene de *pro*: antes, delante, y *tréco*: correr)
Aquel que va delante con el fin de preparar el camino. Jesús ha entrado como precursor por nosotros hasta dentro del velo (Hb 6:20). ¶

PREDESTINAR (*proorízo*: προορίζω <4309>; de *pro*: antes, y *jorízo*: determinar, limitar)
Designar, determinar por adelantado. La predestinación acompaña la elección, y define el por qué los creyentes son puestos aparte en los planes de Dios. Los rescatados que forman la Iglesia son predestinados a ser conformes a la imagen del Hijo de Dios (Ro 8:29, 30). Dios los ha predestinados para ser adoptados (ver **ADOPCIÓN**) por él mediante Jesucristo (Ef 1:5). Han sido predestinados con el fin de que fuesen para alabanza de su gloria (Ef 1:11; ver. v. 12). Dios predestinó la sabiduría para nuestra gloria (1Co 2:7).

PREDICADOR (*kérux*: κῆρυξ <2783>; de *kerússo*: proclamar, publicar)
Heraldo, pregonero. El predicador presenta un mensaje de parte de Dios. Pablo era predicador del evangelio (1Ti 2:7; 2Ti 1:11). Es dicho de Noé que era pregonero de justicia (2P 2:5); anunciaba la justicia de Dios como juicio a un mundo impío. Podemos observar que el vocablo «predicador» pone el acento sobre el que lleva el mensaje, «evangelista» sobre el mensaje de la buena nueva, y «apóstol» sobre la relación entre Dios que envía y el mensajero. ¶

PREGONERO –
Ver **PREDICADOR**.

PREFECTO DEL PRETORIO (*stratopedárques*: στρατοπεδάρχης <4759>; de *stratópedon*: campamento militar, que viene de *stratós*: ejército, *pedinós*: tierra, y *árco*: primero, mandar, que viene de *arqué*: comienzo, autoridad)
Comandante de un ejército. Algunos mss. tienen este vocablo en Hch 28:16. Probablemente se trata del comandante de las cohortes pretorianas. ¶

PREMIO (*brabeíon*: βραβεῖον <1017>; de *brabeús*: árbitro)
Recompensa en los juegos de estadio para los griegos. Está empleado en 1Co 9:24 en relación con la carrera cristiana. Pablo proseguía a la meta, al premio del llamamiento de Dios

PREOCUPACIÓN

(Fil 3:14) con el fin de ganar a Cristo (ver v. 8), es decir de estar con él y de ser hecho a su semejanza. ¶

PREOCUPACIÓN
1. (*epístasis*: ἐπίστασις <1987a>; de *efístamai*: fijar la mente sobre) **Lo que preocupa, lo que se toma a pecho.** Lo que sobre Pablo se agolpaba (lit.: La preocupación {*epístasis*} de Pablo) era la solicitud (*mérimna*) por todas les iglesias (2Co 11:28). ¶
2. (*mérimna*: μέριμνα <3308>; de *méros*: parte) **Solicitud, inquietud.** La preocupación de Pablo (*epístasis*) era la solicitud (*mérimna*) por todas les iglesias (2Co 11:28).
3. (tener interés: *merimnáo*: μεριμνάω <3309>; de *mérimna*: ver **2**.) **Estar ocupado de los otros y de sus intereses.** Timoteo tenía un verdadero interés en lo que concernía a los filipenses (Fil 2:20).
4. (sin preocupación: *amérimnos*: ἀμέριμνος <275>; de *a*: part. neg., y *mérimna*: ver **2**.) **Exento de inquietud; otras trad.: sin congoja, sin cuidado.** Pablo quería que los corintios estuvieran sin preocupación (1Co 7:32).

PREPARACIÓN
(*Paraskeué*: Παρασκευή <3904>; de *pará*: al lado de, y *skeuázo*: preparar) **Día que precedía a un sábado (día de reposo), es decir un viernes.** Jesús murió el día de la Preparación (Mc 15:42; Lc 23:54; Jn 19:14, 31, 42). El día después de la Preparación, se le pidió a Pilato que el sepulcro fuese guardado con cuidado (Mt 27:62). ¶

PREPARAR
1. (*keránnumi*: κεράννυμι <2767>) **Mezclar sustancias con el fin de obtener una bebida.** En Ap 18:6, es cuestión de la copa que Babilonia ha preparado (lit.: mezclado).
2. (mezclar con mirra: *smurnízo*: σμυρνίζω <4669>; de *smúrna*: mirra) **Mezclar sustancias, una de ellas mirra.** Se le dio a beber a Jesús vino mezclado con mirra, pero no lo tomó (Mc 15:23). ¶

PRESA (PARA)
(*jálosis*: ἅλωσις; de *jairéomai*: capturar <259>) **Aquello que se captura, lo que se atrapa.** Pedro habla de hombres que son como bestias sin razón, nacidas para presa y destrucción (2P 2:12). ¶

PRESENTACIÓN
(presentar: *parístemi*: παρίστημι <3936>) **Ordenanza de la ley judía según la cual todo primogénito debía ser puesto aparte para Jehová (Éx 13:2; 22:29, 30), y rescatado (Nm 18:15, 16).** Jesús fue presentado en el templo (Lc 2:22). Diversas ofrendas eran previstas por la ley; los padres de Jesús ofrecieron la del pobre: dos tórtolas (ver Lv 12:8; Lc 2:24).

PRESO
1. (*désmios*: δέσμιος <1198>; de *desmós*: ligadura, cadena) **Persona a quien se priva de libertad ence-

rrándola en una cárcel. Pilato soltaba en el día de la fiesta a un preso, al que la multitud quisiese (Mt 27:15; Mc 15:6). Barrabás era entonces un preso famoso (Mt 27:16), la multitud lo prefirió a Jesús. En la cárcel, Pablo y Silas cantaban las alabanzas de Dios orando, y los otros presos los oían (Hch 16:25); las puertas de la cárcel se abrieron milagrosamente, y el carcelero creía que los presos habían huido (v. 27). Pablo, más tarde, fue hecho de nuevo preso (Hch 23:18; 25:14, 27; 28:16, 17). Pablo se presenta como prisionero de Jesucristo (Ef 3:1; 4:1; 2Ti 1:8; Flm 1, 9). Los creyentes hebreos habían mostrado simpatía por los prisioneros (Hb 10:34); son incitados a acordarse de los presos (13:3). ¶
2. (*desmótes*: δεσμώτης <1202>; de *desmós*: ver **1.**) Ver **1.** Pablo fue enviado a Roma con otros presos (Hch 27:1, 42). ¶
3. (dejar preso: *déo*: δέω <1210>; lit.: atar, liar) **Privar de la libertad encerrando en una cárcel.** Félix dejó preso a Pablo (lit.: encarcelado) (Hch 24:27).

PRETOR (*strategós*: στρατηγός <4755>: jefe militar; ha dado estratega)
Magistrado principal de una provincia romana. Los pretores rendían la justicia en Roma o gobernaban las colonias romanas (Hch 16:20, 22, 35, 38). El pretor estaba acompañado de dos alguaciles. Ver **MAGISTRADO**.

PRETORIO (*praitórion*: πραιτώριον <4232>; del lat. *Praetorius*)
Lugar donde el prefecto o el gobernador rendían justicia. Jesús fue llevado al pretorio (Mt 27:27; Mc 15:16; Jn 18:28, 33; 19:9). Pablo fue guardado en el pretorio de Herodes en Cesarea (Hch 23:35), y en el de Roma (Fil 1:13). Ver **PREFECTO DEL PRETORIO**. ¶

PREVALECER
1. (*katiscúo*: κατισχύω <2729>; de *katá*: absolutamente, e *iscúo*: poder) **Estar por encima, ser el más fuerte.** Las puertas del hades no prevalecerán contra la Iglesia (Mt 16:18). El vocablo también está traducido como: «prevalecer» en Lc 23:23. ¶
2. (*plethúno*: πληθύνω <4129>; de *pléthos*: congregación, multitud) **Multiplicarse, acrecentarse.** Durante la tribulación, la maldad se multiplicará (Mt 24:12).

PRIMICIA(S) (*aparqué*: ἀπαρχή <536>; de *apó*: procedente de, y *arqué*: comienzo)
Primeros frutos maduros de la siega. Era una fiesta instituida por Jehová (ver Lv 23:9-14). El Espíritu Santo que habita en el creyente es las primicias de la plena posesión de los frutos de la redención (Ro 8:23). Los primeros creyentes en una región constituyen las primicias (Ro 16:5; 1Co 16:15). Jesucristo resucitado es las primicias de los que durmieron en él (1Co 15:20, 23). Los 144.000

de Ap 14 son las primicias para Dios y para el Cordero (v. 4). Ver también Ro 11:16 en relación con Israel. Los creyentes son una clase de primicias de las criaturas de Dios (Stg 1:18). ¶

PRIMOGÉNITO

1. (*protótokos*: πρωτότοκος <4416>; de *prótos*: primero, y *tíkto*: dar a luz) **Primero en el orden de nacimiento; preeminente.** Este vocablo designa el orden de nacimiento de Jesucristo (Lc 2:7; algunos mss. Mt 1:25), a los primogénitos de los israelitas en Egipto (Hb 11:28). También está empleado para hacer resaltar la preeminencia del Señor Jesús (Hb 1:6), en relación con la creación (Col 1:15), pues él es el Creador (ver v. 16), entre muchos hermanos (Ro 8:29) y en resurrección (Col 1:18; Ap 1:5). La Iglesia es llamada la congregación de los primogénitos (Hb 12:23), porque ella tiene el primer rango en los consejos de Dios. ¶
2. (derecho del primogénito: *prototókia*: πρωτοτόκια <4415>; de *prótos*: primero, y *tíkto*: dar a luz) **Derecho que da ventaja al mayor en una sucesión.** Esaú vendió a Jacob, por una sola comida, su derecho de primogénito (Hb 12:16). ¶

PRINCIPADO (*arqué*: ἀρχή <746>; de *árcomai*: comenzar, dominio) **Dignatario que ejerce cierta autoridad.** Este vocablo concierne especialmente a poderes espirituales, buenos o malos, del mundo invisible. Fueron creados por el Señor y él es el jefe (Col 1:16; 2:10). Encontramos dominios entre los ángeles elegidos y en la tierra (1Co 15:24; Ef 1:21; 3:10; Tit 3:1), como también entre los ángeles caídos (Ro 8:38; Ef 6:12; Col 2:15). Cristo ha creado para él a los principados fieles, y él es el Jefe (Ef 1:21; Col 2:10). Al final del milenio, Cristo habrá suprimido todo dominio opuesto (1Co 15:24). Hoy, debemos someternos a todos los gobernantes establecidos en la tierra (Tit 3:1).

PRINCIPAL PIEDRA DEL ÁNGULO

1. (*akrogoniaíos*: ἀκρογωνιαῖος <204>; de *ákron*: más alto, y *gonía*: ángulo) **La piedra de la esquina formaba el ángulo exterior del encuentro de dos muros; ella los mantenía unidos y los sostenía.** La principal piedra del ángulo es una imagen de Cristo; él une a los gentiles y a los judíos (Ef 2:20) para ser morada de Dios en el Espíritu (ver v. 22). La principal piedra del ángulo también está puesta en Sión (1P 2:6; ver Is 28:16) en vista de la futura edificación de la casa de Israel. ¶
2. (cabeza: *kefalé*: κεφαλή <2776>; {piedra del} ángulo: *gonía*: γωνία <1137>) **Cualquier piedra que tiene esta función, que esté en la base o en la cumbre, era una piedra de ángulo.** Como en 1., la principal piedra del ángulo se refiere al Señor Jesús que, aunque rechazado, es el fundamento sobre el que es edificada la Iglesia (Mt 21:42; Mc 12:10; Lc

20:17; 1P 2:7). La expresión griega a veces se traduce por «piedra angular» en Hch 4:11: le Señor Jesús es la piedra angular, es decir, aquel por el que necesitamos ser salvos.

PRÍNCIPE

1. (*arquegós*: ἀρχηγός <747>; de *arqué*: principio, autoridad, y *ágo*: conducir) **Dirigente, jefe.** El vocablo está reservado al Señor Jesucristo: el príncipe de la vida (Hch 3:15), el príncipe y salvador exaltado por Dios (Hch 5:31).

2. (*árcon*: ἄρχων <758>; de *árco*: comenzar, mandar, que viene de *arqué*: ver **1.**) **Jefe.** Jesús es el príncipe de los reyes de la tierra (Ap 1:5).

3. Ver **MAGISTRADO**.

PRÍNCIPES (*megistánes*: μεγιστάνες <3175>; plur. de *mégistos*, superl. de *mégas*) **Asociados o cortesanos del rey.** Herodes daba una cena a sus príncipes (Mc 6:21).

PRINCIPIO (*arqué*: ἀρχή <746>; de *árcomai*: comenzar) **Comienzo, origen de una cosa.** Hb 1:10 y Mc 10:6 hacen alusión al origen de la creación. «Al principio era el Verbo (o la Palabra)» (Jn 1:1) indica al contrario un absoluto, antes del curso del tiempo. Este versículo certifica la existencia eterna del Hijo de Dios; él estaba en el principio con Dios (Jn 1:2). Melquisedec, no tiene principio de días, ni fin de vida, tipifica el Hijo de Dios (Hb 7:3) en su eternidad y su sacerdocio a perpetuidad. El título de «principio» dado al Hijo de Dios (Col 1:18; Ap 3:14; 21:6; 22:13) se refiere a su preeminencia; él es el origen de la nueva creación como de la creación actual. Otras ref.: Mt 19:4, 8; 24:8, 21; Mc 1:1; 13:8, 19; Lc 1:2; Jn 2:11; 6:64; 8:44; 15:27; 16:4; Hch 11:15; 26:4; Fil 4:15; 2Ts 2:13; Hb 3:14; 6:1; 2P 3:4; 1Jn 1:1; 2:7, 13, 14, 24a, b; 3:8, 11; 2Jn 5, 6.

PRISIONERO – Ver **PRESO**.

PRIVAR DEL PREMIO – Ver **DEFRAUDAR**.

PROCÓNSUL

1. (*anthúpatos*: ἀνθύπατος <446>; de *antí*: en lugar de, y *jupér*: sobre) **En el origen, aquel que obraba en lugar del cónsul para gobernar una provincia romana.** Sergio Paulo era procónsul de Chipre (Hch 13:7, 8, 12). Habían procónsules en Éfeso (Hch 19:38). ¶

2. (ser procónsul: *anthupateúo*: ἀνθυπατεύω <445>; de *anthúpatos*: ver **1.**) **Obrar en lugar del cónsul.** Galión era procónsul de Acaya (Hch 18:12). ¶

PRODIGIO (*téras*: τέρας <5059>) **Algo de extraño que sorprende, fenómeno extraordinario.** Falsos cristos y falsos profetas harán prodigios (Mt 24:24; Mc 13:22). Jesús habla de señales y de prodigios para los que no quieren creer (Jn 4:48). Dios dará prodigios (Hch 2:19). Jesús era aprobado por Dios por sus maravillas y prodigios (Hch 2:22). Los apóstoles hacían muchas maravillas y señales (Hch 2:43; 4:30; 5:12). Esteban hacía prodigios y señales (Hch 6:8). Moisés hizo prodigios y señales (Hch 7:36). El Señor permitió que se hicieran prodigios por las manos de Pablo y de Bernabé (Hch 14:3; 15:12; también Ro 15:19; 2Co 12:12). El anticristo hará prodigios mentirosos (2Ts 2:9). Dios ha dado testimonio con señales y prodigios a aquellos que habían oído a Jesús (Hb 2:4). ¶

PROFANO

1. (*bébelos*: βέβηλος <952>; de *baíno*: caminar, y *belós*: umbral; lit.: del cual el acceso no está prohibido como siendo sagrado) **Extraño para Dios, impío, en contraste con lo que es santo.** Timoteo debía desechar las fábulas profanas (1Ti 4:7) como evitar las pláticas vanas y profanas (1Ti 6:20; 2Ti 2:16). La ley es para los profanos (1Ti 1:9). Esaú es calificado de profano por haber vendido su derecho de primogenitura por una sola comida (Hb 12:16). ¶

2. (*koinós*: κοινός <2839>) **Común, ordinario, no sagrado.** Aquel que ha estimado inmunda la sangre de la alianza será juzgado digno de un mayor castigo (Hb 10:29).

PROFECÍA (*profeteía*: προφητεία <4394>; de *pro*: antes de, o: bajo la influencia de, y *femí*: afirmar, decir)

a. Predicción de futuros eventos. Algunas profecías de los profetas del A.T. se cumplieron, p.ej. la de Isaías sobre la condición del pueblo judío a la venida de Jesús (Mt 13:14). Pedro afirma que ninguna profecía de la Escritura es de interpretación privada (2P 1:20): ella se entiende en relación con el conjunto de toda la revelación profética; profetas, santos hombres de Dios, han hablado siendo inspirados por el Espíritu Santo (v. 21): él es el verdadero autor de toda la profecía. El Apocalipsis es el libro del N.T. que más revela cosas futuras que deben llegar después del arrebatamiento de la Iglesia, y que da un bosquejo profético de la Iglesia hasta ese momento. Encontramos cinco veces la expresión «palabras de la profecía» (1:3; 22:7, 10, 18, 19); el espíritu de profecía es el testimonio de Jesús (19:10); durante los días de la profecía de los dos profetas, no caerá lluvia (11:6). **b. Presentación del pensamiento de Dios.** La profecía constituye un don de gracia (Ro 12:6) dada por el Espíritu (1Co 12:10; ver v. 8, 9). El ministerio de la profecía se efectúa con amor (1Co 13:2); las profecías se acabarán (v. 8). El propósito de la profecía es de edificar a los creyentes (1Co 14:6); para ellos es una señal de Dios (v. 22). Pablo exhorta a los tesalonicenses a no menospreciar las profecías (1Ts 5:20). Precedentemente se habían hecho profecías a propósito de Timoteo (1Ti 1:18); él había recibido un don de gracia por profecía (4. 14). ¶

PROFETA (*profétes*: προφήτης <4396>; de *pro*: antes de, o: bajo la influencia de, y *femí*: afirmar, decir) **Aquel que expresa el pensamiento que Dios le comunica por su Espíritu.** Encontramos profetas en el N.T. (p.ej. Lc 11:49) y en el A.T. (p.ej. Hch 3:18). El mismo Señor Jesús era el profeta prometido (Hch 3:22, 23). Al principio del cristianismo, algunos, como Agabo, predecían eventos futuros (Hch 11:27, ver v. 28; 21:10; Ef 2:20; 3:5). El profeta es también aquel que habla en el nombre del Señor a los creyentes de la Iglesia para edificar, exhortar y consolar (Hch 13:1; 15:32; 1Co 12:28, 29; 14:29, 32, 37; Ef 4:11; ver 1Co 14:3, 4). La profecía es un don de Dios para la Iglesia; ella es una señal para los que creen (ver 1Co 14:22). El vocablo está empleado a propósito de Balaam (2P 2:16), de dos testigos (Ap 11:10), de un cretense (Tit 1:12), de Daniel (Mt 24:15), de David (Hch 2:30), de Eliseo (Lc 4:27), de Isaías (Mt 1:22; 3:3; 4:14; 8:17; 12:17; Mc 1:2; Lc 3:4; 4:17; Jn 1:23, 25; 6:45; 12:38; Hch 7:48; 8:28, 30, 34; 28:25), de Habacuc (Hch 13:40), de Juan el Bautista (Mt 11:9a, b; 14:5; 21:26; Mc 11:32; Lc 1:76; 7:26a, b, 28; 20:6), de Jeremías (Mt 2:17; 27:9), de Jesús (Mt 13:57; 21:11, 46; Mc 6:4; Lc 4:24; 7:16, 39; 13:33; 24:19; Jn 4:19, 44; 6:14; 7:40; 9:17), de Joel (Hch 2:16), de Jonás (Mt 12:39), de Miqueas (Mt 2:5), de Oseas (Mt 2:15), de Samuel (Hch 13:20), de Zacarías (Mt 21:4). Otras ref.: Mt 2:23; 5:12, 17; 7:12; 10:41; 11:13; 13:17; 16:14; 22:40; 23:29-31, 34, 37; 26:56; Mc 6:15a, b; 8:28; Lc 1:70; 6:23; 9:8, 19; 10:24; 11:47, 50; 13:28, 34; 16:16, 29, 31; 18:31; 24:25, 27, 44; Jn 1:21, 45; 7:52; 8:52, 53; Hch 3:21, 24, 25; 7:37, 42, 52; 10:43; 13:15, 27; 15:15; 24:14; 26:22, 27; 28:23; Ro 1:2; 3:21; 11:3; 1Ts 2:15; Hb 1:1; 11:32; Stg 5:10; 1P 1:10; 2P 3:2; Ap 10:7; 11:18; 16:6; 18:20, 24; 22:6, 9. ¶

PROFÉTICO (*profetikós*: προφητικός <4397>; de *pro*: antes de, o: bajo la influencia de, y *femí*: afirmar, decir) **Que concierne a la profecía, ya sea la revelación de cosas escondidas, o la revelación de futuros eventos.** Escritos proféticos, tales como los de Pablo, han permitido de conocer el misterio a propósito del cual el silencio había sido guardado desde tiempos eternos (Ro 16:26); este misterio concierne a las naciones que harían parte de la Iglesia. La palabra profética es más segura (2P 1:19) por el hecho de la transfiguración del Señor Jesús; este evento confirma la realidad de su próxima venida para reinar sobre la tierra y el testimonio profético en su conjunto. ¶

PROFETISA (*profétis*: προφῆτις <4398>; de *pro*: antes de, o: bajo la influencia de, y *femí*: afirmar, decir) **Aquella que expresa el pensamiento que Dios le comunica por su Espíritu.** Ana, una profetisa, servía a

PROFETIZAR

Dios en el templo (Lc 2:36). Jezabel se decía profetisa (Ap 2:20). ¶

PROFETIZAR
1. (*profeteúo*: προφητεύω <4395>; de *profétes*: profeta; ver ese vocablo) **Expresar lo que Dios comunica por su Espíritu.** Algunos dirán haber profetizado en el nombre de Jesús (Mt 7:22). Jesús habla de los profetas del A.T. que han profetizado (Mt 11:13; 15:7; Mc 7:6), igual que Pedro (1P 1:10) y Judas (Jud 14). Zacarías profetizó (Lc 1:67). Se le decía a Jesús de profetizar nombrando a aquel que lo había golpeado (Mt 26:68; Mc 14:65; Lc 22:64). Caifás profetizó que Jesús iba a morir por la nación (Jn 11:51). En los últimos días, Dios dice que los hijos y las hijas israelitas profetizarán (Hch 2:17), así como sus siervos y sus siervas (v. 18). Discípulos de Éfeso profetizaron (Hch 19:6). Felipe el evangelista tenía cuatro hijas doncellas que profetizaban (Hch 21:9). Pablo emplea a menudo este vocablo al dirigirse a los corintios (1Co 11:4, 5; 13:9; 14:1, 3-5, 24, 31, 39). El vocablo también está empleado en Ap 10:11 y 11:3. ¶
2. (*manteúomai*: μαντεύομαι <3132>; de *mantis*: adivinador, vidente) **Ejercer la adivinación, hacer predicciones.** Adivinando, una sirvienta procuraba grandes ganancias a sus amos (Hch 16:16). Ver **ADIVINACIÓN (ESPÍRITU DE).** ¶

PROGRESO (*prokopé*: προκοπή <4297>; de *prokópto*: hacer progresar)
Avance, provecho. Pablo informa a los filipenses que sus circunstancias le habían llegado para el progreso del evangelio (Fil 1:12). Él sabía que permanecería con ellos para progreso y gozo de su fe (v. 25).

PRÓJIMO (*plesíon*: πλησίον <4139>)
Aquel que permanece cerca de otro, como un vecino. Se nos pide amar a nuestro prójimo (p.ej.: Mt 5:43; Ro 13:9). El amor no le hace daño al prójimo, pero busca agradarle (Ro 13:10; 15:2). Es necesario hablar la verdad cada uno con su prójimo (Ef 4:25) y no juzgarlo (Stg 4:12). En Lc 10:29-37, Jesús es el verdadero «prójimo» del hombre medio muerto; usa de misericordia «acercándose» a él, para aportarle la gracia y la vida.

PROPICIACIÓN
1. (*jilasmós*: ἱλασμός <2434>; de *jíleos*: favorable, propicio) **Hacer propiciación significa, para los antiguos paganos, hacerse propicios a los dioses, tranquilizarlos. En la Palabra, Dios es hecho propicio no por lo que el hombre le pueda aportar de o por sí mismo, sino por el sacrificio expiatorio de Cristo.** Dando su vida en sacrificio por el pecado, Jesucristo ha hecho una obra que permite a Dios recibir en gracia al pecador; este cree y obtiene la salvación

apropiándose las virtudes de este sacrificio. Cristo es la propiciación por nuestros pecados (1Jn 2:2; 4:10). ¶
2. (ser propicio: *jiláskomai*: ἱλάσκομαι <2433>; de *jíleos*: favorable, propicio ver **1.**) Ver **1.** Como el sumo sacerdote, Jesús ha hecho propiciación por los pecados del pueblo (Hb 2:17).

PROPICIATORIO (*jilastérion*: ἱλαστήριον <2435>; de *jíleos*: favorable, propicio)
a. Cubierta del arca coronada de querubines. Querubines de gloria coronaban el propiciatorio (Hb 9:5). Una vez al año, en el día de la expiación, el sumo sacerdote entraba en el lugar santísimo y hacía aspersión de la sangre del sacrificio por el pecado, al lado oriental, delante y sobre el propiciatorio (ver Lv 16). **b. Aquel que está investido de un poder propiciatorio.** La raíz de la palabra heb. significa «cubrir» (ver Sal 32:1), de donde la aplicación a Cristo: Dios lo presenta como propiciatorio para aquel que cree en la eficacia de su sangre vertida en la cruz para cubrir sus pecados (Ro 3:25). ¶

PROPICIO
1. (aprobado: *dektós*: δεκτός <1184>; de *décomai*: aceptar, recibir) **Aprobado, acepto.** Dios dice: En el tiempo propicio te escuché (2Co 6:2).
2. (*jíleos*: ἵλεως <2436>) **Misericordioso, indulgente.** El Señor dice que será propicio respecto a las injusticias de la casa de Israel (Hb 8:12).
3. (ser propicio: *jiláskomai*: ἱλάσκομαι <2433>) **Ser favorable a alguien; ser conciliador, propicio.** El publicano pedía a Dios de serle propicio a él, pecador (Lc 18:13).

PROPOSICIÓN (PANES DE) (proposición: *próthesis*: πρόθεσις <4286>; de *pro*: antes de, y *títhemi*: placer; pan: *ártos*: ἄρτος <740>)
Doce panes se encontraban en el lugar santo del tabernáculo y estaban dispuestos en dos hileras sobre la mesa de los panes de proposición (o: de presentación a Dios). Los panes de proposición representan las doce tribus de Israel ordenadas en perfección bajo la mirada de Dios, para que él pueda permanecer en medio de su pueblo (ver Éx 25:23, 30; Lv 24:5-9). Los panes de proposición se encontraban en el lugar santo del tabernáculo (Hb 9:2). De la misma manera, los rescatados de Cristo forman el pueblo actual de Dios ordenados sobre la mesa de oro (figura de Cristo que lo presenta a Dios según sus perfecciones). David comió los panes de proposición que bajo la ley eran reservados a los sacerdotes (Mt 12:4; Mc 2:26; Lc 6:4; ver 1S 21:6); estos los comían el día de reposo (sábado). Jesús se sirvió de este hecho para demostrar que él, el Hijo de Dios, más grande que David, es señor del día de reposo y por tanto está por encima de la ley.

PROSÉLITO (*prosélutos*: προσήλυτος <4339>; de *prosércomai*: acercarse, venir cerca de)

Extranjero que adhería al judaísmo. Jesús denuncia la hipocresía de los escribas y de los fariseos que manifestaban un gran celo por hacer un prosélito que adhería a su secta, pero al que le cerraban el camino de la salvación (Mt 23:15). Prosélitos estaban presentes en Pentecostés (Hch 2:10). Nicolas era prosélito de Antioquía (Hch 6:5). Algunos judíos y prosélitos que servían a Dios siguieron a Pablo y a Bernabé (Hch 13:43). ¶

PROSPERAR (*euodóo*: εὐοδόω <2137>; de *eu*: bien, y *jodós*: camino) **a. Acertar en la adquisición de bienes materiales.** El creyente debe poner aparte cada primer día de la semana para la colecta según haya prosperado (1Co 16:2). **b. Acertar en la adquisición de bienes materiales y espirituales.** El apóstol Juan le deseaba a Gayo que prosperara en todas las cosas, como prosperaba su alma (3Jn 2a, b).

PROSTITUTA (*pórne*: πόρνη <4204>; de *pérnemi*: vender) **Aquella que se entrega a relaciones sexuales por dinero (Mt 21:31, 32).** Ella se encuentra en figura en la Babilonia mística de Apocalipsis. Ver **Fornicación**.

PROVECHOSO – Ver **ÚTIL**.

PROVERBIO – Para este término en 2P 2:22, ver **SIMILITUD**.

PROVINCIA (*eparqueía*: ἐπαρχεία <1885>; de *epí*: sobre, y *arcé*: comienzo, autoridad) **Región administrativa del Imperio romano.** Pablo era de la provincia de Cilicia (Hch 23:34). El vocablo también está empleado en Hch 25:1. ¶

PROVOCACIÓN
1. (*parapikrasmós*: παραπικρασμός <3894>; de *pará*: part. int., y *pikraíno*: amargar, que viene de *pikrós*: amargo) **Hostilidad, exasperación;** otras trad.: querella, rebelión. Los hebreos no debían endurecer sus corazones como en la provocación, en el día de la tentación en el desierto (Hb 3:8, 15). ¶
2. (*paroxusmós*: παροξυσμός <3948>; de *paroxúno*: exasperar, irritar, que viene de *pará*: part. int., y *oxús*: picante, agudo) **Desacuerdo, exasperación;** otras trad.: conflicto, exacerbación, tirantez. Hubo desacuerdo entre Pablo y Bernabé (Hch 15:39).
3. (*parorgismós*: παροργισμός <3950>; de *parorgízo*: provocar a ira, que viene de *pará*: part. int., y *orgé*: ira) **Exasperación, enojo;** otras trad.: airado, iracundia. El sol no debe ponerse estando el creyente aún enojado (Ef 4:26). ¶

PRUDENTE – Ver **SOBRIO**.

PRUEBA
1. (prueba: *dokimé*: δοκιμή <1382>; poner a prueba: *dokimázo*: δοκιμάζω <1381>). **Señal para demostrar la realidad de algo.** P.ej.: la obediencia

(2Co 2:9), la sinceridad del amor (2Co 8:8), el celo (2Co 8:22), el servicio (Fil 2:22), la fe (Stg 1:3; 1P 1:7), la vida personal (1Ti 3:10), los corazones que Dios mismo pone a prueba (1Ts 2:4). El creyente también es llamado a probarse sí mismo, es decir a examinarse (1Co 11:28); él debe probar su propia obra (Gá 6:4), los espíritus de los profetas (1Jn 4:1) e incluso todas las cosas (1Ts 5:21). Las obras de los cristianos serán probadas por el fuego (1Co 3:13), es decir que serán aprobadas o desaprobadas ante el tribunal de Cristo.
2. (*peirasmós*: πειρασμός <3986>; lit.: pasaje al límite; *peirázo*: hacer la prueba de) **Esta palabra es utilizada en ciertos casos por «tentación»; también tiene el sentido de «prueba», pero no con el propósito de demostrar la calidad del objeto de la prueba.** Ver **TENTACIÓN**.

PUBLICANO

1. (*telónes*: τελώνης <5057>; de *télos*: impuesto) **Perceptor de impuestos judío que trabajaba para los romanos en un distrito determinado.** El pueblo los odiaba, tanto más que algunos aprovechaban para enriquecerse (Lc 3:12; ver v. 13). Mateo (o: Leví), uno de los doce apóstoles, era publicano (Mt 10:3; Lc 5:27). Otras ref.: Mt 5:46; 9:10, 11; 11:19; 18:17; 21:31, 32; Mc 2:15, 16; Lc 5:29, 30; 7:29, 34; 15:1; 18:10, 11, 13. ¶
2. (jefe de los publicanos: *arquitelónes*: ἀρχιτελώνης <754>; de *arqué*: jefe, y *telónes*: perceptor de impuestos) Ver **1**. Zaqueo era jefe de los publicanos (Lc 19:2). ¶

PUDOR (*aidós*: αἰδώς <127>; de *aidéomai*: hacer prueba de respeto) **Decencia, modestia.** Las creyentes deben ataviarse con pudor (1Ti 2:9). ¶

PUERTA (*thúra*: θύρα <2374>)
La palabra, además de su sentido literal, también designa a Jesucristo por quien se entra para tener salvación (Jn 10:9). Él es quien llama a la puerta del corazón de una persona para entrar llevando la salvación y tener comunión con ella (Ap 3:20). Dios ha abierto a los gentiles la puerta de la fe (Hch 14:27). Pablo habla de una puerta grande y eficaz que le había sido abierta para la predicación del evangelio (1Co 16:9; 2Co 2:12). Pero en Stg 5:9, es el Juez quien está en la puerta, preparado para juzgar. La puerta cerrada, en la parábola de las vírgenes (Mt 25:10), habla del final del periodo de la gracia a la venida de Cristo. Cuando se trata del portal de una gran casa, de un templo, de una fortaleza, de una ciudad, encontramos en griego: *pule*, *pulón* (Lc 16:20; Hch 3:10; Mt 16:18: las puertas del Hades; Ap 21:21).

PURA (*jagnós*: ἁγνός <53>; mismo radical que *jágos*: respeto de Dios, temor religioso)
Puro, sin reproche. Pablo dice a los corintios que los ha presentado a Cristo como una virgen pura (2Co 11:2).

PUREZA

1. (casto: *jagnós*: ἁγνός <53>) **Limpio, puro.** Los maridos incrédulos observan la conducta casta de sus esposas (1P 3:2).
2. (*jagneía*: ἁγνεία <47>; de *jagnós*: ver **1.**) **Castidad; pureza en la forma de pensar y de obrar.** Timoteo debía ser un modelo en pureza (1 Tim. 4. 12); debía exhortar a las jovencitas como a hermanas en toda pureza (5:2). ¶
3. (*jagnótes*: ἁγνότης <54>; de *jagnós*: ver **1.**) **Estado de lo que no está contaminado.** La pureza caracterizaba a Pablo (2Co 6:6). ¶
4. (*aftharsía*: ἀφθαρσία <861>; de *a*: part. neg., y *ftheíro*: corromper, destruir) **Incorrupción, sinceridad.** Pablo desea que la gracia sea con todos los que aman al Señor con amor inalterable (lit.: en incorrupción) (Ef 6:24). Tito debía hacer prueba en la enseñanza de incorruptibilidad de doctrina (Tit 2:7); algunos mss. tienen *adiaftoria*. ¶
5. (*katharótes*: καθαρότης <2514>; de *katharós*: limpio, puro) **Purificación; pureza del cuerpo después de un ritual religioso.** Bajo la ley, la sangre de los machos cabríos y de los toros, y las cenizas de la becerra, santificaban para la purificación de la carne (Hb 9:13). ¶

PURIFICACIÓN

1. (*jagnismós*: ἁγνισμός <49>; de *jagnós*: puro, limpio) **Ritual religioso con el fin de purificar.** Una ofrenda era presentada al final de los días de la purificación (Hch 21:26). ¶

2. (*katharismós*: καθαρισμός <2512>; de *katharós*: limpio, puro) **a. Ritual religioso bajo la ley tras el que una persona es declarada pura, sin mancha.** Moisés había dado ordenanzas para la purificación de los leprosos (Mc 1:44; Lc 5:14) y para después de un nacimiento (Lc 2:22). El agua servía a la purificación de los judíos (Jn 2:6). Discípulos de Juan el Bautista y unos judíos discutieron de la purificación (Jn 3:25). **b. Expiación.** Jesús ha hecho la purificación de los pecados (Hb 1:3; 2P 1:9). ¶
3. Ver **PUREZA**.

PÚRPURA

1. (*porfúra*: πορφύρα <4209>) **El color púrpura era el color imperial; el colorante de un rojo vivo se obtenía a partir de moluscos, y era utilizado para tintar los tejidos.** Vistieron a Jesús de púrpura (es decir con un vestido de este color) para burlarse de él, antes de su crucifixión (Mc 15:17), y lo despojaron después de haberse burlado de él (v. 20). El hombre rico, en la parábola, estaba vestido de púrpura (Lc 16:19). La gran ramera estaba vestida de púrpura (Ap 17:4). No se comprará más la púrpura de los mercaderes (Ap 18:12). ¶
2. (de púrpura: *porfuroús*: πορφυροῦς <4210>; de *porfúra*: ver **1.**) **Tintado de púrpura.** Antes de crucificarle, se vistió a Jesús con un manto de púrpura para burlarse de él (Jn 19:2, 5). Babilonia está vestida de púrpura (Ap 18:16). ¶

3. (*vendedora de púrpura: porfurópolis*: πορφυρόπωλις <4211>; de *porfúra*: ver **1.**, y *poléo*: vender) **Que vende objetos tintados de púrpura.** Lidia, una creyente del tiempo del apóstol Pablo, era vendedora de púrpura (Hch 16:14). ¶

Q

QUEBRAR
1. (*suntríbo*: συντρίβω <4937>; de *sun*: junto {part. int.}, y *tríbo*: romper, frotar) **Deteriorar por frotamiento.** Jesús no debía quebrar la caña cascada (Mt 12:20).
2. (*psóco*: ψώχω <5597>; de *psáo*: tocar ligeramente, desmigar, moler) **Frotar; otras trad.: desgranar, restregar.** Los discípulos frotaban las espigas entre sus manos (Lc 6:1). ¶

QUEJA – Ver **MURMURACIÓN**.

QUEJARSE –
Ver **GEMIR, MURMURAR**.

QUERUBÍN (*queroubím*: χερουβίμ <5502>; transcripción del heb.)
Ángeles cuidando de la administración de la justicia y del juicio divinos (ver p.ej. Gn 3:24; Sal 80:1). Los querubines son mencionados una sola vez en el N.T. (Hb 9:5) en relación con el propiciatorio: dos querubines de oro, labrados a los dos extremos del propiciatorio, cubrían con sus alas el propiciatorio, y sus rostros estaban vueltos hacia este (ver Éx 25:18-20). Comp.: **SERAFINES**. ¶

QUIETUD – Ver **APACIBLE**.

R

RABÍ (*Jrabbí*: Ῥαββί <4461>; del heb. *rab*: grande, anciano)
Vocablo aram. que designa a un maestro que enseña y significa: mi señor; un doctor de la ley para los judíos. Los escribas y los fariseos amaban ser llamados Rabí, Rabí (Mt 23:7a, b); pero Jesús dijo a la gente y a sus discípulos que no deben hacerse llamar Rabí (v. 8). Los discípulos de Jesús le dieron este título (Mt 26:25, 49; Mc 9:5; 11:21; 14:45a, b; Jn 1:38, 49; 4:31; 6:25; 9:2; 11.:8), como también Nicodemo (Jn 3:2). Juan el Bautista también fue llamado Rabí (Jn 3:26). ¶

RABONI (*Jrabbouní*: Ῥαββουνί <4462>; forma reforzada de Rabí)
Vocablo aram. que significa, respetuosamente: «mi gran señor». Bartimeo el ciego empleó este título al dirigirse a Jesús (Mc 10:51), como también María Magdalena cuando reconoció a Jesús resucitado (Jn 20:16). ¶

RACA – Ver **NECIO**.

RACIMO (*bótrus*: βότρυς <1009>)
Reunión de frutos, p.ej. de uvas, que crecen juntos. Un ángel le

gritó a otro para que vendimiara los racimos de la viña de la tierra (Ap 14:18). ¶

RAMA

1. (*baíon*: βαΐον <902>) **Rama de un árbol.** Una gran multitud tomó ramas de palmeras y salió a recibir a Jesús que venía a Jerusalén (Jn 12:13). ¶
2. (*kládos*: κλάδος <2798>; de *kláo*: partir) **Rama de un árbol.** Gente de entre la multitud cortaban ramas de los árboles y las tendían en el camino de Jesús (Mt 21:8); es de notar que Marcos y Juan emplean vocablos diferentes: ver **1.** y **3.** Jesús contó una parábola a propósito de una rama de higuera (Mt 24:32; Mc 13:28).
3. (*stibás*: στιβάς <4741a> o *stoibás*: στοιβάς <4746>; de *steíbo*: pisar encima) **Follaje.** Gente cortaban ramas de los árboles y las tendían por el camino de Jesús que venía a Jerusalén (Mc 11:8). ¶

RAMERA – Ver **PROSTITUTA**.

RANA (*bátracos*: βάτραχος <944>) **Batracio conocido por su croar; símbolo de impureza por el hecho de vivir en los charcos y en el barro.** Los espíritus inmundos que salen de la boca del dragón, de la boca de la bestia y de la boca del falso profeta, son como ranas; son espíritus de demonios haciendo milagros con el fin de reunir a los reyes de la tierra para el combate de Armagedón (Ap 16:13-16). ¶

RAPAZ (*járpax*: ἅρπαξ <727>; de *jarpázo*: llevarse por la fuerza, arrebatar)
Persona que arrebata, quita por la fuerza; ávido de ganancia al exceso; otras trad.: ladrón, estafador. Jesús habla de los falsos profetas que por dentro son lobos rapaces (Mt 7:15). El fariseo que oraba trataba al resto de los hombres de ladrones (Lc 18:11). Pablo distingue, por una parte, entre mezclarse, si es necesario, con los estafadores del mundo y, por otra parte, mezclarse y comer con alguien llamado hermano si es estafador (1Co 5:10, 11). Los estafadores no heredarán del reino de Dios (1Co 6:10). ¶

RAZONAMIENTO

1. (*dialogismós*: διαλογισμός <1261>; de *diá*: part. que indica lo que está completo, y *logízomai*: razonar, reflexionar) **Consideración, contienda, pensamiento, reflexión.** Hombres inicuos se hicieron vanos en sus razonamientos (Ro 1:21). El Señor conoce los pensamientos de los sabios, que son vanos (1Co 3:20). Pablo incita a hacer todo sin murmuraciones y contiendas (Fil 2:14). Pablo quiere que los hombres oren en todo lugar, levantando manos santas, sin ira ni contienda (1Ti 2:8).
2. (*logismós*: λογισμός <3053>; de *logízomai*: razonar, reflexionar) **Razonamiento pretencioso.** Las armas del cristiano son poderosas en Dios para derribar argumentos contra Dios (2Co 10:5).

3. (razonar: *dialogízomai*: διαλογίζομαι <1260>; de *diá*: part. que indica lo que está completo, y *logízomai*: razonar, reflexionar) **Considerar, reflexionar.** Jesús pregunta a unos escribas: ¿Por qué caviláis así en vuestros corazones (Mc 2:8).

REBELDE (SER) – Ver **CREER (NO)**.

REBOSAR (*juperekcúno*: ὑπερεκχύνω <5240>; de *jupér*: sobre, y *ekquéo*: esparcir, lanzar) **Desbordar.** Aquel que da recibirá una medida buena que rebosará (Lc 6:38). ¶

RECEPCIÓN – Ver **ACEPTACIÓN**.

RECIBIR
1. (ἀποδέχομαι: *apodécomai* <588>; de *apo*: part. que indica regreso, y *décomai*: acoger) **Aceptar, recibir con gozo.** La multitud recibió a Jesús (Lc 8:40).
2. (*paradécomai*: παραδέχομαι <3858>; de *pará*: cerca de, y *décomai*: aceptar, recibir) **Recibir, acoger.** El Señor azota a todo el que recibe como hijo (Hb 12:6).

RECIBIR LA VISTA – Ver **RECOBRAR LA VISTA**.

RECOBRAR LA VISTA (*anablépo*: ἀναβλέπω <308>; de *aná*: idea de regreso, y *blépo*: ver) **Ver por primera vez o de nuevo.** Gracias a Jesús, los ciegos recobraban la vista (Mt 11:5; 20:34; Mc 10:51, 52; Lc 7:22; 18:41, 42; Jn 9:15, 18a, b). Saulo recobró la vista, gracias a Ananías, después de haberla perdido en el camino a Damasco (Hch 9:12, 17, 18; 22:13).

RECOMPENSA
1. (*misthós*: μισθός <3408>; lit.: salario) **a. Remuneración.** Dios recompensará a los fieles en el futuro (Mt 5:12; 10:41a, b, 42; Mc 9:41; Lc 6:23, 35; 1Co 3:8, 14; Ap 11:18; 22:12). Otras ref.: Mt 5:46; 6:1, 2, 5, 16; Jud 11. **b. Retribución.** Pedro habla de los injustos que reciben la recompensa (es decir el castigo) de la iniquidad (2P 2:13). **c.** Para este vocablo en Hb 10:35, ver **GALARDÓN**.
2. (*antimisthía*: ἀντιμισθία <488>; de *antí*: part. de correspondencia, y *misthós*: ver **1.**) **Retribución.** Los hombres inicuos recibirán la retribución de su extravío moral (Ro 1:27). Ver también 2Co 6:13. ¶
3. (*antapódosis*: ἀνταπόδοσις <469>; de *antí*: part. de correspondencia, y *apodídomi*: dar, pagar) **Restitución en cambio.** El creyente recibirá del Señor la recompensa de la herencia (Col 3:24). ¶

RECOMPENSAR (*apodídomi*: ἀποδίδωμι <467>; de *apo*: dar de vuelta, y *dídomi*: dar) **Devolver, reembolsar.** Dios Padre recompensará al que da limosna en secreto (Mt 6:4), al que le ora (v. 6) y al que ayuna sin que se vea (v. 18).

RECONCILIACIÓN, RECONCILIAR

1. (reconciliación: *katalagué*: καταλλαγή <2643>; reconciliar: *katalásso*: καταλλάσσω <2644>; lit.: cambiar mutuamente) **Restablecimiento de las relaciones entre dos personas que estaban en desacuerdo; restablecer tales relaciones.** Pablo dice a la mujer separada de su marido de reconciliarse con él (1Co 7:11). Dios, separado del hombre desde la caída, ha reconciliado consigo al mundo (2Co 5:19a, b; Ro 11:15) por la muerte de su Hijo. Los creyentes se benefician ahora de los efectos de la reconciliación (Ro 5:10a, b, 11; 2Co 5:18a, b). Tienen además este servicio de invitar a la reconciliación a los incrédulos, que permanecen enemigos de Dios (Ro 5:10; 2Co 5:19, 20). ¶
2. (reconciliar: *apokatalásso*: ἀποκαταλλάσσω <604>; lit.: reconciliar enteramente) **Vocablo más fuerte que el precedente.** La reconciliación de las cosas en la tierra y en los cielos tiene por finalidad el hacer conforme toda la creación actual con el pensamiento de Dios en el día del reino de Cristo (Col 1:20, 22). Dios ha reconciliado a los judíos con los gentiles por la muerte de su Hijo (Ef 2:16). ¶
3. (reconciliar: *dialásso*: διαλλάσσω <1259>; de *diá*: a través, y *alásso*: cambiar) **Ver 1.** Jesús exhorta a reconciliarse con su hermano antes de presentar su ofrenda (Mt 5:24). ¶

RECONOCIDO (SER) – Ver **CONTADO (SER).**

RECREARSE (*entrufáo*: ἐντρυφάω <1792>; de *en*: en, y *trufáo*: vivir en deleite, en voluptuosidad)
Deleitarse, complacerse. Pedro habla de los que se recrean en sus errores (2P 2:13). ¶

RECUPERACIÓN DE LA VISTA (*anáblepsis*: ἀνάβλεψις <309>; de *aná*: otra vez, y *blépo*: ver)
Recuperación de la vista de una persona ciega. Jesús había sido enviado para que los ciegos recuperasen la vista (Lc 4:19). ¶

REDENCIÓN

1. (*lútrosis*: λύτρωσις <3085>; de *lutróo*: dejar ir después de la recepción de un rescate, que viene de *lútron*: rescate, es decir el precio pagado por la liberación de una persona, que viene de *lúo*: desatar, soltar) **Liberación.** Cristo ha obtenido una eterna redención (Hb 9:12).
2. (*apolútrosis*: ἀπολύτρωσις <629>; de *apolutróo*: dejar ir después del pago de un rescate, que viene de *apó*: de, y *lutróo*: ver **1.**) **Redención, liberación gracias al pago de un rescate; precio pagado por un rescate, seguido de una liberación.** En el momento de la gran tribulación, la redención de los judíos estará cerca (Lc 21:28). La redención del creyente, antes esclavo del pecado (Ro 3:24; 1Co 1:30), es eterna y ha sido obtenida por la sangre de Cristo (Ef 1:7; Col 1:14). El día futuro de la redención se refiere a la liberación del cuerpo del creyente cuando

venga el Señor (Ro 8:23; Ef 4:30), y a la herencia, ya adquirida pero aún no liberada del enemigo (Ef 1:14).

REDIL (*aulé*: αὐλή <833>)
Patio, abierto al viento ante la casa, donde se guardan las ovejas. Jesús es el Buen Pastor, no solo del redil de Israel, sino también del cristiano (Jn 10:1, 16).

REDIMIR
1. (*exagorázo*: ἐξαγοράζω <1805>; de *ex*: de, y *agorázo*: redimir, rescatar) **Comprar de las manos de alguien; liberar.** Cristo nos ha redimido de la maldición de la ley (Gá 3:13). Dios lo ha enviado con el fin de redimir a los que estaban bajo la ley, para que recibiésemos la adopción (Gá 4:5).
2. (*lutróo*: λυτρόω <3084>; de *lúo*: aflojar, soltar) **Liberar pagando un rescate; rescatar.** Los creyentes han sido rescatados de su vana conducta por la sangre preciosa de Cristo (1P 1:18). Se ha dado a sí mismo por nosotros para redimirnos de toda iniquidad (Tit 2:14).

REFORMACIÓN (*diórthosis*: διόρθωσις <1357>; de *diorthóo*: enderezar, corregir; lit.: acción de enderezar) **Rectificación, restauración.** Por su venida al mundo y su sacrificio expiatorio, Jesucristo ha restaurado las cosas en un orden perfecto; es el tiempo de la reformación (Hb 9:10). Los dones y los sacrificios bajo la ley no podían hacer perfectos a los que rendían culto; Cristo ha establecido un nuevo orden de cosas, habiendo obtenido una redención eterna (ver Hb 9:9-12). ¶

REFORMAR –
Ver **REFORMACIÓN**.

REFRÁN – Ver **PARÁBOLA**.

REFRENAR (*calinagogéo*: χαλιναγωγέω <5468>; de *calinós*: freno, y *ágo*: llevar; lit.: conducir con el freno)
Impedir de obrar, retener. El servicio religioso de un hombre es vano si no refrena su lengua (Stg 1:26). El hombre perfecto es capaz también de refrenar todo el cuerpo (Stg 3:2). ¶

REFRIGERIO (*anápsuxis*: ἀνάψυξις <403>; de *aná*: part. int., y *psúco*: respirar, enfriar) **Frescura, descanso.** Pedro exhortó a los hombres israelitas a arrepentirse y a convertirse para que vengan tiempos de refrigerio (Hch 3:19), lo que corresponde a la venida del Señor para reinar en la tierra. ¶

REGAR
1. (*bréco*: βρέχω <1026>) **Mojar, bañar.** Una pecadora se puso a regar con sus lágrimas los pies de Jesús (Lc 7:38, 44).
2. (*potízo*: ποτίζω <4222>; de *píno*: beber) **Derramar un líquido, a menudo para ayudar al crecimiento.** Figuradamente, Pablo había plantado y Apolos había regado en Corinto (1Co 3:6); pero los que plantan

y los que riegan nada son, porque es Dios quien da el crecimiento (v. 7); aquel que planta y aquel que riega están al mismo nivel (v. 8).

REGENERACIÓN (*palingenesía*: παλιγγενεσία <3824>; de *pálin*: de nuevo, y *génesis*: generación)
Establecimiento de un nuevo orden de cosas respecto a un antiguo. En Tit 3:5, Dios nos salva por el lavamiento de la regeneración. En Mt 19:28, el vocablo está empleado en relación con el restablecimiento de todas las cosas, en el momento del reino de Cristo; otros traducen por «renuevo de todas las cosas». ¶

REGIR – Ver **APACENTAR**.

REGLA (*kanón*: κανών <2583>; de *káne*: caña derecha, vara; lit.: cuaderno de normas)
Prescripción de las acciones y de las tareas requeridas. Pablo se gloriaba en la regla que Dios le había dado por medida (2Co 10:13, 15); él no quería gloriarse en la regla de otro (v. 16). La paz y la misericordia esperan a los que andan según la regla en la que el creyente es una nueva creación (Gá 6:16). ¶

REINA (*basílissa*: βασίλισσα <938>; fem. de *basileús*: rey)
Mujer que ejerce un poder soberano. La reina del sur (Mt 12:42; Lc 11:31) corresponde a la reina de Sabá que vino a ver a Salomón (ver 1R 10:1-13; 2Cr 9:1-12). Candace era reina de los etíopes (Hch 8:27). Babilonia la grande dijo en su corazón que ella estaba sentada como reina (Ap 18:7). ¶

REINO DE DIOS (reino: *basileía*: βασιλεία <932>; de *basileús*: rey; Dios: *Theós*: Θεός <2316>)
Esfera en la que Dios reina y ejerce su autoridad (autoridad moral actualmente). La expresión se encuentra a menudo en el N.T., en particular en el evangelio de Lucas y en los Hechos (unas cuarenta veces). Para entrar en el reino de Dios, hace falta haber nacido de nuevo, ser nacido de agua y del Espíritu (Jn 3:3, 5; ver **NUEVO NACIMIENTO**). El reino de Dios es justicia, paz y gozo en el Espíritu Santo (Ro 14:17), es decir que procura estas bendiciones al que se somete a la autoridad divina. Jesús ha predicado, él mismo, el reino de Dios (p.ej. Mc 1:14) así como sus discípulos (Lc 9:2). Otros siervos predicarán este evangelio antes del reino (Mt 24:14). El reino de Dios estaba entre los hombres cuando Jesucristo (el rey) estaba en la tierra (Lc 17:21). Ahora Jesús está representado como un hombre noble que se fue a un país lejano para recibir un reino y volver (Lc 19:12). Durante el periodo de la gracia en la tierra, el reino de Dios reviste también moralmente el carácter de reino de los cielos.

REINO DE LOS CIELOS (reino: *basileía*: βασιλεία <932>; de *basileús*: rey; cielo: *ouranós*: οὐρανός <3772>)

El reino de los cielos pone el acento sobre la sesión actual del rey, el Señor Jesús, en los cielos. Solo Mateo emplea esta expresión en su evangelio para designar el reino de Dios. Las diez parábolas del reino de los cielos (ver Mt 13:24-52; 18:23-35; 20:1-16; 22:1-14; 25:1-13) ilustran el hecho que presentemente hay en ese reino los que sirven al rey que está en el cielo, y los que lo niegan por su conducta. Con la venida de Jesús, el reino de los cielos se ha acercado (3:2; 4:17; 10:7). Jesús da los caracteres de los que entrarán y de los que no entrarán en el reino de los cielos (5:3, 10, 19, 20; 7:21; 8:11; 11:11; 18:1, 3, 4; 19:12, 14, 23). Él dijo que los violentos arrebatan el reino de los cielos (11:12), porque Juan el Bautista había predicado el arrepentimiento necesario para entrar, y los que entraban debían hacer violencia a todo lo que les rodeaba. Los escribas y los fariseos cerraban el reino de los cielos delante de los hombres (23:13). A los discípulos de Jesús, les estaba dado saber los misterios del reino de los cielos (13:11).

REÍR

1. (*geláo*: γελάω <1070>) **Expresar su alegría, su satisfacción.** Bienaventurados los que ahora lloran, porque reirán (Lc 6:21); los que ahora ríen, porque se lamentarán y llorarán (v. 25). ¶
2. (burlarse de: *katageláo*: καταγελάω <2606>; de *katá*; part. int., y *geláo*: ver **1.**) **Reírse de.** Se burlaban de Jesús que decía que la niña no estaba muerta (Mt 9:24; Mc 5:40; Lc 8:53). ¶

RELIGIOSIDAD – Ver CULTO VOLUNTARIO.

RELIGIOSO, CULTO RELIGIOSO (religioso: *thréskos*: θρησκός <2357>; culto religioso: *threskeía*: θρησκεία <2356>)
Que concierne el servicio cristiano. Si alguien se cree religioso y engaña a su corazón, su religión es vana (Stg 1:26). La religión delante de Dios el Padre es: visitar a los huérfanos y a las viudas, y guardarse sin mancha del mundo (Stg 1:27).

REMANENTE
1. (*loipós*: λοιπός <3062>; lit.: resto) **Expresión que habitualmente designa a un pequeño grupo de creyentes fieles en medio del pueblo de Israel, mientras que la mayoría de los otros israelitas se han apartado de Dios.** Varios versículos del A.T. revelan que tal remanente será salvado. Después del arrebatamiento de la Iglesia, Satanás hará la guerra a ese remanente (Ap 12:17). Ro 11:5 indica que un remanente de Israel es presentemente salvo según la elección de la gracia.
2. Ver **RESTO**.

REMISIÓN
1. (*áfesis*: ἄφεσις <859>; el verbo *afiemi* tiene el sentido de remitir)

Vocablo empleado para evocar el perdón de los pecados. Encontramos las expresiones «remisión (o perdón) de los pecados» (Mt 26:28; Mc 1:4; Lc 1:77; 3:3; 24:47; Hch 2:38; 5:31; 10:43; 13:38; 26:18; Ef 1:7; Col 1:14; Hb 10:18). Sin derramamiento de sangre no hay remisión (Hb 9:22). ¶
2. Ver **RESCATE**.

REMORDIMIENTO –
Ver **PESAR**.

REMORDIMIENTO (TENER)
(*metamélomai*: μεταμέλομαι <3338>; de *metá*: después, implicando cambio, y *mélo*: arrepentirse de)
Tener un angustioso remordimiento, con un sentimiento de culpabilidad en la conciencia. El hijo de un hombre tuvo remordimiento (se arrepintió) por no haber querido ir a trabajar en la viña de su padre y fue (Mt 21:29); los judíos no tuvieron remordimiento por no haber creído a Juan el Bautista (v. 32). El remordimiento no siempre conduce al arrepentimiento: Judas tuvo remordimiento después de haber librado a Jesús, y se ahorcó (Mt 27:3).

RENACER (*anagennáo*: ἀναγεννάω <313>; de *aná*: otra vez, y *gennáo*: engendrar)
Hacer nacer de nuevo. Dios hizo renacer a los creyentes para una esperanza viva (1P 1:3). Son renacidos por la Palabra de Dios (v. 23). Ver **REGENERACIÓN**. ¶

RENOVACIÓN (*anakaínosis*: ἀνακαίνωσις <342>; de *aná*: repetición, y *kainós*: nuevo)
El hecho de hacer nuevo. El creyente es llamado a ser transformado por la renovación de su entendimiento (Ro 12:2). Es salvado por la renovación en el Espíritu Santo (Tit 3:5).

RENOVAR
1. (*anakainízo*: ἀνακαινίζω <340>; de *aná*: repetición, y *kainós*: nuevo)
Hacer nuevo. El autor de la epístola a los Hebreos habla de la imposibilidad de ser renovado para arrepentimiento (Hb 6:6). ¶
2. (*anakainóo*: ἀνακαινόω <341>; de *aná*: repetición, y *kainós*: nuevo)
Volver a hacer nuevo. El hombre interior se renueva de día en día (2Co 4:16). El nuevo hombre se renueva en conocimiento (Col 3:10). ¶
3. (*ananeóo*: ἀνανεόω <365>; de *ana*: repetición, y *néos*: nuevo, joven)
Llegar a ser una nueva persona día tras día. El creyente es renovado en el espíritu de su mente (Ef 4:23). ¶

REPENTE (DE) (*aifnídios*: αἰφνίδιος <160>; de *aífnes*: inesperado, repentino)
De forma inesperada, no aparente; otras trad.: de improviso, súbitamente. El día del Señor para establecer su reino podría sorprender a algunos de repente (Lc 21:34). Otra ref.: 1Ts 5:3. ¶

REPETICIONES (USAR DE VANAS) (*battalogéo*: βατταλογέω

<945>; de *báttos*: tartamudo, y *lógos*: palabra)
Parlotear, repetir continuamente. Jesús enseña a no usar de vanas repeticiones cuando oramos (Mt 6:7). ¶

REPOSO (DÍA DE) –
Ver **SABBAT**.

REPOSO SABÁTICO (*sabbatismós*: σαββατισμός <4520>; de *sábbaton*: sabbat)
Cesación de las actividades el día de reposo. Este reposo reviste el carácter de un sabbat (sábado). El reposo sabático para el pueblo terrenal de Dios (Hb 4:9) corresponde al milenio, mientras que el de la Iglesia corresponde a su introducción en los lugares celestiales. ¶

REPRENDER
1. (censurar, encargar con rigor: *epitimáo*: ἐπιτιμάω <2008>; de *epí*: contra, y *timáo*: honrar, reverenciar) **Reconvenir, hacer reproches.** El Señor reprendió a Jacobo y a Juan que querían destruir una aldea de samaritanos que no habían recibido al Señor (Lc 9:55). Después de contender sobre el cuerpo de Moisés, Miguel el arcángel dijo a Satanás: «¡Que el Señor te reprenda!» (Jud 9).
2. (*mémfomai*: μέμφομαι <3201>) **Reprochar.** Aun reprendiendo a Israel a causa de su conducta, el Señor le habla de un nuevo pacto (Hb 8:8; ver Jer 31:32; Hb 8:9). Otras ref.: Mc 7:2 (en algunos mss.); Ro 9:19 {echar la culpa, hacer reproches}. ¶

REPRENSIÓN
1. (*epitimía*: ἐπιτιμία <2009>; de *epí*: sobre, y *timé*: honor) **Castigo, pena.** La disciplina de la iglesia de Corinto para con uno de los suyos le era suficiente como reprensión (2Co 2:6). ¶
2. (*timoría*: τιμωρία <5098>; de *timoréo*: castigar; de *timé*: honor, y *joráo*;: ver) **Venganza, acción de hacer justicia.** Aquel que desprecie al Hijo de Dios y la sangre del pacto será juzgado digno de un mayor castigo que el que ha despreciado la ley de Moisés (Hb 10:29). ¶

REPROBADO (*adókimos*: ἀδόκιμος <96>; de *a*: part. neg., y *dókimos*: aceptable, aprobado)
Que es rechazado a la prueba; sin valor. El vocablo se aplica en su origen a los metales (ver Jer 6:29, 30). La tierra que produce espinos y abrojos es reprobada (Hb 6:8), así como el cristiano practicante sin vida (2Co 13:5). El vocablo también está empleado en relación con el servicio cristiano (1Co 9:27), la fe (2Co 13:5-7; 2Ti 3:8) y las buenas obras (Tit 1:16). Dios ha entregado a hombres apasionados con concupiscencias carnales a una mente reprobada (Ro 1:28). ¶

REPROCHE (SIN) –
Ver **IRREPRENSIBLE**.

REPTIL (*jerpetón*: ἑρπετόν <2062>; de *jérpo*: arrastrarse, desplazarse con lentitud)

Animal que se arrastra sobre el vientre. Pedro vio en éxtasis un lienzo descender en el que había reptiles (Hch 10:12; 11:6). Algunos hombres han cambiado la gloria de Dios en la semejanza de reptiles (Ro 1:23). Toda especie de reptiles se doma (Stg 3:7), pero no la lengua (ver v. 8). ¶

REPUDIAR (*apolúo*: ἀπολύω <630>; de *apó*: lejos de, y *lúo*: dejar ir) **Dejar ir a su cónyuge rompiendo el matrimonio.** José se había propuesto de dejar ir (lit.: repudiar) a María secretamente (Mt 1:19). Jesús no reconocía la repudiación sino por causa de fornicación; aquel que se casa con una mujer repudiada comete adulterio, de igual manera que una mujer que repudia a su marido y se casa con otro hombre; Moisés había permitido a los israelitas repudiar a sus mujeres a causa de la dureza de sus corazones, pero al principio no era así (Mt 5:31, 32; 19:3, 7-9; Mc 10:2, 4, 11, 12; Lc 16:18a, b). Encontramos en el A.T. el solemne principio divino que concierne el repudio: «Jehová aborrece el repudio» (Mal 2:16).

REPUTACIÓN – Col 2:23: ver **APARIENCIA 2.**

REQUERIR –
Ver **TESTIFICAR 3.**

RESCATAR – Ver **REDIMIR.**

RESCATE
1. (*lútron*: λύτρον <3083>; de *lúo*: desatar) **Precio pagado para liberar a una persona cautiva.** Jesucristo ha venido para dar su vida en rescate por muchos (Mt 20:28; Mc 10:45). ¶
2. (*antílutron*: ἀντίλυτρον <487>; de *antí*: en lugar de, y *lútron*: ver **1.**) **Mismo sentido que 1., con la idea de intercambio.** Cristo Jesús se ha dado a sí mismo en rescate por todos (1 Ti 2:6). ¶
3. (*apolútrosis*: ἀπολύτρωσις <629>; de *apolutróo*: dejar ir después del pago de un rescate, que viene de *apó*: de, y *lutróo*: rescatar, que viene de *lútron*: ver **1.**) **Remisión, redención.** Cristo ha pagado la remisión por las transgresiones que se cometían bajo el pacto de la ley (Hb 9:15). ¶

RESPETABILIDAD – Ver **DIGNIDAD, HONESTIDAD.**

RESPETABLE – Ver **GRAVE, HONESTO.**

RESPLANDECER
1. (*exastrápto*: ἐξαστράπτω <1823>; de *ex*: fuera de, y *astrápto*: relampaguear como rayo) **Brillar, iluminar.** Sobre el monte, el vestido de Jesús se hizo blanco y resplandeciente (Lc 9:29). ¶
2. (*lámpo*: λάμπω <2989>) **Brillar, dar luz.** La luz de Dios resplandeció en los corazones de los creyentes (2Co 4:6).
3. (*faíno*: φαίνω <5316>; de *fós*: luz) **Brillar, iluminar.** Los creyentes

deben resplandecer como luces en el mundo (Fil 2:15).

RESPLANDECIENTE
1. (*lamprós*: λαμπρός <2986>; de *lámpo*: brillar, resplandecer) **Que da luz, que brilla.** Jesús es la estrella resplandeciente de la mañana (Ap 22:16). **2.** (resplandecer: *stílbo*: στίλβω <4744>) **Relampaguear, relucir.** En el momento de la transfiguración, los vestidos de Jesús se volvieron resplandecientes (o: resplandecieron) (Mc 9:3). ¶
3. Ver **FULGURAR COMO UN RAYO.**

RESPLANDOR (*apaúgasma*: ἀπαύγασμα <541>; de *apó*: desde, y *augázo*: brillar, resplandecer) **Brillantez, luz de lo que brilla.** El Hijo de Dios es el resplandor de la gloria de Dios (Hb 1:3). ¶

RESPONSABILIDAD – Ver **CARGA.**

RESPUESTA
1. (*apókrisis*: ἀπόκρισις <612>; de *apokrínomai*: responder, que viene de *apó*: desde, y *kríno*: juzgar; lit.: concluir por uno mismo) **Lo que es dicho a quien hace una pregunta.** Los que oían a Jesús con doce años en el templo se maravillaban de sus respuestas (Lc 2:47). Los principales sacerdotes y los escribas se maravillaban de la respuesta de Jesús cuando se trataba de pagar el tributo a César (Lc 20:26). Jesús no dio respuesta a la pregunta de Pilato: «¿De dónde eres tú?» (Jn 19:9). Sacerdotes y levitas preguntaron a Juan el Bautista quién era él con el fin de dar respuesta a los que los habían enviado (Jn 1:22). ¶
2. (divina respuesta: *crematismós*: χρηματισμός <5538>; de *crematízo*: hablar como oráculo) **Respuesta, revelación que proviene de Dios.** En su divina respuesta, Dios se dirigió a Elías y le habló de los siete mil hombres que no habían doblado la rodilla delante de Baal (Ro 11:4). ¶

RESTAURACIÓN (*apokatástasis*: ἀποκατάστασις <605>; de *apó*: desde {el estado precedente} de nuevo, y *kathístemi*: constituir, asentar) **Acción de reparar, de renovar una cosa o de restablecer una persona a su estado anterior.** La restauración de todas las cosas (Hch 3:21) es un tiempo en el que Jesucristo restablecerá, durante su reinado, todas las cosas según el pensamiento de Dios. Israel será restaurado en ese tiempo, según los caminos de Dios para con su pueblo. ¶

RESTAURACIÓN (PLENA) – Ver **PLENITUD.**

RESTO
1. (*loipós*: λοιπός <3062>; de *leípo*: restar) **Pequeño grupo de creyentes fieles en medio del pueblo de Israel, mientras que la mayoría se han desviado de Dios.** Algunos versículos

RESUCITAR

del A.T. revelan que tal resto será salvado. Después del arrebatamiento de la Iglesia, Satanás hará la guerra a ese resto (Ap 12:17).

2. (el resto: *oi katáloipoi*: plur. de *katáloipos*: κατάλοιπος <2645>; de *kataleípo*: dejar atrás; lit.: los que quedan) **Pequeño grupo de creyentes fieles.** El resto de los hombres buscará al Señor y todas las naciones sobre las que su nombre es invocado (Hch 15:17). ¶

3. (*leímma*: λεῖμμα <3005>; de *leípo*: quitar, abandonar) **Pequeño resto.** Un resto de Israel es salvado presentemente según la elección de la gracia (Ro 11:5). ¶

4. (*katáleimma*: κατάλειμμα <2640>; de *kataleípo*: dejar detrás) **Pequeño resto.** Como precedentemente, el vocablo designa a un remanente fiel en medio de Israel que será salvado (Ro 9:27, citando Is 10:22). ¶

RESUCITAR

1. (*anístemi*: ἀνίστημι <450>; de *aná*: arriba, e *jístemi*: estar) **Hacer volver a la vida a una persona fallecida.** Muchos pasajes mencionan la resurrección de Jesús que iba a cumplirse (Mt 17:9; 20:19; Mc 8:31; 9:9, 31; 10:34; Lc 18:33; 24:7, 46; Jn 20:9), y su resurrección que efectivamente se realizó (Mc 16:9; Hch 10:41; 17:3; 1Ts 4:14). Algunos pasajes declaran que Dios Padre ha resucitado a Jesús, su Hijo, de entre los muertos (Hch 2:24, 32; 13:34; 17:31). Cuando Jesucristo venga, resucitará a los creyentes fallecidos (Jn 6:39, 40, 44, 54; 1Ts 4:16). Otras ref.: Mc 9:10; 12:23, 25; Lc 9:8, 19; 16:31; Jn 11:23, 24.

2. (*egeíro*: ἐγείρω <1453>) **Ver 1.** La resurrección de Jesús de entre los muertos constituye una doctrina fundamental del cristianismo (1Co 15): si Cristo no resucitó nuestra fe es vana (v. 17); mas ahora Cristo ha resucitado de los muertos (v. 20). Cristo ha sido resucitado para nuestra justificación (Ro 4:25). Algunos pasajes mencionan su resurrección que iba a cumplirse (Mt 16:21; 17:23; 26:32; 27:63; Mc 14:28; Lc 9:22), y su resurrección efectiva (Mt 27:64; 28:6, 7; Mc 16:6, 14; Lc 24:6, 34; Jn 2:22; 12:1, 9, 17; 21:14; Ro 6:4, 9; 7:4; 8:34; 1Co 15:4; 2Co 5:15; 2Ti 2:8). Algunos pasajes declaran que Dios Padre ha resucitado a Jesús, su Hijo, de los muertos (Hch 3:15; 4:10; 5:30; 10:40; 13:30, 37; Ro 4:24; 8:11; 10:9; 1Co 6:14a; 2Co 4:14a; Gá 1:1; Ef 1:20; Col 2:12b; 1Ts 1:10; Hb 11:19; 1P 1:21). Herodes creía que Juan el Bautista había resucitado de los muertos (Mt 14:2; Mc 6:14, 16; Lc 9:7). Dios resucitará, en el momento del arrebatamiento, a los creyentes fallecidos (1Co 15:52; 2Co 4:14b). Es Dios el que resucita a los muertos (Hch 26:8; 2Co 1:9). Otras ref.: Mt 10:8; 11:5; 27:52; Mc 12:26; Lc 7:22; 20:37; 1Co 15:29, 32, 35, 42-44.

3. (*exegeíro*: ἐξεγείρω <1825>; de *ex*: fuera de, y *egeíro*: resucitar) **Ver 1.** El vocablo está empleado para la resurrección de los creyentes en 1Co 6:14b.

4. (resucitar junto a, con: *sunegeíro*: συνεγείρω <4891>; de *sun*: junto a, y *egeíro*: resucitar) **Revivir junto con.** Habiendo creído por la fe en la persona y en la obra del Señor Jesús, los creyentes son vistos como resucitados con Cristo (Ef 2:6; Col 2:12a; 3:1). ¶

RESURRECCIÓN

1. (*anástasis*: ἀνάστασις <386>; de *aná*: arriba, e *jístemi*: estar) **Regreso a la vida de una persona fallecida.** Jesús ha hablado de la resurrección (Mt 22:30, 31; Lc 14:14; 20:35, 36), particularmente de la resurrección de vida y de la resurrección de condenación (Jn 5:29). Marta sabía que su hermano Lázaro resucitaría en el día de la resurrección (Jn 11:24); Jesús le dijo que él era la resurrección y la vida (v. 25). Los saduceos decían que no hay resurrección (Mt 22:23, 28; Mc 12:18, 23; Lc 20:27, 33; Hch 23:8), como algunos de los corintios (1Co 15:12, 13); Himeneo y Fileto decían que la resurrección ya había tenido lugar (2Ti 2:18). La resurrección de Jesús (Hch 1:22; 2:31; 4:33; 26:23; Ro 6:5; Fil 3:10; 1P 1:3; 3:21) constituye uno de los principales fundamentos de la fe cristiana. Los apóstoles predicaban la resurrección de entre los muertos, es decir de los creyentes en el momento de la venida del Señor (Hch 4:2; 17:18), y hablaron de la resurrección de los muertos (Hch 17:32; 23:6; 24:21; 1Co 15:42; Hb 6:2; 11:35). La primera resurrección en Ap 20:5, 6 se refiere a la resurrección de los cuerpos de los creyentes fallecidos durante la gran tribulación para que vivan y reinen con Cristo durante el milenio; la resurrección de los que no tienen vida eterna, los injustos, tendrá lugar al final del milenio (Hch 24:15; ver Ap 20:13). Es por un hombre, Jesucristo, que se produce la resurrección de los muertos (1Co 15:21). Jesús es declarado (identificado distintamente) Hijo de Dios por la resurrección de entre los muertos (Ro 1:4). Los evangelios relatan que el Señor ha resucitado a tres muertos en la tierra: a una niña (Mt 9:18-26; Mc 5:35-43; Lc 8:40-56), a un hijo único (Lc 7:11-17) y a Lázaro (Jn 11:41-44).

2. (*égersis*: ἔγερσις <1454>; de *egeíro*: despertar, levantarse) **Ver 1.** Después de la resurrección de Jesús, santos resucitados aparecieron a muchos (Mt 27:53). ¶

3. (*exanástasis*: ἐξανάστασις <1815>; de *ex*: fuera de, y *anástasis*: resurrección) **Ver 1.** Pablo buscaba a llegar a la resurrección de entre los muertos (Fil 3:11). ¶

RETOÑAR

1. (*blastáno*: βλαστάνω <985>; de *blastós*: brote) **Producir brotes, germinar.** La vara de Aarón había retoñado cuando estaba en el arca de la alianza (Hb 9:4).

2. (*fúo*: φύω <5453>) **Brotar, crecer, germinar.** Una raíz de amargura podía brotar y corromper a muchos (Hb 12:15).

REUNIÓN

1. (*episunagogué*: ἐπισυναγωγή <1997>; de *episunágo*: reunir juntos) **a. Reunión de los creyentes durante el tiempo de la Iglesia en la tierra, en particular para las reuniones de la iglesia local.** El autor de la epístola a los Hebreos exhorta a los creyentes a no abandonar la congregación de sí mismos (Hb 10:25). **b. Reunión de los creyentes en el cielo a la venida del Señor.** Pablo habla de la venida de nuestro Señor Jesucristo y de nuestra reunión con él (2Ts 2:1). Ver **TRASPONER**. ¶
2. (*sundromé*: συνδρομή <4890>; de *suntréco*: correr juntos) **Reunión tumultuosa.** El pueblo se agolpó (lit.: hubo una reunión del pueblo) contra Pablo en Jerusalén (Hch 21:30). ¶

REVELACIÓN

1. (*apokálupsis*: ἀποκάλυψις <602>; de *apó*: fuera de, y *kalúpto*: cubrir, esconder) **Acción de descubrir lo que estaba escondido, manifestación.** El vocablo está empleado en relación con la manifestación de Jesucristo durante su primera venida (Lc 2:32) y de su segunda venida (1Co 1:7; 2Ts 1:7; 1P 1:7, 13; 4:13), con el justo juicio de Dios (Ro 2:5), con los hijos de Dios (Ro 8:19). Pablo menciona la revelación del misterio ahora manifestado (Ro 16.:25), el hecho de hablar por revelación (1Co 14:6, 26), el espíritu de sabiduría y de revelación (Ef 1:17). El Apocalipsis es la revelación de Jesucristo que Dios le ha dado para manifestar las cosas que deben suceder pronto (Ap 1:1). Otras ref.: 2Co 12:1, 7; Gá 1:12; 2:2; Ef 3:3. ¶
2. (revelar: *apokalúpto*: ἀποκαλύπτω <601>; de *apó* y *kalúpto*: ver **1.**) **Manifestar alguna cosa escondida.** Si una revelación es hecha a otro que está sentado en la iglesia, el primero debe callarse (1Co 14:30).

REVERENCIA (*eulábeia*: εὐλάβεια <2124>; de *eu*: bien, y *lambáno*: tomar)

Piedad, respeto hacia Dios. Es por gracia que los creyentes sirven a Dios de una manera que le sea agradable, con reverencia y temor (Hb 12:28).

RIGUROSO – Ver **PERVERSO**.

RIÑONES

1. (*nefrós*: νεφρός <3510>; utilizado en plur.) **Doble órgano corporal que sirve a la purificación de la sangre; simboliza la vida interior del hombre, sondeado por Dios.** Los riñones corresponden a los sentimientos, a los pensamientos, a la voluntad; el Señor sondea la mente (lit.: los riñones) y el corazón (Ap 2:23; ver Sal 7:9; 26:2; Jer 17:10). ¶
2. (*osfús*: ὀσφῦς <3751>) **Lomos, emplazamiento de la cintura.** El vocablo está empleado en sentido propio (Mt 3:4; Mc 1:6; ver Éx 12:11). Tiene el sentido del órgano de la generación (Hch 2:30; Hb 7:5, 10) y de energía espiritual (Lc 12:35; Ef 6:14; 1P 1:13; ver Is 11:5). ¶

RIQUEZA
1. (*euporía*: εὐπορία <2142>; de *eu*: bien, y *poros*: recurso) **Facilidad para hacer, de donde bienestar, abundancia, prosperidad.** La riqueza de los artesanos en Éfeso venía de la fabricación de miniaturas de templos en plata de Diana (Hch 19:25). ¶
2. (*mamonás*: μαμωνᾶς <3126>) **Mamón: palabra aram. que significa «riqueza».** Personifica las riquezas que esclavizan (Mt 6:24; Lc 16:13).

RISA (*gélos*: γέλως <1071>) **Expresión de la alegría, de la satisfacción.** La risa de los pecadores se cambiará en duelo (Stg 4:9). ¶

RIVALIDAD – Ver **CONTIENDA**.

ROBO – Ver **HURTO**.

ROLLO (*kefalís*: κεφαλίς <2777>; de *kefalé*: cabeza) **Encabezamiento de un libro.** Estaba escrito proféticamente en el rollo del libro que Jesús iba a venir para hacer la voluntad de Dios (Hb 10:7). ¶

ROPA – Ver **VESTIDO**.

ROPA DECOROSA (*katastolé kósmios*; ropa: *katastolé*: καταστολή <2689>; de *katastélo*: aquietar, apaciguar, que viene de *katá*: abajo, y *stélo*: reprimir, enviar; decorosa: *kósmios*: κόσμιος <2887>; de *kósmos*: arreglo ordenado) **Vestido, ropa modesta y de buen gusto.** Pablo exhorta a las mujeres a que se vistan con ropa decorosa, o sea decentemente (1Ti 2:9). ¶

ROSTRO – Ver **FAZ**.

RUDA (*péganon*: πήγανον <4076>) **Planta con flores amarillas muy olorosas; en el campo, se utiliza en infusión o como aliño para las aceitunas negras.** Esta planta también es utilizada con fines medicinales. Los fariseos pagaban el diezmo de la ruda, entre otras cosas, pero desatendían la justicia y el amor de Dios (Lc 11:42). ¶

RUEGO – Ver **ORACIÓN**.

S

SABACTANI (*sabactháni*: σαβαχθάνι <4518>) **Vocablo aram. que significa «tú me has desamparado».** En la cruz, Jesús clamó a gran voz: «Elí, Elí, ¿lama sabactani?» (Mt 27:46; Mc 15:34: «Eloi, Eloi...»); estas palabras significan: «Dios mío, Dios mío, ¿por qué me has desamparado?» ¶

SÁBANA (*sindón*: σινδών <4616>) **Lienzo de lino en el que se envolvía a los muertos.** José envolvió el cuerpo de Jesús en una sábana limpia y lo puso en su sepulcro (Mt 27:59; Mc 15:46a, b; Lc 23:53).

SABAOT (*sabaóth*: Σαβαώθ <4519>; del heb. *tsabá*: masa de personas) **Multitud de gente, tropas reunidas para el combate.** El Señor Sabaot (Señor de los ejércitos) (Ro 9:29; Stg 5:4) es el Señor, Jehová de los ejércitos (particularmente de los ejércitos de ángeles).

SABBAT
1. (*sábbaton*: σάββατον <4521>; del heb. *shabbáth*: reposo) **Séptimo y último día de la semana; día de reposo prescrito por Jehová para su pueblo, en relación con el reposo de Dios después de la creación (ver Éx 20:8-11; 31:17), y con la redención (ver Dt 5:12-15); toda actividad debía cesar.** El vocablo está empleado con frecuencia en los evangelios (p.ej. Lc 4:16) y en los Hechos (p.ej. Hch 13:14); Col 2:16 habla de no ser juzgado en lo que concierne a la observación de días de reposo. Para los cristianos, el domingo, primer día de la semana, es el que se debe observar. Los fariseos habían introducido diversas interdicciones en relación con el día de reposo, pero Jesús les dijo que el día de reposo había sido hecho para el hombre y no lo contrario; Jesús es Señor del sabbat (Mt 12:8; Mc 2:28; Lc 6:5).
2. (víspera del día de reposo: *prosábbaton*: προσάββατον <4315>; de *pro*: antes de, y *sábbaton*: ver **1.**) **Día que precede a un sabbat.** El vocablo está empleado en Mc 15:42.

SACERDOCIO
1. (*jieráteuma*: ἱεράτευμα <2406>; de *jierós*: sagrado) **Las funciones sacerdotales consistían esencialmente en ofrecer los sacrificios prescritos por Dios bajo la ley, a interceder por el pueblo y a enseñarle la ley, a efectuar el servicio divino en el tabernáculo y en el templo.** Los creyentes actuales constituyen un sacerdocio santo (1P 2:5); ahora ofrecen sacrificios espirituales a Dios; también forman un real sacerdocio, en testimonio ante el mundo (v. 9).
2. (*jierosúne*: ἱερωσύνη <2420>; de *jierós*: sagrado) **Ver 1.** En Israel, el ejercicio del sacerdocio estaba reservado a los descendientes de Aaron, los hijos de Leví (Hb 7:11). Con la venida de Jesús, el sacerdocio es cambiado (Hb 7:12); él tiene un sacerdocio inmutable (v. 24).
3. (*jierateía*: ἱερατεία <2405>; de *jierós*: sagrado) **Ver 1.** Aquellos de los hijos de Leví que reciben el sacerdocio deben diezmar al pueblo según la ley (Hb 7:5). Según la costumbre del sacerdocio, la suerte le tocó a Zacarías para ofrecer el incienso entrando en el templo (Lc 1:9).
4. (ejercer el sacerdocio: *jierateúo*: ἱερατεύω <2407>; de *jierós*: sagrado) **Cumplir las funciones sacerdotales.** Zacarías ejercía el sacerdocio delante de Dios (Lc 1:8).
5. (ejercer el sacerdocio: *jierourgéo*: ἱερουργέω <2418>; de *jierón*: templo, y *érgon*: acción, trabajo) **Cumplir las funciones sacerdotales.** Pablo ejercía simbólicamente el

sacerdocio en el evangelio de Dios (Ro 15:16), para presentarle a los redimidos de los gentiles en ofrenda.

SACERDOTAL – Ver SACERDOCIO.

SACERDOTE

1. (*jiereús*: ἱερεύς <2409>; de *jierós*: sagrado) **Persona que ejercía el sacerdocio en Israel.** Habían sacerdotes del tiempo del Señor (p.ej. Mt 8:4; Mc 1.:44; Hch 4:1), antes (Hb 7:14, 21, 23; 9:6). Jesucristo es el gran sacerdote establecido sobre la casa de Dios (Hb 10:21). Él es sacerdote para siempre según el orden de Melquisedec (Hb 5:6; 7:17). Él ha hecho de los creyentes actuales sacerdotes para su Dios y Padre (Ap 1:6), como también de los redimidos de todos los tiempos (5:10). Ver **SUMO SACERDOTE**. Otras ref.: Mt 12:4, 5; Mc 2:26; Lc 1:5; 5:14; 6:4; 10:31; 17:14; Jn 1:19; Hch 4:1; 5:24; 6:7; 14:13; Hb 7:1, 3, 11; 8:4; 10:11; Ap 20:6.
2. (principal, sumo sacerdote: *arquiereús*: ἀρχιερεύς <749>; de *arché*: principal, y *jiereús*: ver **1.**) **Persona principal entre los que ejercían el sacerdocio en Israel.** Bajo los sumos sacerdotes Anás y Caifás, la palabra de Dios vino a Juan, hijo de Zacarías (Lc 3:2). Se reconocía a los principales sacerdotes entre los sacerdotes (p.ej. Mt 2:4; Hch 4:23); ellos son responsables por haber entregado a Jesús para ser condenado a muerte y por haberlo crucificado (Lc 24:20). Ver **SUMO SACERDOTE**.

SACRIFICAR

1. (*thúo*: θύω <2380>) **Inmolar como ofrenda a Dios o a demonios.** Los judíos sacrificaban la pascua (Mc 14:12; Lc 22:7). Cristo, la pascua de los creyentes, ha sido sacrificado (1Co 5:7). El sacerdote de Júpiter quería sacrificar toros en honor de Pablo y de Bernabé (Hch 14:13), como también la multitud (v. 18). Las cosas que los gentiles sacrifican, las sacrifican a los demonios y no a Dios (1Co 10:20).
2. (sacrificar a los ídolos: *eidolóthuton*: εἰδωλόθυτον <1494>; de *eídolon*: ídolo, y *thúo*: ver **1.**) **Que se inmola con el fin de ofrecer a los ídolos, es decir a los demonios que están detrás de esos ídolos.** El vocablo está empleado por Pablo (1Co 8:1, 4, 7, 10; 10:19), Lucas (Hch 15:29; 21:25) y Juan (Ap 2:14, 20).
3. (*sfázo*: σφάζω <4969>; primer significado: matar) **Degollar, ofrecer una víctima en sacrificio.** El Señor Jesús está representado como un Cordero sacrificado (Ap 5:6, 9, 12; 13:8). Babilonia es responsable de la sangre de personas degolladas (lit.: sacrificadas) en la tierra (Ap 18:24).

SACRIFICIO

1. (*thusía*: θυσία <2378>; de *thúo*: sacrificar) **Lo que es inmolado como ofrenda a Dios o a un ídolo.** Bajo la ley, se ofrecían sacrificios (Mt 9:13; 12:7; Mc 9:49; 12:33; Lc 2:24; 13:1; Hch 7:42; 1Co 10:18; Hb 5:1; 7:27; 8:3; 9:9; 10:1, 11, 26). El sacrificio de Cristo es mejor que los

SACUDIR

ofrecidos bajo la ley (Hb 9:23). Cristo se entregó sí mismo como sacrificio a Dios (Ef 5:2). Se presentó una vez para siempre por el sacrificio de sí mismo para quitar el pecado (Hb 9:26). Dios que no quiso sacrificio, le ha preparado un cuerpo (Hb 10:5, 8). Habiendo ofrecido un solo sacrificio por el pecado, Jesús se ha sentado a la diestra de Dios (Hb 10:12). Abel ofreció un más excelente sacrificio que Caín (Hb 11:4). Los creyentes son exhortados a presentar sus cuerpos en sacrificio vivo a Dios (Ro 12:1). Son también exhortados a ofrecer a Dios un sacrificio de alabanzas (Hb 13:15). Dios se agrada en los sacrificios de beneficencia (Hb 13:16). Los creyentes ofrecen sacrificios espirituales aceptables a Dios por Jesucristo (1P 2:5). Pablo servía de libación sobre el sacrificio y el servicio de la fe de los filipenses (Fil 2:17). Lo que los filipenses habían enviado a Pablo era un sacrificio acepto (Fil 4:18). Los israelitas ofrecieron un sacrificio al ídolo (Hch 7:41), un becerro de oro que ellos habían hecho.

2. (ofrecido en sacrificio: *eidolóthuton*: εἰδωλόθυτον <1494>; de *eídolon*: ídolo, y *thúo*: sacrificar) **Alimento ofrecido en sacrificio a un ídolo.** Pablo dijo que no había que comer alguna cosa ofrecida en sacrificio a un ídolo (1Co 10:28). Algunos mss. tienen *jierothutos*.

SACUDIR (*kludonízomai*: κλυδωνίζομαι <2831>; de *klúdon*: ola) **Hacer ir alternativamente en un sentido y en el otro, como un objeto zarandeado por las olas.** El ejercicio de los dones de gracia permite a los creyentes no ser sacudidos y llevados por todo viento de doctrina (Ef 4:14). ¶

SACUDIR EL POLVO (sacudir: *apomásso*: ἀπομάσσω <631>, *apotinásso*: ἀποτινάσσω <659>, *ektinásso*: ἐκτινάσσω <1621>; polvo: *koniortós*: κονιορτός <2868>, *coús*: χοῦς <5522>) **Sacudir el polvo de los pies o de las vestiduras constituye, por parte de los enviados del Señor, un testimonio contra aquellos que rechazan su mensaje.** Éstos asumen las consecuencias de su rechazo. Ref.: Mt 10:14; Mc 6:11; Lc 9:5; 10:11; Hch 13:51; 18:6.

SADUCEO (*saddoukaíos*: Σαδδουκαῖος <4523>; prob. de *Sadók*: Sadoc, ver 1R 2:35) **Miembro de una secta judía; los saduceos venían de una secta política que favorecía la helenización del judaísmo, preconizando las ventajas de la vida y de la cultura griegas.** Los saduceos no creían en la resurrección, ni en la existencia de los ángeles y de los espíritus (Mt 22:23, 34; Mc 12:18; Lc 20:27; Hch 23:8). Los saduceos y los fariseos, desacreditados con firmeza por Juan el Bautista, se oponían mucho a Jesús (Mt 3:7; 16:1); este puso en guardia contra su levadura (Mt 16:6) y su doctrina (v. 11, 12). Saduceos con el sumo sacerdote echaron a los apóstoles en la cárcel pública (Hch 5:17). Se oponían a los cristianos (Hch 4:1; 23:6, 7).

SALAR – Ver **SAZONAR**.

SALIDA (*ékbasis*: ἔκβασις <1545>; de *ekbaíno*: salir afuera)
a. Vía de escape. Con la tentación, Dios dará también la salida (1Co 10:13), es decir que dará un medio para salir de ella o soportarla.
b. Resultado; otras trad.: escape, final. Debemos considerar el resultado de la conducta de nuestros conductores e imitar su fe (Hb 13:7). ¶

SALMO (*psalmós*: ψαλμός <5568>; de *psálo*: cantar)
En el A.T., un salmo corresponde primeramente al hecho de tocar un instrumento de cuerdas; el término también significa un cántico sagrado acompañado de un instrumento musical. El N.T. hace referencia al libro de los Salmos del A.T. (Lc 20:42; 24:44; Hch 1:20) y al salmo segundo en particular (Hch 13:33). Los corintios, cuando se reunían, tenían salmos (1Co 14:26); se trataba de cánticos de alabanza acompañados o no de instrumentos. Los cristianos están invitados a hablar y a exhortarse con salmos, himnos y cánticos espirituales (Ef 5:19; Col 3:16). ¶

SALTEADOR (*lestés*: λῃστής <3027>; de *leízomai*: saquear)

Bandido, saqueador. El que no entra por la puerta en el redil es un ladrón y un salteador (Jn 10:1); los que han venido antes de Jesús son ladrones y salteadores (v. 8).

SALVACIÓN
1. (*sotería*: σωτηρία <4991>; de *sotér*: liberador, salvador) **Redención eterna del hombre pecador, obtenida por el arrepentimiento y la fe en la perfección del sacrificio de Jesucristo en la cruz.** Esta salvación tan grande (Hb 2:3) es la salvación de Dios (Ap 7:10). Jesucristo es el único que procura la salvación (Hch 4:12); Dios nos ha destinado para alcanzar salvación por él (1Ts 5:9). Cristo es el autor de nuestra salvación (Hb 2:10), de la eterna salvación (5:9). Dios había escogido a los tesalonicenses desde el principio para salvación (2Ts 2:13). La salvación viene de los judíos (Jn 4:22; 1P 1:10), nuestro Señor siendo descendiente de este pueblo; les ha sido ofrecido (Lc 1:77; 19:9). La salvación también está ofrecida a los gentiles (Hch 13:26, 47; 16:17; 28:28 (*sotérion*: ver **2.**); Ro 11:11; 2Ti 2:10). La gracia se ha manifestado para salvación (*sotérios*: ver **3.**) a todos los hombres (Tit 2:11; 2Co 6:2a, b). El evangelio es poder de Dios para salvación a todo aquel que cree (Ef 1:13; Ro 1:16); con la boca se confiesa para salvación (Ro 10:10). La salvación está vista como algo de actual para los creyentes (Fil 1:28; ver 1Co 1:18), la salvación de las almas (1P

1:9). Bajo otro aspecto, la salvación está preparada para ser revelada (1P 1:5), la heredaremos (Hb 1:14), está más cerca de nosotros que cuando creímos (Ro 13:11); se trata de la salvación durante el arrebatamiento cuando nuestros cuerpos, en particular, serán transformados: Cristo aparecerá para salvar a todos los que le esperan (Hb 9:28). En la actualidad, la salvación es una liberación continua de la servidumbre del pecado, una santificación cristiana (Fil 2:12; 1P 2:2); la tristeza que es según Dios produce arrepentimiento para salvación (2Co 7:10). La salvación también puede designar una liberación temporal (Fil 1:19). El creyente está exhortado a tomar el yelmo de la salvación (Ef 6:17 (*sotérion*); 1Ts 5:8). Para el incrédulo, ahora es el día de salvación (2Co 6:2). La aflicción y la consolación de Pablo eran para la salvación de los corintios (2Co 1:6). La Palabra de Dios puede hacer sabio para la salvación por la fe que es en Cristo Jesús (2Ti 3:15). La paciencia de nuestro Señor es para salvación (2P 3:15). Judas recuerda a sus lectores la común salvación que él compartía con ellos (v. 3). El autor de la epístola a los Hebreos estaba persuadido de cosas mejores y que pertenecen a la salvación para sus lectores (Hb 6:9). En Ap 12:10 y 19:1, la salvación tiene relación con la victoria sobre Satanás y sobre Babilonia.

2. (*sotérion*: σωτήριον <4992>; de *sotér*: salvador, liberador) **Ver definición en 1.** La salvación viene de Dios (Lc 2:30; 3:6). La salvación es ofrecida a los gentiles (Hch 28:28). El creyente es exhortado a tomar el yelmo de la salvación (Ef 6:17 {*sotérion*}; 1Ts 5:8 {*sotería*}). ¶

3. (que trae la salvación: *sotérios*: σωτήριος <4992a>; de *sotér*: liberador, salvador) **Que salva, que redime al pecador perdido.** La gracia de Dios que trae la salvación se ha manifestado a todos los hombres (Tit 2:11). ¶

SALVADOR (*sotér*: Σωτήρ <4990>; de *sózo*: librar, salvar)
Aquel que procura la salvación, liberador. Este título se aplica a Dios (1Ti 2:3; Tit 1:3; 2:10; 3:4) y al Señor Jesús (Lc 2:11; Hch 5:31; Fil 3:20; Tit 2:13). Cristo es el salvador, el redentor del cuerpo del creyente (Ef 5:23; Fil 3:20, ver v. 21). Ver este vocablo en la sección de los **Nombres de personas y de lugares.**

SANEDRÍN (*sunédrion*: συνέδριον <4892>; de *sun*: junto a, y *jézomai*: sentarse)
Consejo judicial supremo de la nación judía, reunida en Jerusalén. Estaba compuesto por setenta miembros, escogidos entre los principales sacerdotes, los escribas y los ancianos de los judíos; estaba presidido por el sumo sacerdote (Mt 5:22; 10:17; 26:59; Mc 13:9; 14:55; 15:1; Lc 22:66; Jn 11:47; Hch 4:15; 5:21, 27, 34, 41; 6:12, 15; 22:30; 23:1, 6, 15, 20, 28; 24:20). El sanedrín no tenía derecho a pronunciar la pena de

muerte: era la prerrogativa del gobernador romano (ver Jn 18:31). En el origen, setenta hombres entre los ancianos habían sido escogidos por Moisés para asistirlo en las cuestiones judiciales (ver Nm 11:16).

SANIDAD

1. (*therapeía*: θεραπεία <2322>; de *therapeúo*: sanar, servir) **Cura.** Jesús sanó a los que tenían necesidad de ser curados (lit.: de sanidad) (Lc 9:11). Las hojas del árbol de vida serán para sanidad de las naciones (Ap 22:2).
2. (*íama*: ἴαμα <2386>; de *iáomai*: curar) **Los dones de gracia de sanidad física fueron dados al principio a la Iglesia.** Pablo habla de estos dones en 1Co 12:9, 28, 30. Forman parte de los «dones signos», diferentes de los dones de doctor, de pastor, de evangelista. ¶
3. (*íasis*: ἴασις <2392>; de *iáomai*: curar) **Cura; otra trad.: curación.** Jesús hacía curaciones (Lc 13:32). Una milagrosa curación había sido hecha en un hombre que tenía más de cuarenta años (Hch 4:22). En Hch 4:30, «para sanar» es lit.: «para sanidad». ¶

SANTAMENTE

(*josíos*: ὁσίως <3743>; de *jósios*: santo)
Con santidad, con piedad. Los tesalonicenses, y también Dios, eran testigos de cómo Pablo se había conducido santamente para con los que creían (1Ts 2:10).

SANTIDAD –
Ver **SANTIFICACIÓN**.

SANTIFICACIÓN

1. (*jagiasmós*: ἁγιασμός <38>; de *jágios*: santo) **Santificación, pureza moral.** Cristo Jesús nos ha sido hecho por Dios santificación (1Co 1:30). Los creyentes han sido escogidos en la santificación del Espíritu (2Ts 2:13) y elegidos en santificación del Espíritu (1P 1:2). Deben presentar sus miembros para santificación para servir a la justicia (Ro 6:19); tienen su fruto en la santificación (v. 22). La voluntad de Dios, nuestra santificación, es que nos apartemos de la fornicación (1Ts 4:3) y que poseamos nuestra propia esposa en santidad (v. 4); Dios no nos ha llamado a la inmundicia, sino a santificación (v. 7). Le está prescrito a la mujer de perseverar en santificación (1Ti 2:15). Somos exhortados a seguir la santidad, sin la cual nadie verá al Señor (Hb 12:14).
2. (*jagiótes*: ἁγιότης <41>; de *jágios*: santo) **Separación del mal según el carácter y la naturaleza de Dios.** Dios disciplina a los creyentes para que participen de su santidad (Hb 12:10).
3. (*jagiosúne*: ἁγιωσύνη <42>; de *jágios*: santo) **Puesta aparte, separación en pureza moral.** El Espíritu Santo es llamado Espíritu de santidad (Ro 1:4). Pablo desea que el Señor Jesús afirme los corazones de los tesalonicenses en santidad delante de Dios Padre (1Ts 3:13). Invita a los corintios a perfeccionar la santidad en el temor de Dios (2Co 7:1).
4. (*josiótes*: ὁσιότης <3742>; de *jósios*: santo) **Piedad, obediencia a**

Dios. Dios había concedido a Israel servirlo en santidad (Lc 1:75). El creyente está llamado a vestirse del nuevo hombre, creado según Dios, en justicia y santidad de la verdad (Ef 4:24).

SANTIFICAR (*jagiázo*: ἁγιάζω <37>; de *jágios*: sagrado)
Consagrar, poner aparte para Dios. En cuanto a su posición delante de Dios, todo creyente es santificado (Hch 20:32; 26:18; 1Co 1:2; 6:11; Hb 10:10, 14). Está puesto aparte para Dios por la obra de la redención y por el Espíritu Santo que mora en él. En Hb 2:11a, b, el que santifica (el Señor Jesús) y los que son santificados (los creyentes) de uno son todos, es decir de un mismo linaje. La santificación también es realizada práctica y progresivamente por el creyente (Ap 22:11), por la separación del mal (2Ti 2:21), por Dios sí mismo (1Ts 5:23). Jesús le pedía al Padre santificar a los que le había dado, y él mismo se había santificado por ellos, para que ellos también fuesen santificados en la verdad (Jn 17:17, 19a, b). La sangre de animales santificaba para la purificación de la carne, bajo la ley (Hb 9:13); pero Jesús ha santificado al pueblo (los creyentes) mediante su propia sangre (Hb 13:12). Ha santificado a la Iglesia, purificándola en el lavamiento del agua por la palabra (Ef 5:26). El Padre ha santificado al Hijo (Jn 10:36); los creyentes deben santificar a Cristo en sus corazones (1P 3:15). Jesús oraba que el nombre de su Padre fuese santificado (Mt 6:9; Lc 11:2). La mujer o el marido incrédulo es santificado por el cónyuge creyente (1Co 7:14), participando de los privilegios cristianos. Otras ref.: Mt 23:17, 19; Ro 15:16; 1Ti 4:5; Hb 10:29.

SANTO (adj.)
1. (*jágios*: ἅγιος <40>; misma raíz que *jagnós*: puro) **Cualidad de alguien o de algo que es consagrado para Dios, puesto aparte para él; la santidad es también un atributo de Dios mismo, que está separado del mal.** Este vocablo está empleado por el ángel Gabriel para caracterizar a Jesús antes de su nacimiento: el Santo Ser que nacerá (lit.: el engendrado santo) será llamado Hijo de Dios (Lc 1:35). El vocablo cualifica a Dios Padre (Jn 17:11), a Jesús, siervo de Dios (Hch 4:27, 30), a Dios (1P 1:15, 16; Ap 4:8a-c; 6:10); el nombre de Dios es santo (Lc 1:49), así como su templo (1Co 3:17), su ley (Ro 7:12), su mandamiento (Ro 7:12; 2P 2:21), su pacto (Lc 1:72), su llamamiento (2Ti 1:9). Designa a los ángeles que no han pecado (Mc 8:38; Lc 9:26; Hch 10:22; Ap 14:10), a los profetas (Lc 1:70; Hch 3:21; 2P 3:2), a hombres de Dios (2P 1:21), a los apóstoles (Ef 3:5), a Juan el Bautista (Mc 6:20), a los creyentes desde Pentecostés (Ef 1:4; Col 1:22; 3:12; 1Ts 5:27; Hb 3:1; 1P 1:15, 16; Ap 20:6) y a sus hijos (1Co 7:14). Los creyentes se saludan con un ósculo

santo (Ro 16:16; 1Co 16:20; 2Co 13:12; 1Ts 5:26). Están exhortados a presentar sus cuerpos en sacrificio vivo, santo a Dios (Ro 12:1). Están edificados como santo sacerdocio (1P 2:5); son una nación santa (v. 9), un templo santo (Ef 2:21); como esposa de Cristo, la Iglesia es santa y sin mancha (Ef 5:27). En relación con Israel, el olivo, sus primicias, su masa, su raíz y sus ramas son santas (Ro 11:16). El primer santuario del tabernáculo es llamado Lugar Santo (Hb 9:2: *jágion*), el segundo es llamado Santísimo (v. 3; *jágion*). Jerusalén es la ciudad santa (Ap 11:2; 21:2, 10; 22:19: *jágion*). Enoc ha hablado del Señor que vino con sus santas decenas de millares (Jud 14). Moisés estaba sobre una tierra santa (Hch 7:33). Los profetas de Dios habían prometido el evangelio de Dios en las santas Escrituras (Ro 1:2). La mujer soltera está ocupada de las cosas del Señor para ser santa, de cuerpo y de espíritu (1Co 7:34). Los creyentes deberían estar caracterizados por una santa conducta esperando la venida del día de Dios (2P 3:11). Se edifican sí mismos sobre su santísima fe (Jud 20). Según la ley, lo que abría la matriz era llamado santo al Señor (Lc 2:23).

2. (lo que es santo: *jágion*; neutral de *jágios*: ἅγιος <40>; ver **1.**) **Lo sagrado.** Jesús dijo que no había que dar lo que es santo (lo que tiene valor a los ojos de Dios) a los perros (los que no pueden apreciar tales cosas) (Mt 7:6).

3. (*jierós*: ἱερός <2413>) **Sagrado.** Timoteo conocía las sagradas escrituras (es decir los escritos del A.T.) desde la infancia (2Ti 3:15).>

4. (como conviene a santas mujeres: *jieroprepés*: ἱεροπρεπής <2412>; de *jierós*: ver **3.**, y *prépo*: convenir) **Como conviene a las que son puestas aparte.** Las ancianas debían ser reverentes (santas como conviene) en su porte, (Tit 2:3).

5. (*jósios*: ὅσιος <3741>) **Piadoso, justo. La nota del trad. en 2Cr 6:42 sugiere que se trata de la bondad en Dios, la piedad en el hombre hacia Dios y hacia sus semejantes.** El Señor Dios, solo él, es santo (Ap 15:4; también 16:5). El Hijo de Dios, como sumo sacerdote, es santo (Hb 7:26). Pablo quiere que los hombres oren levantando manos santas (1Ti 2:8).

SANTO (sust.)

1. (*jágios*: ἅγιος <40>; misma raíz que *jagnós*: puro) **El vocablo empleado en plural designa a personas vivas que han creído en la obra de la redención hecha por Jesucristo en la cruz.** Estas personas están santificadas (es decir puestas aparte) por esta obra, justificadas, y poseen la vida eterna (ver Ro 6:22; 1Co 6:11). Pablo se dirige con frecuencia a los santos en sus epístolas a las iglesias locales y habla de ellos (p.ej. Ro 1:7; 1Co 1:2; 6:2; Flm 5). Jesucristo es el santo por excelencia (Mc 1:24; Lc 4:34; Jn 6:69; Hch 3:14; 1Jn 2:20); Ap 3:7).

El último versículo de la Biblia desea que la gracia del Señor Jesús sea con todos (algunos mss.: los santos) (Ap 22:21).

2. (*jósios*: ὅσιος <3741>) **Piadoso, justo. La nota de un trad. en 2Cr 6:42 sugiere que se trata de la bondad en Dios, también de la piedad en el hombre hacia Dios y hacia sus semejantes.** El vocablo está empleado en Hch 2:27; 13:35.

SANTO SER (santo: *jágios*: ἅγιος <40>; de *jágos*: respeto de Dios, temor religioso; mismo radical que *jágnos*: puro)
Venerable; separado del pecado y consagrado a Dios; la santidad es igualmente un atributo de Dios sí mismo, que está separado del mal. Este vocablo es empleado por el ángel Gabriel para caracterizar a Jesús antes de su nacimiento: el Santo Ser que nacerá (lit.: el engendrado santo) será llamado Hijo de Dios (Lc 1:35).

SANTUARIO
1. (*jágion*: ἅγιον <39>; de *jágios*: sagrado) **Habitación de Dios en la tierra en el A.T.** Jehová había dado ordenanzas a propósito del santuario terrenal, el del tabernáculo en el desierto (Hb 9:1; ver Éx 25-31). Este era una figura del santuario celestial en el que Jesús, nuestro sumo sacerdote, ha entrado (ver Hb 9:24). Hb 9:1-5 describe: en el v. 1, el conjunto del santuario (*jágion*) en el desierto, patio y tabernáculo; en el v. 2, lo que contenía el lugar santo, primera parte del tabernáculo (*jágia*); en los v. 3 y 4, el contenido del lugar santísimo, o santo de los santos (*jágia jágion*). Los cristianos, en el presente, tienen acceso al lugar Santísimo por la sangre de Jesucristo, por el camino nuevo y vivo que él nos abrió a través del velo, es decir la carne de Jesucristo (figurada por el velo; ver Hb 10:19-21).

2. Ver **TEMPLO 2**.

SARCASMO – Ver **VITUPERIO**.

SARDIO – Ver **CORNALINA**.

SARMIENTO – Ver **VID**.

SAVIA (*piótes*: πιότης <4096>; de *píon*: grasa)
Líquido espeso que circula por la planta con la función de nutrirla; aquí, metáfora de esta función. El olivo salvaje (los gentiles) ha sido injertado en medio de las ramas del olivo cultivado (Israel), y ahora participa de su raíz y de su savia (Ro 11:17). ¶

SAZONAR (*artúo*: ἀρτύω <741>)
Relevar el gusto de un alimento con un ingrediente como la sal. Jesús pregunta con qué sazonar la sal si ella ha perdido su sabor (Mc 9:50; Lc 14:34). La palabra del creyente siempre debe ser con gracia, sazonada con sal (Col 4:6). ¶

SECTA (*jairesis*: αἵρεσις <139>; ha dado herejía)

1. Esta palabra significa lit.: una elección, una preferencia por una doctrina. Una secta se caracteriza por la adhesión de sus miembros a una doctrina particular, bajo la impulsión y la dirección de un falso doctor (2P 2:1; Gá 5:20). En los Hechos, se hace mención de la secta de los saduceos (5:17), de los fariseos (15:5; 26:5), de los nazarenos (24:5). Los judíos presentaban el cristianismo como siendo una secta, asimilada a una nueva escuela filosófica (24:14; 28:22). El hombre sectario (RV.: Que causa divisiones) debe ser desechado (Tit 3:10), porque divide con la ayuda de una enseñanza subversiva (Hch 20:30) e introduce un espíritu de partido contrario a la unidad de la doctrina de Cristo (1Co 11:19). ¶
2. Ver **HEREJÍA**.

SECTARIO (*jairetikós*: αἱρετικός <141>; de *jairéomai*: escoger; ha dado: herético)
Aquel que introduce o hace la promoción de las sectas. El hombre sectario (o: que causa división) debe ser desechado (Tit 3:10), porque divide mediante una enseñanza subversiva (ver Hch 20:30).

SEDUCIR (*deleázo*: δελεάζω <1185>; de *délear*: truco, carnada)
Engañar, entrampar. Cada uno es seducido por su propia pasión (Stg 1:14). Pedro habla de los que seducen a las personas inconstantes (2P 2:14) y que seducen con pasiones de la carne y el libertinaje a los nuevos creyentes (v. 18). ¶

SEDUCTOR – Ver **ENGAÑADOR**.

SEGADOR (*theristés*: θεριστής <2327>; de *therízo*: segar, que viene de *théros*: estación del calor, verano) **Persona que siega.** El vocablo está empleado en un sentido figur. en la parábola de la cizaña y del trigo (Mt 13:30); los segadores son ángeles que ejercen el juicio de Dios (v. 39). ¶

SEGAR
1. (*amáo*: ἀμάω <270>) **Cosechar.** Jacobo (Santiago) habla de los obreros que han segado los campos de los ricos (Stg 5:4a). ¶
2. (*therízo*: θερίζω <2325>; de *théros*: estación del calor, verano) **Hacer la siega.** El vocablo está empleado lit. en Mt 6:26; 25:24, 26; Lc 12:24; 19:21, 22; Stg 5:4b. En sentido figur. en Jn 4, significa trabajar para ganar almas para Dios (v. 36a, b, 37, 38). Pablo habla de segar bienes materiales, habiendo sembrado bienes espirituales (1Co 9:11). En 2Co 9:6a, b, el verbo es sin. de recibir una recompensa, un provecho como resultado de haber compartido sus bienes. En Gá 6:7, 8a, b, 9, el principio de hacer lo que está bien, de sembrar para el Espíritu, causa una rica cosecha. En Ap 14:15a, b, 16, segar se refiere al juicio de los habitantes de la tierra. ¶

SELLAR

1. (*sfragízo*: σφραγίζω <4972>; de *sfragís*: sello; lit.: atestar) **Poner un sello.** Un libro está sellado con siete sellos en Ap 5:1. Sellando a los creyentes (Ef 1:13), el Espíritu Santo certifica su pertenencia a Dios; los ha sellado para el día de la redención (4:30). En 2Co 1:22, también leemos que Dios nos ha sellado. El vocablo designa una identificación particular de Jesús por el Padre (Jn 6:27) y de creyentes de diversas tribus en un día futuro (Ap 7:4, 5, 8); en Ap 7:3, los siervos de Dios son sellados en la frente. El vocablo tiene la significación de prohibir el acceso (Mt 27:66: sellando la piedra de la tumba), de esconder el sentido (Ap 10:4; 22:10). El apóstol Juan ha sellado (o: atestiguado) que Dios es veraz (Jn 3:33). Pablo emplea este vocablo a propósito de un don (Ro 15:28). Un ángel puso un sello sobre (lit.: selló a) Satanás, con el fin de que no engañase más a las naciones (Ap 20:3).
2. (*katasfragízo*: κατασφραγίζω <2696>; de *katá*: part. int. y *sfragízo*: ver **1.**) **Vocablo más fuerte que el precedente.** Juan vio un libro sellado con siete sellos (Ap 5:1).

SELLO (*sfragís*: σφραγίς <4973>; prob. de *frásso*: cerrar)
Marca impresa, a menudo sobre una carta, que permite cerrarla; el sello certifica la propiedad del documento sobre el que está puesto. Abraham recibió la señal de la circuncisión como sello (o: garantía) de la justicia de la fe estando aún incircunciso (Ro 4:11). Los corintios eran el sello (o: prueba) del apostolado de Pablo (1Co 9:2). El sello del firme fundamento de Dios consiste en el hecho que el Señor conoce a los que son suyos y que aquel que pronuncia su nombre debe apartarse de iniquidad (2Ti 2:19). En el Apocalipsis, solo el Cordero es digno de abrir el libro que está en la derecha de Aquel que está sentado en el trono y de romper los siete sellos (5:1, 2, 5, 9; 6:1, 3, 5, 7, 9, 12; 8:1). El vocablo corresponde a una marca distinta y certifica la propiedad de aquel sobre el que está puesto; hay hombres que no tienen el sello de Dios sobre sus frentes (Ap 9:4) y un ángel tiene el sello del Dios vivo (7:2).

SEMBRADO (*spórimos*: σπόριμος <4702>; de *speíro*: sembrar)
Campo sembrado de trigo. Jesús pasaba por los sembrados un sábado (Mt 12:1; Mc 2:23; Lc 6:1). ¶

SEMEJANTE (HACER) (*afomoióo*: ἀφομοιόω <871>; de *apó*: part. int., y *jomoióo*: asimilar, comparar)
Considerar como semejante, asemejar. Melquisedec, sacerdote del Dios Altísimo, es hecho semejante al Hijo de Dios (Hb 7:3). ¶

SENCILLEZ –
Ver **LIBERALIDAD**.

SENO (*kólpos*: κόλπος <2859>)
Término utilizado para describir el afecto del Padre y el paraíso. El «seno del Padre» (Jn 1:18) nos habla del eterno afecto, y continuo en el tiempo, entre Dios el Hijo y Dios el Padre. En Lc 16:22, el «seno de Abraham» es una expresión metafórica utilizada entre los judíos; ella evoca el feliz lugar de los creyentes después de la muerte, como la de Abraham, en espera de la resurrección.

SENSUALIDAD – Ver **LASCIVIA**.

SEÑAL – Ver **MILAGRO**.

SEÑALAR – Ver **SELLAR**.

SEÑOR
1. (*kúrios*: κύριος <2962>; de *kúros*: autoridad soberana, supremacía) **Persona que tiene autoridad sobre otra; amo.** El siervo no es mayor que su señor (Mt 10:24; Jn 13:16); le basta al siervo ser como su señor (Mt 10:25). El vocablo está empleado en parábolas (Mt 18:25-27, 31, 32, 34; 21:30; 25:11a, b; Lc 19:25). El vocablo designa a Pilato (Mt 27:63). Sara llamaba a Abraham señor (1P 3:6). El vocablo designa a un anciano en Ap 7:14. El Cordero es Señor de señores (Ap 17:14; también 19:16). El carcelero empleó este término para dirigirse a Pablo y a Silas (Hch 16:30). Otras ref.: 1Co 8:5; Gá 4:1. Ver **SEÑOR** en la sección de los **Nombres de personas y de lugares**.

2. (*Despótes*: Δεσπότης <1203>) **Señor soberano.** El vocablo está empleado dirigiéndose a Dios (Lc 2:29).>

SEÑOR DE LOS EJÉRCITOS – Ver **SABAOT**.

SEÑOR (DEL) (*kuriakós*: κυριακός <2960>; de *kúrios*: señor, soberano) **Que pertenece en propio al Señor.** El vocablo solo está empleado en relación con el Señor Jesús: la cena del Señor (1Co 11:20) y el día del Señor, probablemente el domingo (Ap 1:10). ¶

SEÑOR VIENE (EL) – Ver **MARAN-ATA**.

SEÑORA (*kuría*: κυρία <2959>; fem. de *kúrios*: señor)
Título dado a una mujer. Persona a la que Juan se dirige en su segunda epístola (2Jn 1, 5). Algunos sugieren que podría tratarse de Kyria, el nombre propio de una mujer. ¶

SEÑORÍO (*kuriótes*: κυριότης <2963>; de *kúrios*: señor)
Dominio, autoridad. Dios ha hecho sentar a Cristo a su derecha en los lugares celestiales por encima de todo principado, autoridad, poder y señorío (Ef 1:21). Algunos siguen la carne en concupiscencia e inmundicia y, además, desprecian el señorío (2P 2:10; Jud 8); tenemos, reunidos en estos versículos, la gratificación de la carne y el rechazo de la autoridad.

SEPARACIÓN

SEPARACIÓN (del verbo *corízo*: χωρίζω <5563>)
Irse, separarse. Este término tiene el sentido de romper las relaciones (p.ej.: con su cónyuge: 1Co 7:10, 11; ver **DIVORCIO**). Está empleado en relación con la posición de Cristo resucitado: Sumo sacerdote separado (RV: apartado) de los pecadores (Hb 7:26). Nada puede separar al creyente del amor de Cristo y del amor de Dios (Ro 8:35, 39). El término «apartado», o «separado», en el sentido de establecer límites (*aforízo*), está empleado para aquellos que han recibido el servicio del evangelio (Ro 1:1; Gá 1:15), a propósito del juicio divino sobre los hombres (Mt 13:49; 25:32), y de la separación de los creyentes con los incrédulos (Hch 19:9; 2Co 6:17). El apóstol Pedro era culpable al separarse de los creyentes gentiles (Gá 2:12).

SER VIVIENTE – Ver **ANIMAL**.

SERAFINES (en heb.: *seraf*; lit.: ardiente)
Ángeles que proclaman la santidad y la gloria de Dios. La única mención de estos ángeles se encuentra en el A.T. (Is 6:2, 6). Comp.: **QUERUBINES**.

SERIEDAD – Ver **DIGNIDAD**.

SERIO – Ver **GRAVE**.

SERPIENTE (ὄφις: *ófis* <3789>)
1. Reptil prudente y astuto. Jesús dijo que había que ser prudentes como serpientes (Mt 10:16). El diablo es nombrado así (Ap 12:9, 14, 15; 20:2), pues es él, la serpiente antigua, que engañó a Eva con su astucia en el jardín de Edén (2Co 11:3). Moisés levantó una serpiente de bronce en el desierto (Jn 3:14) para sanar a los que habían sido mordidos por las serpientes (1Co 10:9; ver Nm 21:9). El vocablo también está empleado en otros lugares lit. (Mt 7:10; Mc 16:18; Lc 10:19; 11:11) y como metáfora (Mt 23:33; Ap 9:19).
2. Ver **ÁSPID, REPTIL**.

SERVIDOR
1. (servidor o ministro: διάκονος: *diákonos* <1249>) **Aquel que ha recibido un servicio por parte del Señor.** Ref.: 2Co 6:4; Fil 1:1; Col 1:7, 25; 1Ti 3:8,12; 4:6. Las cualificaciones morales para asumir este cargo en la iglesia local están enumerados en 1Ti 3:8-13.
2. (siervo: δοῦλος: *doúlos* <1401>) **Totalmente sometido al servicio de un amo.** El término es traducido como: «esclavo» (Mt 24:45; Ef 6:5; Col 3:22; etc.).
3. (οἰκέτης: *oikétes* <3610>) **Que sirve en casa, criado.** Ref.: Mt 24:45; Lc 16:13; Hch 10:7; Ro 14:4; 1P 2:18. ¶
4. (παῖς: *país* <3816>) **Lit.: niño, muchacho, joven.** Ref.: Lc 1:54; 7:7; Hch 3:13, 26; 4:25, 27, 30.
5. Ver **MINISTRO**.

SERVIDUMBRE – Ver **ESCLAVITUD**.

SEVERO – Ver **PERVERSO**.

SICARIO – Ver **ASESINO**.

SICÓMORO (*sukomoréa*: συκομορέα <4809>; de *súkon*: higo) **Higuera de gran tamaño con tronco grueso y hojas aterciopeladas en su cara inferior; los frutos son comestibles.**
Zaqueo se subió a un sicómoro para ver a Jesús que pasaba (Lc 19:4).

SIDRA – Ver **LICOR**.

SIEGA (*therismós*: θερισμός <2326>; de *théros*: estación del calor, verano) **Cosecha.** El vocablo está empleado en su sentido literal para designar el tiempo de la siega (Mc 4:29; Jn 4:35a, b). La siega empezaba en abril y duraba aprox. siete semanas. Al principio de la siega, se celebraba la fiesta de las Primicias, y cincuenta días más tarde la fiesta de Pentecostés (ver Lv 23:10, 11, 15-17). Jesús también emplea este vocablo para designar a los que se dirige el evangelio (Mt 9:37, 38a, b; Lc 10:2a-c). En otra parte, la siega corresponde al tiempo del juicio final (Mt 13:30a, b, 39; Ap 14:15). ¶

SIERVO – Ver **MINISTRO**.

SIGLO (*aión*: αἰών <165>) **Periodo de tiempo de duración indeterminada en el N.T.** El vocablo tiene esta significación, p.ej., en Mt 12:32; Lc 16:8. **a.** «Antes de los tiempos de los siglos» significa: antes de la creación (*aiónios*: 2Ti 1:9; Tit 1:2). Igual significación para «antes de los siglos» (1Co 2:7), «desde los siglos» (Ef 3:9; Col 1:26) y «por todos los siglos» (Jud 25). **b.** «Los siglos» (Hb 9:26) son aquellos durante los cuales Dios prueba al hombre, desde Adán hasta la primera venida del Señor. **c.** «Este siglo» ha comenzado cuando el hombre ha rechazado y crucificado a Jesucristo, el Hijo de Dios (1Ti 6:17). Está calificado de malo (Gá 1:4); está caracterizado por la vanidad y la corrupción, y por su alejamiento de Dios bajo la influencia del diablo, el dios de este siglo (Mt 13:39, 40; Ro 12:2; 1Co 1:20; 2:6a, b, 8; 3:18; 2Co 4:4; 2Ti 4:10, sin. de «mundo»; Tit 2:12). Durante este periodo, el Señor guarda a los suyos (Mt 28:20). **d.** «El siglo venidero» le sucede; está señalado por el poder y la dominación del Señor Jesús durante su reino de mil años (Mc 10:30; Lc 18:30; 20:35; Ef 1:21; 2:7; Hb 6:5); ver **MILENIO**. **e.** «Los siglos de los siglos» corresponden a la eternidad, fuera del tiempo (Gá 1:5; Ef 3:21; Fil 4:20; 1Ti 1:17; 2Ti 4:18; Hb 1:8; 13:21; 1P 4:11; 5:11; Ap 1:6, 18; 4:9, 10; 5:13; 7:12; 10:6; 11:15; 14:11; 15:7; 19:3; 20:10; 22:5). Otras ref.: Mt 13:22, 49; 24:3; Mc 4:19; Lc 20:34; 1Co 10:11; Ef 3:11.

SIMA – Ver **ABISMO**.

SÍMBOLO – Ver **PARÁBOLA**.

SIMILITUD

SIMILITUD (*paroimía*: παροιμία <3942>)
Relato más breve que una parábola, pero proponiendo también una enseñanza espiritual. Ref.: Jn 10:1-6; 16:25, 29; RV. traduce Alegoría. En 2P 2:22, la palabra es traducida por «proverbio»: es un refrán. ¶

SINAGOGA (*sunagogé*: συναγωγή <4864>; de *sun*: junto a, y *ágo*: guiar)
Asamblea religiosa de los judíos. El vocablo se encuentra p.ej. en Hch 9:2; 13:14, 42; 14:1. La sinagoga estaba identificada con el lugar en donde ella se reunía; las reuniones tenían lugar principalmente el día de reposo (sabbat) (Mc 1:21; Lc 4:16). Jesús, Pablo, Bernabé y Apolo han predicado en las sinagogas (p.ej. Mt 4:23; Hch 9:20; 13:5). La expresión «sinagoga de Satanás» está empleada a propósito de grupos religiosos que se reclamaban del judaísmo o del cristianismo, pero que estaban bajo la influencia de Satanás; se oponían a los fieles representados por dos iglesias: Esmirna y Filadelfia (Ap 2:9; 3:9), a las que no se le hacen reproches.

SIRVIENDO BAJO LOS OJOS (formado de dos palabras que significan: ojo y esclavo)
Servicio visible a los ojos de los hombres, y hecho para agradar a los hombres. Este servicio está en contraste con un servicio hecho ante Dios, en simplicidad de corazón y según su voluntad (Ef 6:6; Col 3:22).

SOBERANO – Ver **PRÍNCIPE**.

SOBRIAMENTE (*sofrónos*: σωφρόνως <4996>; de *sózo*: salvar, y *frén*: juicio, mente)
Ejerciendo un control sobre sí mismo, haciendo prueba de moderación. La gracia de Dios nos enseña a vivir en este siglo sobria, justa y piadosamente (Tit 2:12).

SOBRIO
1. (*nefálios*: νηφάλιος <3524>; de *néfo*: ver **2.**) **Moderado; que se abstiene totalmente o en parte de beber vino.** Es necesario que el obispo sea sobrio (1Ti 3:2), como también las creyentes (1Ti 3:11), los ancianos (Tit 2:2).
2. (ser sobrio {en sentido moral}: *néfo*: νήφω <3525>) **No estar bajo la influencia de un producto excitante; ser tranquilo y concentrado.** Los creyentes deben ser sobrios (1Ts 5:6, 8). Timoteo debía ser sobrio en todo (2Ti 4:5). Pedro exhorta a ser sobrios (1P 1:13; 5:8).
3. (ser sobrio: *sofronéo*: σωφρονέω <4993>; de *sózo*: salvar, y *frén*: juicio, mente) **Ejercer un control sobre sí mismo, hacer prueba de moderación.** Tito debía exhortar a los jóvenes a ser sobrios (Tit 2:6). Pedro exhorta a ser sobrios (1P 4:7).
4. (*semnós*: σεμνός <4586>) **Serio, digno, respetable.** Era necesario que los diáconos fuesen sobrios (1Ti 3:8), asimismo que las mujeres (1Ti 3:11) y los ancianos (Tit 2:2).

SOCIO (*koinonós*: κοινωνός <2844>; de *koinós*: común)
Partícipe, compañero. Jacobo y Juan eran socios de Simón (Lc 5:10). Tito era el compañero de Pablo para con los corintios (2Co 8:23). Pablo pregunta a Filemón si lo tenía por compañero suyo (Flm 17).

SOCORRO
1. (*boétheia*: βοήθεια <996>; de *boé*: grito, y *théo*: correr) **Ayuda.** Debemos acercarnos con confianza del trono de la gracia, para alcanzar misericordia y hallar gracia para el oportuno socorro (Hb 4:16).
2. (*epikouría*: ἐπικουρία <1947>) **Ayuda, asistencia.** Pablo había recibido el auxilio que viene de Dios (Hch 26:22).
3. (*epicoregía*: ἐπιχορηγία <2024>; de *epí*: además, y *coregéo*: proveer) **Asistencia, ayuda.** Las suplicaciones de los filipenses y la suministración del Espíritu de Jesucristo resultarían en liberación para Pablo (Fil 1:19).
4. (ayudar, socorrer: *eparkéo*: ἐπαρκέω <1884>; de *epí*: part. int., y *arkéo*: ser fuerte) **Ayudar, asistir con sus recursos.** La iglesia debe ayudar a las creyentes que verdaderamente son viudas (1Ti 5:16).

SODOMITA (*arsenokoítes*: ἀρσενοκοίτης <733>; de *ársen*: varón, y *koíte*: lecho)
Hombre homosexual, pederasta. No os engañéis, los que abusan de sí mismos con hombres (o: sodomitas) no heredarán del reino de Dios (1Co 6:9; ver v. 10); la ley es para tales hombres (1Ti 1:10; ver v. 9). ¶

SOL DE JUSTICIA
Expresión que se encuentra en el A.T. (Mal. 4:2) y que caracteriza al Señor en el momento de su venida para juzgar y reinar. Ver **Día del Señor** y **Aparición**.

SOLÍCITO – Ver CELOSO.

SOLICITUD – Ver CELO, PREOCUPACIÓN.

SOLIDARIOS (HACERSE) (*koinonós*: κοινωνός <2844>; γίνομαι: *gínomai*)
Hacerse socio, compartir. Los hebreos se habían solidarizado con los que eran maltratados (Hb 10:33).

SOMETER
1. (*jupotásso*: ὑποτάσσω <5293>; de *jupó*: debajo, y *tásso*: arreglar) **Poner bajo la autoridad, sujetar.** Los demonios estaban sometidos a los setenta discípulos (Lc 10:17, 20). La creación fue sometida a la vanidad a causa de aquel que la ha sometido (Ro 8:20a, b). Los espíritus de los profetas están sujetos a los profetas (1Co 14:32). Dios ha sometido todas las cosas bajo los pies de Cristo (1Co 15:27a-c; Ef 1:22; Hb 2:8a, b, d). Cuando todas las cosas le estén sujetas, entonces el Hijo mismo se someterá a Dios (1Co 15:28a-c). El Señor Jesucristo tiene el poder de someterse todas las cosas (Fil 3:21). Dios no

sometió a los ángeles el mundo venidero (Hb 2:5), sino a Jesús; no obstante, no vemos todavía que todas las cosas le sean sometidas (ver v. 8).
2. (insubordinado: *anupótaktos*: ἀνυπότακτος <506>; de *a*: part. neg., y *jupotásso*: ver **1.**) **No sometido.** Dios nada dejó que no le sea sujeto a Jesús (Hb 2:8c).
3. (sometido a: *énocos*: ἔνοχος <1777>; de *enéco*: sostener en) **Sujetar a, exponer a.** Jesús ha librado a los que estaban sometidos a esclavitud por temor a la muerte (Hb 2:15).

SUBTERRÁNEO – Ver **TIERRA (DEBAJO DE LA).**

SUEGRA (*pentherá*: πενθερά <3994>)
Madre del cónyuge. Jesús vio a la suegra de Pedro postrada, con fiebre (Mt 8:14; Mc 1:30; Lc 4:38). Jesús ha venido a poner enemistad entre la nuera y la suegra (Mt 10:35; Lc 12:53). ¶

SUEGRO (*pentherós*: πενθερός <3995>)
Padre del cónyuge. Anás era suegro de Caifás (Jn 18:13). ¶

SUFRIMIENTO – Ver **AFLICCIÓN.**

SUMINISTRACIÓN – Ver **SOCORRO.**

SUMINISTRO (*epicoregía*: ἐπιχορηγία <2024>)
Ayuda de cada miembro de un grupo. Cada creyente, miembro de la Iglesia y ligado a los otros creyentes, como en un cuerpo por cada coyuntura del suministro (que se ayuda mutuamente), contribuye al crecimiento del conjunto (Ef 4:16; Fil 1:19). ¶

SUMO SACERDOTE (*arquiereús*: ἀρχιερεύς <749>)
Sacerdote principal que debía ejercer su sacerdocio hasta su muerte (Nm 35:25). Bajo la ley, era el único en poder entrar en el Lugar Santísimo del tabernáculo una vez al año, con sangre e incienso (Hb 9:7, 25; 13:11; ver Lv 16). Los Evangelios y los Hechos hacen referencia al sumo sacerdote de ese tiempo (p.ej.: Mt 26:3; Hch 4:6). La Epístola a los Hebreos revela a Cristo como sumo sacerdote en el cielo (2:17; 10:21: gran sacerdote). Él nos presenta ante Dios, le presenta nuestras ofrendas santificándolas (Hb 13:15); intercede por nosotros (Ro 8:34) y nos sostiene hasta la salvación final (Hb 7:26). A su entrada en el cielo, después de su resurrección, ha recibido la dignidad de sumo sacerdote por la eternidad según el orden de Melquisedec (Hb 5:6; 7:3, 23, 24). Jesús ejercerá ese sacerdocio, en este orden, para la bendición del futuro reino (Hb 9:11).

SÚPLICA – Ver **PETICIÓN.**

SUSPIRAR – Ver **GEMIR.**

SUSTITUCIÓN

Este término no se encuentra en la Biblia; no obstante, representa bien el acto por el cual Jesucristo, el único justo, estuvo crucificado por el hombre pecador. No solo ha llevado los pecados de muchos (Hb 9:28; 1P 2:24), y ha muerto por nuestros pecados (1Co 15:3), sino que Dios lo ha hecho «pecado» y ha condenado el pecado en su cuerpo, para revestir de su justicia a todos aquellos que creen en él (Ro 8:3; 2Co 5:21).

SUTILEZAS (HUECAS) (*apáte*: ἀπάτη <539>; de *apatáo*: hacer trampas, seducir)

Lo que da una falsa impresión, que seduciendo engaña. Los colosenses debían tener cuidado a las huecas sutilezas según las tradiciones de los hombres (Col 2:8).

T

TABERNÁCULO

1. (*skené*: σκηνή <4633>) **a. Vocablo que designa la tienda construida para ser una habitación de Dios en el desierto; Lugar Santo.** Moisés construyó el tabernáculo según el modelo que Dios le había mostrado en el monte (Hb 8:5). El tabernáculo (o tabernáculo de reunión) estaba constituido de un lugar santo, en el que se encontraban una mesa con los panes de proposición, un candelero y un altar en el que se quemaba incienso; al otro lado del velo se situaba el lugar Santísimo, o santo de los santos, con el arca del pacto. Solo el sumo sacerdote podía entrar en el lugar santísimo una vez al año, con sangre de un sacrificio y con incienso: ver Lv 16. La presencia de Dios se hacía visible encima del tabernáculo, de día con una nube y de noche con una columna de fuego. Delante del tabernáculo se encontraban un altar para ofrecer sacrificios y una fuente de bronce que servía para la purificación de los sacerdotes. El patio que rodeaba el tabernáculo estaba delimitado con una valla de tapices de lino fino. El vocablo «tabernáculo» está empleado en Hb 8:5; 9:2, 3, 6, 8, 21; 13:10. El tabernáculo es llamado tabernáculo del testimonio en Hch 7:44 y Ap 15:5. Ver **SANTUARIO**.
b. Morada. La expresión «tabernáculos eternos» tiene el sentido de «moradas eternas» en Lc 16:9.
c. Habitación o tienda de Moloc, un dios pagano. La casa de Israel había sido culpable de haber llevado el tabernáculo de Moloc (Hch 7:43). **d. Templo de Salomón y futuro templo en Israel.** El tabernáculo para Dios que pidió David (Hch 7:46: *skénoma*; ver **2.**) iba a ser el templo que edificaría Salomón (ver v. 47). Este tabernáculo será reedificado en un día futuro (Hch 15:16).
e. Habitación celestial. El tabernáculo corresponde en otras partes a los lugares celestiales (Hb 8:2; 9:11; Ap 15:5).

2. (*skénoma*: σκήνωμα <4638>; de *skenóo*: habitar, erigir una tienda, que viene de *skénos*: choza) **Tienda como habitación de Dios o como cuerpo del creyente.** David pidió un tabernáculo para Dios (Hch 7:46).

TABERNÁCULOS (FIESTA DE LOS) (*skenopegía*: σκηνοπηγία <4634>; de *skené*: tienda, y *pégnumi*: armar, arreglar, levantar)

Séptima y última fiesta anual en Israel, celebrada durante siete días a partir del décimoquinto día del séptimo mes (el mes de octubre), al final de la siega de los campos. Los judíos, en el tiempo del Señor, celebraban todavía la fiesta de los tabernáculos (Jn 7:2; ver v. 37). Ella les recordaba que sus padres habían vivido en tiendas después de su salida de Egipto, antes de entrar en la tierra prometida; en el octavo día de la fiesta, había una santa convocación del pueblo delante de Jehová. ¶

TALENTO
1. (*tálanton*: τάλαντον <5007>) **Unidad de peso en el A.T. (heb.: sikkar), estimada a aprox. 44 kilos (siclo del santuario; Éx 30:13) y a aprox. 49 kilos (siclo del rey; 2S 14:26). Antes de la invención de la moneda, las cantidades eran pagadas en peso de metal (2R 5:23). Los judíos empleaban el talento ático introducido por el emperador Alejandro durante su conquista. Esta moneda valía 60 minas o 6.000 dracmas.** El hombre de la parábola debía 10.000 talentos (Mt 18:24); le era imposible reembolsar esta fabulosa cantidad que constituía su deuda. La parábola de los talentos (ver Mt 25:15, 16, 20, 22, 24, 25, 28a, b) ilustra las capacidades confiadas a los siervos del Señor; ellos deberán rendir cuenta del empleo que hayan hecho. ¶

2. (del peso de un talento: *talantiaíos*: ταλαντιαῖος <5006>; de *tálanton*: ver 1.) **Que pesa un talento.** El granizo del peso de un talento (lit.: como del peso de un talento; Ap 16:21; ver 8:7) simboliza un juicio súbito y aterrador, de origen celestial. ¶

TALITA CUMI (muchacha: *talithá*: ταλιθά <5008>; lit.: fresca; levantar: *koúmi*: κοῦμι <2891>)

Palabras aram. que significan «muchacha» y «levántate». Jesús le dijo a una niña (otros: muchacha) que estaba muerta (Mc 5:41): «Talita cumi», es decir «Niña, levántate». ¶

TARDANZA (*bradútes*: βραδύτης <1022>; de *bradús*: lento, tardo)

Hacerse esperar, ser lento en actuar. Algunos estiman que hay tardanza en lo que concierne a la venida del Señor (2P 3:9). ¶

TARDO (*bradús*: βραδύς <1021>)

Que no es rápido. Los discípulos de Emaús eran tardos de corazón para creer todas las cosas que los profetas han dicho (Lc 24:25). Todo hombre debe ser tardo para hablar, tardo para airarse (Stg 1:19a, b). ¶

TEATRO (*théatron*: θέατρον <2302>; de *theáomai*: contemplar, mirar)
Edificio público que sirve para los juegos, las representaciones teatrales, los discursos ante el pueblo, las asambleas públicas; los teatros se hacían al aire libre. El teatro de Éfeso (Hch 19:29, 31) podía acoger hasta 24.500 espectadores. Otra ref.: 1Co 4:9 (espectáculo). ¶

TEJER – Ver **TRENZAR**.

TELA DE LINO – Ver **VENDA DE LINO**.

TEMBLAR (*frísso*: φρίσσω <5425>) **Tiritar, agitarse de temor.** Los demonios tiemblan (Stg 2:19), porque conocen su destino. ¶

TEMBLOR
1. (*trómos*: τρόμος <5156>; de *trémo*: temblar) **Agitación física producida por el temor.** El temblor y el espanto se habían apoderado de las mujeres en el sepulcro de Jesús (Mc 16:8). Pablo estuvo entre los corintios con debilidad, y mucho temor y temblor (1Co 2:3). Los corintios habían recibido a Tito con temor y temblor (2Co 7:15). Los siervos deben obedecer a sus amos terrenales con temor y temblor (Ef 6:5). Los filipenses debían ocuparse a su propia salvación con temor y temblor (Fil 2:12). ¶
2. (terremoto: *seismós*: σεισμός <4578>; de *seío*: mecer, agitar) **Sacudida de la corteza terrestre,** seísmo. El centurión y otros habían visto el terremoto cuando Jesús entregó su espíritu (Mt 27:54). Hubo un gran terremoto cuando las mujeres vinieron al sepulcro de Jesús (Mt 28:2). Hubo un gran terremoto, y las puertas de la cárcel en la que se encontraban Pablo y Silas se abrieron (Hch 16:26). Durante la gran tribulación, habrá terremotos (Mt 24:7; Mc 13:8; Lc 21:11). El vocablo está traducido como: «tempestad» en Mt 8:24. Otras ref.: Ap 6:12; 8:5; 11:13a, b, 19; 16:18. ¶

TEMOR (*fóbos*: φόβος <5401>; ha dado: fobia)
a. Sentimiento de confusión y de inquietud en el alma, de terror en Ro 13:3. **b.** Respeto de Dios, del Señor Jesucristo, reverencia a propósito de ellos yendo al par con la confianza (Hch 9:31; 2Co 7:1; Ef 5:21; 1Jn 4:17-19); influencia toda la vida del creyente (p.ej.: 1P 1:17). El incrédulo no tiene este temor de Dios (Ro 3:18).

TEMOR REVERENTE – Ver **PIEDAD**.

TEMPESTAD
1. (*thúela*: θύελλα <2366>; de *thúo*: respirar fuertemente, soplar) **Huracán, ciclón.** Los creyentes hebreos no se habían acercado a la tempestad (Hb 12:18). ¶
2. (*laílaps*: λαῖλαψ <2978>) **Torbellino de viento, ráfaga, tormenta.** Pedro habla de injustos que son

fuentes sin agua y nubes empujadas por la tormenta (2P 2:17).
3. (*queimón*: χειμών <5494>; de *queíma*: invierno, tiempo frío) **Tiempo de lluvia, característico del invierno.** Una gran tempestad acosaba a Pablo y a los pasajeros de la nave (Hch 27:20).

TEMPLANZA (*enkráteia*: ἐγκράτεια <1466>; de *enkratés*: dueño de sí mismo, que viene de *en*: en, y *krátos*: poder, potencia)
Dominio de sus deseos, moderación. Pablo discurría sobre la justicia, la templanza y el juicio venidero (Hch 24:25). La templanza hace parte del fruto del Espíritu (Gá 5:23). Pedro dice de añadir al conocimiento dominio propio; y al dominio propio paciencia (2P 1:6a, b). ¶

TEMPLO
1. (*jierón*: ἱερόν <2411>; de *jierós*: sagrado) **Edificio donde un culto es rendido; conjunto de patios y edificios sagrados.** El culto en ese lugar puede ser rendido a Dios (p.ej. Mt 21:12) o a una divinidad pagana (p.ej. el templo de Diana en Hch 19:24; ver **2.**). El templo de Dios en Jerusalén comprendía el lugar santo donde se encontraban la mesa de los panes de proposición, el candelero y el altar sobre el que se ofrecía incienso; en el lugar santísimo se encontraba el arca cubierta con el propiciatorio (solo hasta el día de la destrucción del templo de Salomón; ella no aparece más después de la reedificación del templo). El templo de Salomón fue destruido por Nabucodonosor, rey de Babilonia. Reconstruido bajo Esdras por orden de Ciro, rey de Persia, fue arrasado por Antíoco. Restaurado por Judas Macabeo en el año 164 a.J.C., luego ampliado por Herodes el Grande, fue de nuevo destruido por los Romanos. Será reedificado sobre su emplazamiento en Jerusalén al principio del reinado de Cristo (ver Ez 40-44). En todos los tiempos, es la única casa material de Dios en la tierra. Otras ref.: Mt 4:5; 12:5, 6; 21:14, 15, 23; 24:1; 26:55; Mc 11:11, 15, 16, 27; 12:35; 13:1, 3; 14:49; Lc 2:27, 37, 46; 4:9; 18:10; 19:45, 47; 20:1; 21:5, 37, 38; 22:52, 53; 24:53; Jn 2:14, 15; 5:14; 7:14, 28; 8:2, 20, 59; 10:23; 11:56; 18:20; Hch 2:46; 3:1, 2a, b, 3, 8, 10; 4:1; 5:20, 21, 24, 25, 42; 19:27; 21:26-30; 22:17; 24:6, 12, 18; 25:8; 26:21; 1Co 9:13. ¶
2. (*naós*: ναός <3485>; de *naío*: morar) **La misma casa del templo, es decir el Lugar Santo donde pueden entrar los sacerdotes; este lugar santo también comprende el Lugar Santísimo donde solo el sumo sacerdote podía entrar una vez al año.** Jesús habla de su cuerpo como del templo de Dios (Jn 2:19, 21). El creyente es el templo de Dios (1Co 3:16), el templo del Espíritu Santo que mora en él (1Co 6:19). La Iglesia es un templo santo en el Señor (Ef 2:21), el templo del Dios viviente (2Co 6:16b). El templo de Dios es santo (1Co 3:17b); Dios destruirá al que lo corrompa (v. 17a). El

vocablo está empleado para designar la morada de los falsos dioses (Hch 17:24; 19:24). El anticristo se sentará en el templo de Dios (2Ts 2:4). Otras ref.: Mt 23:16a, b, 17, 21, 35; 26:61; 27:5, 40, 51; Mc 14:58; 15:29, 38; Lc 1:9, 21, 22; 23:45; Jn 2:20; 2Co 6:16a; Ap 3:12; 7:15; 11:1, 2, 19a, b; 14:15, 17; 15:5, 6, 8; 16:1, 17; 21:22a, b. ¶

TENTACIÓN

1. (*peirasmós*: πειρασμός <3986>; de *peirázo*: tentar, que viene de *peíra*: prueba) **Prueba, dificultad.** Cuando hubo acabado toda tentación con Jesús, el diablo se retiró de él (Lc 4:13). Jesús habla de los que en el tiempo de la prueba se apartan (Lc 8:13). Sus discípulos habían permanecido con él en sus pruebas (Lc 22:28). Los judíos debían orar a Dios para que no los metiese en tentación (Mt 6:13; Lc 11:4); de hecho, las conminaciones de Jesús en Mateo 5, 6 y 7 se dirigen particularmente a los discípulos (ver Mt 5:1, 2). Jesús exhortó a sus discípulos a orar para que no entrasen en tentación (Mt 26:41; Mc 14:38; Lc 22:40, 46). Ninguna tentación sobreviene al creyente que no sea una tentación humana, pero con la tentación Dios también dará la salida para que podamos soportarla (1Co 10:13a-c). Los gálatas no habían rechazado a Pablo a causa de la prueba que él tenía (Gá 4:14). Los que quieren enriquecerse caen en tentación (1Ti 6:9). Los israelitas conocieron el día de la tentación en el desierto (Hb 3:8). El creyente debe estimar como sumo gozo cuando se halla en diversas pruebas (Stg 1:2); bienaventurado es el hombre que soporta la tentación (v. 12). El creyente es afligido por un poco de tiempo en diversas pruebas (1P 1:6); el Señor sabe librar de la tentación a los piadosos (2P 2:9). El Señor promete guardar de la hora de la prueba al creyente de Filadelfia (Ap 3:10). ¶

2. Ver **PRUEBA 2.**

TENTADOR (tentar: *peirázo*: πειράζω <3985>; de *peíra*: prueba) **Testar, probar.** El tentador es el diablo. Después de que Jesús hubo ayunado cuarenta días, el tentador (lit.: el que tienta) se acercó a él (Mt 4:3). Pablo temía que su trabajo con los tesalonicenses hubiese resultado vano a causa del tentador (lit.: aquel que tienta) (1Ts 3:5).

TENTAR

1. (*peirázo*: πειράζω <3985>; de *peíra*: prueba) **a. Testar, poner a prueba.** Jesús fue tentado por Satanás (Mt 4:1; Mc 1:13; Lc 4:2). Pablo mandó que no tentaran (*ekpeirázo*) al Señor como algunos lo tentaron (*peirázo*) y perecieron por las serpientes (1Co 10:9). Jesús preguntó a unos judíos por qué lo tentaban a propósito del pago del tributo a César (Mt 22:18; Mc 12:15; Lc 20:23). Ananías y Safira convinieron en tentar al Espíritu del Señor (Hch 5:9). El querer imponer a los nuevos creyentes

TERMINAR

las ordenanzas de la ley hubiese sido tentar a Dios (Hch 15:10). El creyente debe tener cuidado de no ser tentado, dejándose sorprender en alguna falta (Gá 6:1). Satanás podría tentar a los cónyuges a causa de su incontinencia (1Co 7:5). Pablo temía que el tentador hubiese tentado a los tesalonicenses (1Ts 3:5). Creyentes fueron tentados (Hb 11:37). Por cuanto padeció siendo tentado, Cristo es poderoso para socorrer a los que son tentados (Hb 2:18a, b). Como sumo sacerdote, puede compadecerse de nuestras debilidades, porque fue tentado en todo según nuestra semejanza, pero sin pecado (Hb 4:15). Dios es fiel, que no dejará que seamos tentados más de lo que podemos resistir, sino que con la tentación también dará la salida, para que podamos soportarla (1Co 10:13). Los israelitas tentaron a Dios poniéndolo a prueba, y vieron sus obras durante cuarenta años (Hb 3:9). Cuando alguno es tentado, que no diga que es tentado por Dios (Stg 1:13a, b); Dios no puede ser tentado (*apeírastos*: 1:13c) por el mal y él no tienta a nadie (v. 13d). Cada uno es tentado, siendo atraído y seducido por su propia concupiscencia (Stg 1:14). **b. Intentar.** Se acusaba a Pablo de haber intentado profanar el templo (Hch 24:6).

2. (*ekpeirázo*: ἐκπειράζω <1598>; de *ek*: part. int., y *peirázo*: ver **1.**) **Ver 1.** Para este vocablo empleado en 1Co 10:9, Jesús le dijo a Satanás: No tentarás al Señor tu Dios (Mt 4:7; Lc 4:12).

3. (no tentado: *apeírastos*: ἀπείραστος <551>; de *a*: part. neg., y *peirázo*: ver **1.**) **No afectado, no atraído por la tentación del pecado.** Dios no puede ser tentado (lit.: Dios es no tentado) por el mal (Stg 1:13c). ¶

TERMINAR

1. (*teléo*: τελέω <5055>; de *télos*: fin) **Acabar, cumplir.** El verbo está empleado a propósito de las palabras de Jesús (Mt 7:28; 19:1; 26:1), de sus instrucciones (11:1), de las parábolas (13:53). El Hijo del Hombre vendrá antes de que los discípulos hayan terminado de recorrer las ciudades de Israel (Mt 10:23). Pablo le dijo a Timoteo que él había acabado su carrera (2Ti 4:7). Cuando los dos testigos hayan terminado su testimonio, la bestia los matará (Ap 11:7).

2. (*ekteléo*: ἐκτελέω <1615>; de *ek*: part. de term., y *teléo*: ver **1.**) **Terminar completamente.** El verbo es aplicado a una torre en construcción, que si no se puede acabar, acarreará las burlas (Lc 14:29, 30). ¶

3. (*epiteléo*: ἐπιτελέω <2005>; de *epí*: hasta, y *teléo*: ver **1.**) **Cumplir, concluir, acabar.** Pablo iba a concluir la obra de los santos de Macedonia haciendo llegar de parte de ellos un don a los pobres de entre los santos de Jerusalén (Ro 15:28). Habla de perfeccionar la santidad en el temor de Dios (2Co 7:1). Tito debía terminar el trabajo de gracia entre los corintios incitándolos a hacer un don (2Co 8:6); Pablo también se dirige directamente a los

corintios para que culminen este servicio (v. 11a, b). Pablo pregunta a los gálatas si, habiendo comenzado por el Espíritu, iban a acabar ahora por la carne (Gá 3:3). Aquel que había comenzado una buena obra en los filipenses la perfeccionaría hasta el día de Cristo Jesús (Fil 1:6).
4. (*teleióo*: τελειόω <5048>; de *télos*: fin) **Acabar, hacer perfecto.** Jesús le dijo a su Padre que él había acabado la obra que le había dado que hiciera (Jn 17:4). Pablo dice no estimar preciosa su vida con tal que acabe su carrera (Hch 20:24).
5. (*dianúo*: διανύω <1274>; de *diá*: mediante, y *anúo*: completar) **Llevar a cabo.** Pablo y sus compañeros, terminando el viaje desde Tiro llegaron a Tolemaida (Hch 21:7). ¶
6. (*pleróo*: πληρόω <4137>; de *pléres*: lleno) **Llenar, completar, terminar.** Cuando Jesús terminó todas sus palabras al pueblo, entró en Capernaúm (Lc 7:1). Pablo habla de cuando Juan el Bautista terminaba su carrera (Hch 13:25).
7. (terminación: *apartismós*: ἀπαρτισμός <535>; de *apó*: de (part. int.), y *artizo*: arreglar) **Acción de terminar, de ir hasta el final.** Aquel que quiere edificar una torre calcula los gastos para ver si tiene para terminarla (lit.: si tiene para la terminación) (Lc 14:28). ¶

TERNURA (*epieíkeia*: ἐπιείκεια <1932>; de *epieikés*: gentileza, paciencia, que viene de *epí*: sobre {part. int.}, y *eíkos*: justo, equitativo) **Gentileza, dulzura.** Pablo suplicaba a los corintios por la mansedumbre y la ternura de Cristo (2Co 10:1).

TERREMOTO – Ver **TEMBLOR**.

TERRENAL, TERRESTRE
1. (*epígeios*: ἐπίγειος <1919>; de *epí*: sobre, y *gé*: tierra) **Que existe sobre la tierra, en relación con la tierra.** Jesús había hablado de cosas terrenales (Jn 3:12). Hay cuerpos celestiales y cuerpos terrenales, pero la gloria de unos y otros es diferente (1Co 15:40a, b). Los creyentes saben que si su morada terrestre, que no es más que una tienda, se deshiciere, tienen de Dios un edificio, una casa no hecha de manos, eterna, en los cielos (2Co 5:1). En el nombre de Jesús se doblará toda rodilla de los que están en los cielos, y en la tierra (lit.: de los terrestres) y debajo de la tierra (Fil 2:10). Pablo habla de los que solo piensan en lo terrenal (Fil 3:19). Celos amargos y contención en el corazón corresponden a una sabiduría terrenal, animal, diabólica (Stg 3:15). ¶
2. (*kosmikós*: κοσμικός <2886>; de *kósmos*: mundo, universo) **Fabricado a partir de cosas de este mundo.** Bajo el antiguo pacto, el santuario era terrenal (Hb 9:1).

TERRIBLE – Ver **HORRENDO**.

TERROR (*fóbetron*: φόβητρον <5400>; de *fobéo*: temer)

TESORO

Se trata de objetos, de fenómenos, de manifestaciones que engendran terror, prodigios terribles. Habrá terror y grandes señales en el cielo entre el arrebatamiento de los santos y la vuelta del Señor para establecer su milenio de gloria (Lc 21:11).

TESORO

1. (*thesaurós*: θησαυρός <2344>; de *títhemi*: meter, poner) **Bien precioso.** Los magos ofrecieron dones de sus tesoros a Jesús (Mt 2:11). Jesús dijo que no había que hacerse tesoros en la tierra (Mt 6:19), sino de hacerse tesoros en el cielo (v. 20), porque donde está nuestro tesoro, allí estará también nuestro corazón (Mt 6:21; Lc 12:34). El hombre bueno, del buen tesoro, saca cosas buenas, y el hombre malo, del mal tesoro, saca cosas malas (Mt 12:35a, b; Lc 6:45). Jesús compara el reino de los cielos a un tesoro escondido en un campo (Mt 13:44). Todo escriba docto en el reino de los cielos es semejante a un padre de familia que produce de su tesoro cosas nuevas y cosas viejas (Mt 13:52). Jesús le dijo a un joven que si quería ser perfecto, debía ir, vender lo que tenía y darlo a los pobres; entonces tendría un tesoro en el cielo, luego debía venir y seguirlo (Mt 19:21; Mc 10:21; Lc 18:22). Jesús dijo que había que hacerse tesoro que no se agote (Lc 12:33). Pablo habla del tesoro que tenemos en vasos de barro (2Co 4:7). Todos los tesoros de la sabiduría y del conocimiento están escondidos en el misterio de Dios (Col 2:3). Moisés estimaba el oprobio de Cristo una más gran riqueza que los tesoros de los egipcios (Hb 11:26). ¶

2. (*gáza*: γάζα <1047>) **Vocablo persa que significa: tesoro real, riquezas.** El etíope que se convirtió era intendente de todos los tesoros de su reina (Hch 8:27). ¶

3. (*gazofulákion*: γαζοφυλάκιον <1049>; de *gáza*: ver **2.**, y *fulaké*: el acto de guardar) **Lugar donde estaban depositadas las ofrendas del templo.** Jesús, estando sentado frente al arca (o tesoro) del templo, miraba cómo el pueblo (y los ricos en particular) echaba dinero en el arca (Mc 12:41a, b; Lc 21:1). Una pobre viuda había echado más en el arca que todos los otros (Mc 12:43). Jesús dijo estas palabras en el lugar de las ofrendas (o tesoro), enseñando en el templo (Jn 8:20). ¶

4. (tesoro sagrado: *korban*: κορβᾶν <2878>; de un vocablo heb. que significa: ofrenda) **Tesoro del templo donde se metían las ofrendas.** Los principales sacerdotes no permitieron meter en el tesoro sagrado las piezas de plata de la traición de Judas (Mt 27:6). ¶

TESTAMENTO – Ver **PACTO**.

TESTIFICAR

1. (*marturéo*: μαρτυρέω <3140>; de *mártus*: testigo) **Dar conocimiento sobre lo que se ha visto u oído, declarar algo.** Juan había visto y testificado que el Padre ha enviado al Hijo, el Salvador del mundo (1Jn 4:14).

2. (testificar en contra: *katamarturéo*: καταμαρτυρέω <2649>; de *katá*: contra, y *marturéo*: ver **1.**) **Afirmar algo contra alguien, prestar declaración contra; acusar.** Jesús nada respondía a los que testificaban contra él (Mt 26:62; 27:13; Mc 14:60; 15:4). ¶

3. (*martúromai*: μαρτύρομαι <3143>; de *mártus*: testigo) **Declarar solemnemente.** Pablo requería en el Señor que los efesios no debían andar como los otros gentiles andan, en la vanidad de sus mentes (Ef 4:17).

4. (*diamartúromai*: διαμαρτύρομαι <1263>; de *diá*: part. int., y *martúromai*: ver **3.**) **Advertir seriamente, conjurar.** Lucas utiliza este verbo en la parábola del hombre rico en el Hades (Lc 16:28) como también Pablo dirigiéndose a Timoteo (1Ti 5:21; 2Ti 4:1). Pedro conjuraba (o: abjuraba) y exhortaba a salvarse de la generación perversa (Hch 2:40).

5. (*jorkízo*: ὁρκίζω <3726>; de *jórkos*: juramento) **Poner bajo juramento, rogar solemnemente.** Un espíritu inmundo, a través de un hombre al que había poseído, conjuró por Dios a Jesús de no atormentarlo (Mc 5:7; ver v. 8). Unos exorcistas judíos conjuraron por Jesús con el fin de expulsar a espíritus malignos (Hch 19:13). Pablo utiliza este verbo en el sentido de exhortación, de suplicación (1Ts 5:27). ¶

6. (*exorkízo*: ἐξορκίζω <1844>; de *ek*: fuera de, y *jorkízo*: ver **5.**) **Hacer prestar juramento, hacer jurar, ordenar (ver Lv 5:1).** El sumo sacerdote conjuró por Dios a Jesús de decirle si él era el Cristo, el Hijo de Dios (Mt 26:63). ¶

TESTIGO

1. (*mártus*: μάρτυς <3144>) **Persona que puede atestar, declarar que ella ha visto u oído una cosa.** Por la boca de dos o tres testigos conste toda palabra (Mt 18:16; 2Co 13:1; Hb 10:28). El vocablo está empleado a propósito de Dios (Ro 1:9; 2Co 1:23; Fil 1:8; 1Ts 2:5, 10), de Jesucristo (Ap 1:5; 3:14), de los discípulos de Jesús (Lc 24:48; Hch 1:8, 22; 2:32; 3:15; 5:32; 10:39, 41; 13:31), de Pablo (Hch 22:15; 26:16), de Pedro (1P 5:1), de Esteban (Hch 22:20), de Antipas (Ap 2:13), de los que profetizaron durante la gran tribulación (Ap 11:3), de los mártires de Jesús (Ap 17:6), de los tesalonicenses (1Ts 2:10), de los dos o tres a estar presentes durante una acusación contra un anciano (1Ti 5:19), de aquellos delante de los que Timoteo había hecho una buena confesión (1Ti 6:12), de aquellos delante de los cuales Timoteo había oído las palabras de Pablo (2Ti 2:2), de los que rodeaban al autor de la epístola a los Hebreos (Hb 12:1). Presentaron testigos falsos contra Esteban (Hch 6:13; 7:58). El sumo sacerdote decía que no tenía más necesidad de testigos contra Jesús (Mt 26:65; Mc 14:63). ¶

2. (testigo falso: *pseudómartus*: ψευδόμαρτυς <5575>; de *pseudés*:

falso, y *mártus*: ver **1.**) **Persona que miente presentándose como testigo.** Testigos falsos se presentaron contra Jesús (Mt 26:60a, b). Otra ref.: 1Co 15:15. ¶
3. (dar testimonio: *marturéo*: μαρτυρέω <3140>; de *mártus*: ver **1.**) **Declarar sobre lo que se ha visto u oído, declarar algo.** Los escribas y los fariseos daban testimonio contra sí mismos de que eran los hijos de los que habían matado a los profetas (Mt 23:31). Otra ref.: Hch 22:5.
4. (ser llamado como testigo: *martúromai*: μαρτύρομαι <3143>; de *mártus*: ver **1.**) **Declarar solemnemente ante alguien.** Pablo protestaba (lit.: les llamaba como testigos) ante los ancianos de Éfeso de que él estaba limpio de la sangre de todos (Hch 20:26).

TETRARCA

1. (*tetrárques*: τετράρχης <5076>; de *tetra*: cuatro, y *arqué*: gobierno) **Gobernador de la cuarta parte de una provincia; este título también designa a un gobernador subordinado a otro gobernador o a un rey.** Herodes era un tetrarca (Mt 14:1; Lc 3:19; 9:7; Hch 13:1). ¶
2. (ser tetrarca: *tetrarquéo*: τετραρχέω <5075>; de *tetrárques*: ver **1.**) **Que domina como tetrarca.** Lucas menciona el nombre de tres tetrarcas (lit.: que eran tetrarcas): Herodes, Felipe y Lisanias (Lc 3:1a-c). ¶

TIBIO (*cliarós*: χλιαρός <5513>; de *clío*: calentar) **Poco caliente; describe la condición del alma entre frialdad y fervor.** Porque el ángel de la iglesia que está en Laodicea es tibio y que no está ni frío ni caliente, el Señor lo va a vomitar de su boca (Ap 3:16). Este ángel es el representante administrativo simbólico de esta iglesia. ¶

TIENDA

1. (*skené*: σκηνή <4633>) **Abrigo portátil utilizado particularmente por los nómadas.** Abraham moró en tiendas con Isaac y Jacob (Hb 11:9). Pedro quería hacer tres enramadas (o tiendas) en el monte de la transfiguración (Mt 17:4; Mc 9:5; Lc 9:33). El oficio manual del apóstol Pablo era de hacer tiendas (Hch 18:3); ver más abajo «fabricante de tiendas».
2. (*skénos*: σκῆνος <4636>) **Equivalente de 1.** El cuerpo del creyente es comparado a una tienda (o tabernáculo) que él deposita a su muerte (2Co 5:1, 2, 4). ¶
3. (*skénoma*: σκήνωμα <4638>; de *skenóo*: ver **4.**) **Equivalente de 1.** Pedro también compara su cuerpo con una tienda que deberá abandonar a su muerte (2P 1:13, 14).
4. (extender su tienda: *skenóo*: σκηνόω <4637>; de *skénos*: tienda, habitación) **Habitar, residir.** Aquel que está sentado en el trono extenderá su tienda (o tabernáculo) sobre los santos que vienen de la gran tribulación (Ap 7:15).
5. (fabricante de tiendas: *skenopoiós*: σκηνοποιός <4635>; de *skené*: ver **1.**, y *poiéo*: hacer) **Que hace tiendas.**

El oficio de Aquila y de Priscila era de hacer tiendas (lit.: eran fabricantes de tiendas en cuanto a su oficio) (Hch 18:3). ¶

TIENDA DE REUNIÓN – Ver **TABERNÁCULO**.

TIERNO (*japalós*: ἁπαλός <527>)
Lleno de savia, suave. Cuando la rama de la higuera está tierna y que brotan las hojas, sabemos que el verano está cerca (Mt 24:32; Mc 13:28). ¶

TIERRA (DEBAJO DE LA) (*katacthónios*: καταχθόνιος <2709>; de *katá*: abajo, y *cthón*: suelo, tierra; lit.: bajo tierra)
Que tiene relación con las regiones inferiores de la tierra; otras trad.: del abismo, subterráneo. En el nombre de Jesús se doblará toda rodilla de los que están en el cielo, en la tierra y debajo de la tierra (Fil 2:10). Los que están «debajo de la tierra» corresponden a los ángeles que están bajo la pena de un fuego eterno (ver Jud 6), al diablo y a otros ángeles caídos (ver Mt 25:41) así como a los incrédulos de los que el nombre no está escrito en el libro de vida (ver Ap 20:15). ¶

TÍMIDO (*deilós*: δειλός <1169>; lit.: medroso)
A quien le falta confianza (Mt 8:26). En Ap 21:8, los tímidos, o cobardes, no han querido pronunciarse sobre Cristo (comp. Mt 11:12); su parte la tendrán en el lago de fuego que arde con azufre durante la eternidad. Otra ref.: Mc 4:40. ¶

TIMÓN (*pedálion*: πηδάλιον <4079>; de *pedón*: la hoja de un remo)
Dispositivo que permite dirigir una embarcación. Soltaron las amarras de los timones (Hch 27:40). Las naves están dirigidas por un pequeño timón (Stg 3:4). ¶

TINAJA (*judría*: ὑδρία <5201>; de *júdor*: agua)
Vasija, jarra o cántaro (Jn 2:6, 7; 4:28). Aquellas de Caná podían contener 2 o 3 medidas de aprox. 40 litros. ¶

TINIEBLAS (*skotía*: σκοτία <4653> o *skótos*: σκότος <4655>)
Las tinieblas (o noche: Jn 6:17) se caracterizan por la ausencia de luz (Mt 27:45; Hch 13:11). El término es casi siempre empleado en un sentido moral en el N.T. Las tinieblas simbolizan el alejamiento y la separación de Dios quien es luz (1Jn 1:5). Es la esfera del hombre sin Dios (Ef 5:8; 1Ts 5:4), sometida al poder de Satanás, el gobernador de las tinieblas (Lc 22:53; Ef 6:12; Col 1:13). Las tinieblas de afuera son la morada eterna, lejos de Dios, de los hombres incrédulos, en compañía de Satanás y de los demonios (Mt 8:12; 25:30; 2P 2:17; Jud 13).

TINIEBLAS (EN)
1. (*skoteinós*: σκοτεινός <4652>; de *skótos*: tinieblas) **Lleno de oscuridad,**

en sentido literal o moral. Si el ojo es maligno, todo el cuerpo estará en tinieblas (Mt 6:23; Lc 11:34). Si el cuerpo no tiene ninguna parte de tinieblas, será todo luminoso (Lc 11:36). ¶
2. (entenebrecer: *skotóo*: σκοτόω <4656>; de *skótos*: tinieblas) **Oscurecer, cegar, cubrirse de tinieblas.** El reino de la bestia se cubrió de tinieblas (sentido de: completamente entenebrecido) (Ap 16:10). ¶

TIPO – Ver **FIGURA**.

TIRO (*bolé*: βολή <1000>; de *bálo*: echar)
Lanzar. Jesús se apartó de sus discípulos como de un tiro de piedra (Lc 22:41). ¶

TOALLA – Ver **VENDA DE LINO**.

TOBILLO (*sfurón*: σφυρόν <4974>; de *sfúra*: martillo; otros mss.: *sphudrón*)
Parte del cuerpo situada entre el pie y la pierna. Pedro y Juan sanaron a un cojo, y lo pies y los tobillos cobraron fuerza (Hch 3:7). ¶

TONO – Ver **LENGUA**.

TOPACIO (*topázion*: τοπάζιον <5116>)
Piedra preciosa transparente de color amarillo. El noveno cimiento de la muralla de la Jerusalén celestial está adornado con topacio (Ap 21:20). ¶

TORCER – Ver **ADULTERAR**.

TORMENTA – Ver **TEMPESTAD 2**.

TORMENTO
1. (*basanismós*: βασανισμός <929>; de *basanízo*: ver **3**.) **Tortura, prueba.** El vocablo está empleado a propósito de los juicios divinos en Ap 9:5a, b; 14:11; 18:7, 10, 15. ¶
2. (*básanos*: βάσανος <931>; sentido primero: piedra de toque para probar el oro o la plata; también: instrumento de tortura con el que se forzaba a decir la verdad) **a. Tortura, castigo atroz.** El hades era un lugar de tormento para el hombre rico (Lc 16:23, 28). **b. Sufrimiento que resulta de la enfermedad.** Jesús sanó a personas que estaban afligidas por diversos tormentos (Mt 4:24). ¶
3. (atormentar: *basanízo*: βασανίζω <928>; de *básanos*: ver **2**.) **Tener angustias, ser torturado.** Estando encinta, la mujer de Ap 12 clamaba con dolores de parto en la angustia del alumbramiento (v. 2).
4. (*kólasis*: κόλασις <2851>; de *kolázo*: cortar, castigar) **Castigo, punición.** El temor lleva en sí castigo (1Jn 4:18). Jesús habla de los que se irán al castigo eterno, y de los justos a la vida eterna (Mt 25:46). ¶

TÓRTOLA (*trugón*: τρυγών <5167>; del verbo que significa: arrullar)
Paloma pequeña. El sacrificio de tórtolas estaba prescrito por la ley,

para que los pobres pudieran traer una ofrenda según sus medios. En el momento de la presentación de Jesús en el templo (Éx 13:2, 12, 15; Nm 18:15, 16), sus padres ofrecieron por la purificación de María lo que estaba prescrito por la ley, dos tórtolas (Lc 2:24; ver Lv 12:2-8). Ver **Paloma**. ¶

TRADICIÓN

1. (*parádosis*: παράδοσις <3862>; de *paradídomi*: transmitir, entregar, que viene de *pará*: a, y *dídomi*: entregar) **Enseñanza, doctrina.** Los escribas y los fariseos preguntaron a Jesús si sus discípulos transgredían la tradición de los ancianos no lavándose las manos antes de comer el pan (Mt 15:2; Mc 7:3, 5); pero él les preguntó por qué transgredían ellos el mandamiento de Dios por su tradición a propósito de honrar a sus padres (Mt 15:3). Habían anulado el mandamiento de Dios por su tradición (Mt 15:6; Mc 7:8, 9, 13). Pablo era el más celoso de las tradiciones de sus padres (Gá 1:14).
2. Ver **ENSEÑANZA**.

TRAIDOR (*prodótes*: προδότης <4273>; de *prodídomi*: librar, traicionar, que viene de *pro*: antes, y *dídomi*: dar)
Aquel que es culpable de traición, es decir de burlar la confianza, de librar a alguien. Judas Iscariote llegó a ser traidor (Lc 6:16). En los últimos días, los hombres serán traidores (2Ti 3:4).

TRANQUILIDAD (TENER)

1. (vivir tranquilamente: *jesucázo*: ἡσυχάζω <2270>) **Llevar una vida tranquila.** Los tesalonicenses debían procurar tener tranquilidad (1Ts 4:11).
2. (sosiego: *jesuquía*: ἡσυχία <2271>) **Calma.** Pablo exhortaba a algunos a trabajar sosegadamente (lit.: con tranquilidad) (2Ts 3:12).

TRANSFIGURAR (*metamorfóo*: μεταμορφόω <3339>; de *metá*: part. que indica un cambio, y *morfóo*: formar, que viene de *morfé*: forma)
Transformar la cara. Jesús fue transfigurado delante de tres de sus discípulos sobre un monte alto: su rostro resplandeció como el sol y sus vestidos se hicieron blancos como la nieve y resplandecieron como la luz (Mt 17:2; Mc 9:2). El vocablo también está traducido como: «transformar»: el creyente es llamado a transformarse por la renovación de su entendimiento (Ro 12:2), y es transformado contemplando la gloria del Señor (2Co 3:18). ¶

TRANSFORMAR (*metasquematízo*: μετασχηματίζω <3345>; de *metá*: part. que indica un cambio, y *squematízo*: formar, que viene de *squéma*: apariencia; lit.: transfigurar)
Tomar otra forma. Satanás puede transformarse en ángel de luz para engañar; los falsos apóstoles y los obreros fraudulentos se transforman (sentido de: disfrazarse), ellos también, en ministros de justicia para

engañar (2Co 11:13-15). Cuando venga el Señor transformará los cuerpos de los creyentes en cuerpos gloriosos, semejantes al suyo (Fil 3:21).

TRANSGRESIÓN

1. (*parábasis*: παράβασις <3847>; de *parabaíno*: quebrantar, que viene de *pará*: contra, y *baíno*: ir, caminar) **Acción de infringir, de no respetar.** El vocablo está empleado a propósito de la ley mosaica (Ro 2:23; 4:15; Hb 9:15), de la desobediencia a un mandamiento divino como en el caso de Adán y Eva (Ro 5:14; 1Ti 2:14). La ley ha sido añadida a causa de las transgresiones (Gá 3:19). Toda transgresión y desobediencia ha recibido una justa retribución (Hb 2:2). ¶
2. Ver **FALTA, INIQUIDAD**.

TRANSGRESOR

1. (*parabátes*: παραβάτης <3848>; de *parabaíno*: quebrantar, que viene de *pará*: contra, al lado, y *baíno*: ir, caminar) **Aquel que contraviene.** El vocablo describe al que infringe la ley de Dios dada a Moisés (Ro 2:25, 27; Gá 2:18; Stg 2:9, 11). ¶
2. Ver **INICUO**.

TRASLADAR – Ver TRASPONER.

TRASPONER (traslado: *metáthesis*: μετάθεσις <3331>; de *metatíthemi*: cambiar, transponer, que viene de *metá*: part. que indica un cambio, y *títhemi*: poner) **Desplazamiento de un lugar a otro.** Enoc fue trasladado para que no viese la muerte, habiendo recibido antes de su traslado el testimonio de haber agradado a Dios (Hb 11:5). El traslado de Enoc prefigura el de los creyentes vivos que serán tomados (o arrebatados) para ir al encuentro del Señor (ver 1Ts 4:17).

TRASPUESTO (FUESE) – Ver **TRASPONER**.

TRENZA (*plégma*: πλέγμα <4117>; de *pléko*: tejer, trenzar) **Mechón de cabellos entretejidos.** Las creyentes deben ataviarse con ropa decorosa, con pudor y modestia, no con trenzas (peinado ostentoso), ni oro, ni perlas, ni vestidos costosos (1Ti 2:9). ¶

TRENZADO (*emploké*: ἐμπλοκή <1708>; de *empléko*: tejer, trenzar, que viene de *en*: en, y *pléko*: enlazar, atar) **Entretejido de forma elaborada (como ornamental).** El atavío de una cristiana no debe ser el externo de peinados ostentosos (sin duda un peinado extravagante) de adornos de oro o de vestidos lujosos (1P 3:3). ¶

TRENZAR (*pléko*: πλέκω <4120>) **Entrelazar, entretejer.** Habiendo trenzado una corona de espinas, los soldados la pusieron sobre la cabeza de Jesús (Mt 27:29; Mc 15:17; Jn 19:2). ¶

TRIBULACIÓN (*thlípsis*: θλῖψις <2347>)

Prueba que provoca un gran sufrimiento. Jesús advierte a los creyentes que tendrán tribulación en el mundo (Jn 16:33). Pablo se glorificaba en las tribulaciones, sabiendo que la tribulación produce la paciencia (Ro 5:3). Los tesalonicenses habían recibido la Palabra de Dios acompañada de gran tribulación (1Ts 1:6), de persecuciones por parte de sus conciudadanos. Ver **GRAN TRIBULACIÓN.**

TRIBUNAL (*béma*: βῆμα <968>) **DE CRISTO, TRIBUNAL DE DIOS**
Tribunal ante el cual todos los hombres comparecerán (Ro 14:10). Los creyentes no serán juzgados, porque Jesús ha soportado el juicio de Dios por ellos en la cruz. Sin embargo, sus obras serán juzgadas, para que reciban la recompensa de su fidelidad; sufrirán una pérdida por todo lo que no haya sido hecho durante su vida para el Señor (1Co 3:15; 2Co 5:10). Ver **GRAN TRONO BLANCO.**

TRIBUNO (*quilíarcos*: χιλίαρχος <5506>; de *quílioi*: mil, y *árco*: ser primero, gobernar, que viene de *arqué*: iniciación, autoridad)
Tribuno del ejército romano, a la cabeza de mil soldados; cualquier comandante militar. Fue durante un banquete ofrecido a los tribunos que Herodes hizo decapitar a Juan el Bautista (Mc 6:21). Un tribuno mandaba la tropa que prendió a Jesús después que Judas lo hubiera entregado (Jn 18:12). Claudio Lisias (Hch 23:26) era tribuno; ver **LISIAS.** Tribunos estaban presentes cuando Pablo compareció ante Agripa (Hch 25:23). Durante los juicios apocalípticos, los tribunos (autoridades diversas) se esconderán para huir de la ira del Cordero (Ap 6:15); comerán sus carnes (Ap 19:18). Otras ref.: Hch 21:31-33, 37; 22:24, 26-29; 23:10, 15, 17-19, 22; 24:7, 22. ¶

TRIBUTO
1. (*kénsos*: κῆνσος <2778>; de lat. *census*: censo) **Impuesto personal o sobre la propiedad.** El vocablo está empleado en Mt 17:25; 22:17, 19; Mc 12:14. ¶
2. (*fóros*: φόρος <5411>; de *féro*: aportar) **Tributo, impuesto.** Tributo que los judíos pagaban a César (Lc 20:22; 23:2). Impuesto que se pagaba a las autoridades (Ro 13:6, 7a, b). ¶

TRIBUTOS PÚBLICOS (BANCO DE LOS) (*telónion*: τελώνιον <5058>; de *télos*: impuesto, y *ónos*: suma, precio)
Lugar de negocios del cobrador de impuestos. Mateo estaba sentado en el banco de los tributos públicos cuando Jesús le dijo que lo siguiera (Mt 9:9; Mc 2:14; Lc 5:27). ¶

TRIGO
1. (*sítos*: σῖτος <4621>) **Planta gramínea; otra trad.: grano.** El trigo

tipifica a los verdaderos creyentes (Mt 3:12; 13:25, 29, 30; Lc 3:17). Cuando aparece el trigo, se mete la hoz porque la siega ha llegado (Mc 4:28; ver v. 29). En una parábola, un hombre debía cien medidas de trigo (Lc 16:7). El coste excesivo de un denario por una medida de trigo o por tres medidas de cebada se refiere a un tiempo de hambre en Ap 6:6. Babilonia compra diversas mercancías, entre las cuales trigo (Ap 18:13). Otras ref.: Hch 7:12; 27:38.

2. Ver **GRANO DE TRIGO**.

TRILLAR

1. (pisar el grano: *aloáo*: ἀλοάω <248>) **Acción de un buey pisando las espigas de trigo, con el fin de separar el grano de trigo de su funda.** La ley dice de no poner bozal al buey que trilla el grano (1Co 9:9; 1Ti 5:18), imagen del siervo de Dios; porque aquel que trilla el grano debe hacerlo con la esperanza de recibir del fruto (1Co 9:10). ¶

2. (pisar, pisotear: *patéo*: πατέω <3961>; de *paío*: golpear, o de *pátos*: sendero) **Pisotear la uva; otras trad.: exprimir, hollar.** Los racimos de la viña son pisoteados para hacer vino; Ap 14:20 simboliza el juicio de la apostasía en la tierra, y Ap 19:15 la destrucción de los enemigos (ver Is 63:1-6). Jesús advierte que Jerusalén será pisoteada por los gentiles (Lc 21:24): lo que tuvo lugar en el momento de su destrucción en el año 70; las naciones aún pisotearán la ciudad santa en el futuro (Ap 11:2).

3. (hollar, pisotear: *katapatéo*: καταπατέω <2662>; de *katá*: part. int., y *patéo*: ver **2.**) **a. Patalear; otras trad.: atropellar, hollar, pisotear.** La sal que ha perdido su sabor no es buena sino para ser pisoteada (Mt 5:13). En Mt 7:6, lo que es santo y las perlas podrían ser pisoteadas con los pies; en Lc 8:5, son los granos de semilla los que son pisoteados (*katapaiéo*). Habiéndose reunido para escuchar a Jesús, miles de personas se pisaban unas a otras (Lc 12:1). **b. Despreciar.** Aquel que pisotee al Hijo de Dios será juzgado digno de un castigo muy severo (Hb 10:29). ¶

4. (*thraúo*: θραύω <2352>) **Oprimir, triturar, partir.** Jesús ha venido para liberar a los que estaban oprimidos (Lc 4:19). ¶

TRISTE (cara entristecida: *skuthropós*: σκυθρωπός <4659>; de *skuthrós*: sombrío, triste, y *óps*: vista, cara)
Semblante, cara triste. Los hipócritas ponen una cara triste cuando ayunan (Mt 6:16) con el fin de hacerse notar. En Lc 24:17, el adj. griego está traducido como: «triste» para designar a los dos discípulos que volvían a Emaús. ¶

TRISTEZA – Ver **PESAR**.

TRISTEZA (SENTIR) – Ver **ANGUSTIA**.

TRIUNFAR (*thriambeúo*: θριαμβεύω <2358>; de *thríambos*: triunfo)

Conseguir la victoria. Despojando a los principados y a las potestades, Cristo los exhibió públicamente, triunfando sobre ellos en la cruz (Col 2:15). Otra ref.: 2Co 2:14 (llevar en triunfo). ¶

TRIUNFO (llevar en triunfo: *thriambeúo*: θριαμβεύω <2358>; de *thríambos*: triunfo)
Llevar en procesión de vencedores. Pablo da gracias a Dios que siempre nos lleva en triunfo en Cristo (2Co 2:14). Otra ref.: Col 2:15 (triunfar). ¶

TROMPETA
1. (*sálpinx*: σάλπιγξ <4536>) **Instrumento de viento que produce un sonido estridente.** El sonido de la trompeta acompaña intervenciones divinas. La trompeta para el combate no debe dar un sonido incierto (1Co 14:8). Cuando venga el Señor, la final trompeta, la trompeta de Dios, se oirá, y los creyentes serán resucitados o transformados, y reunidos para ir a su encuentro (1Co 15:52a; 1Ts 4:16). Los creyentes hebreos no se habían acercado al sonido de la trompeta (Hb 12:19). Juan oyó una gran voz, como de trompeta (Ap 1:10; 4:1). Las trompetas preceden los juicios divinos en el Apocalipsis (8:2, 6, 13; 9:14). En Israel, la fiesta de las trompetas era celebrada el séptimo mes (ver Nm 29:1; Sal 81:3): ella habla de un día futuro en el que Dios mismo invitará a su pueblo Israel a que se acuerden de Él; Israel será reunido en su país para recibir a su Mesías. Después de la gran tribulación, los escogidos serán reunidos con gran voz de trompeta (lit.: con la gran trompeta; Mt 24:31). ¶
2. (sonar, hacer tocar la trompeta: *salpízo*: σαλπίζω <4537>; de *sálpinx*: ver **1.**) **Producir un sonido con una trompeta.** El que da limosna no debe hacer tocar la trompeta delante de él (Mt 6:2). En el momento del arrebatamiento de los creyentes, la trompeta sonará (lit.: ella trompeteará) y los muertos serán resucitados incorruptibles, y nosotros, seremos transformados (1Co 15:52b). En el Apocalipsis, cada una de las siete trompetas suena para anunciar un juicio divino (8:6-8, 10, 12, 13; 9:1, 13; 10:7; 11:15). ¶
3. (el que toca la trompeta, trompetero: *salpistés*: σαλπιστής <4538>; de *salpízo*: ver **2.**) **El que produce un sonido con una trompeta.** La voz de los que tocan la trompeta (trompeteros) no se oirá más en Babilonia la grande (Ap 18:22). ¶

TRONO (*thrónos*: θρόνος <2362>; de *thráo*: sentarse)
Asiento, con frecuencia elevado, sobre el que se sienta una persona que tiene autoridad. El vocablo está empleado a propósito de Dios (Mt 5:34; 23:22; Hch 7:49; Hb 12:2; Ap 1:4; 3:21b (del Padre); Ap 5:1, 6, 7, 11, 13; 6:16; 7:9, 10, 11a, b, 15a, b; 8:3; 12:5; 14:3; 16:17; 19:4, 5), del Señor Jesús (Mt 19:28; 25:31; Hb 1:8; Ap 3:21a; 4:2a, b, 3, 4, 5a, b, 6a-c, 9, 10a, b; 7:17; 20:11; 21:5), de Dios y del Cordero (Ap 22:1, 3), de

TROPEZAR

las doce tribus de Israel (Mt 19:28), de David (Lc 1:32; Hch 2:30), de los apóstoles (Lc 22:30), de los veinticuatro ancianos (Ap 4:4a, b; 11.16), de los poderosos (Lc 1:52), de la gracia (Hb 4:16), de la Majestad (Hb 8:1), de Satanás (Ap 2:13; 13:2 {del dragón}), de la bestia (Ap 16:10). Otras ref.: Col 1:16; Ap 20:4. ¶

TROPEZAR

1. (*proskópto*: προσκόπτω <4350>; de *prós*: contra, y *kópto*: abatir) **Golpearse contra, caer.** Si alguien anda de día no tropieza (Jn 11:9); pero el que anda de noche tropieza (v. 10). Más vale no hacer nada que haga tropezar a nuestro hermano (Ro 14:21).
2. (*skandalízo*: σκανδαλίζω <4624>; de *skándalon*: ocasión de tropiezo) **Ofender, herir moralmente.** El Señor emplea este verbo para describir lo que era él para los hombres en general (Mt 11:6; Lc 7:23), para los judíos (Mt 13:57; 17:27; Mc 6:3), para los fariseos (Mt 15:12) y para sus discípulos (Mt 26:31; Mc 14:27; Jn 6:61). Pedro había asegurado al Señor que jamás se escandalizaría de él (Mt 26:33; Mc 14:29). El Señor advierte a sus discípulos de las futuras tribulaciones con el fin de que no se escandalicen (Jn 16:1). Durante la gran tribulación, muchos tropezarán (Mt 24:10). Algunos tropezarán cuando venga la tribulación o la persecución a causa de la Palabra (Mt 13:21; Mc 4:17). Es bueno para el cristiano abstenerse de cosas legítimas para no escandalizar a su hermano (Ro 14:21); debe evitar escandalizar a uno más pequeño (Lc 17:2). Pablo sufría por los que sufrían tropiezo (2Co 11:29). El vocablo griego también está traducido como: «ser ocasión de caer, de tropezar» (Mt 5:29, 30; 18:6, 8, 9; Mc 9:42, 43, 45, 47; 1Co 8:13a, b).

TROPIEZO

1. (*proskopé*: προσκοπή <4349>; de *proskópto*: tropezar) **Ofensa, ocasión de caer.** Los cristianos no deben dar a nadie ocasión de tropiezo (2Co 6:3).
2. (*skándalon*: σκάνδαλον <4625>; lit.: rama para una trampa) **Ocasión, medio de caída u ofensa para otro.** El vocablo está empleado en sentido figur. en relación con los incrédulos (Mt 13:41), con Satanás (Mt 16:23), con los que se dicen creyentes (Lc 17:1). El tropiezo de la cruz era quitado si Pablo continuaba predicando la circuncisión (Gá 5:11). Otras ref.: Mt 18:7a-c; Ro 11:9; 14:13; 16:17; 1Co 1:23; 1Jn 2:10).

TRUENO (*bronté*: βροντή <1027>) **Ruido que acompaña al relámpago.** Jesús apellidó Boanerges a Jacobo y a Juan, que significa «Hijos del trueno» (Mc 3:17). El vocablo está traducido como: «un trueno» en Jn 12:29. Está empleado diez veces en el Apocalipsis: 4:5; 6:1; 8:5; 10:3, 4a, b; 11:19; 14:2; 16:18; 19:6. ¶

TRUHANERÍA (*eutrapelía*: εὐτραπελία <2160>; de *eu*: bien, y *trépo*: girar)

Broma de mal gusto; palabras destinadas a hacer reír, pero de carácter ligero e incluso vulgar. Ninguna truhanería, ni ninguna otra cosa que no sea decente, no debe ser pronunciada entre los creyentes (Ef 5:4). ¶

TUÉTANO (*muelós*: μυελός <3452>) **Sustancia grasienta en el interior de los huesos.** En sentido espiritual, la Palabra de Dios penetra hasta la división des las coyunturas y los tuétanos (Hb 4:12), dicho de otra manera: lo que más profundo hay en nosotros. ¶

TURBAR – Ver **ESTREMECER**.

TUTOR (*epítropos*: ἐπίτροπος <2012>; de *epitrépo*: permitir, que viene de *epí*: sobre, y *trépo*: girar) **Persona que tiene la responsabilidad de un menor, que el padre esté vivo o no (sin. de pedagogo).** Pablo habla del heredero como niño, el cual está bajo tutores y curadores hasta el tiempo señalado por el padre (Gá 4:2).

U

ÚLCERA – Ver **LLAGA 1**.

UNCIÓN (*crísma*: χρῖσμα <5545>; de *crío*: ungir) **Preparación de aceite y de hierbas aromáticas; el vocablo se aplica al Espíritu Santo.** Los creyentes han recibido la unción por parte del Santo (1Jn 2:20); esta unción permanece en ellos y los enseña a propósito de todas las cosas (v. 27a, b). ¶

UNGIR
1. (*aleífo*: ἀλείφω <218>; próximo a *lípos*: grasa) **Untar una parte del cuerpo con una sustancia líquida, en general con aceite perfumado.** Jesús dijo que había que ungirse la cabeza cuando se ayuna (Mt 6:17). Una mujer ungió los pies de Jesús con un perfume (Lc 7:38, 46a, b); se trata quizá de María de Betania (Jn 11:2). Esta misma María ungió los pies de Jesús más tarde con un perfume de nardo puro de mucho precio (Jn 12:3). Los discípulos ungieron con aceite a muchos enfermos y los sanaron (Mc 6:13). Los ancianos de la iglesia pueden orar por un enfermo ungiéndolo con aceite en el nombre del Señor (Stg 5:14). El vocablo también está traducido como: «ungir» en Mc 16:1. ¶
2. (*crío*: χρίω <5548>; semejante a *craíno*: tocar delicadamente, y más tarde: cubrir, ungir) **Vocablo reservado a la unción del Espíritu Santo.** Jesús había sido ungido para evangelizar (Lc 4:18). Dios ha ungido a su santo Hijo Jesús (Hch 4:27; también Hb 1:9; comp. Sal 2:2); lo ha ungido con el Espíritu Santo (Hch 10:38). Dios ha ungido a los creyentes (2Co 1:21). ¶
3. (*encrío*: ἐγχρίω <1472>; de *en*: en, y *crío*: ungir) **Aplicar una sustancia.** Le fue aconsejado a Laodicea de ungir sus ojos con un colirio (Ap 3:18). ¶

ÚNICO

4. (*epicrío*: ἐπιχρίω <2025>; de *epi*: sobre, y *crío*: ungir) **Aplicar, extender una sustancia.** Jesús untó con lodo los ojos de un ciego (Jn 9:11).
5. (*murízo*: μυρίζω <3462>; de *múron*: ungüento, perfume) **Perfumar.** La mujer que ungió con perfume la cabeza de Jesús anticipó el momento de ungir el cuerpo de Jesús para su sepultura (Mc 14:8). ¶

ÚNICO – Ver **UNO**.

UNIDAD (*jenótes*: ἑνότης <1775>; de *jeis*: uno)
Unanimidad, mismo acuerdo. Los creyentes deben aplicarse a guardar la unidad del Espíritu en el vínculo de la paz (Ef 4:3). Los dones han sido dados hasta que todos lleguemos a la unidad de la fe y del conocimiento del Hijo de Dios (Ef 4:13).

UNIGÉNITO – Ver **UNO**.

UNO
1. (*jéis*: εἷς <1520>) **Uno solo.** El vocablo está empleado a propósito del hijo amado de un hombre que arrendó su viña a unos labradores (Mc 12:6).
2. (*monogenés*: μονογενής <3439>; de *mónos*: solo, único, y *gínomai*: comenzar, existir) **Único hijo o única hija.** El vocablo está empleado cinco veces por Juan con relación a Jesús, el Unigénito de Dios el Padre (Jn 1:14, 18; 3:16, 18; 1Jn 4:9). También está empleado a propósito del hijo de una viuda que estaba muerto y que Jesús resucitó (Lc 7:12), de la hija de Jairo que murió y que Jesús igualmente resucitó (Lc 8:42), del hijo de un hombre que un espíritu tomaba (Lc 9:38), de Isaac (Hb 11:17). ¶

UNTAR – Ver **UNGIR**.

ÚTIL
1. (*eúthetos*: εὔθετος <2111>; de *eu*: bien, y *títhemi*: meter, poner) **Conveniente, apropiado.** La tierra produce hierbas útiles (provechosas) para los que la labran (Hb 6:7).
2. (*eúcrestos*: εὔχρηστος <2173>; de *eu*: bien, y *crestós*: conveniente, útil) **Que se puede emplear fácilmente.** Si alguien se limpia de los vasos viles, será un vaso útil al Señor (2Ti 2:21). Marcos era útil a Pablo para el servicio (2Ti 4:11). Onésimo ahora era útil a Filemón y a Pablo (Flm 11). ¶
3. (*ofélimos*: ὠφέλιμος <5624>; de *ófelo*: ser útil, provechoso) **Ventajoso, útil.** El ejercicio corporal para poco es provechoso, pero la piedad para todo es provechoso (1Ti 4:8a, b). Toda la Escritura es inspirada por Dios, y útil para enseñar, redargüir, corregir, instruir en la justicia (2Ti 3:16). Pablo emplea este vocablo en Tit 3:8. ¶

UTILIDAD (ser útil: *sumféro*: συμφέρω <4851>; de *sun*: junto a, y *féro*: traer)
Ser provechoso, ventajoso. A cada creyente le es dada la manifestación del Espíritu para provecho (lit.: en

perspectiva de ser provechoso) (1Co 12:7).

UVA (*stafulé*: σταφυλή <4718>; de *stéfo*: trenzar, entretejer)
Fruto de la viña del que se obtiene el vino. No se recogen uvas de los espinos (Mt 7:16) o de las zarzas (Lc 6:44): así se reconoce a un hombre, por el fruto bueno o malo producido. En el Apocalipsis, un ángel vendimió la viña de la tierra y echó las uvas en el gran lagar de la ira de Dios (14:18), lo que habla de un juicio divino futuro sobre los hombres incrédulos. ¶

V

VACA – Ver **BECERRA**.

VAINA (*théke*: θήκη <2336>; de *títhemi*: poner, depositar)
Receptáculo para meter una espada; otra trad.: funda. Jesús le dijo a Pedro que metiera la espada en la vaina (Jn 18:11). ¶

VALOR (DE GRAN) – Ver **COSTOSO**.

VANAGLORIOSO
1. (*alazón*: ἀλαζών <213>) **Fanfarrón, arrogante.** Pablo emplea este vocablo en Ro 1:30 y 2Ti 3:2. ¶
2. (*kenódoxos*: κενόδοξος <2755>; de *kenós*: vano, vacío, y *dóxa*: gloria) **Vanidoso.** Los creyentes ne deben ser vanagloriosos, irritándose unos a otros, envidiándose unos a otros (Gá 5:26). ¶

VANIDAD (*mataiótes*: ματαιότης <3153>; de *mátaios*: inútil, vano, sin valor)
Que no produce resultados, que es fútil. La creación ha sido sometida a vanidad (Ro 8:20). Los creyentes de Éfeso no debían andar más como los otros gentiles, que andan en la vanidad de su mente (Ef 4:17). Pedro denuncia a los que pronuncian palabras infladas y vanas (2P 2:18). ¶

VARA – Ver **BASTÓN 1**.

VASO – Ver **COPA**.

VELA – Ver **APAREJO**.

VELA DE ARTIMÓN (*artémon*: ἀρτέμων <736>)
Vela que se encuentra en la parte trasera de una galera. Izaron la vela de popa (Hch 27:40). ¶

VELO
1. (*katapétasma*: καταπέτασμα <2665>; lit.: lo que es desplegado desde arriba) **Cortina.** El velo del tabernáculo separaba el lugar Santo del lugar Santísimo (Hb 6:19; 9:3); este velo es una figura de la carne del Señor crucificado; a través de él, tenemos acceso a la presencia de Dios (10:20). El camino al lugar santísimo está ahora abierto a la fe (Hb 9:8, 9; 10:19, 20), y el creyente puede acercarse a Dios. El velo del templo

VENCER

ha sido rasgado en dos mitades, de arriba abajo (Mt 27:51; Mc 15:38; Lc 23:45) cuando el Señor Jesús murió. ¶
2. (*kálumma*: κάλυμμα <2571>; palabra de la familia de *kalúpto*: cubrir, esconder) **Cobertura.** Moisés llevaba un velo a causa del resplandor de su rostro; ese velo no es quitado para aquellos que permanecen bajo el antiguo pacto; por ese hecho no pueden contemplar a Cristo (2Co 3:13-18). ¶
3. (*peribólaion*: περιβόλαιον <4018>: cobertura con la que se envuelve) **Vestido.** El cabello le es dado a la mujer como un velo (1Co 11:15). Otra ref.: Hb 1:12. ¶
4. (*epikálumma*: ἐπικάλυμμα <1942>) **Cobertura, pretexto.** Pedro habla de hombres malvados (1P 2:16), que tienen la libertad como velo (RV.: pretexto) para hacer lo malo. ¶

VENCER (ser victorioso: *nikáo*: νικάω <3528>; de *níke*: victoria) **Triunfar, alcanzar la victoria.** Todo lo que es nacido de Dios vence al mundo (1Jn 5:4). Aquel que cree que Jesús es el Hijo de Dios vence al mundo (1Jn 5:5).

VENDA (*keiría*: κειρία <2750>) **Trozo de tela enrollado alrededor de los miembros de un cadáver.** Lázaro salió del sepulcro, teniendo los pies y las manos atados con vendas (Jn 11:44). ¶

VENDA DE LINO
1. (*othónion*: ὀθόνιον <3608>) **Venda de lino para envolver a un muerto.** Se envolvió el cuerpo de Jesús con vendas de lino (Jn 19:40). Pedro vio solo las vendas de lino en el sepulcro de Jesús (Lc 24:12; Jn 20:6), como también Juan (Jn 20:5). El sudario no estaba con las vendas (Jn 20:7). ¶
2. (*léntion*: λέντιον <3012>; *linteum* en lat.: tela de lino) **Toalla, delantal que llevaban los siervos para efectuar su trabajo.** Jesús se ciñó con una toalla (Jn 13:4); se sirvió para secar los pies de sus discípulos (v. 5). ¶
3. (*soudárion*: σουδάριον <4676>; del lat.: *sudario*: sudor) **Pañuelo; paño para secar el sudor.** Un hombre había guardado su mina en un pañuelo (Lc 19:20).

VENDAR (*katadéo*: καταδέω <2611>; de *katá*: abajo, y *déo*: atar, sujetar)
Poner una venda. El samaritano vendó las heridas del hombre cubierto de llagas (Lc 10:34). ¶

VENENO (*iós*: ἰός <2447>; *virus* en lat.)
Veneno de un animal, p.ej. el de la serpiente en su boca. Pablo cita un salmo donde es cuestión de hombres malvados que tienen veneno de áspides debajo de sus labios (Ro 3:13; ver Sal 140:3). La lengua es un mal desordenado, llena de veneno mortal (Stg 3:8).

VENGADOR (*ékdikos*: ἔκδικος <1558>; de *ek*: de, y *díke*: justicia)
Aquel que hace justicia, que castiga. El magistrado es servidor de

Dios, vengador para castigar al que hace lo malo (Ro 13:4). El Señor es el vengador para aquel que daña a su hermano (1Ts 4:6). ¶

VENIDA – Ver **APARICIÓN**.

VENIDA DEL SEÑOR – Ver **ESPERANZA**.

VENTAJA
1. (*perisson*; de *perissós*: περισσός <4053>: que sobrepasa la medida, preeminencia) **Superioridad.** Pablo pregunta ¿cuál es la ventaja del judío? (Ro 3:1).
2. (*súmforon*: σύμφορον <4852a>; de *sumféro*: ser ventajoso, que viene de *sun*: con, junto a, y *féro*: llevar) **Beneficio, provecho, utilidad.** Pablo habla a los corintios para provecho de ellos (1Co 7:35); no buscaba su propio beneficio (10:33). ¶

VERBO – Ver **PALABRA**.

VERDAD
1. (*alétheia*: ἀλήθεια <225>; de *alethés*: real, verdadero) **Que es conforme a la Escritura y a la realidad.** La Palabra (Jesús) habita en medio de los hombres, llena de gracia y de verdad (Jn 1:14). La gracia y la verdad vinieron por Jesucristo (Jn 1:17). Jesús enseñaba con verdad (Mt 22:16; Mc 12:14, 32; Lc 20:21). Una mujer, sanada por Jesús, le dijo toda la verdad (Mc 5:33). En verdad, había muchas viudas en Israel en los días de Elías (Lc 4:25). El que practica la verdad viene a la luz (Jn 3:21). Los verdaderos adoradores adoran al Padre en espíritu y en verdad (Jn 4:23, 24). Juan el Bautista dio testimonio de la verdad (Jn 5:33). Jesús les dijo a los judíos que habían creído en él que conocerían la verdad y que la verdad les haría libres (Jn 8:32a, b). Jesús decía la verdad (Jn 8:40, 45, 46; 16:7). Él es el camino, la verdad y la vida (Jn 14:6). El Espíritu Santo es llamado el Espíritu de verdad (Jn 14:17; 15:26; 16:13a; 1Jn 5:6); él guía a toda la verdad (Jn 16:13b). Jesús le pidió al Padre santificar a sus discípulos en su verdad, su palabra siendo la verdad (Jn 17:17a, b, 19). Jesús ha venido al mundo para dar testimonio a la verdad; el que es de la verdad, oye su voz (Jn 18:37a, b). Pilato le dijo a Jesús: ¿Qué es la verdad? (Jn 18:38). El diablo no ha permanecido en la verdad, porque no hay verdad en él (Jn 8:44a, b). Pablo hablaba según la verdad (Hch 26:25; Ro 9:1; 2Co 7:14); la verdad de Cristo estaba en él (2Co 11:10). Los creyentes celebran la fiesta con panes sin levadura de sinceridad y de verdad (1Co 5:8). El amor se goza de la verdad (1Co 13:6). La verdad está en Jesús (Ef 4:21). Los creyentes deben hablar la verdad cada uno con su prójimo (Ef 4:25). La Iglesia del Dios viviente es la columna y el baluarte de la verdad (1Ti 3:15). Otras ref.: Lc 22:59; Hch 4:27; 10:34; Ro 1:18, 25; 2:2, 8, 20; 3:7; 15:8; 2Co 4:2; 6:7; 12:6; 13:8a, b; Gá 2:5, 14; 5:7; Ef 1:13; 4:24; 5:9;

6:14; Fil 1:18; Col 1:5, 6; 2Ts 2:10, 12, 13; 1Ti 2:4, 7a, b; 4:3; 6:5; 2Ti 2:15, 18, 25; 3:7, 8; 4:4; Tit 1:1, 14; Hb 10:26; Stg 1:18; 3:14; 5:19; 1P 1:22; 2P 1:12; 2:2; 1Jn 1:6, 8; 2:4, 21a, b; 3:18, 19; 4:6; 2Jn 1a, b, 2-4; 3Jn 1, 3a, b, 4, 8, 12. ¶
2. (decir verdad: *aletheúo*: ἀληθεύω <226>; de *alethés*: ver **1.**) **Hablar conformemente a lo que es verdad.** Pablo decía a los gálatas la verdad (Gá 4:16).
3. Ver **CERTIDUMBRE.**

VERDUGO (*basanistés*: βασανιστής <930>; de *basanízo*: torturador, someter a la cuestión) **Persona que inflige torturas para obtener información.** En Mt 18:34, el señor libró a su malvado siervo a los verdugos. ¶

VERGÜENZA
1. (*aiscúne*: αἰσχύνη <152>; de *aíscos*: avergonzarse) **Conducta o cosa vergonzosa, indecencia.** Judas habla de impíos que arrojan la espuma de sus actos vergonzosos (lit.: de vergüenza) (Jud 13).
2. (*ascemosúne*: ἀσχημοσύνη <808>; de *asquémon*: asqueroso, menos decoroso, indecente, que viene de *a*: part. neg., y *squéma*: apariencia) **Indecencia, impudor.** La práctica de la homosexualidad por los hombres es llamada hecho vergonzoso (otra trad.: indecentes) (lit.: de vergüenza) (Ro 1:27). El vocablo está traducido como: «vergüenza» en Ap 16:15. ¶

VESTIDO
1. (*éndusis*: ἔνδυσις <1745>; de *endúo*: revestir, que viene de *en*: en, y *dúno*: poner) **Llevar ropa.** El atavío de la mujer no debe consistir en estar vestida (lit.: de vestirse) con valiosos adornos (1P 3:3), sino que su vestido debe ser el de la disposición de su corazón. ¶
2. (*jimatismós*: ἱματισμός <2441>; de *jimatízo*: vestir, que viene de *jimátion*: vestido, vestir). **Prendas de vestir, ropa.** Las mujeres cristianas no debían vestirse con vestidos costosos (1Ti 2:9).

VÍBORA
1. (*équidna*: ἔχιδνα <2191>) **Serpiente venenosa.** Una víbora se le prendió a la mano de Pablo en la isla de Malta, pero él no sufrió ningún daño (Hch 28:1-6; comp. Mc 16:18). Juan el Bautista trató de generación de víboras a los fariseos y a los saduceos que venían para hacerse bautizar (Mt 3:7; Lc 3:7). También Jesús usó ese término en lo concerniente a los conductores de Israel (Mt 12:34; 23:33). Moralmente, se parecían a la Serpiente. ¶
2. Ver **ÁSPID.**

VICTORIA
1. (*níke*: νίκη <3529>) **Éxito, triunfo.** Nuestra fe es la victoria que ha vencido al mundo (1Jn 5:4). ¶
2. (*níkos*: νῖκος <3534>; forma de *níke*: ver **1.**) **Éxito, triunfo.** Jesús producirá en victoria el juicio (Mt 12:20). La muerte será sorbida en

victoria (1Co 15:54); ella ya no tendrá más victoria (v. 55). Dios nos da la victoria por medio de nuestro Señor Jesucristo (1Co 15:57). ¶

VID
1. (*ámpelos*: ἄμπελος <288>) **Arbusto que produce uvas en racimo; la viña es cultivada solamente por sus frutos.** El Señor beberá del fruto de la vid en el reino de su Padre (Mt 26:29; Mc 14:25; Lc 22:18). En Jn 15:1, la vid es una imagen del Señor; los pámpanos representan a los que le pertenecen (v. 4, 5). Jacobo (Santiago) emplea el ejemplo de una vid que no puede producir higos para demostrar la necesidad de una marcha cristiana consecuente con la posición del creyente (3:12). La vid de la tierra (Ap 14:18, 19) representa a los judíos y a los gentiles apóstatas, sobre los cuales el Señor ejercerá su juicio. ¶
2. (*ampelón*: ἀμπελών <290>; de *ámpelos*: ver **1.**) **Viñedo, es decir plantación de vides.** El que planta una viña come de su fruto (1Co 9:7). Dos parábolas de la viña (Mt 21:28, 33, 39-41; Mc 12:1, 2, 8, 9a, b; Lc 13:6; 20:9, 10, 13, 15a, b, 16) ilustran a Israel (comp. Is 5:7) que no ha obedecido y que no ha querido recibir a los profetas (los siervos) ni al Señor Jesús (el Hijo amado). Jesús contó una parábola de obreros contratados para trabajar en la viña de un padre de familia (Mt 20:1, 2, 4, 7, 8), y otra de una higuera plantada en una viña (Lc 13:6). ¶

VIDA (DAR) – Ver **VIVIFICAR**.

VIDA ETERNA (vida: *zoé*: ζωή <2222>; de *záo*: vivir; eterna: *aiónios*: αἰώνιος <166>; de *aión*: edad)
La vida eterna es comunicada en el momento del nuevo nacimiento. Es una vida nueva, la vida divina transmitida por Dios. Dios comunica la vida eterna al que cree en el Hijo de Dios (Jn 3:15, 16, 36; 6:40, 47, 54; 1Ti 1:16; 1Jn 1:2). Jesús da vida eterna (Jn 10:28; 17:2). El que oye las palabras del Señor y cree al que lo envió tiene vida eterna (Jn 5:24). Dios ha dado al creyente vida eterna, y esta vida está en su Hijo (1Jn 5:11). Jesucristo es el Dios verdadero y la vida eterna (v. 20). El creyente posee vida eterna ya en la tierra, y presentemente goza de ella (v. 13). El perfecto y definitivo gozo de las bendiciones vinculadas con esta vida es visto como siendo futuro: es la recompensa de la fidelidad (Mt 19:29; Ro 2:7; 6:22; Gá 6:8; 1Ti 6:12). Otras ref.: Mt 19:16; 25:46; Mc 10:17, 30; Lc 10:25; 18:18, 30; Jn 4:14, 36; 5:39; 6:27, 68; 12:25, 50; 17:3; Hch 13:46, 48; Ro 5:21; 6:23; Tit 1:2; 3:7; 1Jn 2:25; Jud 21.

VIDRIO (*krústalos*: κρύσταλλος <2930>)
El vidrio era conocido de los egipcios y de los griegos desde la más alta antigüedad (Job 28:17). Ver Ap 4:6; 15:2; 21:18, 21; 22:1; ver también **MAR DE VIDRIO**. ¶

VIGA (*dokós*: δοκός <1385>)
Pieza de madera. El vocablo está empleado por el Señor como una imagen de una gran falta al hablar de «la viga que está en tu ojo» (Mt 7:3-5; Lc 6:41, 42a, b); ver también **PAJA 2.** ¶

VIGILIA (*fulaké*: φυλακή <5438>)
Las doce horas de la noche estaban divididas en 4 vigilias: 1. desde la puesta del sol hasta las 21 o 22 horas; 2. hasta media noche; 3. hasta las 2 o 3 de la mañana; 4. hasta el amanecer (Mt 14:25; Mc 6:48; ver 13:35).

VINAGRE (*óxos*: ὄξος <3690>; de *oxús*: ácido, agudo)
Vino agrio utilizado como bebida en el ejército romano. Se le ofreció al Señor sobre la cruz una mezcla de vinagre y de hiel para aliviar sus sufrimientos, pero habiéndolo probado no quiso beberlo (Mt 27:34). Más tarde, Jesús tomó el vinagre empapado en una esponja que le presentaban (Mt 27:48; Mc 15:36; Lc 23:36; Jn 19:28-30), con el fin de que la Escritura fuese cumplida (Sal 69:21; Jn 19:28). ¶

VINO (*oínos*: οἶνος <3631>)
Zumo de uva fermentado. Jesús enseña que no se puede poner vino nuevo en odres viejos, ilustrando así la incompatibilidad de la gracia y de la ley (Mt 9:17; Mc 2:22; Lc 5:37, 38). Jesús transformó el agua en vino en las bodas de Caná (Jn 2:1-11; 4:46). En Pentecostés, se burlaron de los discípulos diciendo que estaban repletos de vino dulce (*gleúkos*; Hch 2:13). Pablo, por una parte, enseña a abstenerse de vino si eso escandaliza a otro cristiano (Ro 14:21); por otra, recomienda a Timoteo de usar de un poco de vino a causa de su estómago (1Ti 5:23). El cristiano no debe embriagarse con vino (Ef 5:18). El obispo y el diácono de la iglesia deben tener cuidado de no ser dados al vino (*pároinos*) (1Ti 3:3, 8; Tit 1:7), como también las ancianas (Tit 2:3). En el Apocalipsis, se habla de la copa de vino de la ira de Dios (16:19; 19:15).

VINO (DADO AL) (*pároinos*: πάροινος <3943>; de *pará*: cerca de, y *oínos*: vino)
Que abusa de las bebidas alcohólicas. Aquel que anhela el cargo de obispo o supervisor no debe ser dado al vino (1Ti 3:3; Tit 1:7). ¶

VIÑA – Ver **VID**.

VIÑADOR (*ampelourgós*: ἀμπελουργός <289>; de *ámpelos*: viña, y *érgon*: acción, trabajo)
Persona que cultiva la viña y produce vino. El vocablo está empleado en Lc 13:7 donde alguien que tenía una higuera plantada en una viña le pide al viñador de cortarla porque no producía fruto. ¶

VIRTUD (*areté*: ἀρετή <703>; de *aresko*: dar satisfacción)
Excelencia, preeminencia moral. Las cosas que en ellas tienen alguna

virtud deben ocupar nuestros pensamientos (Fil 4:8). Los creyentes deben anunciar las virtudes de aquel que los llamó de las tinieblas a su luz admirable (1P 2:9). Él los ha llamado por su gloria y excelencia (lit.: virtud) (2P 1:3). Debemos añadir a nuestra fe virtud, y a la virtud conocimiento (2P 1:5a, b). ¶

VISIBLE (*joratós*: ὁρατός <3707>; de *joráo*: mirar, ver)
Que se puede ver. Por el Señor Jesús han sido creadas todas las cosas, las que hay en los cielos y las que hay en la tierra, visibles e invisibles, sean tronos, dominios, principados, potestades; todo fue creado por él y para él (Col 1:16). ¶

VISIÓN
1. (*optasía*: ὀπτασία <3701>; de *optánomai*: aparecer) **Acción de mostrarse a la vista, aparición.** Zacarías había tenido una visión en el templo (Lc 1:22). Las mujeres que habían ido al sepulcro de Jesús dijeron que habían visto una visión de ángeles quienes decían que él estaba vivo (Lc 24:23). Pablo no había resistido a la visión celestial (Hch 26:19). Él habría podido venir a las visiones y a las revelaciones del Señor (2Co 12:1). ¶
2. (*jórama*: ὅραμα <3705>; de *joráo*: mirar, ver) **Aparición, manifestación de alguna cosa invisible que se hace visible.** Jesús mandó a sus discípulos que no dijeran a nadie la visión sobre el monte de la transfiguración (Mt 17:9). Moisés se maravilló de la visión de la zarza en fuego (Hch 7:31). El Señor se dirigió a Ananías en visión (Hch 9:10). Pablo había visto en visión a Ananías (Hch 9:12). Cornelio vio claramente en visión a un ángel de Dios (Hch 10:3). Pedro tuvo una visión (Hch 10:17, 19; 11:5). En otra ocasión, él creía ver una visión, pero lo que se hacía por el ángel era real (Hch 12:9). Pablo tuvo de noche una visión de un hombre macedonio que le pidió pasar por Macedonia y ayudarlos (Hch 16:9, 10). El Señor le apareció a Pablo en una visión de noche (Hch 18:9). ¶
3. (*jórasis*: ὅρασις <3706>; de *joráo*: mirar, ver) **Aparición transmitida por Dios.** En los últimos días, los jóvenes tendrán visiones (Hch 2:17). Juan vio caballos en su visión (Ap 9:17).

VISITACIÓN (*episkopé*: ἐπισκοπή <1984>; lit.: vigilancia)
Esta palabra indica una intervención de Dios, sea en gracia, sea en juicio. El Señor Jesús ha visitado a Israel en gracia; esta nación no ha conocido el tiempo de su visitación (Lc 1:68, 78; 19:44). De la misma manera Dios visita actualmente a los hombres en el periodo de la gracia. Él visitará en juicio (Is 26:21; 1P 2:12) a los que no se hayan arrepentido; estos deberán entonces reconocer que las buenas obras de los creyentes, que ellos habían calumniado, habían sido hechas para gloria de Dios.

VITUPERIO

1. (*oneidismós*: ὀνειδισμός <3680>; de *oneidízo*: ver **3.**) **Descrédito, reproche.** El obispo debe tener un buen testimonio de los de afuera para que no caiga en descrédito (1Ti 3:7). Creyentes habían sido hechos espectáculo mediante vituperios (Hb 10:33). Moisés estimó mayores riquezas el vituperio de Cristo que los tesoros de Egipto (Hb 11:26). Los creyentes son llamados a salir del campamento hacia Jesús, llevando su vituperio (Hb 13:13).
2. (*óneidos*: ὄνειδος <3681>) **Humillación, afrenta.** El Señor había quitado la afrenta de Elisabet, dándole de concebir (Lc 1:25). ¶
3. (vituperar: *oneidízo*: ὀνειδίζω <3679>; de *óneidos*: ver **2.**) **Sufrir oprobio; ser objeto de reproches.** Si trabajamos y sufrimos oprobios, es porque esperamos en el Dios viviente (1Ti 4:10); otros mss. tienen *agonizomai*: luchar, combatir.
4. (afrentar: *atimázo*: ἀτιμάζω <818>; de *átimos*: sin honra) **Deshonrar; ser tratado indignamente.** Los apóstoles se gozaron de haber sido tenidos por dignos de padecer afrenta por causa del Nombre (Hch 5:41).
5. (exponer al vituperio: *paradeigmatízo*: παραδειγματίζω <3856>; de *pará*: al lado de, y *deigmatízo*: dar en ejemplo, exhibir) **Exponer a la infamia, a la ignominia.** Los que solamente hacen profesión de ser creyentes, sin creer de verdad, exponen al Hijo de Dios al vituperio (Hb 6:6). ¶

VIVIFICAR

1. (*zoopoiéo*: ζῳοποιέω <2227>; de *zoós*: vivir, y *poiéo*: hacer) **Dar la vida, hacer vivir, comunicar la vida eterna.** El principio de vivificación es el siguiente: lo que es sembrado debe morir antes de ser vivificado (1Co 15:36). El Padre y el Hijo dan vida (Jn 5:21), como el Espíritu Santo (Jn 6:63; 2Co 3:6; 1P 3:18). El postrer Adán, Jesucristo, es un espíritu vivificante (1Co 15:45); él vivificará los cuerpos mortales de los creyentes, vivos o dormidos, cuando venga. Esta operación también es atribuida a Dios por su Espíritu (Ro 8:11).
2. (*suzoopoiéo*: συζῳοποιέω <4806>; de *sun*: junto a, y *zoopoiéo*: ver **1.**) **Hacer vivir con, comunicar la vida eterna con.** Dios vivifica al pecador arrepentido (Ef 2:5; Col 2:13). ¶

VOLUNTAD (BUENA)

(*prothumía*: προθυμία <4288>; de *pro*: antes, y *thumós*: ardor, pasión, disposición) **Intención, prontitud, solicitud.** La buena voluntad a dar será acepta según lo que uno tiene (2Co 8:12). Pablo conocía y se gloriaba de la buena voluntad de los corintios (2Co 9:2). Como habían sido prontos a querer (lit.: como la buena voluntad a querer), los corintios debían ahora cumplir (2Co 8:11).

VOLVERSE

1. (*stréfo*: στρέφω <4762>) **Girar, convertirse.** Si una persona no se vuelve y se hace como niño, no puede entrar en el reino de los cielos (Mt 18:3).>

2. (*epistréfo*: ἐπιστρέφω <1994>; de *epi*: volver hacia, y *stréfo*: ver **1.**) **Cambiar de dirección parándose en el camino de perdición y volviéndose al Dios salvador, convertirse.** El verbo está empleado en relación con Israel (Mt 13:15; Mc 4:12; Jn 12:40; Hch 28:27). La conversión acompaña al arrepentimiento en perspectiva del perdón de los pecados (Hch 3:19). Pablo había predicado a los judíos y a los gentiles que se arrepintieran y que se convirtieran (lit.: volverse) a Dios (Hch 26:20). Los tesalonicenses se habían convertido (lit.: se habían vuelto) de los ídolos a Dios (en griego: hacia Dios de los ídolos) (1Ts 1:9).

VOTO (*euqué*: εὐχή <2171>)
Compromiso hecho ante Dios de cumplir una promesa. El voto de nazareo era practicado por los israelitas (Nm 6), como señal de consagración a Jehová. Pablo había hecho un voto, y se había hecho rapar la cabeza en Cencrea (Hch 18:18). Igualmente cuatro hombres en Jerusalén habían hecho un voto (Hch 21:23, 24) y debían raparse la cabeza ellos también.

Y

YELMO (*perikefalaía*: περικεφαλαία <4030>; de *perí*: alrededor, y *kefalé*: cabeza; lit.: lo que rodea la cabeza)
Armadura para proteger la cabeza. Pablo exhorta al creyente a tomar el yelmo de la salvación (Ef 6:17) y a vestir la esperanza de la salvación como yelmo (1Ts 5:8). ¶

YUGO
1. (*zugós*: ζυγός <2218>; de *zeúgnumi*: unir) **Pieza de madera utilizada para aparejar a las bestias de carga.** El yugo habla, figur., de sujeción, de obligación (1Ti 6:1). También evoca la autoridad del Señor sobre el creyente, autoridad que no es penosa (Mt 11:29, 30). La ley del A.T. era un yugo de servidumbre para los israelitas; el Señor nos ha liberado (Hch 15:10; Gá 5:1). Otra ref.: Ap 6:5 (balanza). ¶
2. (ponerse bajo un yugo desigual: *jeterozuguéo*: ἑτεροζυγέω <2086>; de *jéteros*: diferente, otro, y *zugós*: ver **1.**) **Formar una asociación disparatada, inconveniente.** Al casarse con un incrédulo, el creyente se pone bajo un yugo desigual (2Co 6:14); comp. Lv 19:19 y Dt 22:10. ¶

Z

ZAFIRO (*sápfiros*: σάπφιρος <4552>; del heb. *safár*: inscribir)
1. Piedra preciosa de diversos matices de azul. El segundo cimiento de la muralla de la Jerusalén celestial está adornado con zafiro (Ap 21:19). ¶
2. Ver **JACINTO**.

ZARANDEAR (*siniázo*: σινιάζω <4617>; de *sinion*: cedazo, tamiz)
Hacer pasar objetos a través de un instrumento perforado de varios agujeros para tamizar. Satanás había pedido tener a los discípulos para zarandearlos como trigo (Lc 22:31), es decir para someterlos a tentaciones y a tribulaciones. ¶

ZARZA (*bátos*: βάτος <942>)
Arbusto espinoso. Se habla de una zarza en un libro de Moisés (Mc 12:26; Lc 20:37). No se vendimian uvas de la zarza (Lc 6:44). Un ángel apareció a Moisés en la llama de una zarza (Hch 7:30, 35). ¶

ZELOTE (celoso: *zelotés*: ζηλωτής <2207>; del nombre que significa celo)
Miembro de un bando extremista de los fariseos, muy celoso por la ley y la tradición (Gá 1:14). El apóstol Simón (no Simón Pedro) pertenecía a este bando antes de ser llamado (Lc 6:15; Hch 1:13). Esta secta fue fundada por Judas el galileo (ver Hch 5:37), que murió en el año 6 d.J.C. Esta secta se opuso violentamente a los romanos; se rebeló hacia el año 66, lo que llevó a la destrucción de Jerusalén en el año 70. La misma palabra (o términos de la misma raíz) designa la consagración a los intereses de Dios (Jn 2:17; Tit 2:14); traducido como: «procurad» en 1Co 12:31; 14:1, 12, 39.

ZORRA (*alópex*: ἀλώπηξ <258>)
Mamífero carnívoro de la misma familia que el perro y que tiene la costumbre de hacerse una guarida. Jesús menciona a las zorras: tienen guaridas, mientras que él no tenía dónde recostar su cabeza (Mt 8:20; Lc 9:58). Jesús compara a Herodes Antipas con una zorra, a causa de su astucia (Lc 13:32). ¶

PARTE II – NOMBRES DE PERSONAS Y DE LUGARES

A

AARÓN (*Aarón*: Ἀαρών <2>)
Hermano mayor de Moisés (ver Éx 6:20). En la ausencia de Moisés, los hijos de Israel le pidieron que hiciera dioses (Hch 7:40; ver v. 37-41). Jefe del linaje de los sacerdotes en Israel, es un tipo de Cristo bajo el carácter de sumo sacerdote (Hb 5:4; ver v. 5). Sus vestiduras sagradas (ver Éx 28) nos hablan figur. de las glorias del Señor en el ejercicio de su sacerdocio actual, sacrificio de intercesión por los creyentes (Hb 7:11; ver 7:26-28 y 9:24). Elisabet era de la descendencia de Aarón (Lc 1:5). La vara de Aarón que había reverdecido se encontraba en el arca del pacto (Hb 9:4). ¶

ABADÓN (*Abaddón*: Ἀβαδδών <3>)
Término heb. traducido como: averno, destrucción, destructor, perdición, en el A.T. (ver Job 26:6; 28:22; 31:12; Sal 88:11; Pr 15:11; 27:20). En Ap 9:11, este nombre es dado simbólicamente al «rey de las langostas», el ángel del abismo, agente satánico ejecutando la primera calamidad sobre los hombres que no tienen el sello de Dios en sus frentes. El nombre griego de «Apolión» le es dado en relación con la segunda calamidad que cae sobre las naciones cristianas apóstatas del imperio romano reconstituido. ¶

ABBA (*Abba*: Ἀββα <5>)
Término aram. que significa «padre» en el sentido familiar. «Abba» no constituye simplemente una señal de respeto; también expresa el afecto y la confianza de un hijo para con su padre. Entre los judíos, no se permitía a los esclavos de llamar así al padre de familia. En el N.T., encontramos tres veces la expresión «Abba, Padre»: Jesús en Getsemaní llama así a su Dios, bajo la forma de una muy íntima comunión (Mc 14:36); se nos dice que el creyente de nuestro período actual ha recibido el Espíritu de adopción por el cual clama: «¡Abba, Padre!» (Ro 8:15); en Gá 4:6, es el Espíritu que clama en el corazón del creyente: «Abba, Padre». ¶

ABEL (*Habel*: Ἄβελ <6>)
Segundo hijo de Adán y Eva. Jesús le llama: «Abel el justo» (Mt 23:35). Lo mató su hermano Caín, celoso por el hecho de que Dios había mirado con agrado al sacrificio de Abel pero no al suyo (Mt 23:35; Lc 11:51; ver

Gn 4:3-16). El sacrificio de Abel era más excelente que el de Caín (Hb 11:4), pues representaba con antelación el sacrificio de Jesucristo en la cruz. El sacrificio de Caín simboliza las obras de los hombres las cuales no pueden rescatarlos. La sangre de Jesús habla mejor que la de Abel (Hb 12:24). ¶

ABÍAS (*Abiá*: Ἀβιά <7>; Dios es un padre, en heb.)
1. Familia o clase de sacerdotes. Zacarías, el padre de Juan el Bautista, pertenecía a ella (Lc 1:5). ¶
2. Nombre de un rey de Judá, nieto de Salomón. Abías es mencionado en la genealogía de Jesucristo (Mt 1:7). Es llamado Abiam (Abiyyam, Abías) en 1R 15:1, 7 y Abías en 2Cr 13:1, 2. ¶

ABIATAR (*Abiathár*: Ἀβιαθάρ <8>; padre de la abundancia, en heb.)
Sacerdote en Israel. Abiatar huyó de Saúl que había hecho asesinar a otros sacerdotes y se refugió al lado de David, con el que compartió las circunstancias cuando este huía ante Saúl (ver 1S 22:11-23). Su servicio prefigura el sacerdocio de los creyentes, en unión con un Cristo rechazado; Jesús habla de él en Mc 2:26. ¶

ABILENE, ABILINIA (*Abilené*; Ἀβιληνή <9>; pradera, en heb.)
Región del norte de Palestina (en Siria, al noroeste de Damasco) de la cual Ábila es la capital. Lisanias era tetrarca de Abilinia bajo el reinado de Tiberio César (Lc 3:1). ¶

ABIUD (*Abiúd*: Ἀβιούδ <10>; padre de renombre, en heb.)
Hombre del A.T., hijo de Zorobabel. Abiud es mencionado en la genealogía de Jesucristo (Mt 1:13a, b). ¶

ABOGADO –
Ver **CONSOLADOR**.

ABRAHAM (*Abraám*: Ἀβραάμ <11>; padre de una multitud, en heb.)
Patriarca al origen de los israelitas. Dios había dicho a Abraham que saliera de su país y dejara a su parentela, porque iba a ser la cabeza de una gran nación (ver Gn 12:1-3). Abraham creyó a Dios, y le fue contado por justicia (Ro 4:3). La fe de Abraham obraba por sus obras, y por las obras se perfeccionó su fe (Stg 2:21, 23; ver v. 22). A causa de su ejemplar fe, es llamado «padre de todos los que creen», sin distinción de origen (Ro 4:12). Ha sido llamado «amigo de Dios» (Stg 2:23). Es un gran hombre de fe (Hb 11:8, 17). Su nombre es mencionado en la genealogía de Jesucristo (Mt 1:1, 2; Lc 3:34).

ACAICO (*Acaikós*: Ἀχαϊκός <883>; oriundo de Acaya)
Cristiano que vino de Corinto a visitar a Pablo. La visita de Acaico había regocijado al apóstol Pablo (1Co 16:17). ¶

ACAYA (*Acaía*: Ἀχαΐα <882>)
Región de la antigua Grecia de la cual la capital era Corinto; en el

N.T., las dos provincias de Acaya y de Macedonia designaban a toda la Grecia dominada por los romanos. Pablo visitó Acaya en varias ocasiones (Hch 18:12, 27; 19:21). Cristianos de Acaya subvinieron a las necesidades de los pobres de entre los cristianos de Jerusalén (Ro 15:26). Estéfanas ha sido uno de los primeros conversos de Acaya (1Co 16:15). Otras ref.: Ro 16:5 en algunos mss.; 2Co 1:1; 9:2; 11:10; 1Ts 1:7, 8. ¶

ACAZ (*Acáz*: Ἀχάζ <881>; posesor, ha sostenido, en heb.)
Rey de Judá. Acaz es mencionado en la genealogía de Jesucristo (Mt 1:9a, b). Hizo cosas abominables y se dedicó a la idolatría (ver 2R 16:1-4). ¶

ACÉLDAMA (*Hakeldamá*: Ἀκελδαμά <184>; campo de sangre, en aram.)
Lugar conocido como el «campo del alfarero». Los principales sacerdotes compraron ese campo con las treinta monedas de plata que Judas devolvió en el templo después de haber entregado a Jesús; este campo fue comprado para la sepultura de los extranjeros (Hch 1:19; ver Mt 27:1-10). ¶

ADÁN (*Adám*: Ἀδάμ <76>; tierra, rojo, en heb.)
Nombre del primer hombre. Dios creó a Adán a partir del polvo de la tierra (ver 1Co 15:47). Por su desobediencia, el pecado entró en el mundo y ha contaminado a toda su descendencia, a todos los hombres; todos mueren a causa del pecado (1Co 15:22), pero los que creen en aquel (el Padre) que ha enviado al Hijo de Dios tienen vida eterna (ver Jn 5:24). Jesucristo, llamado «el último Adán» (1Co 15:45), es el jefe de un nuevo linaje (Ro 5:14a, b; ver 14-21), el de los creyentes justificados por la fe. El nombre de Adán es mencionado en la genealogía de Jesús (Lc 3:38). Otras ref.: 1Ti 2:13, 14; Jud 14. ¶

ADI, ADÍ, ADDÍ (*Addí*: Ἀδδί <78>; adorno, en heb.)
Hombre del A.T. Adi es mencionado en la genealogía de Jesús (Lc 3:28). ¶

ADRAMITENA, ADRAMITIO (DE) (*Adramuttenós*: Ἀδραμυττηνός <98>)
Puerto de Asia Menor en el mar Egeo. Pablo y otros prisioneros, camino a Roma, subieron sobre una nave que volvía a su puerto de partida, de Adramitio (Hch 27:2). ¶

ADRIÁTICO (MAR) (*Adrías*: Ἀδρίας <99>)
Parte del mar Mediterráneo situada entre Italia y la península balcánica. Rumbo a Roma, el barco sobre el que habían subido Pablo y otros prisioneros afrontó una fuerte tempestad en el mar Adriático (Hch 27:27). ¶

AGABO (*Hágabos*: Ἄγαβος <13>)
Profeta cristiano. Agabo predijo por el Espíritu Santo una gran hambre

(Hch 11:28). También predijo que Pablo sería hecho prisionero en Jerusalén (21:10; ver v. 11). ¶

AGAR (*Hagár*: Ἁγάρ <28>)
Esclava egipcia de la que Abraham engendró Ismael. Agar ilustra la servidumbre de la ley bajo la que los gálatas se pusieron (Gá 4:24, 25). En contraste con la «Jerusalén actual», que está bajo el yugo de la servidumbre a pesar de la predicación de los apóstoles, la «Jerusalén celestial», representada par Sara, habla de la gracia de la que goza el cristiano liberado. ¶

AGRIPA (*Agríppas*: Ἀγρίππας <67>)
Se trata de Herodes Agripa II, biznieto de Herodes el Grande. Pablo presentó su defensa ante Agripa (Hch 26); Pablo había sido reconocido inocente, pero como había apelado a César, debió comparecer ante él en Roma. Ref.: Hch 25:13, 22-24, 26; 26:1, 2, 7 en algunos mss., 19, 27, 28, 32. ¶

AINÓN – Ver **ENÓN**.

AJENJO (*Ápsinthos*: Ἄψινθος <894>)
Planta aromática, amarga y tóxica. Nombre dado a una estrella (Ap 8:11). ¶

ALEJANDRÍA (DE) (*alexandrínos*: Ἀλεξανδρῖνος <222>)
De la ciudad portuaria del Mediterráneo al norte de Egipto, fundada por Alejandro el Grande en el año 332 a.J.C. Pablo embarcó en una nave alejandrina que iba a Italia (Hch 27:6). Después de hacer naufragio, embarcó en otra nave alejandrina que iba a Roma (Hch 28:11). ¶

ALEJANDRINO (*alexandreús*: Ἀλεξανδρεύς <221>; del nombre de Alejandro el Grande)
Judío de la ciudad de Alejandría. Los alejandrinos tenían su propia sinagoga en Jerusalén. Éstos, se disputaron contra Esteban (Hch 6:9) y participaron a su apedreamiento (ver 7:58). Apolos era natural de Alejandría (o: originario de Alejandría) (Hch 18:24). ¶

ALEJANDRO (*Aléxandros*: Ἀλέξανδρος <223>; defensor de hombre)
a. Hijo de Simón de Cirene. Obligaron a su padre a llevar la cruz de Jesús (Mc 15:21). **b. Nombre de un sacerdote.** Hacía parte del sanedrín (Hch 4:6). **c. Judío de Éfeso.** Este Alejandro fue perseguido por los adoradores de la diosa Diana (Hch 19:33a, b). **d. Calderero.** Este otro Alejandro había mostrado mucha maldad contra el apóstol Pablo (2Ti 4:14) y se había opuesto a sus palabras (ver v. 15). Puede que se trate del mismo que debía aprender a no blasfemar (1Ti 1:20). ¶

ALFEO (*Halfaíos*: Ἀλφαῖος <256>; que cambia)
a. Padre de Jacobo, el que era apóstol del Señor. Alfeo es mencionado

en Mt 10:3; Mc 3:18; Lc 6:15; Hch 1:13. **b. Padre de Leví, también llamado Mateo.** Alfeo es mencionado en Mc 2:14. ¶

AMADO (de *agapáo*: ἀγαπάω <25>: amar)
Nombre del Señor Jesús. Dios nos ha concedido su gracia en el Amado (Ef 1:6).

AMÉN (*Amén*: Ἀμήν <281>; firme, es decir confiable, digno de confianza, en heb.)
Nombre de Cristo en Ap 3:14. Ver este término en la sección de los **NOMBRES COMUNES.**

AMFÍPOLIS (*Amfípolis*: Ἀμφίπολις <295>; ciudad rodeada por un río)
Ciudad de Macedonia, fundada por los griegos en el quinto siglo a.J.C. Pablo atravesó esta ciudad antes de llegar a Tesalónica durante su segundo viaje misionero (Hch 17:1). ¶

AMINADAB (*Aminadáb*: Ἀμιναδάβ <284>; pueblo liberal, es decir dispuesto a dar generosamente, en heb.)
Hombre del A.T. Aminadab es mencionado en la genealogía de Jesucristo (Mt 1:4a, b; Lc 3:33). ¶

AMÓN (*Amón*: Ἀμών <300>)
Rey de Judá. Amón se dio a la idolatría y no anduvo en los caminos de Jehová; sus siervos conspiraron contra él y lo mataron (2R 21:19-25); fue el padre de Josías (v. 26). Su nombre está mencionado en la genealogía de Jesucristo (Mt 1:10a, b). ¶

AMÓS (*Amós*: Ἀμώς <301>; fuerte, en heb.)
Hombre del A.T. Amós es mencionado en la genealogía de Jesús (Lc 3:25). ¶

AMPLIAS, AMPLIATO (*Amplías*: Ἀμπλίας <291>; engrandecido)
Cristiano de Roma. Pablo saluda a Amplias, su amado en el Señor (Ro 16:8). ¶

ANA (*Hánna*: Ἄννα <451>; misericordia, favor, en heb.)
Profetisa de avanzada edad que servía a Dios en el templo. Ana es mencionada durante la presentación de Jesús en el templo (Lc 2:36). ¶

ANANÍAS (*Hananías*: Ἀνανίας <367>; Jehová ha sido misericordioso, en heb.)
a. Cristiano de Jerusalén. Ananías estaba casado con Safira (Hch 5:1); mintió al Espíritu Santo (v. 3), lo que atrajo el juicio divino sobre él y sobre su mujer. Los dos cayeron y expiraron (ver Hch 5:7-10). **b. Discípulo de Damasco.** Ananías fue enviado para que Pablo recobrase la vista después de su conversión (Hch 9:10, 12, 13, 17); era un hombre piadoso según la ley y tenía un buen testimonio de los judíos de Damasco (Hch 22:12). **c. Sumo sacerdote.** Este Ananías mandó que

golpeasen en la boca a Pablo (Hch 23:2). Fue uno de los que presentaron una acusación contra Pablo (Hch 24:1). ¶

ANÁS (*Hánnas*: Ἅννας <452>; misericordia, favor, en heb.)
Suegro de Caifás. Anás fue sumo sacerdote al mismo tiempo que Caifás (Lc 3. 2). Llevaron a Jesús atado primeramente a él (Jn 18:13); Anás lo envió después a Caifás (v. 24). Anás cuestionó a Pedro y a Juan después que los hubiesen arrestado (Hch 4:6). ¶

ANDRÉS (*Andréas*: Ἀνδρέας <406>; varonil)
Uno de los doce apóstoles del Señor. Andrés era hermano de Simón Pedro (Mt 4:18; 10:2; Mc 1:16; 3:18; Lc 6:14). Llevó a su hermano Pedro al Señor Jesús (Jn 1:40; ver v. 44). Se nos dice poca cosa de él; era pescador (Mt 4:18), de la ciudad de Betsaida (Jn 1:44) y discípulo de Juan el Bautista (ver Jn 1:35-42). Según la tradición, habría conocido el martirio en Acaya y habría sido crucificado en una cruz en forma de X. Otras ref.: Mc 1:29; 13:3; Jn 6:8; 12:21, 22a, b; Hch 1:13. ¶

ANDRÓNICO (*Andrónikos*: Ἀνδρόνικος <408>; hombre de victoria)
Cristiano, pariente y compañero de cautividad de Pablo. Pablo saluda a Andrónico en su epístola a los Romanos (Ro 16:7). ¶

ANTIOQUÍA (*Antióqueia*: Ἀντιόχεια <490>; de Antíoco, un rey sirio)
a. Capital de Siria, fundada hacia el año 300 a.J.C. por Seleuco Nicator en honor a su padre Antíoco. Fue en Antioquía que por primera vez los discípulos del Señor Jesús fueron llamados cristianos (Hch 11:26b). Pablo visitó esta ciudad varias veces (ver Hch 11:26a; 13:1; 14:26; 15:30, 35; 18:22). Otras ref.: Hch 11:19, 20, 22, 27; 15:22, 23; Gá 2:11. **b. Colonia romana de Pisidia en Asia Menor.** Pablo predicó el evangelio en la sinagoga de Antioquía de Pisidia (Hch 13:14). Judíos de esta ciudad apedrearon a Pablo en Listra (Hch 14:19; 2Ti 3:11). Pablo fortaleció las almas de los discípulos en Antioquía (Hch 14:21). ¶

ANTIOQUÍA (DE) (*antioqueús*: Ἀντιοχεύς <491>)
Ciudadano de Antioquía. Nicolas era prosélito de Antioquía (Hch 6:5). ¶

ANTIPAS (*Antipás*: Ἀντιπᾶς <493>; contra todos)
Cristiano que sufrió el martirio en Pérgamo. Solo sabemos que Antipas fue un fiel testigo (Ap 2:13). ¶

ANTÍPATRIS (*Antipatrís*: Ἀντιπατρίς <494>)
Ciudad situada al noroeste de Jerusalén, fundada por Herodes el Grande. Pablo, prisionero, fue llevado de noche a Antípatris, cuando lo conducían de Jerusalén a Cesarea (Hch 23:31). ¶

APELES (*Apelés*: Ἀπελλῆς <559>)
Cristiano de Roma. Pablo hace saludar a Apeles en su epístola a los Romanos; lo considera como «aprobado en Cristo» (Ro 16:10). ¶

APIA, APFIA (*Apfía*: Ἀπφία <682>; fértil)
Cristiana de Colosas. Apia era prob. la esposa de Filemón (Phm. 2). ¶

APIO – Ver **FORO DE APIO**.

APOLIÓN (*Apolúon*: Ἀπολλύων <623>; que hace perecer) – Ver **ABADÓN**.

APOLO, APOLOS (*Apolós*: Ἀπολλῶς <625>; prob. derivado de Apolón, el dios de la luz)
Judío natural de Alejandría. Apolos era elocuente y poderoso en las Escrituras (Hch 18:24). Después de su predicación en la sinagoga de Éfeso, Priscila y Aquila le expusieron más exactamente el camino de Dios (ver Hch 18:26). Poco después, Apolos fue de gran provecho a los creyentes y demostraba mediante las Escrituras que Jesús era el Cristo (ver Hch 18:27, 28). Apolos había trabajado entre los corintios (Hch 19:1; 1Co 1:12; 3:4-6, 22; 4:6), pero no estaba dispuesto a volver a Corinto cuando Pablo escribía su epístola (1Co 16:12). Pablo pide a Tito que encamine con solicitud a Apolos y a Zenas, de modo que nada les falte (Tit 3:13). ¶

APOLONIA (*Apolonía*: Ἀπολλωνία <624>; perteneciente a Apolón, dios de la mitología griega)
Ciudad de Macedonia. Pablo atravesó esta ciudad antes de llegar a Tesalónica, durante su segundo viaje misionero (Hch 17:1). ¶

AQUILA, AQUILAS (*Akúlas*: Ἀκύλας <207>; del lat. *aquila*: águila)
Cristiano de origen judío. Aquila vino de Italia con su mujer Priscila (Hch 18:2); Pablo habitó y trabajó en su casa, ya que tenían el mismo oficio, hacer tiendas (ver v. 3). Aquila y su mujer Priscila acompañaron a Pablo (Hch 18:18) hasta Éfeso (ver v. 19). Esta pareja expuso más exactamente a Apolos la doctrina cristiana (Hch 18:26). Pablo saluda a estos compañeros de obra en su epístola a los Romanos (16:3; ver v. 4) y en una epístola a Timoteo (2Ti 4:19); también transmite a los corintios saludos de la pareja, como de la iglesia que se reunía en su casa (1Co 16:19). ¶

AQUIM (*Aquím*: Ἀχίμ <885>; *Dios establecerá, consolidará*, en heb.)
Hombre del A.T. Aquim es mencionado en la genealogía de Jesucristo (Mt 1:14a, b). Este nombre corresponde a Jakín (Yakín) en el A.T. (1R 7:21). ¶

ÁRABE (*áraps*: Ἄραψ <690>)
Persona oriunda de Arabia. El día de Pentecostés, unos árabes (judíos procedentes de Arabia) oyeron anunciar

el evangelio en su propia lengua (Hch 2:11). ¶

ARABIA (*Arabía*: Ἀραβία <688>; esterilidad, región árida, en heb.)
Región situada al este y al sur de Israel, su superficie equivale a aprox. la cuarta parte de Europa o a la tercera parte de los Estados Unidos. Pablo fue a Arabia, y de ahí a Damasco (Gá 1:17). El monte Sinaí se encuentra en Arabia (Gá 4:25). ¶

ARAM (*Arám*: Ἀράμ <689>; elevado, en heb.)
Hombre del A.T. Aram es mencionado en la genealogía de Jesucristo (Mt 1:3, 4; Lc 3:33). ¶

AREOPAGITA (*areopagítes*: Ἀρεοπαγίτης <698>; de Ares, el dios de la guerra entre los griegos)
Juez miembro del tribunal del Areópago, el cual se reunía en la colina de Ares (llamado Mercurio, por los romanos). Dionisio era uno de estos jueces (Hch 17:34). ¶

AREÓPAGO (*Áreios Págos*: Ἄρειος Πάγος <697>; Roca de Ares)
Colina situada al oeste de la Acrópolis, la ciudadela de Atenas. Pablo fue llevado al Areópago por los filósofos que querían oír la nueva doctrina que anunciaba y que concernía a Jesús y a la resurrección (Hch 17:19, 22). Esta colina está consagrada al dios de la guerra, Ares (conocido como Mercurio, por los romanos); el tribunal supremo de Atenas (llamado Areópago) tomaba sus decisiones en este lugar. ¶

ARETAS (*Arétas*: Ἀρέτας <702>)
Rey de origen árabe. El gobernador del rey Aretas quería prender a Pablo (2Co 11:32). ¶

ARFAXAD (*Arfaxád*: Ἀρφαξάδ <742>)
Hombre del A.T. Arfaxad, nieto de Noé, es mencionado en la genealogía de Jesús (Lc 3:36). ¶

ARIMATEA (*Arimathaía*: Ἀριμαθαία <707>; altura, en heb.)
Ciudad natal de José, aquel que se ocupó de dar sepultura a Jesús. Esta ciudad es mencionada en Mt 27:57; Mc 15:43; Lc 23:51; Jn 19:38. No se sabe con precisión donde se situaba Arimatea, pero era una ciudad de Judea (Lc 23:51). ¶

ARISTARCO (*Arístarcos*: Ἀρίσταρχος <708>; el que mejor gobierna)
Cristiano macedonio de Tesalónica. Aristarco fue compañero de viaje del apóstol Pablo (Hch 19:29; 20:4; 27:2). Pablo da los saludos de Aristarco a los colosenses (4:10) y a Filemón (v. 24). ¶

ARISTÓBULO (*Aristóboulos*: Ἀριστόβουλος <711>; el que mejor aconseja)
Cristiano de Roma. El apóstol Pablo saluda en su epístola a los Romanos a los que viven en su casa (16:10). ¶

ARMAGEDÓN (*Harmagedón*: Ἁρμαγεδών <717>; montaña de Mégido (o: de cita), en heb.)
Lugar en Palestina a aprox. 100 km al noroeste de Jerusalén. Mégido conoció una importancia militar estratégica en la historia de Israel; varios combates tuvieron lugar cerca de esta ciudad, y es considerada como el futuro campo de batalla en Palestina. En un día futuro, varios ejércitos de la tierra se reunirán en Armagedón (Ap 16:16) para combatir al Señor (ver Ap 19:11-19). El jefe del Imperio romano reconstituido y el anticristo serán entonces cogidos y echados en el lago de fuego; a los otros se les dará muerte por el poder divino, y las aves se saciarán de sus carnes (ver Ap 19:20, 21). ¶

ARQUELAO (*Arquélaos*: Ἀρχέλαος <745>; que dirige el pueblo)
Rey de Judea, hijo mayor de Herodes el Grande. Arquelao reinó en Judea en lugar de su padre (Mt 2:22). Era hijo de una samaritana. ¶

ARQUIPO (*Árquippos*: Ἄρχιππος <751>; maestro del caballo)
Cristiano de Colosas. El apóstol Pablo invita a Arquipo a cuidar del ministerio que había recibido del Señor para cumplirlo (Col 4:17). Pablo habla de él en su epístola a Filemón como de su compañero de armas (v. 2). ¶

ARTEMAS (*Artemás*: Ἀρτεμᾶς <734>; dádiva de Artemisa {o Diana}, diosa de la caza)
Compañero de Pablo. Pablo indica que enviará este hermano a Tito (Tit 3:12). ¶

ARTEMISA – Ver **DIANA**.

ASA (*Asá*: Ἀσά <760>; que sana, en heb.)
Rey de Judá. Asa hizo lo recto ante los ojos de Jehová (ver 1R 15:11). Su nombre es mencionado en la genealogía de Jesucristo (Mt 1:7, 8). ¶

ASER (*Asér*: Ἀσήρ <768>; feliz, en heb.)
Hijo de Jacob y nombre de una de las doce tribus descendientes de él. La profetisa Ana era de la tribu de Aser (Lc 2:36). Doce mil de la tribu de Aser serán sellados (Ap 7:6). ¶

ASIA (*Asía*: Ἀσία <773>)
En el N.T., el término designa Asia Menor (la actual Turquía), que corresponde con frecuencia a la provincia romana del mismo nombre; se sitúa al este de Europa y al norte del Mediterráneo. Pablo visitó Asia en diversas ocasiones en los Hechos, y fundó varias iglesias cristianas en esas regiones (Hch 19:10, 22, 26; 20:4a, b, 16, 18; 1Co 16:19; 2Co 1:8). Las siete iglesias de Ap 2 y 3 están situadas en Asia Menor (Ap 1:4; ver v. 11). Pedro dirigió su primera epístola a los creyentes de Asia (1P 1:1). Otras ref.: Hch 2:9; 6:9; 16:6; 19:27; 21:27; 24:19; 27:2; Ro 16:5; 2Ti 1:15. ¶

ASIA (DE) (*asianós*: Ἀσιανός <774>)
Nativo de Asia. Tiquico y Trófimo de Asia acompañaron a Pablo durante un viaje (Hch 20:4). ¶

ASIARCA (*Asiárques*: Ἀσιάρχης <775>; autoridad de Asia)
Magistrado elegido en la provincia romana de Asia. Los Asiarcas presidían anualmente las ceremonias religiosas y los juegos públicos en esta provincia, de la cual Éfeso era la capital. Pablo tenía amigos asiarcas en Éfeso (Hch 19:31). ¶

ASÍNCRITO (*Asúnkritos*: Ἀσύγκριτος <799>; incomparable)
Cristiano de Roma. Pablo saluda en su epístola a los Romanos a Asíncrito (Ro 16:14). ¶

ASÓN, ASSO (*Ássos*: Ἄσσος <789>)
Ciudad de Misia en Asia Menor y puerto del mar Egeo. Pablo embarcó en una nave en Asón, cuando iba camino de Jerusalén pasando por Mileto, cerca de Éfeso, durante su tercer viaje misionero (Hch 20:13, 14). ¶

ATALIA (*Attáleia*: Ἀττάλεια <825>; de Áttalos, un rey de Pérgamo)
Puerto de mar en Panfilia. Pablo pasó por Atalia cuando iba a Antioquía durante su primer viaje misionero (Hch 14:25). ¶

ATENAS (*Athénai*: Ἀθῆναι <116>; nombre dado en honor de Atena o Atenea, diosa de la sabiduría quien, según la mitología, habría fundado la ciudad)
Capital de Grecia en la planicie del Ático, llegó a ser la metrópolis de la cultura y de las artes en la antigüedad; cayó en manos de los romanos en el año 86 a.J.C. Pablo vino a Atenas y predicó en el Areópago delante de gente instruida pero pagana (Hch 17:15, 16). Pablo fue dejado solo en Atenas (1Ts 3:1), que luego dejó para ir a Corinto (Hch 18:1). ¶

ATENIENSE (*athenaíos*: Ἀθηναῖος <117>)
Oriundo de la ciudad de Atenas. Los atenienses empleaban su tiempo diciendo u oyendo algo nuevo (Hch 17:21); Pablo se dirigió a ellos en medio del Areópago y les presentó el evangelio (v. 22). ¶

AUGUSTA (*Sebastós*: Σεβαστός <4575>; de *sebázomai*: venerable)
Título de los emperadores romanos. Una cohorte (compañía de soldados romanos) tenía el nombre de Augusta (o: de Augusto) (Hch 27:1). Otras ref.: Hch 25:21, 25; ver **AUGUSTO 2.** ¶

AUGUSTO
1. (*Aúgoustos*: Αὔγουστος <828>; que inspira la veneración o el respeto) **Título dado a los emperadores romanos.** El primer emperador de Roma fue Octavio, sobrino de Cayo Julio César; fue el primero que

llevó este título, haciéndose llamar César Augusto (Lc 2:1).
2. (*Sebastós*: Σεβαστός <4575>; de *sebázomai*: venerable) **Título de los emperadores romanos.** En los Hechos, Nerón tenía ese título (Hch 25:21, 25). Otra ref.: Hch 27:1; ver **AUGUSTA.** ¶

AZOR (*Azór*: Ἀζώρ <107>; aquel que socorre, en heb.)
Hombre del A.T. Azor es mencionado en la genealogía de Jesucristo (Mt 1:13, 14). ¶

AZOTO (*Ázotos*: Ἄζωτος <108>; devastador, en heb.)
Ciudad situada entre Gaza y Jope, a algunos km del Mediterráneo; en el A.T., es Asdod. Felipe fue encontrado en Azoto después de la conversión y el bautismo del etíope (Hch 8:40). ¶

B

BAAL (*Báal*: Βάαλ <896>; señor, en heb.)
Principal divinidad de los fenicios y de los cananeos. Algunos israelitas habían adorado a Baal, la divinidad pagana (Ro 11:4); ella simboliza la idolatría. ¶

BABILONIA (*Babulón*: Βαβυλών <897>; de Babel: confusión; ver Gn 11:1-9)
a. Capital de la región de Babilonia (o Caldea), país de Asia occidental al este de Palestina. Los judíos fueron transportados por Nabucodonosor en el año 606 a.J.C. Los judíos volvieron de Babilonia a Jerusalén después de una cautividad de 70 años para reedificar el templo (Mt 1:11, 12, 17a, b; Hch 7:43). **b. Ciudad en la que habría habido una iglesia.** La iglesia local o una creyente de Babilonia saludaba a los creyentes de la dispersión (1P 5:13). **c. Nombre místico de la cristiandad apóstata en la tierra después del arrebato de la Iglesia.** Babilonia será destruida por la Bestia, es decir el jefe del Imperio romano reconstituido (Ap 14:8; 16:19; 17:5; 18:2, 10, 21). ¶

BALAAM (*Balaám*: Βαλαάμ <903>; sin pueblo, es decir extranjero, en heb.)
Adivino del A.T. Balaam enseñaba a Balac a poner tropiezos ante los hijos de Israel (2P 2:15; Jud 11; ver Nm 31:16). Los hijos de Israel le dieron muerte (ver Jos 13:22). La doctrina de Balaam (Ap 2:14) está ligada a la idolatría y a una relación inconveniente del cristiano con el mundo en su corrupción. ¶

BALAC (*Balák*: Βαλάκ <904>; desperdiciador, devastador, en heb.)
Rey de Moab. Balac convenció a Balaam para que maldijera a Israel (Ap 2:14; ver Nm 22:5, 6). ¶

BALÁN – Ver **BALAAM**.

BALAQ – Ver **BALAC**.

BARAC (*Barák*: Βαράκ <913>; relámpago, en heb.)
Hombre del A.T. Barac es citado entre los hombres de fe (Hb 11:32). Bajo las órdenes de la profetisa Débora, que juzgaba a Israel, Barac reunió 10.000 hombres para combatir al jefe del ejército del rey de Canaán. Lo derrotó y quebrantó el ejército enemigo (ver Jue 4). ¶

BARAQUÍAS – Ver **BEREQUÍAS**.

BARJESÚS (*Bariesoús*: Βαριησοῦς <919>; hijo de Jesús, o: de Josué, en aram.)
Mago y falso profeta judío. Barjesús trataba de apartar de la fe al procónsul Sergio Paulo (Hch 13:6); fue cegado durante cierto tiempo (ver v. 11). ¶

BARJONAS – Ver **HIJO DE JONÁS**.

BARRABÁS (*Barabbás*: Βαραββᾶς <912>; hijo de Aba, o: del padre, en aram.)
Hombre contemporáneo de Jesús, fue encarcelado por homicidio. La multitud escogió de hacer liberar a Barrabás antes que a Cristo (Mt 27:16, 17, 20, 21, 26; Mc 15:7, 11, 15; Lc 23:18; Jn 18:40). Barrabás era un malhechor (Jn 18:40); había sido encarcelado por homicidio (ver Hch 3:14). ¶

BARSABÁS (*Barsabbás*: Βαρσαββᾶς <923>; hijo de Sabbás, o: de reposo, en aram.)
a. Otro nombre de José, uno de los dos que propusieron para reemplazar a Judas Iscariote. Barsabás tenía por sobrenombre Justo (Hch 1:23). **b.** Sobrenombre de un hombre, Judas, que acompaño a Pablo y a Bernabé a Antioquía. Este Barsabás era uno de los principales entre los hermanos (Hch 15:22); con Silas, exhortaba a los hermanos con abundancia de palabras y los fortalecía (ver v. 32). ¶

BARTIMEO (*Bartimaíos*: Βαρτιμαῖος <924>; hijo de Timeo, o: del impuro, en aram.)
Mendigo ciego. Jesús sanó a Bartimeo al salir de Jericó (Mc 10:46); después siguió a Jesús (ver v. 52). ¶

BARTOLOMÉ (*Bartholomaíos*: Βαρθολομαῖος <918>; hijo de Tolmai, en heb.)
Uno de los doce apóstoles. Bartolomé es mencionado en Hch 1:13. El hecho de que su nombre se encuentre asociado al de Felipe (Mt 10:3; Mc 3:18; Lc 6:14) hace suponer que se trata de Natanael, que Felipe trajo a Jesús (ver Jn 1:46-50). ¶

BAUTISTA (*Baptistés*: βαπτιστής <910>; de *bápto*: sumergir, zambullir)
Sobrenombre de Juan, precursor de Jesús. El vocablo está empleado 14 veces: Mt 3:1; 11:11, 12; 14:2, 8; 16:14; 17:13; Mc 6:24, 25; 8:28; Lc 7:20, 28, 33; 9:19. Ver **BAUTISMO, BAUTIZAR b**. ¶

BEELZEBÚ, BEELZEBUL (*Beelzeboúl*: Βεελζεβούλ <954>; señor de las moscas, en heb.)
Nombre dado a Satanás, príncipe de los demonios. Los Judíos llamaban a Satanás Beelzebú (Mt 10:25). Los fariseos acusaron a Jesús de expulsar a los demonios por Beelzebú (Mt 12:24, 27; Mc 3:22; Lc 11:15, 18, 19). Comp. 2R 1:2. ¶

BELÉN (*Bethleém*: Βηθλεέμ <965>; casa del pan, en heb.)
Pequeña aldea de Judea. Jesús nació en Belén (Mt 2:1, 5, 6; Lc 2:4; Jn 7:42). Unos pastores rindieron allí homenaje a Jesús recién nacido (Lc 2:15). Más tarde, unos magos vinieron a Belén trayendo ofrendas a Jesús (ver Mt 2:1, 2); habiéndolo sabido, Herodes (Mt 2:8) mandó matar a todos los niños de Belén menores de dos años con el fin de hacer perecer a Jesús (v. 16). ¶

BELIAL (o: **BELIAR**) (*belíal*: Βελίαλ <955>; *beliár*: Βελιάρ <955>; lit.: inutilidad, ausencia de valor)
Vocablo que se aplica a Satanás, aquel que se opone a Dios y a Cristo En el N.T., el vocablo solo se encuentra en 2Co 6:15. En el A.T. (ver p.ej. Dt 13:13; Jue 19:22; 1R 21:10), simboliza la iniquidad. ¶

BENDITO (*Euloguetós*: Εὐλογητός <2128>; digno de alabanza)
Nombre de Dios. El término es utilizado por el sumo sacerdote a propósito de la relación de Jesús con Dios (Mc 14:61). Ver este término en la sección de los **NOMBRES COMUNES**.

BENJAMÍN (*Beniamín*: Βενιαμίν <958>; hijo de la mano derecha, en heb.)
Último de los doce hijos de Jacob y nombre de una tribu que desciende de él. El rey Saúl procedía de la tribu de Benjamín (Hch 13:21), como también el apóstol Pablo (Ro 11:1; Fil 3:5). Doce mil de la tribu de Benjamín serán sellados (Ap 7:8). ¶

BEOR – Ver **BOSOR**.

BEREA (*Béroia*: Βέροια <960>)
Ciudad de Macedonia, cerca de Tesalónica, la cual visitó Pablo durante su segundo viaje misionero. Algunos judíos de Berea creyeron a la predicación de Pablo y de Silas, como también algunas mujeres griegas de distinción y muchos hombres (Hch 17:10, 13). ¶

BEREA (DE) (*beroiaíos*: Βεροιαῖος <961>)
Oriundo de la ciudad de Berea. Sópater, uno de los compañeros de viaje de Pablo, era nativo de Berea (Hch 20:4). ¶

BERENICE (*Berníke*: Βερνίκη <959>; victoriosa)
Hermana del rey Agripa II. Berenice, con Agripa, visitó a Festo en Cesarea; Pablo presentó su defensa ante ellos (Hch 25:13, 23; 26:30). ¶

BEREQUÍAS (*Baraquías*: Βαραχίας <914>; bendición de Jehová, en heb.)
Padre de Zacarías, un sacerdote. Su hijo, Zacarías, fue matado por sus compatriotas judíos (Mt 23:35; ver 2Cr 24:22). ¶

BERNABÉ (*Barnabás*: Βαρναβᾶς <921>; hijo de consolación, en aram.)
Creyente judío de Chipre que se llamaba José (o Joses). Los apóstoles le pusieron por sobrenombre Bernabé (Hch 4:36). Vendió una propiedad, y trajo el precio correspondiente a los apóstoles (ver Hch 4:37). Condujo a Saulo a los apóstoles (Hch 9:27). En Antioquía, Bernabé, y luego junto con Pablo, enseñaba a los creyentes (Hch 11:22; ver v. 23). Acompañó a Pablo durante un viaje misionero (ver Hch 13, 14). Subieron ambos a Jerusalén para resolver la cuestión de la circuncisión (Hch 15). Se separaron debido a una apreciación diferente respecto a Marcos, sobrino de Bernabé. Bernabé tomó a Marcos y se fueron a Chipre para seguir la predicación del evangelio en esta isla; Pablo se fue acompañado por Silas (Hch 15:37, 39). Bernabé fue arrastrado con Pedro a una conducta que constreñía a los gentiles a seguir las costumbres judías (Gá 2:13). Otras ref.: Hch 11:25, 30; 12:25; 13:1, 2, 7, 43, 46, 50; 14:12, 14, 20; 15:2, 12, 22, 25, 35, 36; 1Co 9:6; Gá 2:1, 9; Col 4:10. ¶

BETÁBARA – Ver **BETANIA**.

BETANIA (*Bethanía*: Βηθανία <963>; casa de dátiles, o: del pobre, en heb.)
a. Aldea de Palestina. Betania estaba cerca de Jerusalén (Jn 11:18; Mc 11:1; Lc 19:29) y fue visitada por Jesús (Mt 21:17; Mc 11:11; Jn 11:1). Algunas veces residía allí, cuando Marta, María y Lazaro lo recibían en su casa. Unos días antes de su muerte, Jesús vino a casa de Simón el leproso en Betania; allí le hicieron una cena (Mt 26:6; Mc 14:3; Jn 12:1, ver v. 2). Fue al salir de Betania que Jesús maldijo la higuera que tenía hojas, pero no frutos (Mc 11:12). La ascensión del Señor tuvo lugar en Betania (Lc 24:50). **b. Nombre de un lugar más allá del Jordán.** Juan bautizaba en Betania (o Betábara) (Jn 1:28). ¶

BETESDA (*Bethesdá*: Βηθεσδά <964>; casa de bondad, en heb.)
Estanque en Jerusalén. Un ángel bajaba algunas veces y agitaba el agua; el primer enfermo que entonces entraba en el agua quedaba sanado (Jn 5:2). Jesús sanó en este lugar a un hombre enfermo desde hacía 38 años (ver Jn 5:5-9).

BETFAGÉ (*Bethfagé*: Βηθφαγή <967>; casa de higos, en heb.)
Aldea cercana al monte de los Olivos, en Jerusalén. De ahí, Jesús envió a dos de sus discípulos a buscar un pollino, sobre el que después se montó para entrar en Jerusalén unos días antes de su crucifixión (Mt 21:1; Mc 11:1; Lc 19:29). ¶

BETFAGUÉ – Ver **BETFAGÉ**.

BETSAIDA (*Bethsaidá*: Βηθσαϊδά <966>; casa de pesca, en heb.)
a. Aldea al norte del mar de Galilea, cerca de Capernaúm, al oeste del lago de Tiberias. Jesús visitó esta aldea (Mc 6:45; 8:22). Jesús reprochó a esta aldea su incredulidad a pesar de los milagros que ella había presenciado (Mt 11:21; Lc 10:13). Felipe, Andrés y Pedro eran de Betsaida (Jn 1:44; 12:21). **b. Pueblo al este del lago de Tiberias.** Jesús visitó esta aldea (Lc 9:10). Curó a un ciego (Mc 8:22; ver v. 22-26). ¶

BETZATÁ – Ver **BETESDA**.

BITINIA (*Bithunía*: Βιθυνία <978>) **Provincia romana montañosa, situada al norte de Asia Menor.** El Espíritu no permitió a Pablo ir allí (Hch 16:7). No obstante, el evangelio fue predicado más tarde, puesto que Pedro habla de creyentes de Bitinia (1P 1:1). ¶

BLASTO (*Blástos*: Βλάστος <986>; brote)
Oficial del rey Herodes Agripa I; era el camarero mayor del soberano. Los de Tiro y Sidón se ganaron el favor de Blasto a su causa (Hch 12:20). ¶

BOANERGES (*Boanergés*: Βοανηργές <993>; hijos del trueno, en aram.) **Sobrenombre de Jacobo y de Juan.** Jesús dio este sobrenombre de Boanerges a estos dos discípulos (Mc 3:17), quizá a causa de su impetuosidad (ver Lc 9:54). ¶

BOAZ (*Boóz*: Βοόζ <1003>; en él está la fuerza {ver 1R 7:21}, en heb.) **Hombre de Belén, marido de Rut la moabita.** Booz (o Boaz) usó de su derecho de rescate para desposar a Rut (ver Rt 4:13). Él es mencionado en la genealogía de Jesucristo (Mt 1:5a, b; Lc 3:32). Era el abuelo de David. ¶

BOOZ – Ver **BOAZ**.

BOSOR (*Bosór*: Βοσόρ <1007>; lámpara, en heb.)
Hombre moabita. Era el padre de Balaam (o: Balán) (2P 2:15). ¶

BUENOS PUERTOS (*Kaloí Liménes*: Καλοὶ Λιμένες <2568>; de *kalós*; hermoso, bueno, y *limén*: puerto) **Puerto de mar al sur de Creta, cerca de la ciudad de Lasea.** La nave en la que Pablo viajaba abordó, cuando iba hacia Roma (Hch 27:8). ¶

C

CAFARNAUM, CAFARNAÚM – Ver **CAPERNAÚM**.

CAIFÁS (*Kaiáfas*: Καϊάφας <2533>) **Sumo sacerdote del N.T.** Caifás fue sumo sacerdote en Israel (Lc 3:2; Jn

CAÍN

11:49) al mismo tiempo que su suegro Anás (Jn 18:13; Hch 4:6). Los principales sacerdotes se reunieron en consejo en su casa para hacer morir a Jesús (Mt 26:3, 57). Cuando Jesús compareció ante ellos (ver Mt 26:59-68), Caifás lo acusó de blasfemar porque se decía el «Mesías» e «Hijo de Dios» (Mt 26:63); y entonces rasgó sus vestiduras (ver Mt 26:65) a pesar de la prohibición de la ley (ver Lv 21:10) y entregó Jesús a Pilato (Jn 18:24, 28). Fue él quien aconsejó que era conveniente que un solo hombre muriera por el pueblo (Jn 18:14). ¶

CAÍN (*Káin*: Κάϊν <2535>; adquisición, en heb.)
Primer hijo de Adán y Eva (ver Gn 4:1). Porque a Dios le agradó el sacrificio de su hermano Abel y no el suyo, Caín mató a Abel (1Jn 3:12). El sacrificio de Caín evoca en figura las obras que el hombre hace para acercarse a Dios. Pero Dios aceptó, del rebaño de Abel, los primogénitos y su grasa, tipos de la excelencia del sacrificio de Jesucristo, un sacrificio más excelente que el de Caín (Hb. 11:4). Caín vivió errante en el país de Nod al oriente de Edén (ver Gn 4:16). Jud 11 habla de los que han andado en el camino de Caín, un camino de alejamiento de Dios, de irritación y de oposición a lo que es de Dios. ¶

CAINÁN (*Kainán*: Καϊνάν <2536>; posesión, en heb.)
Nombre de dos hombres del A.T. Cainán es mencionado en la genealogía de Jesús, una vez antes y la otra después del diluvio (Lc 3:36, 37). ¶

CALAVERA (*Kraníon*: Κρανίον <2898>; en aram.: *Golgothá*; en lat.: *Calvaria*)
Roca cercana a Jerusalén que tiene la forma de un cráneo. Jesús fue crucificado entre dos malhechores en el lugar de la Calavera, que es llamado Gólgota (Mt 27:33; Mc 15:22; Lc 23:33; Jn 19:17). ¶

CALDEO (*Caldaíos*: Χαλδαῖος <5466>)
Oriundo de Caldea o Babilonia, país de Asia Occidental. El país de los Caldeos da al sur sobre el golfo Pérsico o Arábico. Dios había dicho a Abraham de salir del país de los Caldeos; habitó en Harán hasta la muerte de su padre (Hch 7:4). Los Caldeos eran conocidos por los descubrimientos en astronomía y sus prácticas astrológicas. ¶

CALVARIO
Término latino que significa «calavera»; lugar de la calavera: «calvariæ locus». Ver **CALAVERA**.

CAMPO DE SANGRE (*Agrós Jáima*: Ἀγρός Αἷμα <68>; *Corión* {Χωρίον} *Jáima* <5564>)
Para esta expresión en Mt 27:8 y Hch 1:19, ver **ACÉLDAMA**.

CANÁ (*Kaná*: Κανά <2580>; lugar de cañas, en heb.)

Pueblo de Galilea. Jesús hizo ahí su primer milagro en una boda (Jn 2:1): cambió el agua en vino; así manifestó su gloria, y sus discípulos creyeron en él (v. 11). Más tarde volvió a Caná donde encontró a un funcionario real, de Capernaúm, cuyo hijo iba a morir; Jesús curó a su hijo sin desplazarse y entonces hizo este segundo milagro (Jn 4:46; ver v. 54). Natanael, uno de los doce discípulos, era nativo de Caná de Galilea (Jn 21:2). ¶

CANAÁN (*Canáan*: Χανάαν <5477>; humillado, en heb.)
Región ocupada por los descendientes de Cam, hijo de Noé (ver Gn 9:20-25); corresponde a Palestina. Lucas recuerda que sobrevino hambre en Egipto y en Canaán, lo que forzó a Jacob a buscar alimentos en Egipto junto a José (Hch 7:11). Los israelitas destruyeron siete naciones de Canaán cuando entraron en el país, para tomar posesión de él (Hch 13:19). ¶

CANANITA, CANANISTA
1. (*Kananítes*: Κανανίτης <2581>; celoso) **Miembro de un partido judío nacionalista.** Simón, uno de los discípulos de Jesús, había sido Cananita o Zelote (Mt 10:4; Mc 3:18). ¶
2. (*cananaíos*: Χαναναῖος <5478>) **Persona descendiente de los cananeos, pueblo que ocupaba el país antes de la llegada de los israelitas.** La hija de una mujer cananea, atormentada por un demonio, fue sanada por Jesús (Mt 15:22; ver v. 28). ¶

CANDACE (*Kandáke*: Κανδάκη <2582>)
Reina de Etiopía. El alto funcionario de Candace (Hch 8:27), que leía al profeta Isaías, fue convertido por la predicación de Felipe y fue bautizado por él (ver 8:26-40). ¶

CAPADOCIA (*Kappadokía*: Καππαδοκία <2587>)
Provincia romana situada al este de Asia Menor. Judíos de Capadocia estaban presentes en Jerusalén en Pentecostés (Hch 2:9). Pedro dirigió su primera epístola, entre otros, a los creyentes de Capadocia (1P 1:1). ¶

CAPERNAÚM (*Kapharnaoúm* o *Kapernaoúm*: Καφαρναούμ o Καπερναούμ <2584>; aldea confortable, o: de consolación, en heb.)
Pueblo de Galilea, al noroeste del mar de Galilea. Después de su milagro en Caná, Jesús bajó a Capernaúm y se quedó allí algunos días (Jn 2:12; ver Mt 4:13). En Capernaúm curó al criado de un centurión, que era paralítico (Mt 8:5; Lc 7:1; Jn 4:46). Enseñó en la sinagoga de esta ciudad, y sanó a un hombre poseído por un espíritu inmundo (Mc 1:21; también v. 23-26; Lc 4:31; también v. 33-35). Anunció la Palabra y sanó a un paralítico llevado por cuatro personas (Mc 2:1). Ahí enseñó a sus discípulos una lección de humildad (Mc 9:33). Jesús hizo muchas

cosas en Capernaúm (Lc 4:23), pero reprochó a esta ciudad su incredulidad a pesar de todos los milagros hechos en medio de ella (Mt 11:23; Lc 10:15). Hizo otro milagro al ordenar a Pedro que pescara un pez, en cuya boca encontraría una moneda de plata para pagar un impuesto (Mt 17:24; ver v. 27). Jesús anduvo sobre el mar al ir hacia Capernaúm (Jn 6:17); la multitud fue a buscarlo allí (v. 24); él enseñaba en la sinagoga (v. 59). ¶

CARPO (*Kárpos*: Κάρπος <2591>; fruto, beneficio)
Cristiano de Troas. Pablo había dejado un manto en casa de Carpo; le pidió a Timoteo traérselo (2Ti 4:13). ¶

CAUDA – Ver **CLAUDA**.

CEDRÓN (*Kedrón*: Κεδρών <2748>; oscuro, turbio, en heb.)
Arroyo al este de Jerusalén, que separa la ciudad del monte de los Olivos. El jardín en el que entró Jesús, la noche que fue librado, estaba al otro lado del arroyo del Cedrón (Jn 18:1). ¶

CEFAS (*Kefás*: Κηφᾶς <2786>; piedra, en aram.)
Sobrenombre del apóstol Pedro. Jesús dio este nombre a Simón, hijo de Jonás (Jn 1:42). Pedro (*Pétros*) es el equivalente griego del nombre aram. Cefas. Ver **PEDRO**. Otras ref.: 1Co 1:12; 3:22; 9:5; 15:5; Gá 1:18; 2:9, 11, 14. ¶

CENCREA (*Kencreaí*: Κεγχρεαί <2747>; mijo)
Puerto cercano a Corinto en el mar Egeo. Pablo se hizo rapar la cabeza porque había hecho un voto durante su segundo viaje misionero (Hch 18:18). Recomendó a Febe a los cristianos de Roma, era una diaconisa de la iglesia de Cencrea (Ro 16:1). ¶

CENCREAS – Ver **CENCREA**.

CÉSAR (*Kaísar*: Καῖσαρ <2541>)
Título que llevaban algunos emperadores romanos que pertenecían a la familia de Cayo Julio Caesar. Este César, el más célebre, llegó a ser el amo de Roma después de haber conquistado la Galia. Fue asesinado en el año 44 a.J.C. El título de César fue dado a los emperadores: Augusto (Lc 2:1), Tiberio (Mt 22:17, 21a-c; Mc 12:14, 16, 17; Lc 3:1; 20:22, 24, 25a, b; 23:2; Jn 19:12a, b, 15), Calígula (Hch 17:7), Claudio (ver Hch 18:2), Nerón (Hch 25:8, 10-12a, b, 21; 26:32; 27:24; 28:19; Fil 4:22) y Tito quien sitió y destruyó Jerusalén en el año 70 d.J.C. ¶

CESAREA (*Kaisáreia*: Καισάρεια <2542>; del nombre de César Tiberio, emperador romano)
Puerto de mar de Palestina, situado al noroeste de Jerusalén. Felipe evangelizó todas las ciudades, desde Azoto hasta Cesarea (Hch 8:40). Al principio, cuando los helenistas (judíos de habla griega) de Jerusalén querían hacer morir a Pablo,

los hermanos lo llevaron a Cesarea (9:30). Cornelio era de Cesarea (10:1, 24). Tres hombres de Cesarea vinieron hacia Pedro (11:11); Pedro se hospedó en esta ciudad (12:19). Pablo subió de Cesarea a Jerusalén para saludar a la iglesia (18:22). Más tarde, volvió a Cesarea, a la casa de Felipe el evangelista (21:8); discípulos de esta ciudad vinieron con él hasta Jerusalén (21:16). Pablo fue llevado como prisionero a Cesarea bajo guardia militar (23:23, 33); apeló a César y presentó su defensa ante el rey Agripa (ver Hch 25:1, 4, 6, 13). ¶

CESAREA DE FILIPO (*Kaisáreia* {Καισάρεια <2542>} *tes Fílippos* {Φίλιππος <5376>}; de Felipe el tetrarca en honor de César Tiberio) **Ciudad situada al norte de Palestina, en las inmediaciones del nacimiento del Jordán.** En esta ciudad, Jesús hizo a sus discípulos estas preguntas: «¿Quién dicen los hombres que soy yo?», «Y vosotros, ¿quién decís que soy yo?» (Mt 16:13; Mc 8:27). ¶

CHIPRE (*Kúpros*: Κύπρος <2954>) **Isla importante del Mediterráneo.** Cristianos anunciaron el evangelio a judíos de Chipre (Hch 11:19). Pablo y Bernabé anunciaron la Palabra de Dios en Salamina (Hch 13:4). Después de haberse separado de Pablo, durante un segundo viaje misionero, Bernabé tomó a Marcos y se dirigió a Chipre de dónde él era nativo (Hch 15:39). Pablo, más tarde, pasó cerca de Chipre durante su tercer y cuarto viaje (Hch 21:3; 27:4). ¶

CHIPRIOTA, DE CHIPRE (*Kúprios*: Κύπριος <2953>) **Oriundo de la isla de Chipre.** Bernabé era chipriota de nacimiento (Hch 4:36), como Mnasón (21:16). Chipriotas, venidos a Antioquía, anunciaron el Señor Jesús a los griegos (Hch 11:20). ¶

CHUZA – Ver **CUZA**.

CILICIA (*Kilikía*: Κιλικία <2791>) **Provincia situada al sur de Asia Menor y al noreste del Mediterráneo.** Pablo era nativo de Tarso, capital de Cilicia (Hch 21:39; 22:3; 23:34). Hombres de Cilicia se disputaron contra Esteban, pero no pudieron resistir a la sabiduría y al Espíritu con que hablaba (Hch 6:9). Pablo volvió a Cilicia después de su conversión (Gá 1:21). Había iglesias en Cilicia (Hch 15:23, 41). Otra ref.: Hch 27:5. ¶

CIRENE (*Kuréne*: Κυρήνη <2957>) **Ciudad del norte de África y al suroeste de la isla de Creta.** Libia está cerca de Cirene (Hch 2:10). Para este nombre en Mt 27:32, ver **CIRENENSE**. ¶

CIRENENSE (*kurenaíos*: Κυρηναῖος <2956>) **Habitante o nativo de Cirene, ciudad de una colonia griega del norte de África (Tripolitania).** Lucius era cirenense (Hch 13:1). Un cierto Simón, cirenense (o: de Cirene), fue obligado a llevar la cruz de Jesús (Mt 27:32; Mc 15:21; Lc 23:26). Cirenenses se levantaron contra Esteban (Hch 6:9) y participaron a su apedreamiento (ver 7:58). Cirenenses que llegaron a Antioquía anunciaron el Señor Jesús a los griegos (Hch 11:20). ¶

CIRENEO – Ver **CIRENENSE**.

CIRENIO (*Kurénios*: Κυρήνιος <2958>)
Gobernador de Siria. El censo bajo César Augusto tuvo lugar cuando Cirenio tenía esta gobernación (Lc 2:2). ¶

CIRINO – Ver **CIRENIO**.

CIS (*Kís*: Κίς <2797>; lazo, en heb.)
Hombre del A.T. Cis era el padre del rey Saúl (Hch 13:21). ¶

CLAUDA (*Klaúda*: Κλαύδα <2802>)
Pequeña isla del Mediterráneo al suroeste de Creta. Una violenta tempestad empujó la nave en la que Pablo estaba, que iba rumbo a Roma, al sur de esta isla (Hch 27:16). ¶

CLAUDIA (*Klaudía*: Κλαυδία <2803>; quizá del lat. *Clauda*: coja, titubeante)
Cristiana de Roma. Pablo transmite saludos de Claudia a Timoteo (2Ti 4:21). ¶

CLAUDIO (*Klaúdios*: Κλαύδιος <2804>; quizá del lat. *claudus*: cojo, titubeante)
Emperador romano. Al principio Claudio favoreció a los judíos, y después los expulsó de Roma (Hch 18:2). Una gran hambre tuvo lugar bajo su reinado (Hch 11:28). Murió en el año 54 d.J.C. Para Claudio Lisias, ver **LISIAS**. ¶

CLEMENTE (*Klémes*: Κλήμης <2815>; misericordioso)
Cristiano de la ciudad de Filipos. Pablo habla de Clemente como de un compañero de obra (Fil 4:3). Podría tratarse de Clemente de Roma, uno de los Padres de la Iglesia. ¶

CLEOFAS (*Kleópas*: Κλεοπᾶς <2810>; renombrado)
Discípulo de Jesús. Cleofas era uno de los dos discípulos a los que Jesús se manifestó el anochecer del día de su resurrección en el camino a Emaús (Lc 24:18). Estos discípulos no reconocieron a Jesús y lo obligaron a quedarse con ellos. Lo reconocieron en la mesa después de que Jesús bendijera y rompiera el pan (ver Lc 24:13-35). Algunos piensan que se trata de Clopás de Jn 19:25. ¶

CLOÉ (*Clóe*: Χλόη <5514>; verdura)
Mujer cristiana de Corinto. Los de Cloé habían dicho a Pablo que existían disensiones entre los corintios (1Co 1:11). ¶

CLOPÁS (*Klopás*: Κλωπᾶς <2832>)
Hombre del N.T. Clopás era el esposo de María, hermana de la madre de Jesús (Jn 19:25). Puede que se trate de Cleofas (Lc 24:18). ¶

COLOSAS (*Kolossaí* o *Kolassaí*: Κολοσσαί <2857> o Κολασσαί <2857>; colosal)
Ciudad de Frigia en Asia Menor, no lejos de Laodicea y de Hierápolis. Pablo escribió una epístola a los cristianos de esta ciudad (Col 1:2). Les advierte contra las falsas enseñanzas de la filosofía (2:8), contra las ordenanzas religiosas y el culto de los ángeles (2:16-19). Recuerda a los creyentes que han muerto y resucitado con Cristo, y que deben vivir consecuentemente (2:20 à 3:4). En esta misma epístola, la doble preeminencia de Cristo, primogénito de toda la creación y primogénito de entre los muertos (1:13-20), y la eficacia de su obra en la cruz (2:13, 14) tienen un lugar importante. ¶

COLOSENSE (*kolassaeús*: Κολασσαεύς <2858>)
Procedente de la ciudad de Colosas, en Asia Menor. El término como tal no se encuentra en el N.T. No obstante, Pablo envía su epístola a los hermanos en Cristo de la ciudad de Colosas (ver Col 1:1, 2). ¶

CONSOLADOR (*Parákletos*: Παράκλητος <3875>; de *para*: al lado de, y *kaléo*: llamar)
Persona que consuela, reconforta, intercede en favor de otra. El Padre iba a dar otro Consolador (Jn 14:16). Este Consolador, el Espíritu Santo, enviado por el Padre en el nombre de Jesús, iba a enseñar todas las cosas y recordar todo lo que Jesús había dicho (Jn 14:26). Daría testimonio de Jesús (Jn 15:26). Era conveniente que Jesús se marchara para que el Consolador viniera (Jn 16:7). En 1Jn 2:1, el término es traducido como: «Abogado» (en el sentido de: defensor, intercesor) y se aplica a Jesucristo. ¶

CORAZÍN (*Corazín*: Χοραζίν <5523>)
Ciudad de Galilea cerca de Capernaúm. Jesús le reprochó el no haberse arrepentido a pesar de los milagros hechos por él (Mt 11:21; Lc 10:13). ¶

CORDERO (*Arníon*: Ἀρνίον <721>; lit.: cordero pequeño)
Título del Señor Jesús, el Hijo de Dios, que se ofreció como sacrificio expiatorio para rescatarnos. Este nombre aparece 28 veces en el Apocalipsis (Ap 5:6, 8, 12, 13; 6:1, 16; 7:9, 10, 14, 17; 12:11; 13:8; 14:1, 4a, b, 10; 15:3; 17:14a, b; 19:7, 9; 21:9, 14, 22, 23, 27; 22:1, 3). ¶

CORÉ (*Kóre*: Κόρε <2879>; calvo, en heb.)
Hombre de la tribu de Leví. Jud 11 habla de la rebelión de Coré quien incitó a los israelitas a rebelarse

contra la autoridad de Moisés (ver Nm 16:1-19). El suelo se abrió tragándose a Coré y a los que lo sostenían, con todos sus bienes; la tierra los cubrió y perecieron de en medio de Israel (ver Nm 16:20-35). Nm 26:11 precisa, sin embargo, que los hijos de Coré no murieron. ¶

CORINTIO (*korínthios*: Κορίνθιος <2881>)
Oriundo de la ciudad de Corinto, capital de la provincia romana de Acaya en Grecia. Algunos corintios creyeron en el Señor Jesús y fueron bautizados (Hch 18:8). El corazón de Pablo se ensanchó por ellos (2Co 6:11). Dos epístolas de Pablo dirigidas a los corintios hacen parte del N.T. Otra ref.: Hch 18:27 (según algunos mss.). ¶

CORINTO (*Kórinthos*: Κόρινθος <2882>)
Ciudad de Grecia situada al oeste de Atenas y capital de Acaya. Pablo escribió dos epístolas a los cristianos de Corinto (1Co 1:2; 2Co 1:1). Se quedó en Corinto un año y medio, con Aquila y Priscila (Hch 18:1); discutía en la sinagoga y persuadía a judíos y a griegos (ver v. 4). Apolos también estuvo en Corinto (Hch 19:1). Pablo escribió su segunda epístola a los Corintios antes de volver a Corinto, con el fin de advertir una última vez a los que con su conducta deshonraban al Señor (2Co 1:23). Pablo dirá al final de su vida que Erasto se quedó en Corinto (2Ti 4:20). ¶

CORNELIO (*Kornélios*: Κορνήλιος <2883>)
Centurión romano que mandaba una cohorte establecida en Cesarea. En una visión, un ángel pidió a Cornelio que hiciera venir a Pedro, quien predicó Jesús a Cornelio como también a sus parientes y amigos íntimos. Mientras él hablaba, el Espíritu Santo cayó sobre todos los que escuchaban la Palabra. Después fueron bautizados en el nombre del Señor. Este evento marcó la introducción de los gentiles en la Iglesia. Ref.: Hch 10:1, 3, 7, 17, 21 en algunos mss., 22, 24, 25, 30, 31. ¶

COS (*Kós*: Κῶς <2972>)
Isla del Mediterráneo situada al suroeste de Asia Menor. La nave en la que Pablo se encontraba abordó durante su tercer viaje misionero (Hch 21:1). ¶

COSAM, COSÁN (*Kosám*: Κωσάμ <2973>; adivino, en heb.)
Hombre del A.T. Cosam es mencionado en la genealogía de Jesús (Lc 3:28). ¶

CREADOR – Ver este término en la sección de los **NOMBRES COMUNES**.

CRESCENTE (*Kréskes*: Κρήσκης <2913>; que crece)
Cristiano que había seguido a Pablo. Crescente se había ido a Galacia (2Ti 4:10). ¶

CRETA (*Kréte*: Κρήτη <2914>)
Importante isla griega del Mediterráneo situada al sureste de Grecia. La nave en la que Pablo se encontraba,w que iba rumbo a Roma, costeó la isla de Creta después de haber quitado Buenos Puertos para ir a Fenice (Hch 27:7, 12, 13, 21). Pablo había dejado a Tito en Creta con el propósito, entre otras cosas, de establecer ancianos (Tit 1:5). ¶

CRETENSE (*krés*: Κρής <2912>)
Persona originaria de la isla de Creta. El día de Pentecostés, cretenses oyeron anunciar el evangelio en su propia lengua (Hch 2:11). Un profeta entre los cretenses había dicho que todos ellos eran mentirosos (Tit 1:12). ¶

CRISPO (*Kríspos*: Κρίσπος <2921>; crujiente)
Jefe de la sinagoga, se convirtió. Crispo creyó en el Señor Jesús con toda su casa (Hch 18:8). Pablo lo bautizó (1Co 1:14). ¶

CRISTO (*Cristós*: Χριστός <5547>; ungido, consagrado)
Uno de los títulos del Señor Jesús; ver Sal 2:2, 6. «Cristo» es el equivalente griego del nombre hebreo «Mesías», aquel a quien los judíos debían esperar, y que reinará sobre ellos (Jn 4:25; ver v. 42). Simón Pedro reconoció a Jesús como el Cristo, el Hijo del Dios viviente (Mt 16:16). Antes de su regreso, se levantarán falsos cristos (ver **FALSO** en la sección de los **NOMBRES COMUNES**) que buscarán seducir a los hombres (Mt 24:23, 24; Mc 13:22). El término aparece más de 500 veces en el N.T.

CUARTO (*Koúartos*: Κούαρτος <2890>; cuarto)
Cristiano quizá de Corinto. El hermano Cuarto transmite sus saludos a los cristianos de Roma (Ro 16:23). ¶

CUSA, CUZA (*Couzás*: Χουζᾶς <5529>)
Oficial de Herodes. Cuza era el marido de Juana la cual, con varias otras mujeres, asistía a Jesús con sus bienes (Lc 8:3). ¶

D

DALMACIA (*Dalmatía*: Δαλματία <1149>)
Región de Iliria en Europa, en la costa este del mar Adriático. Al final de su vida, Pablo dirá que Tito se fue a Dalmacia (2Ti 4:10). ¶

DALMANUTA (*Dalmanouthá*: Δαλμανουθά <1148>)
Lugar de Palestina cercano a la región de Magadán (Magdala). Jesús fue a la región de Dalmanuta, y reprochó a los fariseos de pedir una señal del cielo para probarlo (Mc 8:10; ver 11-13). ¶

DÁMARIS (*Dámaris*: Δάμαρις <1152>; quizá: amable)

Cristiana de Atenas. Dámaris creyó a la predicación de Pablo y con otros se unió a él (Hch 17:34). ¶

DAMASCENO (*damaskenós*: Δαμασκηνός <1153>)
Procedente de Damasco. Mientras guardaban la ciudad de los damascenos para prender a Pablo, este pudo huir de ella siendo descolgado por el muro en una canasta (2Co 11:32; ver v. 33). ¶

DAMASCO (*Damaskós*: Δαμασκός <1154>)
Importante ciudad al sur de Siria, cerca de Palestina. Fue en el camino que lo conducía a Damasco que Pablo vio al Señor en su gloria, y se convirtió; primeramente predicó el evangelio en esta ciudad, pero tuvo que huir, descolgado por el muro en una canasta (Hch 9:2, 3, 8, 10, 19, 22, 27). Pablo recordará más tarde este episodio notable de su vida (Hch 22:5, 6, 10, 11; 26:12, 20; 2Co 11:32), y su regreso a Damasco después (Gá 1:17). ¶

DANIEL (*Daniél*: Δανιήλ <1158>; Dios es juez, en heb.)
Profeta del A.T. Jesús menciona el nombre de Daniel en relación con la abominación de la desolación (Mt 24:15; Mc 13:14 en algunos mss.).

DAVID (*Dauíd*: Δαυίδ <1138>; muy amado, en heb.)
Rey del A.T., de él desciende Jesucristo, el Mesías. Es una figura del Señor como rey rechazado, y después vencedor. Está citado en la genealogía de Jesucristo (Mt 1:1; Lc 3:31 {o: 32}). Dios dijo de él: «He hallado a David... hombre conforme a mi corazón, quien hará toda mi voluntad» (Hch 13:22a, b). Jesús es la raíz y la descendencia de David (Ap 22:16). Otras ref.: Mt 1:6a, b, 17a, b, 20; 9:27; 12:3, 23; 15:22; 20:30, 31; 21:9, 15; 22:42, 43, 45; Mc 2:25; 10:47, 48; 11:10; 12:35-37; Lc 1:27, 32, 69; 2:4, 11; 6:3; 18:38, 39; 20:41, 42, 44; Jn 7:42a, b; Hch 1:16; 2:25, 29, 34; 4:25; 7:45; 13:34, 36; 15:16; Ro 1:3; 4:6; 11:9; 2Ti 2:8; Hb 4:7; 11:32; Ap 3:7; 5:5. ¶

DECÁPOLIS (*Dekápolis*: Δεκάπολις <1179>; diez ciudades)
Región que reunía diez ciudades al este de Samaria y al sureste de Galilea. Grandes multitudes de esta región siguieron a Jesús (Mt 4:25). El demoniaco poseído por Legión, después de haber sido sanado por Jesús, publicó en Decápolis todo lo que Jesús le había hecho (Mc 5:20). Jesús también sanó a un sordo en esta región (Mc 7:31). ¶

DEMAS (*Demás*: Δημᾶς <1214>; de Deméter, divinidad agraria)
Compañero de obra de Pablo. Demas es uno de los que saludan a Filemón (Flm 24) y a la iglesia de Colosas (Col 4:14). Abandonó al apóstol, por amor a este mundo (2Ti 4:10). ¶

DEMETRIO (*Demétrios*: Δημήτριος <1216>; de Deméter, divinidad agraria)
a. Creyente del N.T. El apóstol Juan escribió acerca de Demetrio que tenía buen testimonio de todos, y de la verdad (3Jn 12). **b. Efesio que elaboraba miniaturas en plata del templo de Diana.** Este Demetrio sublevó a los otros artesanos contra Pablo, temiendo que el templo de Diana no perdiese su prestigio, lo que habría reducido su actividad (Hch 19:24, 38). ¶

DERBE (*Dérbe*: Δέρβη <1191>)
Ciudad de Asia Menor situada en la llanura de Licaonia. Pablo y Bernabé evangelizaron allí durante un primer viaje misionero (Hch 14:6, 20). Pablo, acompañado de Silas, volvió durante su segundo viaje misionero, y allí conoció a Timoteo (Hch 16:1). ¶

DERBE (DE) (*derbaíos*: Δερβαῖος <1190>)
Procedente de Derbe. Timoteo era de Derbe (Hch 20:4; ver 16:1). ¶

DERECHA (*Eutheía*: Εὐθεῖα <2117>; de *euthús*: recto)
Nombre de une calle de Damasco donde estaba situada la casa de uno llamado Judas. Pablo, ciego después de haber encontrado al Señor en el camino a Damasco, fue conducido allí; un discípulo llamado Ananías le puso las manos encima para que recobrara la vista (Hch 9:11). ¶

DIOS

DIANA (*Ártemis*: Ἄρτεμις <735>)
Artemisa es el nombre griego de Diana, diosa de la caza y de la fecundidad; madre de Asia Menor, entre los romanos. Diosa de los efesios (Hch 19:28, 34, 35), de quien el templo (Hch 19:27) era considerado como una de las siete maravillas de entonces. Artesanos, tales como Demetrio, sacaban mucho provecho con la fabricación en plata de templos de Diana en miniatura (Hch 19:24). ¶

DÍDIMO (*Dídumos*: Δίδυμος <1324>; gemelo, doble)
Sobrenombre de Tomás. Tomás, uno de los doce discípulos, era llamado Dídimo (Jn 11:16; 20:24; 21:2). Ver **TOMÁS**. ¶

DINERO – Ver **MAMÓN**.

DIONISIO (*Dionúsios*: Διονύσιος <1354>; de Diónusos, dios griego del vino)
Miembro del Areópago, tribunal de Atenas. Dionisio creyó a la predicación de Pablo y se unió a él con otros (Hch 17:34). ¶

DIOS (*Theós*: Θεός <2316>)
El Ser supremo, eterno. Dios es conocido por sus obras en su eterno poder y su divinidad (Ro 1:19, 20; Sal 19:1). Él es el Señor Dios Todopoderoso (Ap 4:8). Dios es en tres personas: Padre, Hijo y Espíritu Santo. Se ha revelado en la Persona del Señor Jesucristo, quien es Dios manifestado en carne, Palabra de Dios hecha

DIÓSCUROS

carne (Jn 1:14; 1Ti 3:16). «Dios es amor» (Jn 3:16; 1Jn 4:8, 16); «Dios es luz» (1Jn 1:5). Se revela a los santos de la época cristiana bajo el agradable nombre de Padre (Jn 20:17). Las características y los principales atributos de Dios mencionados en las Escrituras son: (a) Eternidad (Is 57:15; 1Ti 1:17); (b) Inmortalidad (1Ti 6:16; Sal 90:2); (c) Omnipotencia (Job 11:7; Ro 1:20) y Soberanía (1Ti 6:15); (d) Invisibilidad (1Ti 1:17; 6:16); (e) Omnipresencia (Sal 139:7-10; Jer 23:23, 24); (f) Omnisciencia (1Cr 28:9; Jer 1:5; Ro 8:29, 30; Hb 4:13); (g) Incorruptibilidad (Ro 1:23; Stg 1:13); (h) Inmutabilidad (Mal 3:6; Stg 1:17); (i) Sabiduría (Sal 104:24; Ro 11:33-36); (j) Santidad (Am 4:2; Lc 1:49); (k) Justicia (Ro 2:5-7; 2Ti 4:8); (l) Gracia y Misericordia (Lc 1:50; Ro 3:24; Ef 2:4); (m) Paciencia (Ro 2:4; 15:5); (n) Fidelidad (Sal 92:2; 1Co 1:9). Qué gracia poder decir con el salmista: «Porque Dios es nuestro Dios eternamente y para siempre» (Sal 48:14). (Según Walter Scott.)

DIÓSCUROS (*Dióskouroi*: Διόσκουροι <1359>; hijos de Zeus)
Nombre de dos semidioses de los griegos y de los romanos, Cástor y Pólux; eran hijos de Júpiter pero de madres diferentes según la mitología. La nave de Alejandría en la que se embarcó Pablo tenía como enseña sobre su proa «los Dióscuros» (Hch 28:11). Según las creencias de aquel tiempo, tenían como objeto preservar las naves de naufragios. ¶

DIÓTREFES (*Diotrefés*: Διοτρέφης <1361>; nutrido por Zeus)
Miembro de una reunión de creyentes. Diótrefes amaba ocupar el primer lugar en la iglesia; impedía que se recibiesen hermanos del exterior; incluso expulsaba a los que querían recibirlos (3Jn 9, ver v. 10). ¶

DOBERES – Ver **DERBE**.

DORCAS, DORCÁS (*Dorkás*: Δορκάς <1393>; gacela)
Cristiana de la ciudad de Jope. Dorcas era una discípula que abundaba en buenas obras y en limosnas (Hch 9:36, 39). Murió, pero Pedro oró por ella y volvió a vivir (ver Hch 9:40). Su nombre era Tabita en hebreo y Dorcas en griego. ¶

DRUSILA (*Droúsila*: Δρούσιλλα <1409>)
Mujer judía. Era la esposa del gobernador Félix (Hch 24:24). ¶

E

EBER (*Éber*: Ἔβερ <1443>; al otro lado, en heb.)
Patriarca hebreo. Eber es mencionado en la genealogía de Jesús (Lc 3:35; ver Gn 10:24: Héber o Heber). ¶

EFESIO (*efésios*: Ἐφέσιος <2180>)
Procedente de la ciudad de Éfeso, capital de la provincia romana de Asia. Los efesios se dedicaban al culto de la diosa Diana (o: Artemisa)

(Hch 19:28, 34, 35). Trófimo era efesio (Hch 21:29). ¶

ÉFESO (*Éfesos*: Ἔφεσος <2181>)
Ciudad de Lidia sobre la costa oeste de Asia Menor. En la sinagoga de Éfeso Pablo discutió con los judíos durante su segundo viaje misionero (Hch 18:19, 21). Apolos llegó después a Éfeso (Hch 18:24). Pablo volvió a Éfeso donde enseñó al menos casi dos años durante su tercer viaje misionero (Hch 19:1, 17, 26). Más tarde, mientras estaba en Mileto, llamó a los ancianos de la iglesia de Éfeso para hacerles sus recomendaciones (Hch 20:16, 17). Pablo menciona sus estancias en Éfeso en su primera epístola a los Corintios (1Co 15:32; 16:8). Timoteo se quedó en Éfeso según le pidió Pablo (1Ti 1:3), que le envió a Tíquico (2Ti 4:12). Onesíforo había prestado grandes servicios en Éfeso (2Ti 1:18). Pablo ha dirigido una epístola a la iglesia de Éfeso (Éf 1:1). La iglesia de Éfeso es una de las siete iglesias a las que les es dirigida una epístola en el Apocalipsis (Ap 1:11; 2:1: *efesínos*: Ἐφεσῖνος <2179>). ¶

EFRAÍM, EFRAÍN, EFREM (*Efraím*: Ἐφραίμ <2187>; fecundo, en heb.)
Ciudad situada a aprox. 25 km al noreste de Jerusalén, cerca del desierto. Jesús estuvo allí con sus discípulos (Jn 11:54). ¶

EGIPCIO (*aigúptios*: Αἰγύπτιος <124>)
Oriundo de Egipto. Los israelitas estuvieron cautivos en ese país. Moisés, que los hizo salir de Egipto, fue instruido en toda la sabiduría de los egipcios (Hch 7:22); hirió a uno de ellos, para defender a un israelita (v. 24), y lo mató (v. 28). Queriendo perseguir a los israelitas, los egipcios se ahogaron en el mar Rojo (Hb 11:29). El apóstol Pablo fue confundido con un egipcio que había provocado una rebelión (Hch 21:38).

EGIPTO (*Aíguptos*: Αἴγυπτος <125>)
País del norte de África, al suroeste de Palestina. Judíos de Egipto estaban presentes en Jerusalén en el momento de Pentecostés (Hch 2:10). Egipto es mencionado en relación con la residencia de los israelitas en ese país en la época de José (Hch 7:9, 10a, b, 11, 12, 15; 13:17) y de su salida bajo la conducción de Moisés (Hch 7:17, 18, 34a, b, 36, 39, 40; Hb 3:16; 8:9; 11:26, 27; Jud 5). José, el esposo de María, tuvo que huir a Egipto con el niño y María, porque Herodes buscaba a Jesús para matarlo (Mt 2:13, 14, 15, 19). Jerusalén es llamada espiritualmente Sodoma y Egipto en Ap 11:8. ¶

ELAMITA (*elamítes*: Ἐλαμίτης <1639>)
Procedente de Elam en Asia, un país al norte del golfo Pérsico o Arábico; su capital era Susa. El día de Pentecostés, elamitas escucharon

anunciar el evangelio en su propia lengua (Hch 2:9). ¶

ELEAZAR (*Eleázar*: Ἐλεάζαρ <1648>; Dios es ayudador, en heb.)
Hombre del A.T. Eleazar es mencionado en la genealogía de Jesucristo (Mt 1:15a, b). ¶

ELÍ (*Elí*: Ἠλί <2241>)
Nombre de Dios, en aram. En la cruz, Jesús clamó: «Elí, Elí, ¿lama sabactani? Que significa: Dios mío, Dios mío, ¿por qué me has abandonado?» (Mt 27:46a, b). ¶

ELÍ (*Jelí*: Ἠλί <2242>; elevado, en heb.)
Hombre del A.T. Elí es mencionado en la genealogía de Jesús (Lc 3:23 o 24). ¶

ELIAQUIM, ELIAQUÍN (*Eliakím*: Ἐλιακίμ <1662>; Dios que crea, o: establece, en heb.)
Nombre de dos hombres del A.T. Eliaquim es mencionado en la genealogía de Jesucristo: uno de los hombres que llevan ese nombre es un descendiente de David (Lc 3:30) y el otro es un descendiente de Zorobabel (Mt 1:13a, b). ¶

ELÍAS (*Elías*: Ἠλίας <2243>; Jehová es su Dios, en heb.)
Profeta en Israel. Elías es mencionado en relación con Juan el Bautista (Mt 11:14; Lc 1:17; Jn 1:21, 25) y con el Señor Jesús (Mt 16:14; Mc 6:15; 8:28; Lc 9:8, 19). Elías era un hombre que tenía las mismas debilidades que nosotros, y Dios respondió a su oración (Stg 5:17). En su tiempo, fue enviado a la viuda de Sarepta, un país extranjero, a pesar de que había muchas viudas en Israel (Lc 4:25, 26). Elías pensaba haber quedado solo fiel a Dios, pero Dios se había reservado 7.000 hombres fieles (Ro 11:2). Apareció con Moisés en el monte cuando el Señor fue transfigurado (Mt 17:3, 4, 10-12; Mc 9:4, 5, 11-13; Lc 9:30, 33). Algunos pensaban que Jesús en la cruz llamaba a Elías (Mt 27:47, 49; Mc 15:35, 36). Jacobo y Juan sugirieron hacer bajar fuego del cielo como había hecho Elías (Lc 9:54; ver 2R 1). ¶

ELIEZER (*Eliézer*: Ἐλιέζερ <1663>; Dios de ayuda, en heb.)
Hombre del A.T. Eliezer es mencionado en la genealogía de Jesús (Lc 3:29). ¶

ELIMAS (*Elúmas*: Ἐλύμας <1681>; mago)
Otro nombre del mago o hechicero Barjesús. Elimas intentaba apartar al procónsul Sergio Paulo de la fe (Hch 13:8). ¶

ELISABET (*Elisábet*: Ἐλισάβετ <1665>; Dios del juramento, en heb.)
Esposa del sacerdote Zacarías, y madre de Juan el Bautista. Elisabet era de las hijas de Aarón (Lc 1:5). Antes estéril, concibió un hijo en su vejez (Lc 1:7, 13, 24, 36, 57; ver también v. 25). Fue llena del Espíritu

Santo y reconoció a María como la madre del Señor (Lc 1:40, 41a, b). ¶

ELISEO (*Elisaíos*: Ἐλισαῖος <1666>; Dios es su súplica, en heb.)
Profeta en Israel. Jesús menciona el nombre de Eliseo en relación con un tiempo en el que había muchos leprosos en Israel; solo Naamán, un extranjero, fue sanado (Lc 4:27). ¶

ELIUD (*Elioúd*: Ἐλιούδ <1664>; Dios de majestad, en heb.)
Hombre del A.T. Eliud es mencionado en la genealogía de Jesucristo (Mt 1:14, 15). ¶

ELMADAN, ELMODAM (*Elmadám*: Ἐλμαδάμ <1678>)
Hombre del A.T. Elmadán es mencionado en la genealogía de Jesús (Lc 3:28). ¶

ELOI (*Eloí*: Ἐλωΐ <1682>)
Nombre de Dios, en aram. En la cruz, Jesús clamó «Eloi, Eloi, ¿lama sabactani?, que significa: Dios mío, Dios mío, ¿por qué me has desamparado?» (Mc 15:34a, b); comp. Sal 22:1. ¶

EMANUEL – Ver **EMMANUEL**.

EMAÚS (*Emmaoús*: Ἐμμαοῦς <1695>; manantial caliente, en heb.)
Aldea situada a aprox. 11 km al noroeste de Jerusalén. El atardecer de su resurrección, Jesús se entretuvo con dos discípulos de Emaús, y entró con ellos en su casa (Lc 24:13). ¶

EMMANUEL (*Emmanouél*: Ἐμμανουήλ <1694>; Dios con nosotros, en heb.)
Nombre del Señor Jesús. Isaías había dicho que la virgen concebiría y que a su hijo se le daría el nombre de Emmanuel (o: Emanuel) (Mt 1:23; ver Is 7:14; 8:8, 10). ¶

EMMOR – Ver **HAMOR**.

ENEAS (*Ainéas*: Αἰνέας <132>; alabanza)
Hombre paralítico de Lida. Eneas fue sanado por Pedro en el nombre de Jesús (Hch 9:33, 34). Su curación tuvo como efecto de convertir al Señor a los que habitaban esa región (ver Hch 9:35). ¶

ENLOSADO (*Lithóstrotos*: Λιθόστρωτος <3038>; enlosado con piedras)
Para este término en Jn 19:13, ver **GÁBATA**.

ENOC (*Henóc*: Ἐνώχ <1802>; iniciado, en heb.)
Hombre del A.T. Enoc es mencionado en la genealogía de Jesús (Lc 3:37). Recibió el testimonio de haber agradado a Dios, quien se lo llevó sin que conociera la muerte (Hb 11:5). Judas habla de Enoc como habiendo profetizado a propósito de los impíos que serán juzgados cuando venga el Señor (Jud 14). El arrebato de Enoc antes del diluvio prefigura el de los creyentes antes de los juicios apocalípticos. ¶

ENÓN (*Ainón*: Αἰνών <137>; lugar de manantiales, en heb.)
Lugar en Palestina cerca de Salim. Allí bautizaba Juan, porque había mucha agua (Jn 3:23). ¶

ENÓS (*Enós*: Ἐνώς <1800>; mortal, en heb.)
Hombre del A.T. Enós es mencionado en la genealogía de Jesús (Lc 3:38). Era el nieto de Adán (ver Gn 4:26). ¶

EPAFRAS (*Epafrás*: Ἐπαφρᾶς <1889>; de Epafróditos: devoto de Afrodita, o Venus)
Compañero de obra del apóstol Pablo. Pablo habla de Epafras como de un fiel siervo de Cristo para con los colosenses (Col 1:7), combatiendo por ellos con oraciones (4:12). Llegó a ser compañero de cautiverio de Pablo (Flm 23), Epafras hace saludar a Filemón en esta epístola (ver v. 24). ¶

EPAFRODITO (*Epafróditos*: Ἐπαφρόδιτος <1891>; devoto de Afrodita, o Venus)
Compañero de obra y compañero de armas de Pablo. Epafrodito había sido enviado por los filipenses para entregarle un don a Pablo (Fil 4:18). A su vez, Pablo juzgó necesario enviar a Epafrodito a los filipenses, también podría haber llevado la epístola que les destinaba (Fil 2:25). Había estado enfermo, cerca de la muerte (ver Fil 2:26, 27). ¶

EPENETO (*Epaínetos*: Ἐπαίνετος <1866>; elogiado)
Creyente de la iglesia de Roma. Pablo hace saludar a su querido hermano Epeneto, quien era las primicias de Asia para Cristo (Ro 16:5). ¶

ER (*Ér*: Ἤρ <2262>; vigilante, en heb.)
Hombre del A.T. Er es mencionado en la genealogía de Jesús (Lc 3:28). ¶

ERASTO (*Érastos*: Ἔραστος <2037>; amado)
a. Administrador de la ciudad de Corinto. Erasto transmite sus saludos a los cristianos de Roma (Ro 16:23 o 24). **b. El mismo que el precedente u otro cristiano.** Erasto servía a Pablo que lo envió a Macedonia con Timoteo (Hch 19:22). Más tarde, Erasto se quedó en Corinto (2Ti 4:20). ¶

ESAÚ (*Esaú*: Ἠσαῦ <2269>; áspero, en heb.)
Hijo de Isaac y de Rebeca, y hermano gemelo de Jacob. Esaú vendió su derecho de primogenitura por una sola comida (Hb 12:16); más tarde quiso heredar la bendición paterna, pero fue rechazado (ver v. 17). Isaac bendijo a Jacob y a Esaú respecto a las cosas venideras (Hb 11:20). Dios amó a Jacob y aborreció a Esaú (Ro 9:13). Podemos suponer, en el primer caso, que se trata de la soberana gracia de Dios que ama a un pecador a pesar de sí mismo; en el segundo, la actitud de Dios procede del desprecio que Esaú manifestó por las promesas

divinas de bendiciones hechas a sus padres. ¶

ESCEVA (*Skeuás*: Σκευᾶς <4630>; dispuesto, zurdo)
Principal sacerdote judío. Los siete hijos de Esceva eran exorcistas (Hch 19:14). Éstos probaron de expulsar a un espíritu maligno invocando el nombre del Señor Jesús, pero el espíritu usó de violencia contra ellos; huyeron desnudos y heridos (ver Hch 19:13-18). ¶

ESCITA (*Skúthes*: Σκύθης <4658>)
Oriundo de una región al norte del mar Negro. El nombre era empleado para designar a una persona bárbara e inculta (Col 3:11). ¶

ESLI (*Jeslí*: Ἐσλί <2069>; hacia Jehová están mis ojos, en heb.)
Hombre del A.T. Esli es mencionado en la genealogía de Jesús (Lc 3:25). ¶

ESMIRNA (*Smúrna*: Σμύρνα <4667>; mirra)
Ciudad al oeste de Asia Menor, al norte de Éfeso. Una de las siete epístolas del Apocalipsis está dirigida a la iglesia de Esmirna (Ap 1:11; 2:8 in algunos mss.). ¶

ESMIRNA (QUE ES DE) (*smurnaíos*: Σμυρναῖος <4668>; de *Smúrna*: mirra)
Habitante de la ciudad de Esmirna. El Señor se dirigió a la iglesia que está en Esmirna (Ap 2:8). Reconoció su tribulación y su pobreza, y la advirtió que iba a sufrir aún más (ver 2:9, 10). ¶

ESPAÑA (*Spanía*: Σπανία <4681>)
País del suroeste de Europa. Pablo quería ir a España (Ro 15:24, 28). Podemos pensar que ha ido puesto que Clemente de Roma escribió hacia el año 96 d.J.C. que Pablo llegó a los límites del Occidente. ¶

ESPÍRITU SANTO (*Jágios Pneúma*; santo: *jágios*: ἅγιος <40>; espíritu: *pneúma*: πνεῦμα <4151>)
Tercera persona de la deidad. El Espíritu Santo es nombrado con el Padre y el Hijo en Mt 28:19. Ha sido enviado por Dios Padre y por el Señor Jesús (Jn 14:26; 15:26). Algunos pasajes dan testimonio de su personalidad y de su autoridad divinas. Ananías mintió al Espíritu Santo (Hch 5:3); Pablo y Timoteo estuvieron impedidos por el Espíritu Santo de predicar en Asia y de ir a Bitinia (Hch 16:6, 7). Los santos son juntamente edificados para ser una morada de Dios por el Espíritu (Ef 2:22; 1Co 3:16). Es el Espíritu Santo quien da vida a los que son salvos (Jn 6:63) y los sella (Ef 1:13); habita en ellos y los une en un solo cuerpo en Cristo (1Co 12:13). Él es el Consolador o el Abogado de ellos en la tierra, como Jesucristo lo es en el cielo (Jn 14:16, 26). Aunque la influencia del Espíritu Santo haya obrado en los santos del A.T., él no ha venido a la tierra como una Persona antes de la

ascensión de Cristo (Jn 16:7). Además de su obra en los santos y por ellos, su presencia en la tierra después de la crucifixión del Señor convenció al mundo de pecado, de justicia y de juicio (Jn 16:8-11). (Según Walter Scott.)

ESROM (*Jesróm*: Ἐσρώμ <2074>; lugar cerrado, en heb.)
Hombre del A.T. Esrom es mencionado en la genealogía de Jesucristo (Mt 1:3a, b; Lc 3:33). ¶

ESTAQUIO – Ver **ESTAQUIS**.

ESTAQUIS (*Stácus*: Στάχυς <4719>; espiga de trigo)
Cristiano de Roma. Pablo hace saludar a Estaquis (Ro 16:9). ¶

ESTEBAN (*Stéfanos*: Στέφανος <4735>; corona)
Primer mártir cristiano. Esteban estaba lleno de fe y del Espíritu Santo, de gracia y de poder (Hch 6:5, 8). Fue escogido con otros por los apóstoles para servir a las mesas (ver Hch 6:2-6). Unos de la sinagoga se disputaron con él (Hch 6:9). Fue apedreado (Hch 7:59) y unos hombres piadosos lo enterraron (8:2); después llegó una tribulación que tuvo como consecuencia la dispersión de los creyentes (11:19). En el momento de su martirio, vio los cielos abiertos y al Hijo del hombre, al Señor Jesús, en pie a la diestra de Dios (ver Hch 7:55, 56). Pablo estaba presente en el momento del martirio de Esteban y guardaba las ropas de los que lo mataban (Hch 22:20). ¶

ESTÉFANA, ESTÉFANAS (*Stefanás*: Στεφανᾶς <4734>; coronado)
Cristiano de Corinto. Pablo bautizó la familia de Estéfanas (1Co 1:16). Estéfanas y los suyos estaban entre los primeros convertidos de Acaya y se habían consagrado al servicio de los santos (1Co 16:15). Pablo se había alegrado con la visita de Estéfanas (1Co 16:17). ¶

ETÍOPE (*aithíops*: Αἰθίοψ <128>; persona de piel negra)
Procedente de Etiopía, un país del oriente de África. Un etíope de la corte real (Hch 8:27) fue convertido por la predicación de Felipe cuando volvía a su país después de haber adorado en Jerusalén. Felipe lo bautizó después de su conversión (ver Hch 8:26-40). ¶

EUBULO (*Eúboulos*: Εὔβουλος <2103>; de buena voluntad)
Cristiano de Roma. Pablo transmite los saludos de Eubulo a Timoteo (2Ti 4:21). ¶

ÉUFRATES (*Eufrátes*: Εὐφράτης <2166>)
Río de Asia occidental de aprox. 2.900 km de largo al este de Palestina; Babilonia estaba construida cerca del Éufrates; desemboca en el golfo Pérsico o Arábico. Cuatro ángeles atados junto al gran río Éufrates serán desatados para que

maten a la tercera parte de los hombres (Ap 9:14). Sus aguas se secarán para preparar el camino de los reyes del Oriente (Ap 16:12). ¶

EUNICE (*Euníke*: Εὐνίκη <2131>; victoriosa)
Madre de Timoteo. Eunice era una mujer judía creyente que se había casado con un hombre griego (ver Hch 16:1). La fe sincera de su hijo Timoteo había habitado antes en Eunice (2Ti 1:5). ¶

EURAQUILÓN, EUROAQUILÓN, EUROCLIDÓN (*Euroklúdon*: Εὐροκλύδων <2148>; de *eúros*: viento oriental, y *klúdon*: ola, fuerte oleada)
Viento muy violento que sopla del Este o del Noreste. Puso en peligro, cerca de la isla de Creta, la nave en la que viajaba Pablo para ir a Italia (Hch 27:14); la nave se encalló sobre la isla de Malta (ver Hch 28:1). ¶

EUTICO (*Eútucos*: Εὔτυχος <2161>; afortunado, feliz)
Joven de Troada. Eutico estaba sentado sobre el borde de una ventana y vencido por el sueño, mientras que Pablo predicaba, cayó desde el tercer piso y fue recogido muerto (Hch 20:9). Pero volvió a la vida gracias al apóstol Pablo; se llevaron al joven vivo para gran consuelo de todos (ver v. 10, 12). ¶

EVA (*Eúa*: Εὔα <2096>; dadora de vida, en heb.)
Nombre de la primera mujer. Dios creó a Eva a partir de Adán (ver Gn 2:22); el hombre la llamó con ese nombre porque ella era la madre de todos los vivientes (3:20). Eva fue formada por Dios después de Adán (1Ti 2:13). La serpiente con su astucia sedujo a Eva (2Co 11:3). ¶

EVODIA (*Euodía*: Εὐοδία <2136>; viaje agradable)
Cristiana de Filipos. Pablo suplica a Evodia y Síntique de tener un mismo pensamiento en el Señor (Fil 4:2); ellas habían luchado junto a Pablo en el evangelio (ver v. 3). ¶

EZEQUÍAS (*Ezekías*: Ἐζεκίας <1478>; fortalecido en Jah, o: Jehová es fuerza, en heb.)
Rey de Judá. Ezequías es mencionado en la genealogía de Jesucristo (Mt 1:9, 10). Hizo lo recto ante los ojos de Jehová y puso su confianza en el Dios de Israel (ver 2R 18:1-8). ¶

F

FALEC, FÁLEK – Ver **PELEG**.

FANUEL (*Fanouél*: Φανουήλ <5323>; cara de Dios, en heb.)
Hombre israelita de la tribu de Aser. Fanuel era el padre de Ana, una profetisa (Lc 2:36). ¶

FARAÓN (*Faraó*: Φαραώ <5328>)
Título de los reyes de Egipto. Dios dio a José y a su familia gracia ante

el Faraón de entonces (Hch 7:10, 13). Moisés fue criado por la hija de otro Faraón (Hch 7:21), pero rehusó ser llamado su hijo (Hb 11:24). Dios demostró su poder liberando a los israelitas de la mano de Faraón (Ro 9:17). ¶

FARES (*Farés*: Φαρές <5329>; brecha, en heb.; ver Gn 38:29)
Hijo de Judá y de Tamar. Fares figura en la genealogía de Jesucristo (Mt 1:3a, b; Lc 3:33). ¶

FEBE (*Foíbe*: Φοίβη <5402>; brillante)
Cristiana de Cencrea. Pablo recomienda Febe a los cristianos de Roma, con el fin de que la asistan en sus necesidades; ella misma había ayudado a muchos y a Pablo (Ro 16:1, ver v. 2). ¶

FELIPE (*Fílippos*: Φίλιππος <5376>; encariñado con los caballos)
a. Uno de los doce apóstoles. Felipe es mencionado en Mt 10:3; Mc 3:18; Lc 6:14; Hch 1:13. Jesús encontró a Felipe, que era de Betsaida, y le dijo que lo siguiera (Jn 1:43-45). Felipe a su vez habló de Jesús a Natanael (Jn 1:45, 46, 48). Jesús probó a Felipe pidiéndole de encontrar con qué alimentar a una gran multitud (Jn 6:5, 7). Unos griegos vinieron a Felipe y le expresaron su deseo de ver a Jesús; Felipe se lo dijo a Andrés (Jn 12:21, 22). Felipe pidió al Señor mostrarle el Padre (Jn 14:8, 9). **b. Tetrarca de Iturea y de la región de Traconite.** La palabra de Dios vino a Juan el Bautista cuando Felipe reinaba (Lc 3:1). Fue el primer marido de Herodías; su hermano Herodes también tuvo a Herodías por mujer (Mt 14:3, 4; Mc 6:17). **c. Creyente del N.T.** Felipe el evangelista fue uno de los siete escogidos para ocuparse del servicio en la iglesia de Jerusalén (Hch 6:5). Predicó a Cristo en una ciudad de Samaria, e hizo milagros (Hch 8:5, 6). Un cierto Simón, mago, creyó a la predicación de Felipe, fue bautizado por él y se mantenía cerca de él (Hch 8:9, 12, 13), pero era un hipócrita. Felipe anunció Jesús al eunuco etíope que regresaba de Jerusalén, después lo bautizó, antes de ser arrebatado por el Espíritu del Señor; atravesando el país de Azoto a Cesarea, evangelizó en todas las ciudades (Hch 8:26, 29-31, 34, 35, 38-40). Felipe habitó en Cesarea (Hch 21:8) con sus cuatro hijas, que profetizaban (ver v. 9). ¶

FÉLIX (*Félix*: Φῆλιξ <5344>; feliz)
Gobernador de Judea. Pablo fue conducido a Félix (Hch 23:24, 26). Félix se casó con Drusila, hija de Herodes Agripa I. Tértulo acusó a Pablo ante él (Hch 24:3). Félix tuvo miedo de la predicación de Pablo, pero esperaba que Pablo le diera dinero por su liberación (Hch 24:22, 24, 25; ver v. 26). Tuvo por sucesor a Porcio Festo y dejó a Pablo prisionero para congraciarse con los judíos (Hch 24:27a, b; 25:14). ¶

FÉNICA, FENICE (*Foínix*; Φοίνιξ <5405> o Φοῖνιξ <5405>; palmera)

Ciudad al oeste de Creta. Los marineros se habían esforzado por llegar a este puerto del Mediterráneo durante el cuarto viaje de Pablo, pero sin lograrlo (Hch 27:12). ¶

FENICIA (*Foiníke*: Φοινίκη <5403>; país de palmeras)
Región de Palestina a lo largo del Mediterráneo, al norte de Sidón. Algunos creyentes dispersados por la tribulación a causa de la muerte de Esteban llegaron a Fenicia (Hch 11:19). Pablo y Bernabé atravesaron Fenicia, relatando la conversión de los gentiles (Hch 15:3). Pablo volvió a esta región durante su tercer viaje misionero (Hch 21:2). ¶

FESTO (*Féstos*: Φῆστος <5347>; festivo)
Procurador de Judea. Porcio Festo sucedió a Félix (Hch 24:27). El apóstol Pablo tuvo que defenderse ante él de las acusaciones de los judíos; apeló a César (ver Hch 25:11). Festo hizo comparecer a Pablo ante Agripa y Berenice; entonces Pablo habló por su defensa (ver Hch 26). Otras ref.: Hch 25:1, 4, 9, 12-14, 22-24; 26:24, 25, 32. ¶

FIGELO (*Fúgelos*: Φύγελος <5436>; fugitivo)
Creyente de Asia. Figelo se había apartado de Pablo (2Ti 1:15). ¶

FILADELFIA (*Filadélfeia*: Φιλαδέλφεια <5359>; amor fraterno)
Ciudad de Lidia en Asia Menor; fue construida por el rey de Pérgamo, y fue más o menos destruida varias veces por terremotos. Una de las siete epístolas a las iglesias de Asia le está dirigida (Ap 1:11; 3:7); los cristianos de Filadelfia eran de una notable fidelidad; habían guardado la Palabra de Dios (ver Ap 3:8, 10). ¶

FILEMÓN (*Filémon*: Φιλήμων <5371>; amistoso)
Cristiano de la ciudad de Colosas. La iglesia de Colosas se reunía en la casa de Filemón (Flm 1; ver v. 2). En la epístola que le dirige, Pablo le suplica de recibir a Onésimo, el esclavo que había huido de su casa (ver v. 17). Su esposa prob. era Apia y su hijo Arquipo (ver v. 2). Onésimo prob. habría sido convertido con la ayuda de Pablo en Roma (ver v. 10). ¶

FILETO (*Fíletos*: Φίλητος <5372>; amigable, amado)
Hombre del N.T. Fileto e Himeneo se habían separado de la verdad (2Ti 2:17), diciendo que la resurrección ya había tenido lugar; trastornando así la fe de algunos (ver v. 18). ¶

FILIPENSE (*filippésios*: Φιλιππήσιος <5374>)
Procedente de la ciudad de Filipos, en Macedonia. Pablo les había escrito una epístola (ver Fil 1:1). La iglesia de los filipenses había enviado un don al apóstol Pablo

FILIPO

para subvenir a sus necesidades (Fil 4:15). ¶

FILIPO – Ver **FELIPE**.

FILIPOS (*Fílippoi*: Φίλιπποι <5375>; que pertenece a Felipe)
Ciudad de Macedonia derivado del nombre de Felipe, el padre de Alejandro Magno; César Augusto había establecido una colonia romana. Pablo se hospedó algunos días durante su segundo viaje misionero (Hch 16:12), y pasó por allí durante su tercer viaje (20:6). Durante su estancia, Pablo había sufrido y había sido injuriado en Filipos (1Ts 2:2); había sido azotado públicamente y echado en la cárcel (ver Hch 16:22-37). El apóstol Pablo escribió una epístola a la iglesia de Filipos (Fil 1:1). ¶

FILÓLOGO (*Filólogos*: Φιλόλογος <5378>; que ama las palabras, argumentador)
Cristiano de Roma. Pablo hace saludar a Filólogo en su epístola a los cristianos de Roma (Ro 16:15). ¶

FLEGÓN, FLEGONTA, FLEGONTE (*Flégon*: Φλέγων <5393>; ardiente, mordiente, o: llama)
Cristiano de Roma. Pablo hace saludar a Flegón en su epístola a los cristianos de Roma (Ro 16:14). ¶

FRIGIA (*Frugía*: Φρυγία <5435>)
Región del centro de Asia Menor. Judíos de Frigia estaban presentes en Jerusalén durante Pentecostés (Hch 2:10). Pablo atravesó Frigia durante su segundo viaje misionero (Hch 16:6), y fortaleció a los discípulos durante su tercer viaje (Hch 18:23). ¶

FORO DE APIO (*Áppiou Fóron*: Ἀππίου Φόρον <675>)
La vía Apia fue construida por Apio Claudio y constituía el camino principal para ir a Roma, a Grecia y a Asia; el Foro de Apio era una estación a 60 km al sureste de Roma. Unos hermanos salieron al encuentro de Pablo hasta el Foro de Apio (Hch 28:15). ¶

FORTUNATO (*Fortounátos*: Φορτουνάτος <5415>; afortunado)
Cristiano de Corinto. La llegada de Fortunato había alegrado al apóstol en Éfeso (1Co 16:17). Habría vuelto con la epístola de Pablo a los corintios (ver v. 18). ¶

G

GABBATA (*Gabbathá*: Γαββαθᾶ <1042>; montículo, tribunal, en aram.)
Lugar donde se encontraba un tribunal (o tribuna); Poncio Pilato juzgaba allí. Pilato se sentó allí; presentó a Jesús y lo entregó a los judíos; en griego, el término es traducido como: «Enlosado» (Jn 19:13). ¶

GABRIEL (*Gabriél*: Γαβριήλ <1043>; hombre de Dios, en heb.)

Ángel de Dios. Gabriel fue enviado a Zacarías para anunciarle que su mujer concebiría un hijo (Lc 1:19). También fue enviado a María para anunciarle la concepción de Jesús, el Hijo de Dios (Lc 1:26; ver v. 31). Ver también Dn 8:16; 9:21. ¶

GACELA – Ver **DORCAS**.

GAD (*Gád*: Γάδ <1045>; fortuna, ventura, en heb.; ver Gn 30:11)
Uno de los doce hijos de Jacob y tribu que descendía de él. Doce mil de la tribu de Gad serán sellados (Ap 7:5). ¶

GADARENOS (*Gadarenós*: Γαδαρηνός <1046>) – Ver **GERASENO, GERGESENO**.

GALACIA (*Galatía*: Γαλατία <1053>)
Región central de Asia Menor. Pablo habla de las iglesias de Galacia sin que sepamos exactamente dónde se situaban (1Co 16:1; Gá 1:2). Al final de su vida, Pablo dirá que Crescente se fue a Galacia (2Ti 4:10). Pedro dirige su primera epístola, entre otros, a los cristianos de Galacia (1P 1:1). ¶

GALACIA (DE) (*galatikós*: Γαλατικός <1054>)
Que concierne Galacia. Pablo, durante su segundo viaje misionero, acompañado de Timoteo, atravesó el país de Galacia, no obstante sin evangelizar (Hch 16:6). Volvió a ir durante su tercer viaje, fortaleciendo a todos los discípulos (Hch 18:23). ¶

GÁLATAS (*galátes*: Γαλάτης <1052>)
Oriundo de Galacia, en el centro de Asia Menor. Pablo ha escrito una epístola a los gálatas; los trata de insensatos porque estaban abandonando el evangelio de la gracia para volver a una religión que descansaba en las obras (Gá 3:1). ¶

GALILEA (*Galilaía*: Γαλιλαία <1056>; círculo, distrito)
Región del norte de Palestina. Galilea estaba habitada sobre todo por gentiles (Mt 4:15). Jesús pasó su infancia en Nazaret de Galilea (Mt 2:22) y ejerció la mayor parte de su ministerio en Galilea (p.ej. Mt 4:23). Más tarde hubo iglesias en Galilea (Hch 9:31), donde la buena nueva había comenzado a ser anunciada (Hch 10:37). ¶

GALILEO (*galilaíos*: Γαλιλαῖος <1057>)
Procedente de Galilea. Habiendo visto las cosas hechas por Jesús en Jerusalén, los galileos lo recibieron (Jn 4:45). Pedro negó haber estado con Jesús el galileo (Mt 26:69; Mc 14:70 {ver v. 71}; Lc 22:59 {ver v. 60}). Pilato remitió Jesús a Herodes, al saber que era galileo (Lc 23:6; ver v. 7). Los apóstoles, «hombres galileos», estaban presentes en el momento de la ascensión de Jesús al cielo (Hch 1:11). En Pentecostés

hablaban otras lenguas (Hch 2:7). Pilato mezcló la sangre de unos galileos con sus propios sacrificios (Lc 13:1, 2; ver v. 4, 5). Ver también Judas el galileo en el nombre de **JUDAS**. ¶

GALIÓN (*Galíon*: Γαλλίων <1058>)
Procónsul de Acaya. Los judíos llevaron a Pablo ante el tribunal de Galión (Hch 18:12, 14). Este no le daba ninguna importancia a que golpearan ante él a Sóstenes, el jefe de la sinagoga (Hch 18:17). ¶

GAMALIEL (*Gamaliél*: Γαμαλιήλ <1059>; premio de Dios, en heb.)
Fariseo, doctor de la ley y honrado por todo el pueblo judío. Gamaliel aconsejó dejar ir a los apóstoles, puesto que si su obra era de Dios, los judíos no podrían destruirla (Hch 5:34; ver v. 39). Pablo fue instruido a los pies de este doctor de la ley judía (Hch 22:3). ¶

GAYO (*Gáios*: Γάϊος <1050>)
a. Cristiano macedonio. Gayo fue un compañero de viaje de Pablo (Hch 19:29). **b. Cristiano de Derbe.** Este Gayo acompañó a Pablo hasta Asia (Hch 20:4). **c. Cristiano de Corinto.** Este Gayo era hospitalario; Pablo dictó la epístola a los Romanos en su casa (Ro 16:23). Pablo lo había bautizado (1Co 1:14). **d. Creyente del N.T.** El apóstol Juan dirige su tercera epístola a este otro Gayo (3Jn 1). ¶

GAZA (*Gáza*: Γάζα <1048>; fuerte, en heb.)
Ciudad portuaria del Mediterráneo al suroeste de Jerusalén. Felipe fue enviado por el Espíritu Santo a que presentara el evangelio a un etíope en el camino que va de Jerusalén a Gaza (Hch 8:26). ¶

GEDEÓN (*Gedeón*: Γεδεών <1066>; talador, guerrero, en heb.)
Juez de Israel. Gedeón liberó a Israel y juzgó a este pueblo (ver Jue 6-8); está citado entre los hombres de fe (Hb 11:32).

GEMELO – Ver **DÍDIMO**.

GENESARET (*Gennesarét*: Γεννησαρέτ <1082>)
Llanura muy fértil cerca del mar de Galilea (o lago de Genesaret). Jesús vino a esta región y sanó en ella a numerosos enfermos (Mt 14:34; Mc 6:53). Enseñó a la multitud desde una barca, sobre el lago de Genesaret (Lc 5:1). ¶

GENTIL(ES) – Ver **GRIEGO**.

GERASENO, GERGESENO (*gerasenós*: Γερασηνός <1086>)
Oriundo de una región al este del lago de Genesaret, cerca de Tiberias. Dos demoniacos de esta región vinieron al encuentro del Señor. Expulsó a los demonios a una manada de cerdos; la manada se precipitó al mar y murieron (Mt 8:28; ver v. 32). En los evangelios de Marcos y de Lucas, se menciona a un hombre poseído por un espíritu

inmundo (Mc 5:1; ver v. 1-13; Lc 8:26; ver v. 26-33). La gente de alrededor, con miedo, rogaron a Jesús que se apartara de ellos (Lc 8:37). El hombre de quien habían salido los demonios publicó lo que Jesús había hecho por él (ver Mc 5:20; Lc 8:37-39). ¶

GETSEMANÍ (*Gethsemaní*: Γεθσημανί <1068>; prensa de aceite, en aram.)
Huerto situado cerca de Jerusalén, al pie del monte de los Olivos. Jesús fue una última vez a Getsemaní con sus discípulos la noche en la que fue entregado por Judas (Mt 26:36; Mc 14:32). ¶

GNIDO (*Knídos*: Κνίδος <2834>)
Ciudad griega situada al suroeste de Asia Menor. La nave de Pablo pasó cerca de Gnido (Hch 27:7). ¶

GOG (*Góg*: Γώγ <1136>)
Gog y Magog son los nombres simbólicos de las naciones enemigas de Dios. Gog y Magog serán reunidas por Satanás al final del milenio para el gran combate (Ap 20:8). El fuego de Dios descenderá del cielo y las devorará (ver Ap 20:9). ¶

GÓLGOTA (*Golgothá*: Γολγοθᾶ <1115>; cráneo, en aram.)
Lugar de la crucifixión de Jesús. Ver **CALAVERA**.

GOMORRA (*Gómorra*: Γόμορρα <1116>; arruinado, en heb.)
Ciudad de la llanura del Jordán que fue destruida al mismo tiempo que Sodoma; fue a causa de su pecado que era muy grave (ver Gn 18:20, 21; 19:24, 25). Jesús recuerda el castigo de Sodoma y de Gomorra (Mt 10:15; Mc 6:11; ver Mt 11:23, 24 y Lc 10:12), como Pablo (Ro 9:29), Pedro (2P 2:6) y Judas (v. 7). ¶

GRECIA (*Jelás*: Ἑλλάς <1671>)
Se trata de la Grecia antigua, menos extensa que la de hoy; ver ACAYA. Pablo residió en Grecia tres meses (Hch 20:2; ver v. 3). ¶

GRIEGO, GRIEGA (*jélen*: Ἕλλην <1672>; *jelenís*: Ἑλληνίς <1674>)
Persona que vive en Grecia (*Jelás*), u oriundo de este país. Los griegos buscaban la sabiduría (1Co 1:22); simbolizaban al mundo pagano civilizado de ese tiempo. Jesús expulsó a un demonio de la hija de una mujer griega, de raza sirofenicia (Mc 7:26). Los judíos creían que Jesús iba a enseñar a los griegos (Jn 7:35). Algunos griegos expresaron a Felipe el deseo de ver a Jesús (Jn 12:20; ver v. 21). Encima de la cruz de Jesús, había un letrero en letras hebreas, latinas y griegas (Jn 19:20). Unos de Chipre y de Cirene anunciaron el Señor Jesús a los griegos (Hch 11:20). Pablo debía anunciar el evangelio a los griegos (Ro 1:14, 16; 1Co 1:22, 24). En Iconio, una gran multitud de judíos y de griegos creyeron a la predicación de Pablo y Bernabé (Hch 14:1). En Tesalónica,

HACÉLDAMA

una multitud de griegos que servían a Dios se unieron a Pablo y a Silas (Hch 17:4). En Berea, mujeres griegas de distinción hacían parte de los que creyeron (Hch 17:12). En Atenas, Pablo persuadía a judíos y a griegos (Hch 18:4). En Asia, y en particular en Éfeso, judíos y griegos escucharon la Palabra del Señor (Hch 19:10, 17; 20:21). Los judíos acusaron a Pablo de haber profanado el templo haciendo entrar a griegos (Hch 21:28). Timoteo era hijo de un padre griego (Hch 16:1, 3), y Tito era griego (Gá 2:3). La libertad cristiana no debe ser una piedra de tropiezo para los judíos y los griegos, y para la gente del mundo en Corinto (1Co 10:32). Ante Dios no hay diferencia entre las personas (Ro 2:9, 10), porque todos han pecado (Ro 3:9 {o 10}), pero Dios es rico en gracia para salvar a los hombres de entre todas las naciones (Ro 10:12). La Iglesia de Dios es un solo cuerpo formado por los rescatados de todos los orígenes (1Co 12:13; Gá 3:28; Col 3:11). Ver este término en la sección de los **NOMBRES COMUNES**.

H

HACÉLDAMA – Ver **ACÉLDAMA**.

HAMOR (*Jemmór*: Ἐμμώρ <1697>; asno, en heb.)
Príncipe de Siquem. Abraham había comprado un sepulcro a los hijos de Hamor (Hch 7:16). Siquem era uno de los hijos de Hamor (ver Gn 33:19). ¶

HAQUELDAMÁ – Ver **ACÉLDAMA**.

HARÁN (*Carrán*: Χαρράν <5488>; camino, caravana, en heb.)
Ciudad de Mesopotamia, situada al noreste de Canaán. Abraham habitó allí después de salir del país de los caldeos, antes de entrar en Canaán (Hch 7:2, 4). ¶

HEBER – Ver **EBER**.

HEBREO (*jebraíos*: Ἑβραῖος <1445>; de Éber; ver Gn 10:21)
Los hebreos son los antepasados de los israelitas que vinieron de la orilla oriental del Éufrates; los judíos se daban este nombre porque hablaban el hebreo o más bien el arameo, una lengua aparentada. Los helenistas murmuraban contra los hebreos porque sus viudas eran desatendidas en la distribución diaria (Hch 6:1). Pablo era hebreo (2Co 11:22; Fil 3:5). Ver este término en la sección de los **NOMBRES COMUNES**.

HELENISTA (*jelenistés*: Ἑλληνιστής <1675>; de *Jelás*: Grecia)
Israelita que hablaba la lengua griega y que había adoptado las costumbres griegas. Los helenistas murmuraron contra los hebreos porque sus viudas eran desatendidas en la distribución diaria (Hch

6:1). Pablo discutía con los helenistas en Jerusalén; pero ellos procuraban matarle (Hch 9:29). Otra ref.: Hch 11:20. ¶

HELÍ – Ver **ELÍ**.

HENOC – Ver **ENOC**.

HERMAS (*Jermás*: Ἑρμᾶς <2057>; quizá de Hermes, una divinidad griega)
Cristiano de Roma. Pablo hace saludar a Hermas en su epístola a la iglesia de Roma (Ro 16:14). ¶

HERMES (*Jermés*: Ἑρμῆς <2060>; divinidad griega que transmitía los mensajes de los dioses; para los romanos: Mercurio)
Cristiano de Roma. Pablo hace saludar a Hermes en su epístola a la iglesia de Roma (Ro 16:14). Hch 14:12: ver **MERCURIO**. ¶

HERMÓGENES (*Jermogénes*: Ἑρμογένης <2061>; hijo de Hermes)
Cristiano de Asia. Hermógenes había abandonado a Pablo (2Ti 1:15). ¶

HERMOSA (*Joraíos*: Ὡραῖος <5611>)
Nombre dado a una de las puertas del templo de Jerusalén. En la puerta del templo, llamada la Hermosa, había un cojo al que Pedro sanó (Hch 3:2, 10).

HERODES (*Jeródes*: Ἡρῴδης <2264>)

a. Herodes el Grande, rey de Judea. Bajo el reinado de Herodes nació Jesús (Mt 2:1; Lc 1:5). Este Herodes hizo matar a los niños de Belén menores de dos años (Mt 2:3, 7, 12, 13, 15, 16, 19, 22); murió poco después de esta matanza (ver v. 19). **b. Herodes Antipas, hijo del precedente; tetrarca de Galilea.** Este Herodes hizo decapitar a Juan el Bautista (Mt 14:1, 3, 6; Mc 6:14, 16, 18, 20-22; Lc 3:1, 19; 9:7, 9). Quiso matar a Jesús (Lc 13:31), que lo llamó «ese zorro» (ver v. 32). Interrogó largamente a Jesús el cual nada le respondió; lo revistió de un manto lujoso, burlándose de él; y lo volvió a enviar a Pilato, con quien se hizo amigo ese día, porque antes habían estado enemistados (Lc 23:7, 8, 11, 12, 15). Herodes y Poncio Pilato son responsables de haberse aliado con las naciones y los pueblos de Israel contra Jesús (Hch 4:27). Murió en el año 39 d.J.C. Juana, mujer de Cuza intendente de Herodes, seguía a Jesús con otras que lo asistían con sus bienes (Lc 8:3). Manaén, de la iglesia de Antioquía, había sido criado con Herodes (Hch 13:1). **c. Herodes Agripa I, nieto de Herodes el Grande, sobrino del precedente.** Este Herodes fue rey de Judea (Hch 12:1). Hizo arrestar a algunos cristianos y mató a Jacobo, el hijo de Zebedeo (ver v. 2). También prendió a Pedro y lo hizo encarcelar; pero el Señor liberó a Pedro de la mano de Herodes (Hch 12:6, 11, 19, 21). Expiró, comido por gusanos, porque no había dado la gloria a Dios (ver v. 23). Pablo fue custodiado en

HERODÍA

el pretorio de Herodes (Hch 23:35).
d. Herodes Agripa II, hijo del precedente. Ver **AGRIPA** para la mención en Hch 25:13. ¶

HERODÍA – Ver **HERODÍAS**.

HERODIANO – Ver **HERODIÓN**.

HERODÍAS (*Jerodiás*: Ἡρῳδιάς <2266>)
Esposa de Felipe, el hermano de Herodes Antipas. Herodías se casó con Herodes cuando aún vivía su marido, lo que Juan el Bautista le reprochaba (Mt 14:3; ver v. 4; Mc 6:17; Lc 3:19). Herodías guardaba rencor a Juan y deseaba matarle (Mc 6:19). Su hija bailó y agradó a Herodes (Mt 14:6; Mc 6:22). Herodías instigó a su hija a pedir la cabeza de Juan. Herodes envió a que decapitaran a Juan en la cárcel (ver Mt 14:9-11). ¶

HERODIÓN (*Jerodíon*: Ἡρῳδίων <2267>)
Cristiano de Roma. Pablo llama a Herodión su pariente y lo hace saludar en su epístola a la iglesia de Roma (Ro 16:11). ¶

HESROM, HEZRÓN – Ver **ESROM**.

HIERÁPOLIS (*Jierápolis*: Ἱεράπολις <2404>; ciudad santa)
Ciudad cerca de Colosas y de Laodicea en Asia Menor. Epafras se preocupaba particularmente por los creyentes de esta ciudad (Col 4:13). ¶

HIJO (*Juiós*: Υἱός <5207>)
Título del Señor Jesús. El Señor Jesucristo es el Hijo de Dios (p.ej. Mt 16:16; Jn 1:34; Gá 2:20) y el Hijo del hombre (Mt 8:20; Jn 3:13). Él es el Hijo del Padre (1Jn 1:3; 2Jn 3); el hijo de David (Mt 9:27), el Hijo del Altísimo (Mc 5:7; Lc 1:32). El que tiene al Hijo tiene la vida; el que no tiene al Hijo de Dios no tiene la vida (1Jn 5:12a, b).

HIJO DE JONÁS (*Barionás*: Βαριωνᾶς <920>; hijo de Jonás, en aram.)
Sobrenombre de Simón, el apóstol Pedro. Jesús se dirigió así a Pedro después de que este declarase que Jesús era el Cristo, el Hijo del Dios viviente (Mt 16:17). ¶

HIMENEO (*Juménaíos*: Ὑμέναιος <5211>; de *Jumén*, dios de las bodas)
Hombre del N.T. Pablo había librado Himeneo y Alejandro a Satanás, para que aprendiesen a no blasfemar (1Ti 1:20). Himeneo y Fileto se habían apartado de la verdad (2Ti 2:17), diciendo que la resurrección ya había tenido lugar; trastornando la fe de algunos (ver v. 18). ¶

I

ICONIO (*Ikónion*: Ἰκόνιον <2430>; parecido, imagen semejante)
Ciudad importante de Licaonia en Asia Menor. Pablo y Bernabé, durante el primer viaje misionero, vinieron a Iconio y evangelizaron de tal manera

que una gran multitud de judíos y de griegos creyeron; no obstante, tuvieron que irse, siendo expulsados por la persecución; judíos de Iconio persiguieron a Pablo incluso hasta Listra y lo apedrearon; pero Pablo se levantó y volvió a Listra para fortalecer a los discípulos (Hch 13:51; 14:1, 19, 21; 2Ti 3:11). Timoteo tenía un buen testimonio de los hermanos de Iconio (Hch 16:2). ¶

IDUMEA (*Idoumaía*: Ἰδουμαία <2401>; perteneciente a Edom, en heb.)
Región ocupada por los descendientes de Edom (o Esaú), el hermano gemelo de Jacob, al sur de Judea. Gente de Idumea siguieron a Jesús (Mc 3:8). ¶

ILÍRICO (*Ilurikón*: Ἰλλυρικόν <2437>)
Región situada al noreste del mar Adriático. Pablo lo había llenado todo con el evangelio de Cristo, desde Jerusalén hasta Ilírico (Ro 15:19). ¶

ISAAC (*Isaák*: Ἰσαάκ <2464>; risa, en heb.)
Patriarca del A.T. Isaac era el hijo de Abraham y el padre de Jacob (Mt 1:2a, b) y de Esaú. Pablo enseña a los gálatas que ellos son hijos de la promesa como Isaac (Gá 4:28). Isaac es citado entre los hombres de fe (Hb 11:9, 17, 18, 20). Dios puso a prueba a Abraham pidiéndole de ofrecer a su hijo Isaac sobre el altar (Stg 2:21; Hb 11:17). Otras ref.: Mt 8:11; 22:32; Mc 12:26; Lc 3:34; 13:28; 20:37; Hch 3:13; 7:8, 32; Ro 9:7, 10. ¶

ISABEL – Ver **ELISABET.**

ISACAR (*Isacár*: Ἰσαχάρ <2466>; él traerá una recompensa, en heb.; ver Gn 30:18)
Hijo de Jacob y nombre de una de las doce tribus descendientes de él. Doce mil de la tribu de Isacar serán sellados (Ap 7:7). ¶

ISAÍ – Ver **JESÉ.**

ISAÍAS (*Esaías*: Ἡσαΐας <2268>; Jehová ha salvado, en heb.)
Profeta del A.T. Juan el Bautista cita a Isaías el profeta (Mt 3:3; Jn 1:23) como lo hace Jesús (Mt 13:14; 15:7; Mc 7:6). Un etíope de la corte de Candace leía al profeta Isaías y Felipe le preguntó si comprendía lo que leía (Hch 8:28, 30). Pablo cita a Isaías en su epístola a los cristianos de Roma (Ro 9:27, 29; 10:16, 20; 15:12). Otras ref.: Mt 4:14; 8:17; 12:17; Mc 1:2; Lc 3:4; 4:17; Jn 12:38, 39, 41; Hch 28:25. ¶

ISCARIOTE (*Iskariótes*: Ἰσκαριώθης <2469>; prob.: hombre de Queriot, localidad al sur de Judá)
Nombre asociado al de Judas, el que traicionó a Jesús. Ver **JUDAS a.**

ISRAEL (*Israél*: Ἰσραήλ <2474>; vencedor, o: príncipe de Dios, en heb.)
Nombre del pueblo terrenal de Dios, descendiente de Jacob el cual

recibió este nombre después de haber luchado con Dios (ver Gn 32:28). El pueblo de Israel está formado de doce tribus que corresponden esencialmente a los doce hijos de Jacob. Jesús fue aclamado como el rey de Israel (Jn 1:49; 12:13). Dio órdenes a sus discípulos de ir hacia las ovejas perdidas de Israel (Mt 10:6), hacia las cuales él mismo era enviado (Mt 15:24; Hch 13:23). Durante el tiempo de la gracia, Israel es parcialmente endurecido al mensaje del evangelio, pero más tarde todo Israel será salvo (Ro 11:25, 26).

ISRAELITA (*israelítes*: Ἰσραηλίτης <2475>; de *Israel,* en heb.)
Descendiente de Israel, es decir de Jacob, nieto de Abraham (ver Gn 32:28). Cristo desciende de este pueblo que ha recibido diversos favores y promesas por parte de Dios (Ro 9:4; ver v. 5). Jesús califica Natanael de verdadero israelita (Jn 1:47). La expresión «hombres israelitas» es usada como interpelación en los Hechos por: Pedro (2:22; 3:12), Gamaliel (5:35), Pablo (13:16), los judíos de Asia (21:28). Pablo era israelita (Ro 11:1; 2Co 11:22). ¶

ITALIA (*Italía*: Ἰταλία <2482>)
País de Europa cuya capital es Roma. Aquila y Priscila habían venido de Italia a Atenas donde Pablo los encontró (Hch 18:2). Pablo fue llevado a Italia como prisionero, habiendo apelado a César (Hch 27:1, 6). El autor de la epístola a los Hebreos hace transmitir los saludos de los de Italia (Hb 13:24). ¶

ITALIANA (*Italikós*: Ἰταλικός <2483>; que pertenecen a Italia)
Nombre de una cohorte. Cornelio era centurión de una cohorte (o compañía) llamada Italiana (Hch 10:1). ¶

ITÁLICA – Ver **ITALIANA.**

ITUREA (*Itouraía*: Ἰτουραία <2484>; circunscrito)
Provincia al noreste de Galilea. Felipe era tetrarca de Iturea (Lc 3:1). ¶

J

JACOB (*Iakób*: Ἰακώβ <2384>; suplantador, usurpador, en heb.)
a. Hijo de Isaac. Jacob es mencionado en la genealogía de Jesucristo (Mt 1:2a, b; Lc 3:34). A causa del hambre, sus hijos bajaron a Egipto para comprar trigo; su hijo José envió buscarlo (Hch 7:12, 14, 15). Jacob a punto de morir adoró, apoyado sobre la punta de su bastón (Hb 11:21). Otras ref.: Mt 8:11; 22:32; Mc 12:26; Lc 1:33; 13:28; 20:37; Jn 4:5, 6, 12; Hch 3:13; 7:8, 32, 46; Ro 9:13; 11:26; Hb 11:9, 20. **b. Otro hombre del A.T.** Este Jacob es mencionado en la genealogía de Jesucristo y es su abuelo (Mt 1:15, 16). ¶

JACOBO (*Iákobos*: Ἰάκωβος <2385>; nom. griego de Jacob)

a. **Hijo de Zebedeo y hermano de Juan. Jacobo y Juan remendaban sus redes cuando Jesús los llamó a seguirlo (Mt 4:21; Mc 1:19).** Jacobo estaba con Jesús cuando este fue transfigurado en el monte (Mt 17:1; Mc 9:2; Lc 9:28). Jesús lo tomó también consigo en Getsemaní (Mc 14:33). Jacobo y Juan pidieron al Señor de poder sentarse a su lado en la gloria (Mc 10:35, 41). El rey Herodes hizo morir a Jacobo a espada (Hch 12:2). Otras ref.: Mc 1:29; 3:17; 5:37; 13:3; Lc 5:10; 6:14; 8:51; 9:54; Hch 1:13.
b. **«Hermano» del Señor.** El nombre de este Jacobo es mencionado en Mt 13:55; Mc 6:3; Gá 1:19. Jacobo, Cefas y Juan dieron la mano en señal de comunión a Pablo y a Bernabé para que predicaran a los gentiles (Gá 2:9). c. **Hijo de Alfeo y de María, hermano de José.** Este otro Jacobo es mencionado en Mt 10:3; Mc 3:18; Lc 6:15; Hch 1:13. Es llamado el Menor, es decir el pequeño (Mt 27:56; Mc 15:40; Lc 24:10). Era uno de los doce apóstoles. Prob. ha escrito la epístola de Jacobo (Santiago) (Stg 1:1). d. Otras ref.: Mc 16:1; Lc 6:16; Hch 12:17; 15:13; 21:18; 1Co 15:7; Gá 2:12; Jud 1.

JAIRO (*Iáiros*: Ἰάϊρος <2383>; que Jehová ilumina)
Jefe de sinagoga. Jairo vino a Jesús (Mc 5:22; Lc 8:41), y Jesús resucitó a su hija (ver Mc 5:41, 42; Lc 8:54, 55). ¶

JAMBRES, JAMBRÉS (*Iambrés*: Ἰαμβρῆς <2387>)
Mago egipcio. Jambres y Janes resistieron a Moisés imitando los milagros que él hacía ante Faraón (2Ti 3:8; ver Éx 7:11, 22; 8:7, 18). ¶

JAMOR – Ver **HAMOR**.

JANA, JANNAI, JANAY (*Ianná*: Ἰαννά <2388>)
Hombre del A.T. Jana es mencionado en la genealogía de Jesús (Lc 3:24). ¶

JANES, JANNES (*Iánnes*: Ἰάννης <2389>)
Mago egipcio. Ver **JAMBRES**.

JARÁN – Ver **HARÁN**.

JARED, JARET (*Iáred*: Ἰάρεδ <2391>; descenso, en heb.)
Hombre del A.T., padre de Enoc (o Henoc): ver Gn 5:18. Jared es mencionado en la genealogía de Jesús (Lc 3:37). ¶

JASÓN (*Iáson*: Ἰάσων <2394>; el que cura)
a. **Cristiano de Tesalónica.** Jasón había recibido a Pablo y a Silas; unos judíos arrastraron a Jasón ante los magistrados, pero lo soltaron después de haber recibido una fianza de él (Hch 17:5-7, 9). b. **Pariente del apóstol Pablo.** Jasón saluda a los creyentes de Roma en la epístola de Pablo (Ro 16:21). ¶

JECONÍAS (*Ieconías*: Ἰεχονίας <2423>; Jehová establecerá, en heb.)
Nombre de un rey de Judá (o: Joaquín, Conías, Konías; ver 2R 24:8; Jer 22:24-30). Jeconías es mencionado en la genealogía de Jesucristo (Mt 1:11, 12). ¶

JEFTÉ (*Iefthάe*: Ἰεφθάε <2422>; él abrirá, en heb.)
Juez de Israel. Hijo ilegítimo, Jefté fue expulsado de la casa por sus hermanos; liberó a Israel de los amonitas (ver Jue 11:1-12:7). Es citado entre las personas que se distinguieron por su fe (Hb 11:32). ¶

JEREMÍAS (*Ieremías*: Ἰερεμίας <2408>; Jehová se levantará, en heb.)
Profeta del A.T. Algunos decían que Jesús era Jeremías (Mt 16:14). El evangelio de Mateo evoca dos profecías de Jeremías que se cumplieron en el tiempo del Señor: la matanza de los niños en Belén según la orden de Herodes (2:17) y el precio de la traición de Judas (27:9). ¶

JERICÓ (*Iericó*: Ἰεριχώ <2410>; {quizá} fragante, en heb.)
Ciudad importante de Palestina, situada a aprox. 27 km al noreste de Jerusalén y a 240 metros por debajo del nivel del Mediterráneo. Jericó, que estaba en Canaán, fue la primera ciudad tomada por los israelitas durante la conquista del país; los muros de Jericó cayeron después de haber sido rodeados durante siete días (Hb 11:30). Jesús curó a dos ciegos cuando salía de Jericó (Mt 20:29); uno de ellos era Bartimeo (Mc 10:46a, b; Lc 18:35). La parábola del «Buen Samaritano» acontece entre Jerusalén y Jericó (Lc 10:30). Zaqueo recibió a Jesús en su casa, en Jericó (Lc 19:1). ¶

JERUSALÉN (*Jierosóluma*: Ἰεροσόλυμα <2414>; *Yerushaláim*: habitación de paz, en heb.)
Capital de Palestina, situada en Judea a 750-800 m de altitud. La fundación de Jerusalén remonta al menos a 1.500 años a.J.C., quizá al tiempo de Melquisedec, llamado «rey de Salem» (ver Gn 14:18). David hizo su capital, y Salomón construyó el templo. Los babilonios la destruyeron en el año 587 a.J.C., pero fue reconstruida del tiempo de Esdras y de Nehemías después del regreso de la cautividad. Tito la destruyó en el año 70 d.J.C. Jesús vino repetidas veces allí. Reprochó a Jerusalén de ser la ciudad que mata a los profetas y que apedrea a los que le son enviados (Mt 23:37; Lc 13:34).

JERUSALÉN (DE) (*jierosolumítes*: Ἰεροσολυμίτης <2415>; de la ciudad de *Jierosóluma*)
Oriundo de esta ciudad. El término está empleado en Mc 1:5; Jn 7:25. ¶

JESÉ (*Iessaí*: Ἰεσσαί <2421>; fuerte, rico, en heb.)
Hombre del A.T. Jesé es el padre de David (Hch 13:22). Es citado en la genealogía de Jesucristo (Mt 1:5,

6; Lc 3:32). Jesús se ha levantado de la raíz de Jesé para gobernar a las naciones (Ro 15:12). En el A.T., Jesé es conocido como Isaí (ver 1S 17:17). ¶

JESÚS (*Iesoús*: Ἰησοῦς <2424>; Jehová salva, en heb.)
a. Nombre del Hijo de Dios manifestado en carne. Jesús es el nombre personal del Señor como hombre (Mt 1:21). Concebido por el Espíritu Santo (Mt 1:20), nació de la virgen María (v. 20). Leemos a propósito de su infancia que crecía y se fortalecía, lleno de sabiduría, y la gracia de Dios estaba sobre él (Lc 2:40). Cuando tuvo doce años, sus padres lo encontraron sentado en el templo en medio de los doctores, escuchándolos y haciéndoles preguntas; éstos se asombraban de su inteligencia y de sus respuestas (v. 41-48); él estaba en los asuntos de su Padre (v. 49). En Nazaret, donde creció, estaba sujeto a sus padres. Crecía en sabiduría, en estatura y en gracia para con Dios y los hombres (v. 52). Cuando era como de treinta años, se acercó a Juan para ser bautizado por él; después del bautismo, el Espíritu Santo descendió sobre él, y el Padre declaró que este era su Hijo amado en quien tenía complacencia (Mt 3:13-17). Entonces fue tentado por el diablo, y triunfó de él por la Palabra de Dios (Mt 4:1-11). Después de haber sido presentado como el Cordero de Dios que quita el pecado del mundo (Jn 1:29), Jesús comenzó su ministerio público. Jesús ha predicado el evangelio del reino, ha curado a los enfermos, ha expulsado a los demonios y ha resucitado a muertos. Cumplió las profecías del A.T. que anunciaban lo que haría el Mesías. Jesús también estaba en la tierra con otro propósito, el de salvar a los hombres; a todos los que le recibieron... les dio potestad de ser hechos hijos de Dios (Jn 1:12). Les reveló a Dios como Padre, les dio vida eterna. Cristo era el segundo Hombre, el postrer Adán, el Jefe por así decir de una nueva raza. Los que son santificados en él están libertados del pecado y de su antigua condición en Adán; están justificados y se encuentran en una nueva posición en Cristo. Mediante el bautismo del Espíritu Santo en Pentecostés, llegaron a ser un solo cuerpo, unidos al Señor en la gloria; él es el Jefe (la cabeza) de la Iglesia. Desde el principio, los jefes en Israel rechazaron al Señor Jesús: «los suyos no le recibieron» (Jn 1:11). Pero algunos fieles fueron reunidos a su alrededor; escogió entre ellos doce apóstoles. Después de un ministerio de aprox. tres años y medio, la hora llegó para Jesús de ofrecerse en sacrificio por el pecado del mundo, según los consejos de Dios. En el huerto de Getsemaní, se espantó al anticipar el hecho de llevar el pecado. Pidió a su Padre: «Padre mío, si es posible, pase de mí esta copa» pero eso no era posible, y se inclinó ante la voluntad de su Padre. Fue arrestado y crucificado; su sangre fue esparcida, y por esta

sangre se cumplió la redención. El tercer día, resucitó de entre los muertos; sopló en los apóstoles el Espíritu Santo como poder de vida (Jn 20:19-23). Después de haberse presentado en varias ocasiones a muchos testigos, subió al cielo. Las Escrituras demuestran claramente mediante afirmaciones directas y por las obras del Señor Jesús que él era a la vez Dios y hombre; ha hecho, en efecto, lo que ningún simple hombre puede hacer, p.ej. leer los pensamientos de los hombres, perdonar los pecados, expulsar a los demonios, resucitar a los muertos, así como realizar su propia resurrección (Jn 10:18). El Señor Jesús es verdaderamente Dios y hombre. Este misterio que concierne a su persona sobrepasa el entendimiento humano. Leemos que nadie conoce al Hijo sino el Padre, ni al Padre nadie conoce sino el Hijo, y aquel a quien el Hijo lo quiera revelar. Esto no debe ser un impedimento, sino que debe fomentar en nosotros la reverencia, la alabanza y la adoración. (Según Walter Scott.) b. **Discípulo de Roma, también llamado Justo.** Pablo recomienda a Jesús, llamado Justo, a los colosenses; este había sido para el apóstol un consuelo (Col 4:11); este Jesús saluda a los colosenses (ver v. 10).

JESUCRISTO – Ver **JESÚS** y **CRISTO**.

JEZABEL (*Iezábel*: Ἰεζάβελ <2403>; casta, en heb.)
Hija de un rey de los sidonios y mujer de Acab (ver 1R 16:29-31). Esta malvada reina exterminó a los profetas de Jehová (ver 1R 18:4) e hizo morir Nabot para que su viña la poseyera Acab (ch. 21). En Ap 2:20, Jezabel es una mujer que empuja a los cristianos de Tiatira a cometer fornicación y a comer cosas sacrificadas a los ídolos. Simbólicamente, ella representa a los que, en la cristiandad, unen prácticas idólatras al verdadero cristianismo. ¶

JEZROM – Ver **ESROM**.

JOANA, JOANÁN (*Ioannás*: Ἰωαννᾶς <2490>; favorecido de Jehová, en heb.)
Hombre del A.T. Joana es mencionado en la genealogía de Jesús (Lc 3:27). ¶

JOATAM – Ver **JOTAM**.

JOB (*Iób*: Ἰώβ <2492>; odiado, perseguido, en heb.)
Patriarca del A.T. de quien un libro lleva su nombre. Jacobo (Santiago) habla de la paciencia de Job y de cómo el Señor se mostró compasivo y misericordioso para con él (Stg 5:11). ¶

JOEL (*Ioél*: Ἰωήλ <2493>; Jehová es Dios, en heb.)
Profeta del A.T. de quien un libro lleva su nombre. Una profecía de Joel se realizó en Pentecostés cuando el Espíritu Santo descendió del cielo

y los discípulos profetizaron (Hch 2:16; ver v. 17-21). ¶

JONAM, JONÁN (*Ionám*: Ἰωνάμ <2494>; Jehová es lleno de gracia, en heb.)
Hombre del A.T. Jonán es mencionado en la genealogía de Jesús (Lc 3:30). ¶

JONÁS (*Ionás*: Ἰωνᾶς <2495>; paloma, en heb.)
a. Profeta del A.T. de quien un libro lleva su nombre. Jesús habla de la señal de Jonás: como Jonás estuvo tres días en el vientre de un gran pez, él estaría tres días y tres noches en las entrañas de la tierra (Mt 12:39-41; 16:4; Lc 11:29, 30, 32). **b. Padre de Simón Pedro.** Este Jonás es mencionado en Jn 1:42; 21:15-17. Algunas versiones tienen: Juan. ¶

JOPE, JOPPE (*Ióppe*: Ἰόππη <2445>; hermoso, en heb.)
Ciudad portuaria de Palestina sobre el Mediterráneo, al noroeste de Jerusalén; su nombre actual es Jaffa. Una discípula llamada Dorcas fue resucitada en Jope por Pedro (Hch 9:36, 38, 42). Mientras se hospedaba en Jope, Pedro tuvo una visión que lo preparaba para ir hacia Cornelio, un gentil (Hch 9:43; 10:5, 8, 23, 32; 11:5, 13). ¶ D'accord.

JORAM, JORÁN (*Iorám*: Ἰωράμ <2496>; Jehová es exaltado, en heb.)
Nombre de un rey de Judá, hijo de Josafat (ver 2R 8:16, 17). Joram es mencionado en la genealogía de Jesucristo (Mt 1:8a, b). ¶

JORDÁN (*Iordánes*: Ἰορδάνης <2446>; que desciende, en heb.)
Río que los israelitas atravesaron cuando entraron en la tierra prometida (ver Jos 3); es el principal río de Palestina. Juan bautizó en el Jordán; también bautizó en él a Jesús (Mt 3:5, 6, 13; Mc 1:5, 9; Lc 3:3; 4:1; Jn 1:28). Encontramos algunas veces las expresiones «al otro lado», «allende» y «más allá del Jordán» (Mt 4:15, 25; 19:1; Mc 3:8; 10:1; Jn 1:28; 3:26; 10:40). ¶

JORIM, JORÍN (*Ioreím*: Ἰωρείμ <2497>; exaltado por Jehová, en heb.)
Hombre del A.T. Jorim es mencionado en la genealogía de Jesús (Lc 3:29). ¶

JOSAFAT (*Iosafát*: Ἰωσαφάτ <2498>; Jehová es juez, en heb.)
Rey de Judá. Josafat es mencionado en la genealogía de Jesucristo (Mt 1:8a, b).

JOSÉ (*Ioséf*: Ἰωσήφ <2501>; que él añada, en heb.; ver Gn 30:24)
a. Hijo de Jacob y nombre de una de las doce tribus descendientes de él. José había recibido de Jacob un terreno que se encontraba cerca de la ciudad de Sicar (Jn 4:5). Los hermanos de José estaban llenos de envidia contra él; lo vendieron por veinte monedas de plata, y fue llevado a Egipto. En ese país, prosperó, porque

JOSÉ

Dios estaba con él; salvó del hambre a su padre, a sus hermanos y a sus familias (Hch 7:9, 13, 14, 18). Jacob, al final de su vida, bendijo a los hijos de José (Hb 11:21); José, antes de morir, hizo mención de la salida de Egipto de los hijos de Israel y dio órdenes respecto a sus restos mortales (v. 22). En el país de Canaán, los descendientes de José constituían dos tribus, Manasés y Efraín (ver Jos 14:4). Doce mil de la tribu de José serán sellados (Ap 7:8). **b. Esposo de María, la madre de Jesús.** José es mencionado en la genealogía de Jesucristo (Mt 1:16; Lc 1:27). Un ángel le apareció en sueños y le dijo que no debía temer de recibir a María por mujer, porque el niño esperado había sido concebido del Espíritu Santo (Mt 1:18-20, 24; ver también v. 25; Lc 2:33). José, con María que estaba encinta, subió a Belén a propósito de un censo (Lc 2:4). Los pastores encontraron a María y a José, y al niño acostado en el pesebre (Lc 2:16). Un ángel se le apareció una segunda vez para decirle que debían huir a Egipto, porque Herodes buscaba al niño para matarlo (Mt 2:13). De nuevo un ángel le apareció para que volviera a Israel después de la muerte de Herodes (Mt 2:19; ver v. 20); habitó en Nazaret (ver 2:19-23). Se estimaba a Jesús como hijo de José (Lc 3:23; 4:22; Jn 6:42); Jesús era conocido como el hijo de José que es de Nazaret (Jn 1:45). **c. Hombre del N.T. originario de Arimatea.** José de Arimatea era un hombre rico, discípulo de Jesús (Mt 27:57). Marcos dice de él que era miembro distinguido del Consejo, que también esperaba el reino de Dios (Mc 15:43), mientras que Lucas menciona que era miembro del Consejo, hombre bueno y justo (Lc 23:50). Pidió el cuerpo de Jesús a Pilato, lo envolvió en una sábana, y lo puso en un sepulcro que le pertenecía (Mt 27:57, 59; Mc 15:45, 46). José de Arimatea y Nicodemo envolvieron el cuerpo de Jesús con vendas y con especias aromáticas, y le untaron una micción de mirra y áloes de aprox. 100 libras (Jn 19:38; ver 38-42). **d. Nombre de tres hombres del A.T.** Sus nombres son mencionados en la genealogía de Jesús (Lc 3:24, 26, 30). **e. Cristiano del comienzo de los Hechos.** José era un discípulo llamado Barsabás y por sobrenombre Justo (Hch 1:23), presentado para reemplazar a Judas; pero la elección cayó sobre Matías (ver v. 26). **f. Cristiano del comienzo de los Hechos.** Este José fue llamado Bernabé (Hch 4:36); ver **BERNABÉ.** ¶

JOSÉ (*Iosés*: Ἰωσῆς <2500>; que él añada, en heb.)
a. Uno de los hermanos del Señor. José es mencionado en Mt 13:55; Mc 6:3. **b. Otro nombre de Judas, hijo de María y hermano de Jacobo (Santiago).** Este José es mencionado en Mt 27:56; Mc 15:40, 47. ¶

JOSÍAS (*Iosías*: Ἰωσίας <2502>; Jehová sana, en heb.)

Rey de Judá (ver 2R 22:1). Josías es mencionado en la genealogía de Jesucristo (Mt 1:10, 11). ¶

JOSUÉ
1. (*Iesoús*: Ἰησοῦς <2424>; Jehová salva, en heb.) **Conductor de Israel que había sucedido a Moisés.** Josué introdujo a los israelitas en Canaán, la tierra prometida (Hch 7:45). Hb 4:8 indica que Josué no introdujo a este pueblo en el reposo; en el v. 9 es cuestión de un reposo futuro para el pueblo de Dios.
2. (*Iosé*: Ἰωσή <2499>) **Hombre del A.T.** Josué es mencionado en la genealogía de Jesús (Lc 3:29). ¶

JOTAM, JOTÁN (*Ioathám*: Ἰωαθάμ <2488>; Jehová es perfecto, en heb.)
Nombre de un rey de Judá (Jotam, hijo de Ozías, o Azarías, o Uzías: 2R 15:32, 33). Jotam es mencionado en la genealogía de Jesucristo (Mt 1:9a, b). ¶

JUAN (*Ioánnes*: Ἰωάννης <2491>; favorecido de Jehová, en heb.)
a. Juan el Bautista (según otras trad.), primo de Jesús. El padre de Juan, Zacarías, y su madre, Elisabet, eran los dos justos ante Dios (ver Lc 1:5, 6); los dos eran de avanzada edad cuando nació Juan (ver v. 7). Juan había sido enviado por Dios como precursor de Cristo, para testimoniar de él (Jn 1:6; ver v. 7). Predicó el arrepentimiento y la venida del reino de los cielos; bautizaba en agua para el arrepentimiento. El mismo Jesús, aunque justo y no teniendo nada que confesar, se hizo bautizar por Juan; pero se asociaba al remanente arrepentido de Israel (Mt 3:13; ver v. 15). Después de un corto ministerio, Juan fue decapitado en la cárcel por orden de Herodes el tetrarca (Mt 14:10). Aunque Juan el Bautista no había hecho ningún milagro (Jn 10:41), Jesús habla de él como del más grande de los profetas (Lc 7:28). **b. Hijo de Zebedeo, hermano de Jacobo y discípulo del Señor.** En el evangelio que lleva su nombre, el apóstol Juan se designa como el discípulo «a quien Jesús amaba» (ver Jn 13:23; 19:26; 20:2; 21:7, 20). Jesús denomina a Juan y a Jacobo «Boanerges», es decir «hijos del trueno» (ver Mc 3:17), quizá a causa de su carácter impetuoso (Mt 20:20-24; Mc 10:35-41; ver Lc 9:49, 54). Jesús en la cruz confió su madre a Juan (ver Jn 19:27; ver v. 25). El evangelio de Juan presenta al Señor Jesús como el Hijo de Dios. Juan es además el autor de tres epístolas que llevan su nombre y del Apocalipsis que él escribió en exilio en la isla de Patmos (Ap 1:1, 4, 9; 22:8). Otras ref.: Mc 9:38; Lc 9:49; 22:8; Hch 3:1, 4, 11; 4:13, 19; 8:14; Gá 2:9. **c. Juan nombrado Marcos.** Ver **MARCOS**. **d. Hombre judío importante, del linaje de los sumos sacerdotes.** Pedro y Juan comparecieron ante este Juan y ante otros que estaban con él (Hch 4:6; ver v. 7-10).

JUAN EL BAUTISTA
Mt 11:12; 14:2, 8; 16:14; 17:13; Mc 6:14, 24; 8:28: ver **JUAN a.**

JUANA (*Ioánna*: Ἰωάννα <2489>; favorecido de Jehová, en heb.) **Esposa de Cuza, oficial de Herodes.** Juana asistía a Jesús con sus bienes (Lc 8:3). Ella fue una de las que anunciaron a los apóstoles la resurrección del Señor (Lc 24:10). ¶

JUDÁ (*Ioúd*as: Ἰούδας <2455>; alabanza, en heb.; ver Gn 29:35; 49:8) **a. Hijo de Jacob y nombre de una de las doce tribus descendientes de él.** Judá es mencionado en la genealogía de Jesucristo (Mt 1:2, 3; Lc 3:33). Nuestro Señor ha surgido de la tribu de Judá (Hb 7:14); la aldea de Belén estaba situada en el territorio de Judá (Mt 2:6). Doce mil de la tribu de Judá serán sellados (Ap 7:5). **b. Nombre de dos otros hombres del A.T.** Éstos están mencionados en la genealogía de Jesús (Lc 3:26; 3:30). ¶

JUDAICO – Ver este término en la sección de los **NOMBRES COMUNES.**

JUDAS (*Ioúd*as: Ἰούδας <2455>; otra forma de Judá, en heb.) **a. Discípulo de Jesús.** Judas Iscariote era uno de los doce discípulos de Jesús (Mt 26:14, 47; Mc 14:10, 43; Lc 22:47; Jn 12:4). Él era el discípulo que tenía la bolsa (Jn 13:29), pero era un ladrón (ver Jn 12:6). Leemos que Satanás había puesto en su corazón de entregar a Jesús (Jn 13:2), y que Satanás entró en Judas (Lc 22:3). Entregó a Jesús (Mt 10:4; 26:25; Mc 3:19; Lc 6:16; 22:48; Jn 6:71; 13:26; 18:2, 3, 5; Hch 1:16) por treinta monedas de plata (ver Mt 26:15). Sintiendo remordimiento, Judas devolvió las treinta monedas de plata, confesando que había pecado entregando sangre inocente; se fue y se ahorcó (Mt 27:3-5). Matías reemplazó a Judas como apóstol (Hch 1:25; ver v. 26). **b. Uno de los hermanos de Jesús.** Judas es mencionado en Mt 13:55; Mc 6:3. **c. El hermano de Jacobo y prob. el mismo que Lebeo por sobrenombre Tadeo (Mt 10:3; Mc 3:18).** Este Judas es uno de los doce apóstoles (Lc 6:16; Hch 1:13; Jn 14:22); Es el autor de una epístola que lleva su nombre (Jud 1). **d. Creyente de Jerusalén.** Este Judas es mencionado en Hch 15:22, 27, 32; ver **BARSABÁS. e. Habitante de Damasco.** Saulo de Tarso se hospedó en casa de este Judas (Hch 9:11). **f. Hombre de Galilea.** Judas el galileo que arrastró a la revuelta a un gran pueblo; pereció en la revuelta (Hch 5:37).

JUDEA (*Ioudaía*: Ἰουδαία <2449>) **Región del sur de Palestina, al oeste del mar Muerto y del Jordán; Judea corresponde al territorio atribuido a la tribu de Judá.** Belén (Mt 2:1) y Jerusalén (3:5) se encuentran en Judea. Grandes multitudes que venían de Judea seguían a Jesús (Mt 4:25; Mc 3:7). Habían varias iglesias en Judea (Hch 9:31; 10:37; Gá 1:22; 1Ts 2:14). Pablo solicitaba las oraciones de los santos para ser liberado de los incrédulos en Judea (Ro 15:31).

JUDÍO (*ioudaíos*: Ἰουδαῖος <2453>; hombre de Judea)
Al principio, miembro de la tribu de Judá; más tarde, persona de esta raza. El término «judío» fue empleado solo después de la división de Israel en dos reinos de diez y de dos tribus (ver 2R 16:6). Sería derivado de «Judá», el reino formado por las tribus de Judá y de Benjamín. Los que volvieron de la cautividad pertenecían a estas dos tribus. Después de la cautividad, todos los descendientes de las doce tribus fueron llamados judíos; el Señor es llamado «Rey de los judíos» (Mt 27:37); él dijo a la samaritana que la salvación viene de los judíos (Jn 4:22). También el término «israelita» es empleado para designar a los judíos, como si no hubiese habido división entre las tribus. En el evangelio de Juan, los «judíos» designan a los habitantes de Judea, en contraste con el pueblo venido de fuera que se había reunido para la fiesta. En Ap 2:9; 3:9, la expresión «los que dicen ser judíos» es empleada a propósito de grupos religiosos que se reclaman del judaísmo o del cristianismo, y buscan a dar una forma judaica al cristianismo; éstos están bajo la influencia de Satanás (la sinagoga de Satanás), y se oponen a los fieles representados por dos iglesias: Esmirna y Filadelfia (Ap 2:9; 3:9), a las cuales no se les hace reproches. (Según Walter Scott.)

JUDÍO (COMO) (*ioudaikós*: Ἰουδαϊκῶς <2452>)
Según las costumbres del pueblo judío. Pablo le dijo a Pedro que vivía como los gentiles y no como los judíos (Gá 2:14). ¶

JULIA (*Ioulía*: Ἰουλία <2456>; fem. de Julio)
Cristiana de Roma. Pablo transmite sus saludos a Julia (Ro 16:15). ¶

JULIO, JULIUS (*Ioúlios*: Ἰούλιος <2457>)
Centurión de la cohorte Augusta. Pablo y otros prisioneros fueron entregados a Julio (Hch 27:1). Trató a Pablo con humanidad y le permitió ir hacia sus amigos (v. 3). ¶

JUNIA, JUNIAS (*Iounías*: Ἰουνιᾶς <2458>)
Cristiano de Roma. En su epístola a los creyentes de Roma, Pablo saluda a Junias, este pariente y antiguo compañero de cautividad (Ro 16:7). ¶

JÚPITER – Ver **ZEUS**.

JUSTICIA (LA) (*Díke*: Δίκη <1349>; la Justicia)
Personificación de la justicia divina para los griegos. Los nativos

de la isla de Malta creían que Pablo, después de haber sido salvado de un naufragio, era un asesino que la Justicia iba a castigar con una víbora (Hch 28:4); pero Pablo sacudió el animal sobre el fuego y no sufrió daño alguno (ver Hch 28:1-6).

JUSTO (*Ioústos*: Ἰοῦστος <2459>)
a. Sobrenombre de José, llamado Barsabás. José, por sobrenombre Justo, fue propuesto para reemplazar a Judas (Hch 1:23); ver **JOSÉ e.**
b. Hombre que servía a Dios y de quien la casa lindaba con la sinagoga. Pablo se hospedó en la casa de este Justo (Hch 18:7). **c. Sobrenombre de un hombre llamado Jesús.** Ver **JESÚS b.** para este nombre en Col 4:11. ¶

K

KIRIA (*Kuría*: Κυρία <2959>; fem. de *kúrios*: amo, señor)
Supuestamente mujer del N.T. Algunos trad. creen que es el nombre de la mujer a quien Juan se dirige en su segunda epístola (v. 1, 5). ¶

L

LAMEC, LÁMEK (*Lámec*: Λάμεχ <2984>)
Padre de Noé (ver Lamec: Gn 5:28-30). Lamec es mencionado en la genealogía de Jesús (Lc 3:36). ¶

LAODICEA (*Laodíkeia*: Λαοδίκεια <2993>; justicia del pueblo)
Ciudad al oeste de Asia Menor, en Frigia. Había cristianos en Laodicea (Col 2:1; 4:13). En su epístola a los Colosenses, Pablo hace saludar a los hermanos que están en Laodicea, a Nimfas y a la iglesia que se reunía en su casa (Col 4:15). Los hermanos de Colosas debían leer la epístola que vendría de Laodicea (v. 16). La iglesia de Laodicea es la última de las siete iglesias a la que le es dirigida una epístola en el Apocalipsis; su actitud de templanza es subrayada (Ap 1:11; 3:14; ver 3:22). ¶

LAODICENSE (*laodikeús*: Λαοδικεύς <2994>; ver **LAODICEA**)
Procedente de Laodicea, en Asia Menor, cerca de Colosas y de Hierápolis. Pablo pide que su epístola a los Colosenses también sea leída en la iglesia de los laodicenses y que la dirigida a Laodicea sea leída por los colosenses (Col 4:16). Otra ref.: Ap 3:14 (según algunos mss.). ¶

LASEA (*Lasaía*: Λασαία <2996>)
Ciudad del sur de Creta cerca de Buenos Puertos. La nave en la que Pablo se encontraba abordó allí cuando iba rumbo a Roma (Hch 27:8). Otra ref.: Hch 9:5 (según algunos mss.). ¶

LÁZARO (*Lázaros*: Λάζαρος <2976>; Dios es mi socorro, en heb.)

a. Hombre pobre en una parábola. Lázaro estaba echado en la puerta de un hombre rico (Lc 16:20); después de su muerte, fue consolado en el seno de Abraham (v. 23-25). **b. Hermano de Marta y de María.** Jesús resucitó a Lázaro que había muerto de una enfermedad (Jn 11:1, 2, 5, 11, 14, 43). Más tarde, Lázaro era uno de los que estaban sentados a la mesa con Jesús durante una cena en Betania (Jn 12:1, 2). Los principales sacerdotes querían hacerlo morir, porque a causa de él muchos de entre los judíos creían en Jesús (Jn 12:9, 10, 17). Otra ref.: Hch 9:5 (según algunos mss.). ¶

LEBEO (*Lebbaíos*: Λεββαῖος <3002>)
Uno de los doce apóstoles de Jesús. Lebeo tenía por sobrenombre Tadeo y era el hermano de Jacobo (Mt 10:3). Se trata prob. de Judas, autor de la epístola del mismo nombre (ver Mc 3:18; Hch 1:13). Otra ref.: Hch 9:5 (según algunos mss.). ¶

LEGIÓN (*Legión*: Λεγιών <3003>)
Cuerpo de tropa romano, regimiento. Legión era el nombre de los espíritus inmundos que habían tomado posesión de un hombre, curado por Jesús (Mc 5:9, 15; Lc 8:30); el nombre de Legión viene del hecho que habían muchos demonios en él. Los espíritus inmundos entraron en una manada de cerdos, la cual se precipitó al mar (ver Mc 5:13).

Ver **LEGIÓN** en la sección de los **NOMBRES COMUNES.**

LEVÍ (hombre del N.T.) (*Leuís*: Λευίς <3018>; unir, permanecer, en heb.; ver Gn 29:34)
Uno de los doce apóstoles de Jesús. Leví era publicano (Mc 2:14; Lc 5:27). También es llamado Mateo (ver Mt 9:9; 10:3; Mc 3:18; Lc 6:15; Hch 1:13). Lo dejó todo para seguir a Jesús, y le hizo un gran banquete en su casa (Lc 5:29). ¶

LEVÍ (hombres del A.T.) (*Leuí*: Λευί <3017>; unir, permanecer, en heb.; ver Gn 29:34)
a. Hijo de Jacob y nombre de una de las doce tribus descendientes de él. Una familia de los hijos de Leví había recibido el servicio del sacerdocio en Israel (Hb 7:5, 9). Doce mil de la tribu de Leví serán sellados (Ap 7:7). **b. Nombre de dos hombres del A.T.** Estos Leví son mencionados en la genealogía de Jesús (Lc 3:24, 29). ¶

LIBERTOS (*Libertínos*: Λιβερτῖνος <3032>)
Gente hecha prisionera por los romanos y después liberada. Los libertos (o Libertinos) formaron una sinagoga; ayudados por otras personas, se disputaron con Esteban (Hch 6:9). ¶

LIBIA (*Libúe*: Λιβύη <3033>)
Región del noreste de África, vecina de Egipto y próxima a Cirene.

Judíos de Libia estaban presentes en Jerusalén durante Pentecostés (Hch 2:10). ¶

LICAONIA (*Lukaonía*: Λυκαονία <3071>)
Región situada en el centro de Asia Menor. Pablo y Bernabé, durante su primer viaje misionero, evangelizaron ciudades de Licaonia (Hch 14:6). ¶

LICAONIO (EN) (*lukaonistí*: Λυκαονιστί <3072>)
Idioma de los licaonios. La gente de Listra dijeron en lengua licaónica que los dioses se habían hecho semejantes a los hombres en Bernabé y en Pablo (Hch 14:11). ¶

LICIA (*Lukía*: Λυκία <3073>)
Provincia de Asia Menor. Pablo, rumbo a Italia, visitó Mira, ciudad de Licia (Hch 27:5). ¶

LIDA (*Lúdda*: Λύδδα <3069>)
Ciudad de Judea al noroeste de Jerusalén. Pedro bajó a visitar a los santos que vivían en Lida (Hch 9:32). Ahí sanó a Eneas, un hombre paralítico; los habitantes de Lida y de Sarón vieron a Eneas y se convirtieron al Señor (Hch 9:35). Lida está cerca de Jope (Hch 9:38). ¶

LIDIA (*Ludía*: Λυδία <3070>)
Cristiana de Tiatira en Lidia (en Asia Menor). Lidia era una vendedora de púrpura que servía a Dios; el Señor le abrió el corazón para que estuviese atenta a las cosas que Pablo decía (Hch 16:14). Después de ser bautizada, rogó a Pablo para que entrara en su casa y se hospedara (ver Hch 16:15). Después de salir de la cárcel, Pablo y Silas volvieron a su casa (Hch 16:40). Lidia fue la primera cristiana de Macedonia y de Europa. ¶

LINO (*Línos*: Λίνος <3044>)
Cristiano de Roma. Pablo transmite los saludos de Lino a Timoteo (2Ti 4:21). ¶

LISANIAS (*Lusanías*: Λυσανίας <3078>; que alivia la aflicción)
Tetrarca de la región de Abilinia. La palabra de Dios vino a Juan el Bautista cuando Lisanias reinaba (Lc 3:1). ¶

LISIAS (*Lusías*: Λυσίας <3079>)
Tribuno que mandaba la guarnición de Jerusalén. Claudio Lisias liberó a Pablo de los judíos que querían matarlo, y lo envió bajo escolta al gobernador Félix que residía en Cesarea (Hch 23:26; 24:7, 22). ¶

LISTRA (*Lústra*: Λύστρα <3082>)
Ciudad de Licaonia en Asia Menor, cerca de Derbe. Pablo y Bernabé evangelizaron durante un primer viaje misionero (Hch 14:6). Pablo sanó a un hombre que jamás había andado, y fue considerado como un dios (Hch 14:8; ver v. 12). Después de haber sido apedreado (ver Hch 14:19), Pablo volvió a Listra

para fortalecer a los discípulos (Hch 14:21). Volvió a venir otra vez a Derbe y a Listra; allí conoció a Timoteo (Hch 16:1, 2). Al final de su vida, Pablo habló de las persecuciones que él había soportado en Listra (2Ti 3:11). ¶

LOIDA (*Loís*: Λωΐς <3090>)
Abuela de Timoteo. La fe sincera en Timoteo había habitado antes en su abuela Loida (2Ti 1:5). ¶

LOT (*Lót*: Λώτ <3091>; velo, en heb.)
Sobrino de Abraham. Dios preservó a Lot en el momento de la destrucción de Sodoma (Lc 17:28, 29). Su mujer, habiendo mirado hacia atrás, fue transformada en una estatua de sal (Lc 17:32; ver Gn 19:26). Dios liberó a Lot que afligía su alma justa por la conducta depravada de sus conciudadanos; Lot es reconocido como «justo» (2P 2:7). ¶

LUCAS (*Loukás*: Λουκᾶς <3065>; quizá del lat. *lux*: luz)
Autor del evangelio que lleva su nombre. Lucas presenta al Señor Jesús como el «Hijo del Hombre». También ha escrito los Hechos de los Apóstoles. Pablo habla de él como del médico amado (Col 4:14) y también como de un compañero de obra (Flm 24). Todavía estaba con Pablo cuando este último escribió la segunda epístola a Timoteo (2Ti 4:11). ¶

LUCIO (*Loúkios*: Λούκιος <3066>; que ilumina, en lat.)
a. Cristiano de Antioquía. Lucio el cirenense enseñaba en la iglesia de Antioquía (Hch 13:1). **b. Pariente de Pablo.** Este Lucio transmite sus saludos a los creyentes de Roma (Ro 16:21). ¶

M

MAAT, MAAZ (*Maath*: Μάαθ <3092>; pequeño, en heb.)
Hombre del A.T. Maat es mencionado en la genealogía de Jesús (Lc 3:26). ¶

MACEDONIA (*Makedonía*: Μακεδονία <3109>; país extenso)
Región del norte de Grecia. Como consecuencia de una visión (Hch 16:9, 10), Pablo fue a Macedonia y evangelizó particularmente en las ciudades de Filipos (Hch 16:12) y de Tesalónica (ver Hch 17:1-15) durante su segundo viaje misionero. Más tarde, Pablo envió a Timoteo y a Erasto a Macedonia (Hch 19:21, 22), y él mismo volvió durante su tercer viaje misionero (Hch 20:1, 3). Los cristianos de Macedonia habían contribuido a aliviar las necesidades de los pobres de entre los santos de Jerusalén con una contribución (Ro 15:26; 2Co 8:1). Los cristianos de Filipos habían hecho un don a Pablo para sus necesidades (Fil 4:15; 2Co 11:9). Otras ref.: Hch 18:5; 1Co 16:5a, b; 2Co 1:16a,

b; 2:13; 7:5; 1Ts 1:7, 8; 4:10; 1Ti 1:3. ¶

MACEDONIO (*makedón*: Μακεδών <3110>; ver **MACEDONIA**)
Oriundo de Macedonia, en el norte de Grecia. Pablo vio en visión a un hombre macedonio rogándole que pasara por Macedonia (Hch 16:9; ver v. 10). Pablo se gloriaba ante los macedonios de la buena disposición de los corintios por el servicio para con los santos (2Co 9:2, 4). Gayo y Aristarco eran macedonios (Hch 19:29; 27:2). ¶

MADIÁN (*Madiám* o *Madián*: Μαδιάμ <3099>; pleito, en heb.)
País al noreste del mar Rojo. Moisés huyó al país de Madián, donde engendró dos hijos (Hch 7:29). ¶

MAGADÁN (*Magadán*: Μαγαδάν <3092a>)
Localidad situada al oeste del mar de Galilea, quizá incluyendo a Magdala. Jesús vino a Magadán (Mt 15:39), y reprochó a los fariseos y a los saduceos de no saber discernir las señales de los tiempos (ver Mt 16:3). Ver **MAGDALA**. ¶

MAGDALA (*Magdalá*: Μαγδαλά <3093>; torre, en heb.)
Ciudad situada sobre la orilla occidental del mar de Galilea. En Mt 15:39, algunos mss. tienen este término en lugar de «Magadán». ¶

MAGDALA (DE) (*magdalené*: Μαγδαληνή <3094>; de *Magdalá*)
Que habita o procede de Magdala. Este término es un sobrenombre de una María de los evangelios; ver **MARÍA b**.

MAGDALENA – Ver **MAGDALA**.

MAGOG (*Magóg*: Μαγώγ <3098>)
País nórdico cuyo pueblo desciende de Jafet, uno de los hijos de Noé (ver Gn 10:2). Gog y Magog serán reunidos por Satanás para la batalla al final del milenio (Ap 20:8). El fuego de Dios descenderá del cielo y los devorará (ver Ap 20:9). ¶

MAHALALEEL –
Ver **MALELEEL**.

MAINÁN, MENNA (*Mainán*: Μαϊνάν <3104>)
Hombre del A.T. Su nombre es mencionado en la genealogía de Jesús (Lc 3:31). ¶

MALALEEL, MALALEL –
Ver **MALELEEL**.

MALCO (*Málcos*: Μάλχος <3124>; consejero, en aram.)
Esclavo del sumo sacerdote. Pedro golpeó a Malco y le cortó la oreja derecha (Jn 18:10). Jesús lo curó (ver Lc 22:51). ¶

MALELEEL (*Maleleél*: Μαλελεήλ <3121>; alabanza de Dios, en heb.)

Hombre del A.T. Maleleel es mencionado en la genealogía de Jesús (Lc 3:37; ver Gn 5:12, 15: Mahalaleel). ¶

MALTA (*Melíte*: Μελίτη <3194>)
Isla del Mediterráneo situada al sur de Sicilia. Al dirigirse hacia Roma, la nave de Pablo encalló sobre esta isla. Sus habitantes manifestaron bondad para con los náufragos. Pablo se quedó allí tres meses (Hch 28:1; ver también v. 11). ¶

MAMBRES – Ver **JAMBRES**.

MAMÓN (*Mamonás*: Μαμωνᾶς <3126>; riquezas, en aram.)
Personificación de las riquezas que esclavizan. No se puede servir a Dios y a Mamón (Mt 6:24; Lc 16:9, 11, 13). ¶

MANAÉN, MANAHEM, MANAHÉN (*Manaén*: Μαναήν <3127>; consolador, en heb.)
Profeta o doctor en la iglesia de Antioquía. Manaén, el cual se había criado con Herodes el tetrarca (Hch 13:1). ¶

MANASÉS (*Manassés*: Μανασσῆς <3128>; hacer olvidar, en heb.)
a. Hijo mayor de José y tribu que descendía de él (ver Gn 41:50-52; 48:8-20). Doce mil de la tribu de Manasés serán sellados (Ap 7:6).
b. Rey de Judá. Manasés es mencionado en la genealogía de Jesucristo (Mt 1:10a, b). Hizo lo que es malo a los ojos de Jehová según las abominaciones de las naciones que Jehová había desposeído ante los hijos de Israel (ver 2R 21:2). ¶

MAR ROJO (*Eruthra Thálassa*: Ἐρυθρα Θάλασσα <2063>)
Mar estrecha de aprox. 2.400 km entre África y Arabia. Moisés condujo a los israelitas por el mar Rojo (Hch 7:36). Por la fe, atravesaron el mar Rojo como una tierra seca (Hb 11:29). ¶

MARCOS (*Márkos*: Μᾶρκος <3138>)
Sobrenombre de un cristiano llamado Juan. Marcos era el hijo de cierta María (Hch 12:12) y el primo (otros sobrino) de Bernabé (Col 4:10). Bernabé y Saulo llevaron con ellos a Juan, llamado Marcos, en el servicio (Hch 12:25; ver 13:5). Juan los abandonó durante el primer viaje (ver Hch 13:13). Más tarde, Bernabé se propuso llevar con ellos a Juan, llamado Marcos (Hch 15:37), pero Pablo se opuso (ver v. 38), lo que causó desacuerdo entre Pablo y Bernabé. Este último tomó a Marcos con él y se dirigió hacia Chipre (Hch 15:39). Hacia el final de su vida, Pablo pidió a Timoteo traerle a Marcos, porque le sería útil para el servicio (2Ti 4:11). Lo menciona como un compañero de obra (Flm 24). Pedro habla de Marcos como de su hijo, sin duda en un sentido espiritual (1P 5:13). Marcos es el autor del evangelio que lleva su nombre; presenta al Señor Jesús como el Siervo perfecto. ¶

MARÍA (*María* o *Mariám*: Μαρία <3137> o Μαρίαμ <3137>; amargura, rebelión, en heb.)
a. Madre de Jesús. María concibió a Jesús milagrosamente (Mt 1:16, 18, 20). Tuvo otros cuatro hijos y al menos dos hijas (Mt 13:55 {ver también v. 56}; Mc 6:3). María había hallado gracia ante Dios para llegar a ser la madre de Jesús (Lc 1:30; ver v. 31). Jesús en la cruz confió su madre al discípulo Juan quien la acogió en su casa (ver Jn 19:26, 27). Después de la ascensión del Señor, María formaba parte del conjunto que perseveraba en la oración en el aposento alto (Hch 1:14). Otras ref.: Mt 2:11; Lc 1:27, 34, 38, 39, 41, 46, 56; 2:5, 16, 19, 34. **b. María de Magdala.** Siete demonios habían salido de María de Magdala (Mc 16:9; Lc 8:2). Ella había seguido a Jesús desde Galilea, sirviéndole (Mt 27:56; ver v. 55; Mc 15:40; ver v. 41). Ella se quedó cerca de la cruz y vio dónde metían el cuerpo del Señor (Mt 27:61; Mc 15:47; Jn 19:25). Un ángel le apareció en la tumba el primer día de la semana que seguía la muerte del Señor y le anunció su resurrección; Jesús le apareció cuando ella iba para anunciar esta noticia (Mt 28:1; Mc 16:1; Lc 24:10; Jn 20:1, 11, 16, 18). **c. María de Betania.** Esta María estaba sentada a los pies de Jesús y escuchaba su palabra (Lc 10:39, 42). Hermana de Lázaro, ella fue testigo de su resurrección por Jesús (Jn 11:1, 19, 20, 28, 31, 32, 45). Ella ungió a Jesús con un perfume y le secó los pies con sus cabellos (Jn 11:2; 12:3). **d. María, mujer de Clopás.** Esta María (*María*) es la hermana de María (*Mariám*), la madre de Jesús (Jn 19:25). Se trataría de la misma persona que María, la madre de Jacobo y de José (Mt 27:56; Mc 15:40, 47; 16:1; Lc 24:10), y que «la otra María» (Mt 27:61; 28:1). Ella se quedó cerca de la cruz y de la tumba; Jesús también le apareció después de su resurrección. **e. María, madre de Juan llamado Marcos.** Algunos creyentes estaban reunidos en la casa de esta María, y oraban por Pedro encarcelado (ver Hch 12:5). Después de su milagrosa liberación, Pedro fue a casa de ella (Hch 12:12). **f. Cristiana de Roma.** Pablo saluda a esta María en su epístola a los creyentes de Roma (Ro 16:6). ¶

MARTA (*Mártha*: Μάρθα <3136>; dama, señora, en aram.)
Hermana de Lázaro y de María de Betania. Marta recibió a Jesús en su casa; ella estaba distraída con muchos quehaceres (Lc 10:38, 40, 41a, b). Ella fue testigo de la resurrección de Lázaro (Jn 11:1, 5, 19-21, 24, 30, 39; ver v. 42-44). En Jn 12:2, encontramos a Marta sirviendo durante la cena que le hicieron a Jesús. ¶

MATÁN, MATTÁN (*Matthán*: Ματθάν <3157>; don, en heb.)
Hombre del A.T. Matán es mencionado en la genealogía de Jesucristo (Mt 1:15a, b). ¶

MATAT, MATTAT (*Matthát*: Ματθάτ <3158>; don de Dios, en heb.)
Nombre de dos hombres del A.T. Estos dos Matat son mencionados en la genealogía de Jesús (Lc 3:24, 29). ¶

MATATA, MATTATA (*Mattathá*: Ματταθά <3160>; don de Dios, en heb.)
Hombre del A.T. Matata es mencionado en la genealogía de Jesús (Lc 3:31). ¶

MATATÍAS, MATTATÍAS (*Mattathías*: Ματταθίας <3161>; don de Dios, en heb.)
Nombre de dos hombres del A.T. Estos dos hombres están mencionados en la genealogía de Jesús (Lc 3:25, 26). ¶

MATEO (*Matthaíos*: Ματθαῖος <3156>; don de Dios)
Uno de los doce apóstoles de Jesús. Ver **LEVÍ** (hombre del N.T.). El evangelio de Mateo presenta al Señor Jesús como el Rey de Israel.

MATÍAS (*Matthías*: Ματθίας <3159>; don de Dios, en heb.)
Discípulo que reemplazó a Judas Iscariote. Matías fue añadido a los once apóstoles (Hch 1:23, 26). ¶

MATUSALÉN (*Mathousála*: Μαθουσάλα <3103>; hombre de dardo, en heb.; ver Gn 5:25)
Hombre del A.T. Matusalén es mencionado en la genealogía de Jesús (Lc 3:37). Este hijo de Enoc fue el hombre con la vida más larga, 969 años (ver Gn 5:27). ¶

MEDO (*médos*: Μῆδος <3370>)
Procedente de Media, región situada al sur del mar Caspio y al este de Palestina. Judíos de Media estaban presentes en Jerusalén durante Pentecostés (Hch 2:9). ¶

MELEA (*Meleás*: Μελεᾶς <3190>)
Hombre del A.T. Melea es mencionado en la genealogía de Jesús (Lc 3:31). ¶

MELKÍ, MELQUI (*Melquí*: Μελχί <3197>; mi rey, en heb.)
Nombre de dos hombres del A.T. Melqui es mencionado en la genealogía de Jesús (Lc 3:24, 28). ¶

MELLIZO – Ver **DÍDIMO**.

MELQUISEDEC (*Melquisédek*: Μελχισέδεκ <3198>; rey de justicia, en heb.)
Rey y sacerdote del A.T. Melquisedec bendijo a Abraham y al Dios Altísimo después de la victoria de Abraham sobre los reyes (Hb 7:1, 10; ver Gn 14:13-20). El Hijo de Dios es sacerdote para siempre según el orden de Melquisedec (Hb 5:6, 10; 6:20; 7:11, 15, 17, 21). El sacerdocio de Cristo durante el milenio será un sacerdocio de bendición, según el orden de Melquisedec (ver Sal 110:4). ¶

MERCURIO (*Jermés*: Ἑρμῆς <2060>)
Mensajero de los dioses en la mitología romana; Hermes, para los griegos. La gente de Listra, testigos de la curación de un hombre que nunca había andado, llamaron a Pablo «Mercurio» porque era él quien llevaba la palabra (Hch 14:12). Ro 16:14: ver **HERMES**. ¶

MESÍAS (*Messías*: Μεσσίας <3323>; que está ungido, consagrado, en heb.)
Uno de los títulos del Señor Jesús; ver CRISTO. Andrés le dijo a Pedro que él con otro habían encontrado al Mesías (Jn 1:41). La mujer en el pozo de Sicar sabía que el Mesías, que es llamado Cristo, venía (Jn 4:25). ¶

MESOPOTAMIA (*Mesopotamía*: Μεσοποταμία <3318>; región entre ríos)
Región situada entre el Éufrates y el Tigre al noreste de Palestina. Abraham estaba en Mesopotamia cuando Dios le apareció (Hch 7:2). Judíos de Mesopotamia estaban presentes en Jerusalén durante Pentecostés (Hch 2:9). ¶

MIGUEL (*Micaél*: Μιχαήλ <3413>; ¿quién es como Dios?, en heb.)
Arcángel de Dios. Lo vemos disputar con Satanás a propósito del cuerpo de Moisés (Jud 9). Miguel (o Micael) también es citado por Daniel (ver Dan 10:13, 21; 12:1) a propósito de la ayuda prestada al pueblo de Israel en sus luchas. Miguel y sus ángeles combatirán contra Satanás y los suyos; estos últimos serán arrojados a la tierra y perseguirán a Israel (Ap 12:7; ver v. 8, 9). ¶

MILETO (*Míletos*: Μίλητος <3399>)
Ciudad al suroeste de Asia Menor, al sur de Éfeso. Pablo vino a Mileto e hizo llamar a los ancianos de Éfeso para hablar y orar con ellos durante su tercer viaje misionero (Hch 20:15, 17). Fue allí donde dejó a Trófimo enfermo (2Ti 4:20). ¶

MIRA (*Múra*: Μύρα <3460>)
Ciudad de Licia en Asia Menor. Pablo, rumbo a Italia, fue a Mira en Licia (Hch 27:5). ¶

MISIA (*Musía*: Μυσία <3465>)
Región al noroeste de Asia Menor. Llegados a Misia durante su segundo viaje misionero, Pablo y Silas quisieron ir a Bitinia, pero el Espíritu no les permitió ir (Hch 16:7, 8). ¶

MITILENE (*Mituléne*: Μιτυλήνη <3412>)
Ciudad de la isla de Lesbos en el mar Egeo al oeste de Pérgamo. Pablo pasó por allí durante su tercer viaje misionero (Hch 20:14). ¶

MNASÓN (*Mnáson*: Μνάσων <3416>; se acuerda)
Chipriota, discípulo antiguo. Mnasón acompañó a Pablo de Cesarea a

Jerusalén; Pablo debía hospedarse en su casa (Hch 21:16). ¶

MOISÉS (*Moseús*: Μωσεύς <3475>; sacado de, en heb.; otros nombres griegos: *Mosés, Mousés, Moshé*)
Autor del Pentateuco, los cinco primeros libros del A.T. Bajo su conducción, Dios liberó a los israelitas del yugo egipcio y les hizo atravesar el mar Rojo. Moisés recibió la ley de Dios y sus mandamientos. Anduvo con Israel en el desierto durante cuarenta años. Ver Hch 7:20-44; Hb 11:23-29. Su nombre en el N.T. está unido a la ley, mientras que Jesús ha traído la gracia y la verdad (Jn 1:17; 7:19; Ro 10:5).

MOLOC (*Molóc*: Μολόχ <3434>; rey, en heb.)
Principal divinidad de los amonitas a la que se ofrecían sacrificios humanos. Esteban reprocha a los judíos el haber llevado el tabernáculo de Moloc, y de haberlo adorado (Hch 7:43). ¶

MONTAÑA, MONTE DE LOS OLIVOS (*Óros tou Elaía, Óros tou Elaión*; monte: *oros*: ὄρος <3735>; oliva, aceituna: *elaia*: ἐλαία <1636>)
Montaña al este de Jerusalén. Jesús se sentó allí para enseñar a sus discípulos a propósito de los eventos futuros (Mt 24:3; Mc 13:3). Después de haber instituido la Cena, Jesús se dirigió al monte de los Olivos (Mt 26:30; Mc 14:26; Lc 22:39). Él tenía por costumbre ir a ese lugar (Lc 21:37; Jn 8:1). Jesús fue allí antes de ser aclamado durante su entrada triunfal en Jerusalén, la semana antes de su muerte (Mt 21:1; Mc 11:1; Lc 19:29, 37). Después de la ascensión de Jesús, los discípulos se volvieron a Jerusalén desde el monte llamado de los Olivos (Hch 1:12). ¶

N

NAAMÁN (*Naimán*: Ναιμάν <3497>; agradable, en heb.)
Jefe del ejército de Siria. Naamán, que era leproso, fue sanado por Eliseo (Lc 4:27; ver 2R 5). ¶

NAASÓN, NAJSÓN (*Naassón*: Ναασσών <3476>; adivino, en heb.)
Hombre del A.T. Naasón es mencionado en la genealogía de Jesucristo (Mt 1:4a, b; Lc 3:32); era el abuelo de Boaz (ver Rt 4:20). ¶

NACOR, NAJOR (*Nacór*: Ναχώρ <3493>; roncador, en heb.)
Hombre del A.T. El abuelo de Abraham (ver Gn 11:22-26), Nacor es mencionado en la genealogía de Jesús (Lc 3:34). ¶

NAGAI, NAGAY, NANGAY (*Nangaí*: Ναγγαί <3477>; resplandor, en heb.)
Hombre del A.T. Nagai es mencionado en la genealogía de Jesús (Lc 3:25). ¶

NAHUM, NAÚM (*Naoúm*: Ναούμ <3486>; consolación, en heb.)
Hombre del A.T. Nahum es mencionado en la genealogía de Jesús (Lc 3:25).

NAÍM, NAÍN (*Naín*: Ναΐν <3484>; belleza, en heb.)
Aldea de Galilea al sureste de Nazaret. Jesús resucitó allí al hijo único de una viuda (Lc 7:11). ¶

NARCISO (*Nárkissos*: Νάρκισσος <3488>; flor del mismo nombre)
Cristiano de Roma. Pablo hace saludar a los cristianos que vivían en su casa (Ro 16:11). ¶

NATAM, NATÁN (*Nathán*: Ναθάν <3481>; Dios ha dado, en heb.)
Hombre del A.T. Natán es mencionado en la genealogía de Jesús (Lc 3:31). ¶

NATANAEL (*Nathanaél*: Ναθαναήλ <3482>; don de Dios, en heb.)
Discípulo de Jesús. Natanael era israelita de Caná de Galilea (Jn 21:2). Felipe lo llevó a Jesús; reconoció que Jesús era el Hijo de Dios, el rey de Israel (Jn 1:46-50). Jesús resucitado se manifestó a él cerca del mar de Tiberias (Jn 21:2). Ver **BARTOLOMÉ.** ¶

NAZARENO (*nazarenós*: Ναζαρηνός <3479>; *nazoraíos*: Ναζωραῖος <3480>; del heb. *netser*: retoño; ver Is 11:1)
Oriundo de Nazaret. El nombre también hace referencia a una persona que se ha consagrado a Dios (ver en Nm 6:1-21 lo que se refiere a la ley del nazareo; ver también Gn 49:26 y Dt 33:16). En varias ocasiones Jesús es llamado Nazareno en los evangelios (Mt 2:23; 26:71; Mc 1:24; 10:47; 14:67; 16:6; Lc 4:34; 18:37; 24:19; Jn 18:5, 7; 19:19) y en los Hechos (2:22; 3:6; 4:10; 6:14; 22:8; 26:9). Este nombre era un término de desprecio con referencia a los cristianos; Pablo fue acusado de ser un conductor de la secta de los nazarenos (Hch 24:5). ¶

NAZARET (*Nazarét*: Ναζαρέτ <3478> o *Nazaréth*: Ναζαρέθ <3478>)
Pueblo de Galilea. Jesús habitó allí (Mt 2:23; 4:13; 21:11; Mc 1:9; Lc 2:51; 4:16; Hch 10:38). José y María eran de Nazaret (Lc 1:26, ver v. 27; 2:4, 39). Esta aldea era despreciada por los judíos (Jn 1:45, 46). ¶

NEÁPOLIS (*Neápolis*: Νεάπολις <3496>; pueblo nuevo)
Puerto de Macedonia, al norte del mar Egeo. Pablo entró en Europa por este puerto de la ciudad de Filipos (Hch 16:11). ¶

NEFTALÍ (*Nefthalím*: Νεφθαλίμ <3508>; mi lucha, en heb.; ver Gn 30:8)
Uno de los doce hijos de Jacob y tribu que desciende de él. Capernaúm está en el término de Zabulón y de Neftalí (Mt 4:13, 15). Doce mil

de la tribu de Neftalí serán sellados (Ap 7:6). ¶

NEREO (*Nereús*: Νηρεύς <3517>; nom. lat. de un dios del mar)
Cristiano de Roma. Pablo transmite sus saludos a Nereo y a su hermana (Ro 16:15). ¶

NERI (*Nerí*: Νηρί <3518>; luz de Jehová, en heb.)
Hombre del A.T. Neri es mencionado en la genealogía de Jesús (Lc 3:27). ¶

NERÓN (*Néron*: Νέρων <3505>)
Emperador romano desde el año 54 al 68. Algunos mss. tienen este nombre al final de 2Ti 4. Es a él a quien Pablo apeló en Hch 25:10, 11. ¶

NICANOR (*Nikánor*: Νικάνωρ <3527>; vencedor, victorioso)
Creyente del N.T. Nicanor fue uno de los siete hombres que fueron escogidos para ocuparse del servicio en la iglesia de Jerusalén (Hch 6:5). ¶

NICODEMO (*Nikódemos*: Νικόδημος <3530>; victorioso entre su gente)
Fariseo, miembro del sanedrín y doctor de la ley. Nicodemo vino de noche a Jesús quien le enseñó que hace falta nacer de nuevo para entrar en el reino de Dios (Jn 3:1, 4, 9). Más tarde, tomó públicamente posición en favor de Jesús, mientras que algunos querían prenderlo (Jn 7:50, 51).

Con José de Arimatea, embalsamó el cuerpo de Jesús antes de ponerlo en la tumba (Jn 19:39, 40). ¶

NICOLAÍTA (*nikolaítes*: Νικολαΐτης <3531>)
Adherente de la doctrina de Nicolás. Los creyentes de la iglesia de Éfeso aborrecían las obras de los nicolaítas (Ap 2:6). A los de la iglesia de Pérgamo que tenían la doctrina de los nicolaítas, se les pide que se arrepientan (v. 15, 16). Siguiendo la doctrina de Balaam, los nicolaítas enseñaban a los cristianos que eran libres de comer cosas sacrificadas a los ídolos y de cometer fornicación (ver Ap 2:14). ¶

NICOLÁS (*Nikólaos*: Νικόλαος <3532>; victorioso sobre el pueblo)
Prosélito de Antioquía. Nicolás fue escogido con seis otros creyentes para que se ocupara del servicio en la iglesia de Jerusalén (Hch 6:5, 6). ¶

NICÓPOLIS (*Nikópolis*: Νικόπολις <3533>; ciudad victoriosa)
Prob. la ciudad fundada por Augusto en la región de Epiro en Grecia. Pablo había decidido pasar el invierno allí y Tito debía ir con él (Tit 3:12). ¶

NIGER (*Níger*: Νίγερ <3526>; negro, en lat.)
Cristiano de Antioquía. Niger era el sobrenombre de Simeón, un profeta que enseñaba en la iglesia de Antioquía (Hch 13:1). ¶

NINFAS (*Numfás*: Νυμφᾶς <3564>; consagrada a las Nimfas)
Cristiano de Laodicea o de Colosas. La iglesia se reunía en la casa de Ninfas; Pablo le dirige sus saludos (Col 4:15). ¶

NÍNIVE (*Nineuí*: Νινευή <3535>)
Capital del Imperio asirio al noreste de Palestina. Hombres de Nínive se levantarán en el juicio y condenarán a la generación del tiempo del Señor (Mt 12:41; Lc 11:32). ¶

NINIVITA, DE NÍNIVE (*nineuítes*: Νινευίτης <3536>)
Procedente de Nínive. Jonás fue una señal, es decir un testimonio, a los ninivitas llamándolos a que se arrepintiesen (Lc 11:30). Hombres de Nínive se levantarán en el juicio y condenarán a la generación del tiempo del Señor (Mt 12:41). ¶

NOÉ (*Nóe*: Νῶε <3575>; consuelo, reposo, en heb.; ver Gn 5:28, 29)
Patriarca que vivía en el tiempo del diluvio. Noé es mencionado en la genealogía de Jesús (Lc 3:36). El tiempo de la venida del Señor para establecer su reino será semejante a los días de Noé, cuando cada cual se entregaba a sus ocupaciones antes del diluvio (Mt 24:37-39; Lc 17:26, 27). Noé es citado entre los hombres de fe: construyó un arca para preservar a su familia y, por este arca, condenó al mundo de entonces (Hb 11:7). Dios esperaba con paciencia en los días de la construcción del arca (1P 3:20). Noé es llamado predicador de justicia (2P 2:5). ¶

NORDESTE –
Ver **EUROCLIDÓN.**

O

OBED (*Obéd*: Ὠβήδ <5601>; servir a *Dios*, en heb.)
Hombre del A.T. Obed es mencionado en la genealogía de Jesucristo (Mt 1:5a, b; Lc 3:32). Es el hijo de Boaz y de Rut (ver Rt 4:13-22). ¶

OLIMPAS, OLIMPIA (*Olumpás*: Ὀλυμπᾶς <3652>; El monte Olimpo era la habitación celestial de los dioses paganos en Grecia)
Cristiano de Roma. Pablo transmite sus saludos a Olimpas (Ro 16:15). ¶

ONESÍFORO (*Onesíforos*: Ὀνησίφορος <3683>; fructífero)
Cristiano que prob. había vivido en Éfeso. Onesíforo había visitado y consolado al apóstol Pablo en la cárcel en Roma; había prestado muy buenos servicios en Éfeso (2Ti 1:16; ver v. 17, 18). Pablo da saludos para su casa (2Ti 4:19). ¶

ONÉSIMO (*Onésimos*: Ὀνήσιμος <3682>; útil, provechoso)
Esclavo de Filemón. Onésimo en otro tiempo había sido inútil para Filemón (Flm 10, 11) y había huido de la casa de su amo. Había encontrado a Pablo en Roma y se había

convertido. Había sido útil a Pablo, quien ahora lo vuelve a enviar a su antiguo amo, para que lo recibiese como un hermano en Cristo. Llevando la epístola a Filemón, Onésimo y Tíquico también habrían llevado la dirigida a los colosenses, en la cual Pablo habla de Onésimo, como el amado y fiel hermano, que era uno de ellos (Col 4:9). ¶

OSEAS (*Joseé*: Ὠσηέ <5617>; libertador, en heb.)
Profeta del A.T. Pablo cita a Oseas en su epístola a los cristianos de Roma (Ro 9:25). ¶

P

PABLO (*Paúlos*: Παῦλος <3972>; *paulus* en lat.: *pequeño*)
Principal apóstol de los gentiles y autor de varias epístolas del N.T. Pablo era de la tribu de Benjamín, y ciudadano romano nativo de Tarso, una ciudad de Cilicia. Era fariseo, y fue enseñado por Gamaliel (Hch 5:34; 22:3). Su nombre de origen, Saulo, es mencionado por la primera vez cuando los testigos del apedreamiento de Esteban pusieron sus ropas a los pies de este joven (ver Hch 7:58). Persiguió violentamente a la Iglesia, creyendo servir a Dios. A su conversión (hacia el año 36 d.J.C.), recibió el Espíritu Santo por la imposición de las manos de Ananías, un discípulo que vivía en Damasco. Después de su conversión, comenzó a predicar que Jesús era el Hijo de Dios (ver Hch 9:20). Su nuevo nombre romano, Pablo, aparece por la primera vez en Hch 13:9, después de su encuentro con el procónsul de Chipre. Recibió su evangelio y su misión directamente del cielo, de tal manera que no debía ser enviado por los hermanos de Jerusalén; pero no se trata de independencia de la Iglesia ya formada. Por la predicación del apóstol Pablo, la Iglesia recibió una nueva enseñanza en relación con su carácter celestial. La verdad de la Iglesia, cuerpo de Cristo, fue revelada a Pablo; enseñó que, en Cristo Jesús, no hay ni judíos ni gentiles, el muro que los separaba habiendo sido derribado. Aunque la cuestión que concernía las ordenanzas de la ley (llegadas a ser caducas para los creyentes de las naciones) había sido puesta en orden en Jerusalén, Pablo soportó sin embargo muchas persecuciones de los judíos y de los doctores judaizantes; éstos no podían aceptar que los gentiles fuesen puestos al mismo nivel que ellos. Pablo fue verdaderamente el apóstol de los gentiles (o naciones), lo que le llevó a efectuar varios viajes por Asia, y a pasar a Europa. Según 2Co 11:24-27, el libro de los Hechos no nos da un relato completo de los trabajos de Pablo. Fue arrestado en Jerusalén, después enviado a Cesarea por su seguridad, porque habían urdido un complot con el fin de matarlo. Apeló a César (Nerón) y fue enviado

a Roma. Después de dos años de encarcelamiento (Hch 28:30, 31), fue prob. liberado, lo que sugieren estos últimos versículos de los Hechos. No conocemos todos sus desplazamientos, pero visitó Palestina, Chipre, Asia Menor, Macedonia, Acaya y Creta; fue conducido a Roma como prisionero. Hubiera querido visitar España (Ro 15:24, 28). Cuando escribió la segunda epístola a Timoteo, de nuevo estaba prisionero en Roma, esperando su muerte próxima. Según la historia, fue decapitado con una espada, que era la forma de ejecución probable para un ciudadano romano. (Según Walter Scott.)

PACATIANA (*Pakatiané*: Πακατιανή <3818>)
Provincia de Frigia; Laodicea era la capital. Algunos mss. tienen este nombre al final de 1Ti 6. ¶

PADRE (*Patér*: Πατήρ <3962>)
Nombre de Dios. Ver **PADRE 1. h.** en los **NOMBRES COMUNES.**

PAFOS (*Páfos*: Πάφος <3974>; hirviente, caliente)
Ciudad situada al oeste de Chipre. Pablo conoció allí al procónsul Sergio Paulo y al mago Barjesús durante su primer viaje misionero (Hch 13:6, 13). ¶

PALESTINA
En el tiempo de Jesús, Palestina era el nombre dado por los griegos y los romanos a toda la región habitada por los israelitas. El nombre es derivado de aquel de Filistea, el país de los filisteos. Esta región de Oriente Próximo se extiende desde el Mediterráneo, al oeste, al desierto de Siria, al este, y del Líbano, al norte, a un desierto que la separa de Egipto, al sur. El Jordán atraviesa Palestina de norte a sur. En los evangelios, Palestina está dividida en tres territorios: Galilea al norte, Samaria en el centro y Judea al sur. Los antiguos hebreos llamaban Canaán al territorio situado al oeste del Jordán, para ellos la tierra prometida (Hb 11:9) y la tierra santa (Zac 2:12). Los principales eventos del A.T. se han desarrollado en Palestina, y es allí que Jesús ha pasado su vida. Muchos futuros eventos proféticos se desarrollarán en Palestina. Este nombre no aparece en el N.T.

PANFILIA (*Pamfulía*: Παμφυλία <3828>; de toda tribu, es decir heterogéneo)
Región al sur de Asia Menor. Judíos de Panfilia estaban presentes en Jerusalén en Pentecostés (Hch 2:10). Pablo fue allí durante su primer viaje misionero (Hch 13:13; 14:24). Marcos lo había abandonado en Panfilia (Hch 15:38). Pablo pasó cerca de las costas de Panfilia durante su cuarto viaje (Hch 27:5). ¶

PARÁCLITO –
Ver **CONSOLADOR.**

PARMENAS (*Parmenás*: Παρμενᾶς <3937>; constante)
Creyente del N.T. Parmenas fue uno de los siete creyentes escogidos para ocuparse del servicio (diáconos) en la iglesia de Jerusalén (Hch 6:5). ¶

PARTO (*párthos*: Πάρθος <3934>)
Oriundo de Partia en Asia, un país al sureste del mar Caspio. Los partos vencieron a los romanos en el año 53 a.J.C., pero fueron vencidos a su vez por ellos en el año 39-38 a.J.C., lo que produjo su declive. El día de Pentecostés, partos escucharon anunciar el Evangelio en su propia lengua (Hch 2:8, 9). ¶

PÁTARA (*Pátara*: Πάταρα <3959>)
Puerto de mar en Licia. Pablo fue allí durante su tercer viaje misionero (Hch 21:1). ¶

PATMOS (*Pátmos*: Πάτμος <3963>)
Islote rocoso al sur del mar Egeo, al oeste de Mileto. El apóstol Juan fue exiliado allí y escribió el Apocalipsis después de una visión (Ap 1:9). ¶

PATROBA, PATROBAS (*Patrobás*: Πατροβᾶς <3969>; que procede del padre, paternal)
Cristiano de Roma. Pablo hace saludar a Patrobas en su epístola a los cristianos de Roma (Ro 16:14). ¶

PEDRO (*Pétros*: Πέτρος <4074>; una piedra; en contraste con la roca: *pétra*; ver Mt 16:18; 1Co 3:11; 1P 2:3-8)
Uno de los doce apóstoles. El nombre de Pedro es Simón, hijo de Jonás; Jesús le dio el nombre de Cefas (Pedro) después (Lc 5:8; 6:14; Jn 1:43). Era pescador y trabajaba con Jacobo y Juan. Cuando Jesús los llamó, lo dejaron todo y lo siguieron (Mc 1:16-19). Pedro tuvo un lugar preeminente entre ellos. Cuando Jesús escogió a algunos de los discípulos en circunstancias particulares, Pedro estaba siempre entre ellos, y es nombrado el primero; pero no leemos que él haya ejercido una autoridad de derecho sobre los otros apóstoles. Los Evangelios nos cuentan varios incidentes en relación con Pedro. Era enérgico e impulsivo. Cuando rehusó admitir que Cristo debía sufrir, Jesús lo rechazó como si Pedro hablara en el nombre de Satanás (Mt 16:23). Su confianza en sí mismo lo llevó a renegar a su Señor, pero se arrepintió sinceramente. Después de la resurrección, el Señor le preguntó si lo amaba más que los otros discípulos; le confió el cuidado de alimentar y apacentar a los corderos y a las ovejas de Cristo (Jn 21:15-17). Pedro se ve confiar las llaves del reino (Mt 16:19), y lo vemos predicar ante grandes multitudes cuando vino el Espíritu Santo en Pentecostés (ver Hch 2:14-36). Tres mil almas fueron salvadas entonces y añadidas a la Iglesia (se trataba esencialmente de judíos de las diversas naciones). También fue por medio de él que Cornelio, un gentil, fue convertido (Hch 10). Pedro abrió así el reino a

los judíos y a los gentiles. Pedro era el apóstol de la circuncisión (y Pablo, aquel de los gentiles) (Gá 2:7); parece ser que no se haya completamente deshecho de sus prejuicios judíos. Pablo tuvo que enfrentarse a él en Antioquía porque era culpable al separarse de los creyentes gentiles que no seguían las costumbres judías (Gá 2:11, 12-16). Pedro relata que Pablo habla de cosas difíciles de comprender en sus epístolas (2P 3:15, 16); los que no tenían firmeza en la enseñanza de los apóstoles se aprovechaban para falsificarla. Pedro ha escrito las dos epístolas que llevan su nombre. Según la historia, habría sido crucificado en Roma, y él mismo habiéndolo pedido, cabeza abajo. Su mujer también habría sufrido con él. (Según Walter Scott.)

PELEG (*Fálek*: Φάλεκ <5317>; división, en heb.; ver Peleg, hijo de Heber: Gn 11:16)
Hombre del A.T. Peleg es mencionado en la genealogía de Jesús (Lc 3:35). ¶

PENTECOSTÉS – Ver este término en la sección de los **NOMBRES COMUNES.**

PENUEL – Ver **FANUEL.**

PÉRGAMO (*Pérgamos*: Πέργαμος <4010>; fortificado)
Ciudad de Misia, al noroeste de Asia Menor. Una epístola es dirigida a la iglesia de Pérgamo, como también a otras seis iglesias; los creyentes de Pérgamo no habían negado la fe en el Señor (Ap 1:11; 2:12; ver v. 13). ¶

PERGE (*Pérge*: Πέργη <4011>; torre)
Ciudad de Panfilia. Pablo anunció en esa ciudad la Palabra de Dios durante su primer viaje misionero (Hch 13:13, 14; 14:25). ¶

PÉRSIDA, PÉRSIDE (*Persís*: Περσίς <4069>; mujer de Persia)
Cristiana de Roma. Pablo hace saludar a Pérsida en su epístola a los cristianos de Roma (Ro 16:12). ¶

PILATO – Ver **PONCIO PILATO.**

PIRRO (*Purrós*: Πυρρός <4450>; bermejo como el fuego)
Padre de Sópater. Sópater de Berea era el hijo de Pirro (Hch 20:4). ¶

PISIDIA (*Pisidía*: Πισιδία <4099>)
Región al sur de Frigia, en Asia Menor. Pablo vino a Antioquía de Pisidia durante su primer viaje misionero, y habló en la sinagoga (Hch 13:14). Atravesó de nuevo la región durante ese mismo viaje (Hch 14:24). ¶

PONCIO PILATO (*Póntios Pilátos*: Πόντιος <4194> Πιλᾶτος <4091>)
Gobernador de Judea. Pilato reinó desde el año 26 al 36 d.J.C. (Lc 3:1).

Jesús fue entregado por los principales sacerdotes y los ancianos del pueblo a Pilato para hacerlo morir (Mt 27:2; Mc 15:1; Lc 23:1, 2; Hch 3:13; 13:28). Estos judíos lo acusaron de agitar a la nación judía, prohibiendo dar el tributo a César, y proclamándose Cristo, el rey de los judíos; pero Jesús no se defendió ante Pilato. Pablo recuerda a Timoteo la admirable confesión de Jesús ante Poncio Pilato, en relación con el mantenimiento de la verdad (1Ti 6:13). Pilato propuso a la multitud de soltar a Jesús antes que a Barrabás. La multitud habiendo escogido a Barrabás, Pilato se declaró inocente de la sangre de Jesús al que calificó de justo. Pilato soltó a Barrabás, hizo azotar a Jesús y lo entregó para que fuese crucificado (ver Mt 27:11-26; Mc 15:2-15; Lc 23:2-25; Jn 18:28 a 19:16; Hch 4:27). Hizo poner sobre la cruz un letrero con estas palabras: «JESÚS NAZARENO, REY DE LOS JUDÍOS» (ver Jn 19:17-22; Mt 27:37). Pilato dio orden para que el cuerpo de Jesús fuese entregado a José de Arimatea, pero rehusó dar a los judíos una guardia para la tumba (ver Mt 27:57-66; Mc 15:42-45; Lc 23:50-53; Jn 19:38).

PONTO (*Póntos*: Πόντος <4195>; mar, del nombre del mar Negro, que bordea ese país: Ponto Euxino, es decir en griego: mar hospitalaria)
Región al noreste de Asia Menor. Judíos del Ponto estaban presentes en Jerusalén durante Pentecostés (Hch 2:9). Pedro dirigió su primera epístola a los creyentes del Ponto, entre otros (1P 1:1). ¶

PONTO (DEL) (*pontikós*: Ποντικός <4193>)
Procedente de esta región. Aquila y Priscila eran originarios del Ponto (Hch 18:2). ¶

PORCIO (*Pórkios*: Πόρκιος <4201>)
Procurador de Judea. Ver **FESTO**.

POZZUOLI – Ver **PUTEOLI**.

PREPARACIÓN – Ver este término en la sección de los **NOMBRES COMUNES**.

PRIMOGÉNITO – Para este título del Señor Jesús, ver **PRIMOGÉNITO** en la sección de los **NOMBRES COMUNES**.

PRISCA, PRISCILA (*Príska*: Πρίσκα <4251>, *Prískila*: Πρίσκιλλα <4252>; antiguo)
Cristiana de origen judío. Priscila es la mujer de Aquila. Es mencionada bajo el nombre de Prisca en 2Ti 4:19 y bajo aquel de Priscila en Hch 18:2, 18, 26; Ro 16:3; 1Co 16:19. Ver **AQUILA**. ¶

PRÓCORO (*Prócoros*: Πρόχορος <4402>; que conduce el coro o la alabanza)
Creyente del N.T. Prócoro fue uno de los siete hombres escogidos para

ocuparse del servicio en la iglesia de Jerusalén (Hch 6:5). ¶

PUBLIO (*Póplios*: Πόπλιος <4196>) **El más importante personaje en la isla de Malta.** Publio hospedó a Pablo y a los otros náufragos durante tres días y usó de gran bondad para con ellos. Pablo oró por su padre enfermo, le impuso las manos y lo sanó (Hch 28:7, 8). ¶

PUDENTE (*Poúdes*: Πούδης <4227>; modesto, tímido) **Cristiano de Roma.** Pablo transmite los saludos de Pudente en su Epístola a Timoteo (2Ti 4:21). ¶

PUTEOLI (*Potíoloi*: Ποτίολοι <4223>; pequeños manantiales, en lat.) **Puerto de Italia cerca de Nápoles.** Pablo se quedó allí siete días con unos hermanos cuando iba hacia Roma (Hch 28:13). ¶

Q

QUEDRÓN – Ver **CEDRÓN**.

QUÍO, QUÍOS (*Quíos*: Χίος <5508>) **Isla del mar Egeo, a la entrada del golfo de Esmirna.** La nave en la que Pablo estaba pasó cerca de esta isla durante su tercer viaje misionero (Hch 20:15). ¶

QUIS – Ver **CIS**.

R

RABBUNÍ, RABÍ, RABONI – Ver estos términos en la sección de los **NOMBRES COMUNES.**

RAGAU (*Jragaú*: Ῥαγαύ <4466>; amigo, en heb.; Reu o Reú en Gn 11:20) **Hombre del A.T.** Ragau es mencionado en la genealogía de Jesús (Lc 3:35). ¶

RAHAB, RAJAB (*Jraáb*: Ῥαάβ <4460>; orgullosa, insolente, en heb.) **Prostituta de Jericó que recibió a los espías israelitas y los escondió.** Rahab y los suyos fueron salvados durante la destrucción de la ciudad de Jericó (Hb 11:31; ver Jos 6). Jacobo (Santiago) nos dice que ella fue justificada por sus obras (Stg 2:25). Fue la madre de Boaz y la bisabuela de David. Rahab es una de las cuatro mujeres, además de María, mencionadas en la genealogía de Jesucristo (Mt 1:5). ¶

RAMÁ (*Jramá*: Ῥαμά <4471>; lugar elevado, en heb.) **Localidad al norte de Jerusalén.** La mención de Ramá en Mt 2:18, a propósito de la matanza de los niños de Belén bajo Herodes, hace referencia a una profecía del A.T. (ver Jer 31:15).

RAQUEL (*Jraquél*: Ῥαχήλ <4478>; oveja, en heb.)

Mujer de Jacob (ver Gn 29:9-20, 28). La mención de Raquel llorando a sus hijos durante la matanza de los niños de Belén por Herodes (Mt 2:18) está relacionada con una profecía de Jeremías (ver Jer 31:15). Este último pasaje alude a las persecuciones que soporta Israel a través de los siglos, hasta el regreso al país de Israel de las tribus dispersas en el mundo. ¶

REBECA (*Jrebékka*: Ῥεβέκκα <4479>; cariñosa, en heb.; ver Gn 24:15)
Mujer de Isaac. Rebeca dio nacimiento a Jacob y a Esaú (Ro 9:10; ver v. 11-13). ¶

RECTA – Ver **DERECHA**.

REFAM, REFÁN, RENFÁN, RONFÁ (*Jremfán*: Ῥεμφάν <4481>)
Ídolo egipcio. Esteban recuerda a los judíos que los israelitas adoraron a este ídolo en el desierto (Hch 7:43). El emblema de este falso dios era una estrella (ver Am 5:25, 26); Renfán estaba asimilado al dios Quiún (Quiyún o Keván). ¶

REGIO (*Jrégion*: Ῥήγιον <4484>; brecha)
Ciudad marítima situada a la extremidad suroeste de Italia. Pablo se quedó allí un día, durante su cuarto viaje, mientras iba a Roma como prisionero (Hch 28:13). ¶

RESA (*Jresá*: Ῥησά <4488>; Jehová ha curado)
Hombre israelita, hijo o descendiente de Zorobabel. Resa es mencionado en la genealogía de Jesús (Lc 3:27). ¶

REY – Para este término empleado a propósito de Jesús, ver **REY** en la sección de los **NOMBRES COMUNES**.

RIQUEZAS – Ver **MAMÓN**.

ROBOAM, ROBOÁN (*Jroboám*: Ῥοβοάμ <4497>; que crece el pueblo, en heb.)
Hijo de Salomón (ver 1R 11:43; 14:21). Roboam es mencionado en la genealogía de Jesucristo (Mt 1:7a, b). El reino de Israel fue dividido en dos durante su reinado; solo las tribus de Judá y de Benjamín siguieron a Roboam (ver 1R 12:16-24). Las diez otras tribus establecieron a Jeroboam rey sobre Israel (ver 1R 12:20). ¶

RODAS (*Jródos*: Ῥόδος <4499>; rosa)
Isla del Mediterráneo al suroeste de Asia Menor. Rodas es mencionada a propósito del tercer viaje de Pablo (Hch 21:1). ¶

RODE (*Jróde*: Ῥόδη <4498>; rosa, rosal)
Sirvienta de María, la madre de Juan llamado Marcos. Rode reconoció la voz de Pedro, cuando este llamó en la puerta del vestíbulo después de haber sido milagrosamente

librado de la cárcel (Hch 12:13; ver v. 14-16). ¶

ROMA (*Jróme*: Ῥώμη <4516>)
Roma era la capital de Italia y del Imperio romano. Pablo encontró en Corinto a Aquila y Priscila los cuales habían sido obligados a quitar Roma (Hch 18:2). Pablo había tenido el deseo de ver Roma (Hch 19:21), y el Señor, en visión, le había dicho que debería dar testimonio en Roma de las cosas que lo concernían (Hch 23:11). Pablo fue a Roma como prisionero durante su cuarto viaje (Hch 28:14, 16). Allí, Onesíforo lo había buscado y encontrado (2Ti 1:17). Pablo ha escrito una epístola a los cristianos de Roma (Ro 1:7), en la cual se decía deseoso de anunciarles el Evangelio (v. 15). ¶

ROMANO
1. (*jromaíos*: Ῥωμαῖος <4514>)
a. Oriundo de la ciudad de Roma. El día de Pentecostés, romanos escucharon el Evangelio anunciado en su propia lengua (Hch 2:10). **b. Ciudadano del Imperio romano, gozando de los privilegios que estaban reservados a este título.** En Filipos, Pablo había hecho conocer su ciudadanía romana y había sido liberado (Hch 16:21, 37, 38). Fue entregado en las manos de los romanos por los judíos en Jerusalén (Hch 28:17-19); siendo ciudadano romano por nacimiento, evitó ser azotado (Hch 22:25-27, 29; 23:27; 25:16). Como ciudadano romano apeló a César para ser juzgado ante él (ver Hch 25:10-12). Los judíos temían que los romanos viniesen a destruir su lugar sagrado e incluso la nación, porque pensaban que Jesús sería proclamado rey a causa de sus numerosos milagros (Jn 11:48).
2. (*jromaikós*: Ῥωμαϊκός <4513>)
En lengua romana, es decir en latín. El letrero encima de la cruz de Jesús estaba escrito en letras griegas, latinas y hebraicas (Lc 23:38). ¶

RUBÉN (*Jroubén*: Ῥουβήν <4502; ¡vean ustedes, un hijo!, en heb.; ver Gn 29:32)
Uno de los doce hijos de Jacob y tribu que desciende de él. Doce mil de la tribu de Rubén serán sellados (Ap 7:5). ¶

RUFO (*Jroúfos*: Ῥοῦφος <4504>; rojo)
Hijo de Simón de Cirene. Simón, su padre, llevó la cruz de Jesús (Mc 15:21). Quizá sea el mismo Rufo de Roma que Pablo hace saludar (Ro 16:13). ¶

RUT (*Jroúth*: Ῥούθ <4503>; amiga, en heb.)
Mujer moabita que se casó con Boaz (o Booz) (ver Rut 1:4; 4:13). Ella es una de las cuatro mujeres, además de María, mencionadas en la genealogía de Jesucristo (Mt 1:5). ¶

S

SADOC, SADOQ (*Sadók*: Σαδώκ <4524>; justo, en heb.)
Hombre del A.T. Sadoc es mencionado en la genealogía de Jesucristo (Mt 1:14a, b). ¶

SAFIRA (*Sápfira*: Σάπφιρα <4551>; prob. zafiro, en aram.)
Mujer del comienzo de la Iglesia. Safira era la esposa de Ananías (Hch 5:1). Los dos mintieron al Espíritu Santo. Esta mentira atrajo el juicio sobre ellos y cayeron muertos (ver Hch 5:1-11). ¶

SALA, SELAJ (*Salá*: Σαλά <4527>; retoño, brote, en heb.)
Hombre del A.T. Sala es mencionado en la genealogía de Jesús (Lc 3:35). ¶

SALAMINA (*Salamís*: Σαλαμίς <4529>)
Ciudad del sureste de Chipre. Durante un primer viaje misionero, Bernabé y Pablo anunciaron la Palabra de Dios en las sinagogas de los judíos en Salamina (Hch 13:5). ¶

SALATIEL (*Salathiél*: Σαλαθιήλ <4528>; lo pedí a Dios, en heb.)
Hombre del A.T. (Sealtiel o Salatiel, hijo de Jeconías o Joaquín: 1Cr 3:17). Salatiel es mencionado en las dos genealogías de Jesucristo (Mt 1:12a, b; Lc 3:27). ¶

SALEM, SALÉN (*Salém*: Σαλήμ <4532>; paz, en heb.)
Se trataría de Jerusalén (ver Sal 76:2). Melquisedec era rey de Salem (Hb 7:1, 2). ¶

SALIM, SALÍN (*Saleím*: Σαλείμ <4530>)
Lugar cerca de Enón. Juan bautizaba en Enón, cerca de Salim (Jn 3:23). ¶

SALMÓN (*Salmón*: Σαλμών <4533>; investidura, en heb.)
Hombre del A.T., marido de Rahab y padre de Boaz. Salmón es mencionado en la genealogía de Jesucristo (Mt 1:4, 5; Lc 3:32). ¶

SALMÓN, SALMONA, SALMONE (*Salmóne*: Σαλμώνη <4534>)
Cabo al este de Creta. La nave en la que Pablo se encontraba costeó Creta frente a Salmón durante su cuarto viaje (Hch 27:7). ¶

SALOMÉ (*Salóme*: Σαλώμη <4539>; apacible, en heb.)
Una de las mujeres que habían seguido y servido a Jesús en Galilea. Salomé estaba presente durante la crucifixión (Mc 15:40). Ella compró especias aromáticas para ungir el cuerpo de Jesús (Mc 16:1). ¶

SALOMÓN (*Solomón*: Σολομών <4672>; pacífico, en heb.)
Hijo de David y rey de Israel. Salomón es mencionado en la genealogía de Jesucristo (Mt 1:6, 7). Fue famoso por su gloria (Mt 6:29; Lc 12:27)

y su sabiduría (Mt 12:42a, b; Lc 11:31a, b). Edificó el templo de Dios en Jerusalén (Hch 7:47). Un pórtico de ese templo llevaba el nombre de Salomón en el tiempo del Señor (Jn 10:23; Hch 3:11; 5:12). ¶

SALVADOR (*Sotér*: Σωτήρ <4990>; de *sózo*: salvar)
Aquel que procura la salvación, libertador. Dios es aquel que salva (Lc 1:47; 1Ti 1:1; 2:3; 4:10; Tit 1:3; 2:10; 3:4; Jud 25) como también el Señor Jesús (Lc 2:11; Hch 5:31; Fil 3:20). Jesucristo es el Salvador del mundo (Jn 4:42; 1Jn 4:14), de Israel (Hch 13:23), de los creyentes en la Iglesia (Fil 3:20; 2Ti 1:10). Jesucristo es a la vez Dios y Salvador (Tit 2:13; 2P 1:1). Otras ref.: Ef 5:23; Tit 1:4; 3:6; 2P 1:11; 2:20; 3:2, 18. ¶

SAMARIA (*Samáreia*: Σαμάρεια <4540>; torre de vigía, atalaya, en heb.)
Región del centro de Palestina. Viniendo del norte, se debe atravesar Samaria para ir a Jerusalén, lo que hizo Jesús (Lc 17:11), o para ir a Galilea viniendo del sur (Jn 4:4, 5, 7). Antes de su ascensión, Jesús había dicho a sus discípulos que serían sus testigos en Samaria (Hch 1:8). Como consecuencia de la persecución en Jerusalén, los cristianos se dispersaron por Samaria (Hch 8:1). Felipe predicó allí a Cristo (Hch 8:5). Simón el mago era de Samaria, y recibió la Palabra de Dios, con otros (Hch 8:9, 14); pero era un hipócrita (ver v. 21).

Al principio, las iglesias de Samaria estaban en paz, siendo edificadas y andando en el temor del Señor; ellas crecían por el Espíritu Santo (Hch 9:31). Pablo y Bernabé atravesaron Samaria camino de Jerusalén (Hch 15:3). ¶

SAMARITANO, SAMARITANA (*samarítes*: Σαμαρίτης <4541>; *samarítis*: Σαμαρῖτις <4542>)
Procedente de la región de Samaria, en el centro de Palestina. Los samaritanos no eran de pura raza judía y practicaban una religión mixta (ver 2R 17:24-41). Al principio, Jesús no envió a los doce apóstoles a predicar en las ciudades de los samaritanos, pero antes bien entre los judíos (Mt 10:5; ver v. 6). Censuró a Jacobo y a Juan que querían que el fuego consumiera un pueblo de samaritanos porque no los habían recibido (Lc 9:52; ver v. 52-56). La parábola del «Buen Samaritano» (Lc 10:33; ver v. 30-37) ilustra la misericordia de Dios para con el pecador perdido. Jesús le pidió de beber a una mujer samaritana en el pozo de Sicar (Jn 4:9) y le enseñó que Dios Padre busca verdaderos adoradores; algunos samaritanos creyeron en Jesús después de que la mujer les hubiera hablado del Señor, y se quedó allí dos días con ellos (4:39, 40). Los judíos trataron a Jesús de samaritano, gente despreciable a sus ojos, y lo acusaron de tener un demonio (Jn 8:48). Uno de los diez hombres

leprosos que habían sido sanados por Jesús volvió hacia él, y era un samaritano (Lc 17:16). Pedro y Juan evangelizaron varios pueblos de samaritanos (Hch 8:25). ¶

SAMOS (*Sámos*: Σάμος <4544>)
Isla del mar Egeo al suroeste de Asia Menor, cerca de Éfeso. Pablo pasó por allí durante su tercer viaje misionero (Hch 20:15). ¶

SAMOTRACIA (*Samothráke*: Σαμοθράκη <4543>)
Isla del mar Egeo al noreste de Asia Menor, frente a Tracia. La nave de Pablo navegó hacia Samotracia durante su segundo viaje misionero (Hch 16:11). ¶

SAMUEL (*Samouél*: Σαμουήλ <4545>; oído de Dios, Dios ha respondido, en heb.)
Uno de los principales profetas del A.T. Pedro habla de Samuel en una de sus predicaciones (Hch 3:24). La llegada de Samuel el profeta marcó el final de los jueces en Israel y el comienzo de la realeza (Hch 13:20); ungió a Saul como rey así como a David. Samuel es citado entre los hombres de fe (Hb 11:32). ¶

SANSÓN (*Sampsón*: Σαμψών <4546>; luz del sol, en heb.)
Uno de los jueces del A.T. Sansón liberó a Israel del yugo de los filisteos (ver Jue 13-16). El secreto de su gran fuerza provenía de su voto de nazareo, según el cual no debía cortarse el pelo. Sansón es citado entre los hombres de fe (Hb 11:32). ¶

SANTIAGO – Ver **JACOBO c.**

SANTO – Para este título del Señor Jesús, ver **SANTO** en la sección de los **NOMBRES COMUNES**.

SARA (*Sárra*: Σάρρα <4564>; princesa, en heb.)
Mujer de Abraham. A pesar de su avanzada edad y de su esterilidad (Ro 4:19), Dios permitió que ella tuviera un hijo, Isaac (Ro 9:9). La fe de Sara es mencionada: ella estimó a Dios fiel para cumplir su promesa y darle un hijo; así ella dio una posteridad a Abraham (Hb 11:11). Pedro señala su obediencia a su esposo y el hecho que ella le llamaba señor (1P 3:6). ¶

SARDES, SARDIS (*Sárdeis*: Σάρδεις <4554>)
Ciudad principal de Lidia en Asia Menor. Una de las siete epístolas del Apocalipsis es dirigida a la iglesia de Sardis (Ap 1:11); el Señor le reprocha su falta de vigilancia y su muerte espiritual (3:1, 4). ¶

SAREPTA (*Sárepta*: Σάρεπτα <4558>; esmero, en heb.)
Ciudad de Fenicia entre Tiro y Sidón sobre la costa del Mediterráneo. Jesús recuerda que es hacia una viuda de Sarepta que fue enviado Elías durante una gran hambre (Lc 4:26; ver 1R 17:9). ¶

SARÓN (*Sáron*: Σάρων <4565>; llanura, en heb.)
Distrito de Samaria al norte de Jope, cerca del Mediterráneo. Los que habitaban en Sarón vieron sanado a Eneas el paralítico; ellos se volvieron hacia el Señor (Hch 9:35). ¶

SATANÁS (*Satanás*: Σατανᾶς <4567>; acusador, adversario, opositor, en heb.)
El adversario de Dios, de Cristo, de los creyentes y de la humanidad en general. Satanás tentó a Jesús al comienzo de su ministerio público (Mc 1:13); Jesús le mandó que se fuera (Mt 4:10). En respuesta a la acusación de expulsar a los demonios por Beelzebú, Jesús respondió que si así fuese, Satanás entonces estaría dividido contra sí mismo (Mt 12:26; Mc 3:23-26; Lc 11:18). Jesús debió decir a Pedro que se quitara de delante de él, llamándolo Satanás, a causa de sus pensamientos (Mt 16:23; Mc 8:33). Satanás es el que quita la palabra de Dios sembrada (Mc 4:15). Jesús veía a Satanás cayendo del cielo (Lc 10:18). Satanás había atado a una mujer con un espíritu de enfermedad (Lc 13:16). Entró en Judas Iscariote (Lc 22:3; Jn 13:27). Había pedido tener a los apóstoles para cribarlos (Lc 22:31). Había llenado el corazón de Ananías (Hch 5:3). Pablo era enviado a los gentiles para que se volvieran del poder de Satanás a Dios (Hch 26:17, 18). El Dios de paz aplastará muy pronto a Satanás bajo los pies de los creyentes (Ro 16:20). Pablo había juzgado de entregar a un hombre fornicario a Satanás (1Co 5:5). Satanás puede tentar a un matrimonio a causa de su incontinencia (1Co 7:5). Perdonar a los otros permite que no seamos engañados por Satanás (2Co 2:11). El mismo Satanás se transforma en ángel de luz (2Co 11:14). Un ángel de Satanás había sido dado a Pablo para que lo abofeteara (2Co 12:7: *Satan*). Satanás había impedido dos veces a Pablo ir hacia los tesalonicenses (1Ts 2:18). La venida del impío (o inicuo) es según la operación de Satanás (2Ts 2:9, 10). Pablo había entregado a Himeneo y a Alejandro a Satanás (1Ti 1:20); habla de algunos que se habían desviado para seguir a Satanás (5:15). En Esmirna, los que se decían ser judíos eran de la sinagoga de Satanás (Ap 2:9); Pérgamo vivía allí donde estaba el trono de Satanás y Antipas había sufrido la muerte en esa ciudad en la que vivía Satanás (2:13); algunos en Tiatira no han conocido las cosas profundas de Satanás (2:24); los de la sinagoga de Satanás que se decían ser judíos se postrarán ante Filadelfia (3:9). El gran dragón es aquel que es llamado Diablo y Satanás (Ap 12:9). Satanás será atado por mil años (Ap 20:2); después será soltado de su prisión y saldrá para engañar a las naciones (v. 7). Fuego descenderá del cielo de parte

de Dios, y el diablo será echado en el lago de fuego y azufre donde será atormentado eternamente (ver Ap 20:10). ¶

SAÚL (*Saoúl*: Σαούλ <4549>; pedido, en heb.)
Primer rey que Dios concedió a su pueblo Israel (ver 1S 10:1). Saúl reinó cuarenta años (Hch 13:21). David le sucedió. ¶

SAULO
a. (*Saoúl*: Σαούλ <4549>; pedido, en heb.) **Nombre hebreo del apóstol Pablo antes de su conversión.** Este nombre es empleado cuando Jesús se dirige a él: «Saulo, Saulo, ¿por qué me persigues?» (Hch 9:4; 22:7; 26:14). Ananías también emplea este nombre dirigiéndose a él como «hermano Saulo» (Hch 9:17; 22:13). **b.** (Σαῦλος: *Saúlos*: pedido, en heb.) **Nombre griego del apóstol Pablo antes de su conversión.** Los que apedreaban a Esteban dejaron sus ropas a los pies de Saulo (Hch 7:58); este consentía a la muerte de Esteban (8:1). Saulo asolaba a la Iglesia (Hch 8:3). Respiraba amenaza y muerte contra los discípulos del Señor (9:1), pero el Señor lo paró en el camino a Damasco (v. 8, 11). Saulo se quedó con los discípulos que estaban en Damasco (Hch 9:19) y demostraba a los judíos que Jesús era el Cristo (v. 22). Conoció un complot de los judíos contra él (Hch 9:23, 24) y se fue a Jerusalén (v. 26). Más tarde, Bernabé se fue a Tarso a buscar a Saulo y llevarlo a Antioquía (Hch 11:25); Bernabé y Saulo llevaron algo para el servicio de los hermanos de Judea (v. 30). Más tarde, llevaron con ellos a Juan que era llamado Marcos (Hch 12:25). Saulo estaba en la iglesia de Antioquía (Hch 13:1); el Espíritu Santo hizo poner aparte para la obra a Bernabé y a Saulo (v. 2). Sergio Paulo los hizo llamar para oír la palabra de Dios (Hch 13:7, 9; ver v. 12). ¶

SEGUNDO (*Sekoúndos*: Σεκοῦνδος <4580>; en lat.: segundo, próspero)
Cristiano macedonio de Tesalónica. Segundo acompañó a Pablo a Asia (Hch 20:4). ¶

SELEUCIA (*Seleúkeia*: Σελεύκεια <4581>)
Ciudad de Siria cerca de Antioquía y puerto del mar Mediterráneo. Pablo y Bernabé, saliendo de Antioquía, bajaron a Seleucia y volvieron a Antioquía al final de su primer viaje misionero (Hch 13:4; ver 14:26). ¶

SEM (*Sém*: Σήμ <4590>; nombre, ilustre, en heb.)
Uno de los hijos de Noé. Sem es mencionado en la genealogía de Jesús (Lc 3:36). Sem y su hermano Jafet manifestaron respeto a su padre, el cual se había embriagado después del diluvio; este último los bendijo (ver Gn 9:20-27). ¶

SEMEI, SEMEIN (*Semeín*: Σεμεΐν <4584>; famoso, en heb.)

Hombre del A.T. Semei es mencionado en la genealogía de Jesús (Lc 3:26). ¶

SEÑOR (*Kúrios*: Κύριος <2962>; de *kúros*: autoridad soberana, supremacía) **Título de Dios y del Señor Jesús como los que tienen autoridad.** El título está empleado a propósito de Dios (p.ej. Mt 1:20, 22, 24; Ap 21:22). Jesús se presenta a Satanás como el Señor su Dios (Mt 4:7, 10). Jesús es Señor de todos (Hch 10:36). Esperando su regreso, los creyentes dicen: «Amén. ¡Ven, Señor Jesús!» (Ap 22:20).

SEÑOR DE LOS EJÉRCITOS, SEÑOR TODOPODEROSO – Ver **SABAOTH** en la sección de los **NOMBRES COMUNES**.

SERGIO PAULO (*Sérgios Paúlos*: Σέργιος Παῦλος <4588>) **Procónsul de Chipre.** Sergio Paulo hizo llamar a Bernabé y a Saulo con el fin de escuchar la Palabra de Dios (Hch 13:6-12). Sergio Paulo creyó, impresionado por la doctrina del Señor (ver Hch 13:12). ¶

SERUC, SERUG (*Saroúc*: Σαρούχ <4562>; rama, en heb.) Hombre del A.T. Serug es mencionado en la genealogía de Jesús (Lc 3:35). Fue el antepasado de Abraham (ver Gn 11:20-23). ¶

SET (*Séth*: Σήθ <4589>; sustituido, en lugar de, en heb.) Tercer hijo de Adán. Set es mencionado en la genealogía de Jesús (Lc 3:38). Ver Gn 4:25. ¶

SICAR (*Sucár*: Συχάρ <4965>; lugar de Siquem; hombro, en heb.; ver Gn 12:6; 33:18; Jue 9:1) **Pueblo de Samaria.** Jesús encontró a una mujer junto a un pozo y le ofreció el agua de la vida (Jn 4:5; leer 4:1-30). ¶

SIDÓN (*Sidón*: Σιδών <4605>; pesca, en heb.) **Ciudad portuaria fenicia sobre el mar Mediterráneo.** Jesús evocó a Tiro y a Sidón a propósito de la incredulidad de las aldeas de Galilea (Mt 11:21, 22; Lc 10:13, 14). Jesús se retiró a la regiones de Tiro y Sidón durante un desplazamiento (Mt 15:21; Mc 7:24, 31); algunos de esta región habían venido hacia él al principio (Mc 3:8; Lc 6:17). Pablo pasó por Sidón durante su viaje hacia Roma (Hch 27:3). ¶

SIDÓN (DE) (*sidónios*: Σιδώνιος <4606>) **Región de Sidón.** Sarepta está en Sidón (Lc 4:26). Otra ref.: Hch 12:20, ver **SIDONIO**. ¶

SIDONIO (*sidónios*: Σιδώνιος <4606>; de Sidón) **Procedente de Sidón.** Herodes estaba muy irritado contra los sidonios, pero la razón no es dada (Hch 12:20). Jezabel era la hija de Etbaal, rey de los sidonios (ver 1R 16:31).

Otra ref.: Lc 4:26, ver **SIDÓN (DE)**. ¶

SILAS (*Silás*: Σιλᾶς <4609>; dim. de Silvano)
Creyente de Jerusalén. Silas fue escogido por la iglesia de Jerusalén para acompañar a Pablo y a Bernabé, con el fin de comunicar a los creyentes de Antioquía las decisiones tomadas sobre cuestiones que concernían la ley judaica (Hch 15:22, 27, 32). Más tarde, acompañó a Pablo con el fin de fortalecer a las iglesias de Siria y de Cilicia (v. 40). Silas y Pablo fueron milagrosamente liberados de la cárcel en Filipos (Hch 16:19, 25, 29). Silas también acompañó a Pablo a Tesalónica y a Berea (Hch 17:4, 10, 14, 15). Se quedó en Tesalónica, después se unió con Pablo en Corinto (Hch 18:5). Ver **SILVANO**. ¶

SILOÉ (*Siloám*: Σιλωάμ <4611>; enviado)
Estanque de agua en Jerusalén, alimentada por el manantial de Gihón (ver 2Cr 32:3, 4; Neh 3:15; Is 8:6). Una torre, en Siloé, cayó sobre dieciocho personas y las mató (Lc 13:4). Jesús envió a un ciego de nacimiento a que se lavara, y volvió viendo (Jn 9:7, 11). ¶

SILVANO (*Silouanós*: Σιλουανός <4610>; de *silva*: bosque, en lat.)
Creyente de Jerusalén. Pablo recuerda a los corintios que él, Silvano y Timoteo les habían predicado el Hijo de Dios, Jesucristo (2Co 1:19-21). Silvano dirige con Pablo y Timoteo sus saludos a la iglesia de Tesalónica (1Ts 1:1; 2Ts 1:1). Pedro ha escrito su primera epístola por un Silvano, prob. el mismo creyente (1P 5:12). Ver **SILAS**. ¶

SIMEÓN (*Sumeón*: Συμεών <4826>; dar oído, en heb.; ver Gn 29:33)
a. Hijo de Jacob y nombre de una de las doce tribus descendientes de él. Doce mil de la tribu de Simeón serán sellados (Ap 7:7). **b. Hombre justo y piadoso que vivía en Jerusalén.** Cogió en sus brazos al niño Jesús; alabó a Dios y bendijo a los padres de Jesús (Lc 2:25, 34). **c. Otra forma del nombre de Simón Pedro.** Jacobo emplea este nombre (Hch 15:14) y el mismo Pedro (2P 1:1). **d. Hombre del A.T.** Este Simeón es mencionado en la genealogía de Jesús (Lc 3:30). **e. Cristiano de Antioquía.** Ver **NIGER**. ¶

SIMÓN (*Símon*: Σίμων <4613>; entendido, en heb.)
a. Uno de los doce apóstoles llamado Pedro. Andrés había hablado a su hermano Simón Pedro de Jesús (Jn 1:41, 42); lo llevó a Jesús quien lo llamó Cefas (v. 42). Jesús lo vio y le invitó a siguirlo (Mt 4:18; ver v. 19, 20; Mc 1:16-18). Simón figura el primero entre los nombres de los doce apóstoles (Mt 10:2; Mc 3:16; Lc 6:14; 22:31a, b, 32; Jn 21:2). Dijo que Jesús era el Cristo, el Hijo del Dios viviente (Mt 16:16, 17), y que tenía las palabras de la vida eterna

SINAÍ

(Jn 6:68). Jesús sanó a la suegra de Simón (Mc 1:29, 30; ver v. 31; Lc 4:38; ver v. 39; 5:3-10). Simón Pedro cortó con su espada la oreja derecha del esclavo del sumo sacerdote (Jn 18:10). Renegó a Jesús (Jn 18:15, 25); Jesús restauró más tarde a su discípulo (Jn 21:15-17). Otras ref.: Mt 17:24, 25, 27; Mc 1:36; 14:37; Jn 6:8, 9; 13:6, 9, 24, 36; 20:2, 6; 21:3, 7, 11; Hch 10:5, 18; 11:13. Ver **PEDRO. b. Otro de los doce apóstoles.** Simón el Cananeo, o Zelote, era uno de los doce apóstoles (Mt 10:4; Mc 3:18; Lc 6:15; Hch 1:13). **c. Hombre de Cirene.** Este Simón fue obligado a llevar la cruz de Jesús (Mt 27:32; Mc 15:21; Lc 23:26). **d. Hombre fariseo.** Simón el fariseo recibió a Jesús a comer en su casa (Lc 7:40, 43, 44). **e. Hombre mago.** Simón el mago creyó en el nombre de Jesucristo y fue bautizado. Pero ofreció dinero a los apóstoles con el fin de obtener el poder de dar el Espíritu Santo por imposición de las manos. Pedro lo reprendió con severidad a causa de su iniquidad (Hch 8:9, 13, 18, 24). **f. Hombre curtidor.** Cierto Simón, curtidor, recibió a Pedro en su casa en Jope varios días (Hch 9:43; 10:6, 17, 32). **g. Uno de los hermanos de Jesús.** Este Simón es mencionado en Mt 13:55; Mc 6:3. **h. Hombre leproso.** Jesús fue a su casa en Betania y una mujer derramó sobre su cabeza un perfume de gran precio (Mt 26:6; Mc 14:3). **i. Padre de Judas Iscariote.** Este Simón es mencionado en Jn 6:71; 12:4; 13:2, 26. ¶

SINAÍ (*Siná*: Σινᾶ <4614>)
Monte en Arabia, donde Moisés recibió la ley de Dios (ver Éx 19:20). El pacto del monte Sinaí inauguraba la dispensación (o período) de la ley para Israel, el pueblo terrenal de Dios. Un ángel (el mismo Jehová) apareció en el desierto del monte Sinaí (Hch 7:30, 38). Otras ref.: Gá 4:24, 25. ¶

SÍNTIQUE (*Suntúque*: Συντύχη <4941>; privilegiada)
Cristiana de Filipos. Pablo suplica a Evodia y a Síntique de tener un mismo pensamiento en el Señor (Fil 4:2); ellas habían luchado junto a Pablo en el Evangelio (ver v. 3). ¶

SION (*Sión*: Σιών <4622>)
Una de las colinas de Jerusalén (ver Sal 48:2; 78:68, 69); Sion designa también la ciudad de Jerusalén (ver 1R 8:1). Ella simboliza el futuro reino mesiánico en la tierra (Mt 21:5; Jn 12:15; Ro 9:33; 11:26). La montaña de Sion representa la Jerusalén celestial, es decir la bendición de los creyentes bajo la gracia (Hb 12:22; 1P 2:6; Ap 14:1). ¶

SIQUEM, SIQUÉN (*Suquém*: Συχέμ <4966>; hombro, en heb.)
Hombre del A.T. Abraham había comprado un sepulcro a Siquem y a sus hermanos, hijos de Hamor (Hch 7:16a, b). Siquem deshonró a Dina, la hija de Jacob; Siméon y Leví, dos de los hijos de Jacob, la vengaron matando a Siquem y a su

padre Hamor, como también a todos sus conciudadanos varones (ver Gn 34:1-31). ¶

SIRACUSA (*Surákousai*: Συράκουσαι <4946>)
Capital de Sicilia, al sureste de la isla. La nave en la que Pablo iba rumbo a Roma, hizo una escala de tres días (Hch 28:12). ¶

SIRIA (*Suría*: Συρία <4947>)
Región al norte de Palestina. Durante el censo, cuando nació Jesús, Cirenio era gobernador de Siria (Lc 2:2). La fama de Jesús, al principio de su ministerio, se difundió por toda Siria (Mt 4:24). En los Hechos, leemos que Pablo y Bernabé fortalecieron a los hermanos de Siria (15:23, 41; 18:18). Pablo viajó por esta región (Hch 20:3; 21:3; Gá 1:21). ¶

SIRIO (*súros*: Σύρος <4948>)
Oriundo de Siria. Naamán, el leproso, era sirio (Lc 4:27). ¶

SIROFENICIA (*surofoiníkissa*: Συροφοινίκισσα <4949>)
Fenicia originaria de Siria. Jesús sanó a la hija de una mujer griega, sirofenicia de raza, que estaba poseída por un demonio (Mc 7:26). ¶

SIRTE (*Súrtis*: Σύρτις <4950>; banco de arena, escollo)
Región al norte de África (costas de Cirene y de Tripolitania). Sus bancos de arena eran temidos por los miembros del equipaje de la nave en la que Pablo se encontraba durante su viaje rumbo a Roma (Hch 27:17). ¶

SOBERANO
1. (*Despótes*: Δεσπότης <1203>) **Aquel que tiene el poder de ejercer una total autoridad sobre otro; amo, señor.** Unos creyentes se dirigen a Dios con ese título en Hch 4:24, como también los que habían sido muertos a causa de la palabra de Dios y del testimonio en Ap. 6:10.
2. (*Dunástes*: Δυνάστης <1413>; de *dúnamai*: ser capaz) **Persona poderosa, que domina.** El nombre está empleado a propósito de Dios en 1Ti 6:15: el bienaventurado y único Soberano. ¶

SODOMA (*Sódoma*: Σόδομα <4670>; quemado, en heb.)
Ciudad de la llanura del Jordán; ver GOMORRA. Cuando Lot salió de Sodoma, el castigo divino destruyó la ciudad (Lc 17:29). El Señor recuerda que, en el día del juicio, el castigo de Sodoma será más soportable que el de Capernaúm (Mt 11:23, 24; Lc 10:12). Jerusalén, la ciudad pecadora y culpable de haber crucificado al Señor, y que también persiguió a sus testigos, es llamada espiritualmente Sodoma (Ap 11:8). Otras ref.: Mt 10:15; Ro 9:29; 2P 2:6; Jud 7. ¶

SÓPATER, SÓPATROS (*Sópatros*: Σώπατρος <4986>; padre seguro)

Cristiano de Berea, hijo de Pirro. Sópater acompañó a Pablo hasta Asia (Hch 20:4). ¶

SOSÍPATER, SOSÍPATRO (*Sosípatros*: Σωσίπατρος <4989>; padre protegido)
Pariente de Pablo. Sosípater añade sus saludos a los de Pablo a los cristianos de Roma (Ro 16:21). ¶

SÓSTENES (*Sosthénes*: Σωσθένης <4988>; de fuerza segura)
Jefe de la sinagoga de Corinto. Sóstenes fue golpeado por la multitud ante el tribunal de Galión (Hch 18:17). Pablo se asocia con Sóstenes, el hermano, en su primera epístola a los Corintios (1Co 1:1). ¶

SUSANA (*Sousánna*: Σουσάννα <4677>; lirio)
Cristiana del N.T. Susana asistía a Jesús con sus bienes (Lc 8:3). ¶

T

TABITA (*Tabithá*: Ταβιθά <5000>; gacela, en aram.)
Nombre de una discípula. Tabita es nombrada en Hch 9:36, 40. Ver **DORCAS.** ¶

TADEO (*Thaddaíos*: Θαδδαῖος <2280>)
Uno de los doce apóstoles de Jesucristo. Tadeo es el sobrenombre del apóstol Judas (Mt 10:3; Mc 3:18). ¶

TAMAR (*Thamár*: Θαμάρ <2283>; palmera, en heb.)
Esposa sucesiva de los dos hijos de Judá, Er y Onán. Tamar es una de las cuatro mujeres, además de María, mencionadas en la genealogía de Jesucristo (Mt 1:3). ¶

TARA, TARÉ, TÉRAJ (*Thára*: Θάρα <2291>; lentitud, espera, en heb.; Taré en Gn 11:24-26)
Padre de Abraham. Taré tomó a Abraham y a Lot para ir al país de Canaán. Murió en Harán (Jarán). Su nombre está mencionado en la genealogía de Jesús (Lc 3:34). ¶

TARSO (*Tarsós*: Ταρσός <5019>)
Capital de Cilicia en Asia Menor. Pablo había nacido en Tarso (Hch 22:3). Los hermanos lo enviaron a Tarso después de su conversión (Hch 9:30). Bernabé fue a buscar a Pablo a Tarso y lo condujo a Antioquía (Hch 11:25). ¶

TARSO (DE) (*tarseús*: Ταρσεύς <5018>)
Oriundo de Tarso. Saulo, quien llegaría a ser el apóstol Pablo, era originario de Tarso (Hch 9:11); él era judío, de Tarso (21:39). ¶

TEÓFILO (*Theófilos*: Θεόφιλος <2321>; amigo de Dios)
Hombre a quien Lucas dirige su evangelio y los Hechos de los apóstoles. Lucas lo llama «excelentísimo Teófilo» en su evangelio (Lc 1:3). Lo

nombra simplemente por su nombre en los Hechos (Hch 1:1). ¶

TERCIO (*Tértios*: Τέρτιος <5060>; tercero)
Cristiano al que Pablo dictó su epístola a los cristianos de Roma. Tercio los saluda en el Señor (Ro 16:22). ¶

TÉRTULO (*Tértulos*: Τέρτυλλος <5061>; dim. de Tértios: tercero)
Orador romano. Los judíos llamaron a Tértulo para acusar a Pablo ante el gobernador Félix (Hch 24:1, 2). ¶

TESALÓNICA (*Thessaloníke*: Θεσσαλονίκη <2332>)
Ciudad del norte de Grecia, que era la más poblada de Macedonia en el tiempo del apóstol Pablo. Fue uno de los puntos de salida de la predicación del Evangelio en Europa (Hch 17:1, 11, 13). Los filipenses habían entregado una ofrenda a Pablo durante su estancia en Tesalónica (Fil 4:16). Al final de su vida, Pablo dirá que Demas lo había abandonado y se había ido a Tesalónica (2Ti 4:10). Pablo escribió dos epístolas a los tesalonicenses (ver 1Ts 1:1; 2Ts 1:1). ¶

TESALONICENSE, TESALÓNICA (DE) (*thessalonikeús*: Θεσσαλονικεύς <2331>)
Procedente de la ciudad de Tesalónica en Macedonia. Pablo dirige dos epístolas a los cristianos de la iglesia de Tesalónica (1Ts 1:1; 2Ts 1:1). Dos tesalonicenses, Aristarco y Segundo, acompañaron a Pablo hasta Asia (Hch 20:4). Aristarco era Macedonio de Tesalónica (Hch 27:2). ¶

TEUDAS (*Theudás*: Θευδᾶς <2333>)
Hombre israelita. Teudas sublevó a cuatrocientos hombres para alcanzar sus ambiciones; pereció, y los que le obedecían fueron dispersados (Hch 5:36). ¶

TIATIRA (*Thuáteira*: Θυάτειρα <2363>)
Ciudad de Lidia en Asia Menor. Una de las siete epístolas del Apocalipsis es dirigida a la iglesia de Tiatira (Ap 1:11). El Señor reconoce sus obras, su amor, su fe, su servicio y su paciencia; pero le reprocha el que deja hacer a la mujer Jezabel que se dice profetisa (Ap 2:18, 24; ver v. 20). Lidia era vendedora de púrpura en la ciudad de Tiatira (Hch 16:14). ¶

TIBERÍADES, TIBERIAS (*Tiberiás*: Τιβεριάς <5085>; del nombre de Tiberio, emperador romano)
a. Otro nombre del mar de Galilea. Jesús fue al otro lado del mar de Tiberias (Jn 6:1). Resucitado, se manifestó a sus discípulos cerca del mar de Tiberias (Jn 21:1). **b. Ciudad al suroeste del mar de Tiberias.** Unas barcas habían llegado de Tiberias hacia Jesús (Jn 6:23). ¶

TIBERIO (*Tibérios*: Τιβέριος <5086>; que tiene relación con el Tíber, río que atraviesa Roma)
Segundo emperador de Roma, conocido como Tiberio César. Bajo el reinado de Tiberio César, la Palabra de Dios llegó a Juan quien predicaba el bautismo de arrepentimiento (Lc 3:1). ¶

TIMEO (*Tímaíos*: Τιμαῖος <5090>; honorable)
Padre de Bartimeo. Jesús sanó a Bartimeo el ciego, el hijo de Timeo (Mc 10:46). ¶

TIMÓN (*Tímon*: Τίμων <5096>; honroso, valioso)
Creyente del N.T. Timón fue uno de los siete creyentes escogidos para el servicio en la iglesia de Jerusalén (Hch 6:5). ¶

TIMOTEO (*Timótheos*: Τιμόθεος <5095>; que honra a Dios)
Creyente del N.T. a quien Pablo dirigió dos epístolas. Timoteo era un discípulo de Derbe que tenía un buen testimonio de los hermanos; era hijo de una mujer judía creyente y de padre griego (Hch 16:1). Pablo lo tomó para el servicio. Timoteo se quedó con Silas en Berea (17:14, 15) y después se unió con Pablo en Corinto (18:5). Ayudaba a Pablo (19:22) y lo acompañó hasta Asia (20:4). Pablo se lo asocia cuando dirige sus epístolas a diversos grupos cristianos (2Co 1:1; Fil 1:1; Col 1:1; 1Ts 1:1; 3:2, 6; 2Ts 1:1; Flm 1). Habla de él como de su colaborador (Ro 16:21), su hijo en la fe (1Co 4:17; 1Ti 1:2, 18; 2Ti 1:2). Da testimonio de la abnegación de Timoteo; este último se empleaba como Pablo a la obra del Señor (1Co 16:10). Ellos dos y Silvano habían predicado el Hijo de Dios en medio de los corintios (2Co 1:19). Pablo esperaba enviarlo a los filipenses para informarse de ellos (Fil 2:19). Le recomienda a Timoteo guardar lo que le había sido confiado (1Ti 6:20). Pablo escribió dos epístolas a Timoteo (1Ti 1:2; 2Ti 1:2). Timoteo fue encarcelado, y después liberado (Hb 13:23). ¶

TÍQUICO (*Tuquikós*: Τυχικός <5190>; fortuito)
Cristiano de Asia. Tíquico, con otros siervos, acompañó a Pablo a Asia (Hch 20:4). Pablo encargó a este hermano, amado y fiel ministro en el Señor, de llevar sus epístolas a Éfeso (Éf 6:21) y a los colosenses (Col 4:7). Pablo envió a Tíquico a Éfeso (2Ti 4:12), y se propuso enviarlo a Tito (Tit 3:12). ¶

TIRANO, TIRANNO (*Túrannos*: Τύραννος <5181>; tirano)
Hombre de Éfeso. Pablo debatía todos los días en la escuela de Tirano durante dos años (Hch 19:9). ¶

TIRIO (*túrios*: Τύριος <5183>; roca, en heb.)
Oriundo de Tiro. Herodes estaba muy irritado contra los de Tiro sin que Lucas mencionara la razón (Hch 12:20).

TIRO (*Túros*: Τύρος <5184>; roca, en heb.)
Ciudad portuaria de Fenicia sobre el mar Mediterráneo, al sur de Sidón. La nave en la que Pablo viajaba abordó en Tiro al regreso de su tercer viaje misionero; se quedó allí siete días (Hch 21:3, 7). Ver **SIDÓN**.

TITO (*Títos*: Τίτος <5103>)
Creyente del N.T. a quien Pablo dirigió una epístola. Compañero de obra de Pablo (2Co 8:23), que habla de él como de su hermano (2Co 2:13), su compañero y colaborador de obra (8:23), su verdadero hijo según la común fe (Tit 1:4). Pablo había estado reanimado, consolado y alegrado con su venida, cuando le trajo noticias de los corintios (2Co 7:6, 13). Tito, al principio, había acompañado a Pablo a Jerusalén, cuando este último había expuesto a los creyentes judíos el Evangelio que predicaba a los gentiles; Tito, aunque griego, no fue obligado a circuncidarse según la costumbre judía (Gá 2:1, 3). Al final de la vida de Pablo, Tito se había ido a Dalmacia (2Ti 4:10). Otras ref.: 2Co 7:14; 8:6, 16; 12:18. ¶

TODOPODEROSO (*Pantokrátor*: Παντοκράτωρ <3841>; de *pás*: todo, y *krátos*: poder)
Título del Señor Dios. El término se encuentra en 2Co 6:18 y en Ap 1:8; 4:8; 11:17; 15:3; 16:7, 14; 19:6, 15; 21:22. ¶

TOLEMAIDA (*Ptolemaís*: Πτολεμαΐς <4424>)
Ciudad al norte de Palestina sobre el Mediterráneo. Durante su tercer viaje misionero, Pablo saludó a los hermanos y se quedó un día con ellos (Hch 21:7). ¶

TOMÁS (*Thomás*: Θωμᾶς <2381>; gemelo, en aram.)
Uno de los doce apóstoles de Jesucristo. El nombre griego de Tomás era Dídimo o Gemelo o Mellizo (Jn 11:16; 20:24; 21:2). Estaba dispuesto a morir con Jesús (Jn 11:16), pero él no comprendía que Jesús iba a sufrir y morir (Jn 14:5). No estaba con los otros discípulos cuando Jesús les apareció el atardecer de la resurrección, y rehusó creer que Jesús había resucitado (Jn 20:24). El siguiente primer día de la semana, Jesús apareció de nuevo a sus discípulos, y Tomás estaba con ellos (Jn 20:26); Jesús le reprochó su incredulidad (v. 27); Tomás entonces creyó y exclamó «¡Señor mío, y Dios mío!» (v. 28). Más tarde fue a pescar con Pedro, y Jesús se manifestó de nuevo a él y a los otros discípulos (Jn 21:2). Otras ref.: Mt 10:3; Mc 3:18; Lc 6:15; Hch 1:13. ¶

TRACONITE, TRACONÍTIDA, TRACONÍTIDE (*Traconítis*: Τραχωνῖτις <5139>; áspero)
Región al noreste de Palestina. Felipe era tetrarca de la región de Traconite (Lc 3:1). ¶

TRES TABERNAS (*Treís Tabérnai*: Τρεῖς Ταβέρναι <4999>)
Puesto de posta al sur de Roma. Los hermanos vinieron al encuentro de Pablo que iba a Roma; al verlos, Pablo dio gracias a Dios y cobró ánimos (Hch 28:15). ¶

TRIFENA (*Trúfaina*: Τρύφαινα <5170>; lujosa)
Cristiana de Roma. Pablo hizo saludar a Trifena quien trabajaba en el Señor (Ro 16:12). Ella y Trifosa quizá eran hermanas gemelas. ¶

TRIFOSA (*Trufósa*: Τρυφῶσα <5173>; deleite)
Cristiana de Roma. Pablo hace saludar a Trifosa la cual trabajaba en el Señor, como también su hermana Trifena (Ro 16:12). ¶

TRÓADA, TRÓADE, TROAS (*Troás*: Τρῳάς <5174>)
Región al noroeste de Asia Menor. Pablo vino a Troas durante su segundo viaje misionero (Hch 16:8, 11). Durante su tercer viaje, se quedó siete días (Hch 20:5, 6; 2Co 2:12). Había dejado allí un manto (2Ti 4:13). ¶

TRÓFIMO (*Trófimos*: Τρόφιμος <5161>; hijo adoptivo, instruido)
Cristiano oriundo de Éfeso. Trófimo acompañó a Pablo con otros siervos a Asia (Hch 20:4). Al final de este viaje, él estaba con Pablo en Jerusalén (Hch 21:29). Pablo tuvo que dejarlo enfermo en Mileto (2Ti 4:20). ¶

TROGILIO, TROGILIÓN (*Trogúlion*: Τρωγύλλιον <5175>)
Ciudad al oeste de Asia Menor, al suroeste de Éfeso. Pablo se paró allí durante su tercer viaje misionero (Hch 20:15 en algunos mss.). ¶

U-Y

URBANO (*Ourbanós*: Οὐρβανός <3773>; cortés, cívico)
Compañero de obra de Pablo en Roma. Pablo hace saludar a Urbano (Ro 16:9). ¶

URÍAS (*Ourías*: Οὐρίας <3774>; Jehová es mi luz, en heb.)
Hombre del A.T. La mujer de Urías, Betsabé, fue la madre de Salomón (Mt 1:6). David hizo matar a Urías y tomó a Betsabé como esposa (ver 2Sa 11:14-17; 12:9). ¶

UZÍAS (*Ozías*: Ὀζίας <3604>; fuerza de Jehová, en heb.)
Rey de Judá, también llamado Azarías, Ozías (ver 2R 15:1, 2; 2Cr 26:1, 3). Uzías es mencionado en la genealogía de Jesucristo (Mt 1:8, 9). ¶

YOJANÁN – Ver **JOANA**.

Z

ZABULÓN (*Zaboulón*: Ζαβουλών <2194>; habitación, en heb.; ver Gn 30:20)

Hijo de Jacob y nombre de una de las doce tribus descendientes de él. Capernaúm está en la región de Zabulón y de Neftalí (Mt 4:13, 15). Jesús comenzó a predicar allí el arrepentimiento (ver Mt 4:16, 17). Doce mil de la tribu de Zabulón serán sellados (Ap 7:8). ¶

ZACARÍAS (*Zacarías*: Ζαχαρίας <2197>; Jehová ha recordado, en heb.)
a. Sacerdote del A.T. Zacarías fue apedreado en el atrio del templo (Mt 23:35; Lc 11:51; ver 2Cr 24:20-22) por orden del rey Joás. **b. Sacerdote del N.T.** Este Zacarías era sacerdote de la clase de Abías (Lc 1:5), y padre de Juan el Bautista. Un ángel le apareció para anunciarle que su mujer Elisabet iba a dar a luz un hijo y que él debía llamarlo con el nombre de Juan (Lc 1:12, 13). Los vecinos y los parientes de Zacarías querían llamar al hijo con el nombre de su padre (Lc 1:59), a lo que Zacarías se opuso. Estuvo mudo hasta después del nacimiento de Juan (Lc 1:18, 20, 21); después de haber encontrado el uso de la palabra, fue lleno del Espíritu Santo y profetizó (v. 67). María, la madre de Jesús, fue a visitar a su prima Elisabet, mujer de Zacarías, mientras que las dos estaban encinta (Lc 1:39, 40). La palabra de Dios vino a Juan, el hijo de Zacarías, en el desierto (Lc 3:2). ¶

ZAQUEO (*Zakcaíos*: Ζακχαῖος <2195>; puro, justo, en heb.)
Hombre del N.T. Zaqueo era jefe de los publicanos y era rico (Lc 19:2). Se subió a un sicómoro para ver a Jesús; este le ordenó bajar porque era necesario que él entrara en su casa (Lc 19:5); Zaqueo recibió a Jesús con gozo en su casa (ver v. 6). Zaqueo le dijo al Señor que iba a dar la mitad de sus bienes a los pobres y que si había causado algún daño con una falsa acusación, lo iba a devolver cuadruplicado (Lc 19:8). Jesús le dijo que la salvación había llegado hoy a esta casa (ver Lc 19:9). ¶

ZARA (*Zára*: Ζάρα <2196>; aurora, en heb.; Zéraj, Zara, Zera en Gn 38:30)
Hombre del A.T., hijo de Judá y de Tamar. Zara es mencionado en la genealogía de Jesucristo, aunque no hiciera parte de este linaje (Mt 1:3). ¶

ZEBEDEO (*Zebedaíos*: Ζεβεδαῖος <2199>; don de Dios)
Padre de Jacobo y de Juan, dos de los discípulos del Señor. Zebedeo era pescador (Mt 4:21a, b, 22; 10:2; 20:20; 26:37; 27:56; Mc 1:19, 20; 3:17; 10:35; Lc 5:10; Jn 21:2). ¶

ZELOTE (*Zelotés*: Ζηλωτής <2207>; celoso)
Sobrenombre de Simón, uno de los doce apóstoles. El nombre de Zelote es empleado en Lc 6:15; Hch 1:13. Ver **SIMÓN b**. Los Zelotes eran combatientes judíos que detestaban a los ocupantes romanos y los combatían con determinación. ¶

ZENAS (*Zenás*: Ζηνᾶς <2211>)
Doctor de la ley judía. Pablo recomienda a Tito de acompañar con atención a Zenas, doctor de la ley (Tit 3:13). ¶

ZEUS (*Zeús*: Ζεύς <2203>)
Divinidad suprema de los griegos, el Júpiter de los romanos. Después de que Pablo hubiese curado a un hombre impotente en Listra, la gente llamó a Bernabé con el nombre de Zeus (Jupiter) y a Pablo con el nombre de Hermes (Mercurio) (Hch 14:12, 13). ¶

ZOROBABEL (*Zorobabél*: Ζοροβαβέλ <2216>; vástago de Babilonia, en heb.)
Descendiente de David. Zorobabel fue gobernador de Judá al regreso de la deportación (ver Esd 2:2; Hag 1:1; 2:21, 23). Su nombre está mencionado en la genealogía de Jesucristo (Mt 1:12, 13; Lc 3:27). ¶

PARTE III – GLOSARIO GRIEGO-ESPAÑOL

A

<1> ἄλφα: *álfa* → ALFA
<2> Ἀαρών: *Aarón* → AARÓN
<3> Ἀβαδδών: *Abaddón* → ABADÓN
<5> Ἀββα: *Abba* → ABBA
<6> Ἄβελ: *Habel* → ABEL
<7> Ἀβιά: *Abiá* → ABÍAS
<8> Ἀβιαθάρ: *Abiathár* → ABIATAR
<9> Ἀβιληνή: *Abilené* → ABILENE, ABILINIA
<10> Ἀβιούδ: *Abiúd* → ABIUD
<11> Ἀβραάμ: *Abraám* → ABRAHAM
<12> ἄβυσσος: *ábussos* → ABISMO 1
<13> Ἄγαβος: *Hágabos* → AGABO
<19> ἀγαθωσύνη: *agathosúne* → BONDAD 4
<20> ἀγαλλίασις: *agalíasis* → abundancia de alegría: ABUNDANCIA 5; ALEGRÍA 1; GOZO 3
<21> ἀγαλλιάω: *agaliáo* → saltar de gozo: GOZO 4
<22> ἄγαμος: *ágamos* → CASAR, CASARSE 3
<23> ἀγανακτέω: *aganaktéo* → INDIGNARSE 1
<24> ἀγανάκτησις: *aganáktesis* → INDIGNACIÓN 1
<25> ἀγαπάω: *agapáo* → AMADO 2; AMAR 1
<26> ἀγάπη: *agápe* → ÁGAPES, AMOR 1
<27> ἀγαπητός: *agapetós* → AMADO 1
<28> Ἀγάρ: *Hagár* → AGAR
<31> ἀγγελία: *angelía* → MENSAJE
<32> ἄγγελος: *ángelos* → ÁNGEL 1
<35> ἀγενεαλόγητος: *agenealógetos* → sin genealogía: GENEALOGÍA 3
<37> ἁγιάζω: *jagiázo* → SANTIFICAR
<38> ἁγιασμός: *jagiasmós* → SANTIFICACIÓN 1
<39> ἅγιον: *jágion* → SANTUARIO 1
<40> ἅγιος: *jágios* → SANTO (adj.) 1; lo que es santo: SANTO (adj.) 2; SANTO (sust.) 1; SANTO SER; santo: ESPÍRITU SANTO
<41> ἁγιότης: *jagiótes* → SANTIFICACIÓN 2
<42> ἁγιωσύνη: *jagiosúne* → SANTIFICACIÓN 3
<44> ἄγκιστρον: *ánkistron* → ANZUELO

ἄγκυρα

<45> ἄγκυρα: *ánkura* → ANCLA
<47> ἁγνεία: *jagneía* → PUREZA 2
<49> ἁγνισμός: *jagnismós* → PURIFICACIÓN 1
<50> ἀγνοέω: *agnoéo* → estar en la ignorancia, obrar con ignorancia: IGNORANCIA 3; ser ignorante: IGNORANTE 2; IGNORAR 1
<51> ἀγνόημα: *agnóema* → FALTA 1
<52> ἄγνοια: *ágnoia* → IGNORANCIA 1
<53> ἁγνός: *jagnós* → PURA; casto: PUREZA 1
<54> ἁγνότης: *jagnótes* → PUREZA 3
<56> ἀγνωσία: *agnosía* → IGNORANCIA 2
<59> ἀγοράζω: *agorázo* → COMPRAR 1
<62> ἀγράμματος: *agrámmatos* → LETRAS (SIN)
<63> ἀγραυλέω: *agrauléo* → estar en el campo: CAMPO 2
<65> ἀγριέλαιος: *agriélaios* → olivo silvestre: OLIVO 2
<67> Ἀγρίππας: *Agríppas* → AGRIPA
<68> ἀγρός: *agrós* → CAMPO 1
<68> Ἀγρός Αἷμα: *Agrós Jáima* → CAMPO DE SANGRE
<73> ἀγών: *agón* → CONFLICTO 1
<74> ἀγωνία: *agonía* → lleno de angustia: ANGUSTIA 4
<75> ἀγωνίζομαι: *agonízomai* → ESFORZARSE; PELEAR 1
<76> Ἀδάμ: *Adám* → ADÁN
<78> Ἀδδί: *Addí* → ADI, ADÍ, ADDÍ
<79> ἀδελφή: *adelfé* → HERMANA
<80> ἀδελφός: *adelfós* → HERMANO 1
<81> ἀδελφότης: *adelfótes* → HERMANO 2
<83> ἀδηλότης: *adelótes* → INCERTIDUMBRE
<85> ἀδημονέω: *ademonéo* → sentir angustia: ANGUSTIA 5; ANGUSTIADO (ESTAR MUY)
<86> ᾅδης: *hádes* → HADES
<87> ἀδιάκριτος: *adiákritos* → sin parcialidad: PARCIALIDAD 2
<91> ἀδικέω: *adikéo* → INJUSTAMENTE 2; hacer injusticias, cometer injusticias, soportar injusticias: INJUSTICIA 3
<92> ἀδίκημα: *adíkema* → INIQUIDAD 1; INJUSTICIA 2
<93> ἀδικία: *adikía* → iniquidad: INICUO (adj.) 2; INIQUIDAD 2; INJUSTICIA 1; injusticia: INJUSTO (adj. o sust.) 2
<94> ἄδικος: *ádikos* → INJUSTO (adj. o sust.) 1; INJUSTO (sust.)
<95> ἀδίκως: *adíkos* → INJUSTAMENTE 1
<96> ἀδόκιμος: *adókimos* → REPROBADO
<98> Ἀδραμυττηνός: *Adramuttenós* → ADRAMITENA, ADRAMITIO (DE)

<99> Ἀδρίας: *Adrías* → ADRIÁTICO (MAR)
<100> ἁδρότης: *jadrótes* → ABUNDANCIA 6
<103> ᾄδω: *ádo* → CANTAR 1
<105> ἀετός: *aetós* → ÁGUILA
<106> ἄζυμος: *ázumos* → PAN SIN LEVADURA
<107> Ἀζώρ: *Azór* → AZOR
<108> Ἄζωτος: *Ázotos* → AZOTO
<109> ἀήρ: *aér* → AIRE
<110> ἀθανασία: *athanasía* → INMORTALIDAD 1
<114> ἀθετέω: *athetéo* → ANULAR 1
<115> ἀθέτησις: *athétesis* → CANCELACIÓN
<116> Ἀθῆναι: *Athénai* → ATENAS
<117> Ἀθηναῖος: *athenaíos* → ATENIENSE
<118> ἀθλέω: *athléo* → competir en juegos públicos: PELEAR 5
<119> ἄθλησις: *áthlesis* → CONFLICTO 2
<120> ἀθυμέω: *athuméo* → DESALENTAR 1
<121> ἀθῷος: *athóos* → INOCENTE 1
<122> αἴγειος: *aígeios* → de cabra: CABRA 3
<124> Αἰγύπτιος: *aigúptios* → EGIPCIO
<125> Αἴγυπτος: *Aíguptos* → EGIPTO
<126> ἀΐδιος: *aídios* → ETERNO 2
<127> αἰδώς: *aidós* → PUDOR
<128> Αἰθίοψ: *aithíops* → ETÍOPE
<130> αἱματεκχυσία: *jaimatekcusía* → DERRAMAMIENTO DE SANGRE
<132> Αἰνέας: *Ainéas* → ENEAS
<133> αἴνεσις: *aínesis* → ALABANZA 3
<134> αἰνέω: *ainéo* → ALABAR 1
<135> αἴνιγμα: *aínigma* → OSCURAMENTE
<136> αἶνος: *aínos* → ALABANZA 1
<137> Αἰνών: *Ainón* → ENÓN
<139> αἵρεσις: *jáiresis* → HEREJÍA; SECTA 1
<141> αἱρετικός: *jairetikós* → SECTARIO
<146> αἰσχροκερδής: *aiscrokerdés* → GANANCIA 4
<147> αἰσχροκερδῶς: *aiscrokerdós* → ganancia deshonesta: GANANCIA 3
<148> αἰσχρολογία: *aiscrología* → palabra VERGONZOSA
<151> αἰσχρότης: *aiscrótes* → palabra deshonesta
<152> αἰσχύνη: *aiscúne* → VERGÜENZA 1
<155> αἴτημα: *aítema* → PETICIÓN 1
<156> αἰτία: *aitía* → ACUSACIÓN 1
<159> αἴτιος: *aítios* → AUTOR 1
<159a> αἰτίωμα: *aitioma* → ACUSACIÓN 2
<160> αἰφνίδιος: *aifnídios* → REPENTE (DE)
<161> αἰχμαλωσία: *aicmalosía* → CAUTIVIDAD

αἰχμαλωτεύω

<162> αἰχμαλωτεύω: *aicmaloteúo* → llevar cautivo: CAUTIVO 2
<163> αἰχμαλωτίζω: *aicmalotízo* → traer, llevar, hacer cautivo: CAUTIVO 3
<164> αἰχμάλωτος: *aicmálotos* → CAUTIVO 1
<165> αἰών: *aión* → ETERNIDAD; HIJO DE ESTE SIGLO; SIGLO
<166> αἰώνιος: *aiónios* → ETERNO 1; eterna: VIDA ETERNA
<167> ἀκαθαρσία: *akatharsía* → INMUNDICIA 1
<168> ἀκαθάρτης: *akathártes* → INMUNDICIA 2
<169> ἀκάθαρτος: *akáthartos* → IMPURO 1; INMUNDO 1
<172> ἄκακος: *ákakos* → INOCENTE 2; IRREPROCHABLE 1
<175> ἄκαρπος: *ákarpos* → INFRUCTUOSO
<179> ἀκατάλυτος: *akatálutos* → INDESTRUCTIBLE
<181> ἀκαταστασία: *akatastasía* → CONFUSIÓN 1
<182> ἀκατάστατος: *akatástatos* → INCONSTANTE
<183> ἀκατάσχετος: *akatásquetos* → IRREFRENABLE
<184> Ἀκελδαμά: *Hakeldamá* → ACÉLDAMA
<186> ἀκλινής: *aklinés* → FLUCTUAR (SIN)
<189> ἀκοή: *akoé* → FAMA 5

<192> ἀκρασία: *akrasía* → INCONTINENCIA; INJUSTICIA 4
<193> ἀκρατής: *akratés* → INTEMPERANTE
<200> ἀκρίς: *akrís* → LANGOSTA
<201> ἀκροατήριον: *akroatérion* → AUDIENCIA (SALA DE)
<202> ἀκροατής: *akroatés* → OIDOR
<203> ἀκροβυστία: *akrobustía* → incircuncisión: CIRCUNCIDAR (SIN)
<204> ἀκρογωνιαῖος: *akrogoniaíos* → PRINCIPAL PIEDRA DEL ÁNGULO 1
<205> ἀκροθίνιον: *akrothínion* → BOTÍN 1
<207> Ἀκύλας: *Akúlas* → AQUILA, AQUILAS
<208> ἀκυρόω: *akuróo* → ANULAR 2
<211> ἀλάβαστρον: *alábastron* → ALABASTRO (FRASCO DE)
<213> ἀλαζών: *alazón* → VANAGLORIOSO 1
<215> ἀλάλητος: *aláletos* → INDECIBLE 1
<218> ἀλείφω: *aleífo* → UNGIR 1
<219> ἀλεκτοροφωνία: *alektorofonía* → CANTO DEL GALLO
<221> Ἀλεξανδρεύς: *alexandreús* → ALEJANDRINO
<222> Ἀλεξανδρῖνος: *alexandrínos* → ALEJANDRÍA (DE)
<223> Ἀλέξανδρος: *Aléxandros* → ALEJANDRO

<224> ἄλευρον: *áleuron* →
HARINA 1
<225> ἀλήθεια: *alétheia* →
VERDAD 1
<226> ἀληθεύω: *aletheúo* → decir verdad: VERDAD 2
<229> ἀλήθω: *alétho* → MOLER
<234> ἀλίσγημα: *alísgema* →
CONTAMINACIÓN 1
<236> ἀλλάσσω: *alásso* →
CAMBIAR 1
<238> ἀλληγορέω: *alegoréo* → alegorizar: ALEGORÍA
<239> ἀλληλουϊά: *jalelouía* →
ALELUYA
<244> ἀλλοτριεπίσκοπος: *alotriepískopos* → entrometido: ASUNTO 3
<248> ἀλοάω: *aloáo* → pisar el grano: TRILLAR 1
<250> ἀλόη: *aloé* → ÁLOE
<254> ἄλυσις: *jálusis* →
CADENA 1
<256> Ἀλφαῖος: *Halfaíos* →
ALFEO
<257> ἅλων: *jálon* → ERA
<258> ἀλώπηξ: *alópex* → ZORRA
<259> ἅλωσις: *jálosis* → PRESA (PARA)
<261> ἀμαθής: *amathés* →
IGNORANTE 1
<262> ἀμαράντινος: *amarántinos* → INCORRUPTIBLE 1
<263> ἀμάραντος: *amárantos* → INMARCESIBLE 1
<265> ἀμάρτημα: *jamártema* → PECADO 2
<266> ἀμαρτία: *jamartía* →
FALTA 2; PECADO 1; PECADO DE MUERTE

<268> ἁμαρτωλός: *jamartolós* →
PECADOR
<269> ἄμαχος: *ámacos* → PENDENCIERO (NO)
<270> ἀμάω: *amáo* → SEGAR 1
<271> ἀμέθυστος: *améthustos* →
AMATISTA
<273> ἄμεμπτος: *ámemptos* →
IRREPROCHABLE 2
<274> ἀμέμπτως: *amémptos* →
IRREPROCHABLEMENTE
<275> ἀμέριμνος: *amérimnos* → sin preocupación: PREOCUPACIÓN 4
<276> ἀμετάθετος: *ametáthetos* → INMUTABILIDAD; INMUTABLE 1
<277> ἀμετακίνητος: *ametakínetos* → INCONMOVIBLE 1
<278> ἀμεταμέλητος: *ametaméletos* → IRREVOCABLE; no deja pesar: PESAR 2
<279> ἀμετανόητος: *ametanóetos* → no arrepentido: ARREPENTIMIENTO 2
<281> ἀμήν: *amén* → AMÉN
<281> Ἀμήν: *Amén* → AMÉN
<283> ἀμίαντος: *amíantos* → sin mancha: CONTAMINACIÓN 5
<284> Ἀμιναδάβ: *Aminadáb* →
AMINADAB
<286> ἀμνός: *amnós* →
CORDERO 1
<288> ἄμπελος: *ámpelos* → VID 1
<289> ἀμπελουργός: *ampelourgós* → VIÑADOR
<290> ἀμπελών: *ampelón* → VID 2
<291> Ἀμπλίας: *Amplías* →
AMPLIAS, AMPLIATO

<295> Ἀμφίπολις: *Amfípolis* →
AMFÍPOLIS
<298> ἀμώμητος: *amómetos* →
IRREPROCHABLE 3
<299> ἄμωμος: *ámomos* →
IRREPROCHABLE 4
<300> Ἀμών: *Amón* → AMÓN
<301> Ἀμώς: *Amós* → AMÓS
<304> ἀναβαθμός: *anabathmós* →
GRADA 1
<306> ἀναβάλλω: *anabálo* →
APLAZAR
<308> ἀναβλέπω: *anablépo* →
RECOBRAR LA VISTA
<309> ἀνάβλεψις: *anáblepsis* →
RECUPERACIÓN DE
LA VISTA
<313> ἀναγεννάω: *anagennáo* →
RENACER
<329> ἀναζωπυρέω: *anazopuréo*
→ AVIVAR
<331> ἀνάθεμα: *anáthema* →
ANATEMA
<332> ἀναθεματίζω: *anathematízo*
→ juramentarse bajo maldición: MALDICIÓN 4
<335> ἀναίδεια: *anaídeia* →
IMPORTUNIDAD
<336> ἀναίρεσις: *anaíresis* →
MUERTE (sust. fem.) 2
<340> ἀνακαινίζω: *anakainízo* →
RENOVAR 1
<341> ἀνακαινόω: *anakainóo* →
RENOVAR 2
<342> ἀνακαίνωσις: *anakaínosis*
→ RENOVACIÓN
<354> ἀνάλημψις: *análempsis* →
ASCENSIÓN 1
<358> ἄναλος: *ánalos* →
INSÍPIDO

<360> ἀναλύω: *analúo* →
PARTIR
<361> ἀναμάρτητος: *anamártetos*
→ sin pecado: PECADO 3
<362> ἀναμένω: *anaméno* →
ESPERAR 4
<364> ἀνάμνησις: *anámnesis* →
MEMORIA (ACTO DE)
<365> ἀνανεόω: *ananeóo* →
RENOVAR 3
<367> Ἀνανίας: *Hananías* →
ANANÍAS
<371> ἀναξίως: *anaxíos* →
INDIGNAMENTE
<373> ἀναπαύω: *anapaúo* →
CONFORTAR 1
<379> ἀναπολόγητος: *anapológetos* → INEXCUSABLE
<381> ἀνάπτω: *anápto* →
ENCENDER 2
<386> ἀνάστασις: *anástasis* →
LEVANTAMIENTO;
RESURRECCIÓN 1
<388> ἀνασταυρόω: *anastauróo* → crucificar otra vez:
CRUCIFICAR 2
<395> ἀνατολή: *anatolé* →
AURORA DE LO ALTO
<401> ἀνάχυσις: *anácusis* →
DESENFRENO 1
<403> ἀνάψυξις: *anápsuxis* →
REFRIGERIO
<404> ἀναψύχω: *anapsúco* →
CONSOLAR 3
<406> Ἀνδρέας: *Andréas* →
ANDRÉS
<408> Ἀνδρόνικος: *Andrónikos* →
ANDRÓNICO
<409> ἀνδροφόνος: *androfónos* →
HOMICIDA

<410> ἀνέγκλητος: *anénkletos* → IRREPRENSIBLE 1; IRREPROCHABLE 5
<411> ἀνεκδιήγητος: *anekdiégetos* → INDECIBLE 2
<412> ἀνεκλάλητος: *anekláletos* → INEFABLE 1
<413> ἀνέκλειπτος: *anékleiptos* → que no falta: FALTAR 2
<415> ἀνελεήμων: *aneleémon* → MISERICORDIA 3
<419> ἀνεξερεύνητος: *anexereúnetos* → INSONDABLE 1
<421> ἀνεξιχνίαστος: *anexicníastos* → INSONDABLE 2
<423> ἀνεπίλημπτος: *anepílemptos* → IRREPRENSIBLE 2
<425> ἄνεσις: *ánesis* → HOLGURA, LIBERTAD 1
<432> ἄνηθον: *ánethon* → ENELDO
<433> ἀνήκω: *anéko* → CONVENIR (NO)
<438> ἄνθος: *ánthos* → FLOR
<439> ἀνθρακιά: *anthrakiá* → BRASAS; fuego de carbón: CARBÓN 2
<440> ἄνθραξ: *ánthrax* → CARBÓN 1
<444> ἄνθρωπος: *ánthropos* → HOMBRE DE DIOS; HOMBRE INTERIOR
<445> ἀνθυπατεύω: *anthupateúo* → ser procónsul: PROCÓNSUL 2
<446> ἀνθύπατος: *anthúpatos* → PROCÓNSUL 1
<448> ἀνέλεος: *anéleos* → MISERICORDIA 4

<450> ἀνίστημι: *anístemi* → RESUCITAR 1
<451> Ἅννα: *Hánna* → ANA
<452> Ἅννας: *Hánnas* → ANÁS
<453> ἀνόητος: *anóetos* → INSENSATO 1
<454> ἄνοια: *ánoia* → INSENSATEZ 1
<456> ἀνοικοδομέω: *anoikodoméo* → EDIFICAR 2
<458> ἀνομία: *anomía* → INIQUIDAD 3
<459> ἄνομος: *ánomos* → INICUO (adj.) 1; INICUO (sust.); el que está sin ley: LEY 3
<460> ἀνόμως: *anómos* → sin ley: LEY 4
<462> ἀνόσιος: *anósios* → sin piedad: PIEDAD 4
<464> ἀνταγωνίζομαι: *antagonízomai* → luchar en contra: PELEAR 2
<467> ἀποδίδωμι: *apodídomi* → RECOMPENSAR
<469> ἀνταπόδοσις: *antapódosis* → RECOMPENSA 3
<472> ἀντέχω: *antéco* → ayudar: AYUDA 4
<476> ἀντίδικος: *antídikos* → ADVERSARIO 1
<480> ἀντίκειμαι: *antíkeimai* → ser el adversario: ADVERSARIO 3
<484> ἀντίλημψις: *antílempsis* → AYUDA 1
<487> ἀντίλυτρον: *antílutron* → RESCATE 2
<488> ἀντιμισθία: *antimisthía* → RECOMPENSA 2

Ἀντιόχεια

<490> Ἀντιόχεια: *Antióqueia* → ANTIOQUÍA
<491> Ἀντιοχεύς: *antioqueús* → ANTIOQUÍA (DE)
<493> Ἀντιπᾶς: *Antipás* → ANTIPAS
<494> Ἀντιπατρίς: *Antipatrís* → ANTÍPATRIS
<497> ἀντιστρατεύομαι: *antistrateúomai* → hacer guerra contra: PELEAR 9
<499> ἀντίτυπον: *antítupon* → CORRESPONDER A
<500> ἀντίχριστος: *antícristos* → ANTICRISTO
<505> ἀνυπόκριτος: *anupókritos* → sin hipocresía: HIPOCRESÍA 2
<506> ἀνυπότακτος: *anupótaktos* → insubordinado: SOMETER 2
<507> ἄνω: *áno* → CELESTIAL 3
<508> ἀνώγεον: *anógeon* → APOSENTO ALTO 1
<509> ἄνωθεν: *ánothen* → NACER DE NUEVO
<513> ἀξίνη: *axíne* → HACHA
<517> ἀόρατος: *aóratos* → INVISIBLE 1
<521> ἀπαίδευτος: *apaídeutos* → INSENSATO 2
<527> ἀπαλός: *japalós* → TIERNO
<533> ἀπαρνέομαι: *aparnéomai* → NEGAR 2
<535> ἀπαρτισμός: *apartismós* → terminación: TERMINAR 7
<536> ἀπαρχή: *aparqué* → PRIMICIA(S)
<538> ἀπατάω: *apatáo* → ENGAÑAR 1
<539> ἀπάτη: *apáte* → SUTILEZAS (HUECAS)
<540> ἀπάτωρ: *apátor* → sin padre: PADRE 2
<541> ἀπαύγασμα: *apaúgasma* → RESPLANDOR
<544> ἀπειθέω: *apeithéo* → CREER (NO); no creer: INCRÉDULO 3; no obedecer: OBEDECER 4
<548> ἄπειμι: *ápeimi* → AUSENTE (ESTAR) 1
<551> ἀπείραστος: *apeírastos* → no tentado: TENTAR 3
<552> ἄπειρος: *ápeiros* → INEXPERTO
<553> ἀπεκδέχομαι: *apekdécomai* → ESPERAR 2
<558> ἀπελεύθερος: *apeleútheros* → LIBERTO
<559> Ἀπελλῆς: *Apelés* → APELES
<560> ἀπελπίζω: *apelpízo* → ESPERAR 8
<563> ἀπερισπάστως: *aperispástos* → IMPEDIMENTO (SIN)
<564> ἀπερίτμητος: *aperítmetos* → INCIRCUNCISO 1
<567> ἀπέχομαι: *apécomai* → ABSTENERSE 1
<568> ἀπέχω: *apéco* → ABUNDANCIA (TENER)
<569> ἀπιστέω: *apistéo* → INCRÉDULO 2
<570> ἀπιστία: *apistía* → INCREDULIDAD
<571> ἄπιστος: *ápistos* → INCRÉDULO 1; INCREÍBLE; INFIEL
<572> ἁπλότης: *japlótes* → LIBERALIDAD 1

<574> ἁπλῶς: *japlós* →
ABUNDANTEMENTE 1
<580> ἀποβολή: *apobolé* →
EXCLUSIÓN
<582> ἀπογραφή: *apografé* →
EMPADRONAMIENTO
<583> ἀπογράφω: *apográfo* →
EMPADRONAR
<584> ἀποδείκνυμι: *apodeíknumi* → APROBAR 1
<585> ἀπόδειξις: *apódeixis* →
DEMOSTRACIÓN 1
<587> ἀπόδεκτος: *apódektos* →
AGRADABLE 2
<588> ἀποδέχομαι: *apodécomai* →
ACEPTAR 2; RECIBIR 1
<594> ἀποδοχή: *apodoqué* →
ACEPTACIÓN
<596> ἀποθήκη: *apothéke* →
GRANERO
<601> ἀποκαλύπτω: *apokalúpto* →
revelar: REVELACIÓN 2
<602> ἀποκάλυψις: *apokálupsis* →
REVELACIÓN 1
<603> ἀποκαραδοκία: *apokara-dokía* → anhelo ardiente: EXPECTACIÓN 4
<604> ἀποκαταλλάσσω: *apoka-talásso* → reconciliar: RECONCILIACIÓN, RECONCILIAR 2
<605> ἀποκατάστασις: *apokatásta-sis* → RESTAURACIÓN
<607> ἀποκεφαλίζω: *apokefalízo* → DECAPITAR 1
<612> ἀπόκρισις: *apókrisis* →
RESPUESTA 1
<619> ἀπόλαυσις: *apólausis* →
gozar de deleites: DELEITE 1

<620> ἀπολείπω: *apoleípo* →
ABANDONAR 1
<623> Ἀπολλύων: *Apolúon* →
APOLIÓN
<624> Ἀπολλωνία: *Apolonía* →
APOLONIA
<625> Ἀπολλῶς: *Apolós* →
APOLO, APOLOS
<626> ἀπολογέομαι: *apologéomai* → defender, hablar en defensa: DEFENSA 2
<627> ἀπολογία: *apología* →
DEFENSA 1
<629> ἀπολύτρωσις: *apolútrosis* → LIBERTAD 6; REDENCIÓN 2; RESCATE 3
<630> ἀπολύω: *apolúo* → poner en libertad: LIBERTAD 9; PERDONAR 1; REPUDIAR
<631> ἀπομάσσω: *apomásso* →
sacudir: SACUDIR EL POLVO
<635> ἀποπλανάω: *apoplanáo* →
ENGAÑAR 5
<646> ἀποστασία: *apostasía* →
APOSTASÍA
<647> ἀποστάσιον: *apostásion* →
DIVORCIO
<650> ἀποστερέω: *aposteréo* →
DEFRAUDAR 1
<651> ἀποστολή: *apostolé* →
APOSTOLADO
<652> ἀπόστολος: *apóstolos* →
APÓSTOL
<655> ἀποστυγέω: *apostugéo* →
ABORRECER
<659> ἀποτινάσσω: *apotinásso* → sacudir: SACUDIR EL POLVO

ἀπουσία

<666> ἀπουσία: *apousía* →
AUSENCIA
<674> ἀποψύχω: *apopsúco* →
desfallecer: ALMA 2
<675> Ἀππίου Φόρον: *Áppiou Fóron* → FORO DE APIO
<676> ἀπρόσιτος: *aprósitos* →
INACCESIBLE
<678> ἀπροσωπολήμπτως *aprosopolémptos* → sin acepción de personas: ACEPCIÓN DE PERSONAS 4
<681> ἅπτω: *jápto* →
ENCENDER 1
<682> Ἀπφία: *Apfía* → APIA, APFIA
<684> ἀπώλεια: *apóleia* →
HIJO DE PERDICIÓN; PERDICIÓN
<685> ἀρά: *ará* → MALDICIÓN 1
<688> Ἀραβία: *Arabía* → ARABIA
<689> Ἀράμ: *Arám* → ARAM
<690> Ἄραψ: *áraps* → ÁRABE
<692> ἀργός: *argós* → OCIOSO (adj.)
<693> ἀργύρεος: *argúreos* → de plata, en plata: PLATA 2
<694> ἀργύριον: *argúrion* → moneda de plata, dinero: PLATA 3
<695> ἀργυροκόπος: *argurokópos* → PLATERO
<696> ἄργυρος: *árguros* → PLATA 1
<697> Ἄρειος Πάγος: *Áreios Págos* → AREÓPAGO
<698> Ἀρεοπαγίτης: *areopagítes* → AREOPAGITA
<701> ἀρεστός: *arestós* → AGRADABLE 4

<702> Ἀρέτας: *Arétas* → ARETAS
<703> ἀρετή: *areté* → VIRTUD
<704> ἀρήν: *arén* → CORDERO 2
<707> Ἀριμαθαία: *Arimathaía* → ARIMATEA
<708> Ἀρίσταρχος: *Arístarcos* → ARISTARCO
<711> Ἀριστόβουλος: *Aristóboulos* → ARISTÓBULO
<712> ἄριστον: *áriston* → COMIDA 1
<716> ἅρμα: *járma* → CARRO 1
<717> Ἁρμαγεδών: *Harmagedón* → ARMAGEDÓN
<718> ἁρμόζω: *jarmózo* → DESPOSAR
<719> ἁρμός: *jarmós* → COYUNTURA 1
<720> ἀρνέομαι: *arnéomai* → NEGAR 1
<721> ἀρνίον: *arníon* → CORDERO 3
<721> Ἀρνίον: *Arníon* → CORDERO
<722> ἀροτριάω: *arotriáo* → ARAR 1
<723> ἄροτρον: *árotron* → ARADO
<724> ἁρπαγή: *jarpagé* → DESPOJO
<725> ἁρπαγμός: *jarpagmós* → AFERRARSE
<727> ἅρπαξ: *járpax* → RAPAZ
<728> ἀρραβών: *arrabón* → ARRAS
<731> ἄρρητος: *árretos* → INEFABLE 2
<732> ἐκχέω: *ekquéo* → ABANDONAR 7

446

<733> ἀρσενοκοίτης: *arsenokoítes* → SODOMITA
<734> Ἀρτεμᾶς: *Artemás* → ARTEMAS
<735> Ἄρτεμις: *Ártemis* → DIANA
<736> ἀρτέμων: *artémon* → VELA DE ARTIMÓN
<740> ἄρτος: *ártos* → pan: PARTIR EL PAN; pan: PROPOSICIÓN (PANES DE)
<741> ἀρτύω: *artúo* → SAZONAR
<742> Ἀρφαξάδ: *Arfaxád* → ARFAXAD
<743> ἀρχάγγελος: *arcángelos* → ARCÁNGEL
<744> ἀρχαῖος: *arcaíos* → ANCIANO 1; ANTIGUO 1
<745> Ἀρχέλαος: *Arquélaos* → ARQUELAO
<746> ἀρχή: *arqué* → MAGISTRADO 1; MANERA (EN, DE NINGUNA) 3; PRINCIPADO; PRINCIPIO
<747> ἀρχηγός: *arquegós* → JEFE 1; PRÍNCIPE 1
<749> ἀρχιερεύς: *arquiereús* → principal, sumo sacerdote: SACERDOTE 2; SUMO SACERDOTE
<750> ἀρχιποίμην: *arquipoímen* → jefe de los pastores: PASTOR 3
<751> Ἄρχιππος: *Árquippos* → ARQUIPO
<752> ἀρχισυνάγωγος: *arquisunágogos* → principal de la sinagoga: JEFE 3
<753> ἀρχιτέκτων: *arquitékton* → ARQUITECTO 1
<754> ἀρχιτελώνης: *arquitelónes* → jefe de los publicanos: JEFE 4; jefe de los publicanos: PUBLICANO 2
<755> ἀρχιτρίκλινος: *arquitríklinos* → MAESTRESALA
<757> ἄρχω: *árco* → GOBERNAR 1
<758> ἄρχων: *árcon* → GOBERNADOR 1; JEFE 2; MAGISTRADO 2; PRÍNCIPE 2
<759> ἄρωμα: *ároma* → AROMA
<760> Ἀσά: *Asá* → ASA
<761> ἀσάλευτος: *asáleutos* → INCONMOVIBLE 2
<762> ἄσβεστος: *ásbestos* → INEXTINGUIBLE
<763> ἀσέβεια: *asébeia* → INIQUIDAD 4
<764> ἀσεβέω: *asebéo* → IMPÍAMENTE (HACER)
<765> ἀσεβής: *asebés* → IMPÍO
<766> ἀσέλγεια: *asélgeia* → LASCIVIA 1; LIBERTINAJE 1
<768> Ἀσήρ: *Asér* → ASER
<769> ἀσθένεια: *asthéneia* → DEBILIDAD 2; ENFERMEDAD 1
<770> ἀσθενέω: *asthenéo* → DÉBIL (ESTAR)
<771> ἀσθένημα: *asthénema* → ENFERMEDAD 2; FLAQUEZA
<772> ἀσθενής: *asthenés* → DÉBIL; DEBILIDAD 1
<773> Ἀσία: *Asía* → ASIA
<774> Ἀσιανός: *asianós* → ASIA (DE)

Ἀσιάρχης

<775> Ἀσιάρχης: *Asiárques* → ASIARCA
<777> ἄσιτος: *ásitos* → COMER (SIN) 2
<779> ἀσκός: *askós* → ODRE
<780> ἀσμένως: *asménos* → con gozo: GOZO 7
<785> ἀσπίς: *aspís* → ÁSPID
<786> ἄσπονδος: *áspondos* → IMPLACABLE
<787> ἀσσάριον: *assárion* → CUARTO
<789> Ἄσσος: *Ássos* → ASÓN, ASSO
<790> ἀστατέω: *astatéo* → estar sin morada fija: HABITACIÓN 7
<792> ἀστήρ: *astér* → astér: ESTRELLA DE LA MAÑANA 1; astér: ESTRELLA DE LA MAÑANA 2
<793> ἀστήρικτος: *astériktos* → inconstante: AFIRMAR 9
<794> ἄστοργος: *ástorgos* → sin afecto natural: CARIÑO 5
<797> ἀστράπτω: *astrápto* → FULGURAR
<799> Ἀσύγκριτος: *Asúnkritos* → ASÍNCRITO
<800> ἀσύμφωνος: *asúmfonos* → que no está de acuerdo: ARMONÍA 3
<803> ἀσφάλεια: *asfáleia* → CERTIDUMBRE 1
<808> ἀσχημοσύνη: *ascemosúne* → VERGÜENZA 2
<809> ἀσχήμων: *asquémon* → que no es decoroso, o menos decoroso: DECOROSO 2
<810> ἀσωτία: *asotía* → DISOLUCIÓN 1; LIBERTINAJE 2
<811> ἀσώτως: *asótos* → en la perversión: LASCIVIA 2
<812> ἀτακτέω: *ataktéo* → andar desordenadamente: CONFUSIÓN 3
<813> ἄτακτος: *átaktos* → OCIOSO (sust.)
<814> ἀτάκτως: *atáktos* → desordenadamente: CONFUSIÓN 2
<818> ἀτιμάζω: *atimázo* → afrentar: VITUPERIO 4
<819> ἀτιμία: *atimía* → INFAMIA
<820> ἄτιμος: *átimos* → sin honra: HONOR 4; menos honorable: HONORABLE 3
<823> ἄτομος: *átomos* → INSTANTE 1
<824> ἄτοπος: *átopos* → PERVERSO
<825> Ἀττάλεια: *Attáleia* → ATALIA
<828> Αὔγουστος: *Aúgoustos* → AUGUSTO 1
<829> αὐθάδης: *autháshes* → ARROGANTE 1
<831> αὐθεντέω: *authentéo* → usar de autoridad: AUTORIDAD 5
<832> αὐλέω: *auléo* → tocar la flauta, tocar con la flauta: FLAUTA 2
<833> αὐλή: *aulé* → REDIL
<834> αὐλητής: *auletés* → que toca la flauta, flautista: FLAUTA 3
<836> αὐλός: *aulós* → FLAUTA 1

<837> αὐξάνω: *auxáno* →
CRECER; dar crecimiento:
CRECIMIENTO 2
<838> αὔξησις: *aúxesis* →
CRECIMIENTO 1
<841> αὐτάρκεια: *autárkeia* →
CONTENTAMIENTO
<850> αὐχμηρός *aúcmerós* →
OSCURO
<853> ἀφανίζω: *afanízo* →
DESFIGURAR
<855> ἄφαντος: *áfantos* →
INVISIBLE 2
<858> ἀφελότης: *afelótes* →
LIBERALIDAD 2
<859> ἄφεσις: *áfesis* →
LIBERTAD 2; PERDÓN 1; REMISIÓN 1
<860> ἀφή: *jafé* →
COYUNTURA 2
<861> ἀφθαρσία: *aftharsía*
→ INCORRUPCIÓN; PUREZA 3
<862> ἄφθαρτος: *áfthartos* →
INCORRUPTIBLE 2
<863> ἀφίημι: *afíemi* →
ABANDONAR 4; PERDONAR 2
<866> ἀφιλάργυρος: *afilárguros* →
sin avaricia: AVARICIA 2;
no amigo del dinero: PLATA 5
<868> ἀφίστημι: *afístemi* →
ABANDONAR 5; APOSTATAR
<871> ἀφομοιόω: *afomoióo* →
SEMEJANTE (HACER)
<877> ἀφροσύνη: *afrosúne* →
INSENSATEZ 3; locura: NECIO (sust.) 2

<878> ἄφρων: *áfron* → INSENSATO 3; NECIO (sust.) 1
<881> Ἀχάζ: *Acáz* → ACAZ
<882> Ἀχαΐα: *Acaía* → ACAYA
<883> Ἀχαϊκός: *Acaikós* →
ACAICO
<884> ἀχάριστος: *acáristos* →
INGRATO
<885> Ἀχίμ: *Aquím* → AQUIM
<892> ἄχυρον: *ácuron* → PAJA 1
<894> ἄψινθος: *ápsinthos* →
AJENJO
<894> Ἄψινθος: *Ápsinthos* →
AJENJO

B

<896> Βάαλ: *Báal* → BAAL
<897> Βαβυλών: *Babulón* →
BABILONIA
<898> βαθμός: *bathmós* →
GRADA 2
<902> βαΐον: *baíon* → RAMA 1
<903> Βαλαάμ: *Balaám* →
BALAAM
<904> Βαλάκ: *Balák* → BALAC
<905> βαλλάντιον: *balántion* →
BOLSA 1
<907> βαπτίζω: *baptízo* → BAUTISMO, BAUTIZAR
<908> βάπτισμα: *báptisma* →
BAUTISMO, BAUTIZAR
<909> βαπτισμός: *baptismós* →
ABLUCIÓN
<910> βαπτιστής: *Baptistés* →
BAUTISTA
<912> Βαραββᾶς: *Barabbás* →
BARRABÁS
<913> Βαράκ: *Barák* → BARAC

449

<914> Βαραχίας: *Baraquías* → BEREQUÍAS
<915> βάρβαρος: *bárbaros* → NATIVO
<918> Βαρθολομαῖος: *Bartholomaíos* → BARTOLOMÉ
<919> Βαριησοῦς: *Bariesoús* → BARJESÚS
<920> Βαριωνᾶς: *Barionás* → HIJO DE JONÁS
<921> Βαρναβᾶς: *Barnabás* → BERNABÉ
<922> βάρος: *báros* → CARGA 1
<923> Βαρσαββᾶς: *Barsabbás* → BARSABÁS
<924> Βαρτιμαῖος: *Bartimaíos* → BARTIMEO
<926> βαρύς: *barús* → GRAVE 1
<928> βασανίζω: *basanízo* → atormentar: TORMENTO 3
<929> βασανισμός: *basanismós* → TORMENTO 1
<930> βασανιστής: *basanistés* → VERDUGO
<931> βάσανος: *básanos* → TORMENTO 2
<932> βασιλεία: *basileía* → reino: REINO DE DIOS; reino: REINO DE LOS CIELOS
<938> βασίλισσα: *basílissa* → REINA
<940> βασκαίνω: *baskaíno* → FASCINAR
<941> βαστάζω: *bastázo* → AFLICCIÓN 4
<942> βάτος: *bátos* → ZARZA
<943> βάτος: *bátos* → BARRIL
<944> βάτραχος: *bátracos* → RANA
<945> βατταλογέω: *battalogéo* → REPETICIONES (USAR DE VANAS)
<946> βδέλυγμα: *bdélugma* → ABOMINACIÓN 1
<947> βδελυκτός: *bdeluktós* → ABOMINABLE
<948> βδελύσσομαι: *bdelússomai*; tener en abominación: ABOMINACIÓN 2; aquel que se ha manchado con abominaciones → ABOMINACIÓN 3
<949> βέβαιος: *bébaios* → firme: AFIRMAR 2; FIRME 1
<950> βεβαιόω: *bebaióo* → AFIRMAR 1
<952> βέβηλος: *bébelos* → PROFANO 1
<954> Βεελζεβούλ: *Beelzeboúl* → BEELZEBÚ, BEELZEBUL
<955> Βελίαλ: *belíal*, Βελιάρ: *beliár* → BELIAL (o: BELIAR)
<956> βέλος: *bélos* → DARDO
<958> Βενιαμίν: *Beniamín* → BENJAMÍN
<959> Βερνίκη: *Berníke* → BERENICE
<960> Βέροια: *Béroia* → BEREA
<961> Βεροιαῖος: *beroiaíos* → BEREA (DE)
<963> Βηθανία: *Bethanía* → BETANIA
<964> Βηθεσδά: *Bethesdá* → BETESDA
<965> Βηθλεέμ: *Bethleém* → BELÉN
<966> Βηθσαϊδά: *Bethsaidá* → BETSAIDA

βωμός

<967> Βηθφαγή: *Bethfagé* → BETFAGÉ
<968> βῆμα: *béma* → TRIBUNAL DE CRISTO, TRIBUNAL DE DIOS
<969> βήρυλλος: *bérulos* → BERILO, BERILIO
<974> βιβλαρίδιον: *biblarídion* → librito: LIBRO 3
<975> βιβλίον: *biblíon* → LIBRO 2
<976> βίβλος: *bíblos* → LIBRO 1
<978> Βιθυνία: *Bithunía* → BITINIA
<982> βιωτικός: *biotikós* → asuntos de esta vida: ASUNTO 4
<983> βλαβερός: *blaberós* → DAÑOSO
<985> βλαστάνω: *blastáno* → BROTAR; RETOÑAR 1
<986> Βλάστος: *Blástos* → BLASTO
<987> βλασφημέω: *blasfeméo* → acusar calumniosamente: ACUSAR 1; BLASFEMAR; blasfemar: BLASFEMO (sust.) 2; CALUMNIADO (SER); CALUMNIAR 1; injuriar, decir injurias, hablar injuriosamente: INJURIAR 1
<988> βλασφημία: *blasfemía* → BLASFEMIA; INJURIA
<989> βλάσφημος: *blásfemos* → BLASFEMO (adj.); BLASFEMO (sust.) 1; INJURIOSO 1
<993> Βοανηργές: *Boanergés* → BOANERGES
<996> βοήθεια: *boétheia* → SOCORRO 1
<997> βοηθέω: *boethéo* → venir en ayuda: AYUDA 5; AYUDAR 1
<998> βοηθός: *boethós* → AYUDA 2
<999> βόθυνος: *bóthunos* → HOYO
<1000> βολή: *bolé* → TIRO
<1003> Βοόζ: *Boóz* → BOAZ
<1004> βόρβορος: *bórboros* → DESENFRENO 2
<1006> βόσκω: *bósko* → APACENTAR 1
<1007> Βοσόρ: *Bosór* → BOSOR
<1009> βότρυς: *bótrus* → RACIMO
<1012> βουλή: *boulé* → CONSEJO 1
<1015> βουνός: *bounós* → COLLADO
<1016> βοῦς: *boús* → BUEY
<1017> βραβεῖον: *brabeíon* → PREMIO
<1021> βραδύς: *bradús* → TARDO
<1022> βραδύτης: *bradútes* → TARDANZA
<1026> βρέχω: *bréco* → REGAR 1
<1027> βροντή: *bronté* → TRUENO
<1030> βρυγμός: *brugmós* → CRUJIR DE DIENTES
<1031> βρύχω: *brúco* → CRUJIR 2
<1035> βρῶσις: *brósis* → COMIDA 2
<1040> βύσσος: *bússos* → LINO FINO 1
<1041> βωμός: *bomós* → ALTAR 1

Γ

<1042> Γαββαθᾶ: *Gabbathá* → GABBATA
<1043> Γαβριήλ: *Gabriél* → GABRIEL
<1044> γάγγραινα: *gángraina* → GANGRENA
<1045> Γάδ: *Gád* → GAD
<1046> Γαδαρηνός: *Gadarenós* → GADARENOS
<1047> γάζα: *gáza* → TESORO 2
<1048> Γάζα: *Gáza* → GAZA
<1049> γαζοφυλάκιον: *gazofulákion* → TESORO 3
<1050> Γάϊος: *Gáios* → GAYO
<1051> γάλα: *gála* → LECHE
<1052> Γαλάτης: *galátes* → GÁLATAS
<1053> Γαλατία: *Galatía* → GALACIA
<1054> Γαλατικός: *galatikós* → GALACIA (DE)
<1055> γαλήνη: *galéne* → CALMA
<1056> Γαλιλαία: *Galilaía* → GALILEA
<1057> Γαλιλαῖος: *galilaíos* → GALILEO
<1058> Γαλλίων: *Galíon* → GALIÓN
<1059> Γαμαλιήλ: *Gamaliél* → GAMALIEL
<1060> γαμέω: *gaméo* → CASAR, CASARSE 1
<1061> γαμίσκω: *gamísko* → dar en casamiento: MATRIMONIO 2
<1062> γάμος: *gámos* → BODA; MATRIMONIO 1
<1066> Γεδεών: *Gedeón* → GEDEÓN
<1067> γέεννα: *géenna* → GEHENNA; HIJO DE LA GEHENNA
<1068> Γεθσημανί: *Gethsemaní* → GETSEMANÍ
<1070> γελάω: *geláo* → REÍR 1
<1071> γέλως: *gélos* → RISA
<1074> γενεά: *geneá* → GENERACIÓN
<1075> γενεαλογέω: *genealogéo* → contado en la genealogía: GENEALOGÍA 4
<1076> γενεαλογία: *genealogía* → GENEALOGÍA 1
<1077> γενέσια: *genésia* → CUMPLEAÑOS
<1078> γένεσις: *génesis* → GENEALOGÍA 2; NUEVO NACIMIENTO
<1080> γεννάω: *gennáo* → NACER DE NUEVO
<1082> Γεννησαρέτ: *Gennesarét* → GENESARET
<1085> γένος: *génos* → FAMILIA 1
<1086> Γερασηνός: *gerasenós* → GERASENO, GERGESENO
<1087> γερουσία: *gerousía* → ANCIANOS
<1090> γεωργέω: *georgéo* → ARAR 2
<1091> γεώργιον: *geórgion* → LABRANZA
<1092> γεωργός: *georgós* → LABRADOR

δελεάζω

<1100> γλῶσσα: *glóssa* → LENGUA 1
<1101> γλωσσόκομον: *glossókomon* → BOLSA 2
<1102> γναφεύς: *gnafeús* → LAVANDERO
<1111> γογγύζω: *gongúzo* → MURMURAR 1
<1112> γογγυσμός: *gongusmós* → MURMURACIÓN 1
<1113> γογγυστής: *gongustés* → MURMURADOR 1
<1114> γόης: *góes* → ENGAÑADOR
<1115> Γολγοθᾶ: *Golgothá* → GÓLGOTA
<1116> Γόμορρα: *Gómorra* → GOMORRA
<1122> γραμματεύς: *grammateús* → ESCRIBA
<1133> γυναικάριον: *gunaikárion* → MUJERCILLA, MUJERZUELA
<1134> γυναικεῖος: *gunaikeíos* → FEMENINO
<1135> γυνή: *guné* → MUJER 1
<1136> Γώγ: *Góg* → GOG
<1137> γωνία: *gonía* → piedra: PIEDRA DEL ÁNGULO, ANGULAR; piedra del ángulo: PRINCIPAL PIEDRA DEL ÁNGULO 2

Δ

<1138> Δαυίδ: *Dauíd* → DAVID
<1139> δαιμονίζομαι: *daimonízomai* → estar atormentado por un demonio: DEMONIO 3; ENDEMONIADO
<1140> δαιμόνιον: *daimónion* → DEMONIO 1
<1141> δαιμονιώδης: *daimoniódes* → DIABÓLICO
<1142> δαίμων: *daímon* → DEMONIO 2
<1146> δακτύλιος: *daktúlios* → ANILLO 1
<1148> Δαλμανουθά: *Dalmanouthá* → DALMANUTA
<1149> Δαλματία: *Dalmatía* → DALMACIA
<1151> δάμαλις: *dámalis* → BECERRA
<1152> Δάμαρις: *Dámaris* → DÁMARIS
<1153> Δαμασκηνός: *damaskenós* → DAMASCENO
<1154> Δαμασκός: *Damaskós* → DAMASCO
<1157> δανειστής: *daneistés* → ACREEDOR
<1158> Δανιήλ: *Daniél* → DANIEL
<1162> δέησις: *déesis* → ORACIÓN 1
<1169> δειλός: *deilós* → TÍMIDO
<1173> δεῖπνον: *deípnon* → BANQUETE 1; CENA
<1179> Δεκάπολις: *Dekápolis* → DECÁPOLIS
<1181> δεκάτη: *dekáte* → DIEZMO
<1184> δεκτός: *dektós* → ACEPTABLE; AGRADABLE 1; aprobado: PROPICIO 1
<1185> δελεάζω: *deleázo* → SEDUCIR

δένδρον

<1186> δένδρον: *déndron* → ÁRBOL
<1188> δεξιός: *dexiós* → COMPAÑERISMO (DAR LA MANO DE)
<1190> Δερβαῖος: *derbaíos* → DERBE (DE)
<1191> Δέρβη: *Dérbe* → DERBE
<1197> δέσμη: *désme* → MANOJO
<1198> δέσμιος: *désmios* → PRESO 1
<1199> δεσμός: *desmós* → CADENA 2
<1200> δεσμοφύλαξ: *desmofúlax* → CARCELERO
<1202> δεσμώτης: *desmótes* → PRESO 2
<1203> Δεσπότης: Despótes → SOBERANO 1
<1209> δέχομαι: *décomai* → ACEPTAR 1
<1210> δέω: *déo* → dejar preso: PRESO 3
<1214> Δημᾶς: *Demás* → DEMAS
<1215> δημηγορέω: *demegoréo* → ARENGAR
<1216> Δημήτριος: *Demétrios* → DEMETRIO
<1220> δηνάριον: *denárion* → DENARIO
<1225> διαβάλλω: *diabálo* → ACUSAR 2
<1228> διάβολος: *diábolos* → CALUMNIADOR; DIABLO
<1234> διαγογγύζω: *diagongúzo* → MURMURAR 2
<1242> διαθήκη: *diathéke* → PACTO

<1247> διακονέω: *diakonéo* → ADMINISTRAR 1
<1248> διακονία: *diakonía* → ADMINISTRACIÓN 1; MINISTERIO 1
<1249> διάκονος: *diákonos* → MINISTRO 1; servidor o ministro: SERVIDOR 1
<1256> διαλέγω: *dialégo* → DIRIGIR 1
<1258> διάλεκτος: *diálektos* → LENGUA 3
<1259> διαλλάσσω: *dialásso* → reconciliar: RECONCILIACIÓN, RECONCILIAR 3
<1260> διαλογίζομαι: *dialogízomai* → razonar: RAZONAMIENTO 2
<1261> διαλογισμός: *dialogismós* → RAZONAMIENTO 1
<1263> διαμαρτύρομαι: *diamartúromai* → AFIRMAR 3; TESTIFICAR 4
<1271> διάνοια: *diánoia* → ENTENDIMIENTO
<1274> διανύω: *dianúo* → TERMINAR 5
<1278> διαπονέω: *diaponéo* → AFLIGIR 1
<1299> διατάσσω: *diatásso* → MANDAR 5
<1310> διαφημίζω: *diafemízo* → divulgar la fama: FAMA 2
<1318> διδακτός: *didaktós* → ENSEÑADO 1
<1319> διδασκαλία: *didaskalía* → ENSEÑANZA 1
<1320> διδάσκαλος: *didáskalos* → MAESTRO 1

<1322> διδαχή: *didaqué* → ENSEÑANZA 2
<1323> δίδραχμον: *dídracmon* → DRACMAS (DOS); ESTATERO
<1324> Δίδυμος: *Dídumos* → DÍDIMO
<1325> δίδωμι: *dídomi* → COMPAÑERISMO (DAR LA MANO DE)
<1328> διερμηνευτής: *diermeneutés* → INTÉRPRETE
<1332> διετής: *dietés* → de dos años: AÑO 4
<1333> διετία: *dietía* → dos años: AÑO 3
<1335> διήγησις: *diégesis* → HISTORIA
<1338> διϊκνέομαι: *diiknéomai* → PENETRAR
<1340> διϊσχυρίζομαι: *diiscurízomai* → AFIRMAR 4
<1342> δίκαιος: *díkaios* → JUSTO (adj.) 1; JUSTO (sust.)
<1343> δικαιοσύνη: *dikaiosúne* → JUSTICIA 1
<1344> δικαιόω: *dikaióo* → JUSTIFICAR
<1345> δικαίωμα: *dikaíoma* → JUSTIFICACIÓN 1
<1346> δικαίως: *dikaíos* → JUSTAMENTE
<1347> δικαίωσις: *dikaíosis* → JUSTIFICACIÓN 2
<1348> δικαστής: *dikastés* → JUEZ 2
<1349> δίκη: *díke* → CASTIGO
<1349> Δίκη: *Díke* → JUSTICIA (LA)
<1354> Διονύσιος: *Dionúsios* → DIONISIO
<1357> διόρθωσις: *diórthosis* → REFORMACIÓN
<1359> Διόσκουροι: *Dióskouroi* → DIÓSCUROS
<1361> Διοτρέφης: *Diotrefés* → DIÓTREFES
<1374> δίψυχος: *dípsucos* → indeciso en sus pensamientos: INDECISO
<1375> διωγμός: *diogmós* → PERSECUCIÓN
<1376> διώκτης: *dióktes* → PERSEGUIDOR
<1378> δόγμα: *dógma* → EDICTO
<1381> δοκιμάζω: *dokimázo* → APROBAR 2; poner a prueba: PRUEBA 2
<1382> δοκιμή: *dokimé* → prueba: PRUEBA 1
<1384> δόκιμος: *dókimos* → aprobado: APROBAR 3
<1385> δοκός: *dokós* → VIGA
<1387> δολιόω: *dolióo* → ENGAÑAR 8
<1388> δόλος: *dólos* → ENGAÑO, MENTIRA 1
<1389> δολόω: *dolóo* → ADULTERAR
<1391> δόξα: *dóxa* → GLORIA 1
<1392> δοξάζω: *doxázo* → GLORIFICAR 1; glorificar: GLORIOSO 2
<1393> Δορκάς: *Dorkás* → DORCAS, DORCÁS
<1396> δουλαγωγέω: *doulagogéo* → ESCLAVIZAR 1
<1397> δουλεία: *douleía* → ESCLAVITUD 1

<1398> δουλεύω: douleúo → estar en esclavitud: ESCLAVITUD 2; ESCLAVIZAR 2
<1401> δοῦλος: doúlos → siervo: SERVIDOR 2
<1402> δουλόω: doulóo → ESCLAVIZAR 3
<1403> δοχή: doqué → BANQUETE 2
<1404> δράκων: drákon → DRAGÓN
<1406> δραχμή: dracmé → DRACMA
<1407> δρέπανον: drépanon → HOZ
<1409> Δρούσιλλα: Droúsila → DRUSILA
<1411> δύναμις: dúnamis → CAPACIDAD 1, MILAGRO 1
<1412> δυναμόω: dunamóo → FORTALECER 1
<1413> Δυνάστης: Dunástes → SOBERANO 2
<1420> δυσεντερία: dusentería → DISENTERÍA
<1426> δυσφημία: dusfemía → mala fama: FAMA 4
<1432> δωρεάν: doreán → GRATUITAMENTE
<1435> δῶρον: dóron → OFRENDA 2

E

<1439> ἐάω: eáo → ABANDONAR 6
<1443> Ἔβερ: Éber → EBER

<1444> Ἑβραϊκός: jebraikós → HEBRAICA, HEBREO 1
<1445> Ἑβραῖος: jebraíos → HEBRAICA, HEBREO 4; HEBREO
<1446> Ἑβραΐς: jebraís → HEBRAICA, HEBREO 2
<1447> Ἑβραϊστί: jebraistí → HEBRAICA, HEBREO 3
<1450> ἔγγυος: énguos → FIADOR
<1453> ἐγείρω: egeíro → RESUCITAR 2
<1454> ἔγερσις: égersis → RESURRECCIÓN 2
<1455> ἐγκάθετος: enkáthetos → ESPÍA
<1456> ἐγκαίνια: enkaínia → DEDICACIÓN
<1457> ἐγκαινίζω: enkainízo → INAUGURAR
<1457a> ἐγκακέω: enkakéo → perder ánimo: ÁNIMO 8
<1458> ἐγκαλέω: enkaléo → intentar acusación: ACUSACIÓN 5; ACUSAR 3
<1459> ἐγκαταλείπω: enkataleípo → ABANDONAR 2
<1461> ἐγκεντρίζω: enkentrízo → INJERTAR
<1462> ἔγκλημα: énklema → ACUSACIÓN 3; de lo que se está acusado: ACUSAR 7
<1465> ἐγκόπτω: enkópto → ESTORBAR
<1466> ἐγκράτεια: enkráteia → TEMPLANZA
<1472> ἐγχρίω: encrío → UNGIR 3

<1476> ἑδραῖος: *jedraíos* → FIRME 2
<1478> Ἐζεκίας: *Ezekías* → EZEQUÍAS
<1479> ἐθελοθρησκία: *ethelothreskía* → CULTO VOLUNTARIO
<1481> ἐθνάρχης: *ethnárques* → GOBERNADOR 2
<1484> ἔθνος: *éthnos* → NACIÓN
<1486> ἔθω: *étho* → ACOSTUMBRAR
<1491> εἶδος: *eídos* → APARIENCIA 1; FIGURA 1; FORMA 1
<1493> εἰδωλεῖον: *eidoleíon* → templo de ídolo: ÍDOLO 2
<1494> εἰδωλόθυτον: *eidolóthuton* → cosa sacrificada a los ídolos: ÍDOLO 3; sacrificar a los ídolos: SACRIFICAR 2; ofrecido en sacrificio: SACRIFICIO 2
<1495> εἰδωλολατρεία: *eidololatreía* → IDOLATRÍA
<1496> εἰδωλολάτρης: *eidololátres* → IDÓLATRA
<1497> εἴδωλον: *eídolon* → ÍDOLO 1
<1504> εἰκών: *eikón* → IMAGEN 1
<1514> εἰρηνεύω: *eireneúo* → estar en paz, vivir en paz: PAZ 2
<1515> εἰρήνη: *eiréne* → PAZ 1
<1516> εἰρηνικός: *eirenikós* → APACIBLE 1
<1517> εἰρηνοποιέω: *eirenopoiéo* → PAZ 1
<1518> εἰρηνοποιός: *eirenopoiós* → PAZ 1
<1520> εἷς: *jéis* → UNO 1
<1541> ἑκατονταετής: *jekatontaétes* → de cien años: AÑO 7; de cien años: MAYOR DE EDAD 1
<1543> ἑκατοντάρχης: *jekatontárques* → CENTURIÓN 1; ἑκατόνταρχος: *jekatóntarcos* → CENTURIÓN 1
<1545> ἔκβασις: *ékbasis* → SALIDA
<1547> ἐκγαμίζω: *ekgamízo* → CASAR, CASARSE 2; dar en casamiento: MATRIMONIO 4
<1548> ἐκγαμίσκω: *ekgamísko* → dar en casamiento: MATRIMONIO 3
<1549> ἔκγονος: *ékgonos* → DESCENDIENTE
<1551> ἐκδέχομαι: *ekdécomai* → ESPERAR 1
<1553> ἐκδημέω: *ekdeméo* → AUSENTE (ESTAR) 2
<1557> ἐκδίκησις: *ekdíkesis* → JUSTICIA 2
<1558> ἔκδικος: *ékdikos* → VENGADOR
<1559> ἐκδιώκω: *ekdióko* → echar fuera, perseguir: PERSECUCIÓN 2
<1561> ἐκδοχή: *ekdoqué* → EXPECTACIÓN 1
<1573> ἐκκακέω: *ekkakéo* → perder ánimo: ÁNIMO 8
<1577> ἐκκλησία: *ekklesía* → IGLESIA
<1587> ἐκλείπω: *ekleípo* → FALTAR 1

ἐκλεκτός

<1588> ἐκλεκτός: *eklektós* →
ESCOGIDO 1
<1589> ἐκλογή: *eklogué* →
ELECCIÓN
<1590> ἐκλύω: *eklúo* → desmayar:
ÁNIMO 7; DESALEN-
TAR 2; FALTAR 3
<1598> ἐκπειράζω: *ekpeirázo* →
TENTAR 2
<1608> ἐκπορνεύω: *ekporneúo* →
abandonarse a la fornica-
ción: ABANDONAR 8
<1609> ἐκπτύω: *ekptúo* →
DESECHAR
<1611> ἔκστασις: *ékstasis* →
ADMIRACIÓN 1;
ÉXTASIS
<1615> ἐκτελέω: *ekteléo* →
TERMINAR 2
<1618> ἐκτενής: *ektenés* →
FERVIENTE 1
<1619> ἐκτενῶς: *ektenós* →
ENTRAÑABLEMENTE
<1621> ἐκτινάσσω: *ektinásso* →
sacudir: SACUDIR EL
POLVO
<1626> ἔκτρωμα: *éktroma* →
ABORTIVO
<1632> ἐκχέω: *ekquéo* →
ABANDONAR 7
<1636> ἐλαία: *elaía* → ACEI-
TUNA; OLIVO 1; MON-
TAÑA, MONTE DE LOS
OLIVOS
<1637> ἔλαιον: *élaion* →
ACEITE
<1639> Ἐλαμίτης: *elamítes* →
ELAMITA
<1645> ἐλαφρός: *elafrós* →
LIGERO

<1648> Ἐλεάζαρ: *Eleázar* →
ELEAZAR
<1650> ἔλεγχος: *élencos* →
CONVICCIÓN
<1653> ἐλεέω: *eleéo* → hacer,
llegar a ser un objeto de,
ejercer la, recibir, obte-
ner, usar de misericordia:
MISERICORDIA 2
<1654> ἐλεημοσύνη: *eleemo-
súne* → JUSTICIA 3;
LIMOSNA
<1655> ἐλεήμων: *eleémon* →
MISERICORDIOSO 1
<1656> ἔλεος: *éleos* → MISERI-
CORDIA 1
<1657> ἐλευθερία: *eleuthería* →
LIBERTAD 3
<1659> ἐλευθερόω: *eleutheróo* →
LIBERAR, LIBERTAR
<1661> ἐλεφάντινος: *elefántinos*
→ MARFIL (DE)
<1662> Ἐλιακίμ: *Eliakím* →
ELIAQUIM, ELIAQUÍN
<1663> Ἐλιέζερ: *Eliézer* →
ELIEZER
<1664> Ἐλιούδ: *Elioúd* →
ELIUD
<1665> Ἐλισάβετ: *Elisábet* →
ELISABET
<1666> Ἐλισαῖος: *Elisaíos* →
ELISEO
<1668> ἕλκος: *jélkos* → LLAGA 1
<1669> ἑλκόω: *jelkóo* → estar
lleno de llagas: LLAGA 2
<1671> Ἑλλάς: *Jelás* → GRECIA
<1672> Ἕλλην: *jélen* → GRIEGO,
GRIEGA
<1673> Ἑλληνικός: *jelenikós* →
GRIEGO 1

ἐντολή

<1674> Ἑλληνίς: *jelenís* →
GRIEGO, GRIEGA
<1675> Ἑλληνιστής: *jelenistés* →
HELENISTA
<1676> Ἑλληνιστί: *jelenistí* →
GRIEGO 2
<1678> Ἑλμαδάμ: *Elmadám* →
ELMADAN, ELMODAM
<1679> ἐλπίζω: *elpízo* →
ESPERAR 7
<1680> ἐλπίς: *elpís* →
ESPERANZA
<1681> Ἐλύμας: *Elúmas* →
ELIMAS
<1682> Ἐλωΐ: *Eloí* → ELOI
<1690> ἐμβριμάομαι: *embrimáomai* → ESTREMECER
<1694> Ἐμμανουήλ: *Emmanouél* → EMMANUEL
<1695> Ἐμμαοῦς: *Emmaoús* → EMAÚS
<1697> Ἐμμώρ: *Jemmór* → HAMOR
<1703> ἐμπαίκτης: *empaíktes* → BURLADOR
<1708> ἐμπλοκή: *emploké* → TRENZADO
<1721> ἔμφυτος: *émfutos* → IMPLANTADA
<1724> ἐνάλιος: *enálios* → animal marino: ANIMAL 2
<1730> ἔνδειγμα: *éndeigma* → DEMOSTRACIÓN 2
<1732> ἔνδειξις: *éndeixis* → DEMOSTRACIÓN 3
<1738> ἔνδικος: *éndikos* → JUSTO (adj.) 2
<1740> ἐνδοξάζω: *endoxázo* → ser glorificado en: GLORIFICAR 2

<1741> ἔνδοξος: *éndoxos* → GLORIOSO 1; honorable: HONOR 5
<1743> ἐνδυναμόω: *endunamóo* → FORTALECER 2
<1745> ἔνδυσις: *éndusis* → VESTIDO 1
<1748> ἐνεδρεύω: *enedreúo* → poner una celada, acechar: CELADA 2
<1749> ἔνεδρον: *énedron* → CELADA 1
<1753> ἐνέργεια: *enérgeia* → poder: PODER ENGAÑOSO
<1754> ἐνεργέω: *energéo* → obrar: FERVIENTE 2
<1757> ἐνευλογέω: *eneulogéo* → BENDECIR 2
<1763> ἐνιαυτός: *eniautós* → AÑO 1
<1765> ἐνισχύω: *eniscúo* → FORTALECER 3
<1775> ἑνότης: *jenótes* → UNIDAD
<1777> ἔνοχος: *énocos* → sometido a: SOMETER 3
<1778> ἔνταλμα: *éntalma* → MANDAMIENTO 2
<1781> ἐντέλλομαι: *entélomai* → MANDAR 1
<1783> ἔντευξις: *énteuxis* → ORACIÓN 2; PETICIÓN 2
<1784> ἔντιμος: *éntimos* → uno más honorable: HONORABLE 2; en honor: HONRAR 4
<1785> ἐντολή: *entolé* → MANDAMIENTO 1

<1792> ἐντρυφάω: *entrufáo* → RECREARSE
<1793> ἐντυγχάνω: *entuncáno* → INTERCEDER 1
<1795> ἐντυπόω: *entupóo* → GRABAR
<1800> Ἑνώς: *Enós* → ENÓS
<1802> Ἑνώχ: *Henóc* → ENOC
<1805> ἐξαγοράζω: *exagorázo* → REDIMIR 1
<1813> ἐξαλείφω: *exaleífo* → BORRAR
<1815> ἐξανάστασις: *exanástasis* → RESURRECCIÓN 3
<1818> ἐξαπατάω: *exapatáo* → ENGAÑAR 2
<1823> ἐξαστράπτω: *exastrápto* → RESPLANDECER 1
<1825> ἐξεγείρω: *exegeíro* → RESUCITAR 3
<1837> ἐξηχέω: *exequéo* → DIVULGAR
<1838> ἕξις: *jéxis* → hábito
<1841> ἔξοδος: *éxodo* → MUERTE (sust. fem.) 3
<1843> ἐξομολογέω: *exomologuéo* → ALABAR 2
<1844> ἐξορκίζω: *exorkízo* → TESTIFICAR 6
<1845> ἐξορκιστής: *exorkistés* → EXORCISTA
<1849> ἐξουσία: *exousía* → AUTORIDAD 1; LIBERTAD 4
<1850> ἐξουσιάζω: *exousiázo* → ejercer la autoridad: AUTORIDAD 2; dejar dominar: ESCLAVIZAR 5
<1858> ἑορτάζω: *jeortázo* → celebrar la fiesta: ALABAR 3
<1859> ἑορτή: *jeorté* → FIESTA
<1864> ἐπαγωνίζομαι: *epagonízomai* → luchar por: PELEAR 3
<1866> Ἐπαίνετος: *Epaínetos* → EPENETO
<1868> ἔπαινος: *épainos* → ALABANZA 2
<1872> ἐπακολουθέω: *epakolouthéo* → ACOMPAÑAR 1
<1884> ἐπαρκέω: *eparkéo* → ayudar, socorrer: SOCORRO 4
<1885> ἐπαρχεία: *eparqueía* → PROVINCIA
<1886> ἔπαυλις: *épaulis* → HABITACIÓN 1
<1889> Ἐπαφρᾶς: *Epafrás* → EPAFRAS
<1891> Ἐπαφρόδιτος: *Epafróditos* → EPAFRODITO
<1907> ἐπέχω: *epéco* → CUIDADO (TENER)
<1908> ἐπηρεάζω: *epereázo* → CALUMNIAR 2
<1919> ἐπίγειος: *epígeios* → TERRENAL, TERRESTRE 1
<1928> ἐπιδιατάσσομαι: *epidiatássomai* → AÑADIR 1
<1932> ἐπιείκεια: *epieíkeia* → TERNURA
<1935> ἐπιθανάτιος: *epithanátios* → sentenciado a muerte: MUERTE (sust. fem.) 6
<1936> ἐπίθεσις: *epíthesis* → IMPOSICIÓN DE LAS MANOS, IMPONER LAS MANOS
<1937> ἐπιθυμέω: *epithuméo* → CODICIAR 1

<1938> ἐπιθυμητής: *epithumetés* → que codicia: CODICIAR 2
<1939> ἐπιθυμία: *epithumía* → CODICIA 1; DESEO 1
<1941> ἐπικαλέω: *epikaléo* → APELAR A
<1942> ἐπικάλυμμα: *epikálumma* → VELO 4
<1944> ἐπικατάρατος: *epikatáratos* → MALDITO 1
<1946> Ἐπικούρειος: *Epikoúreios* → EPICÚREO
<1947> ἐπικουρία: *epikouría* → SOCORRO 2
<1953> ἐπιλησμονή: *epilesmoné* → OLVIDADIZO
<1964> ἐπιορκέω: *epiorkéo* → PERJURAR
<1965> ἐπίορκος: *epíorkos* → PERJURO
<1971> ἐπιποθέω: *epipothéo* → estar animado de un ardiente afecto, pensar con un vivo afecto: CARIÑO 7
<1972> ἐπιπόθησις: *epipóthesis* → gran deseo, ardiente deseo: DESEO 2
<1974> ἐπιποθία: *epipothía* → gran deseo: DESEO 3
<1978> ἐπίσημος: *epísemos* → FAMOSO
<1983> ἐπισκοπέω: *episkopéo* → CUIDAR 1
<1984> ἐπισκοπή: *episkopé* → cargo de obispo: OBISPO 2; VISITACIÓN
<1985> ἐπίσκοπος: *epískopos* → OBISPO 1
<1986> ἐπισπάω: *epispáo* → circuncidarse: INCIRCUNCISO 2
<1987a> ἐπίστασις: *epístasis* → PREOCUPACIÓN 1
<1991> ἐπιστηρίζω: *episterízo* → FORTALECER 7
<1992> ἐπιστολή: *epistolé* → CARTA DE RECOMENDACIÓN
<1994> ἐπιστρέφω: *epistréfo* → VOLVERSE 2
<1995> ἐπιστροφή: *epistrofé* → CONVERSIÓN
<1997> ἐπισυναγωγή: *episunagogué* → CONGREGACIÓN 1; REUNIÓN 1
<2003> ἐπιταγή: *epitagé* → autoridad para ordenar: AUTORIDAD 4; MANDAMIENTO 3
<2004> ἐπιτάσσω: *epitásso* → MANDAR 6
<2005> ἐπιτελέω: *epiteléo* → TERMINAR 3
<2007> ἐπιτίθημι: *epitíthemi* → AÑADIR 2; IMPOSICIÓN DE LAS MANOS, IMPONER LAS MANOS
<2008> ἐπιτιμάω: *epitimáo* → dirigirse con fuerza: DIRIGIR 2; censurar, encargar con rigor: REPRENDER 1
<2009> ἐπιτιμία: *epitimía* → REPRENSIÓN 1
<2012> ἐπίτροπος: *epítropos* → TUTOR
<2015> ἐπιφάνεια: *epifáneia* → APARICIÓN

<2023> ἐπιχορηγέω: *epicoregéo* → NUTRIR
<2024> ἐπιχορηγία: *epicoregía* → SOCORRO 3; SUMINISTRO
<2025> ἐγχρίω: *encrío* → UNGIR 4
<2026> ἐποικοδομέω: *epoikodoméo* → EDIFICAR 3
<2032> ἐπουράνιος: *epouránios* → CELESTIAL 2
<2036> ἔπω: *épo* → MANDAR 2
<2037> Ἔραστος: *Érastos* → ERASTO
<2039> ἐργασία: *ergasía* → GANANCIA 1
<2041> ἔργον: *érgon* → OBRA 1
<2045> ἐρευνάω: *ereunáo* → ESCUDRIÑAR
<2049> ἐρημόω: *eremóo* → cambiar en desolación, estar desolado: DESOLACIÓN 2
<2050> ἐρήμωσις: *erémosis* → DESOLACIÓN 1
<2052> ἐριθεία: *eritheía* → espíritu de contienda: CONTENCIÓN 2; CONTIENDA 1
<2054> ἔρις: *éris* → sin mancha: CONTENCIÓN 1
<2055> ἐρίφιον: *erífion* → CABRA 2
<2056> ἔριφος: *érifos* → CABRA 1; CABRITO
<2057> Ἑρμᾶς: *Jermás* → HERMAS
<2058> ἑρμηνεία: *jermeneía* → INTERPRETACIÓN
<2060> Ἑρμῆς: *Jermés* → HERMES; MERCURIO
<2061> Ἑρμογένης: *Jermogénes* → HERMÓGENES
<2062> ἑρπετόν: *jerpetón* → REPTIL
<2063> Ἐρυθρᾶ Θάλασσα: *Eruthra Thálassa* → MAR ROJO
<2069> Ἐσλί: *Jeslí* → ESLI
<2072> ἔσοπτρον: *ésoptron* → ESPEJO
<2074> Ἑσρώμ: *Jesróm* → ESROM
<2080> ἔσω: *éso* → interior: HOMBRE INTERIOR
<2083> ἑταῖρος: *jetaíros* → AMIGO 1
<2084> ἑτερόγλωσσος: *jeteróglossos* → de otra lengua: LENGUA 2
<2086> ἑτεροζυγέω: *jeterozuguéo* → ponerse bajo un yugo desigual: YUGO 2
<2091> ἑτοιμασία: *jetoimasía* → APRESTO
<2094> ἔτος: *étos* → AÑO 2
<2096> Εὔα: *Eúa* → EVA
<2097> εὐαγγελίζω: *euangelízo* → EVANGELIZAR
<2098> εὐαγγέλιον: *euanguélion* → EVANGELIO 1
<2099> εὐαγγελιστής: *euanguelistés* → EVANGELISTA
<2101> εὐάρεστος: *euárestos* → AGRADABLE 5
<2102> εὐαρέστως: *euaréstos* → de manera agradable: AGRADABLE 6
<2103> Εὔβουλος: *Eúboulos* → EUBULO
<2106> εὐδοκέω: *eudokéo* → AMAR 2

<2110> εὐεργέτης: *euerguétes* → BIENHECHOR
<2111> εὔθετος: *eúthetos* → ÚTIL 1
<2114> εὐθυμέω: *euthuméo* → estar alegre: ÁNIMO 3
<2115> εὔθυμος: *eúthumos* → animoso: ÁNIMO 4
<2115a> εὐθύμως: *euthúmos* → con más ánimo: ÁNIMO 5
<2116> εὐθύνω: *euthúno* → GOBERNAR 3
<2117> εὐθύς: *euthús* → ENSEGUIDA (o: EN SEGUIDA)
<2117> Εὐθεῖα: *Eutheía* → DERECHA
<2118> εὐθύτης: *euthútes* → EQUIDAD
<2123> εὔκοπος: *eúkopos* → más fácil: FÁCIL 2
<2124> εὐλάβεια: *eulábeia* → PIEDAD 1; REVERENCIA
<2126> εὐλαβής: *eulabés* → PIADOSO 1
<2127> εὐλογέω: *eloguéo* → BENDECIR 1; BENDITO 1
<2128> Εὐλογητός: *Euloguetós* → BENDITO 2; BENDITO
<2129> εὐλογία: *eulogía* → bendición: ABUNDANTEMENTE 2; BENDICIÓN 1; lisonja: LENGUA 7
<2131> Εὐνίκη: *Euníke* → EUNICE
<2132> εὐνοέω: *eunoéo* → ponerse de acuerdo: ARMONÍA 4
<2133> εὔνοια: *eúnoia* → amabilidad: ALEGRÍA 4
<2134> εὐνουχίζω: *eunouquízo* → hacer eunuco: EUNUCO, HACER EUNUCO
<2135> εὐνοῦχος: *eunoúcos* → eunuco: EUNUCO, HACER EUNUCO
<2136> Εὐοδία: *Euodía* → EVODIA
<2137> εὐοδόω: *euodóo* → PROSPERAR
<2140> εὐποιΐα: *eupoiía* → BENEFICENCIA
<2142> εὐπορία: *euporía* → RIQUEZA 1
<2143> εὐπρέπεια: *euprépeia* → GRACIA 4
<2144> εὐπρόσδεκτος: *euprósdektos* → AGRADABLE 3
<2146> εὐπροσωπέω: *euprosopéo* → ser de buen semblante: APARIENCIA 5
<2148> Εὐροκλύδων: *Euroklúdon* → EURAQUILÓN, EUROAQUILÓN, EUROCLIDÓN
<2150> εὐσέβεια: *eusébeia* → PIEDAD 2
<2151> εὐσεβέω: *eusebéo* → HONRAR 5; ser piadoso: PIEDAD 3
<2152> εὐσεβής: *eusebés* → PIADOSO 2
<2153> εὐσεβῶς: *eusebós* → PIADOSAMENTE
<2154> εὔσημος: *eúsemos* → INTELIGIBLE
<2155> εὔσπλαγχνος: *eúsplancnos* → MISERICORDIA 2

εὐσχημόνως

<2156> εὐσχημόνως: *euscemónos* → DECENTEMENTE; HONESTAMENTE; HONRADAMENTE
<2158> εὐσχήμων: *eusquémon* → de cualidad: CUALIDAD; DECOROSO 1; HONESTO (LO QUE ES); HONORABLE 1
<2160> εὐτραπελία: *eutrapelía* → TRUHANERÍA
<2161> Εὔτυχος: *Eútucos* → EUTICO
<2162> εὐφημία: *eufemía* → buena fama: FAMA 3
<2163> εὔφημος: *eúfemos* → buena fama: FAMA 3
<2166> Εὐφράτης: *Eufrátes* → ÉUFRATES
<2167> εὐφροσύνη: *eufrosúne* → GOZO 5
<2168> εὐχαριστέω: *eucaristéo* → dar gracias: GRACIA 3
<2169> εὐχαριστία: *eucaristía* → acción de gracias: GRACIA 2
<2170> εὐχάριστος: *eucáristos* → AGRADECIDO 1
<2171> εὐχή: *euqué* → ORACIÓN 3; VOTO
<2173> εὔχρηστος: *eúcrestos* → ÚTIL 2
<2174> εὐψυχέω: *eupsuquéo* → estar de buen ánimo: ÁNIMO 6
<2175> εὐωδία: *euodía* → OLOR FRAGANTE, OLOR GRATO
<2179> Ἐφεσῖνος: *efesínos* → ÉFESO
<2180> Ἐφέσιος: *efésios* → EFESIO
<2181> Ἔφεσος: *Éfesos* → ÉFESO
<2182> ἐφευρετής: *efeurétes* → INVENTOR
<2183> ἐφημερία: *efemepía* → CLASE
<2187> Ἐφραίμ: *Efraím* → EFRAÍM, EFRAÍN, EFREM
<2188> εφφαθα: *effatha* → EFATA
<2189> ἔχθρα: *écthra* → ENEMISTAD
<2191> ἔχιδνα: *équidna* → VÍBORA 1
<2192> ἔχω: *éco* → ser agradecido: AGRADECIDO 2

Z

<2194> Ζαβουλών: *Zaboulón* → ZABULÓN
<2195> Ζακχαῖος: *Zakcaíos* → ZAQUEO
<2196> Ζάρα: *Zára* → ZARA
<2197> Ζαχαρίας: *Zacarías* → ZACARÍAS
<2199> Ζεβεδαῖος: *Zebedaíos* → ZEBEDEO
<2200> ζεστός: *zestós* → CALIENTE
<2202> ζευκτηρία: *zeuktería* → AMARRA
<2203> Ζεύς: *Zeús* → ZEUS
<2204> ζέω: *zéo* → ser ferviente, fervoroso: FERVIENTE 3
<2205> ζῆλος: *zélos* → afecto ardiente: CARIÑO 2;

<2206> CELO 1; ENVIDIA 3; HERVOR
<2206> ζηλόω: *zelóo* → tener celo: CELO 2; ser celoso: CELOSO 2; arder de envidia: DESEO 4
<2207> ζηλωτής: *zelotés* → CELOSO 1; ZELOTE
<2207> Ζηλωτής: *Zelotés* → ZELOTE
<2211> Ζηνᾶς: *Zenás* → ZENAS
<2215> ζιζάνιον: *zizánion* → CIZAÑA
<2216> Ζοροβαβέλ: *Zorobabél* → ZOROBABEL
<2218> ζυγός: *zugós* → BALANZA; YUGO 1
<2219> ζύμη: *zúme* → LEVADURA
<2222> ζωή: *zoé* → vida: VIDA ETERNA
<2223> ζώνη: *zóne* → CINTURÓN
<2226> ζῷον: *zóon* → ANIMAL 1; BESTIA 3
<2227> ζωοποιέω: *zoopoiéo* → VIVIFICAR 1

H

<2230> ἡγεμονεύω: *jeguemoneúo* → actuar como gobernante: GOBIERNO 1
<2232> ἡγεμών: *jeguemón* → GOBERNADOR 3
<2233> ἡγέομαι: *jeguéomai* → dirigir: DIRIGENTE 1
<2238> ἡδύοσμον: *jedúosmon* → MENTA
<2241> Ἡλί: *Elí* → ELÍ
<2242> Ἡλί: *Jelí* → ELÍ
<2243> Ἡλίας: *Elías* → ELÍAS
<2244> ἡλικία: *jelikía* → EDAD 1
<2247> ἧλος: *jélos* → CLAVO
<2250> ἡμέρα: *jeméra* → DÍA DEL SEÑOR; EDAD 2; HIJO DEL DÍA
<2256> ἡμιώριον: *jemiórion* → media hora: HORA 2
<2262> Ἤρ: *Ér* → ER
<2263> ἤρεμος: *éremos* → quietud: APACIBLE 2
<2264> Ἡρῴδης: *Jeródes* → HERODES
<2265> Ἡρῳδιανοί: *jerodianoí* → HERODIANOS
<2266> Ἡρῳδιάς: *Jerodiás* → HERODÍAS
<2267> Ἡρῳδίων: *Jerodíon* → HERODIÓN
<2268> Ἡσαΐας: *Esaías* → ISAÍAS
<2269> Ἡσαῦ: *Esaú* → ESAÚ
<2270> ἡσυχάζω: *jesucázo* → vivir tranquilamente: TRANQUILIDAD (TENER) 1
<2271> ἡσυχία: *jesuquía* → sosiego: TRANQUILIDAD (TENER) 2
<2272> ἡσύχιος: *jesúquios* → APACIBLE 3
<2275> ἥττημα: *jéttema* → FALTA 3
<2279> ἦχος: *écos* → FAMA 6

Θ

<2280> Θαδδαῖος: *Thaddaíos* → TADEO

<2281> θάλασσα: *thálassa* → mar: MAR DE VIDRIO
<2282> θάλπω: *thálpo* → CUIDAR 2
<2283> Θαμάρ: *Thamár* → TAMAR
<2286> θανάσιμος: *thanásimos* → MORTAL (adj. y sust.) 2
<2287> θανατηφόρος: *thanatefóros* → MORTAL (adj. y sust.) 1
<2288> θάνατος: *thánatos* → MUERTE (sust. fem.) 1; PECADO DE MUERTE
<2291> Θάρα: *Thára* → TARA, TARÉ, TÉRAJ
<2293> θαρσέω: *tharséo* → tener buen ánimo: ÁNIMO 2
<2294> θάρσος: *thársos* → ÁNIMO 1
<2296> θαυμάζω: *thaumázo* → estar en admiración: ADMIRACIÓN 2; ADMIRAR
<2299> θεά: *theá* → DIOSA
<2302> θέατρον: *théatron* → TEATRO
<2305> θειότης: *theiótes* → DIVINIDAD
<2309> θέλω: *thélo* → preferir: AMAR 4; tener el deseo: DESEO 5
<2310> θεμέλιος: *themélios* → FUNDAMENTO
<2311> θεμελιόω: *themelióo* → FUNDAR 1
<2312> θεοδίδακτος: *theodídaktos* → enseñado por Dios: ENSEÑADO 2
<2313> θεομαχέω: *theomaquéo* → resistir a Dios: PELEAR 7
<2314> θεομάχος: *theomácos* → haciendo la guerra a Dios: GUERRA 5
<2315> θεόπνευστος: *theópneustos* → INSPIRADO DE DIOS
<2316> Θεός: *Theós* → hombre: HOMBRE DE DIOS; Dios: REINO DE DIOS; DIOS
<2318> θεοσεβής: *theosebés* → PIADOSO 4
<2319> θεοστυγής: *theostugés* → ABORRECEDOR DE DIOS
<2320> θεότης: *theótes* → DEIDAD
<2321> Θεόφιλος: *Theófilos* → TEÓFILO
<2322> θεραπεία: *therapeía* → SANIDAD 1
<2325> θερίζω: *therízo* → SEGAR 2
<2326> θερισμός: *therismós* → SIEGA
<2327> θεριστής: *theristés* → SEGADOR
<2329> θέρμη: *thérme* → CALOR 1
<2331> Θεσσαλονικεύς: *thessalonikeús* → TESALONICENSE, TESALÓNICA (DE)
<2332> Θεσσαλονίκη: *Thessaloníke* → TESALÓNICA
<2333> Θευδᾶς: *Theudás* → TEUDAS
<2336> θήκη: *théke* → VAINA
<2337> θηλάζω: *thelázo* → CRIAR
<2337a> θήλεια: *thélei* → MUJER 2
<2338> θῆλυς: *thélus* → HEMBRA

<2341> θηριομαχέω: *therioma-quéo* → luchar contra fieras: BESTIA 2
<2342> θηρίον: *therion* → BESTIA 1
<2343> θησαυρίζω: *thesaurízo* → ACUMULAR
<2344> θησαυρός: *thesaurós* → TESORO 1
<2346> θλίβω: *thlíbo* → AFLIGIR 2
<2347> θλῖψις: *thlípsis* → AFLICCIÓN 1; aflicción: AFLIGIR 7; ANGUSTIA 1; GRAN TRIBULACIÓN; TRIBULACIÓN
<2349> θνητός: *thnetós* → MORTAL (adj. y sust.) 3
<2352> θραύω: *thraúo* → TRILLAR 4
<2353> θρέμμα: *thrémma* → GANADO 1
<2354> θρηνέω: *threnéo* → cantar lamentaciones: CANTAR 5
<2356> θρησκεία: *thsreskeía* → culto religioso: RELIGIOSO, CULTO RELIGIOSO
<2357> θρησκός: *thréskos* → religioso: RELIGIOSO, CULTO RELIGIOSO
<2358> θριαμβεύω: *thriambeúo* → TRIUNFAR; llevar en triunfo: TRIUNFO
<2359> θρίξ: *thríx* → CABELLO 1
<2361> θρόμβος: *thrómbos* → GOTA
<2362> θρόνος: *thrónos* → GRAN TRONO BLANCO; TRONO

<2363> Θυάτειρα: *Thuáteira* → TIATIRA
<2366> θύελλα: *thúela* → TEMPESTAD 1
<2367> θύϊνος: *thúinos* → MADERA OLOROSA; OLOROSA (MADERA)
<2368> θυμίαμα: *thumíama* → INCIENSO 1
<2369> θυμιατήριον: *thumiatérion* → INCENSARIO 1
<2372> θυμός: *thumós* → ENOJO; INDIGNACIÓN 2; IRA 5
<2373> θυμόω: *thumóo* → encolerizarse: IRA 6
<2374> θύρα: *thúra* → PUERTA
<2375> θυρεός: *thureós* → ESCUDO
<2378> θυσία: *thusía* → SACRIFICIO 1
<2379> θυσιαστήριον: *thusiastérion* → ALTAR 2
<2380> θύω: *thúo* → SACRIFICAR 1
<2381> Θωμᾶς: *Thomás* → TOMÁS
<2382> θώραξ: *thórax* → CORAZA

I

<2383> Ἰάϊρος: *Iáiros* → JAIRO
<2384> Ἰακώβ: *Iakób* → JACOB
<2385> Ἰάκωβος: *Iákobos* → JACOBO
<2386> ἴαμα: *íama* → SANIDAD 2
<2387> Ἰαμβρῆς: *Iambrés* → JAMBRES, JAMBRÉS

<2388> Ἰαννά: *Ianná* → JANA, JANNAI, JANAY
<2389> Ἰάννης: *Iánnes* → JANES, JANNES
<2391> Ἰάρεδ: Ἰάρεδ → JARED, JARET
<2392> ἴασις: *íasis* → SANIDAD 3
<2393> ἴασπις: *íaspis* → JASPE
<2394> Ἰάσων: *Iáson* → JASÓN
<2395> ἰατρός: *iatrós* → MÉDICO
<2397> ἰδέα: *idéa* → ASPECTO
<2401> Ἰδουμαία: *Idoumaía* → IDUMEA
<2403> Ἰεζάβελ: *Iezábel* → JEZABEL
<2404> Ἱεράπολις: *Jierápolis* → HIERÁPOLIS
<2405> ἱερατεία: *jierateía* → SACERDOCIO 3
<2406> ἱεράτευμα: *jieráteuma* → SACERDOCIO 1
<2407> ἱερατεύω: *jierateúo* → ejercer el sacerdocio: SACERDOCIO 4
<2408> Ἰερεμίας: *Ieremías* → JEREMÍAS
<2409> ἱερεύς: *jiereús* → SACERDOTE 1
<2410> Ἰεριχώ: *Iericó* → JERICÓ
<2411> ἱερόν: *jierón* → TEMPLO 1
<2412> ἱεροπρεπής: *jieroprepés* → como conviene a santas mujeres: SANTO (adj.) 4
<2413> ἱερός: *jierós* → SANTO (adj.) 3
<2414> Ἱεροσόλυμα: *Jierosóluma* → JERUSALÉN
<2415> Ἱεροσολυμίτης: *jierosolumítes* → JERUSALÉN (DE)
<2418> ἱερουργέω: *jierourgéo* → ejercer el sacerdocio: SACERDOCIO 5
<2420> ἱερωσύνη: *jierosúne* → SACERDOCIO 2
<2421> Ἰεσσαί: *Iessaí* → JESÉ
<2422> Ἰεφθάε: *Iefthác* → JEFTÉ
<2423> Ἰεχονίας: *Ieconías* → JECONÍAS
<2424> Ἰησοῦς: *Iesoús* → JESÚS; JOSUÉ 1
<2426> ἱκανότης: *jikanótes* → CAPACIDAD 2
<2430> Ἰκόνιον: *Ikónion* → ICONIO
<2431> ἱλαρός: *jilarós* → alegre: ALEGRÍA 3
<2432> ἱλαρότης: *jilarótes* → ALEGRÍA 2
<2433> ἱλάσκομαι: *jiláskomai* → ser propicio: PROPICIACIÓN 2; ser propicio: PROPICIO 3
<2434> ἱλασμός: *jilasmós* → PROPICIACIÓN 1
<2435> ἱλαστήριον: *jilastérion* → PROPICIATORIO
<2436> ἵλεως: *jíleos* → PROPICIO 2
<2437> Ἰλλυρικόν: *Ilurikón* → ILÍRICO
<2441> ἱματισμός: *jimatismós* → VESTIDO 2
<2442> ἱμείρομαι: *jimeíromai* → AFECTO (TENER UN GRAN)
<2445> Ἰόππη: *Ióppe* → JOPE, JOPPE
<2446> Ἰορδάνης: *Iordánes* → JORDÁN

<2447> ἰός: *iós* → VENENO
<2449> Ἰουδαία: *Ioudaía* → JUDEA
<2450> ἰουδαΐζω: *ioudaízo* → JUDAIZAR
<2451> ἰουδαϊκός: *ioudaikós* → JUDAICO
<2452> Ἰουδαϊκῶς: *ioudaikós* → JUDÍO (COMO)
<2453> Ἰουδαῖος: *ioudaíos* → JUDÍO
<2454> ἰουδαϊσμός: *ioudaismós* → JUDAÍSMO
<2455> Ἰούδας: *Ioúdas* → JUDÁ; JUDAS
<2456> Ἰουλία: *Ioulía* → JULIA
<2457> Ἰούλιος: *Ioúlios* → JULIO, JULIUS
<2458> Ἰουνιᾶς: *Iounías* → JUNIA, JUNIAS
<2459> Ἰοῦστος: *Ioústos* → JUSTO
<2460> ἱππεύς: *jippeús* → JINETE
<2461> ἱππικόν: *jippikón* → JINETES
<2462> ἵππος: *jíppos* → CABALLO
<2463> ἶρις: *íris* → ARCO IRIS
<2464> Ἰσαάκ: *Isaák* → ISAAC
<2465> ἰσάγγελος: *isángelos* → igual a los ángeles: ÁNGEL 2
<2466> Ἰσαχάρ *Isacár* → ISACAR
<2469> Ἰσκαριώθης: *Iskariótes* → ISCARIOTE
<2473> ἰσόψυχος: *isópsucos* → ÁNIMO (MISMO)
<2474> Ἰσραήλ: *Israél* → ISRAEL
<2475> Ἰσραηλίτης: *israelítes* → ISRAELITA

<2478> ἰσχυρός: *iscurós* → FIRME 3
<2482> Ἰταλία: *Italía* → ITALIA
<2483> Ἰταλικός: *Italikós* → ITALIANA
<2484> Ἰτουραία: *Itouraía* → ITUREA
<2485> ἰχθύδιον: *icthúdion* → pez pequeño: PEZ 2
<2486> ἰχθύς: *icthús* → PEZ 1
<2488> Ἰωαθάμ: *Ioathám* → JOTAM, JOTÁN
<2489> Ἰωάννα: *Ioánna* → JUANA
<2490> Ἰωαννᾶς: *Ioannás* → JOANA, JOANÁN
<2491> Ἰωάννης: *Ioánnes* → JUAN
<2492> Ἰώβ: *Iób* → JOB
<2493> Ἰωήλ: *Ioél* → JOEL
<2494> Ἰωνάμ: *Ionám* → JONAM, JONÁN
<2495> Ἰωνᾶς: *Ionás* → JONÁS
<2496> Ἰωράμ: *Iorám* → JORAM, JORÁN
<2497> Ἰωρείμ: *Ioreím* → JORIM, JORÍN
<2498> Ἰωσαφάτ: *Iosafát* → JOSAFAT
<2499> Ἰωσή: *Iosé* → JOSUÉ 2
<2500> Ἰωσῆς: *Iosés* → JOSÉ
<2501> Ἰωσήφ: *Ioséf* → JOSÉ
<2502> Ἰωσίας: *Iosías* → JOSÍAS
<2503> ἰῶτα: *ióta* → JOTA

K

<2507> καθαιρέω: *kathairéo* → DERRIBAR

καθαρισμός

<2512> καθαρισμός: *katharismós* → PURIFICACIÓN 2
<2514> καθαρότης: *katharótes* → PUREZA 5
<2515> καθέδρα: *kathédra* → CÁTEDRA
<2519> καθηγητής: *katheguetés* → DIRIGENTE 2
<2522> καθημερινός: *kathemerinós* → DIARIO
<2533> Καϊάφας: *Kaiáfas* → CAIFÁS
<2535> Κάϊν: *Káin* → CAÍN
<2536> Καϊνάν: *Kainán* → CAINÁN
<2537> καινός: *kainós* → NUEVA CREACIÓN; NUEVO (y sus derivados: renovar, etc.) 1
<2538> καινότης: *kainótes* → NOVEDAD
<2541> Καῖσαρ: *Kaísar* → CÉSAR
<2542> Καισάρεια: *Kaisáreia* → CESAREA; CESAREA DE FILIPO
<2545> καίω: *kaío* → ARDER, ENCENDER 4
<2549> κακία: *kakía* → MALICIA
<2555> κακοποιός: *kakopoiós* → MALHECHOR 1
<2557> κακοῦργος: *kakoúrgos* → MALHECHOR 2
<2561> κάκωσις: *kákosis* → AFLICCIÓN 2
<2562> καλάμη: *kaláme* → PAJA 3
<2563> κάλαμος: *kálamos* → CAÑA
<2565> καλλιέλαιος: *kaliélaios* → buen olivo: OLIVO 3
<2568> Καλοὶ Λιμένες: *Kaloí Liménes* → BUENOS PUERTOS
<2571> κάλυμμα: *kálumma* → VELO 2
<2574> κάμηλος: *kámelos* → CAMELLO
<2575> κάμινος: *káminos* → HORNO DE FUEGO
<2578> κάμπτω: *kámpto* → DOBLAR
<2580> Κανά: *Kaná* → CANÁ
<2581> Κανανίτης: *Kananítes* → CANANITA, CANANISTA 1
<2582> Κανδάκη: *Kandáke* → CANDACE
<2583> κανών: *kanón* → REGLA
<2584> Καφαρναούμ ο Καπερναούμ: *Kapharnaoúm* o *Kapernaoúm* → CAPERNAÚM
<2585> καπηλεύω: *kapeleúo* → FALSIFICAR
<2587> Καππαδοκία: *Kappadokía* → CAPADOCIA
<2588> καρδία: *kardía* → CORAZÓN 1
<2589> καρδιογνώστης: *kardiognóstes* → conocedor del corazón: CORAZÓN 2
<2591> Κάρπος: *Kárpos* → CARPO
<2595> κάρφος: *kárfos* → PAJA 2
<2602> καταβολή: *katabolé* → FUNDACIÓN 1; comienzo: FUNDAR 2
<2603> καταβραβεύω: *katabrabeúo* → privar del premio: DEFRAUDAR 2

<2606> καταγελάω: katageláo → burlarse: REÍR 2
<2611> καταδέω: katadéo → VENDAR
<2615> καταδουλόω: katadoulóo → reducir a esclavitud: ESCLAVITUD 3; ESCLAVIZAR 4
<2616> καταδυναστεύω: katadunasteúo → ejercer domino sobre: ESCLAVIZAR 6
<2620> κατακαυχάομαι: katakaucáomai → GLORIFICAR 5
<2624a> κατακληρονομέω: katakleronoméo → dar en heredad: HERENCIA 3
<2627> κατακλυσμός: kataklusmós → DILUVIO
<2628> κατακολουθέω: katakolouthéo → ACOMPAÑAR 2
<2631> κατάκριμα: katákrima → CONDENACIÓN 1
<2633> κατάκρισις: katákrisis → CONDENACIÓN 2
<2636> καταλαλιά: katalalía → MALEDICENCIA
<2640> κατάλειμμα: katáleimma → RESTO 4
<2641> καταλείπω: kataleípo → ABANDONAR 3
<2642> καταλιθάζω: katalitházo → APEDREAR 2
<2643> καταλλαγή: katalagué → reconciliación: RECONCILIACIÓN, RECONCILIAR 1
<2644> καταλλάσσω: katalásso → reconciliación: RECONCILIACIÓN, RECONCILIAR 1
<2645> κατάλοιπος: katáloipos → RESTO 2
<2646> κατάλυμα: katáluma → MESÓN 1
<2647> καταλύω: katalúo → ABROGAR 1
<2649> καταμαρτυρέω: katamarturéo → testificar en contra: TESTIFICAR 2
<2652> κατανάθεμα: katanáthema → MALDICIÓN 3
<2653> καταθεματίζω: katathematízo → pedir maldiciones sobre sí: MALDICIÓN 5
<2659> κατάνυξις: katánuxis → ESTUPOR
<2660> κατανύσσω: katanússo → COMPUNGIR
<2662> καταπατέω: katapatéo → hollar, pisotear: TRILLAR 3
<2665> καταπέτασμα: katapétasma → VELO 1
<2666> καταπίνω: katapíno → ABSORBER; CONSUMIDO (SER)
<2668> καταπλέω: katapléo → ARRIBAR 1
<2669> καταπονέω: kataponéo → ABRUMADO (ESTAR)
<2671> κατάρα: katára → MALDICIÓN 2
<2672> καταράομαι: kataráomai → maldecir: MALDITO 2
<2673> καταργέω: katargéo → ABROGAR 2; ANULAR 3; DESLIGARSE

<2676> κατάρτισις: *katártisis* →
PERFECCIÓN 1
<2677> καταρτισμός: *katartismós*
→ PERFECCIÓN 2
<2682> κατασκήνωσις: *kataskénosis* → HABITACIÓN 2
<2688> κατάστημα: *katástema* →
PORTE (EN SU)
<2689> καταστολή: *katastolé* →
ropa: ROPA DECOROSA
<2691> καταστρηνιάω: *katastreniáo* → rebelarse contra...
abandonándose a
sus deseos: ABANDONAR 9
<2696> κατασφραγίζω: *katasfragízo* → SELLAR 2
<2699> κατατομή: *katatomé* →
CONCISIÓN
<2705> καταφιλέω: *katafiléo*
→ besar ardientemente:
BESO 3
<2707> καταφρονητής: *katafronetés* → MENOSPRECIADOR
<2709> καταχθόνιος: *katacthónios*
→ TIERRA (DEBAJO
DE LA)
<2712> κατείδωλος: *kateídolos*
→ totalmente idólatra:
ÍDOLO 4
<2715> κατεξουσιάζω: *katexousiázo* → usar de autoridad:
AUTORIDAD 3
<2718> κατέρχομαι: *katércomai* →
ARRIBAR 2
<2723> κατηγορέω: *kategoréo* →
acusar de algo: ACUSACIÓN 6; acusar: ACUSADO; ACUSAR 4

<2724> κατηγορία: *kategoría* →
ACUSACIÓN 4; acusación: ACUSAR 8
<2725> κατήγορος: *katégoros* →
ACUSADOR
<2729> κατισχύω: *katiscúo* →
PREVALECER 1
<2731> κατοίκησις: *katoíkesis* →
HABITACIÓN 3
<2732> κατοικητήριον: *katoiketérion* → HABITACIÓN 4
<2737> κατώτερος: *katóteros* →
BAJAS (MÁS)
<2738> καῦμα: *kaúma* →
CALOR 2
<2742> καύσων: *kaúson* →
CALOR 3
<2743> καυτηριάζω: *kauteriázo* →
CAUTERIZAR
<2744> καυχάομαι: *kaucáomai* →
GLORIFICAR 4
<2745> καύχημα: *kaúquema* →
gloria: GLORIFICAR 6
<2746> καύχησις: *kaúquesis* →
de qué gloriarse, motivo
para gloriarse, gloria: GLORIFICAR 7;
JACTANCIA
<2747> Κεγχρεαί: *Kencreaí* →
CENCREA
<2748> Κεδρών: *Kedrón* →
CEDRÓN
<2750> κειρία: *keiría* → VENDA
<2751> κείρω: *keíro* → cortar el
cabello: CABELLO 2
<2752> κέλευσμα: *kéleusma* →
voz de mando: MANDAMIENTO 5
<2753> κελεύω: *keleúo* →
MANDAR 3

κλῆρος

<2755> κενόδοξος: *kenódoxos* →
VANAGLORIOSO 2
<2759> κέντρον: *kéntron* →
AGUIJÓN 1
<2760> κεντυρίων: *kenturíon* →
CENTURIÓN 2
<2763> κεραμεύς: *kerameús* →
ALFARERO
<2767> κεράννυμι: *keránnumi* →
PREPARAR 1
<2768> κέρας: *kéras* → CUERNO
<2769> κεράτιον: *kerátion* →
ALGARROBA
<2770> κερδαίνω: *kerdaíno* →
GANAR 1
<2771> κέρδος: *kérdos* →
GANANCIA 2
<2772> κέρμα: *kérma* →
MONEDA 1
<2773> κερματιστής: *kermatistés*
→ CAMBISTA 2
<2776> κεφαλή: *kefalé* → JEFE 5;
cabeza: PIEDRA DEL
ÁNGULO, ANGULAR;
cabeza: PRINCIPAL PIE-
DRA DEL ÁNGULO 2
<2777> κεφαλίς: *kefalís* → ROLLO
<2778> κῆνσος: *kénsos* →
TRIBUTO 1
<2779> κῆπος: *képos* → HUERTO
<2780> κηπουρός: *kepourós* →
HORTELANO
<2781> κηρίον: *keríon* → PANAL
<2783> κῆρυξ: *kérux* → PREDI-
CADOR
<2786> Κηφᾶς: *Kefás* → CEFAS
<2787> κιβωτός: *kibotós* → ARCA
<2788> κιθάρα: *kithára* → ARPA 1
<2789> κιθαρίζω: *kitharízo* →
tocar la arpa: ARPA 2

<2790> κιθαρῳδός: *kitharodós* →
arpista: ARPA 3
<2791> Κιλικία: *Kilikía* →
CILICIA
<2792> κινάμωμον: *kinámomon* →
CANELA; CINAMOMO
<2793> κινδυνεύω: *kinduneúo* →
PELIGRAR
<2797> Κίς: *Kís* → CIS
<2798> κλάδος: *kládos* → RAMA 2
<2800> κλάσις: *klásis* → PARTI-
MIENTO
<2802> Κλαύδα: *Klaúda* →
CLAUDA
<2803> Κλαυδία: *Klaudía* →
CLAUDIA
<2804> Κλαύδιος: *Klaúdios* →
CLAUDIO
<2806> κλάω: *kláo* → partir:
PARTIR EL PAN
<2807> κλείς: *kleís* → LLAVE
<2809> κλέμμα: *klémma* →
HURTO 1
<2810> Κλεοπᾶς: *Kleópas* →
CLEOFAS
<2811> κλέος: *kléos* → GLORIA 2
<2812> κλέπτης: *kléptes* →
LADRÓN 1
<2814> κλῆμα: *kléma* →
PÁMPANO
<2815> Κλήμης: *Klémes* →
CLEMENTE
<2816> κληρονομέω: *kleronoméo*
→ HEREDAR
<2817> κληρονομία: *kleronomía*
→ HERENCIA 2
<2818> κληρονόμος: *kleronómos*
→ HEREDERO
<2819> κλῆρος: *kléros* →
HERENCIA 1

<2820> κληρόω: *kleróo* → HEREDERO (SER HECHO)
<2821> κλῆσις: *klésis* → LLAMAMIENTO
<2823> κλίβανος: *klíbanos* → HORNO
<2827> κλίνω: *klíno* → DECLINAR
<2829> κλοπή: *klopé* → HURTO 2
<2831> κλυδωνίζομαι: *kludonízomai* → SACUDIR
<2832> Κλωπᾶς: *Klopás* → CLOPÁS
<2833> κνήθω: *knétho* → COMEZÓN (TENER)
<2834> Κνίδος: *Knídos* → GNIDO
<2835> κοδράντης: *kodrántes* → CUADRANTE
<2839> κοινός: *koinós* → IMPURO 2; PROFANO 2
<2840> κοινόω: *koinóo* → tener por impuro: IMPURO 3
<2842> κοινωνία: *koinonía* → COMPAÑERISMO (DAR LA MANO DE); COMUNIÓN
<2843> κοινωνικός: *koinonikós* → GENEROSO
<2844> κοινωνός: *koinonós* → SOCIO; SOLIDARIOS (HACERSE)
<2846> κοιτών: *koitón* → dormitorio: CAMARERO
<2847> κόκκινος: *kókkinos* → ESCARLATA
<2848> κόκκος: *kókkos* → GRANO DE MOSTAZA; GRANO DE TRIGO
<2850> κολακεία; *kolakeía* → LISONJA
<2851> κόλασις: *kólasis* → TORMENTO 4
<2854> κολλούριον: *koloúrion* → COLIRIO
<2855> κολλυβιστής: *kolubistés* → CAMBISTA 1
<2856> κολοβόω: *kolobóo* → ACORTAR 1
<2857> Κολοσσαί ο Κολασσαί: *Kolossaí* o *Kolassaí* → COLOSAS
<2858> Κολασσαεύς: *kolassaeús* → COLOSENSE
<2859> κόλπος: *kólpos* → BAHÍA; SENO
<2862> κολωνία: *kolonía* → COLONIA
<2863> κομάω: *komáo* → tener una larga caballera: CABELLERA 2
<2864> κόμη: *kóme* → CABELLERA 1
<2867> κονιάω: *koniáo* → BLANQUEAR 1; blanquear: PARED BLANQUEADA
<2868> κονιορτός: *koniortós* → polvo: SACUDIR EL POLVO
<2876> κόραξ: *kórax* → CUERVO
<2878> κορβᾶν: *korbán* → CORBÁN; tesoro sagrado: TESORO 4
<2879> Κόρε: *Kóre* → CORÉ
<2881> Κορίνθιος: *korínthios* → CORINTIO
<2882> Κόρινθος: *Kórinthos* → CORINTO
<2883> Κορνήλιος: *Kornélios* → CORNELIO
<2884> κόρος: *kóros* → MEDIDA 1

<2886> κοσμικός: *kosmikós* → MUNDANO; TERRENAL, TERRESTRE 2
<2887> κόσμιος: *kósmios* → HONORABLE 4; decorosa: ROPA DECOROSA
<2888> κοσμοκράτωρ: *kosmokrátor* → GOBERNADOR 4
<2889> κόσμος: *kósmos* → ATAVÍO
<2890> Κούαρτος: *Koúartos* → CUARTO
<2891> κοῦμι: *koúmi* → levantar: TALITA CUMI
<2892> κουστωδία: *koustodía* → GUARDIA 1
<2893> κουφίζω: *koufízo* → ALIGERAR
<2894> κόφινος: *kófinos* → CESTA
<2897> κραιπάλη: *kraipále* → GLOTONERÍA
<2898> Κρανίον: *Kraníon* → CALAVERA
<2899> κράσπεδον: *kráspedon* → FLECO
<2901> κραταιόω: *krataióo* → AFIRMAR 5; FORTALECER 4
<2907> κρέας: *kréas* → CARNE 3
<2912> Κρής: *krés* → CRETENSE
<2913> Κρήσκης: *Kréskes* → CRESCENTE
<2914> Κρήτη: *Kréte* → CRETA
<2915> κριθή: *krithé* → CEBADA 1
<2916> κρίθινος: *kríthinos* → de cebada: CEBADA 2
<2917> κρίμα: *kríma* → FALTA 4
<2918> κρίνον: *krínon* → LIRIO

<2921> Κρίσπος: *Kríspos* → CRISPO
<2923> κριτής: *krités* → JUEZ 1
<2930> κρύσταλλος: *krústalos* → CRISTAL; VIDRIO
<2932> κτάομαι: *ktáomai* → GANAR 2
<2934> κτῆνος: *kténos* → BESTIA 4; GANADO 2
<2936> κτίζω: *ktízo* → CREAR
<2937> κτίσις: *ktísis* → CREACIÓN; FUNDACIÓN 2; NUEVA CREACIÓN
<2939> κτίστης: *ktístes* → CREADOR
<2941> κυβέρνησις: *kubérnesis* → ADMINISTRACIÓN 2; GOBIERNO 2
<2950> κύμβαλον: *kúmbalon* → CÍMBALO
<2951> κύμινον: *kúminon* → COMINO
<2952> κυνάριον: *kunárion* → perro, perrillo: PERRO 2
<2953> Κύπριος: *Kúprios* → CHIPRIOTA, DE CHIPRE
<2954> Κύπρος: *Kúpros* → CHIPRE
<2955> κύπτω: *kúpto* → INCLINARSE 1
<2956> Κυρηναῖος: *kurenaíos* → CIRENENSE
<2957> Κυρήνη: *Kuréne* → CIRENE
<2958> Κυρήνιος: *Kurénios* → CIRENIO
<2959> κυρία: *kuría* → SEÑORA
<2959> Κυρία: *Kuría* → KIRIA
<2960> κυριακός: *kuriakós* → SEÑOR (DEL)

<2961> κυριεύω: *kurieúo* → tener autoridad: AUTORIDAD 6
<2962> Κύριος: *Kúrios* → DÍA DEL SEÑOR; SEÑOR 1; SEÑOR
<2963> κυριότης: *kuriótes* → DOMINIO 1; SEÑORÍO
<2964> κυρόω: *kuróo* → CONFIRMAR
<2965> κύων: *kúon* → PERRO 1
<2968> κώμη: *kóme* → ALDEA 1
<2969> κωμόπολις: *komópolis* → ALDEA 2
<2971> κώνωψ: *kónops* → MOSQUITO
<2972> Κῶς: *Kós* → COS
<2973> Κωσάμ: *Kosám* → COSAM, COSÁN

Λ

<2976> Λάζαρος: *Lázaros* → LÁZARO
<2978> λαῖλαψ: *laílaps* → TEMPESTAD 2
<2979> λακτίζω: *laktízo* → COCEAR
<2981> λαλιά: *laliá* → LENGUA 4
<2984> Λάμεχ: *Lámec* → LAMEC, LÁMEK
<2986> λαμπρός: *lamprós* → RESPLANDECIENTE 1
<2989> λάμπω: *lámpo* → RESPLANDECER 2
<2990> λανθάνω: *lantháno* → IGNORAR 2
<2993> Λαοδίκεια: *Laodíkeia* → LAODICEA
<2994> Λαοδικεύς: *laodikeús* → LAODICENSE
<2995> λάρυγξ: *lárugx* → GARGANTA
<2996> Λασαία: *Lasaía* → LASEA
<2998> λατομέω: *latoméo* → LABRAR
<2999> λατρεία: *latreía* → CULTO
<3000> λατρεύω: *latreúo* → CULTO
<3002> Λεββαῖος: *Lebbaíos* → LEBEO
<3003> λεγιών: *legión* → LEGIÓN
<3003> Λεγιών: *Legión* → LEGIÓN
<3005> λεῖμμα: *leímma* → RESTO 3
<3009> λειτουργία: *leitourgía* → MINISTERIO 2
<3010> λειτουργικός: *leitourgikós* → ADMINISTRADOR 1
<3011> λειτουργός: *leitourgós* → MINISTRO 2
<3012> λέντιον: *léntion* → VENDA DE LINO 2
<3014> λέπρα: *lépra* → LEPRA
<3015> λεπρός: *leprós* → LEPROSO
<3016> λεπτόν: *leptón* → BLANCA
<3017> Λευί: *Leuí* → LEVÍ (hombre del A.T.)
<3018> Λευίς: *Leuís* → LEVÍ (hombre del N.T.)
<3019> Λευίτης: *leuítes* → LEVITA
<3020> Λευιτικός: *leuitikós* → LEVÍTICO
<3021> λευκαίνω: *leukaíno* → BLANQUEAR 2

<3022> λευκός: *leukós* → BLANCO; BLANCO (MUY); GRAN TRONO BLANCO
<3023> λέων: *léon* → LEÓN
<3025> ληνός: *lenós* → LAGAR 1
<3027> ληστής: *lestés* → LADRÓN 2; SALTEADOR
<3029> λίαν: *lían* → BLANCO (MUY)
<3030> λίβανος: *líbanos* → INCIENSO 2
<3031> λιβανωτός: *libanotós* → INCENSARIO 2
<3032> Λιβερτῖνος: *Libertínos* → LIBERTOS
<3033> Λιβύη: *Libúe* → LIBIA
<3034> λιθάζω: *litházo* → APEDREAR 1
<3036> λιθοβολέω: *lithoboléo* → APEDREAR 3
<3038> λιθόστρωτος: *lithóstrotos* → EMPEDRADO; ENLOSADO
<3038> Λιθόστρωτος: *Lithóstrotos* → ENLOSADO
<3041> λίμνη: *límne* → LAGO
<3043> λίνον: *línon* → MECHA; PÁBILO
<3044> Λίνος: *Línos* → LINO
<3046> λίτρα: *lítra* → LIBRA
<3047a> λογεία: *logeía* → OFRENDA 1
<3048> λογία: *logía* → OFRENDA 1
<3051> λόγιον: *lógion* → ORÁCULO 1
<3053> λογισμός: *logismós* → RAZONAMIENTO 2

<3056> λόγος: *lógos* → APARIENCIA 2; ASUNTO 5; palabra: FAMA 7; LENGUA; PALABRA 1
<3057> λόγχη: *lónque* → LANZA
<3058> λοιδορέω: *loidoréo* → INJURIAR 2
<3060> λοίδορος: *loídoros* → MALDICIENTE
<3061> λοιμός: *loimós* → PESTE
<3062> λοιπός: *loipós* → REMANENTE 1; RESTO 1
<3065> Λουκᾶς: *Loukás* → LUCAS
<3066> Λούκιος: *Loúkios* → LUCIO
<3069> Λύδδα: *Lúdda* → LIDA
<3070> Λυδία: *Ludía* → LIDIA
<3071> Λυκαονία: *Lukaonía* → LICAONIA
<3072> Λυκαονιστί: *lukaonistí* → LICAONIO (EN)
<3073> Λυκία: *Lukía* → LICIA
<3074> lúkos: λύκος → LOBO
<3075> λυμαίνομαι: *lumaínomai* → ASOLAR
<3076> λυπέω: *lupéo* → AFLIGIR 3; ENTRISTECER 1
<3077> λύπη: *lúpe* → AFLICCIÓN 3; PESAR 3
<3078> Λυσανίας: *Lusanías* → LISANIAS
<3079> Λυσίας: *Lusías* → LISIAS
<3082> Λύστρα: *Lústra* → LISTRA
<3083> λύτρον: *lútron* → RESCATE 1
<3084> λυτρόω: *lutróo* → REDIMIR 2
<3085> λύτρωσις: *lútrosis* → LIBERTAD 5; REDENCIÓN 1

λυτρωτής

<3086> λυτρωτής: *lutrotés* → LIBERTADOR 1
<3087> λυχνία: *lucnía* → CANDELABRO
<3090> Λωΐς: *Loís* → LOIDA
<3091> Λώτ: *Lót* → LOT

M

<3092> Μάαθ: *Maath* → MAAT, MAAZ
<3092a> Μαγαδάν: *Magadán* → MAGADÁN
<3093> Μαγδαλά: *Magdalá* → MAGDALA
<3094> Μαγδαληνή: *magdalené* → MAGDALA (DE)
<3095> μαγεία: *mageía* → MAGIA 1
<3096> μαγεύω: *mageúo* → ejercer la magia: MAGIA 2
<3097> μάγος: *mágos* → MAGO 1
<3098> Μαγώγ: *Magóg* → MAGOG
<3099> Μαδιάμ: *Madiám* o *Madián* → MADIÁN
<3100> μαθητεύω: *matheteúo* → ser discípulo, hacer discípulo: DISCÍPULO 3
<3101> μαθητής: *mathetés* → DISCÍPULO 1
<3102> μαθήτρια: *mathétria* → discípula: DISCÍPULO 2
<3103> Μαθουσάλα: *Mathousála* → MATUSALÉN
<3104> Μαϊνάν: *Maïnán* → MAINÁN, MENNA
<3105> μαίνομαι: *maínomai* → estar loco: LOCO 3

<3106> μακαρίζω: *makarízo* → llamar bienaventurado: BIENAVENTURADO 2
<3107> μακάριος: *makários* → BIENAVENTURADO 1
<3108> μακαρισμός: *makarismós* → BENDICIÓN 2
<3109> Μακεδονία: *Makedonía* → MACEDONIA
<3110> Μακεδών: *makedón* → MACEDONIO
<3111> μάκελλον: *mákelon* → MATADERO 2
<3114> μακροθυμέω: *makrothuméo* → tener longanimidad: LONGANIMIDAD 2
<3115> μακροθυμία: *makrothumía* → extremada paciencia: EXPECTACIÓN 5; LONGANIMIDAD 1
<3119> μαλακία: *malakía* → ENFERMEDAD 3
<3121> Μαλελεήλ: *Maleleél* → MALELEEL
<3124> Μάλχος: *Málcos* → MALCO
<3126> μαμωνᾶς: *mamonás* → RIQUEZA 2
<3126> Μαμωνᾶς: *Mamonás* → MAMÓN
<3127> Μαναήν: *Manaén* → MANAÉN, MANAHEM, MANAHÉN
<3128> Μανασσῆς: *Manassés* → MANASÉS
<3131> μάννα: *mánna* → MANÁ
<3132> μαντεύομαι: *manteúomai* → PROFETIZAR 2
<3133> μαραίνω: *maraíno* → MARCHITAR

Μελχί

<3134> μαράν αθά: *marán athá* → MARAN-ATA
<3135> μαργαρίτης: *margarítes* → PERLA
<3136> Μάρθα: *Mártha* → MARTA
<3137> Μαρία ο Μαρίαμ: *María o Mariám* → MARÍA
<3138> Μᾶρκος: *Márkos* → MARCOS
<3139> μάρμαρος: *mármaros* → MÁRMOL
<3140> μαρτυρέω: *marturéo* → TESTIFICAR 1; dar testimonio: TESTIGO 3
<3143> μαρτύρομαι: *martúromai* → TESTIFICAR 3; ser llamado como testigo: TESTIGO 4
<3144> μάρτυς: *mártus* → TESTIGO 1
<3146> μαστιγόω: *mastigóo* → AZOTAR 1
<3147> μαστίζω: *mastízo* → AZOTAR 2
<3148> μάστιξ: *mástix* → AZOTE 1
<3153> ματαιότης: *mataiótes* → VANIDAD
<3156> Ματθαῖος: *Matthaíos* → MATEO
<3157> Ματθάν: *Matthán* → MATÁN, MATTÁN
<3158> Ματθάτ: *Matthát* → MATAT, MATTAT
<3159> Ματθίας: *Matthías* → MATÍAS
<3160> Ματταθά: *Mattathá* → MATATA, MATTATA
<3161> Ματταθίας: *Mattathías* → MATATÍAS, MATTATÍAS

<3163> μάχη: *máque* → CONFLICTO 3; CONTENCIÓN 3
<3166> μεγαλαυχέω: *megalauquéo* → jactarse de grandes cosas: JACTAR(SE) 2
<3167> μεγαλεῖος: *megaleío* → cosas maravillosas: MARAVILLA 1
<3168> μεγαλειότης: *megaleiótes* → GRANDEZA 1; MAJESTAD 1
<3169> μεγαλοπρεπής: *megaloprepés* → MARAVILLA 2
<3170> μεγαλύνω: *megalúno* → ENGRANDECER
<3172> μεγαλωσύνη: *megalosúne* → MAJESTAD 2
<3173> μέγας: *mégas* → GRAN TRIBULACIÓN; GRAN TRONO BLANCO
<3174> μέγεθος: *mégethos* → GRANDEZA 2
<3175> μεγιστάνες: *megistánes* → PRÍNCIPES
<3178> μέθη: *méthe* → BORRACHERA
<3180> μεθοδεία: *methodeía* → ARTIMAÑAS DEL ERROR; ASECHANZA
<3183> μέθυσος: *méthusos* → BORRACHO
<3190> Μελεᾶς: *Meleás* → MELEA
<3192> μέλι: *méli* → MIEL 1
<3193> μελίσσιος: *melíssios* → panal de miel: MIEL 2
<3194> Μελίτη: *Melíte* → MALTA
<3197> Μελχί: *Melquí* → MELKÍ, MELQUI

Μελχισέδεκ

<3198> Μελχισέδεκ: *Melquisédek* → MELQUISEDEC
<3200> μεμβράνα: *membrána* → PERGAMINO
<3201> μέμφομαι: *mémfomai* → REPRENDER 2
<3308> μέριμνα: *mérimna* → PREOCUPACIÓN 2
<3309> μεριμνάω: *merimnáo* → INQUIETARSE; tener interés: PREOCUPACIÓN 3
<3316> μεσίτης: *mesítes* → MEDIADOR
<3318> Μεσοποταμία: *Mesopotamía* → MESOPOTAMIA
<3323> Μεσσίας: *Messías* → MESÍAS
<3326> μετά: *metá* → de manera a atraer la atención: ADVERTENCIA 2
<3331> μετάθεσις: *metáthesis* → CAMBIO 1; traslado: TRASPONER
<3337> μεταλλάσσω: *metalásso* → CAMBIAR 2
<3338> μεταμέλομαι: *metamélomai* → ARREPENTIRSE 1; cambiar la mente de uno: PESAR 1; REMORDIMIENTO (TENER)
<3339> μεταμορφόω: *metamorfóo* → TRANSFIGURAR
<3340> μετανοέω: *metanoéo* → ARREPENTIRSE 2
<3341> μετάνοια: *metánoia* → ARREPENTIMIENTO 1
<3344> μεταστρέφω: *metastréfo* → CAMBIAR 5
<3345> μετασχηματίζω: *metasquematízo* → TRANSFORMAR
<3346> μετατίθημι: *metatíthemi* → CAMBIAR 3
<3356> μετριοπαθέω: *metriopathéo* → mostrar indulgencia: CONCESIÓN 2; INDULGENCIA (MOSTRAR)
<3370> Μῆδος: *médos* → MEDO
<3374> μηλωτή: *meloté* → piel de oveja: OVEJA 3
<3389> μητραλῴας: *metralóas* → matricida: PENDENCIERO 3
<3393> μίασμα: *míasma* → CONTAMINACIÓN 2
<3394> μιασμός: *miasmós* → INMUNDICIA 3
<3395> μίγμα: *mígma* → COMPUESTO
<3399> Μίλητος: *Míletos* → MILETO
<3400> μίλιον: *mílion* → MILLA
<3401> μιμέομαι: *miméomai* → IMITAR
<3402> μιμητής: *mimetés* → IMITADOR 1
<3404> μισέω: *miséo* → ODIAR
<3405> μισθαποδοσία: *misthapodosía* → GALARDÓN
<3406> μισθαποδότης: *misthapodótes* → GALARDONADOR
<3407> μίσθιος: *místhios* → JORNALERO
<3408> μισθός: *misthós* → RECOMPENSA 1
<3412> Μιτυλήνη: *Mituléne* → MITILENE

<3413> Μιχαήλ: *Micaél* →
MIGUEL
<3414> μνᾶ: *mná* → MINA
<3416> Μνάσων: *Mnáson* →
MNASÓN
<3426> μόδιος: *módios* →
ALMUD
<3428> μοιχαλίς: *moicalís* →
ADULTERIO 1
<3429> μοιχάω: *moicáo* →
ADULTERIO 4
<3430> μοιχεία: *moiqueía* →
ADULTERIO 2
<3431> μοιχεύω: *moiqueúo* →
ADULTERIO 4
<3432> μοιχός: *moicós* →
ADULTERIO 3
<3434> Μολόχ: *Molóc* → MOLOC
<3436> μολυσμός: *molusmós* →
CONTAMINACIÓN 3
<3438> μονή: *moné* →
HABITACIÓN 5
<3439> εἷς: *jéis* → UNO 2
<3444> μορφή: *morfé* →
FORMA 2
<3446> μόρφωσις: *mórfosis* →
FORMA 3
<3451> μουσικός: *mousikós* →
MÚSICO
<3452> μυελός: *muelós* →
TUÉTANO
<3454> μῦθος: *múthos* → FÁBULA
<3457> μυλικός: *mulikós* → de molino: MOLINO (PIEDRA DE) 3
<3458> μύλος: *múlos* → MOLINO (PIEDRA DE) 1
<3459> μύλων: *múlon* →
MOLINO (PIEDRA DE) 2
<3460> Μύρα: *Múra* → MIRA
<3461> μυριάς: *murías* →
MILLAR
<3462> μυρίζω: *murízo* →
UNGIR 5
<3464> μύρον: *múron* → MIRRA 2
<3465> Μυσία: *Musía* → MISIA
<3466> μυστήριον: *mustérion* →
MISTERIO
<3468> μώλωψ: *mólops* →
HERIDA 2
<3470> μῶμος: *mómos* →
CONTAMINACIÓN 4
<3471> μωραίνω: *moraíno* →
hacer una locura: INSENSATEZ 5; hacerse loco: LOCO 2
<3472> μωρία: *moría* →
INSENSATEZ 4
<3473> μωρολογία: *morología* →
palabras locas: LOCO 4
<3474> μωρός: *morós* → INSENSATEZ 6; INSENSATO 4; LOCO 1
<3475> Μωσεύς: *Moseús* →
MOISÉS

N

<3476> Ναασσών: *Naassón* →
NAASÓN, NAJSÓN
<3477> Ναγγαί: *Nangaí* →
NAGAI, NAGAY, NANGAY
<3478> Ναζαρέτ: *Nazarét* →
NAZARET
<3479> Ναζαρηνός: *nazarenós* →
NAZARENO
<3481> Ναθάν: *Nathán* →
NATAM, NATÁN

<3482> Ναθαναήλ: *Nathanaél* →
NATANAEL
<3484> Ναΐν: *Naín* → NAÍM,
NAÍN
<3485> ναός: *naós* → TEMPLO 2
<3486> Ναούμ: *Naoúm* →
NAHUM, NAÚM
<3487> νάρδος: *nardos* → NARDO
<3488> Νάρκισσος: *Nárkissos* →
NARCISO
<3489> ναυαγέω: *nauaguéo*
→ NAUFRAGIO
(PADECER)
<3493> Ναχώρ: *Nacór* →
NACOR, NAJOR
<3496> Νεάπολις: *Neápolis* →
NEÁPOLIS
<3497> Ναιμάν: Ναιμάν →
NAAMÁN
<3498> νεκρός: *nekrós* →
MUERTO (sust. y adj.)
<3499> νεκρόω: *nekróo* →
MORIR (HACER) 1;
MUERTO (COMO)
<3500> νέκρωσις: *nékrosis* →
ESTERILIDAD;
MUERTE (sust. fem.) 4
<3501> νέος: *néos* → NUEVO
(y sus derivados: renovar,
etc.) 2
<3503> νεότης: *neótes* → JUVEN-
TUD 1
<3504> νεόφυτος: *neófutos*
→ recién convertido:
NEÓFITO
<3505> Νέρων: *Néron* → NERÓN
<3508> Νεφθαλίμ: *Nefthalím* →
NEFTALÍ
<3510> νεφρός: *nefrós* →
RIÑONES 1

<3512> νεωτερικός: *neoterikós*
→ de la juventud:
JUVENTUD 2
<3514> νήθω: *nétho* → HILAR
<3516> νήπιος: *népios* → menor
de edad: EDAD 4
<3517> Νηρεύς: *Nereús* →
NEREO
<3518> Νηρί: *Nerí* → NERI
<3521> νηστεία: *nesteía* →
AYUNO, AYUNAR
<3522> νηστεύω: *nesteúo* →
AYUNO, AYUNAR
<3523> νῆστις: *néstis* → COMER
(SIN) 1
<3524> νηφάλιος: *nefálios* →
SOBRIO 1
<3525> νήφω: *néfo* → ser sobrio
(en sentido moral):
SOBRIO 2
<3526> Νίγερ: *Níger* → NIGER
<3527> Νικάνωρ: *Nikánor* →
NICANOR
<3528> νικάω: *nikáo* → ser victo-
rioso: VENCER
<3529> νίκη: *níke* → VICTORIA 1
<3530> Νικόδημος: *Nikódemos* →
NICODEMO
<3531> Νικολαΐτης: *nikolaítes* →
NICOLAÍTA
<3532> Νικόλαος: *Nikólaos* →
NICOLÁS
<3533> Νικόπολις: *Nikópolis* →
NICÓPOLIS
<3534> νῖκος: *níkos* →
VICTORIA 2
<3535> Νινευΐ: *Nineuí* →
NÍNIVE
<3536> Νινευΐτης: *nineuítes* →
NINIVITA, DE NÍNIVE

<3537> νιπτήρ: *niptér* → LEBRILLO
<3540> νόημα: *nóema* → ENTENDIMIENTO
<3541> νόθος: *nóthos* → BASTARDO
<3542> νομή: *nomé* → PASTO
<3544> νομικός: *nomikós* → DOCTOR DE LA LEY 2; sobre la ley: LEY 5
<3545> νομίμως: *nomímos* → LEGÍTIMAMENTE
<3546> νόμισμα: *nómisma* → MONEDA 2
<3547> νομοδιδάσκαλος: *nomodidáskalos* → DOCTOR DE LA LEY 1
<3549> νομοθετέω: *nomothetéo* → recibir la ley: LEY 2
<3550> νομοθέτης: *nomothétes* → LEGISLADOR
<3551> νόμος: *nómos* → LEY 1
<3559> νουθεσία: *nouthesía* → ADVERTENCIA 1; AMONESTACIÓN
<3560> νουθετέω: *nouthetéo* → AMONESTAR 1
<3563> νοῦς: *noús* → ENTENDIMIENTO; ESPÍRITU 2
<3564> Νυμφᾶς: *Numfás* → NINFAS
<3565> νύμφη: *númfe* → ESPOSA
<3566> νυμφίος: *numfíos* → ESPOSO
<3567> νυμφών: *numfón* → CUARTO NUPCIAL; HIJO DEL CUARTO NUPCIAL
<3568> νῦν: *nún* → ACTUAL; hace poco: HORA 3
<3573> νυστάζω: *nustázo* → CABECEAR
<3575> Νῶε: *Nóe* → NOÉ

Ξ

<3581> ξένος: *xénos* → HOSPEDADOR
<3585> ξύλινος: *xúlinos* → de madera: MADERA(O)
<3586> ξύλον: *xúlon* → BASTÓN 2, MADERA(O), MADERA OLOROSA, OLOROSA (MADERA)

O

<3588> ὁ: *jo* → ASUNTO 7
<3591> ὄγκος: *ónkos* → CARGA 2
<3595> ὁδηγός: *jodegós* → DIRIGENTE 3; GUÍA
<3598> ὁδός: *jodós* → CAMINO DE UN DÍA DE REPOSO
<3602> ὀδυρμός: *odurmós* → GEMIDO 1
<3604> Ὀζίας: *Ozías* → UZÍAS
<3608> ὀθόνιον: *othónion* → VENDA DE LINO
<3609> οἰκεῖος: *oikeíos* → los de su propia familia, gente de la casa, los de su casa: FAMILIA 3
<3610> οἰκέτης: *oikétes* → SERVIDOR 3
<3613> οἰκητήριον: *oiketérion* → HABITACIÓN 6

<3616> οἰκοδεσποτέω: *oikodespotéo* → gobernar su casa: GOBERNAR 2
<3618> οἰκοδομέω: *oikodoméo* → EDIFICAR 1
<3619> οἰκοδομή: *oikodomé* → EDIFICACIÓN
<3620> οἰκοδομία: *oikodomía* → ADMINISTRACIÓN 3
<3621> οἰκονομέω: *oikonoméo* → ADMINISTRAR 2
<3622> οἰκονομία: *oikonomía* → ADMINISTRACIÓN 3
<3623> οἰκονόμος: *oikonómos* → ADMINISTRADOR 2
<3627> οἰκτείρω: *oikteíro* → compadecerse: MISERICORDIA 7
<3628> οἰκτιρμός: *oiktirmós* → MISERICORDIA 5
<3629> οἰκτίρμων: *oiktírmon* → MISERICORDIA 3
<3630> οἰνοπότης: *oinopótes* → BEBEDOR
<3631> οἶνος: *oínos* → VINO
<3632> οἰνοφλυγία: *oinoflugía* → BORRACHERA 2
<3640> ὀλιγόπιστος: *oligópistos* → de pequeña fe, de poca fe: FE 2; POCA FE (DE)
<3642> ὀλιγόψυχος: *oligópsucos* → aquel que está desalentado: DESALENTAR 3
<3646> ὁλοκαύτωμα: *jolokaútoma* → HOLOCAUSTO
<3652> Ὀλυμπᾶς: *Olumpás* → OLIMPAS, OLIMPIA
<3653> ὄλυνθος: *ólunthos* → higo tardío: HIGO 2

<3654> ὅλως: *jólos* → MANERA (EN, DE NINGUNA) 1
<3660> ὀμνύω: *omnúo* → JURAR
<3661> ὁμοθυμαδόν: *jomothumadón* → de común acuerdo: ARMONÍA 5
<3670> ὁμολογέω: *jomologuéo* → CONFESAR; hacer confesión: CONFESIÓN 2
<3671> ὁμολογία: *jomología* → CONFESIÓN 1
<3678> ὀνάριον: *onárion* → POLLINO 1
<3679> ὀνειδίζω: *oneidízo* → dirigir reproches: DIRIGIR 3; INJURIAR 3; vituperar: VITUPERIO 3
<3680> ὀνειδισμός: *oneidismós* → VITUPERIO 1
<3681> ὄνειδος: *óneidos* → VITUPERIO 2
<3682> Ὀνήσιμος: *Onésimos* → ONÉSIMO
<3683> Ὀνησίφορος: *Onesíforos* → ONESÍFORO
<3684> ὀνικός: *onikós* → de asno: ASNO, ASNA 2
<3688> ὄνος: *ónos* → ASNO, ASNA 1
<3690> ὄξος: *óxos* → VINAGRE
<3691> ὀξύς: *oxús* → AGUDO
<3695> ὁπλίζω: *joplízo* → ARMARSE
<3696> ὅπλον: *jóplon* → ARMA
<3701> ὀπτασία: *optasía* → VISIÓN 1
<3705> ὅραμα: *jórama* → VISIÓN 2
<3706> ὅρασις: *jórasis* → VISIÓN 3

<3707> ὁρατός: *joratós* → VISIBLE
<3709> ὀργή: *orgé* → IRA 1
<3710> ὀργίζω: *orgízo* → encolerizar, enojar: IRA 3
<3711> ὀργίλος: *orgílos* → IRA 2
<3712> ὀργυιά: *orguiá* → BRAZA
<3713> ὀρέγω: *orégo* → ASPIRAR; CODICIAR 3
<3715> ὄρεξις: *órexis* → CODICIA 2
<3720> ὀρθρινός: *orthrinós* → mañana: ESTRELLA DE LA MAÑANA 1
<3726> ὁρκίζω: *jorkízo* → TESTIFICAR 5
<3734> ὁροθεσία: *jorothesía* → LÍMITE
<3735> ὄρος: *oros* → MONTAÑA, MONTE DE LOS OLIVOS
<3737> ὀρφανός: *orfanós* → HUÉRFANO
<3741> ὅσιος: *jósios* → PIADOSO 3; SANTO (adj.) 5; SANTO (sust.) 2
<3742> ὁσιότης: *josiótes* → SANTIFICACIÓN 4
<3743> ὁσίως: *josíos* → SANTAMENTE
<3751> ὀσφῦς: *osfús* → RIÑONES 2
<3770> οὐράνιος: *ouránios* → CELESTIAL 1
<3772> οὐρανός: *ouranós* → CIELO; cielo: REINO DE LOS CIELOS
<3773> Οὐρβανός: *Ourbanós* → URBANO
<3774> Οὐρίας: *Ourías* → URÍAS

<3781> ὀφειλέτης: *ofeilétes* → DEUDOR 1
<3789> ὄφις: *ófis* → SERPIENTE
<3792> ὀχλοποιέω: *oclopoiéo* → MULTITUD (REUNIR UNA)
<3794> ὀχύρωμα: *ocúroma* → FORTALEZA 2
<3795> ὀψάριον: *opsárion* → PEZ 3
<3799> ὄψις: *ópsis* → APARIENCIA 3

Π

<3806> πάθος: *páthos* → pasión desordenada: CARIÑO 3
<3807> παιδαγωγός: *paidagogós* → DIRIGENTE 4
<3809> παιδεία: *paideía* → DISCIPLINA
<3811> παιδεύω: *paideúo* → CASTIGAR; DISCIPLINAR
<3816> παῖς: *país* → SERVIDOR 4
<3818> Πακατιανή: *Pakatiané* → PACATIANA
<3820> παλαιός: *palaiós* → ANTIGUO 2
<3822> παλαιόω: *palaióo* → hacer anticuado: ANTIGUO 3
<3823> πάλη: *pále* → LUCHA 1
<3824> παλιγγενεσία: *palingenesía* → REGENERACIÓN
<3828> Παμφυλία: *Pamfulía* → PANFILIA
<3829> πανδοχεῖον: *pandoqueíon* → MESÓN 2
<3830> πανδοχεύς: *pandoqueús* → MESONERO

<3831> πανήγυρις: panéguris →
COMPAÑÍA 1
<3833> πανοπλία: panoplía →
ARMADURA, ARMA-
DURA COMPLETA
<3834> πανουργία: panourgía →
ARTIMAÑA
<3841> Παντοκράτωρ: Pantokrá-
tor → TODOPODEROSO
<3843> πάντως: pántos →
MANERA (EN, DE
NINGUNA) 2
<3847> παράβασις: parábasis →
TRANSGRESIÓN 1
<3848> παραβάτης: parabátes →
TRANSGRESOR 1
<3850> παραβολή: parabolé →
FIGURA 3; PARÁBOLA
<3852> παραγγελία: parangelía →
MANDAMIENTO 4
<3853> παραγγέλλω: parangélo →
MANDAR 4
<3856> παραδειγματίζω: paradeig-
matízo → exponer al vitu-
perio: VITUPERIO 5
<3857> παράδεισος: parádeisos →
PARAÍSO
<3858> παραδέχομαι: paradéco-
mai → RECIBIR 2
<3862> παράδοσις: parádosis →
ENSEÑANZA 3; TRADI-
CIÓN 1
<3867> παραινέω: parainéo →
AMONESTAR 2
<3870> παρακαλέω: parakaléo →
AMONESTAR 3; CON-
SOLAR 1; exhortar:
EXHORTACIÓN 2
<3872> παρακαταθήκη: parakata-
théke → DEPÓSITO

<3874> παράκλησις: paráklesis
→ CONSOLACIÓN 1;
EXHORTACIÓN 1
<3875> παράκλητος: parákletos →
CONSOLADOR
<3875> Παράκλητος: Parákletos
→ CONSOLADOR
<3877> παρακολουθέω:
parakolouthéo →
ACOMPAÑAR 3
<3879> παρακύπτω: parakúpto →
INCLINARSE 2
<3884> παραλογίζομαι: paralogí-
zomai → ENGAÑAR 3
<3885> παραλυτικός: paralutikós
→ PARALÍTICO
<3886> παραλύω: paralúo → para-
lizar: PARALIZADO
<3888> παραμυθέομαι: paramu-
théomai → CONSOLAR 4
<3889> παραμυθία: paramuthía →
CONSOLACIÓN 2
<3894> παραπικρασμός:
parapikrasmós →
PROVOCACIÓN 1
<3900> παράπτωμα: paráptoma →
FALTA 5
<3904> Παρασκευή: Paraskeué →
PREPARACIÓN
<3907> παρατήρησις: para-
téresis → de manera
a atraer la atención:
ADVERTENCIA 2
<3913> παραφρονία: parafronía
→ INSENSATEZ 2
<3917> πάρδαλις: párdalis →
LEOPARDO
<3919> παρεισάγω: pareiságo →
introducir secretamente:
INFILTRARSE 2

<3920> παρείσακτος: *pareísaktos* → furtivo: INFILTRARSE 1
<3925> παρεμβολή: *parembolé* → CAMPAMENTO; EJÉRCITO 1; FORTALEZA 1
<3926> παρενοχλέω: *parenocléo* → INQUIETAR
<3927> παρεπίδημος: *parepídemos* → FORASTERO 2
<3931> παρηγορία: *paregoría* → CONSOLACIÓN 3
<3934> Πάρθος: *párthos* → PARTO
<3936> παρίστημι: *parístemi* → presentar: PRESENTACIÓN
<3937> Παρμενᾶς: *Parmenás* → PARMENAS
<3941> πάροικος: *pároikos* → FORASTERO 1
<3942> παροιμία: *paroimía* → SIMILITUD
<3943> πάροινος: *pároinos* → VINO (DADO AL)
<3948> παροξυσμός: *paroxusmós* → PROVOCACIÓN 2
<3949> παροργίζω: *parorgízo* → provocar a ira: IRA 4
<3950> παροργισμός: *parorgismós* → PROVOCACIÓN 3
<3954> παρρησία: *parresía* → CONFIANZA 1; libertad, total libertad: LIBERTAD 7
<3957> Πάσχα: *Pásca* → PASCUA
<3959> Πάταρα: *Pátara* → PÁTARA
<3961> πατέω: *patéo* → pisar, pisotear: TRILLAR 2
<3962> πατήρ: *patér* → PADRE 1; PADRE (nombre de Dios)
<3963> Πάτμος: *Pátmos* → PATMOS
<3964> πατρολῴας: *patrolóas* → parricida: PENDENCIERO 2
<3965> πατριά: *patriá* → FAMILIA 2
<3966> πατριάρχης: *patriárques* → PATRIARCA
<3967> πατρικός: *patrikós* → de mis padres: PADRE 3
<3969> Πατροβᾶς: *Patrobás* → PATROBA, PATROBAS
<3970> πατροπαράδοτος: *patroparádotos* → enseñado por los padres: ENSEÑADO 3
<3971> πατρῷος: *patróos* → de los padres: PADRE 4
<3972> Παῦλος: *Paúlos* → PABLO
<3974> Πάφος: *Páfos* → PAFOS
<3980> πειθαρχέω: *peitharquéo* → OBEDECER 3; ser obediente: OBEDIENTE 2
<3982> πείθω: *peítho* → AMONESTAR 4; OBEDECER 2
<3985> πειράζω: *peirázo* → tentar: TENTADOR; TENTAR 1
<3986> πειρασμός: *peirasmós* → PRUEBA 2; TENTACIÓN 1
<3990> πελεκίζω: *pelekízo* → DECAPITAR 2
<3994> πενθερά: *entherá* → SUEGRA
<3995> πενθερός: *pentherós* → SUEGRO
<3996> πενθέω: *penthéo* → AFLIGIR 4

<4005> Πεντηκοστή: *Pentekosté* → PENTECOSTÉS
<4006> πεποίθησις: *pepoíthesis* → CONFIANZA 2
<4010> Πέργαμος: *Pérgamos* → PÉRGAMO
<4011> Πέργη: *Pérge* → PERGE
<4014a> περιάπτω: *periápto* → ENCENDER 3
<4018> περιβόλαιον: *peribólaion* → VELO 3
<4021> περίεργος: *períergos* → MAGIA (PRÁCTICA DE LA)
<4027> περικάθαρμα: *perikátharma* → ESCORIA
<4030> περικεφαλαία: *perikefalaía* → YELMO
<4037> περιμένω: *periméno* → ESPERAR 5
<4041> περιούσιος: *perioúsios* → GANAR 4
<4043> περιπατέω: *peripatéo* → ALREDEDOR (ANDAR)
<4046> περιποιέω: *peripoiéo* → GANAR 3
<4047> περιποίησις: *peripoíesis* → adquisición, posesión adquirida: GANAR 5; OBTENCIÓN
<4050> περισσεία: *perisseía* → ABUNDANCIA 1; superabundancia: ABUNDANTEMENTE 3
<4051> περίσσευμα: *perísseuma* → ABUNDANCIA 2
<4052> περισσεύω: *perisseúo* → superabundar, tener en abundancia: ABUNDANCIA 3; superabundar, tener en exceso: ABUNDANTEMENTE 4; ABUNDAR 1
<4053> περισσός: *perissós* → en abundancia: ABUNDANCIA 4; VENTAJA 1
<4054> περισσότερον: *perissóteron* → más abundantemente: ABUNDANTEMENTE 5
<4056> περισσοτέρως: *perissotéros* → tan abundantemente, más superabundantemente: ABUNDANTEMENTE 6
<4058> περιστερά: *peristerá* → PALOMA
<4059> περιτέμνω: *peritémno* → CIRCUNCIDAR
<4061> περιτομή: *peritomé* → CIRCUNCISIÓN
<4064> περιφέρω: *periféro* → ENGAÑAR 6
<4067> περίψημα: *perípsema* → DESECHO
<4068> περπερεύομαι: *perpereúomai* → JACTAR(SE) 1
<4069> Περσίς: *Persís* → PÉRSIDA, PÉRSIDE
<4074> Πέτρος: *Pétros* → PEDRO
<4076> πήγανον: *péganon* → RUDA
<4077> πηγή: *pegé* → FLUJO; FUENTE
<4079> πηδάλιον: *pedálion* → TIMÓN
<4081> πηλός: *pelós* → BARRO
<4083> πῆχυς: *pécus* → CODO
<4087> πικραίνω: *pikraíno* → hacer, ser amargo:

AMARGO 2; llenar de
amargura: AMARGURA 2
<4088> πικρία: *pikría* →
AMARGURA 1
<4089> πικρός: *pikrós* →
AMARGO 1
<4090> πικρῶς: *pikrós* →
AMARGAMENTE
<4091> Πιλᾶτος: *Pilátos* →
PONCIO PILATO
<4096> πιότης: *piótes* → SAVIA
<4099> Πισιδία: *Pisidía* →
PISIDIA
<4100> πιστεύω: *pisteúo* →
CREER
<4102> πίστις: *pístis* → FE 1;
FIDELIDAD
<4103> πιστός: *pistós* →
CREYENTE; FIEL,
FIELMENTE
<4105> πλανάω: *planáo* →
ENGAÑAR 4
<4106> πλάνη: *pláne* → engañoso:
PODER ENGAÑOSO
<4112> πλαστός: *plastós* →
FINGIDA
<4117> πλέγμα: *plégma* →
TRENZA
<4120> πλέκω: *pléko* →
TRENZAR
<4121> πλεονάζω: *pleonázo* →
ABUNDAR 2
<4122> πλεονεκτέω: *pleonektéo*
→ DEFRAUDADO
(SER) 1
<4123> πλεονέκτης: *pleonéktes* →
AVARO 1
<4124> πλεονεξία: *pleonexía* →
AVARICIA 1; AVIDEZ;
EXIGIDO (ALGO)

<4127> πληγή: *plegé* →
HERIDA 1
<4129> πληθύνω: *plethúno* →
PREVALECER 2
<4130> πλήκτης: *pléktes* →
PENDENCIERO 1
<4132> πλήμμυρα: *plemmúra* →
INUNDACIÓN
<4136> πληροφορία: *plerofería* →
plena certidumbre:
CERTIDUMBRE 2; total
veracidad, total confianza:
PLENITUD 2
<4137> πληρόω: *pleróo* →
TERMINAR 6
<4138> πλήρωμα: *pléroma* →
PLENITUD 1
<4139> πλησίον: *plesíon* →
PRÓJIMO
<4142> πλοιάριον: *ploiárion*
→ bote, barca pequeña:
BARCA 2
<4143> πλοῖον: *ploíon* →
BARCA 1
<4146> πλουσίως: *plousíos* →
ABUNDANCIA 7
<4151> πνεῦμα: *pneúma* →
ESPÍRITU 1; espíritu:
ESPÍRITU SANTO
<4152> πνευματικός: *pneumatikós*
→ ESPIRITUAL
<4160> ποιέω: *poiéo* →
ENCENDER 5
<4163> ποιητής: *poietés* →
HACEDOR
<4165> ποιμαίνω: *poimaíno* →
APACENTAR 2; ser el
pastor: PASTOR 2
<4166> ποιμήν: *poimén* →
PASTOR 1

πολεμέω

<4170> πολεμέω: *poleméo* → hacer la guerra: GUERRA 2; PELEAR 10
<4171> πόλεμος: *pólemos* → CONFLICTO 4; GUERRA 1
<4172> πόλις: *pólis* → CIUDAD
<4173> πολιτάρχης: *politárques* → magistrado de la ciudad: MAGISTRADO 3
<4174> πολιτεία: *politeía* → CIUDADANÍA 1
<4175> πολίτευμα: *políteuma* → CIUDADANÍA 2
<4177> πολίτης: *polítes* → CIUDADANO
<4183> πολύς: *polús* → AFECTUOSAMENTE
<4184> πολύσπλαγχνος: *polúsplancnos* → lleno de misericordia: MISERICORDIA 6
<4185> πολυτελής: *polutelés* → COSTOSO
<4193> Ποντικός: *pontikós* → PONTO (DEL)
<4194> Πόντιος: *Póntios* → PONCIO PILATO
<4195> Πόντος: *Póntos* → PONTO
<4196> Πόπλιος: *Póplios* → PUBLIO
<4200> πορισμός: *porismós* → GANANCIA 5
<4201> Πόρκιος: *Pórkios* → PORCIO
<4202> πορνεία: *porneía* → fornicación: ADULTERIO 5
<4203> πορνεύω: *porneúo* → cometer fornicación: ADULTERIO 5
<4204> πόρνη: *pórne* → PROSTITUTA
<4209> πορφύρα: *porfúra* → PÚRPURA 1
<4210> πορφυροῦς: *porfuroús* → de púrpura: PÚRPURA 2
<4211> πορφυρόπωλις: *porfurópolis* → vendedora de púrpura: PÚRPURA 3
<4221> ποτήριον: *potérion* → COPA
<4222> ποτίζω: *potízo* → BEBER (DAR A); REGAR 2
<4223> Ποτίολοι: *Potíoloi* → PUTEOLI
<4227> Πούδης: *Poúdes* → PUDENTE
<4229> πρᾶγμα: *prágma* → ASUNTO 1; OBRA 2
<4230> πραγματεία: *pragmateía* → ASUNTO 2
<4232> πραιτώριον: *praitórion* → PRETORIO
<4234> πρᾶξις: *práxis* → OBRA 3
<4235> πρᾶος: *práos* → MANSO 1
<4238> πράσσω: *prásso* → PRACTICAR
<4239> πραΰς: *praús* → MANSO 2
<4242> πρεσβεία: *presbeía* → EMBAJADA
<4243> πρεσβεύω: *presbeúo* → ser embajador: EMBAJADOR
<4244> πρεσβυτέριον: *presbutérion* → cuerpo de ancianos: ANCIANO 3
<4245> πρεσβύτερος: *presbúteros* → ANCIANO 2; más anciano: ANTIGUO 4; MAYOR; anciano: MAYOR DE EDAD 2

<4247> πρεσβῦτις: *presbútis* → anciana: MAYOR DE EDAD 3
<4251> Πρίσκα: *Príska* → PRISCA, PRISCILA
<4252> Πρίσκιλλα: *Prískila* → PRISCA, PRISCILA
<4256> προαιτιάομαι: *proaitiáomai* → acusar ya: ACUSAR 5
<4262> προβατικός: *probatikós* → puerta de las ovejas: OVEJA 2
<4263> πρόβατον: *próbaton* → OVEJA 1
<4269> πρόγονος: *prógonos* → ANTEPASADO
<4273> προδότης: *prodótes* → TRAIDOR
<4274> πρόδρομος: *pródromos* → PRECURSOR
<4276> προελπίζω: *proelpízo* → esperar al avance: ESPERAR 9
<4286> πρόθεσις: *próthesis* → proposición: PROPOSICIÓN (PANES DE)
<4288> προθυμία: *prothumía* → VOLUNTAD (BUENA)
<4290> προθύμως: *prothúmos* → ÁNIMO PRONTO (CON)
<4297> προκοπή: *prokopé* → PROGRESO
<4301> προλαμβάνω: *prolambáno* → ANTICIPAR
<4309> προορίζω: *proorízo* → ANUNCIADO ANTES 2; PREDESTINAR
<4311> προπέμπω: *propémpo* → ACOMPAÑAR 5
<4315> προσάββατον: *prosábbaton* → víspera del día de reposo: SABBAT 2
<4318> προσαγωγή: *prosagogé* → ACCESO
<4327> προσδέχομαι: *prosdécomai* → ACEPTAR 3; ESPERAR 3
<4328> προσδοκάω: *prosdokáo* → esperar, esperarse a: ESPERAR 6; estar a la espera: EXPECTACIÓN 3
<4329> προσδοκία: *prosdokía* → EXPECTACIÓN 2
<4335> προσευχή: *proseuqué* → ORACIÓN 4
<4336> προσεύχομαι: *proseúcomai* → hacer una oración, estar en oración, pedir en oraciones: ORACIÓN 5
<4337> προσέχω: *proséco* → prestar atención: ADVERTENCIA 3
<4338> προσηλόω: *proselóo* → CLAVAR 1
<4339> προσήλυτος: *prosélutos* → PROSÉLITO
<4342> προσκαρτερέω: *proskarteréo* → del verbo perseverar: PERSEVERANTE
<4343> προσκαρτέρησις: *proskartéresis* → PERSEVERANCIA
<4346> πρόσκλισις: *prósklisis* → PARCIALIDAD 1
<4348> πρόσκομμα: *próskomma* → ESCANDALO (OCASIÓN DE)
<4349> προσκοπή: *proskopé* → TROPIEZO 1

<4350> προσκόπτω: *proskópto* → TROPEZAR 1
<4352> προσκυνέω: *proskunéo* → ADORAR
<4353> προσκυνητής: *proskunetés* → ADORADOR
<4356> πρόσληψις: *próslepsis* → ADMISIÓN
<4358> προσορμίζω: *prosormízo* → ARRIBAR 3
<4360> προσοχθίζω: *prosocthízo* → INDIGNARSE 2
<4362> προσπήγνυμι: *prospégnumi* → CLAVAR 2
<4367> προστάσσω: *prostásso* → MANDAR 7
<4368> προστάτις: *prostátis* → mujer que ayuda: AYUDA 3
<4369> προστίθημι: *prostíthemi* → AÑADIR 3; DIRIGIR 4
<4372> πρόσφατος: *prósfatos* → NUEVO (y sus derivados: renovar, etc.) 3
<4375> προσφιλής: *prosfilés* → AMABLE
<4376> προσφορά: *prosforá* → OFRENDA 3
<4377> προσφωνέω: *prosfonéo* → DIRIGIR 5
<4378> πρόσχυσις: *próscusis* → ASPERSIÓN 1
<4380> προσωπολημπτέω: *prosopolemptéo* → hacer acepción de personas: ACEPCIÓN DE PERSONAS 3
<4381> προσωπολήμπτης: *prosopolémptes* → ACEPCIÓN DE PERSONAS 1
<4382> προσωπολημψία: *prosopolempsía* → ACEPCIÓN DE PERSONAS 2
<4383> πρόσωπον: *prósopon* → APARIENCIA 4; FAZ; FORMA 4
<4389> προτρέπω: *protrépo* → AMONESTAR 5
<4394> προφητεία: *profeteía* → PROFECÍA
<4395> προφητεύω: *profeteúo* → PROFETIZAR 1
<4396> προφήτης: *profétes* → PROFETA
<4397> προφητικός: *profetikós* → PROFÉTICO
<4398> προφῆτις: *profétis* → PROFETISA
<4400> προχειρίζομαι: *proqueirízomai* → ANUNCIADO ANTES 1
<4402> Πρόχορος: *Prócoros* → PRÓCORO
<4403> πρύμνα: *prúmna* → POPA
<4407> ἀστήρ πρωϊνός: *astér proinós* → mañana: ESTRELLA DE LA MAÑANA 2
<4414> πρωτοστάτης: *protostátes* → CABECILLA
<4415> πρωτοτόκια: *prototókia* → derecho del primogénito: PRIMOGÉNITO 2
<4416> πρωτότοκος: *protótokos* → PRIMOGÉNITO 1
<4417> πταίω: *ptaío* → ERRAR 1
<4419> πτερύγιον: *pterúgion* → PINÁCULO
<4420> πτέρυξ: *ptérux* → ALA
<4424> Πτολεμαΐς: *Ptolemaís* → TOLEMAIDA

<4425> πτύον: *ptúon* → AVENTADOR
<4432> πτωχεία: *ptoqueía* → POBREZA 1
<4433> πτωχεύω: *ptoqueúo* → vivir en la pobreza: POBREZA 2
<4436> Πύθων: *Púthon* → ADIVINACIÓN (ESPÍRITU DE); PITÓN
<4438> πυκτεύω: *pukteúo* → PELEAR 11
<4442> πῦρ: *púr* → FUEGO 1
<4443> πυρά: *purá* → FUEGO 2
<4445> πυρέσσω: *purésso* → tener fiebre: FIEBRE 2
<4446> πυρετός: *puretós* → FIEBRE 1
<4450> Πυρρός: *Purrós* → PIRRO
<4451> πύρωσις: *púrosis* → fuego intenso: FUEGO 3
<4454> πῶλος: *pólos* → POLLINO 2
<4456> πωρόω: *poróo* → ENDURECER 1
<4457> πώρωσις: *pórosis* → ENDURECIMIENTO

P
___

<4460> Ῥαάβ: *Jraáb* → RAHAB, RAJAB
<4461> Ῥαββί: *Jrabbí* → RABÍ
<4462> Ῥαββουνί: *Jrabbouní* → RABONI
<4463> ῥαβδίζω: *jrabdízo* → AZOTAR 3
<4464> ῥάβδος: *jrábdos* → BASTÓN 1
<4465> ῥαβδοῦχος: *jrabdoúcos* → ALGUACIL 2
<4466> Ῥαγαύ: *Jragaú* → RAGAU
<4467> ῥᾳδιούργημα: *jradioúrgema* → CRIMEN
<4469> ῥακά: *jraká* → NECIO (adj.)
<4471> Ῥαμά: *Jramá* → RAMÁ
<4472> ῥαντίζω: *jrantízo* → rociar: ASPERSIÓN 3
<4473> ῥαντισμός: *jrantismós* → ASPERSIÓN 2
<4476> ῥαφίς: *jrafís* → AGUJA
<4478> Ῥαχήλ: *Jraquél* → RAQUEL
<4479> Ῥεβέκκα: *Jrebékka* → REBECA
<4480> ῥέδη: *jréde* → CARRO 2
<4481> Ῥεμφάν: *Jremfán* → REFAM, REFÁN, RENFÁN, RONFÁ
<4484> Ῥήγιον: *Jrégion* → REGIO
<4487> ῥῆμα: *jréma* → ASUNTO 6; PALABRA 2
<4488> Ῥησά: *Jresá* → RESA
<4493> ῥιπή: *jripé* → ABRIR Y CERRAR DE OJOS
<4497> Ῥοβοάμ: *Jroboám* → ROBOAM, ROBOÁN
<4498> Ῥόδη: *Jróde* → RODE
<4499> Ῥόδος: *Jródos* → RODAS
<4502> Ῥουβήν: *Jroubén* → RUBÉN
<4503> Ῥούθ: *Jroúth* → RUT
<4504> Ῥοῦφος: *Jroúfos* → RUFO
<4506> ῥύομαι: *jrúomai* → liberar: LIBERTADOR 2
<4512> ῥυτίς: *jrutís* → ARRUGA

Ῥωμαϊκός

<4513> Ῥωμαϊκός: jromaikós →
ROMANO 2
<4514> Ῥωμαῖος: jromaíos →
ROMANO 1
<4515> Ῥωμαϊστί: jromaistí →
LATÍN
<4516> Ῥώμη: Jróme → ROMA

Σ

<4518> σαβαχθάνι: sabactháni →
SABACTANI
<4519> Σαβαώθ: sabaóth →
SABAOT
<4520> σαββατισμός: sabbatismós
→ REPOSO SABÁTICO
<4521> σάββατον: sábbaton →
CAMINO DE UN DÍA DE
REPOSO; SABBAT 1
<4523> Σαδδουκαῖος: saddoukaíos
→ SADUCEO
<4524> Σαδώκ: Sadók → SADOC,
SADOQ
<4526> σάκκος: sákkos →
CILICIO
<4527> Σαλά: Salá → SALA,
SELAJ
<4528> Σαλαθιήλ: Salathiél →
SALATIEL
<4529> Σαλαμίς: Salamís →
SALAMINA
<4530> Σαλείμ: Saleím → SALIM,
SALÍN
<4531> σαλεύω: saleúo → mover:
INMUTABLE 2
<4532> Σαλήμ: Salém → SALEM,
SALÉN
<4533> Σαλμών: Salmón →
SALMÓN

<4534> Σαλμώνη: Salmóne →
SALMÓN, SALMONA,
SALMONE
<4536> σάλπιγξ: sálpinx →
TROMPETA 1
<4537> σαλπίζω: salpízo → sonar,
hacer tocar la trompeta:
TROMPETA 2
<4538> σαλπιστής: salpistés →
el que toca la trompeta:
TROMPETA 3
<4539> Σαλώμη: Salóme →
SALOMÉ
<4540> Σαμάρεια: Samáreia →
SAMARIA
<4541> Σαμαρίτης: samarítes
→ SAMARITANO,
SAMARITANA
<4543> Σαμοθρᾴκη: Samothráke
→ SAMOTRACIA
<4544> Σάμος: Sámos →
SAMOS
<4545> Σαμουήλ: Samouél →
SAMUEL
<4546> Σαμψών: Sampsón →
SANSÓN
<4549> Σαούλ: Saoúl → SAÚL;
SAULO
<4551> Σάπφιρα: Sápfira →
SAFIRA
<4552> σάπφιρος: sápfiros →
ZAFIRO 1
<4554> Σάρδεις: Sárdeis →
SARDES, SARDIS
<4555> σάρδινος: sárdinos → de
sardio: CORNALINA
<4557> σαρδόνυξ: sardónux →
ONICE
<4558> Σάρεπτα: Sárepta →
SAREPTA

<4559> σαρκικός: *sarkikós* → CARNAL
<4560> σάρκινος: *sárkinos* → de carne: CARNE 2
<4561> σάρξ: *sárx* → CARNE 1
<4562> Σαρούχ: *Saroúc* → SERUC, SERUG
<4563> σαρόω: *saróo* → BARRER
<4564> Σάρρα: *Sárra* → SARA
<4565> Σάρων: *Sáron* → SARÓN
<4567> Σατανᾶς: *Satanás* → SATANÁS
<4573> σεβάζομαι: *sebázomai* → HONRAR 6
<4574> σέβασμα: *sébasma* → OBJETO DE CULTO
<4575> Σεβαστός: *Sebastós* → AUGUSTA; AUGUSTO 2
<4576> σέβομαι: *sébomai* → HONRAR 7
<4577> σειρά: *seirá* → CADENA 3
<4578> σεισμός: *seismós* → terremoto: TEMBLOR 2
<4580> Σεκοῦνδος: *Sekoúndos* → SEGUNDO
<4581> Σελεύκεια: *Seleúkeia* → SELEUCIA
<4583> σεληνιάζομαι: *seleniázomai* → azotado por la luna: LUNÁTICO
<4584> Σεμεΐν: *Semeín* → SEMEI, SEMEIN
<4585> σεμίδαλις: *semídalis* → flor de harina: HARINA 2
<4586> σεμνός: *semnós* → GRAVE 2; HONESTO; SOBRIO 4
<4587> σεμνότης: *semnótes* → DIGNIDAD
<4588> Σέργιος Παῦλος: *Sérgios Paúlos* → SERGIO PAULO
<4589> Σήθ: *Séth* → SET
<4590> Σήμ: *Sém* → SEM
<4592> σημεῖον: *semeíon* → MILAGRO 2
<4594> σήμερον: *sémeron* → HOY
<4599> σθενόω: *sthenóo* → FORTALECER 5
<4600> σιαγών: *siagón* → MEJILLA
<4605> Σιδών: *Sidón* → SIDÓN
<4606> Σιδώνιος: *sidónios* → SIDÓN (DE); SIDONIO
<4607> σικάριος: *sikários* → ASESINO
<4608> σίκερα: *síkera* → LICOR
<4609> Σιλᾶς: *Silás* → SILAS
<4610> Σιλουανός: *Silouanós* → SILVANO
<4611> Σιλωάμ: *Siloám* → SILOÉ
<4612> σιμικίνθιον: *simikínthion* → DELANTAL
<4613> Σίμων: *Símon* → SIMÓN
<4614> Σινᾶ: *Siná* → SINAÍ
<4615> σίναπι: *sínapi* → GRANO DE MOSTAZA
<4616> σινδών: *sindón* → tela de lino fino: LINO FINO 2; SÁBANA
<4617> σινιάζω: *siniázo* → ZARANDEAR
<4618> σιτευτός: *siteutós* → CEBADO
<4619> σιτιστός: *sitistós* → animal engordado: BESTIA 5
<4621> σῖτος: *sítos* → GRANO DE TRIGO; TRIGO 1

<4622> Σιών: *Sión* → SIÓN
<4624> σκανδαλίζω: *skandalízo* → TROPEZAR 2
<4625> σκάνδαλον: *skándalon* → TROPIEZO 2
<4630> Σκευᾶς: *Skeuás* → ESCEVA
<4631> σκευή: *skeué* → APAREJO
<4632> σκεῦος: *skeúos* → APAREJO
<4633> σκηνή: *skené* → TABERNÁCULO 1; TIENDA 1
<4634> σκηνοπηγία: *skenopegía* → TABERNÁCULOS (FIESTA DE LOS)
<4635> σκηνοποιός: *skenopoiós* → fabricante de tiendas: TIENDA 5
<4636> σκῆνος: *skénos* → TIENDA 2
<4637> σκηνόω: *skenóo* → extender su tienda: TIENDA 4
<4638> σκήνωμα: *skénoma* → TABERNÁCULO 2; TIENDA 3
<4640> σκιρτάω: *skirtáo* → saltar de gozo: GOZO 6
<4641> σκληροκαρδία: *sklerokardía* → DUREZA DE CORAZÓN
<4643> σκληρότης: *sklerótes* → DUREZA
<4644> σκληροτράχηλος: *sklerotráquelos* → CERVIZ (DUROS DE)
<4645> σκληρύνω: *sklerúno* → ENDURECER 2
<4647> σκόλοψ: *skólops* → AGUIJÓN 2

<4651> σκορπίος: *skorpíos* → ESCORPIÓN
<4652> σκοτεινός: *skoteinós* → TINIEBLAS (EN) 1
<4653> σκοτία: *skotía* → TINIEBLAS
<4654> σκοτίζω: *skotízo* → OSCURECER
<4655> σκότος: *skótos* → TINIEBLAS
<4656> σκοτόω: *skotóo* → entenebrecer: TINIEBLAS (EN) 2
<4657> σκύβαλον: *skúbalon* → BASURA
<4658> Σκύθης: *Skúthes* → ESCITA
<4659> σκυθρωπός: *skuthropós* → cara entristecida: TRISTE
<4660> σκύλλω: *skúlo* → MOLERSTARSE
<4661> σκῦλον: *skúlon* → BOTÍN 2
<4664> σμαράγδινος: *smarágdinos* → a una esmeralda: ESMERALDA 2
<4665> σμάραγδος: *smáragdos* → ESMERALDA 1
<4666> σμύρνα: *smúrna* → MIRRA 1
<4667> Σμύρνα: *Smúrna* → ESMIRNA
<4668> Σμυρναῖος: *smurnaíos* → ESMIRNA (QUE ES DE)
<4669> σμυρνίζω: *smurnízo* → mezclar con mirra: PREPARAR 2
<4670> Σόδομα: *Sódoma* → SODOMA
<4672> Σολομών: *Solomón* → SALOMÓN

στίλβω

<4673> σορός: *sorós* → FÉRETRO
<4676> σουδάριον: *soudárion* → VENDA DE LINO 3
<4677> Σουσάννα: *Sousánna* → SUSANA
<4681> Σπανία: *Spanía* → ESPAÑA
<4686> σπεῖρα: *speíra* → COMPAÑÍA 2
<4689> σπένδω: *spéndo* → servir de aspersión: ASPERSIÓN 4; LIBACIÓN (DERRAMADO EN)
<4693> σπήλαιον: *spélaion* → CUEVA
<4697> σπλαγχνίζομαι: *splancnízomai* → tener, estar conmovido de, anhelar con compasión: MISERICORDIA 8
<4698> σπλάγχνον: *spláncnon* → CARIÑO 1; ENTRAÑABLE (AFECTO)
<4700> σποδός: *spodós* → CENIZA 1
<4702> σπόριμος: *spórimos* → SEMBRADO
<4705> σπουδαῖος: *spoudaíos* → CELOSO 3
<4707> σπουδαιότερος: *spoudaióteros* → más ferviente, más celoso: CELOSO 4
<4710> σπουδή: *spoudé* → CELO 3; DILIGENCIA
<4711> σπυρίς: *spurís* → CANASTA
<4712> στάδιον: *stádion* → ESTADIO
<4714> στάσις: *stásis* → CONTENCIÓN 4
<4715> στατήρ: *statér* → ESTATERO
<4716> σταυρός: *staurós* → CRUZ
<4717> σταυρόω: *stauróo* → CRUCIFICAR 1
<4718> σταφυλή: *stafulé* → UVA
<4719> Στάχυς: *Stácus* → ESTAQUIS
<4726> στεναγμός: *stenagmós* → GEMIDO 2
<4727> στενάζω: *stenázo* → GEMIR; MURMURAR 3
<4730> στενοχωρία: *stenocoría* → ANGUSTIA 2
<4731> στερεός: *stereós* → FIRME 4
<4732> στερεόω: *stereóo* → AFIRMAR 6
<4733> στερέωμα: *steréoma* → FIRMEZA 1
<4734> Στεφανᾶς: *Stefanás* → ESTÉFANA, ESTÉFANAS
<4735> στέφανος: *stéfanos* → CORONA
<4735> Στέφανος: *Stéfanos* → ESTEBAN
<4737> στεφανόω: *stefanóo* → CORONAR
<4740> στηριγμός: *sterigmós* → FIRMEZA 2
<4741> στηρίζω: *sterízo* → AFIRMAR 7; FORTALECER 6
<4741a> στιβάς: *stibás* → RAMA 3
<4743> στιγμή: *stigmé* → INSTANTE 2
<4744> στίλβω: *stílbo* → resplandecer: RESPLANDECIENTE 2

<4745> στοά: *stoá* → PÓRTICO
<4746> στοιβάς: *stoibás* → RAMA 3
<4752> στρατεία: *strateía* → CONFLICTO 5; GUERRA 3
<4753> στράτευμα: *stráteuma* → EJÉRCITO 2
<4754> στρατεύομαι: *strateúomai* → servir como soldado, hacer el servicio militar, hacer la guerra, ir a la guerra: GUERRA 4; PELEAR 8
<4755> στρατηγός: *strategós* → CAPITÁN; JEFE 6; PRETOR
<4756> στρατιά: *stratía* → EJÉRCITO 3
<4759> στρατοπεδάρχης: *stratopedárques* → PREFECTO DEL PRETORIO
<4760> στρατόπεδον: *stratópedon* → EJÉRCITO 4
<4762> στρέφω: *stréfo* → CAMBIAR 4; VOLVERSE
<4763> στρηνιάω: *streniáo* → estar en deleites, vivir en deleites: DELEITE 2
<4765> στρουθίον: *strouthíon* → PAJARILLO
<4767> στυγητός: *stugetós* → ABORRECIBLE
<4768> στυγνάζω: *stugnázo* → AFLIGIR 5
<4769> στῦλος: *stúlos* → COLUMNA
<4770> στοϊκός: *stoikós* → ESTOICO
<4774> συγγνώμη: *sungnóme* → CONCESIÓN 1

<4778> συγκακουχέομαι: *sunkakouquéomai* → estar en la aflicción con: AFLICCIÓN 5
<4785> συγκαταψηφίζω: *sunkatapsefizo* → CONTADO (SER)
<4789> συγκληρονόμος: *sunkleronómos* → COHEREDERO
<4805> σύζυγος: *súzugos* → COMPAÑERO FIEL
<4806> συζωοποιέω: *suzoopoiéo* → VIVIFICAR 2
<4808> συκῆ: *suké* → HIGUERA
<4809> συκομορέα: *sukomoréa* → SICÓMORO
<4810> σῦκον: *súkon* → HIGO 1
<4811> συκοφαντέω: *sukofantéo* → defraudar con una falsa acusación: ACUSACIÓN 7; acusar falsamente, hacer daño con una falsa acusación: ACUSAR 6
<4815> συλλαμβάνω: *sulambáno* → AYUDAR 2
<4818> συλλυπέω: *sulupéo* → ENTRISTECER 2
<4824> συμβούλιον: *sumboúlion* → CONSEJO 2
<4826> Συμεών: *Sumeón* → SIMEÓN
<4831> συμμιμητής: *summimetés* → IMITADOR 2
<4837> συμπαρακαλέω: *sumparakaléo* → confortar juntos: CONSOLAR 2
<4850> συμπρεσβύτερος: *sumpresbúteros* → anciano con: ANCIANO 4

συντρίβω

<4851> συμφέρω: *sumféro* → ser útil: UTILIDAD
<4852> σύμφημι: *súmfemi* → APROBAR 4
<4852a> σύμφορον: *súmforon* → VENTAJA 2
<4856> συμφωνέω: *sumfonéo* → ser armonioso, convenir: ARMONÍA 2
<4857> συμφώνησις: *sumfónesis* → ARMONÍA 1
<4858> συμφωνία: *sumfonía* → MÚSICA
<4864> συναγωγή: *sunagogé* → SINAGOGA
<4865> συναγωνίζομαι: *sunagonízomai* → luchar con: PELEAR 4
<4866> συναθλέω: *sunathléo* → combatiendo juntos: PELEAR 6
<4869> συναιχμάλωτος: *sunaicmálotos* → COMPAÑERO DE PRISIÓN
<4870> συνακολουθέω: *sunakolouthéo* → ACOMPAÑAR 4
<4874> συναναμίγνυμι: *sunanamígnumi* → JUNTARSE CON
<4875> συναναπαύω: *sunanapaúo* → CONFORTAR 2
<4878> συναντιλαμβάνω: *sunantilambáno* → venir en ayuda, socorrer: AYUDA 6; AYUDAR 3
<4879> συναπάγω: *sunapágo* → ASOCIARSE
<4883> συναρμολογέω: *sunarmologéo* → COORDINAR (BIEN)

<4888> συνδοξάζω: *sundoxázo* → glorificar con: GLORIFICAR 3
<4889> σύνδουλος: *súndoulos* → CONSIERVO
<4890> συνδρομή: *sundromé* → CONGREGACIÓN 2; REUNIÓN 2
<4891> συνεγείρω: *sunegeíro* → resucitar junto a, con: RESUCITAR 4
<4892> συνέδριον: *sunédrion* → SANEDRÍN
<4893> συνείδησις: *suneídesis* → CONCIENCIA
<4898> συνέκδημος: *sunékdemos* → COMPAÑERO DE VIAJE
<4899> συνεκλεκτός: *suneklektós* → ESCOGIDO 2
<4902> συνέπομαι: *sunépomai* → ACOMPAÑAR 6
<4904> συνεργός: *sunergós* → COLABORADOR
<4910> συνευωχέω: *suneuoquéo* → BANQUETEAR
<4912> συνέχω: *sunéco* → AFLIGIR 6
<4915> συνηλικιώτης: *sunelikiótes* → contemporáneo: EDAD 5
<4925> συνοικοδομέω: *sunoikodoméo* → EDIFICAR 4
<4928> συνοχή: *sunoqué* → ANGUSTIA 3
<4932> συντέμνω: *suntémno* → ACORTAR 2
<4937> συντρίβω: *suntríbo* → QUEBRAR 1

<4940> συντυγχάνω: *suntuncáno* → ARRIBAR 4
<4941> Συντύχη: *Suntúque* → SÍNTIQUE
<4946> Συράκουσαι: *Surákousai* → SIRACUSA
<4947> Συρία: *Suría* → SIRIA
<4948> Σύρος: *súros* → SIRIO
<4949> Συροφοινίκισσα: *surofoiníkissa* → SIROFENICIA
<4950> Σύρτις: *Súrtis* → SIRTE
<4955> συστασιαστής: *sustasiastés* → COMPAÑERO DE MOTÍN
<4956> συστατικός: *sustatikós* → CARTA DE RECOMENDACIÓN
<4957> συσταυρόω: *sustauróo* → crucificar con: CRUCIFICAR 3
<4961> συστρατιώτης: *sustratiótes* → COMPAÑERO DE MILICIA
<4965> Συχάρ: *Sucár* → SICAR
<4966> Συχέμ: *Suquém* → SIQUEM, SIQUÉN
<4967> σφαγή: *sfagé* → MATADERO 1
<4968> σφάγιον: *sfágion* → bestia degollada: BESTIA 6
<4969> σφάζω: *sfázo* → SACRIFICAR 3
<4972> σφραγίζω: *sfragízo* → SELLAR 1
<4973> σφραγίς: *sfragís* → SELLO
<4974> σφυρόν: *sfurón* → TOBILLO
<4976> σχῆμα: *squéma* → FIGURA 2

<4986> Σώπατρος: *Sópatros* → SÓPATER, SÓPATROS
<4988> Σωσθένης: *Sosthénes* → SÓSTENES
<4989> Σωσίπατρος: *Sosípatros* → SOSÍPATER, SOSÍPATRO
<4990> Σωτήρ: *sotér* → SALVADOR
<4990> Σωτήρ: *Sotér* → SALVADOR
<4991> σωτηρία: *sotería* → LIBERTAD 8; SALVACIÓN 1
<4992> σωτήριον: *sotérion* → SALVACIÓN 2
<4992a> σωτήριον: *sotérion* → que trae la salvación: SALVACIÓN 3
<4993> σωφρονέω: *sofronéo* → ser sobrio: SOBRIO 3
<4996> σωφρόνως: *sofrónos* → SOBRIAMENTE
<4997> σωφροσύνη: *sofrosúne* → MODESTIA

T
___

<4999> Τρεῖς Ταβέρναι: *Treís Tabérnai* → TRES TABERNAS
<5000> Ταβιθά: *Tabithá* → TABITA
<5003> ταλαιπωρέω: *talaiporéo* → sentir su miseria: MISERIA 2
<5004> ταλαιπωρία: *talaiporía* → MISERIA 1
<5006> ταλαντιαῖος: *talantiaíos* → del peso de un talento: TALENTO 2

<5007> τάλαντον: *tálanton* →
TALENTO 1
<5008> ταλιθά: *talithá* → muchacha: TALITA CUMI
<5009> ταμεῖον: *tameíon* →
DESPENSA
<5011> ταπεινός: *tapeinós* →
HUMILDE 1
<5012> ταπεινοφροσύνη: *tapeinofrosúne* → HUMILDAD
<5012a> ταπεινόφρων: *tapeinófron*
→ HUMILDE 3
<5014> ταπείνωσις: *tapeínosis* →
humillación: HUMILDE 2;
HUMILLACIÓN
<5018> Ταρσεύς: *tarseús* →
TARSO (DE)
<5019> Ταρσός: *Tarsós* → TARSO
<5020> ταρταρόω: *tartaróo*
→ arrojar al abismo:
ABISMO 3
<5045> τέκτων: *tékton* →
CARPINTERO
<5048> τελειόω: *teleióo* →
TERMINAR 4
<5050> τελείωσις: *teleíosis* →
CUMPLIMIENTO
<5051> τελειωτής: *teleiotés* →
CONSUMADOR
<5054> τελευτή: *teleuté* →
MUERTE (sust. fem.) 5
<5055> τελέω: *teléo* → TERMINAR 1
<5056> τέλος: *télos* →
IMPUESTO
<5057> τελώνης: *telónes* →
PUBLICANO 1
<5058> τελώνιον: *telónion* →
TRIBUTOS PÚBLICOS
(BANCO DE LOS)

<5059> τέρας: *téras* → PRODIGIO
<5060> Τέρτιος: *Tértios* →
TERCIO
<5061> Τέρτυλλος: *Tértulos* →
TÉRTULO
<5063> τεσσερακονταετής: *tessarakontaetés* → de cuarenta años: AÑO 6
<5068> τετράγωνος: *tetrágonos* →
CUADRADO
<5069> τετράδιον: *tetrádion* →
GRUPO DE CUATRO
<5075> τετραρχέω: *tetrarquéo* →
ser tetrarca: TETRARCA 2
<5076> τετράρχης: *tetrárques* →
TETRARCA 1
<5077> τεφρόω: *tefróo* → reducir
a cenizas: CENIZA 2
<5078> τέχνη: *técne* → ARTE
<5079> τεχνίτης: *tecnítes* →
ARQUITECTO 2;
ARTESANO
<5080> τήκω: *téko* → FUNDIR
<5085> Τιβεριάς: *Tiberiás* →
TIBERÍADES, TIBERIAS
<5086> Τιβέριος: *Tibérios* →
TIBERIO
<5088> τίκτω: *tíkto* →
ALUMBRAMIENTO
<5090> Τιμαῖος: *Tímaíos* →
TIMEO
<5091> τιμάω: *timáo* → honrar:
HONOR 2; HONRAR 1
<5092> τιμή: *timé* → HONOR 1;
honor: HONRAR 2
<5093> τίμιος: *tímios* → honrado:
HONOR 3
<5095> Τιμόθεος: *Timótheos* →
TIMOTEO
<5096> Τίμων: *Tímon* → TIMÓN

τιμωρία

<5098> τιμωρία: *timoría* → REPRENSIÓN 2
<5103> Τίτος: *Títos* → TITO
<5109> τοῖχος: *toícos* → pared: PARED BLANQUEADA
<5113> τολμητής: *tolmetés* → ATREVIDO
<5114> τομώτερος: *tomóteros* → CORTANTE (MÁS)
<5115> τόξον: *tóxon* → ARCO
<5116> τοπάζιον: *topázion* → TOPACIO
<5131> τράγος: *trágos* → CABRÍO
<5132> τράπεζα: *trápeza* → BANCO
<5133> τραπεζίτης: *trapezítes* → BANQUERO
<5135> τραυματίζω: *traumatízo* → HERIR 1
<5139> Τραχωνῖτις: *Traconítis* → TRACONITE, TRACONÍTIDA, TRACONÍTIDE
<5146> τρίβολος: *tríbolos* → ABROJO
<5148> τριετία: *trietía* → tres años: AÑO 5
<5149> τρίζω: *trízo* → CRUJIR 1
<5156> τρόμος: *trómos* → TEMBLOR 1
<5157> τροπή: *tropé* → CAMBIO 2
<5161> Τρόφιμος: *Trófimos* → TRÓFIMO
<5162> τροφός: *trofós* → NODRIZA
<5167> τρυγών: *trugón* → TÓRTOLA
<5170> Τρύφαινα: *Trúfaina* → TRIFENA
<5171> τρυφάω: *trufáo* → vivir en deleites: DELEITE 4
<5172> τρυφή: *trufé* → DELEITE 3
<5173> Τρυφῶσα: *Trufósa* → TRIFOSA
<5174> Τρῳάς: *Troás* → TRÓADA, TRÓADE, TROAS
<5175> Τρωγύλλιον: *Trogúlion* → TROGILIO, TROGILIÓN
<5178> τυμπανίζω: *tumpanízo* → ATORMENTAR
<5179> τύπος: *túpos* → EJEMPLO 1; FIGURA 4; FORMA 5
<5180> τύπτω: *túpto* → HERIR 2
<5181> Τύραννος: *Túrannos* → TIRANO, TIRANNO
<5183> Τύριος: *túrios* → TIRIO
<5184> Τύρος: *Túros* → TIRO
<5185> τυφλός: *tuflós* → CIEGO (adj.); CIEGO (sust.)
<5186> τυφλόω: *tuflóo* → CEGAR
<5190> Τυχικός: *Tuquikós* → TÍQUICO

Y
──────────────────────

<5191> ὑακίνθινος: *juakínthinos* → de jacinto: JACINTO 2
<5192> ὑάκινθος: *juákinthos* → JACINTO 1
<5193> ὑάλινος: *juálinos* → de vidrio: MAR DE VIDRIO
<5195> ὑβρίζω: *jubrízo* → injuriar, decir injurias: INJURIAR 4
<5197> ὑβριστής: *jubristés* → INJURIOSO 2

ὕψος

<5201> ὑδρία: *judría* → TINAJA
<5203> ὑδρωπικός: *judropikós* → HIDRÓPICO
<5206> υἱοθεσία: *juiothesía* → ADOPCIÓN
<5207> υἱός: *juiós* → HIJO DE ESTE SIGLO; HIJO DE LA GEHENNA; HIJO DE LUZ; HIJO DE PERDICIÓN; HIJO DEL CUARTO NUPCIAL; HIJO DEL DÍA
<5207> Υἱός: *Juiós* → HIJO
<5208> ὕλη: *júle* → BOSQUE
<5211> Ὑμέναιος: *Juménaíos* → HIMENEO
<5214> ὑμνέω: *jumnéo* → cantar himnos, cantar alabanzas: CANTAR 3; cantar un himno: HIMNO 2
<5215> ὕμνος: *júmnos* → HIMNO 1
<5218> ὑπακοή: *jupakoé* → OBEDENCIA
<5219> ὑπακούω: *jupakoúo* → OBEDECER 1
<5227> ὑπεναντίος: *jupenantíos* → ADVERSARIO 2
<5230> ὑπέρακμος: *jupérakmos* → que ha pasado la flor de la edad: EDAD 6
<5232> ὑπεραυξάνω: *juperauxáno* → AUMENTAR MUCHO
<5233> ὑπερβαίνω: *juperbaíno* → DEFRAUDADO (SER) 2
<5240> ὑπερεκχύνω: *juperekcúno* → REBOSAR
<5241> ὑπερεντυγχάνω: *juperentuncáno* → INTERCEDER 2

<5244> ὑπερήφανος: *juperéfanos* → ARROGANTE 2
<5253> ὑπερῷον: *juperóon* → APOSENTO ALTO 2
<5255> ὑπήκοος: *jupékoos* → OBEDIENTE 1
<5257> ὑπηρέτης: *juperétes* → ALGUACIL 1; MINISTRO 3
<5262> ὑπόδειγμα: *jupódeigma* → FIGURA 5
<5265> ὑποδέω: *jupodéo* → CALZAR
<5268> ὑποζύγιον: *jupozúgion* → ASNO, ASNA 3; BESTIA 7
<5272> ὑπόκρισις: *jupókrisis* → HIPOCRESÍA 1
<5273> ὑποκριτής: *jupokrités* → HIPÓCRITA
<5276> ὑπολήνιον: *jupolénion* → estanque bajo el lagar: LAGAR 2
<5286> ὑποπόδιον: *jupopódion* → ESTRADO
<5287> ὑπόστασις: *jupóstasis* → CONFIANZA 3
<5293> ὑποτάσσω: *jupotásso* → SOMETER 1
<5299> ὑπωπιάζω: *jupopiázo* → MORIR (HACER) 2
<5301> ὕσσωπος: *jússopos* → HISOPO
<5304> ὑστέρησις: *justéresis* → POBREZA 3
<5309> ὑψηλοφρονέω: *jupselofronéo* → ser arrogante: ARROGANTE 3
<5311> ὕψος: *júpsos* → AURORA DE LO ALTO

φαίνω

Φ

<5316> φαίνω: *faíno* → RESPLANDECER 3
<5317> Φάλεκ: *Fálek* → PELEG
<5323> Φανουήλ: *Fanouél* → FANUEL
<5326> φάντασμα: *fántasma* → FANTASMA
<5328> Φαραώ: *Faraó* → FARAÓN
<5329> Φαρές: *Farés* → FARES
<5330> φαρισαῖος: *farisaíos* → FARISEO
<5331> φαρμακεία: *farmakeía* → MAGIA 3
<5332> φαρμακεύς: *farmakeús* ο φάρμακος: *farmakós* → MAGO 2
<5335> φάσκω: *fásko* → AFIRMAR 8
<5336> φάτνη: *fátne* → PESEBRE
<5339> φείδομαι: *feídomai* → ABSTENERSE 2
<5340> φειδομένως: *feidoménos* → ESCASAMENTE
<5342> φέρω: *féro* → DIRIGIR 6
<5344> Φῆλιξ: *Félix* → FÉLIX
<5345> φήμη: *féme* → FAMA 1
<5347> Φῆστος: *Féstos* → FESTO
<5352> φθινοπωρινός: *fthinoporinós* → OTOÑO (DE)
<5354> φθονέω: *fthonéo* → estar celoso: ENVIDIA 2
<5355> φθόνος: *fthónos* → ENVIDIA 1
<5359> Φιλαδέλφεια: *Filadélfeia* → FILADELFIA

<5360> φιλαδελφία: *filadelfía* → amor fraternal: AMOR 2; afecto fraternal: CARIÑO 4
<5361> φιλάδελφος: *filádelfos* → FRATERNAL
<5363> φιλανθρωπία: *filanthropía* → amor para con los hombres: AMOR 3; HUMANIDAD 1
<5364> φιλανθρώπως: *filanthrópos* → con humanidad: HUMANIDAD 2
<5365> φιλαργυρία: *filarguría* → amor al dinero: PLATA 4
<5366> φιλάργυρος: *filárguros* → AVARO 2
<5368> φιλέω: *filéo* → AMAR 3; dar un beso: BESO 2
<5369> φιλήδονος: *filédonos* → amigo de placeres: AMIGO 3
<5370> φίλημα: *fílema* → BESO 1
<5371> Φιλήμων: *Filémon* → FILEMÓN
<5372> Φίλητος: *Fíletos* → FILETO
<5373> φιλία: *filía* → AMISTAD
<5374> Φιλιππήσιος: *filippésios* → FILIPENSE
<5375> Φίλιπποι: *Fílippoi* → FILIPOS
<5376> Φίλιππος: *Fílippos* → CESAREA DE FILIPO; FELIPE
<5377> φιλόθεος: *filótheos* → amigo de Dios: AMIGO 4
<5378> Φιλόλογος: *Filólogos* → FILÓLOGO

<5379> φιλονεικία: *filoneikía* → CONTENCIÓN 5
<5381> φιλοξενία: *filoxenía* → HOSPITALIDAD
<5382> φιλόξενος: *filóxenos* → HOSPITALARIO
<5383> φιλοπρωτεύω: *filoproteúo* → que le gusta ser el primero: AMAR 5
<5384> φίλος: *fílos* → AMIGO 2
<5385> φιλοσοφία: *filosofía* → FILOSOFÍA
<5386> φιλόσοφος: *filósofos* → FILÓSOFO
<5387> φιλόστοργος: *filóstorgos* → lleno de afecto: CARIÑO 6
<5390> φιλοφρόνως: *filofrónos* → con amistosa solicitud: BONDAD 5
<5393> Φλέγων: *Flégon* → FLEGÓN, FLEGONTA, FLEGONTE
<5396> φλυαρέω: *fluaréo* → PARLOTEAR
<5397> φλύαρος: *flúaros* → CHISMOSO 1
<5398> φοβερός: *foberós* → HORRENDO
<5400> φόβητρον: *fóbetron* → TERROR
<5401> φόβος: *fóbos* → TEMOR
<5402> Φοίβη: *Foíbe* → FEBE
<5403> Φοινίκη: *Foiníke* → FENICIA
<5404> φοῖνιξ: *foínix* → PALMA, PALMERA
<5405> Φοίνιξ ο Φοῖνιξ: *Foínix* → FÉNICA, FENICE
<5411> φόρος: *fóros* → TRIBUTO 2
<5413> φορτίον: *fortíon* → CARGA 3
<5415> Φορτουνάτος: *Fortounátos* → FORTUNATO
<5416> φραγέλλιον: *fragélion* → AZOTE 2
<5417> φραγελλόω: *fragelóo* → AZOTAR 4
<5422> φρεναπατάω: *frenapatáo* → ENGAÑAR 7
<5425> φρίσσω: *frísso* → TEMBLAR
<5435> Φρυγία: *Frugía* → FRIGIA
<5436> Φύγελος: *Fúgelos* → FIGELO
<5438> φυλακή: *fulaké* → GUARDIA 3; VIGILIA
<5440> φυλακτήριον: *fulaktérion* → FILACTERIA
<5441> φύλαξ: *fúlax* → GUARDIA 2
<5444> φύλλον: *fúlon* → HOJA
<5446> φυσικός: *fusikós* → NATURAL 1
<5453> φύω: *fúo* → RETOÑAR 2
<5454> φωλεός: *foleós* → GUARIDA
<5455> φωνέω: *fonéo* → CANTAR 4
<5456> φωνή: *foné* → LENGUA 6
<5457> φῶς: *fós* → HIJO DE LUZ
<5458> φωστήρ: *fostér* → LUMINAR
<5459> φωσφόρος: *fosfóros* → ESTRELLA DE LA MAÑANA 3

X

<5463> χαίρω: *caíro* → tener gozo, alegrarse: GOZO 2
<5464> χάλαζα: *cálaza* → GRANIZO
<5466> Χαλδαῖος: *Caldaíos* → CALDEO
<5467> χαλεπός: *calepós* → PELIGROSO
<5468> χαλιναγωγέω: *calinagogéo* → REFRENAR
<5469> χαλινός: *calinós* → FRENO
<5470> χάλκεος: *cálkeos* → BRONCE 2
<5471> χαλκεύς: *calkeús* → obrero en cobre: BRONCE 5; CALDERERO
<5472> χαλκηδών: *calkedón* → ÁGATA
<5473> χαλκίον: *calkíon* → plato de cobre: BRONCE 3
<5474> χαλκολίβανον: *calkolíbanon* → bronce bruñido: BRONCE 4
<5475> χαλκός: *calkós* → BRONCE 1; MONEDA 3
<5477> Χανάαν: *Canáan* → CANAÁN
<5478> Χαναναῖος: *Cananaíos* → CANANITA, CANANISTA 2
<5479> χαρά: *cará* → GOZO 1
<5481> χαρακτήρ: *caraktér* → IMAGEN MISMA
<5483> χαρίζομαι: *carízomai* → PERDONAR 3
<5485> χάρις: *cáris* → ser agradecido: AGRADECIDO 2; FAVOR; GOZO 8; GRACIA 1
<5486> χάρισμα: *cárisma* → DÁDIVA
<5487> χαριτόω: *caritóo* → otorgar gracia: AGRADABLE 7
<5488> Χαρράν: *Carrán* → HARÁN
<5489> χάρτης: *cártes* → PAPEL
<5490> χάσμα: *cásma* → ABISMO 2
<5494> χειμών: *queimón* → TEMPESTAD 3
<5495> χείρ: *queír* → IMPOSICIÓN DE LAS MANOS, IMPONER LAS MANOS
<5498> χειρόγραφον: *queirógrafon* → ACTA
<5502> χερουβίμ: *queroubím* → QUERUBÍN
<5506> χιλίαρχος: *quilíarcos* → TRIBUNO
<5508> Χίος: *Quíos* → QUÍO, QUÍOS
<5510> χιών: *quión* → NIEVE
<5513> χλιαρός: *cliarós* → TIBIO
<5514> Χλόη: *Clóe* → CLOÉ
<5515> χλωρός: *clorós* → AMARILLO
<5518> χοῖνιξ: *coínix* → MEDIDA 2
<5521> χολή: *colé* → HIEL
<5522> χοῦς: *coús* → polvo: SACUDIR EL POLVO
<5523> Χοραζίν: *Corazín* → CORAZÍN
<5525> χορός: *corós* → DANZA
<5528> χόρτος: *córtos* → HENO

<5529> Χουζᾶς: *Couzás* → CUSA, CUZA
<5532> χρεία: *creía* → ASUNTO 8
<5533> χρεωφειλέτης: *creofeilétes* → DEUDOR 2
<5536> χρῆμα: *créma* → PLATA 6
<5537> χρηματίζω: *crematízo* → ADVERTIR DIVINAMENTE; hablar en oráculos: ORÁCULO 2
<5538> χρηματισμός: *crematismós* → divina respuesta: RESPUESTA 2
<5541> χρηστεύομαι: *cresteúomai* → ser benigno: BONDAD 3
<5543> χρηστόν: *crestón* → BONDAD 1
<5543> χρηστός: *crestós* → FÁCIL 1
<5544> χρηστότης: *crestótes* → BENIGNIDAD; BONDAD 2
<5545> χρῖσμα: *crísma* → UNCIÓN
<5546> χριστιανός: *cristianós* → CRISTIANO
<5547> Χριστός: *Cristós* → CRISTO
<5548> χρίω: *crío* → UNGIR 2
<5550> χρόνος: *crónos* → EDAD 3
<5552> χρύσεος: *crúseos* → de oro: ORO 3
<5553> χρυσίον: *crusíon* → ORO 2
<5554> χρυσοδακτύλιος: *crusodaktúlios* → con anillo de oro: ANILLO 2
<5555> χρυσόλιθος: *crusólithos* → CRISÓLITO
<5556> χρυσόπρασος: *crusóprasos* → CRISOPRASO
<5557> χρυσός: *crusós* → ORO 1
<5568> ψαλμός: *psalmós* → SALMO
<5560> χωλός: *colós* → COJO
<5561> χώρα: *córa* → CAMPO 3
<5563> χωρίζω: *corízo* → SEPARACIÓN
<5564> χωρίον: *coríon* → CAMPO 4
<5564> Χωρίον Αἷμα: *Corión Jáima* → CAMPO DE SANGRE

Ψ

<5567> ψάλλω: *psálo* → cantar, cantar alabanzas: CANTAR 2; cantar cánticos: CÁNTICO 2
<5569> ψευδάδελφος: *pseudádelfos* → FALSO HERMANO
<5570> ψευδαπόστολος: *pseudapóstolos* → FALSO APÓSTOL
<5572> ψευδοδιδάσκαλος: *pseudodidáskalos* → FALSO MAESTRO
<5573> ψευδολόγος: *pseudológos* → aquel que dice mentiras: MENTIRA 2
<5575> ψευδόμαρτυς: *pseudómartus* → testigo falso: TESTIGO 2
<5578> ψευδοπροφήτης: *pseudoprofétes* → FALSO PROFETA

ψεῦδος

<5579> ψεῦδος: *pseúdos* → MENTIRA 3
<5580> ψευδόχριστος: *pseudócristos* → FALSO CRISTO
<5582> ψεῦσμα: *pseúsma* → MENTIRA 4
<5586> ψῆφος: *pséfos* → PIEDRECITA
<5587> ψιθυρισμός: *psithurismós* → MURMURACIÓN 2
<5588> ψιθυριστής: *psithuristés* → MURMURADOR 2
<5590> ψυχή: *psuqué* → ALMA 1
<5591> ψυχικός: *psuquikós* → NATURAL 2
<5592> ψῦχος: *psúcos* → FRÍO 1
<5593> ψυχρός: *psucrós* → FRÍO 2
<5594> ψύχω: *psúco* → ENFRIAR
<5595> ψωμίζω: *psomízo* → dar de comer, distribuir alimentos: COMIDA 3
<5597> ψώχω: *psóco* → QUEBRAR 2

Ω

<5601> Ὠβήδ: *Obéd* → OBED
<5603> ᾠδή: *odé* → CÁNTICO 1
<5608> ὠνέομαι: *onéomai* → COMPRAR 2
<5610> ὥρα: *jóra* → HORA 1
<5611> Ὡραῖος: *Joraíos* → HERMOSA
<5614> Ὡσαννά: *Josanná* → HOSANNA
<5617> Ὡσηέ: *Joseé* → OSEAS
<5624> ὠφέλιμος: *ofélimos* → ÚTIL 3

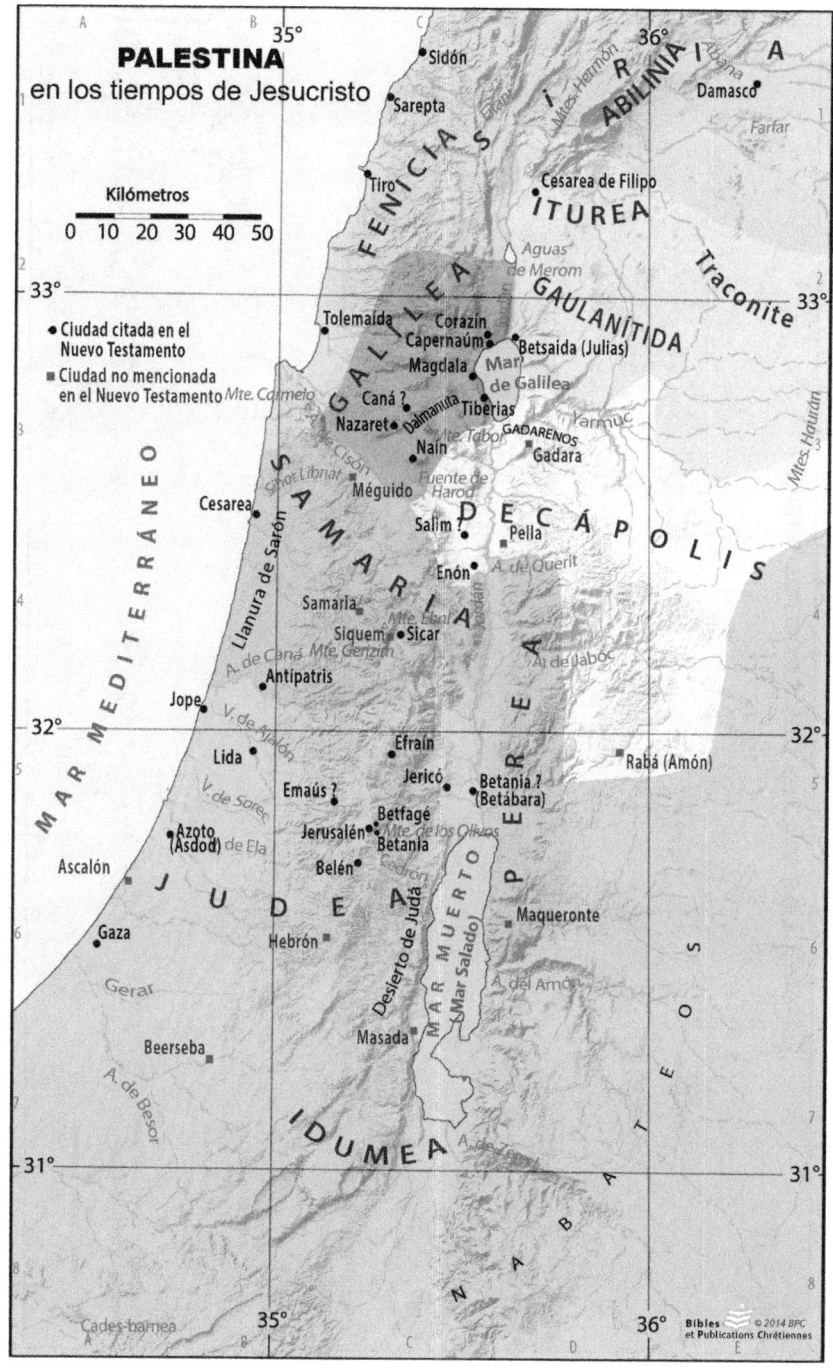

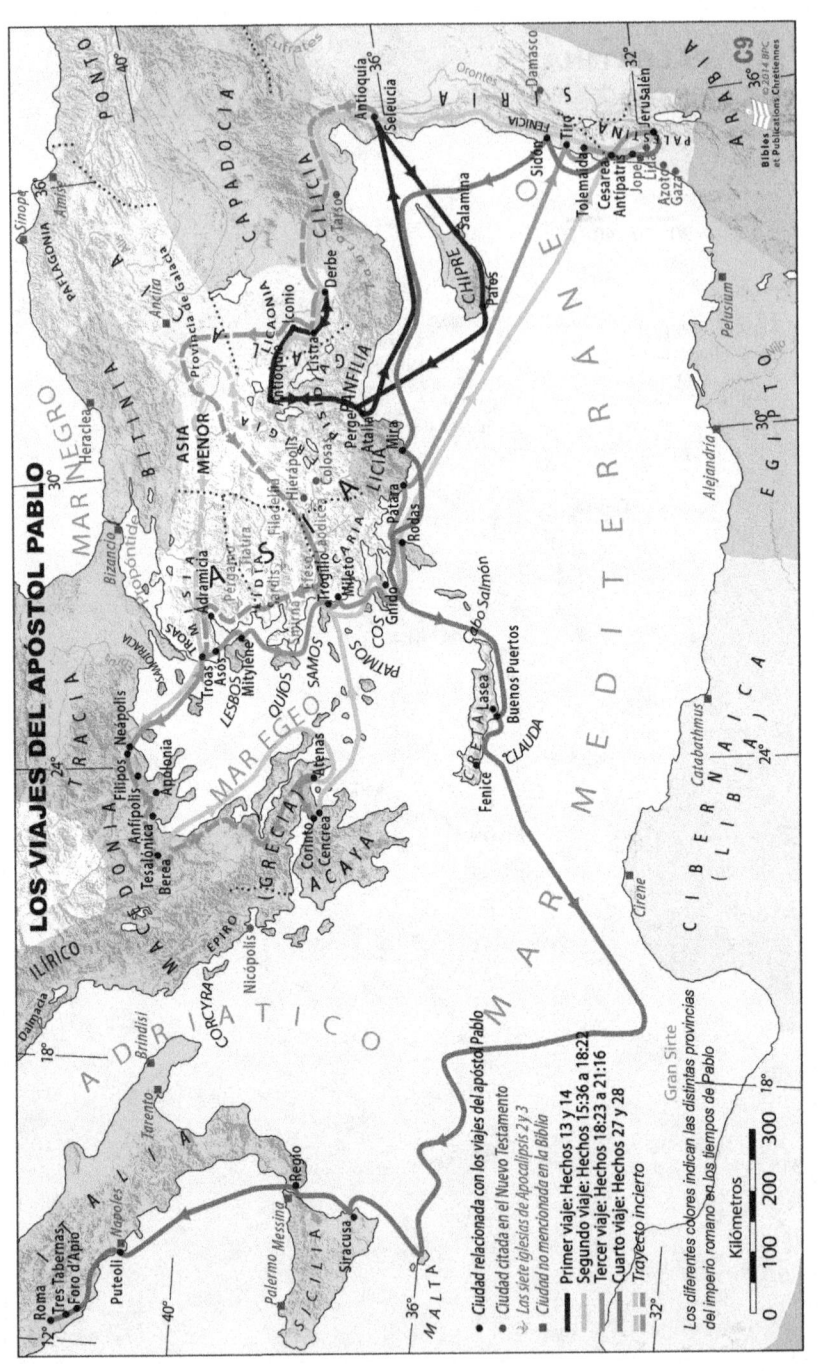

Made in the USA
Middletown, DE
08 December 2023